coleção fábula

Fritz Mauthner

O avesso das palavras

História da cultura
e crítica da linguagem, 1901-1924

Traduções de
Juliana Ferraci Martone,
Laura de Borba Moosburger de Moraes,
Marcella Marino Medeiros Silva e
Márcio Suzuki

Organização e apresentação de
Márcio Suzuki

editora■34

Sumário

O DUPLO DESTERRO DE FRITZ MAUTHNER [13]

Sobre a seleção dos textos [23]

CONTRIBUIÇÕES A UMA CRÍTICA DA LINGUAGEM [29]

V. I
LINGUAGEM [33]

Introdução [33]
O pope [34]

Essência da linguagem [35]
Língua materna em parte alguma [35]

Linguagem e socialismo [36]
Entre os homens [36]
Língua dual [37]
O conhecimento é social/Ética [38]

Mal-entendido pela linguagem [39]
Não entender [39]
Entender mal a si mesmo [40]

Valor da linguagem [42]
Instinto [42]
Os sentidos são contingentes [42]
Pessimismo [43]
Serenidade [44]

Arte da palavra [45]
Poesia e lógica [45]
Linguagem da poesia [46]
Palavras sem intuição [47]
Silêncio [48]

PSICOLOGIA [50]

Paralelismo [50]
"saber" [50]
"brilhar" [51]
Metagramática [53]

Alma e sentidos [55]
Subjetivismo/Ilusões dos sentidos [55]
Evolução dos sentidos (i) [58]

Sentidos contingentes [59]
A imagem do mundo da ameba [59]
Evolução dos sentidos (ii) [61]
Interesse [63]
Memória e interesse [65]
Interesse da ameba [67]

Subjetividade [70]
Associação de ideias [70]

Memória [71]
Memória e linguagem [71]
Linguagem é memória [71]
Memória consciente [73]
Toda recordação é ação [75]
Comparação [77]
Memória e hereditariedade [78]
Esquecimento [80]
Apercepção inconsciente [80]
Progresso no pensamento [82]

Atenção e memória [83]
A vontade livre [83]
Memória inconsciente [83]

Consciência [87]
Representações inconscientes [87]
História da consciência [88]
Tempo e associação [90]

Entendimento, linguagem, razão [93]
Pensar e falar [93]
Entendimento [94]
História da psique [94]

Conhecimento e realidade [95]
Causalidade [95]
Kant [96]

Possibilidade da filosofia [99]
Filosofia e linguagem [99]
O filósofo [100]

V. II
LINGUÍSTICA [107]

O que é linguística? [107]
História da linguagem [107]
Sistema das ciências [108]
Espiritual [110]
Lógica [111]
Linguística — única ciência do espírito [112]
Categorias da linguagem [114]
Chinês [115]

Da história da linguística [118]
Categoria da palavra [118]
Pensar e falar [119]
Sentimento da língua [120]
Lógicas [122]
Lógica da língua [123]
Catálogo do mundo [124]
A forma interna da língua é o uso da língua [126]
Hermann Paul [126]
Darwinismo e linguística [128]
Schleicher/Parente [134]

Correção linguística [136]
Metáfora e adaptação [136]
Exemplo de desenvolvimento individual
da língua [137]

Acaso na língua [140]

Etimologia [140]
Etimologia moderna [140]
Limites da etimologia [142]

Classificação das línguas [143]
Forma interna da língua
dos chineses [143]

A metáfora [146]
"*Wippchen*" [146]
A língua nunca é sem *Wippchen* [147]
Contaminação [148]
Linguagem oficiosa [150]
Shakespeare [150]
"Com o coração de joelhos" [154]

Origem e história da razão [155]
Common sense e hereditariedade [155]

V. III
LINGUAGEM E GRAMÁTICA [159]

**Indeterminação
do sentido gramatical** [159]
Partes do discurso [159]
Ordem [159]
Substantivo e adjetivo [161]
Substantivo e verbo [163]
Genitivo [164]
"Eu": objeto comum dos verbos intransitivos/
Verbos intransitivos [167]
Acusativo [169]
Voz passiva [171]

Situação e linguagem [174]
Hústeron-próteron [174]
Adivinhar o sentido [176]
Gramática filosófica [178]

LINGUAGEM E LÓGICA [179]

Conceito e palavra [179]
Conceitos e imagens [179]
Conceito e juízo [181]

Inferência silogística [182]
Silogismos [182]

A indução [183]
Dedução e indução [183]

***Termini technici*
das ciências indutivas** [184]
Linguagem técnica
e linguagem comum [184]

Saber e palavras [188]
Individualidade da sensação [188]
Nominalismo epistemológico [189]
Ceticismo e mística [193]
Crítica da linguagem [195]

DICIONÁRIO DE FILOSOFIA. NOVAS CONTRIBUIÇÕES A UMA CRÍTICA DA LINGUAGEM [203]

Introdução [205]
Amor [209]
Anseio [213]
Apokatástasis [213]
Belo [216]
Crítica da linguagem [232]
Deus [234]
Enciclopédia [248]
Forma [266]
Função [295]
Imortalidade da alma [301]
Liberdade [308]
Matéria [316]
Memória [329]
Mística [335]
Nominalismo [362]
Palavra de Deus [376]
Paradoxo [389]
Pensar [390]
post hoc, ergo propter hoc [398]
Qualidade [399]
Quantidade [402]
Realismo [405]
Sabedoria de Goethe [407]
Significado [417]
Tao [422]
Vida [425]

A LINGUAGEM [443]

Povo e parentesco linguístico [445]
**Empréstimo de palavras – purismo –
estrutura da língua** [447]
**Socialismo, democracia; palavras novas,
palavras antigas** [452]

EXPOSIÇÃO
DA MINHA FILOSOFIA [455]

O duplo desterro
de Fritz Mauthner

Márcio Suzuki

O autor das *Contribuições a uma crítica da linguagem* e do *Dicionário de filosofia* é hoje pouco mais que um ilustre desconhecido. Na academia são ainda relativamente poucos os estudiosos que se dedicam a compreender suas ideias, e não há sinais de que seja lido pelo público em geral. Mas nem sempre foi assim. Antes de se devotar à filosofia, ele foi jornalista e escritor de relativo sucesso em fins do século XIX, e suas principais obras filosóficas também alcançaram êxito editorial nas primeiras décadas do século XX: as *Contribuições* foram estampadas três vezes entre 1901 e 1921, e o *Dicionário* veio a lume duas vezes, em 1910 e entre 1923 e 1924, feito nada desprezível para escritos que contam mais de 2200 páginas, o primeiro, e de 1800, o segundo.

Depois disso, o interesse por seus trabalhos filosóficos esfriou. A explicação para tal arrefecimento é quase unânime: o surgimento de uma concorrente desigual, a filosofia de Ludwig Wittgenstein. Pensador que se tornou, com razão, um dos maiores nomes da filosofia do século XX, Wittgenstein decretou de certo modo a condenação filosófica de Mauthner ao escrever na proposição 4.0031 do *Tractatus-logico-philosophicus*: "Toda filosofia é 'crítica da linguagem'. (Todavia, não no sentido de Mauthner.)".[1] É bem verdade que alguns comentadores respeitados de Wittgenstein lembram que este acabou se reaproximando da filosofia mauthneriana: o segundo Wittgenstein já não acredita que a linguagem possa apresentar o real; ela tem serventia somente como instrumento pragmático. Mas o estrago já não podia ser consertado. O efeito se percebe nos estudos sobre a crítica mauthneriana da linguagem, cuja grande maioria tem como uma de suas principais preocupações encontrar a maneira de tirar Mauthner daqueles fatídicos parênteses em que Wittgenstein o colocou, assinalando o início do seu ostracismo.[2]

---

[1] L. Wittgenstein, *Tractatus logico-philosophicus*. Trad., apres. e estudo introdutório de Luiz Henrique Lopes dos Santos. São Paulo: Edusp, 2001, 3ª ed., p. 165.
[2] Nas primeiras linhas do livro *Metaphors of Knowledge. Language and Thought in Mauthner's Critique* (Detroit: Wayne State University Press, 1992),

São muitos, certamente, os pontos de proximidade entre os dois autores que podem ainda ser aprofundados. Mas é obviamente erro querer compreender as inquietações de um exclusivamente pelos problemas do outro. Na verdade, as prováveis razões para o esquecimento a que foi relegado Mauthner já haviam sido previstas antes mesmo da publicação do *Tractatus*. Na resenha publicada em 1919 que escreveu sobre as *Contribuições a uma crítica da linguagem*, Leo Spitzer já chamava atenção para a índole peculiar da obra: se nela a polêmica feroz, a ironia demolidora, incomoda os linguistas, os filósofos, por sua vez, têm dificuldade de engolir um ceticismo tão radical. Escreve o crítico e romanista: o cético é um "convidado indesejado na mesa do saber", lança "olhares inquietantes aos convivas dogmáticos, que sentem o chão vacilar sob seus pés e não querem mais jantar". Mauthner consegue a proeza de não ser aceito nem por linguistas, nem por filósofos. Ele é um *outlaw*, um *outsider*.[3]

Essa é provavelmente a explicação para o oblívio em que caíram seus escritos. Mauthner é um fora da lei no mundo científico porque, ainda segundo as palavras do crítico, seu "estilo folhetinesco desenfadadiço" não se submete ao padrão normativo que faz equivaler cientificidade a

---

    p. 7, Elisabeth Bredeck afirma: "A crítica da linguagem de Fritz Mauthner é talvez mais bem conhecida hoje por aquilo que ela não é, o *Tractatus logico-philosophicus* de Ludwig Wittgenstein [...]. Wittgenstein reconhece Mauthner, mas ao mesmo tempo o desacredita: como que para aumentar a distância entre a contribuição de Mauthner e a sua, ele coloca a referência entre parênteses. Esses parênteses continuaram a enclausurar o nome de Mauthner por muito tempo no século XX".

3   L. Spitzer, "Fritz Mauthner, *Beiträge zu einer Kritik der Sprache*". *Literaturblatt für germanische und romanische Philologie*, ano 11, n. 7-8, 1919, p. 203. Numa direção semelhante, Katherine Arens se pergunta se os grossos volumes das *Contribuições* e do *Dicionário* podem ser mesmo considerados "filosofia". O leque de conhecimentos linguísticos, de evolução darwinista, de física machiana, de história etimológica das palavras, de lógica clássica, de psicologia moderna mobilizado nessas obras tende a confudir aquele que vem de uma formação especializada. Ver K. Arens, *Functionalism and Fin de siècle. Fritz Mauthner's Critique of Language*. Nova York/Berna/Frankfurt: Peter Lang, 1984, pp. 1-3. Por isso também seria equivocado tentar considerar o seu pensamento unicamente a partir dos "temas mais tradicionais da filosofia". Ibid., p. 74.

chateação, soando como se fosse incapaz de comunicar ideias sérias.[4] Mas não deixaria de ser salutar para a ciência que um "sátiro maldoso" viesse a confundir os especialistas que se ocupam de questões específicas sem se interrogar minimamente sobre os princípios de sua ciência.[5] Spitzer publica essas linhas provocadoras numa revista especializada, voltada para os estudos de filologia germânica e românica, como que para mostrar o duplo desterro de Mauthner: ele não faz parte da grei filosófica, tampouco cabe na paróquia dos linguistas. De fato, o ceticismo mauthneriano tange o desespero: a teoria do conhecimento inexiste porque as funções cognitivas, o pensamento, a memória, dependem inteiramente da linguagem, e esta é sempre afastamento, não aproximação do mundo; as categorias filosóficas não passam de regras gramaticais travestidas, isto é, nada mais são do que normas antropocêntricas, ambicionando dar conta de uma suposta ordenação objetiva do real, de uma classificação de todos os seus seres. Longe de ser o que se imagina, a linguagem coloca o homem numa prisão da qual são poucas as saídas: atividade prática, arte, mística.

Talvez não seja ironia, mas consequência lógica da história que, mal aceito entre seus pares linguistas ou filósofos, Mauthner tenha tido extraordinária acolhida por parte de grandes escritores do século XX.[6] Isso se deve à sua desconfiança do substancialismo e do antropomorfismo linguístico, à originalidade de sua concepção da "arte da palavra" (*Wortkunst*), assim como às suas ideias sobre linguagem, silêncio e mística. Neste último aspecto, o filósofo foi de grande importância para a elaboração da *Carta de lorde Chandos*, publicada em 1902, que representa uma guinada na produção literária do poeta austríaco Hugo von Hoffmansthal.[7] As *Contribuições a uma crítica de linguagem* também tiveram um papel na trajetória de James Joyce e Samuel Beckett. Com a visão já debilitada, Joyce pede ajuda a Beckett no trabalho de

---

[4] L. Spitzer, "Fritz Mauthner, *Beiträge zu einer Kritik der Sprache*". *Literaturblatt für germanische und romanische Philologie*, op. cit., p. 204.

[5] Ibid., p. 203.

[6] Um comentário abrangente dos autores que foram ou podem ter sido influenciados por Mauthner (como Alfred Döblin, Hugo Ball, Paul Celan, Lars Gustafsson etc.) pode ser lido em J. Le Rider, "Présences de Fritz Mauthner au XXᵉ siècle", in *Fritz Mauthner. Scepticisme linguistique et modernité. Une biografie intellectuelle*. Paris: Bartillat, 2012, pp. 430-63.

[7] Sobre a relação entre o filósofo e o poeta e a correspondência que trocaram por ocasião da publicação da *Carta*, ver ibid., pp. 326-34.

coletar materiais que pudessem entrar na composição do *Finnegans Wake*, folheando as páginas das *Contribuições* em busca de passagens que servissem ao livro.[8]

Em suas *Canções da forca* (1905), o poeta Christian Morgenstern faz uma crítica ao substancialismo e ao antromorfismo da linguagem congenial à filosofia mauthneriana, criando um universo de seres estranhos que Sebastião Uchoa Leite denomina "o planeta de Morgenstern"[9] e que Leo Spitzer caracteriza como a arte "grotesca" do poeta.[10]

Outro escritor que soube tirar partido das ideias de Mauthner foi o argentino Jorge Luis Borges. Numa entrevista de 1962, ele traça de bate-pronto este perfil bem-humorado da "vida e obra" do autor do *Dicionário*:

> Era um judeu de origem tcheca que viveu no final do século passado. Publicou romances muito ruins, mas seus trabalhos filosóficos são excelentes. É um escritor admirável, muito irônico, cujo estilo lembra o do século XVIII. Acreditava que a linguagem só serve para nos ocultar a realidade ou para a expressão estética. Seu dicionário de filosofia, um dos livros que frequentei com maior fruição, é, na realidade, uma coleção de ensaios sobre diversos temas, tais como alma, mundo, espírito, consciência etc. A parte histórica também é boa: Mauthner era muito erudito. Queria que

---

8 Sobre os cadernos de notas (*notebooks*) de Beckett, ver ibid., p. 451. Sobre Joyce e Mauthner, ver Linda Ben-Zvi, "Mauthner's *Critique of Language*: A Forgotten Book at the *Wake*". *Comparative Literature Studies*, vol. XIX, n. 2, 1982, pp. 143 e 160. Para a influência de Mauthner sobre Beckett, ver da mesma autora "Samuel Beckett, Fritz Mauthner, and the Limits of Language". PMLA, vol. XCV, n. 2, 1980, p. 200. Este último artigo se encontra também em português: "Samuel Beckett, Fritz Mauthner e os limites da linguagem". Trad. e apres. de William André. *Criação & crítica*, n. 13, 2014, pp. 172-98.

9 Sebastião Uchoa Leite, "No planeta de Morgenstern", in C. Morgenstern, *Canções da forca* (São Paulo: Roswitha Kempf Editora, 1983), reunido em C. Morgenstern, *Jogo da forca*. Org. de Samuel Titan Jr. São Paulo: Editora 34, 2024.

10 L. Spitzer, "Die groteske Gestaltungs — und Sprachkunst Christian Morgensterns", in H. Sperber e L. Spitzer, *Motiv und Wort*. Leipzig: O. R. Reisland, 1918, pp. 53-123. O apêndice 4 da obra é dedicado a mostrar as passagens em que o poeta teria como inspiração direta o livro de Mauthner. Para uma visão mais reticente, embora sem negar as relações entre Morgenstern e Mauthner, ver J. Le Rider, *Fritz Mauthner*, op. cit., pp. 344-51.

seu dicionário fosse lido de um modo cético. Prega umas peças muito boas [*Gasta unas bromas muy lindas*]. Fala, por exemplo, do verbo alemão *stehen* (em inglês, *to stand*), que não tem equivalente em francês ou em espanhol, nos quais se tem de dizer *être debout* ou *estar de pie*. Mas observa que o francês e o espanhol têm de conhecer o conceito de *stehen*, porque senão teriam de cair no chão.[11]

Ensaio, erudição, ironia, ceticismo, ocultamento da realidade pela linguagem, determinismo da visão de mundo pela própria língua. Nessas poucas linhas, Borges vai como sempre direto ao essencial. Não custa lembrar que, no prólogo à segunda parte de *Ficções* ("Artifícios"), escreve: "Schopenhauer, De Quincey, Stevenson, Mauthner, Shaw, Chesterton, Léon Bloy, formam a lista heterogênea dos autores que continuamente releio".[12] E no conto de abertura do livro, "Tlön, Uqbar, Orbis Tertius", recorre à teoria mauthneriana das "imagens do mundo" (mundo verbal, mundo adjetivo, mundo substantivo) para dar uma ideia de como seriam os idiomas daquele planeta imaginário: inexistindo substantivos nas suas conjecturais línguas primitivas, os habitantes do hemisfério austral têm nos verbos a base de suas línguas e dialetos, enquanto no hemisfério boreal a célula básica é o adjetivo monossílabo, do qual se formam posteriormente os substantivos.[13] Assim como ocorre no caso de Joyce, Beckett e Morgenstern, ainda há pontos a explorar na leitura que Borges fez de Mauthner, dada a importância deste para a concepção borgiana do *ensaio*.[14]

Como que a confirmar a condição marginal do filósofo judeu-boêmio, Borges assinala, indignado, a sua ausência (e a de Schopenhauer) na *Breve história da literatura alemã*, de Gilbert Waterhouse:

---

[11] J.L. Borges, "Encuentro con Borges", entrevista a James E. Irby. *Revista de la Universidad de México*, n. 10, jun. 1962, p. 9. A passagem sobre o verbo *stehen* (estar, estar de pé) se encontra no verbete "*Sein*" [Ser] do *Dicionário de filosofia* (não traduzido nesta seleção).

[12] Id., "Artifícios", in *Ficções*. Trad. de Davi Arrigucci Jr. São Paulo: Companhia das Letras, 2015, 2ª ed., p. 98.

[13] J.L. Borges, "Tlön, Uqbar, Orbis Tertius", in *Ficções*, op. cit., p. 20.

[14] Para um estudo da "recepção" de Fritz Mauthner na obra borgiana, ver Silvia G. Dapía, *Die Rezeption der Sprachkritik Fritz Mauthners im Werk von Jorge Luis Borges*. Colônia: Böhlau, 1993.

A tradicional exclusão de Schopenhauer e Fritz Mauthner me indigna, mas já não me surpreende: o horror da palavra *filosofia* impede que os críticos reconheçam, no *Woerterbuch* de um e nos *Parerga und Paralipomena* do outro, os mais inesgotáveis e agradáveis livros de ensaios da literatura alemã.[15]

Um dos maiores *ensaístas* da língua ao lado de Schopenhauer, o autor do *Dicionário de filosofia* não tem lugar na história das letras alemãs. O juízo de Borges talvez pareça exagerado, mas indica bem, juntamente com o elogio que lhe faz Spitzer, como o escritor judeu-boêmio deve ser lido. É preciso sobretudo não enquadrar Mauthner numa especialidade, pois ele não é linguista, nem filósofo da linguagem. Ou melhor, ele não é *apenas* linguista nem *apenas* filósofo da linguagem. Sua formação tem algo de autodidata, o que não o isenta de possíveis erros: tendo assistido a alguns cursos de filosofia durante seus estudos de direito na Universidade de Praga, seguiu um roteiro próprio de leituras e se empenhou, anos a fio, em conseguir dominar os princípios da psicologia e da linguística, além de conhecimentos sobre biologia, fisiologia, matemática e física.[16] Em sua resenha, Spitzer anota que a visão mauthneriana da filologia e da linguística está um pouco desafasada em relação ao estado da arte de então e assinala que as interpretações das *Contribuições a uma crítica da linguagem* não são sempre impecáveis, embora facilmente corrigíveis.[17] Vindas de um filólogo tão preciso e implacável, as críticas soam como elogio. De fato, acrescenta o romanista, é insuperável o modo como ele coloca em palavras verdades já conhecidas e como apresenta novas sugestões: Mauthner "circunda seus problemas em voos concêntricos, diz com frequência algo sempre melhor, refinando as próprias observações".[18]

---

[15] J. L. Borges, "Gilbert Waterhouse: *A Short History of German Literature*", in *Discussão*. Trad. de Josely Vianna Baptista. São Paulo: Companhia das Letras, 2008, p. 166.

[16] A fim de aprimorar seus conhecimentos para escrever o *Dicionário de filosofia*, ele assiste a cursos de geometria não euclidiana, probabilidade, cálculo e física. Mauthner manteve correspondência com Ernst Mach, que tinha apreço por ele. Informações importantes sobre sua formação podem ser encontradas em "Exposição da minha filosofia", no final deste volume.

[17] L. Spitzer, "Fritz Mauthner, *Beiträge zu einer Kritik der Sprache*". *Literaturblatt für germanische und romanische Philologie*, op. cit., p. 208.

[18] Ibid., p. 204.

No acervo dos livros de João Guimarães Rosa depositados na Biblioteca do Instituto de Estudos Brasileiros da Universidade de São Paulo (IEB-USP), o leitor interessado pode encontrar os três tomos da segunda edição em alemão do *Dicionário de filosofia* que pertenceram ao escritor mineiro.[19] Os volumes contêm assinatura, mas não trazem marginalia, contrariamente a muitas outras obras de sua coleção. Desinteresse do autor? A resposta fica aos especialistas. Se as categorias fazem sentido, Rosa propende ao realismo linguístico, enquanto Mauthner é visceralmente nominalista. Mas os dois têm muito em comum no que diz respeito à porosidade das línguas, ao antipurismo linguístico e à mística. Sendo tão grande o sertão, será que o desterrado Fritz Mauthner, o filósofo judeu-boêmio, não virá um dia se juntar à jagunçada?

---

19 Fritz Mauthner, *Wörterbuch der Philosophie*. Leipzig: Felix Meiner, 1923--24. Os três volumes se encontram catalogados sob a seguinte numeração: GR R103 M459W 2 ed v.1; GR R103 M459W 2 ed v.2 e GR R103 M459W 2 ed v.3. Ver Daniel R. Bonomo, "A biblioteca alemã de João Guimarães Rosa". *Pandaemonium germanicum*, n. 16, 2010, pp. 155-83.

FRITZ MAUTHNER
WÖRTERBUCH DER PHILOSOPHIE

ERSTER BAND

J. Guimarães Rosa

Página do primeiro volume do *Dicionário de filosofia* com assinatura do escritor mineiro. Coleção João Guimarães Rosa (IEB-USP).

Sobre a seleção dos textos

Antes de lançar suas obras sobre a crítica da linguagem, Fritz Mauthner (1849-1923) foi jornalista famoso em Berlim e prolífico escritor de romances, novelas e sátiras. A primeira edição das *Contribuições a uma crítica da linguagem* foi publicada em três volumes, entre 1901 e 1902, pela editora Cotta, de Stuttgart; a segunda edição, ampliada, em 1906, e a terceira em 1921, ambas pela mesma casa editorial. O *Dicionário de filosofia* saiu pela primeira vez em 1910, numa edição em dois volumes publicada pela editora Georg Müller, de Munique e Leipzig. A segunda edição, ampliada, foi editada pela Felix Meiner em Leipzig no ano de 1923. Para esta tradução se utilizou a segunda edição tanto das *Contribuições* (cotejada com a terceira edição ampliada) quanto do *Dicionário de filosofia*. No caso deste último, trata-se da mesma edição que Guimarães Rosa possuía em sua biblioteca.

Uma explicação para o esquecimento em que caiu o autor está talvez na extensão dessas suas duas obras. As *Contribuições a uma crítica da linguagem* foram republicadas em 1982 pela editora Ulstein, e o *Dicionário de filosofia* em 1980 pela Diogenes, de Zurique. Mais recentemente, a editora Böhlau de Viena reeditou o que denomina *Obra filosófica* de Mauthner, com os três volumes das *Contribuições* e os três do *Dicionário de filosofia*. A edição ficou a cargo de Ludger Lütkhaus, mas, no que se refere ao estabelecimento dos textos, limita-se a reproduzir de modo fac-similar a terceira e a segunda edições, respectivamente, das duas obras.[1]

A situação não é melhor com as traduções. A primeira delas foi a versão para o inglês da monografia *Aristotle*, na tradução de Charles D. Gordon (Nova York: McClure, Phillips, 1907). Originalmente, o livro havia

---

[1] F. Mauthner, *Beiträge zu einer Kritik der Sprache* e *Wörterbuch der Philosophie. Neue Beiträge zu einer Kritik der Sprache*. Viena: Böhlau, 1999. O mesmo procedimento (reprodução fac-similar) havia sido adotado pela editora Georg Olms, de Hildesheim, em 1969.

sido publicado a pedido de George Brandes para figurar na sua coletânea *Literatur*, com obras de referência sobre personalidades literárias importantes. *Aristoteles. Ein unhistorischer Essay* (Berlim: Marquardt, 1904) pretende fazer uma crítica demolidora da metafísica de Aristóteles (e da filosofia ocidental nela fundada) partindo da ideia da sua dependência total, mas inconsciente, da língua grega. O ensaio se constrói sobre uma perspectiva não histórica, procurando estabelecer um paralelo entre a inconsistência da "gramática filosófica" de Aristóteles e a gramática do sânscrito estabelecida pouco antes com grande competência pelo gramático Pānini (c. 520-460 a.C.).

Em 1910, foi publicada pela editora Daniel Joro de Madri uma tradução parcial para o espanhol do primeiro volume das *Contribuciones a una crítica del lenguaje*. José Moreno Villa assina essa versão, republicada em 2001 pela editora Herder, de Barcelona, com introdução e revisão de Adan Kovacsics. Na entrevista concedida a James E. Irby em 1962, ao responder ao que pensava de Mauthner, Borges comenta a tradução desse primeiro volume para o espanhol dizendo:

> Existe uma tradução fragmentária muito ruim da sua *Crítica da linguagem*, feita por uma pessoa que evidentemente não sabe alemão. É uma versão tão literal, que o leitor tem de saber alemão para entendê-la. Propus a vários editores uma seleção de antologias de Mauthner em espanhol, que, no meu modo de ver, poderia interessar muita gente, mas não quiseram.[2]

Essa passagem é importante não só porque mostra o desejo de Borges de publicar uma antologia dos escritos filosóficos de Mauthner em espanhol, mas também porque se vê que ele leu pelo menos o primeiro volume das *Contribuições*, e não apenas o *Dicionário de filosofia*, como se poderia supor por sua declaração, em *Ficções*, de que este era um dos livros que mais costumava reler.[3]

A maldição da palavra é o título que Luisa Bertolini escolheu para sua seleção de trechos das *Contribuições*, do *Dicionário de filosofia* e do livro póstumo *As três imagens do mundo* (F. Mauthner, *La maledizione della parola. Testi di critica del linguagio*. Palermo: Centro Internazionale Studi di Estetica, 2008). Seleção e tradução são muito bem-feitas; muito

---

2   J.L. Borges, "Encuentro con Borges", entrevista a James E. Irby. *Revista de la Universidad de México*, n. 10, jun. 1962, p. 9.

3   Ver, acima, nota 12 de "O duplo desterro de Fritz Mauthner", p. 19.

bom também é o estudo introdutório, que analisa aspectos relevantes do pensamento mauthneriano, com destaque para o papel do humor. Em 2012 saiu a versão em francês do livro *A linguagem*, que Mauthner escreveu originalmente a pedido de Martin Buber. A tradução foi realizada pelo germanista Jacques Le Rider, que também prefacia a obra.[4] O livro tem importância, pois sintetiza algumas das principais teses de Mauthner sobre a linguagem, com destaque para a sua dimensão sociológica.

A seleção que o leitor tem em mãos é provavelmente a mais extensa nas línguas de que se tem notícia. Dada a impossibilidade de abarcar todos os aspectos da filosofia mauthneriana da linguagem, optou-se por recolher trechos emblemáticos. No caso das *Contribuições a uma crítica da linguagem*, a escolha de aproximadamente uma centena de rubricas procura dar uma ideia geral dos elementos fundamentais do seu pensamento (sentidos contingentes, memória, evolução, erro etc.), incluindo sua interpretação de alguns autores importantes nos campos da linguística (Humboldt, Steinthal, Hermann Paul), da física e da matemática (Helmholtz, Mach), da biologia (Darwin, Hering).[5] Essa perspectiva ao mesmo tempo mais básica e geral é indispensável para a compreensão dos verbetes do *Dicionário de filosofia*, concebidos pelo autor como uma continuação ou, como diz o subtítulo, como *Novas contribuições a uma crítica da linguagem*. Dos 216 verbetes (alguns mais, outros menos longos) do *Dicionário* foram escolhidos 27, com os quais se procura contemplar a variedade de seu interesse, mas também a maneira como Mauthner redige as suas "monografias de história cultural", que marcaram o ensaísmo de Jorge Luis Borges. Alguns trechos do livro *A linguagem* [Die Sprache] servem para dar uma visão de um tema muito importante, desenvolvido pouco depois na introdução ao *Dicionário*: a migração das palavras e expressões; também enfocam a discussão sobre a dimensão social da linguagem. Fechando o volume, "Exposição da minha filosofia" é um depoimento importante sobre a trajetória filosófica e linguística do autor. Nele, Mauthner apresenta ainda sua concepção das "três imagens do mundo", que será desenvolvida no livro póstumo publicado com este título.[6]

---

[4] F. Mauthner, *Die Sprache*. Frankfurt am Main: Literarische Anstalt Rütten und Loening, 1907; id., *Le langage*. Trad. e pref. de J. Le Rider. Paris: Bartillat, 2012.

[5] Alguns trechos não foram integralmente traduzidos. Neste caso, as passagens vêm precedidas ou seguidas de reticências entre colchetes: [...].

[6] F. Mauthner, *Die drei Bilder der Welt: ein sprachkritischer Versuch* [As três imagens do mundo. Ensaio linguístico-crítico]. Ed. póstuma de Monty Jacobs. Erlangen: Verlag der philosophischen Akademie, 1925.

A realização deste volume contou com a ajuda de algumas pessoas às quais os tradutores gostariam de agradecer: Natalia Giosa Fujita e Walter José Maria Filho foram importantes para a tradução de alguns verbetes do *Dicionário de filosofia*. Luis Sergio Krausz foi indispensável para as dúvidas do ídiche, assim como Berthold Zilly para as do alemão e seus dialetos. O organizador gostaria de agradecer a ajuda de Daniela Piantola, supervisora técnica, e de Silvana Bonifácio, bibliotecária da Biblioteca do Instituto de Estudos Brasileiros (IEB-USP), fundamentais na pesquisa da Coleção João Guimarães Rosa, além de Silvia Martini Pontes, da Biblioteca Florestan Fernandes (FFLCH-USP). Nina Schipper foi vital para a viabilização de um projeto desta envergadura. E não se poderia deixar de agradecer a Samuel Titan Jr. e à Editora 34, que, diferentemente dos editores argentinos referidos por Borges, abraçaram generosamente esta iniciativa.

Nos meses em que refundi minha obra, havia horas de soberba em que sentia o poder de conciliar uma mística firme como a terra, de pé no chão, com um ceticismo celestialmente sereno, celestialmente distante; horas em que acreditava ter solucionado o meu problema: a impossibilidade de ensinar o conhecimento humano do mundo. Pois nosso tão reputado domínio sobre a natureza é somente espoliação da natureza, sem a sua compreensão. Como a Antiguidade espoliava seus escravos, sem reconhecer o que havia de humano neles. Foi preciso vir um mestre para pregar respeito pelo homem contristado. Nossa confissão de ignorância ensinará o respeito pela natureza muda.

Havia horas de humildade em que todo o trabalho extenuante com os problemas crítico-linguísticos me parecia de diminuto valor perto da atividade dos homens que lutam na vida, perto do esforço da ciência natural em proporcionar mais alegria de vida à humanidade, em dar uma fatia mais grossa de pão com manteiga a uma criança.

E eu não saberia dizer quais foram as melhores, as horas de soberba ou as horas de humilhação.

FRITZ MAUTHNER,
"Prefácio à segunda edição" das *Contribuições a uma crítica da linguagem*

Contribuições
a uma crítica
da linguagem

V. I

LINGUAGEM

Introdução[1] "No princípio era a Palavra."[2] Com a palavra os homens se encontram no início do conhecimento do mundo, e aí permanecem, se permanecem na palavra. Quem quer ir além, mesmo que seja um passo ínfimo, para o qual contribuirá o trabalho de pensamento de toda uma vida, tem de se libertar da palavra e da superstição da palavra, tem de procurar salvar seu mundo da tirania da linguagem.

Aqui nenhuma perspicácia, nenhum ateísmo crítico em relação à linguagem será de ajuda. Não há firmeza no ar. Precisamos subir cada degrau, e cada degrau é um novo engodo, por não estar livremente suspenso. Cada degrau, por mais baixo que seja, e por mais fugazmente que quem sobe se detenha nele, por mais que o toque apenas com a ponta dos pés: no momento em que o toca, já não é mais livre, também está preso à língua desse instante, desse degrau. Mesmo que tenha construído para si o degrau e a língua desse instante.

O trabalho de anos seria sempre ilusão se aquele que quisesse tomar para si a tarefa de se libertar[3] da linguagem esperasse realizá-la como uma obra ordenada, escalonada. Não é livre o homem que ainda chama a si mesmo de ateu, de inimigo daquilo que nega. Não pode consumar a obra de se libertar da linguagem quem procura escrever um livro com fome de palavras, com amor às palavras e vaidoso delas, na língua de ontem, de hoje ou de amanhã, na língua enrijecida de um degrau determinado, fixo. Se quero ascender na crítica da linguagem, que é

---

[1] Esta introdução se encontra no primeiro volume das *Contribuições*, intitulado "Contribuições à linguagem e à psicologia". (N.T.)

[2] Em alemão: *Im Anfang war das Wort*. A famosa frase do início do Evangelho de São João soa menos culta em alemão do que em português, que costuma traduzir *lógos* do grego por "Verbo", seguindo a tradução em latim: "*In principio erat verbum*". Preferiu-se manter a tradução mais literal do alemão porque, com a versão consagrada "No princípio era o Verbo", a sequência do texto só faria sentido se o leitor mantivesse em mente o sentido culto de "verbo" como "palavra, discurso". (N.T.)

[3] Em alemão: *Erlösung*, que também pode querer dizer "salvação", e a tradução ficaria assim: "Quem quisesse se salvar da linguagem". (N.T.)

a ocupação mais importante da humanidade pensante, preciso eliminar a cada passo a língua que está atrás, diante e dentro de mim, tenho de destruir cada degrau da escada enquanto vou subindo. Quem quiser seguir que reconstrua os degraus para os destruir de novo.[4]

Compreendê-lo implica renunciar à ilusão de escrever um livro contra a linguagem numa língua enrijecida. A língua, porque é viva, não permanece inalterada do início ao fim de uma frase. "No princípio era a Palavra": quando se pronunciam essas cinco palavras, a locução "no princípio" já tem o seu sentido modificado.

Assim foi preciso tomar a decisão de ou publicar estes fragmentos como fragmentos ou de entregar o todo ao mais radical dos salvadores, o fogo. O fogo teria trazido sossego. Mas, enquanto vive, o homem é como a língua viva e crê que tem algo a dizer, porque fala.

O que mata os percevejos mata também o pope.

O pope Era uma vez um pope, pope o bastante para ter percevejos em seu leito e espírito livre o bastante para sentir seus percevejos como algo repulsivo ou, ao menos, estranho. Empregou em vão, um após outro, centenas de meios para acabar com seus percevejos. Um dia, porém, trouxe da cidade grande, onde ficava a universidade, um pó que deveria libertá-lo, infalivelmente. Ele o espalhou e se deitou. Na manhã seguinte, todos os percevejos estavam mortos, mas também o pope estava morto. O que mata os percevejos mata também o pope.

Mais de uma vez comecei a transformar essa velha e verdadeira história numa sátira ao clero de todos os povos. Mas sempre recuava horrorizado ante o pensamento de que a sátira poderia atingir não só as Igrejas, mas também todas as filosofias, e nenhuma filosofia mais tristemente do que aquela que pretendesse libertar o mundo da linguagem mediante pobres palavras.

---

[4] Conforme indicam diversos comentários, essa passagem lembra bastante a penúltima proposição (6.54) do *Tractatus logico-philosophicus* de Wittgenstein: "Minhas proposições elucidam dessa maneira: quem me entende acaba por reconhecê-las como contrassensos, após ter escalado através delas — por elas — para além delas. (Deve, por assim dizer, jogar fora a escada após ter subido por ela.)". L. Wittgenstein, *Tractatus logico-philosophicus*. Trad., apres. e estudo introdutório de Luiz Henrique Lopes dos Santos. São Paulo: Edusp, 2001, 3ª ed., p. 281.

Nesta hora sorridente de decisão e de desfecho, tocando o degrau que acaba de ser destruído, no qual me libertei da fome de palavras, do amor e da vaidade das palavras, volto a lança contra mim mesmo e digo: o que mata os percevejos mata também o pope.

Essência da linguagem

Língua materna em parte alguma Não há dois seres humanos que falem a mesma língua. Nos momentos do mais profundo mau humor, todo mundo terá pensado alguma vez que nenhum outro entende a própria língua particular. Todos podem entender essa proposição figuradamente. Mas não se admitirá facilmente que contém uma sóbria verdade científica. Uma verdade que também se poderia exprimir assim: cada um "domina" um setor diferente da língua materna comum. É-me difícil escolher essa palavra.[5] Pois é fato corriqueiro que o recorte da língua materna que entendemos é diferente, maior, do que aquele que falamos, como também geralmente entendemos diversos dialetos vizinhos, mas só podemos falar o próprio.

Essa reflexão se funda no conceito de uma língua comum a um povo, a língua materna. Onde essa língua é realidade? Onde, em que mundo? Ela não está no indivíduo. Pois este entende apenas uma parte do tesouro do vocabulário e das formas, emprega apenas uma pequena fração daquilo que entende. Ela não está nos livros. Pois, do contrário, não teria havido língua antes da invenção da escrita. Nos livros também só há no máximo coleções de palavras e regras, em seguida literaturas que surgiram casualmente, mas também em parte alguma a possibilidade de uma língua reunida. Onde, portanto, o abstrato "língua" é realidade? *No ar*. No povo, *entre os seres humanos*.

Ninguém, pois, pode se gabar de conhecer mesmo a sua língua materna. Jacob Grimm nem sempre observou suas próprias regras. O próprio Goethe empregava muitas palavras de modo inseguro, cometia "erros de linguagem". Em suma, ninguém conhece tão exatamente a língua alemã para estar certo de todas as formas de emprego, para não encontrar de tempos em tempos palavras que jamais empregou, ouviu ou leu. Sempre que três alemães de regiões distintas se encontram, alemães de graus

5   "Domina." (N.T.)

de formação ou instrução apenas pouco diferentes (também se poderia incluir aqui três de idades bem diferentes), um logo dirá uma palavra ou forma que os outros não entendem, ou que o segundo entende, mas o terceiro não. Isso pode chegar ao ponto de que cesse o que há de comum no material linguístico expresso ou entendido (ou ambos); a igualdade ou limitação dos três indivíduos pode, no entanto, ser também tão grande que suas línguas só divirjam em nuances. Sabemos que comunidade é essa que deve, no entanto, constituir o sinal característico da língua. A língua é comum, assim como o horizonte é comum: não há dois homens com o mesmo horizonte, cada um é o centro do seu próprio.

Linguagem e socialismo

Entre os homens Desde que se aprendeu a considerar a língua da mesma maneira que a psicologia dos povos,[6] não como algo que ocorre na minha ou na tua mente, mas como algo pairando entre os seres humanos como o éter, desde então também se foi obrigado a atribuir a lógica à psicologia dos povos, e também a reconhecer o pensamento como algo que separa os homens como as águas correntes, ou como algo que os conduz sobre elas como pontes flexíveis, mas que nunca se assemelha à terra firme.

[6] Psicologia dos povos (em alemão, *Völkerpsychologie*) é a corrente da psicologia inaugurada por Moritz Lazarus e Heymann Steinthal e desenvolvida por Wilhelm Wundt, muito influente sobre o pensamento de Mauthner. Heymann Steinthal (1823-1899) foi filólogo, seguidor de Wilhelm von Humboldt, de quem editou as obras. Junto com seu cunhado Moritz Lazarus (1824-1903), fundou a *Zeitschrift für Völkerpsychologie und Sprachwissenschaft* [Revista de psicologia dos povos e linguística]. Como lembra Jacques Le Rider, Mauthner encontra em Steinthal "o modelo de uma combinação do pensamento de Wilhelm von Humboldt e da psicologia de Herbart que permite abordar a teoria da linguagem de um ponto de vista cognitivo, estético e antropológico [...]. Para Mauthner, como para Steinthal, a teoria da linguagem é necessariamente interdisciplinar". J. Le Rider, *Fritz Mauthner. Scepticisme linguistique et modernité. Une biographie intellectuelle*. Paris: Bartillat, 2012, pp. 295-96. Ainda segundo Le Rider, Wilhelm Wundt publicou os dois volumes sobre linguagem, mito e costumes de sua *Völkerpsychologie* em 1900 (Leipzig: Engelmann), isto é, quase contemporaneamente às *Contribuições a uma crítica da linguagem*. Na sua obra, Wundt considera que as línguas são "a expressão mais viva do espírito do povo [*Volksgeist*]". Ibid., p. 298. (N.T.)

Por certo, na medida em que o pensamento ou a língua é um produto próprio, uma coleção de sinais rememorativos para não nos perdermos na multidão de impressões, a língua está ligada, sem dúvida, ao indivíduo, ao meu cérebro e ao teu. Essa é, porém, a menor parte da língua, a mais valiosa para a pessoa, a menos valiosa na bolsa do comércio humano; pois não é vendável, não é transferível, é ininteligível, incomunicável.

Na medida, porém, em que o indivíduo recebe, impressos no cérebro, da ama, do professor, do seu jornal sinais linguísticos prontos para conceitos prontos, a língua (que justamente se chama pensamento, assim que entra em movimento) é facilmente posta em contato, mediante tais sinais, com todos os cérebros individuais; mas a sua própria vida ela a vive, trêmula e tremeluzente, entre os homens. Ela colhe seus conceitos da tradição, faz imprimir seus valores na bolsa do comércio.

Por isso, quem quer que seja atrevido o bastante para se livrar dessa rede aliciante da língua comum, para saltar por sobre o abismo de nossa ignorância, não só intuindo com o próprio cérebro, mas pensando e falando, mediria certamente mal[7] o tamanho do salto. Por sorte, não poderá se libertar da língua comum: também nele foram impressos os sinais comuns, também ele pensa alto, de certo modo fora de sua mente, entre os homens. E assim como os nervos simpáticos, que servem à vida inconsciente da respiração e da digestão, estão todavia em contato com o sistema nervoso central, também o homem mais solitário, assim que fala, depende justamente da língua que surgiu entre os homens.

Língua dual E assim também se justifica a afirmação de que, por fim, não há língua geral, mas apenas línguas individuais. Note-se bem: é certo que a língua individual é a que ainda mais se aproxima de uma realidade possível. Mas porque é sempre algo entre os homens, porque é social, a língua, por outro lado, não pode estar no indivíduo. Quem atenta para isso logo observa que, além das línguas individuais, também se poderia falar de línguas individuais entre cada dois homens. Com cada amigo — cortesia e imitação à parte — nós falamos uma língua algo diferente. Quem não é forte o bastante para observar isso num modelo vivo que leia a correspondência de homens importantes. Como a

---

[7] Mauthner joga nessa passagem com o duplo sentido da palavra *vermessen* em alemão, que significa "atrevido, ousado" (como no início da frase) e também "medir, calcular mal". (N.T.)

língua individual de Goethe se modifica com os anos e com seus correspondentes! E na correspondência jocosamente grandiosa entre Voltaire e o rei Frederico, além das duas línguas marcadamente individuais, se pode observar ainda uma terceira. O selo "ecr. l'inf."[8] pertence, por fim, às três línguas. Às duas línguas individuais e à comum, à sua língua dual.

O conhecimento é social/Ética Se conceito e palavra, se pensar e falar são uma coisa só, se, além disso, a língua não pode se formar historicamente e no uso individual a não ser socialmente, então também o conhecimento da realidade tem de ser uma atividade conjunta dos homens. Eu poderia seguir inferindo: porque essa comunidade é uma abstração, é impossível que também o conhecimento seja algo real. A inferência é concludente; mas eu sucumbiria à superstição linguística se me contentasse com essa inferência realizada em palavras. O resultado já parece mais confiável se o encontramos confirmado num âmbito, o da ética, que desde tempos imemoriais foi tido como próprio à revelação e, portanto, como o mais seguro dos conhecimentos. O indivíduo sem conexão alguma com os outros homens não pode ter absolutamente nenhuma ética. Ética é um fenômeno social. Como a linguagem, a ética só existe entre os homens, porque também ela é apenas linguagem. Ética consiste no fato de surgirem conceitos de valor entre os homens, conceitos estes que se impõem à consideração das ações humanas como juízos de valor.

Com os juízos de valor, entretanto, ocorre o mesmo que com a maioria dos outros juízos; eles não se fundam na experiência individual daquele que julga, mas na experiência dos antepassados e dos contemporâneos, e essa experiência não é crença, tradição, apenas na religião e nos costumes mas também em cada conhecimento do mundo real. E essa tradição não está apenas registrada na língua, mas é, além disso, a própria língua.

Com esta última frase estou me antecipando à investigação. Para nós, a quem a linguagem nada mais é que a cômoda memória do gênero humano, e aquilo que se chama de saber nada mais que essa mesma memória na ordenação econômica do homem individual, para nós só pode haver leve e nuançada diferença entre linguagem e conhecimento. Ambos são memória, ambos são tradição. No interior da linguagem

---

[8] Abreviação de *Écrasez l'infâme* (Esmaguem o infame), usada recorrentemente por Voltaire em suas cartas. Também ECRLINF. (N.T.)

só diferenciamos saber de transmissão ou tradição caso possamos demonstrar ou não, caso possamos repetir ou não, as percepções que estão no fundamento da memória. Uma vez que isso é especialmente difícil no âmbito das religiões e de sua crença particular, foi ali que esses conceitos se desenvolveram, e temos quase receio de descobrir tradição e crença também no domínio do conhecimento. E, no entanto, temos de reconhecer e ensinar, inflexível e intransigentemente, que o saber perceptivo, apoiando-se nos sentidos contingentes adquiridos por herança social, também pode ser apenas antropomórfico, convencional, tradicional.

Mal-entendido pela linguagem[9]

Nossa reflexão sobre a essência da linguagem nos levou à primeira aparente contradição: a linguagem (não importa se pensemos em abstrato ou em línguas isoladas, ou mesmo nas línguas individuais) não é nada de real e, no entanto, pode ser algo bastante eficaz, uma arma, um poder. Logo voltaremos à língua como causa eficiente de outros fenômenos. Agora nos detém o pensamento de que são possíveis contradições no pensar, isto é, no uso lógico da linguagem. Essa ideia se mostrará em toda a sua crueldade somente na crítica da lógica. Aqui, neste início, não pretendemos ainda afirmar a necessidade do erro, mas apenas dizer que os indivíduos falantes entendem mal aos outros e a si mesmos. "*Nous sommes*", diz uma vez Flaubert, "*tous dans un désert. Personne comprend personne.*"[10]

Não entender Entre as razões por que os homens não podem se entender uns aos outros está, em primeiro lugar, o aumento paulatino das palavras, ou seja, a história de cada língua.

Isso porque, contrariamente a toda lógica, as palavras se tornam cada vez mais ricas, tanto em seu conteúdo quanto em sua abrangência. Compare-se o que uma criança e um camponês compreendem por

---

9   Este texto abre o capítulo IV, a que pertencem os próximos dois tópicos. (N.T.)
10   "Estamos todos num deserto. Ninguém entende ninguém." Carta de Flaubert a Madame Brainne, 30 de dezembro de 1878. Em francês no original. (N.T.)

"estrela", e o que por ela compreende um astrônomo. Assim como a continuidade, a recordação, a personalidade não é interrompida porque o bebê de cinco quilos se tornou a ama de cem quilos, assim também jamais ocorreu uma interrupção na vida da palavra. E, como a palavra passa de um indivíduo a outro, pode-se dizer que nossas palavras têm por trás de si um crescimento de milênios. Como a cepa de vinho que hoje produz frutos nos limites dos bosques é no fundo a mesma que crescia em tempos remotos, por exemplo, na Pérsia, e que então, não se sabe por que desvios dos países civilizados, chegou à Itália como um tanchão, e de lá, por capricho de um imperador, foi levado ao Reno e então ao Hardt; como, portanto, aquilo que não se pode nomear, mas que constitui a vida dessa cepa de vinho, continua a levar imortalmente sua vida desde milênios, assim também ocorre com toda palavra que empregamos. Mas assim como apenas algumas dessas cepas atingem como que pessoalmente cem anos, assim como a cepa persa primordial precisa começar de novo a ser cultivada nos limites dos bosques, assim também a palavra cresce tranquilamente pelos séculos enquanto tem de começar a germinar de novo em cada indivíduo isolado.

Ora, mas assim como nas inúmeras cepas da mesma espécie, com seus milhares de folhas e bagos, não há duas folhas ou bagos iguais, assim também a palavra isolada, que tem de germinar milhões de vezes em milhões de conterrâneos, não tem, em dois deles, exatamente o mesmo conteúdo, o mesmo alcance, o mesmo valor.

Nós não atentamos para as folhas quando apenas sussurram ao vento. E também os bagos não têm importância na prática, desde que produzam alguma mistura que possa ser bebida. A linguagem humana também basta para a prática, verossimilmente porque o que importa para cada indivíduo é apenas si mesmo. Só os tolos que querem entender e ser entendidos sentem a insuficiência da linguagem.

Entender mal a si mesmo Também por vezes foi demonstrado pelos seus críticos que mesmo os pensadores mais perspicazes entenderam mal a si mesmos aqui e ali. Isso, entretanto, seria de todo impossível se pensar fosse outra coisa que falar. Seria, portanto, impossível que Kant tivesse por vezes entendido mal seu próprio conceito de *a priori* se seu conceito fosse algo antes da palavra.

Mas, uma vez que pensar e falar são uma coisa só, uma vez que a atividade espiritual dos melhores pensadores não consiste em nada mais que a definição aprimorada das palavras abstratas por eles empregadas, uma vez que, consequentemente, a obra mais poderosa dos mais poderosos pensadores com frequência só permanece eficaz porque eles diferenciaram novamente um conceito antigo ao tornar seu conteúdo um pouco mais rico ou um pouco mais pobre em uma nuance, porque empregaram o conceito antigo com a nova nuance somente nos momentos de sua melhor perspicácia espiritual, embora, no mais, segundo o hábito de seus contemporâneos: daí podem surgir mal-entendidos próprios a eles mesmos, aos quais poderíamos mais corretamente chamar de incertezas da linguagem.

Não só indivíduos de exceção, indivíduos fora de série, estão destinados a nem sempre entender a própria língua. Também o homem simples, o homem genérico e de rebanho, entende mal a si mesmo — pela linguagem. Porque temos a palavra "livre", consideramos que somos livres. Porque podemos dizer "queremos", acreditamos que queremos. Eu quero, a pedra tem de.[11] Porque podemos dizer "eu", acreditamos em nós. E que homem seria forte o bastante para pensar o conceito "morte", que pensa como "a morte dele", também com respeito à "minha morte"? Por certo, "a morte dele" é algo que vivencio; a minha morte não. E o que é que se vivencia? O que entra pelas portas de nossos sentidos? Oh, não! É apenas o que pode ser ligado por palavras ao nosso eu, a uma palavra.

No vigésimo primeiro capítulo de sua origem do homem, diz Darwin: "Fatos incorretos são extremamente impeditivos ao progresso da ciência, mas visões incorretas, apoiadas em demonstrações, podem causar pouco dano, pois todos têm um prazer salutar em demonstrar sua incorreção".[12]

Darwin menciona aí, em toda a candura, que as visões falsas podem ser sustentadas por demonstrações. Na verdade, tais visões são apenas palavras, e a abundância do pensamento ou da memória humana é tão pouco ampliada ou diminuída a longo prazo quanto o mar pela aragem mais forte, pela tempestade que sopra aqui e ali sobre ele.

---

11   O verbo empregado aqui é *müssen*, que indica necessidade imutável, incondicional, correspondente ao inglês *must*. Ver a rubrica "A vontade livre", mais adiante, onde Mauthner diferencia entre a vontade e a pedra que cai inexoravelmente. Neste volume, p. 83. (N.T.)

12   C. Darwin, *A descendência do homem e seleção em relação ao sexo*, cuja primeira edição é de 1871. (N.T.)

Valor da linguagem

Instinto Se o darwinismo fosse mais do que uma hipótese instigante, se nos proporcionasse sérios conhecimentos, talvez percebêssemos que também a evolução dos animais tem sua história codificada. Talvez soubéssemos que o patrimônio da memória de milênios está mais bem registrado nas asas de um pássaro, isto é, na anatomia das partes da asa, na constituição leve e prática dos ossos, na construção das penas etc. do que a soma da cultura na língua de um povo. Talvez soubéssemos que a memória de uma espécie permanece mais legível na forma do órgão responsável pelo voo do que na direção do voo, na constituição do órgão da fala do que nas alterações vocálicas ou de significação. O darwinismo, todavia, é apenas o começo de uma hipótese e, assim, ainda permanece em nossa concepção a velha oposição entre a evolução humana avançando visivelmente e a cultura estacionária (por exemplo, nas colônias de abelhas e de formigas), que ainda chamamos de instinto. Falta provavelmente a abelhas e formigas — não o podemos saber com toda a certeza — uma invenção como a linguagem humana, um aparato de nervos sensíveis pelo qual as experiências da memória individual possam ser rápida e comodamente acrescentadas à memória da espécie ou ao instinto. Nossas observações são parcas ou recentes demais para sabermos se as formigas fizeram progressos desde tempos remotos. O conceito de adaptação só permite logicamente a inferência de que experiências pessoais podem ser conservadas utilmente na memória.

Os sentidos são contingentes Podemos subir um passo mais se lembramos que as categorias da nossa língua estão numa dependência necessária dos nossos órgãos do sentido, mas nossos sentidos — como será exposto posteriormente — são sentidos contingentes. Não é contingente que, segundo a construção de nossos órgãos do sentido, separemos no mundo o nosso eu das coisas, nas coisas as qualidades dos movimentos, nas qualidades as cores, sons etc. Mas é contingente que os animais terrestres, incluindo o ser humano, tenham desenvolvido justamente os sentidos para os sons, para as cores etc. O pedaço de ferro sem vida é, por sua vez, muito mais sensível às categorias da química e da eletricidade, completamente desconhecidas de nós. Desse ponto de vista um pouco mais elevado e rarefeito, a controvérsia sobre a utilidade da linguagem nos aparece como uma controvérsia sobre a utilidade de nossos sentidos, isto é, sobre as vantagens e desvantagens da compleição de nosso corpo. Enquanto se acreditou num deus que fizera tudo muito bem, os lados fracos de nossa organização tinham de conduzir à crença em um diabo que produzira os defeitos. A sujeição à evolução cega ensina a última resignação, o silêncio sobre a questão do bem e do mal, da utilidade e do dano. A linguagem se transforma na memória do organismo chamado homem, e esse mesmo organismo é também a memória de sua própria evolução. Vida e linguagem coincidem numa unidade indissolúvel. Podemos dizer: da mesma maneira que a memória como "capacidade", como função do cérebro, e a memória como ato isolado (recordação) coincidem inteiramente numa mesma palavra, assim também aqui; organismo é a memória de toda natureza viva, a linguagem é a mesma memória ainda uma vez, desde a possibilidade de recordação — com a possibilidade de recordação. E a pergunta pela utilidade da linguagem, isto é, se sou útil para mim mesmo, dilui-se numa mera disposição de humor, no sentimento comum, que se modifica de momento a momento, se me alegro ou não com minha vida.

Pessimismo Toda a história da filosofia, ou seja, a série de obras do pensamento de homens importantes, é perpassada pelo contraste surpreendente de que todas as mentes de primeira ordem compreenderam a miséria, o terror da vida e, de Homero a Schopenhauer, exprimiram de algum modo a sentença de Sófocles segundo a qual seria melhor não ter nascido, embora, por outro lado, elas mesmas mostraram ou recomendaram uma superior serenidade de espírito. Como a mais profunda perspicácia pode ao mesmo tempo conduzir ao pessimismo e ao otimismo — como é comumente chamado —, à dor do mundo e à mais tranquila serenidade?

O enigma se ilumina um pouco quando observamos que quem mais profundamente se empenha em conhecer o mundo também é quem melhor compreende que a linguagem é uma impostora. E então é certo que todo olhar que rapidamente se lance por detrás do véu da vida nos encha do mais temível horror, o horror diante da besta que existe em nós; mas é certo que esse mesmo conhecimento pode se decantar em serenidade quando sabemos que ele nada mais é que linguagem, uma brisa da lembrança.

É que o horror diante da vida, a dor do mundo ou o pessimismo — querer apresentá-lo depois de Schopenhauer, como E. von Hartmann, é supérfluo e vão —, o terror diante da vulgaridade dos três poderes motores[13]

---

[13] Esses três poderes motores degradantes ou vícios são fome, vaidade e luxo, como se lê pouco antes na rubrica "Maldição da linguagem" (não traduzida aqui). (N.T.)

ainda não é propriamente um conhecimento, mas uma tonalidade do sentimento, uma disposição de espírito, sempre só encontrável nos melhores pensadores (e também nos autores de teodiceias), porque a capacidade para um enorme trabalho mental jamais pode existir sem forte suscetibilidade dos outros grupos nervosos. É no presente que o homem sofre, e sempre sofre, porque tem sentidos finos; sofre pela baixeza da natureza humana (inclusive a própria), pelo sofrimento dos outros (incluindo os animais), pela eterna insatisfação. É o presente que sempre está aí, e por isso a dor do mundo, a dor acerca do mundo e pelo mundo, paira como uma nuvem escura sobre a vida do pensador.

Serenidade Mas o que sobressai dessa nuvem como um arco-íris, e de tal modo que cada um é o centro de seu mais próprio arco-íris, é a serenidade[14] de espírito, que foi ensinada por toda grande inteligência, de Sócrates a Kant. Só que era falso querer ensiná-la, porque ela resulta da compreensão mesma. Ou seja, a compreensão é sempre serena, porque compreensão, conhecimento, filosofia, pensamento, ou como se queira chamar, consiste sempre apenas em linguagem, mas linguagem nada mais é que recordação, a soma de recordações do gênero humano, porque a recordação é serena, mesmo a recordação de algo triste.

Isso soa paradoxal, mas é uma experiência cotidiana. Só a vida, o presente, dói. A compreensão mesma dessa dor, contudo, precisa assumir a forma da linguagem, e assim linguagem é a libertação da dor pela recordação. E já aqui vemos a linguagem aparentada às lágrimas.

Examinando com mais exatidão, também a compreensão de dores futuras é, enquanto compreensão, fundamento de serenidade; enquanto pintamos os sofrimentos futuros em pensamento, isto é, em palavras, enquanto o fazemos pelo órgão da recordação, não faz diferença se a dor é iminente ou uma dor pretérita. E por isso podemos nos representar, sem nenhum movimento, torturas que não conhecemos, assim como em certos anos os jovens pintam, por prazer, que estão sendo empalados, supliciados na roda e assim por diante — o que não é uma recordação da experiência, mas uma recordação livresca. Nela, a mais temível dor futura é puro prazer.

14 *Heiterkeit* em alemão também significa "alegria", "satisfação", "contentamento", "jovialidade", "bom humor". O autor evoca aqui uma das acepções correntes do adjetivo *heiter*, que indica tempo sereno, sem nuvens, límpido, claro. (N.T.)

A isso parece se opor o fato de que a representação de sofrimentos futuros (temor) pode atormentar e mesmo provocar alterações fisiológicas profundas. Mas então são desencadeadas representações silenciosas, que atacam diretamente a vida e, por isso, são sofrimentos presentes; é assim que o bichinho treme nas garras da ave de rapina, embora em geral pense pouco no futuro. O homem comum "perde a consciência" quando o algoz, uma arma ou o fogo o ameaçam; ele perde justamente a linguagem, isto é, o pensamento, ele já não pensa no futuro, ele o sente como presente. Ora, na virtuosidade de seu pensamento, aquele que é chamado de filósofo pode continuar pensando sob tais circunstâncias, ou seja, pode representar com palavras o futuro como futuro; e imediatamente o que parecia dor se torna mera brisa, o sofrimento é deslocado com mão forte do presente ao futuro, e Giordano Bruno sobe sorridente à fogueira, e Sócrates aguarda a morte em conversa amistosa.

Já aqui a linguagem obtém sua magia como instrumento artificial, ou melhor, a arte se intensifica ao extremo, torna-se uma magia que faz o homem supremo se ver na hora mais amarga como obra de arte — a dor mais medonha não é sentida, porque é pensada.

Eis a tranquila serenidade dos poucos verdadeiramente grandes; a linguagem lhes cria essa serenidade. Diante da hora amarga, a linguagem é para eles um riso mais malvado.

Arte da palavra

Poesia e lógica Acreditamos até agora que o sentido, a frase, o pensamento surgem, ou melhor, constituem-se do encaixe lógico de palavras ou conceitos. Atribuímos, no entanto, à linguagem a capacidade de transmitir ou até enriquecer o pensamento. Mas como, se — como agora experimentamos — o contexto, isto é, o sentido, o pensamento, a frase é que devem primeiramente esclarecer a palavra? Não será confessar que tudo o que é dito é e tem de ser tautologia, que não podemos dizer nem entender nada a não ser o que já sabemos, que o todo existe antes das partes, a frase antes da palavra? Que, portanto, toda a antiga lógica escolástica colocou a verdade de ponta-cabeça?

Esses pensamentos ruins procurarão deter o leitor quando, no trajeto ulterior do longo caminho em comum, a crítica da linguagem se tornar crítica da lógica. Mas aqui quero apenas apontar que essa descoberta verdadeiramente terrível só ajuda a esclarecer por que a língua é um esplêndido meio artístico e um miserável instrumento de conhecimento. Pois o poeta quer sempre comunicar apenas uma disposição de espírito. A sua situação psíquica. Aquilo que reside no fundamento da disposição de espírito, a imagem da realidade, só mantém a amarração da poesia como o cordão que amarra a coroa de rosas. Não importa muito que ela possa ser entendida erroneamente (o que ocorre com frequência), traduzida de acordo com a situação psíquica do leitor ou do ouvinte. O processo é apreendido efetivamente pela representação sensível na forma de mosaico, o tom da disposição espiritual é dado pela primeira palavra. No poeta, as palavras seguintes podem, pois, ser esclarecidas por meio das primeiras.

Linguagem da poesia O poeta jamais pode fazer outra coisa a não ser partir da linguagem cotidiana. Ele pode aproveitar o que as palavras contêm em riqueza de representações históricas e simbólicas. Mas aquilo que oscila sem nome, de um lado a outro, em acordes e em soluções de dissonância há pouco inventados, aquilo que cintila e brilha em nuances de cor sem nome sobre novos quadros, ou igualmente aquilo que a ciência pressente de modo obscuro, ainda não está maduro para a língua da arte da palavra, porque ainda não é justamente material linguístico, porque a representação ainda não está involuntariamente ligada às ondas sonoras da palavra. Eis o dilema, a antinomia: somente a língua comum é material para o poeta; mas só é poeta aquele cuja língua individual é mais rica, mais forte ou mais profunda do que a língua comum.

É assim que, infelizmente, mesmo o simbolista naturalista com frequência se torna apenas um virtuose da língua quando se esforça para dizer o indizível. Só raramente ele conseguirá enriquecer a língua com uma única palavrinha. O grande poeta de nossa época seria justamente aquele que pudesse converter as novas representações da música, da pintura e da ciência em palavras que logo se tornassem palavras da língua poética. Pouco se consegue com o tartamudeio, o balbucio e a imitação dos sons. A clareza seria o primeiro requisito de qualquer língua utilizável, da língua dos garçons, dos cientistas e dos poetas. Mas a palavra ainda não se torna apta à poesia só com clareza. Assim como o indivíduo traz inconscientemente consigo a herança de seus antepassados, assim também cada palavra da língua poética está enriquecida pela sua própria história e pelos símbolos da história. A razão mais profunda por que a poesia se diferencia da prosa reside somente em que a poesia emprega as palavras na abundância de sua riqueza histórica, a prosa na magreza de seu valor diário. E, por isso, somente pode ser criador da linguagem, ampliador da língua dos poetas, quem encontra palavras para os novos estados de espírito, palavras particulares de cunho aparentemente histórico, palavras com pujança simbólica.

Examinados dessa maneira, os naturalistas consequentes são justamente pobres. Eles pretendem renunciar à língua convencional, mas não têm condições de criar uma nova; e, assim, muitas das agora bastante admiradas sinfonias de odores, aromas, cores e sons produzidas pelo naturalismo de transição serão um dia acompanhadas de sorriso, como criações de uma época em que a poesia quis cessar de ser uma linguagem artística.

Palavras sem intuição   Mas essa elevada atividade da arte da palavra, que também supera, ainda como imagem do mundo real, todas as tentativas de conhecimento científico, tem seu limite na capacidade da linguagem de proporcionar intuições. Não só a estética mais antiga, de Aristóteles a Lessing, tinha esperança de poder estabelecer uma imitação da natureza por meio de palavras; ninguém utiliza mais a palavra "imitação", mas poeta ou esteta algum parece duvidar de que imagens do mundo real podem ser claramente evocadas por meio de palavras. Vischer diz, com efeito: "Quem afirma que a arte é imitação da natureza a define como jogo" (III, 93);[15] depois ele joga um pouco com a palavra "jogo". Nós experimentamos, no entanto, que palavras não podem proporcionar nem evocar imagens, mas apenas imagens de imagens de imagens. Na vida prática, conversando com o garçom, nós nos saímos tão bem com as palavras da língua que geralmente não percebemos o quanto a linguagem é incapaz de alcançar os seus propósitos últimos. Toda palavra individual é prenhe de sua própria história, toda palavra individual porta em si uma evolução infinda de metáfora em metáfora. Quem emprega a palavra não poderia chegar a falar, por pura abundância de visões, se tivesse presente uma parte ínfima dessa evolução lexical metafórica; assim emprega cada palavra individual apenas segundo seu valor convencional hodierno, como fichas de jogo, e dá a essas fichas de jogo um valor imaginário, jamais uma intuição.

---

15   Friedrich Theodor Vischer (1807-1887), filósofo, escritor e crítico literário alemão. A obra em questão é *Ästhetik oder Wissenschaft des Schönen* [Estética ou ciência do belo], publicada entre 1846 e 1857. (N.T.)

Silêncio Num pequeno texto sobre o silêncio, Maeterlinck[16] revelou tanto a profundidade de sua devoção como os limites de seu pensamento. Dele extraio algumas frases que dão uma bela impressão de sua convicção acerca da falta de valor da linguagem: "Não se deve acreditar que a língua sirva alguma vez para a efetiva comunicação entre os seres. As palavras podem representar a alma apenas de maneira igual, assim como, por exemplo, a cifra designa uma imagem no catálogo; tão logo, no entanto, tenhamos realmente algo a nos dizer, somos obrigados a calar... Falamos apenas nas horas em que não vivemos, nos momentos em que não queremos perceber nossos irmãos e em que nos sentimos numa grande distância do mundo real. E, assim que falamos, algo nos denuncia que em algum lugar portas divinas se fecham. Também somos muito avaros com o silêncio; e os mais imprudentes de nós não calam diante do que lhes vem pela frente... Penso aqui apenas no silêncio ativo; há, porém, um silêncio passivo, que nada mais é que o reflexo do cochilo, da morte ou do não ser... Assim que duas ou três pessoas se encontram, elas só pensam em afugentar o inimigo invisível; pois a maioria das amizades comuns não tem outro fundamento que o ódio ao silêncio... Assim que os lábios dormem, as almas acordam e põem mãos à obra; pois o silêncio é cheio de surpresas, de perigos e de felicidade... Se quiser se entregar verdadeiramente a alguém, você deve se calar: e se tiver medo de guardar silêncio com ele, fuja dele; pois sua alma já sabe onde está... Ainda não nos conhecemos, escreveu-me alguém que amei mais que todos, se ainda não ousamos ficar calados quando estamos juntos... Devemos pesar as almas em silêncio, assim como se examina o peso de ouro e prata em água pura; e as palavras que exprimimos devem seu sentido somente ao silêncio em que se banham".

A ideia de que dois seres humanos não podem dizer nada de essencial um ao outro pela linguagem é uma ideia que sempre volta à baila. Maeterlinck não vai além dessa observação ético-poética sobre a linguagem; também nem de longe lhe ocorre, jamais, a ideia de que o conhecimento tampouco pode ser expresso pela linguagem. Com a confiança ingênua do poeta, despreza a linguagem apenas enquanto ele mesmo tem de se haver

---

16 M. Maeterlinck, "Le silence", ensaio do livro *Le trésor des humbles* [O tesouro dos humildes], publicado em 1896. Sobre a importância de Maeterlinck para a mística mauthneriana, ver: J. Le Rider, *Fritz Mauthner. Scepticisme linguistique et modernité. Une biographie intellectuelle*. Paris: Bartillat, 2012, p. 305. (N.T.)

com ela, mas confia em todas as suas capacidades possíveis num domínio alheio. Ele não é um pensador claro. E, assim, não admira que em seu domínio mais próprio cometa o erro por meio do qual a linguagem humana se tornou em geral inapta para o conhecimento, digo, não se tornou inapta após um estado anterior melhor, mas desde o início. Pois, assim como a linguagem humana surgiu em imagens, fez-se a partir de imagens, e assim como, principalmente nas ciências, a aparência a que damos o nome de leis, causas etc. foi personificada por nós na realidade, assim também para o poeta Maeterlinck o próprio silêncio se transformou numa personificação, se transformou em algo real, num poder positivo. A linguagem se vinga com um sorriso daquele que a desdenha, fazendo com que o silêncio, única palavra que um não poeta muito seguramente não pode pensar em personificar, se transforme em algo místico, numa divindade para ele. Isso certamente se deve a que também Maeterlinck não é orgulhoso o bastante para se calar honestamente, porém bastante vaidoso para falar do silêncio. Vaidoso? Tão vaidoso como aquelas suas frases. Que não são presunçosas, mas vãs.

Sobre esse uso em vão da falsa linguagem, não encontro melhor exemplo em Maeterlinck que uma frase (do drama *Aglavaine e Sélysette*)[17] capaz de levar o leitor à reflexão ou ao riso, dependendo da sua disposição de humor: "*Il n'y a rien de plus beau qu'une clef, tant qu'on ne sait pas ce qu'elle ouvre*". O que há de mais belo no mundo é, pois, uma chave, enquanto não soubermos o que ela abre. Não se poderia caracterizar mais plasticamente a linguagem de Maeterlinck; zombar dela com mais finura, sim, se poderia. Ele prega o silêncio, mas sua prédica é, naturalmente, linguagem. Ensina que a linguagem separa os homens, em vez de uni-los, que ela é algo entre os homens; mas não como uma ponte, e sim como um muro. Muito bem, mas gosto de lembrar que esse seu afastamento da linguagem começa a formar uma seita. No entanto — como ficou dito —, na prática poética ele fala entre as palavras, como ele diz, mas os poetas de todos os tempos fizeram ouvir ou ler o que tinham de melhor sempre entre as palavras. E assim voltamos à primeira pergunta: as palavras, mesmo na língua dos poetas, nos proporcionam alguma intuição? Tenhamos em vista os dois casos extremos: ora o poeta deve querer exprimir o indizível, a atmosfera de uma paisagem, ora o que há de mais dizível, aquilo que se chama um objeto concreto.

---

17   Drama em cinco atos de 1896. (N.T.)

PSICOLOGIA

Paralelismo

"**saber**"[18] A crítica da linguagem, que pretende investigar a questão de saber até que ponto a linguagem humana é um órgão próprio para o conhecimento ou para o saber, dificilmente pode dar melhor exemplo para o esclarecimento de seus resultados céticos que a própria palavra alemã "*wissen*". A investigação dessa palavra é capaz de nos levar por si mesma a representações que poderiam parecer por demais ousadas e afrontosas em investigações gerais e abstratas. Vejamos então a que possibilidade a linguística[19] atual nos leva se seguimos a mudança de significação da palavra "*wissen*".

De saída gostaria de observar que a etimologia geralmente aceita da palavra, em sua simples equivalência (eu sei = eu vi), exprime muito mais agudamente o ponto de partida de toda teoria do conhecimento mais recente do que a famosa proposição segundo a qual não há nada no entendimento que não tenha estado antes nos sentidos.[20] A chamada raiz "*vid*" está em ver, observar (encontrar?) no sânscrito, no grego, no latim e no gótico.[21] É magnífico que a linguística, sem segundas intenções teóricas, de modo puramente histórico, tenha chegado à convicção de que a palavra alemã "*weiß*",[22] assim como a palavra grega (*oida*), e as palavras eslava e sânscrita correspondentes, seja o perfeito do verbo "*sehen*".[23] Sabe-se o que se viu. (A equivalência latina correspondente,

---

18   Em alemão, *wissen*. A partir deste tópico inciam-se, nesta seleção, os textos do segundo tomo do primeiro volume das *Contribuições*, sobre psicologia. (N.T.)

19   No original, *Sprachwissenschaft*, literalmente "ciência da linguagem" ou "ciência da língua", que corresponde em alemão àquilo que em outras línguas é conhecido como "linguística". (N.T.)

20   Tomás de Aquino, *De veritate*, II, 3 19. (N.T.)

21   Em português, a raiz comentada por Mauthner se encontra mais claramente, por exemplo, em "vide", "vidente" e "vídeo". (N.T.)

22   "Eu sei", "ele sabe". (N.T.)

23   Em alemão, *sehen* é "ver". (N.T.)

novi-noscere,[24] é duplamente interessante, porque *noscere* é uma palavra tomada de empréstimo do grego e porque, no grego, o perfeito e o aoristo "eu soube", já que *oida* é ele mesmo pretérito perfeito, tiveram de ser emprestados de *gignosco*.[25] De qualquer modo, "saber" também é perfeito em latim: "eu conheci, eu observei". Também o francês *savoir* [*sapere*] proporciona uma comparação bastante instrutiva.)

Pelo caminho da etimologia não vamos adiante. É certo que se comparou o antigo grupo sonoro "*vid*" com o antigo advérbio *di*, conservado no latim "*dis*" (entre), o qual, por sua vez, foi comparado com o antigo signo numérico *dvi* (dois); é certo que se explicou tanto o conceito de observar quanto o de diferenciar como "entre dois", recordando-se inclusive o hebraico, cujo grupo sonoro *bîn* designa os conceitos "entre" e "saber". Para além dos fatos linguísticos historicamente atestados, essa etimologia nos quer parecer, como sempre, um jogo perigoso, aqui especialmente porque o conceito bastante abstrato de diferenciar ou comparar só forçadamente pode ser ligado, em alguma época primitiva, ao conceito bem concreto "ver". Podemos obter uma representação muito mais verossímil do antigo conceito "ver" se nos emancipamos corajosamente de todas as categorias da linguagem atual e desenvolvemos os conceitos "ver" e "saber" desde os tempos primitivos.

"brilhar"[26] Numa obra de Regnaud (*Origine et philosophie du langage*, pp. 191ss.),[27] encontramos, em quase vinte páginas, uma compilação sucinta, suscetível de grande ampliação, das mudanças de significação ocorridas, em diferentes direções, às expressões sinônimas — como se costuma dizer — "*scheinen*" e "*glänzen*".[28] Ali, numa subseção, encontramos que nada menos que cinco das chamadas raízes levam da significação de iluminar, brilhar, queimar à de ver ou conhecer. Pressupondo-se

24   *Novi* é a primeira pessoa singular do perfeito indicativo ativo de *noscere* (conhecer). (N.T.)
25   Primeira pessoa do presente e entrada lexical do verbo "conhecer", "saber", em grego. (N.T.)
26   Em alemão, *scheinen*. Além de "brilhar", "reluzir", o verbo significa também "parecer", "ter a aparência de". (N.T.)
27   P. Regnaud, *Origine et philosophie du langage, ou principes de linguistique indo-européenne* [Origem e filosofia da linguagem, ou princípios de linguística indo-europeia]. Paris: Fischbacher, 1888. (N.T.)
28   *Glänzen*: "luzir", "resplandecer". (N.T.)

a justeza dessas investigações linguísticas, as palavras *aisthanomai* e *scire*[29] surgem então de tal modo que seu velho tronco significava o queimar ativo, e que desses verbos ativos surgiu a significação de brilhar; o sujeito que observa, que foi iluminado[30] pelos objetos luminosos, pode então vê-los, pode reconhecer, pode saber o que havia visto. A palavra alemã *"scheinen"* (no sentido de luzir) parece ter um nexo semelhante. Pelo menos é relacionada a palavras do sânscrito e do zenda, que nas línguas germânicas levam a *schön*[31] (vistoso, luzidio, em inglês: *sheen*) e *scheinen*, no grego a *gignosco* e no latim a *nosco*; *"novi"*, a forma do perfeito de *noscere* (*gnoscere*), corresponde exatamente, na forma e na significação, ao nosso *"ich weiß"*.[32] Desse grupo de mudanças de significação faz parte manifestamente o assim chamado tronco *"vid"*, que em algumas línguas nos saúda como "ver", tendo-se desenvolvido tão diversificadamente em "ter visto" e em "saber", e que, ao mesmo tempo, numa época remota, parece ter abrangido o brilhar ativo dos corpos luminosos e o ser iluminado passivo do sujeito que vê. Fios difíceis de seguir podem levar desses troncos até mesmo a nossas expressões para *sprechen,*[33] caso possamos relacionar o nosso *"sagen"*[34] com a palavra em sânscrito que, em diferentes derivações, pode significar tanto brilhar, como ver e dizer. A noção intermediária comum seria então, em todos os casos, *Zeichen*.[35]

Retenhamos, por ora, que o nosso *"wissen"*[36] também é, com grande verossimilhança, um "ter visto", e que talvez o "ver" também seja linguisticamente "ter iluminado".[37] Todos os enigmas de nossa teoria do conhecimento são subitamente sugeridos pela história de uma palavra, que nos é dada por pesquisadores totalmente descomprometidos, alheios a uma interpretação filosófica. Os leitores do segundo volume perceberão que me posiciono ceticamente em relação às ideias diletas da linguística comparada; que considero quimeras as noções de linguística,

---

29 "Perceber" e "saber", respectivamente em grego e latim no original. (N.T.)
30 Em alemão, *beschienen*, particípio passado de *bescheinen*. (N.T.)
31 "Bonito", "belo". (N.T.)
32 "Eu sei." (N.T.)
33 "Falar." (N.T.)
34 "Dizer." (N.T.)
35 "Signo", "sinal". (N.T.)
36 "Saber." (N.T.)
37 No alemão, *ein Beschienenwerden*. (N.T.)

de raízes e de língua indo-germânica original. Que não confio na etimologia, fora da rigorosa via histórica. Investigações como esta a respeito do verbo *"wissen"* não seriam, entretanto, desprovidas de valor, mesmo que ofereçam apenas possibilidades. Onde, no entanto, a proporção "eu sei — eu vi" é indubitável, onde, além disso, a transformação de *"scheinen"* em *"sehen"*[38] é verossímil, a teoria do conhecimento deve ir ter aulas com a história das línguas.

Chegamos, portanto, de maneira totalmente descompromissada e não intencional, ao ativo e ao passivo,[39] ou seja, às formas de relação do verbo que todo jovem estudante aprende, embora não existam verdadeiramente em nossas línguas modernas e não tenhamos nenhuma designação conceitual exata para esses aspectos, apesar do trabalho milenar dos gramáticos. Tiramos certamente as expressões ativo e passivo da gramática latina, mas não temos, caso queiramos ser honestos, nenhum conceito mais alto para essas duas coisas. A gramática erudita coloca ativo e passivo sob o "gênero" verbo; para isso, os franceses dizem *voix*;[40] mas nem alemães nem franceses sabem o que estão querendo dizer.

Metagramática Por outro lado, teremos de considerar imediatamente que desde Locke e Kant a teoria do conhecimento tem compreendido cada vez mais claramente que nosso saber a respeito do mundo real é de natureza subjetiva. Se quiséssemos tornar as ideias de Kant úteis para os conceitos gramaticais, nós poderíamos muito bem dizer: temos somente consciência de impressões sensíveis; não conhecemos imediatamente, nem propriamente de modo algum, as causas dessas impressões sensíveis. Sabemos apenas algo do fenômeno do mundo; não conhecemos a coisa-em-si, que se esconde por trás dos fenômenos como sua causa. Mas a coisa-em-si, que se esconde por trás dos fenômenos, por trás das impressões sensíveis, não é outra coisa que o nosso *substantivo*, tão conhecido dos jovens estudantes, tão desconhecido do pensamento último. Ora, se já não sabemos absolutamente nada do substantivo, da causa de nossas impressões sensíveis, naturalmente podemos saber menos ainda, se isso é

---

38 Respectivamente, "brilhar" e "ver". (N.T.)
39 Em alemão, *Aktivum* e *Passivum*. Como está claro pelo contexto, são os modos verbais correspondentes às vozes ativa e passiva. (N.T.)
40 "Voz", em francês no original. Como ocorre também em português (voz ativa e voz passiva). (N.T.)

possível, sobre a relação causal entre duas coisas, entre dois substantivos, sobre a relação causal, que, no mundo real, é chamada de mudança ou atividade, mas, no mundo da linguagem, de *verbo*. Repito: a teoria do conhecimento não nos ensina há dois séculos senão justamente aquilo que conquistamos pelas investigações linguísticas, a saber, que, em vez de coisas, nós só conhecemos seus fenômenos, que, portanto, não há substantivo no mundo real e que, portanto ainda, no mundo real percebido por nós pode haver menos ainda um agir recíproco entre as coisas, um agir recíproco entre substantivos. Coisas e causa, substantivos e verbo são inferidos pelo entendimento humano a partir do fato de suas impressões sensíveis, a partir dos fenômenos, que o homem, por uma carência irresistível de causalidade em sua mente, transformou em qualidades, adjetivos do desconhecido. Tenho consciência (apesar de toda a dolorosa compreensão das lacunas de minha exposição) de dar uma indicação da maior fecundidade, se já aqui afirmo a verdade, antes de uma fundamentação mais detalhada dela no terceiro volume: só sinais característicos, só sensações designadas por adjetivos correspondentes a nossos sentidos, são naturais; substantivos e verbos correspondem à razão humana, são humanos.[41] E o que é mais altamente digno de nota: o substantivo corresponde tão exatamente ao conceito de causa, tal como é universalmente reconhecido (a *causa efficiens*), quanto o verbo corresponde ao conceito de fim, que é universalmente evitado (a *causa finalis*). Não conheço riso mais perigoso do que aquele que a razão humana lançará ao se ver no espelho depois desse pensamento.

    Esse paralelo entre a crítica da linguagem e a crítica da razão pura é altamente importante. Já que para nós razão não é senão linguagem, teríamos de saber de antemão que a crítica de uma, como a de outra, deveria conduzir ao mesmo resultado. Entretanto, é uma surpresa quase jubilosa que linguistas quase sem conhecimento de Kant tenham sido levados historicamente pelo mesmo caminho. Mas aquele que estiver preparado para tirar as últimas consequências dessas intuições reconhecerá

---

[41]   Essa distinção será posteriormente desenvolvida por Mauthner na sua teoria das três imagens do mundo, que aparece no *Dicionário de filosofia*, assim como em sua obra *Die drei Bilder der Welt: ein sprachkritischer Versuch* [As três imagens do mundo. Ensaio linguístico-crítico], editada postumamente por Monty Jacobs (Erlangen: Verlag der philosophischen Akademie, 1925). (N.T.)

para onde terá de levar o ensinamento histórico de nossa época se não quiser ficar preso a ninharias alexandrinas.

Darwin aplicou o conceito de evolução à sobrevivência das espécies orgânicas, e os devotos se escandalizaram com isso, assim como antes haviam se escandalizado com a ideia de um surgimento histórico de nosso sistema planetário. Rée[42] e, depois dele, Nietzsche aplicaram o conceito de evolução historicamente às intuições morais, à consciência moral, e todos os indivíduos conscienciosos ficaram apavorados com isso. A crítica da linguagem quer considerar historicamente as categorias da linguagem, isto é, do pensamento. O pensamento teria motivo para ficar apavorado com a própria bancarrota, com a necessidade de seu suicídio. Pois, inteiramente independente de considerações da teoria do conhecimento, a investigação sobre a origem da linguagem chegou à consideração de que o verbo, junto com o substantivo, é uma categoria linguística posterior, tendo se desenvolvido a partir do conceito de qualidade.

Alma e sentidos

Subjetivismo/ Ilusões dos sentidos Apesar de toda a superstição escolástica da palavra, e apesar de não ter pressentido a teoria da evolução que já brotava, o que Kant reconheceu à sua maneira, com genialidade, foi este pensamento: não somos absolutamente capazes de separar a vida psíquica em seus elementos subjetivos e objetivos, porque na nossa alma não existe nada além do mundo objetivo, não como este é em si, mas como fenômeno; porque, portanto, todo o mundo objetivo penetra em nossa alma somente sob a forma que recebeu de nosso pensamento subjetivo, o qual depende novamente dos sentidos. Se exprimimos assim as ideias de Kant, suas categorias da intuição e do pensamento são, sem dúvida, logo eliminadas, e o entendimento humano, que ainda lhe aparecia, para a desgraça de seus seguidores, como algo semelhante a uma pessoa atuando espiritualmente, se refugiou numa palavra que por sorte não pode reclamar uma significação duradoura ou eterna. O intelecto se converte na

---

[42] Paul Ludwig Carl Heinrich Rée (1849-1901), conhecido amigo de Friedrich Nietzsche e amante de Lou Andreas-Salomé. A obra a que Mauthner se refere é *Der Ursprung der moralischen Empfindungen* [A origem das sensações morais]. Chemnitz: Schmeitzner, 1877. (N.T.)

designação concentrada da complexidade dos sentidos em contínua evolução; ele se converte numa abstração de fenômenos que evoluem. E faz um século que cientistas e pensadores, com ou sem recorrer a Kant, com ou sem conhecer Kant, têm trabalhado incansavelmente para tornar a ideia de incogniscibilidade da coisa-em-si, da subjetividade de nosso pensamento e mesmo de nossas sensações, patrimônio comum de uma ciência que domina resignadamente o espaço exíguo entre o não poder e o não querer saber. Na Alemanha, a física e a fisiologia de Hemholtz e Mach, formadas na escola de Kant, a teoria demasiado abstrata, mas apaixonada, de Avenarius; na França e na Inglaterra, o positivismo de Comte e Spencer (Spencer nega em vão sua dependência de Comte) ajudaram a alcançar a vitória da mesma doutrina: o que tomamos por objetivo em nosso conhecimento do mundo é, muito pelo contrário, subjetivo; o que sabemos do mundo exterior jamais é conhecimento objetivo, mas sempre um símbolo, uma metáfora, cujo *tertium comparationis*[43] nos permanece inacessível, porque ela nos é imposta pela essência de nossos sentidos. É como se estivéssemos num baile de máscaras numa cidade desconhecida; reconhecemos as máscaras diante de nós, mas não conhecemos ninguém que esteja por trás delas, não se devendo deixar escapar ainda a ambiguidade da palavra *"erkennen"*.[44] É como se assistíssemos a ilusões ópticas apresentadas por um hábil prestidigitador; notamos que estamos sendo iludidos, mas não desvendamos a ilusão. Ilusões de óptica e outras ilusões dos sentidos podem em geral nos esclarecer sobre a essência do entendimento humano. Denominamos doentia a ilusão dos sentidos condicionada, de maneira incomum, por uma anomalia do sistema nervoso, e o pobre enganado por ela é chamado de perturbado mental. Se a ilusão dos sentidos é de tal espécie que todos os seres humanos lhe estão em igual medida sujeitos, e podemos descobrir a relação objetiva por meio de astúcia científica (como imagens persistentes no olho e coisas semelhantes), então falamos de ilusões do sentido propriamente ditas. *Se, no entanto, a ilusão faz parte da essência do sentido*, se sentimos determinados efeitos químicos, de acordo com a atual teoria dos movimentos moleculares, como algo amargo ou doce, como algo que cheira bem ou fede, se sentimos vibrações de átomos como sons, como sensações de calor, como cores, então atribuímos *a essas ilusões*, porque são inevitáveis, *realidade objetiva*, e quem não se deixa

---

43 O terceiro termo da comparação. (N.T.)
44 *Erkennen* pode significar tanto "conhecer" quanto "reconhecer". (N.T.)

enganar pelos sentidos poderá facilmente aparecer como um louco para o entendimento comum, tal como aquele que afirma a subjetividade de todas essas sensações ou mesmo sustenta que essa atividade ilusória dos sentidos é, no final das contas, apenas algo que se deu historicamente, não fazendo parte da essência do conhecimento.

E, no entanto, essa última afirmação é necessária para entendermos o intelecto como algo que se formou e está sempre ainda em formação. Qualquer um sabe que, em circunstâncias diferentes, a força e a qualidade de nossas sensações variam entre os povos e os indivíduos e, inclusive, no mesmo indivíduo em idades distintas de sua vida ou mesmo no prazo de uma hora. Os céticos antigos já reuniram esses "tropos", ora de maneira bastante sagaz, ora de maneira bastante sofística. A doutrina cética acerca da inconfiabilidade de nossas sensações caiu então em descrédito. O sensualismo era inteiramente materialista, isto é, dogmático, isto é, não cético. Acreditava nas sensações. Definia os corpos como possibilidade de sensações. Nada sabemos de possibilidades e, por isso, tomamos as sensações como reais. Mas essas sensações enganam. Pesos que parecem leves ao adulto parecem pesados à criança e ao doente. Se coloco a mão direita em água bem fria e a mão esquerda em água quente, e então coloco ambas as mãos numa banheira de água a 25 graus Reaumur,[45] creio, isto é, meu intelecto crê, ter mergulhado as duas mãos em líquidos diferentes, a direita numa banheira muito quente, a esquerda numa muito fria. Para sentidos embotados, fragrância e doçura primeiro aparecem como indiferentes e depois como repugnantes. Fenômenos sonoros e luminosos nos enganam por todos os cantos e flancos. A subjetividade das sensações, a partir das quais inferimos os corpos como suas possibilidades, está acima de qualquer dúvida. A astúcia científica fez ver aos nossos olhos que as trepidações do ar que parecem sons aos nossos ouvidos são vibrações; e uma astúcia científica infinitamente mais fina tornou representável para nós que também as cores são choques oscilatórios, pelo que naturalmente as vibrações do éter só podem ser, por sua vez, símbolos para algo semelhante às vibrações do ar. As sensações mais simples de nossos sentidos, portanto, nos iludem sobre o mundo de maneira muito mais geral e profunda do que aquela com que podiam sonhar os céticos antigos.

---

45   Equivalente a 31,4°C. (N.T.)

Evolução dos sentidos (i) Agora também é quase patrimônio comum de pensadores e cientistas que os sentidos particulares "evoluíram" até sua acuidade atual. A ideia assombrosa de Demócrito, de que todos os sentidos são apenas modificações do sentido tátil, foi elevada pela fisiologia pós-kantiana quase à condição de proposição científica. A teoria evolucionista mostrou que o protoplasma dos animais inferiores, sendo proporcional a nossos sentidos (por mais astuciosamente refinados que estes sejam) exercia todas as funções que se diferenciaram no ser humano, de um lado, em respiração, nutrição, reprodução e, de outro, nos sentidos e no sistema nervoso. Parece-me, aliás, que não podemos evitar pensar que essa qualidade indiferenciada, ativa e passiva, do protoplasma também é atuante no ser humano, a saber, ali onde nossos olhos e o microscópio nos deixam na mão, ali onde, por exemplo, os nervos tocam os músculos ou os nervos sensíveis e motores estão invisivelmente ligados uns aos outros. Parece-me mesmo que fiz essa observação biológica apenas meio a sério. Pois o protoplasma, o protoplasma indiferenciado e todos os conceitos afins são apenas o asilo da ignorância. Asilo de palavras, como a "psicologia monística" e seu "psicoplasma" [...].

Traduzidos para a língua de nossa crítica da linguagem, esses resultados levam a uma perspectiva notável sobre o valor de nossos conceitos ou palavras. Sabemos que nossas palavras substantivas não são abstrações somente quando designam personificações como justiça e consciência, quando designam sombras ou sombras de sombras, sabemos também que substantivos concretos são hipóteses subjetivas de nosso intelecto, que projetamos a causa possível de nossas sensações no espaço, que nele projetamos as possibilidades em geral como corpo ou coisas, e que as coisas expressas por substantivos concretos não têm nenhuma realidade objetiva. Sabemos, além disso, que os verbos são relações dessas coisas umas com as outras ou relações delas conosco e que, portanto, podem ser antes apenas símbolos de acontecimentos ou seres reais, de modificações reais (cf. vol. III, pp. 55-102).[46] Ora, experimentamos também outros movimentos da matéria odorosa, os infinitos movimentos moleculares que sentiríamos como calor se as condições fossem outras, os movimentos cruzados de todas as fontes de luz e seus reflexos, não

---

46   O trecho, não traduzido nesta seleção, se refere às análises sobre o verbo, o substantivo e o adjetivo do primeiro tomo, "Linguagem e gramática", do terceiro volume das *Contribuições a uma crítica da linguagem*. (N.T.)

formuláveis em sua ordenada confusão, e, finalmente, as relações vibratórias dos sons suscitadas por centenas de instrumentos e centenas de cantos, as vibrações que constituem as alturas dos sons e as vibrações paralelas, que formam o colorido sonoro, as vibrações regulares das belas vozes e bons instrumentos, as vibrações irregulares em vozes menos belas e instrumentos mais ruins. Numa sala de concerto, a atenção do músico não percebe nenhuma sensação tátil, nenhuma sensação de cheiro, nenhuma sensação de calor, nenhuma sensação de luz, mas percebe imediatamente a irregularidade em algum dos instrumentos; tampouco o amante da música leigo recebe alguma comunicação do sentido tátil, do sentido de calor, do sentido da visão, ouvindo apenas a consonância, a cuja comparação o ouvido humano se acostumou; e o impacto súbito ou violento de outro sentido, como, por exemplo, mau cheiro ou ruído no assento ao lado, poderia lhe perturbar a audição. Seu interesse engajou assim os seus sentidos; chamamos esse interesse de atenção.

Sentidos contingentes

A imagem do mundo da ameba Vamos agora ampliar infinitamente na imaginação a sala de concertos, transformando-a no universo, e diminuir infinitamente o ouvinte, o suporte de sensações, transformando-o na *Amoeba princeps*, com seu protoplasma "desestruturado", isto é, desprovido de órgãos aos nossos olhos armados. O que é o universo para a ameba? Para o ser humano, é a combinação das percepções de seus sentidos contingentes, é um fenômeno dos sentidos. O que é o universo para a ameba, que não tem os nossos sentidos? Naturalmente, não o sabemos, porque não podemos ter nenhuma representação da vida interior da ameba. Mas então se consuma um paradoxo em nossa fantasia. Sem recorrer à ajuda da filosofia kantiana, obtemos a representação segundo a qual o mundo real se apresentará ao espectador tanto mais dessemelhantemente quanto mais altamente evoluídos forem os seus sentidos. E como, justamente porque não podemos atribuir nenhum órgão dos sentidos à ameba, insinua-se em nós algo como um pressentimento de que ela percebe o mundo real mais corretamente, de que a coisa-em-si é para ela imediatamente eficaz, embora eu não diga imediatamente perceptível. Ora, o que é esse mundo real segundo a imagem que dela se faz a nova ciência natural? É o antigo caos, um caos de entrecruzamento de vibrações, efetivamente um caos em que, de algum ponto de vista além-do-humano, reina a necessidade (não a conformidade a leis), mas ainda assim um caos do ponto de vista do ser humano. O oceano fustigado pela tempestade, com seus informuláveis entrecruzamentos de ondas, é esse mundo real *in nuce*. Em vez dessa superfície extensa, pensemos numa esfera infinitamente maior; nessa esfera se cruzam caoticamente todos os movimentos moleculares dos corpos, todas as vibrações do ar, todas as vibrações dos fenômenos e não-fenômenos aparentados à eletricidade. Nenhuma imaginação pode ser suficiente para fazer um quadro de como é uma única dessas vibrações; nenhum número pode ser suficiente para decifrar a multidão de uma só de suas espécies; e, diante do caos desses entrecruzamentos, o entendimento se detém numa apática resignação. Eis o universo. Para o homem existe naturalmente apenas o mundo que ele percebe, existe aquilo a que se acostumou a dirigir sua atenção pelos seus sentidos: os recortes contingentes de seus sentidos contingentes.

Este é o paradoxo de que acabei de falar. No ser humano, a superstição presunçosa de que possui instrumentos prodigiosos em seus sentidos e a compreensão resignada de que nada podemos saber se unem na clara convicção de que esses diminutos recortes contingentes de alguns míseros sentidos contingentes são o nosso mundo. Imaginemos um presidiário: há uma janela em sua cela, mas está pintada com material opaco; o acaso produziu alguns buracos do tamanho da ponta de um alfinete pelos quais o presidiário pode ver aonde o acaso o leva, o pátio de sua prisão. Esse é o seu mundo. Em singular oposição a essa mescla de presunção e desespero, presumimos que a ameba supostamente desestruturada é capaz de um entendimento mais direto do curso do mundo, como se, ela mesma caótica, não precisasse de uma fórmula para a dissolução do caos. A ameba "*non intelligendo fit omnia*".[47] Há seguramente algo verdadeiro nisso. A vida da ameba está seguramente mais próxima das vibrações admitidas do mundo real do que qualquer órgão dos sentidos humanos; mas é inteiramente certo que o choque de dois elementos químicos supostamente sem vida está ainda mais próximo dessas vibrações. E, no entanto, ninguém será tão tolo (provisoriamente pelo menos) para recorrer a hipóteses químicas como explicação última e imediata da

---

47 "Não entendendo, [ela] faz tudo." A frase de Vico, em latim no original, está em *Principi di scienza nuova*, § 405 e é usada por Mauthner como uma das epígrafes de sua obra. (N.T.)

psicologia humana. Para transportar o início do psíquico a uma consciência do quimismo.

Apenas com um pouco de imaginação podemos, pois, empregar os resultados dos estudos acerca dos protistas com o propósito de compreender, partindo do interesse e da atenção, os primórdios de nossos sentidos, de apreender as suas primeiras comunicações, isto é, suas sensações de tato ou som, que não podem ocorrer sem classificação, assim como as primeiras tentativas de conceituação e de linguagem, e de descobrir, já nesse nível, que a língua não passa de uma desorientadora no mundo real. Essa combinação de conceitos aparentemente tão remotos não pode mais surpreender o leitor da crítica da linguagem. Mas já neste ponto, depois de termos analisado algumas outras impressões dos protistas, nós nos aproximaremos da origem da linguagem por um novo lado e aprenderemos a compreender que a atenção ou o interesse, que fizeram os sentidos surgirem nos primórdios da vida orgânica, também já eram simultaneamente algo como linguagem; reconheceremos até mesmo que o acaso, que impera na evolução da linguagem, na chamada mudança de significação — como veremos posteriormente —, também já existia como acaso no surgimento de nossos órgãos do sentido. A ameba ainda não tem nenhum sinal para dó e dó sustenido, ainda certamente não diferencia musicalmente os dois. Ela nem sequer pode contar suas vibrações, porque não sabe quanto dura um segundo. Mas o músico conta as vibrações? A sensação sonora é seu número. E a ameba ordena de algum modo — seguramente em sinais da memória — sacolejos que lhe interessam; a ordem traz os sentidos ao mundo, os sinais da memória são uma linguagem.

Evolução dos sentidos (ii) Com base em seus experimentos, Verworn eventualmente manifesta (p. 58)[48] a suposição de que a suscetibilidade à luz não é propriedade geral de todo protoplasma, não sendo, portanto, originária, mas apenas adquirida na sequência evolutiva dos organismos.

---

48   M. Verworn, *Psychophysiologische Protisten-Studien* [Estudos psicofisiológicos sobre os protistas]. Jena: Gustav Fischer, 1889. Poucas páginas antes, Mauthner se posiciona em relação ao cientista seguidor de Ernst Haeckel, dizendo que, por falta de observações pessoais, tem de se apoiar nas indicações dos estudos de Verworn sobre os protistas, que são o que há de mais elevado na ciência daquele momento, embora tenha de rejeitar seus pensamentos fundamentais, pois são excessivamente dogmáticos e baseados na metafísica de seu mestre. (N.T.)

Vinda de um homem que amontoa os protistas numa única classe e faz deles os seres primordiais, tal visão parece algo surpreendente; nós, contudo, não precisamos ter dúvidas, por havermos assinalado enormes diferenças entre os protistas particulares, em colocar centenas de milhares de anos entre os protistas certamente não sensíveis à luz e os protistas talvez sensíveis à luz e em considerar a sensibilidade à luz como um avanço. Mas em que consistiria essa evolução? Manifestamente mais ou menos nisto, que algum órgão aprendeu a classificar mais finamente algum recorte determinado da escala de calor, tal como anteriormente vimos que um órgão aprendeu a classificar mais finamente como tons os impactos regulares das vibrações mecânicas no pequeno recorte de 16 mil a 16 mil vibrações. Podemos conceber isso tão bem quanto o fato histórico de que a humanidade primeiramente não sabia contar, de que aprendeu então a contagem elementar e há cerca de duzentos anos descobriu o cálculo diferencial. Podemos realmente concebê-lo tão bem quanto este fato. Pois, nas trocas comerciais, o sentido da audição e o sentido da visão têm de gerir números, números vultosos, sem computá-los.

    Chamo logo atenção aqui para o fato de que se simplificaria a história da evolução de nossos sentidos se o sentido visual fosse um recorte especializado do sentido de calor, tanto quanto o sentido auditivo um sentido especializado do sentido tátil. Pois o órgão do tato é ao mesmo tempo, por mais diversas que sejam as funções, o órgão do sentido de calor ou de temperatura. Também já se sugeriu (como foi mencionado) reunir o sentido tátil e o sentido de temperatura sob o nome de "sentido cutâneo". Poderíamos então, já que olfato e gosto pressupõem contato químico, reduzir todos os sentidos ao sentido tátil ou tato, ou melhor, uma vez que ainda não podemos falar, nos protistas, de um sentido tátil diferenciado, poderíamos reduzi-los a uma capacidade de reação a influências externas localizada ainda abaixo do sentido tátil.

    Compreendemos que um protista não possa diferenciar calor e luz assim como o fazemos com os nossos órgãos do sentido. No protista, não estão desenvolvidos nem os órgãos, nem as energias sensíveis específicas. Que fique claro. Se um pedaço de ferro é aquecido da temperatura ambiente comum até o calor incandescente, nós, seres humanos, só percebemos um aumento de calor sem sensação de luz e, então, uma sensação luminosa que passa aos poucos do vermelho ao branco. Há seguramente animais cujos órgãos do sentido são constituídos de tal modo que podem diferenciar os efeitos díspares de calor e luz no pedaço de ferro aquecido, mas não as diferenças de grau da luz entre vermelho e branco. Com respeito aos protistas, porém, admitimos também que não sentem as diferenças de calor e luz como díspares, mas no máximo como diferenças de grau de um mesmo e único processo.

Vamos tentar dar uma visão geral em retrospecto de nosso íngreme caminho em zigue-zague. Soubemos que os sentidos humanos são de tal maneira sentidos contingentes, que não podem oferecer uma imagem do mundo real, mas somente fragmentos. Numa observação mais detida dos órgãos humanos do sentido, fizemos ainda notar que essa contingência, essa limitação contingente, se estendia, além disso, ao âmbito de cada sentido particular, que cada órgão particular conhece em geral apenas a menor parte da província que pretende dominar. Esperávamos obter, dos resultados daqueles estudos que tratam da chamada vida anímica dos protistas, esclarecimento acerca desse surgimento contingente de nossos sentidos; esperávamos receber, da história da evolução, ensinamento acerca do valor de nossos atuais órgãos dos sentidos. Acerca do seu valor como instrumentos do conhecimento. Sucedeu-nos do mesmo modo como nos havia ocorrido ao refletir sobre a origem da linguagem. Entre a língua atual, isto é, a língua da evolução histórica da época mais recente, de alguns milênios, e sua origem hipotética há um abismo instransponível. No entanto, a hipótese acerca da origem infinitamente remota da linguagem apresenta paralelos interessantes com a vida cotidiana da língua em nossa época. E o acidente eterno cuida para que a análise que gostaria de se ocupar da evolução dos órgãos do sentido ofereça a hipótese mais extrema a respeito da origem da língua e da filosofia da linguagem.

Interesse Foi menos uma imagem do que um exemplo quando comparamos a ameba no inesgotável caos dos entrecruzamentos de vibrações no universo com um ouvinte atento na sala de concertos. Além da música, o ouvinte atento habitualmente não perceberá nada, nem a luz do lustre, nem as sensações táteis de seu assento, nem os movimentos do ar na sala, nem o leve odor ou mau cheiro vindo do assento vizinho. Mas, assim que se tornarem fortes o bastante para atrair sua atenção, as sensações de luz, táteis ou olfativas também serão percebidas. E então chamamos a esse espectador de atento porque — note-se bem —, com respeito ao palco dessa ação, a sala de concerto, ligamos provisoriamente o conceito de atenção à música ou ao sentido auditivo. Visto que uma investigação particular deve ser dedicada a esse conceito, note-se apenas de passagem que aqui a língua entende por atenção duas coisas bem diferentes: ora o interesse, ora o efeito mais imediato do interesse. Baste aqui a advertência oxalá conclusiva de que, por exemplo, na inauguração de uma nova sala de concerto uma grande parte dos convidados dirigirá interesse ou atenção à música, enquanto alguns técnicos dirigirão tão exclusivamente o interesse ou a atenção às relações de temperatura ou de iluminação da sala, que eles literalmente *não ouvirão* a música. O interesse ou a atenção faz, portanto, uma seleção entre o caos de vibrações moleculares no caos do interior da sala.

Mas como a ameba, que ainda não possui absolutamente sentidos diferenciados nem energias sensíveis específicas, faz sua seleção entre o caos de vibrações do mundo nas quais o interior da sala se perde, não como uma gota no oceano, mas como um átomo no infinito? Como devemos imaginar o interesse ou a atenção de um organismo? Como devemos imaginar a atenção primordial que evolui no curso de milhões de anos a um interesse artístico pela *Nona sinfonia*? É realmente imaginável que um e mesmo motivo, o interesse comum que hoje me faz ouvir com a mais absorta atenção e deleite uma frase de Beethoven e me faz recusar desatento uma frase de Chopin —, é imaginável que, em algum tempo remoto da evolução, esse mesmo motivo tenha feito sua seleção no caos das vibrações e tenha preservado para a memória o mundo como uma melodia agradável encontrada nos farrapos dos sentidos contingentes, no farrapo de cada um desses sentidos?

É realmente difícil compreender a questão, porque pressupomos certamente algum egoísmo na ameba que imaginamos, mas não podemos lhe imputar com alguma razão o complicado processo da consciência no interesse humano. Tentemos, não obstante, reencontrar o motivo do interesse fora dessa complexidade que ele assumiu no pensamento humano. Aqui, o interesse humano está primeiramente ligado à consciência do eu, à consciência da individualidade. Mas não nos deixemos iludir pela milenar escolástica acerca do *principium individuationis*; descobriremos que não há outra coisa no fundamento da representação do eu além do fato da memória, e qualquer observação nos convence de que também o organismo mais inferior ou até mesmo a matéria inorgânica (desde que esteja viva no momento da sua cristalização ou de uma ligação química) são dotados de memória.

Acabei de dizer "consciência do eu". Isso foi naturalmente um pleonasmo absurdo. Também a chamada consciência não é outra coisa senão memória, sem a qual os vividos não se encadeiam numa única vivência, assim como, sem um cordão, as pérolas não se ensartam num colar. Se do interesse faz parte apenas memória, podemos pressupor interesse na ameba. Mas também no caso do ser humano faríamos melhor em falar apenas de memória, em vez de consciência e de individualidade.

Memória e interesse Mas há outro conceito indissoluvelmente ligado ao interesse: uma vez que não podemos repetir tautologicamente a palavra "interesse", embora seja ela a melhor, colocaremos no seu lugar a sensação de um proveito ou um dano, o sentimento de conforto ou desconforto. Já Verworn observou (p. 138):[49] "Parece que os protistas sabem o proveito ou dano dos estímulos em questão, sofrem respectivamente de sensações agradáveis ou desagradáveis por conta deles e, por isso, se esforçam por ir no encalço de suas fontes ou se desviar delas". Verworn se safa do apuro ao considerar todos esses movimentos heliotrópicos e termotrópicos, apesar de sua aparente finalidade, como movimentos reflexos inconscientes, os quais ele naturalmente acredita não ter de explicar nem descrever melhor por serem fatos bem conhecidos. Será familiar para nós considerar todos esses movimentos automáticos como efeitos herdados ou adquiridos da memória, e o fato da memória como o último mistério. Mas — me pergunto ainda uma vez e com mais insistência — em que lugar dessa memória puramente conforme ao entendimento (humanamente falando) se insinua o interesse, o momento do sentimento, a impressão do agradável e do desagradável? Se minha intenção fosse redigir um sistema, eu teria logo uma esplêndida resposta à mão, uma resposta filosófica, que, além de me satisfazer muito bem, ainda cintilaria como espirituosa. Como a seguinte: a operação da memória que atua como entendimento não pode ser diferente no nível mais baixo dos organismos e na mais alta vida espiritual do ser humano. Aqui, onde se transformou em pensamento científico, a memória executa sua obra-prima quando calcula previamente o futuro, quando faz fenômenos futuros exercerem sua influência sobre o agir do presente, quando o homem economiza com gosto para levar uma vida confortável na velhice, quando se colhe prazerosamente no verão para se poder comer no inverno. A memória humana, vivendo unicamente no presente e alimentada unicamente do passado, se torna servidora do futuro. O sentimento

---

49 Ver nota 48, p. 61. (N.T.)

de prazer na ingestão dos alimentos não é talvez nada mais que o efeito antecipado da memória. O alimento saudável é gostoso porque caiu bem em ocasiões anteriores; o alimento nocivo é repugnante porque caiu mal nas outras vezes. Assim, um sentimento de prazer e desprazer, ou seja, o interesse mais próprio dos organismos, pode novamente ser reduzido unicamente à memória da espécie.

Essa resposta não me satisfaz. E, para nosso presente propósito, para a questão do desenvolvimento dos sentidos contingentes e seus recortes contingentes, talvez seja preciso estabelecer ainda uma relação mais imediata entre interesse e memória.

Abandono de novo por um instante o encaminhamento da investigação. É que eu poderia facilmente romper o fio se quisesse me submeter à superstição linguística, separando materialisticamente a memória de nossa consciência ou — o que vem realmente a dar na mesma — atribuindo algo como uma memória inconsciente também à matéria não orgânica. E estou bastante inclinado a isso. Se aquilo que se denomina átomo de carbono no diamante forma por lei o cristal, se na planta ele recorta por lei células formando-as a partir do ácido carbônico, se no corpo animal ele se precipita por lei em oxigênio, isso que ocorre por lei no processo molecular pode ser por nós chamado de memória do átomo de carbono. Consciência aqui, consciência ali, o átomo tem de saber de cor sua forma de cristalização, sua liberação ou ligação química. É uma maneira humana totalmente inessencial de representar que incluamos a cristalização na física e a solução ou ligação química nos processos vitais. É uma maneira humana de representar que nos inclinemos a atribuir ao movimento do átomo de carbono no corpo humano algum último vestígio de vida interior ou de interesse, que só com resistência incluamos essa vida interior do movimento do átomo na planta, que na cristalização pensemos esse movimento do átomo desprovido de vida interior. Ora, nós pensamos como seres humanos, e assim temos de abrir mão desse ponto de vista mais amplo, a memória do inorgânico, e observar se — como foi dito — podemos estabelecer uma ligação imediata do interesse pressuposto no organismo, vinculado a uma vida interior, com a memória.

O fato último da memória é o reconhecimento de uma impressão determinada ou, antes — visto que jamais podemos entrar no mesmo rio —, a comparação de impressões semelhantes. Ou, então, a comparação de relações entre impressões semelhantes. A memória enormemente complexa do homem civilizado ou a memória luxuriante do cientista compara semelhanças tão remotas como planetas e cometas, como o raio e a pequena obra de arte de um âmbar polido, como interesse e memória. No curso dos milênios, a memória da humanidade em evolução comparou, classificou e observou, por exemplo, impressões de cores. A memória do homem de um tempo primitivo também já obteve, por comparação de impressões e relações, as classificações ou conceitos de cão, de quadrúpede, de animal. Ora, saltemos por sobre o abismo e perguntemos: em que consistia, porque não podia consistir em outra coisa, a atividade da memória primordial, da memória ligada ao organismo da ameba?

Interesse da ameba A memória do homem ensaia, por comparação, a classificação das impressões sensíveis. Todo pensamento filosófico, e mesmo a façanha espiritual de um Newton, pode ser afinal reduzida a comparação de relações, cujas fundações foram constituídas por comparação de impressões sensíveis. Mas a ameba ainda não possui órgãos do sentido, ela ainda não pode diferenciar — como temos de admitir — ver, ouvir, ter gosto e tocar. Qual é, pois, o material da memória da ameba? Acabamos de ver a ameba como algo dotado de sensibilidade, que se encontra em meio ao caos de vibrações do mundo. Com a palavra "vibrações" estou repetindo a ciência popular; na verdade, não sabemos o que é isso que, segundo as vibrações do ar, chamamos metaforicamente de vibrações no éter e vibrações do átomo químico. A essência dessas vibrações é a coisa-em-si provisória que, passando pelos nossos órgãos do sentido, se converte nos fenômenos da audição, da visão e de toda classificação em nosso entendimento. A coisa-em-si *provisória*. Não pretendemos transformar, a sério, os fenômenos de um sentido em coisa-em-si de outros fenômenos dos sentidos. Para a ameba falta, no entanto, esse caminho pelos órgãos dos sentidos. Para nossa representação humana, a ameba está com sua memória no meio das vibrações do mundo. Mas como podemos classificar essas vibrações que não são selecionadas por órgão algum? O que ela pode selecionar nessas vibrações? O que nelas pode encontrar de interessante? Dito cosmicamente: tudo o que for possível; mas não aprendemos a falar cosmicamente. Dito humanamente: única e tão somente a ordem, a regra. A ordem regular em que "nós" podemos confiar, assim como confiamos na ordem regular dos dias e estações do ano.

Todo o caos de vibrações do mundo toma a ameba de assalto. Desse caos, certamente apenas uma parte ínfima causa impressão, a parte que é útil ou danosa ao organismo da ameba. Guardemos essa hipótese das vibrações. Existem vibrações mecânicas, que denominamos sons; existem vibrações do éter, que denominamos luz; existem as mais finas vibrações moleculares dos corpos, que tomamos pelos mais grosseiros fenômenos dos corpos, como gravidade e impenetrabilidade, porque são os mais conhecidos. Há verossimilmente vibrações no mundo ainda hoje desconhecidas, porque o acaso do desinteresse não fez surgir um sentido particular para elas. Mas a ameba já tinha interesse por certas vibrações e as fixava, por isso, em sua pequena memória. Ela só podia fixá-las mediante comparação das impressões e de suas relações no espaço e no tempo. A ameba talvez já pressentisse diferença qualitativa entre vibrações acústicas do ar, entre vibrações térmicas do éter e entre vibrações mecânicas dos átomos. Pois se admite que certos protistas já desenvolveram organoides para as sensações de luz e calor. Se isso é verdadeiro ou falso, podemos ao menos imaginar que a memória comparativa e, portanto, reconhecedora sentiu um dia em sua mais surda profundez: "Epa! Isso aí é aquilo que resiste! Epa! Isso é aquilo que esquenta! Epa! Isso é o que zumbe!".

Se compartilhasse da superstição darwinista da linguagem, eu poderia colocar muito comodamente, segundo essa pressuposição, interesse e memória em ligação. Deve ter sido muito importante para os protistas (segundo a teoria seletiva) reconhecer imediatamente a pressão, o calor, o zumbido de um amigo ou inimigo, desde as primeiríssimas vibrações regulares de uma coisa que pressiona, esquenta ou zumbe, e se preparar, de acordo com isso, para devorá-la ou dela escapar. O protista dotado de melhor memória foi o que sobreviveu etc. Mas isso seria apenas postergar a pergunta pela evolução da memória, do mesmo modo que todo o darwinismo (com exceção da orgulhosa solução do conceito de espécie) é apenas uma poderosa postergação da pergunta pelo surgimento do organismo. Outra coisa ainda me pareceria delicada nessa aplicação do darwinismo: nela, o interesse não é derivado da memória, mas a memória, do interesse, algo desconhecido de algo ainda mais desconhecido. Uma equação de primeiro grau recebe ali sua solução numa equação de segundo grau.

Queremos comparar de modo mais simples, embora também muito mais geral. Pressuponhamos, naturalmente, ainda outra coisa na ameba: algo que corresponde a nossas vias nervosas. Só o apreço excessivo pelo microscópio — como já exposto — pode se insurgir contra isso, evocando a aparente falta de estrutura da ameba. Centenas de experimentos, entretanto, comprovam o fato de que uma impressão é transmitida no chamado protoplasma da ameba. Mas mesmo sem esses experimentos não podemos deixar de pensar senão assim: à vida externa de todo organismo corresponde algum grau de vida interna, e essa vida interna tem de ter um portador, como o sistema nervoso humano é o portador da vida interna humana. Ora, o trabalho da memória é manifestamente facilitado se ela pode reconhecer impressões, impactos que se repetem ou se repetem regularmente ou o que quer que possa ser a coisa-em-si relativa, provisória. O momento do interesse tem de residir nessa facilidade do exercício, nessa comodidade do reconhecimento ou da comparação. Tem de residir na "economia de princípio" de Mach.[50]

Desse ponto de vista me parece, pois, que se pode pensar como a memória interessada pôde, no curso infinito da evolução orgânica, classificar pela primeira vez, no caos de vibrações, as vibrações semelhantes e fixá-las nessa classificação — *até onde ia seu interesse* —; pode-se pensar como a memória interessada pôde então destacar e fixar por sua vez, no interior de cada espécie de vibração, algumas subespécies dela, como nossos seis sentidos contingentes[51] surgiram e, no interior de cada um deles, finalmente o recorte contingente para o qual temos alguns nomes, como amarelo, verde, quente, frio, mole, ou designações técnicas como dó, dó sustenido.

---

[50] Fundamental para a argumentação de Mauthner, esse princípio foi assim apresentado pela primeira vez por Ernst Mach no livro *A mecânica apresentada histórico-criticamente em seu desenvolvimento*, de 1883: "Pode-se, portanto, dizer que não há nenhum resultado científico que por princípio também não possa ser obtido sem nenhum método. Mas, na realidade, dado o breve tempo de vida e a memória limitada do homem, um saber digno de menção só pode ser obtido pela *maior* economia de pensamento. A própria ciência, por isso, pode ser vista como uma tarefa mínima, que consiste em apresentar os fatos da maneira mais completa possível com o menor *dispêndio* de pensamento". Além da leitura das obras do físico, Mauthner também o conheceu pessoalmente, tendo frequentado como ouvinte cursos de física que Ernst Mach ministrou no Instituto Politécnico de Praga, conforme lembra o autor no capítulo XV de suas *Memórias. Anos de juventude em Praga*. Mauthner também manteve correspondência com Mach. (N.T.).

[51] Segundo Mauthner, a hipótese de que os sentidos se desenvolveram de maneira contingente ao longo da história teria sido antecipada por Lessing, que deixou um opúsculo póstumo intitulado *Que pode haver mais de cinco sentidos para o homem*, publicado pela primeira vez em 1795. (N.T.)

Subjetividade

Associação de ideias Nenhum campo da psicologia foi desde o princípio tão bem trabalhado quanto a teoria da associação de ideias. Até o menor dos catecismos da psicologia sabe dizer como uma representação é sempre evocada por outra, e como as chamadas associações de ideias podem ser reportadas ora à semelhança das representações, ora ao nexo exterior no tempo e no espaço. Wundt (*Phys. Ps.* II, 376)[52] as dividiu com mais precisão em diferentes subclasses, primeiramente em associações externas e internas; as externas em todos os tipos de associações simultâneas, e em associações sonoras e visuais sucessivas; as internas, tentou sistematizá-las segundo as categorias do conceito, da semelhança e da causalidade. Desde então essa "ordem" de fenômenos não observados foi frequentemente quebrada, colada, novamente quebrada e novamente colada pelos alunos de Wundt. Dignas de leitura são as exposições de Ziehen, Münsterberg, Hellpach e Jerusalem.[53] Falta uma revisão minuciosa da linguagem psicológica sobretudo nesse campo.

A ciência tem de reconhecer a atividade das vias nervosas como fundamento último da associação de ideias. Mesmo que as trilhas ou rastros nas vias nervosas não sejam constatados por nossos instrumentos e ainda que queiramos evitar a palavra rastro, devemos crer que a ligação relativamente mais fácil de representações exercidas em conjunto pressupõe e reforça uma modificação da via nervosa, assim como o exercício do braço do atleta ou da mão do pianista se evidencia no crescimento do músculo. Essa atribuição da associação de ideias à atividade das vias nervosas, isto é, aos verdadeiros criadores de nossas palavras, deveria autorizar facilmente a conclusão de que ela não é senão uma outra designação para a linguagem humana. E, se buscarmos isso numa tábua qualquer de associações, faremos a descoberta de que todas as formas de associação podem ser reportadas às comparações ou semelhanças a partir das quais

---

[52] Mauthner se refere à obra *Grundzüge der physiologische Psychologie* [Elementos de psicologia fisiológica], de Wilhelm Wundt, publicada em 1873--1874. (N.T.)

[53] Georg Theodor Ziehen (1862-1950), neurologista, psiquiatra, psicólogo e filósofo alemão; Hugo Münsterbert (1862-1916), pioneiro da psicologia aplicada; Willy Hugo Hellpach (1877-1955), médico, psicólogo e político alemão; Wilhelm Jerusalem (1854-1923), psicólogo, pedagogo e sociólogo austríaco afinado com o pragmatismo de William James. (N.T.)

formamos palavras ou conceitos, e àquelas que formamos a partir destes. As primeiras, as associações que formam os conceitos, são em sua maioria (com exceção do amontoado mnêmico) adequadamente designadas por nós associações exteriores; as criaturas de nossas palavras recebem de nós a péssima designação de associações internas. É necessário termos formado primeiro as categorias dos conceitos subordinantes e subordinados, de semelhança e de oposição, de finalidade e de causalidade, para podermos então imaginar encontrar em nós jogos de palavras desse tipo. E porque a psicologia não é teoria do conhecimento, nem a psicologia da associação nem a psicologia da apercepção necessitam saber o que é propriamente subsunção, semelhança e oposição, finalidade e causalidade. A disputa acerca do que deve ser feito primeiro, se psicologia ou filosofia, não resulta, afinal, ridícula para a realidade espiritual?

Memória

Memória e linguagem Minha convicção é a de que os enigmas da linguagem se deixam desvendar pela palavra-chave "memória", ou melhor, de que a resposta para os enigmas concernentes à essência e ao surgimento da linguagem se encontra na essência da memória humana. Não sei se serei capaz de desenvolver esse pensamento baseando-me nas novas concepções da fisiologia. Por esse motivo, quero apenas definir algumas ideias cardeais para essa relação.

Há muito tempo se exige de uma memória exemplar que tenha diversas qualidades; ela deve ser vasta e abrangente, isto é, armazenar a maior quantidade possível de representações, deve ser ágil, ou antes ligeira, isto é, realizar rapidamente o armazenamento e também garantir o rápido emprego do estoque de representações, deve ser sólida, isto é, permitir o armazenamento por um longo tempo ou até mesmo pela vida inteira, deve ser fiel, isto é, guardar as representações inalteradas e inadulteradas. Nenhuma memória corresponde a esse ideal. Nenhuma é ao mesmo tempo vasta, ágil, sólida e fiel. Não há vastidão, leveza, solidez ou ainda fidelidade absolutas.

Linguagem é memória Muito mais importante para o nosso modo de pensar é a distinção entre memória da palavra e memória da coisa. Creio, porém, que uma simples memória da palavra sem a memória da coisa, sobretudo se aparecesse numa separação tão radical, teria algo de papagaíce e deveria ser afastada da atividade espiritual do homem; penso que uma simples memória da coisa sem a memória da palavra correspondente é um fenômeno patológico. (Neste contexto nos referimos apenas à memória em sentido estrito, à memória cerebral; a memória em sentido lato, que atua na formação e na vida dos organismos, na formação dos cristais, não tem nada a ver com linguagem; a não ser que também fossem encontrados para essa memória alguns signos mnemônicos que então certamente também poderiam ser designados como linguagem em sentido amplo.) No homem normal, a memória da coisa e a memória da palavra estão em estreita ligação. E, se tenho razão em afirmar que a linguagem ou o vocabulário de um homem não é senão a memória individual para sua experiência, essa ligação é de fato mera tautologia. A linguagem não é senão memória, porque não pode absolutamente ser nada outro. Meditou-se muito sobre quais modificações materiais estariam associadas à memória no cérebro humano. E, tanto quanto é possível dar uma resposta, a frase "a linguagem é a memória" o faz. Sabemos que a memória é adquirida por meio de exercício em cada caso particular, para cada representação. Esse exercício, essa disposição das vias nervosas para a ligação de determinadas representações, está atrelada justamente à palavra, e nos sentimentos cinestésicos recentemente observados possuímos pela primeira vez um correlato dos inacessíveis processos cerebrais. Não queremos esquecer que a linguagem, incluindo a científica, nos deixa completamente na mão tão logo queiramos saber algo sobre a essência da memória. Quando recitamos um poema de cabeça, talvez nos lembremos apenas do jardim e da hora em que os versos foram decorados. (Comparar também: H. Bergson, *Matéria e memória*.)[54] O que ficou fixado na memória consciente facilmente atrapalha o trabalho da memória. Memória, porém, é apenas trabalho, apenas uma forma específica de trabalho. Assim como a vida é apenas uma forma específica de trabalho. Por isso, a questão da essência da vida é sempre colocada de modo errôneo, porque ela, a questão, só pode ser formulada em palavras após sua solução. Ora, o trabalho do organismo que denominamos vida tampouco é esclarecido sem a memória do inconsciente do organismo. Vida é memória (em sentido amplo) sem signos auxiliares; memória (no sentido estrito) se associa a

---

54   H. Bergson, *Matéria e memória. Ensaio sobre a relação do corpo com a mente*, cuja primeira edição é de 1896. (N.T.)

signos auxiliares, a sensações e, com gosto, a palavras. E com as palavras de nossa língua tateamos nestas investigações em busca da palavra memória da mesma maneira que tateamos em busca de algo desconhecido. Da mesma forma que os bebês tateiam para agarrar seus pezinhos e não sabem que pertencem ao seu eu.

Mesmo sem conhecer essa ligação entre linguagem e memória nos seria possível captar a essência da linguagem no fato de ela nos tornar independentes da presença palpável do mundo real (se não em contraposição aos animais, pelo menos em extraordinária vantagem em relação a estes), de podermos representar mais ou menos para nós o mundo passado e futuro ou ainda apenas o mundo distante espacialmente e nos posicionarmos em relação a ele. Nisso consiste a essência do pensamento humano ou da linguagem humana. Os animais também se apoderam espiritualmente do mundo exterior ao voltar sua atenção a determinadas coisas ou fatos. Com a única diferença de que o homem, situando-se acima, atenta a infinitamente mais coisas e as grava infinitamente melhor para depois.

Memória consciente A memória é um fato da consciência, e a consciência só é para nós um fato enquanto memória. Poder-se-ia continuar fazendo malabarismo com essas palavras e não se chegaria a uma definição consistente de ambos os conceitos, nem mesmo no sentido cético da crítica da linguagem. Suspeitamos, contudo, que um fato da consciência descoberto por auto-observação não é o abstrato "memória", mas apenas a série de imagens mnêmicas particulares; suspeitamos que a palavra "consciência" não signifique, na verdade, senão o nexo das imagens mnêmicas.

Também a designação "imagens mnêmicas" foi muito mal escolhida para a ciência. Se disséssemos recordações ou atos de recordação, introduzir-se-ia entre elas — como uma certa atividade — e nós — como espectadores inquiridores — um fator que nossa fantasia teria inventado, um ídolo "memória", que realiza os atos de recordação, ou um eu que se lembra e que, por sua vez, só poderia ser o abstrato "memória". A designação "imagens mnêmicas" só é melhor na medida em que parece expressar metaforicamente nossa aparente passividade em todo o processo. Temos, no entanto, de constatar que se trata de uma metáfora, que não podemos distinguir teoricamente com precisão as imagens imediatas de nossa percepção e as mediatas de nossa memória. As pessoas se acostumaram a diferenciar as imagens imediatas e mediatas como percepções fortes e fracas, como formas de estímulos fortes e fracos. Tanto a questão do estímulo como o aspecto fisiológico em geral têm de ser deixados de lado, uma vez que ainda totalmente inexplicados. A mais simples reflexão, no entanto, pode nos ensinar que a força ou a fraqueza das percepções, independentemente do caráter relativo desses conceitos, não nos leva adiante. Nas alucinações, as imagens mnêmicas têm a mesma força das percepções imediatas; e, por outro lado, reconhecemos como percepções imediatas os sons mais fracos e etéreos, como na contemplação de uma cordilheira distante oculta na neblina. Nos sentimentos, como, por exemplo, na ira que meu pior inimigo provoca em mim, a força ou a fraqueza de modo algum estão ligadas ao caráter imediato. O tempo pode mitigar o sentimento, mas não o faz necessariamente. Avistar um inimigo não precisa atiçar minha ira na mesma medida que a lembrança dele. Isso certamente tem a ver com os fenômenos da vida que correm paralelamente à memória cerebral; da mesma forma que sentimentos de fome, de amor etc. podem ser despertados em graus fortes ou fracos somente pela memória. Não nos lembramos apenas de nosso pensamento, mas também de nossa vida. Não nos lembramos apenas de nossas percepções e de suas ligações com conceitos, juízos e conclusões, nós — isto é, nós em nossa consciência — nos lembramos também de nossos sentimentos e necessidades. Mas a consciência está sempre em jogo justamente na recordação de nossas necessidades? Parece-me certo que aqui, mais uma vez, a linguagem nos deixa na mão. A representação "fome" ou "amor", ou seja, a recordação dos conceitos ou palavras correspondentes, é certamente despertada com muita frequência por esse tipo de necessidade natural, e de modo involuntário, inconsciente; com mais frequência ainda — o que deveria ser observado pelos pedagogos —, a necessidade imperiosa é despertada pelo exercício inconsciente da satisfação, logo, pela recordação. Quem está acostumado a comer três vezes ao dia é lembrado da necessidade três vezes ao dia, tem fome três vezes ao dia; quem está acostumado a comer cinco vezes ao dia, sente fome cinco vezes. E quem ainda nem se acostumou a comer, como o animal recém-nascido, só pode sentir um desconforto, mas não o sentimento diferenciado de fome. Os pedagogos podem aplicar essas doutrinas ao sentimento de sede e ao do amor sexual. Não precisamos, portanto, nos aprofundar mais no mundo dos organismos para reconhecer que memória é um estado muito mais difundido que a chamada consciência. Esta é apenas uma das muitas formas humanas de representação da memória. Sendo assim, temos de investigar em que a memória de nossa chamada autoconsciência pode se distinguir da memória inconsciente de toda matéria organizada, da memória inconsciente que também está na origem dos fatos da química e da cristalização.

Toda recordação é ação Para nos aproximarmos um pouco dessa questão, temos de estabelecer primeiro o que de fato fazemos quando lembramos. Por incrível que pareça, nunca se indicou o ponto principal, a saber, que o cérebro normal de modo algum, como afirma a opinião comum, repete por si mesmo suas experiências. Não é verdade que as cores vistas podem ser produzidas por nós de maneira atenuada em nossa memória, não é verdade que temos uma melodia, por mais conhecida que seja, na memória. Há uma disposição à repetição, mas essa palavra, disposição, é apenas um obscurecimento da questão, não a sua solução. O que se passa em nós quando a possibilidade se torna realidade, quando, em virtude de nossa disposição, de fato nos lembramos? Quando abrimos mão desse erro antigo, toda a essência da linguagem se esclarece um pouco, e de uma perspectiva nova. O que se diz a seguir não é apenas resultado de rigorosa auto-observação, mas também foi corroborado perguntando cuidadosamente a inúmeras pessoas, inclusive artistas, que por muito tempo resistiram a confessá-lo.

Quando quero me lembrar de uma melodia conhecida, toda lembrança passiva, toda espera não me serve de nada; a melodia não me vem à mente. Eu tenho de cantá-la interiormente para rememorá-la. Recordo-me dela na garganta, não na cabeça. Tenhamos em vista — como logo veremos — que também a compreensão da linguagem está associada a sensações de movimento no órgão da fala. Isso não se dá dessa forma apenas para as pessoas sem dom para a música. Uma violinista eminentemente musical e de confiança me revelou, superada a surpresa inicial, que também ela não é capaz de evocar uma melodia na memória passivamente, que para produzir a memória tem de cantar interiormente, e que se lembra dela na garganta e igualmente nos dedos, crendo involuntariamente tocar seu instrumento. Não posso de modo algum me lembrar de uma cor, provavelmente porque não consigo produzir cores como produzo sons. Não consigo produzi-las com o simples trabalho de meu corpo. Mas posso — ridiculamente mal, é claro, mas isso não importa — com a paleta nas mãos reproduzir uma paisagem, um semblante, de memória. Um pintor talentoso me confessou, amargamente contrariado, que com ele as coisas não se dão de modo diferente.

Ele precisa fazer um desenho, uma pintura a cores para se lembrar. O artista via o que lhe interessava melhor que o leigo; mas nem mesmo ele dispõe de uma memória passiva, também ele é ativo na rememoração. O homem comum vê tão mal que não conseguiria, de memória, descrever com exatidão a forma de um armário que há vinte anos se encontra em seu quarto e, mesmo tendo contemplado a *Madona Sistina* vinte vezes, não saberia dizer de memória se ela segura o Menino Jesus no braço direito ou esquerdo. Enganamo-nos, porém, ao colocarmos a culpa na memória; vimos de fato sem prestar atenção. O artista atento consegue desenhar corretamente a *Madona Sistina* de memória, mas ele tem de redesenhá-la, na realidade ou na fantasia, quando quer se lembrar. *Toda recordação é uma ação.*

Mas algo muito digno de nota também se faz presente nessa ação, e nisso reside um enigma da memória. Canto uma melodia internamente e sinto que a canto errado; não consigo cantá-la corretamente, mas sei que é diferente. O pintor desenha de memória o rosto de um conhecido; ele corrige os erros de memória e, quando termina, sabe se o retrato saiu semelhante ou não. Não possuímos, portanto, outra memória senão a que recriamos ativamente e, no entanto, somos capazes de comparar nossa criação a alguma coisa. O que é isso? O que é isso que não está disponível na consciência e com o qual comparo a sensação interna ou externa que a adentra? Esse algo deve ser designado de modo bem geral como algo fisiológico: pois os estados nervosos, enquanto ainda não surgiram na consciência, enquanto não se tornaram psicológicos, são fisiológicos. Isso certamente coincide com a designação "disposição",[55] com a qual a psicologia mais recente buscou constituir uma base obscura, porém irrefutável, para a atividade da memória. Antes se supunham na memória vestígios aderentes e permanentes de impressões mais antigas; como esses vestígios não se tornaram visíveis ao microscópio (talvez as modificações cerebrais observadas por Flechsig[56] pudessem ser consideradas os primeiros vestígios extensos de uma massa de impressões) foi preciso colocar no lugar deles a hipótese de vestígios invisíveis, e tal é justamente a disposição. A palavra se apresentou no momento certo.

---

55 Em alemão, *Disposition*. (N.T.)
56 Paul Emil Flechsig (1847-1929), psiquiatra e estudioso do cérebro, considerado o "pai da neuroanatomia". (N.T.)

Comparação O enigma, portanto, não está solucionado, mas posto em conexão com um fenômeno cotidiano, como veremos. Ouvi uma melodia. Lembro-me dela, isto é, eu a canto de novo em meu interior. Não consigo cantá-la corretamente, mas sinto a certeza de que me lembro erroneamente dela, isto é, comparo o estímulo dos nervos que meu falso canto interior provoca com a disposição que restou para o estímulo nervoso provocado em mim pela melodia correta. Esse processo, porém, não é outro senão aquele sobre o qual repousam, do início ao fim, todos os nossos conceitos ou palavras, todo o nosso pensar ou falar. A atividade inteira da classificação, produzida pela nossa linguagem humana, outra coisa não é que comparação de impressões e equiparação de impressões semelhantes mediante uma palavra comum. Todo juízo outra coisa não é que aplicação de uma classificação existente a uma nova impressão, isto é, comparação de um estímulo nervoso atual com a recordação de estímulos nervosos anteriores. Toda inferência e pensamento é uma comparação complexa. Spencer já reconheceu que todo pensar consiste no reconhecimento das relações entre igualdade e desigualdade. Ele mostrou que toda relação como essa nada mais é que mudança na consciência, e que toda mudança na consciência está ligada a um estímulo. Mudanças súbitas na consciência podem gerar abalos vivos, como o relâmpago brilhante na noite ou o trovão de um relâmpago que cai. Mas também recordações, isto é, mudanças súbitas da consciência não vindas do exterior podem nos sacudir, como quando me lembro demasiado tarde que me esqueci de um encontro. Quanto menos súbita ou menor for a mudança tanto menos facilmente ela ultrapassa o limiar da consciência.

O conceito de mudança tem, além disso, a grande vantagem de poder ser aplicado a nosso pensamento, não importa se o procuramos analisar fisiológica ou psicologicamente. E, se não recuamos diante da última consequência, ele é o conceito superior para as relações entre igualdade e desigualdade. Não posso passar muito rapidamente pelo seu exame porque, com a reciprocidade entre memória e comparação, de um lado, e entre memória e linguagem, de outro, portanto com a quase inteira equivalência dos conceitos linguagem e comparação, ele lança novamente luz sobre a crença de que se pode avançar no pensamento com auxílio da linguagem.

É que, se verificamos que a memória do gênero humano ou o pensamento ou a linguagem são uma comparação (em que, como vimos, o semelhante já é chamado de igual),[57] toda atividade de pensar pode ser dividida em dois grupos imensos, que eu, com efeito, só posso descrever imprecisamente, porque tenho de aplicar os conceitos correspondentes de acordo com o uso linguístico habitual. Os dois grupos devem ser caracterizados, aproximadamente, pelas palavras "classificar" e "reconhecer"; no primeiro grupo, impressões imediatamente dadas ou impressões imediatamente dadas e recordadas são comparadas por um tempo tal até que as disposições para sua renovação se reúnam e se tenha em mãos uma fórmula abreviada para todas as disposições: uma palavra, um conceito; no segundo grupo, uma impressão imediata ou recordada ou uma fórmula já abreviada para um sistema de impressões é comparada com outra fórmula. Toda classificação ou formação conceitual é uma igualação[58] na qual, em consequência de longo treino, não precisamos mais do sinal de igualdade; todo reconhecimento ou julgamento é também formalmente uma igualação, na qual equiparamos expressamente o sujeito com o predicado, o conceito com sua definição etc. Os inúmeros casos em que a cópula "é" não exprime a própria identidade mas subordinação não são exceções, pois se deixam facilmente reduzir a uma igualação. "O cavalo é um mamífero" significa tanto quanto "O cavalo = um dos mamíferos". Toda nossa vida espiritual se baseia na cômoda aceitação da igualdade.

Memória e hereditariedade Falou-se, como já mencionado, de uma memória da matéria organizada,[59] com o que nada se esclareceu, embora se

---

57   Essa ideia de que o apenas semelhante é considerado como idêntico, brevemente comentada antes a partir de Spencer, será fundamental nas explicações mauthnerianas sobre o conhecimento e a adaptação de animais e homens. Ver a sequência e *Contribuições a uma crítica da linguagem*, II. Stuttgart: Cotta, 1906, 2ª ed., p. 531. Neste volume, p. 136. (N.T.)

58   Em alemão, *Gleichung*, que é cognato de *gleich* (igual), *gleichen* (igualar, assemelhar) e também de *vergleichen*, *Vergleichung* (comparar, comparação). *Gleichung* em alemão também pode ser uma equação. (N.T.)

59   Mauthner alude aqui à conferência proferida pelo fisiólogo Karl Ewald Konstantin Hering (1834-1918) na Academia de Ciências de Viena e intitulada "Sobre a memória como função geral da matéria organizada". Há tradução em inglês: "Memory as a General Function of Organised Matter", in *On Memory and The Specific Energies of the Nervous System*. Chicago: The Open Court, 1897, 2ª ed. A tese central da conferência é a de que "todo ser organizado de nosso tempo atual é produto da memória inconsciente da matéria organizada" (ibid., p. 20) e, assim, "toda a história do desenvolvimento individual,

tenha comparado com muito acerto a herança biológica à memória. Ora, se a atividade de nossa memória se assenta, em seu fundamento mais profundo, na falsa memória, ou seja, no destino inelutável da memória que consiste em igualar o que não é igual e até — para repetir as palavras do início — em notar principalmente apenas aqueles casos que confirmam uma opinião preconcebida, semelhante procedimento se encontra também na base da evolução da vida orgânica na Terra. À memória admitida pela psicologia até hoje, à memória confiável, fiel, esquemática, corresponde a hereditariedade das qualidades nas plantas e animais. O embrião orgânico contém algo como uma memória da história e da forma do organismo da mãe, ou então de ambas as formas e organismos, do pai e da mãe. Se essa memória fosse fiel, não haveria evolução. Mas, ao lado dessa hereditariedade meramente admitida, jamais existente de modo puro, está a *adaptação*, que eu não poderia nomear, nesse contexto, a não ser como o erro fundamental da hereditariedade, como falsa hereditariedade, sobre a qual, porém, primeiramente se assenta, por sua vez, a possibilidade do progresso, a evolução. Assim como a memória assimila casos novos, jamais inteiramente do mesmo tipo, de tal modo que a opinião preconcebida é com isso confirmada e o conceito existente igualmente determinado e ampliado apenas de modo inconsciente, assim também a vida no novo organismo (que em nossa língua dividimos em hereditariedade e adaptação) assimila as novas impressões de clima, alimento, luta pela existência etc. em aparente continuidade com o organismo materno, continuidade esta que, no entanto, sempre acrescenta uma pequenina parte à evolução.

---

tal como observada nos animais mais altamente organizados, é, desse ponto de vista, uma cadeia contínua de reminiscências da evolução de todos os seres que formam a série ancestral do animal" (ibid., p. 21). Mauthner consagra a Hering um trecho das *Contribuições*, escrevendo: "Desde Hering se é unânime em chamar memória uma função da matéria organizada. Exceto pela circunstância de que ninguém sabe o que é matéria, ninguém sabe o que é organismo, e que função não diz mais que dependência de uma grandeza em relação a outra — exceto pela circunstância, portanto, de que não diz nada, a expressão é muito bem escolhida. Pois, em vez de querer explicar algo inexplicável, coloca apenas uma tarefa e se restringe cautelosamente ao mundo da realidade". F. Mauthner, *Contribuições a uma crítica da linguagem*, I. Stuttgart: Cotta, 1906, 2ª ed., p. 597. (N.T.)

Esquecimento Aquilo que denominamos bem humanamente o erro fundamental da memória é a sua essência. Ela omite a diferença entre igualdade e semelhança. Observa erroneamente, observa falsamente. E sem esse erro essencial não haveria evolução no mundo orgânico, nem conceitos ou palavras no mundo espiritual. Mas a memória também é essencialmente infiel. E as palavras ou conceitos, que só surgem mediante a falsa memória, seriam impróprios para o uso do dia a dia sem essa propriedade da memória de ser infiel. Apenas vem bem a calhar que todos esses erros da memória (dito de forma humana) se deem no interesse do organismo humano. Nós não poderíamos nem viver nem pensar se não pudéssemos *esquecer*.

Esquece-se o que não interessa. "Por isso, toda a arte da memória também está propriamente contida numa regra: Interessa-te!, e, até onde instruções mnemotécnicas podem ter algum êxito, todas elas redundam em conectar ou trocar aquilo a que somos indiferentes por aquilo que nos importa mais." J. E. Erdmann, de quem se cita aqui o discurso sobre o esquecimento,[60] também chamou magnificamente atenção para o fato de que só nos envergonhamos por não reconhecermos um velho conhecido porque deve magoá-lo que tenhamos tão pouco interesse por ele, que ele possa ter sido desalojado de nossa memória por interesses mais vivos. Sentimo-nos igualmente magoados quando uma pessoa amada esquece algum de nossos desejos, mostrando, portanto, pouco interesse por nós.

Apercepção inconsciente Já disse que, no entroncamento de seus trilhos, ali onde ela recebe um solavanco, onde surge um obstáculo, a memória se torna linguagem, consciência. O mistério da memória já estaria, portanto, desvendado — se fosse possível vestir sem sobras esse terrível pensamento em palavras. Mas isso não se dá, precisamente porque a consciência não se acomoda a trilhos lisos. Em tais pressentimentos ruins ocorre-me o mesmo que ao cavalo que deveria ser desacostumado de comer. Ele morre justamente no momento em que *quase* teria se desacostumado de comer. Eu sei por que a linguagem falha ao servir; mas ela falha mesmo assim.

60 O discurso em questão tem por título "Do esquecimento" e se encontra no volume de Johann Eduard Erdmann, *Ernste Spiele. Vorträge, theils neu theils längst vergessen.* Berlim: Wilhelm Hertz, 1870, 2ª ed., pp. 328 e 322-24. (N.T.)

Essa propriedade da memória, de que ela — para exprimi-lo de modo aproximado — dorme em trilhos lisos (como o moleiro ao taramelar do moinho), mas se torna consciente cada vez que sai dos trilhos —[61] essa propriedade nos esclarece do modo mais simples o que há de inconsciente no amadurecimento das ideias ou na formação dos conceitos, nas chamadas apercepções inconscientes, essa pesada cruz dos psicólogos.

Essa cruz certamente jamais teria se tornado tão pesada se esses senhores não tivessem adotado da matemática e da lógica o princípio da identidade de grandezas iguais, ainda que esse princípio seja apenas uma hipótese auxiliar na matemática e uma tautologia na lógica.

Mas na psicologia, isto é, no pensamento, em nossos conceitos, não há duas grandezas iguais. Toda formação conceitual é uma flutuação, um esvaecimento. Não há duas árvores iguais, não há duas folhas iguais das quais restem (sejam abstraídos) os conceitos ou palavras "árvore", "folha". Isso eu tomo finalmente como certo.

Ora, se uma nova impressão se acrescenta a um conceito (que se encontra em nosso vocabulário), dois casos são possíveis.

Ou a semelhança é (subjetivamente) tão grande que o trilho é percorrido sem atrito e empregamos sem pensar a velha palavra, "reconhecendo novamente" a coisa; há então a chamada percepção inconsciente. Avistamos uma árvore e dizemos sem pensar "árvore". A diferença (subjetivamente, para nosso interesse) é tão pequena que empregamos o vocabulário simplesmente tagarelando. Do mesmo modo que, ao encontrarmos o senhor A ou B, dizemos senhor A ou B.

No caso mais estrito, nós respondemos afirmativamente a uma pergunta acerca da identidade. E é uma correta observação linguística de Steinthal que em toda afirmação ou negação está originariamente contido (o que ainda agora ocorre com crianças bem pequenas) um ato da vontade.[62] Espinosa já desenvolveu filosoficamente essa doutrina

---

[61] "Sai dos trilhos": em alemão, *Entgleisung*, que significa, literalmente, "descarrilamento". A palavra tem também o sentido figurado de "passo em falso", "erro", "lapso", "engano", "disparate". (N.T.)

[62] Steinthal explica essa ideia, por exemplo, da seguinte maneira: "Mas observem como a criança diz sim e não! Ela já o faz no segundo ano de vida; mas como? Não apenas com a boca, mas com todo o seu rosto, com toda a sua cabeça, com suas mãos e pés. Não é um ato da lógica o seu sim e não, mas um ato de seu desejo". H. Steinthal, *Abriss der Sprachwissenschaft* [Compêndio de linguística]. Berlim: Dümmler, 1871, p. 191. (N.T.)

(Ética, II, 49), estipulando inclusive a proposição inteiramente paradoxal: "Vontade e intelecto são uma coisa só". Todos os bons opositores da lógica reconhecem isso em sua teoria do juízo. Kant e os ingleses, quando chamam o juízo de *um ato*, "*an act*". Liebmann e Brentano, quando separam o juízo da associação e rementem à "intenção". Jerusalem tratou a questão com particular agudeza.[63] No primeiro caso, o da apercepção inconsciente, também podemos falar, portanto, *cum grano salis* de uma vontade inconsciente.

Progresso no pensamento Ou então a semelhança do novo com o conceito é (subjetivamente) menor, nossa memória sai dos trilhos, a recordação vem à consciência: não reconhecemos imediatamente; então o tropeço nos desperta, e enriquecemos o conceito com a pequena diferença com a qual topamos. Assim como também o esquiador ou cavaleiro enriquece a memória dos respectivos músculos, enriquece o seu exercício com a queda, isto é, o exercício *dela*, e aprende com o tropeço. Ou, enfim, assim como a criança aprende a andar caindo. Dessa maneira, a humanidade não aprende a pensar ou falar pela aplicação sem atrito, inconsciente, de seu vocabulário, mas gaguejando em empregos duvidosos. Se vejo o senhor A ou B e não o reconheço logo (inconscientemente) porque ele se tornou grisalho, se não reconheço logo a senhora G, porque em vez do habitual vestido preto ela veste um de cor lilás, eu aprendo com isso a conhecer melhor A, B ou G. O progresso do pensamento humano, isto é, a evolução do vocabulário humano, não é, por conseguinte, senão a observação de diferenças entre coisas semelhantes ocasionada por choques e descarrilamentos, a percepção de erros de fusão, o reconhecimento de lacunas no conceito e, finalmente, o emprego resignado de conceitos abrangentes, a despeito do reconhecimento dessas lacunas. Todas as grandes descobertas nas ciências naturais podem ser resumidas a que ou se reconheceu que "Esta não é a senhora G, embora se pareça com ela ou tenha o mesmo nome que ela" ou então que "Esta é a senhora G, embora esteja trajando cor lilás".

---

63   Otto Liebmann (1840-1912): neokantiano, autor de diversas obras, entre as quais *Pensamentos e fatos* (1882-1904); Franz Brentano (1838-1917), autor da *Psicologia de um ponto de vista empírico* (1874) e de *Sobre a consciência sensível e noética* (obra póstuma), precursor da teoria fenomenológica da intencionalidade; sobre Wilhelm Jerusalem, ver nota 53, p. 70. (N.T.)

A descoberta do oxigênio por Lavoisier entra no primeiro grupo; a explicação de Newton para o cálculo estrelar como sendo um caso da gravidade e a unificação de luz e eletricidade (Hertz) fazem parte do segundo grupo. Alguns conceitos são ora depurados, ora enriquecidos.

Atenção e memória

A vontade livre E a partir daqui incide uma luz clara sobre o velho ídolo da linguagem chamado vontade livre. Há uma aparência de vontade livre, assim como há uma aparência de atenção livre. Temos essa aparência porque somos homens, porque somos dotados de entendimento e linguagem humanos, porque a mesma férrea evolução que hoje constrange inescapavelmente e, portanto, torna não livre toda atenção e todo querer da memória herdada e adquirida, também armazenou, além disso, a memória herdada e adquirida na linguagem e nela conservou o velho ídolo de madeira "vontade livre". Em alguma parte de sua vida interna, a pedra que cai também pode acreditar que cai por livre e espontânea vontade, que por livre e espontânea vontade dirige sua curiosa atenção para o centro da Terra.

Memória inconsciente Ribot (*A memória e seus distúrbios*[64] etc.) indica que para explicar os fenômenos da memória se deve pressupor, além das modificações de partículas nervosas específicas, também a ligação permanente entre diversos elementos ou ainda a tendência a determinadas ligações, isto é, a trilhas. Se se restringe a causa da recordação a um único elemento, porque a recordação aparece também como uma unidade, isso é apenas um efeito do fetichismo que domina toda a nossa linguagem. A memória ativa de um homem adulto é, por conseguinte, somente a expressão linguística para um número de trilhas que somos obrigados a inferir, sendo elas próprias, portanto, apenas palavras, e cujo substrato ainda nenhum microscópio mostrou.[65] Porque estamos acostumados a

---

[64] Mauthner se refere ao texto *Maladies de la mémoire*, publicado em 1881, de Théodule-Armand Ribot (1839-1916), psicólogo francês. Ele cita a tradução alemã: *Das Gedächtnis und seine Störung* (Hamburgo/Leipzig: Voss, 1882). (N.T.)

[65] Importante destacar, apesar da crítica que lhe fará a seguir, a afinidade das ideias de Mauthner com as de Ribot: "Alguns parecem pressupor tacitamente

chamar de nosso pensamento ou nossa alma apenas uma parte de nossas memórias — a saber, aquelas presentes naquilo que se denomina nossa consciência —, e porque não só a linguagem (que é aqui ao mesmo tempo juiz e parte) traça uma diferença entre a memória consciente e inconsciente, podemos nos ocupar dessa diferença, sem cair sob a suspeita de entrar nas atribuições da filosofia do inconsciente.[66]

Há, como se sabe, grandes grupos de atividades nervosas inconscientes, como aqueles que dirigem nossa vida animal (digestão, circulação sanguínea, alimentação) e produzem os movimentos reflexos. Mas quase não há atividade nervosa consciente que não possa se automatizar por meio do exercício, e uma inconsciente de que não tomemos excepcionalmente consciência. Leves dores de barriga, sensação de aperto no coração e falta de ar são tais atividades nervosas inconscientes, cuja tomada de consciência não nos é costumeira e, por isso, causa dor. Nesse caso, portanto, denominamos consciência uma doença da memória nervosa inconsciente. Também Ribot, que de forma muito hegeliana busca definir a memória como algo "em si", a consciência como algo "para si", chama a atenção para o fato de o costume e, com ele, a duração dos atos psíquicos influenciarem na distinção.[67] Mas ele afirma ainda que há uma diferença importante entre memória automática ou orgânica e memória consciente. Não posso crer nisso. Sem dúvida, vias nervosas terrivelmente emaranhadas têm de se lembrar, quando, por exemplo, queremos entender uma palavra falada ou designar um conceito mediante uma palavra; e no simples ato de pronunciar uma palavra, por exemplo, toda uma coluna de ataque composta de nervos tem de ordenar a atividade dos músculos de nossa face, de nossa língua, de nossa região orofaríngea, de

---

  que uma recordação orgânica ou psíquica permanece numa única célula, que, com seus filetes nervosos, teria por assim dizer o monopólio de sua conservação e reprodução. Essa é, em todo caso, uma ilusão ensejada pela linguagem, que nos diz para considerar um movimento, uma sensação, uma representação, um sentimento, como uma *coisa*, uma *unidade*. Entretanto, a reflexão logo mostra que cada uma dessas supostas unidades consiste em elementos numerosos e heterogêneos, que são uma associação, um grupo, uma fusão, uma *multiplicidade*". T.-A. Ribot, *Das Gedächtnis und seine Störung*, op. cit., p. 11. (N.T.)

66 Assim como Ribot, Mauthner não adere às explicações da *Filosofia do inconsciente* (1869), de Eduard von Hartmann (1842-1906). (N.T.)
67 T.-A. Ribot, *Das Gedächtnis und seine Störung*, op. cit., p. 24. (N.T.)

nossa laringe e de nossa caixa torácica (segundo um plano que se tornou automático). Aqui, a respiração só faz o papel do foleiro. Mas, se considerarmos a respiração em si, a complicação de sua memória inconsciente não é menor do que a da fala. Do ponto de vista artístico, pode-se julgar o foleiro menor que o compositor, mas para a ciência da natureza ele também é um homem.

Quando me forço para formular com acuidade a deficiência pela qual a consciência se rebaixa a uma memória inconsciente, fica muito nítido para mim quão erroneamente a questão se coloca. A memória inconsciente nos é cientificamente mais familiar do que a aparência da consciência interna, aparentemente tão bem conhecida. Assim, em nossa questão temos de partir, ao contrário, da memória inconsciente e perguntar: por que prerrogativa ela se eleva à consciência? E aqui o foleiro está em seu direito, um direito humano, quando intervém zangado e pergunta de onde eu tiro essa estimativa para colocar a consciência acima da inconsciência.

E realmente sinto como uma verdade indemonstrável que a consciência humana não é nada além de uma obstrução na relojoaria do organismo humano.

Assim como só nos tornamos conscientes da atividade dos nervos simpáticos por meio de distúrbios, inibições ou doenças, assim como percebemos o deslocamento sobre o pavimento acidentado, mas não sobre águas calmas e muito pouco sobre rodas de borracha, também a memória inconsciente só dá notícias à instância superior, à atividade cerebral pensante, reflexiva, oscilante, mais insegura, mais tola, consciente, quando o desempenho habitual esbarra num obstáculo. Quando aprendemos algo, quando aprendemos a andar, falar, tocar piano, dançar, nadar etc., não fazemos nada além de adquirir uma nova memória em acréscimo às memórias herdadas de nosso organismo.

O que com tanto orgulho humano nomeamos "aprender" nada mais é, portanto, que o terrível esforço do gênero humano para adquirir novos instintos em acréscimo aos herdados, e seria um triunfo do darwinismo se um dia as crianças viessem ao mundo andando, falando e tocando piano como hoje o pintinho consegue imediatamente andar e bicar. Nosso aprendizado não é senão o esforço para realizar a atividade à maneira de um instinto por intermédio da memória consciente. Por isso, aprender dói tanto de início, por isso a criança chora ao aprender a ler da mesma forma que chora ao sentir cólicas e falta de ar, e posteriormente lê quase sem pensar, como digere e respira inconscientemente. Enquanto a mão ainda não tiver aprendido a tocar sem consciência o acorde no piano, isso será um esforço; depois, a memória inconsciente toca sozinha peças inteiras, como nos casos testemunhados pela medicina em que músicos na orquestra continuaram tocando no compasso durante ataques epiléticos (totalmente sem consciência, portanto). Logo, a avaliação tem de ser realmente invertida. A consciência conduz, de maneira tateante e hesitante, como um equilibrista iniciante sobre a corda bamba, apenas o que não sabemos fazer. Todo o resto é realizado pela memória inconsciente.

Agora finalmente sabemos o que significa a fórmula de Hering.[68] A memória seria uma função, isto é, uma variável dependente da matéria organizada. De fato, se o organismo fosse um Estado, como na visão antiga, sob o governo de uma consciência ou de uma alma, por exemplo, poderíamos entender por memória algo como uma função; a memória seria então o trabalho dos jornalistas oficiais, como os jornalistas oficiosos podem aliás ser designados, de modo rigorosamente científico, a funções do governo, isto é, suas variáveis dependentes. Mas, se as memórias forem apenas as trilhas automáticas das vias nervosas, então conhecemos tão pouco a variável independente quanto sua relação de dependência para com as memórias, e a fórmula de Hering se revela uma imitação pedante do chiste de mau gosto: "Pensar é uma secreção do cérebro, assim como a urina é uma secreção dos rins". Só um materialista limitado seria capaz de tirar uma conclusão a partir dessa equiparação entre produto e resíduo. A fórmula de Hering é — como foi dito — útil e fecunda; epistemologicamente, contudo, ela nem chega a ser engraçada, não diz muito mais que: "Se pudéssemos, explicaríamos a memória mecanicamente". Que não possamos fazê-lo, que admitamos nosso não saber do modo mais claro possível, é justamente o que nos separa do materialismo.

---

[68] A "fórmula" a que alude Mauthner é a ideia central de K.E.K. Hering de que a memória é uma "função geral da matéria organizada". Ver nota 59, p. 78. Essa ideia também foi adotada na mesma época, quando Aby Warburg procurou explicar os mecanismos da memória cultural. (N.T.)

Consciência

Representações inconscientes Representações inconscientes no cérebro já haviam sido pressupostas muito antes de Eduard von Hartmann fundar um novo sistema, por assim dizer, uma nova *société anonyme*[69] baseada nelas.

Autoconsciência é para nós apenas um título mais elevado que a consciência outorga a si mesma. Como quando, depois de obter o poder, um usurpador veste também os ornamentos da coroa, ou como quando um rei, enquanto chefe supremo do exército, se nomeia ainda detentor de um determinado regimento.

De novo reconhecemos a afamada consciência como expressão linguística para o fato da recordação, isto é, da continuidade dos efeitos causados pelas impressões em nosso cérebro. Sem dúvida, além dos trilhos da linguagem, pressente-se algo difícil de exprimir: aquilo que se denomina consciência no sistema nervoso central nada mais é que o antiquíssimo conceito de causa, o qual mais tarde se chamou lei da inércia e ao qual agora apetece ser chamado de conservação de energia; pressente-se que a consciência, em seu fino sistema nervoso, tem de ser tão simples como a permanência de um rochedo enquanto este não é destruído pelo tempo, pelo sol e pela chuva. Reconhecemos ou pressentimos que a chamada consciência é a expressão para a duração das impressões, mas não algo duradouro ela mesma. Dito nos trilhos da linguagem: consciência é, a cada momento, a marca silenciosa que indica o caminho percorrido. Quando estamos caminhando pela estrada, as cifras negras na pedra branca marcam subitamente, ao lhe prestarmos alguma atenção, que nos distanciamos 3,7 quilômetros de Fonterossa. Então continuamos, nossa atenção se dirige para outro lado, caminhamos, respiramos, amamos e odiamos, vivemos. Subitamente nossa atenção olha de novo para baixo e vemos que deixamos 5,6 quilômetros para trás desde Fonterossa. Lembramo-nos do caminho percorrido, do passado, e sabemos que o caminho a percorrer ficou um tanto quanto mais curto. Isso é tudo.

---

69 "Sociedade anônima": em francês no original. De Eduard von Hartmann (1842-1806), *A filosofia do inconsciente* teve dez edições entre 1869 e 1890. Sobre a leitura desse livro por Mauthner, ver "Exposição da minha filosofia" no final deste volume. (N.T.)

É assim que, pela importância que concedemos (por motivos práticos) à recordação, a consciência se tornou a expressão positiva para as marcas silenciosas no caminho de nossa vida. A vida mesma, que se encontra sem consciência entre essas marcas, aquilo que há de propriamente positivo foi estigmatizado desavergonhadamente pela linguagem com a negação "representação inconsciente". Contudo, a linguagem é, tão pouco como sua história do mundo, um Juízo Final. O reino da consciência é pequeno e impotente, enquanto o poder do inconsciente é grande, é realmente descomunal, assim como uma expressão negativa é por sua vez descomunalmente contingente para aquilo que há de maior.

História da consciência [...] A história das espécies, isto é, a sua evolução, se tornou uma frase banal. Quase ao mesmo tempo se descobriu que também a consciência moral do homem tem uma história, e Nietzsche se tornou poderoso porque apresentou essa ideia de modo esplendidamente espirituoso e paradoxal (depois de Geiger e Rée[70] terem ousado aplicá-la na teoria do conhecimento e na ética). Tudo isso é superfície. A esfinge só é obrigada à servidão amorosa àquele que a derrota e lhe pergunta sobre a história de sua consciência, isto é, de sua memória, isto é, de sua língua.

Onde está a consciência na pedra? Ela, o seu análogo, *tem de* estar lá, senão não poderia estar no ser humano. Ela tem de ser concomitante à cristalização. Mas onde e como? Se o sal de cozinha sempre cristaliza em cubos, essa é sua linguagem, sua memória, sua consciência. "Trata-se apenas de uma lei natural, de um efeito objetivo de sua molécula." Objetivo, sem dúvida, assim como o nascimento das sonatas no cérebro de Beethoven foi objetivamente movimento de moléculas — embora subjetivamente o nascimento das sonatas seja atividade do espírito, não é verdade? Mais uma vez, não é consciência. A cristalização, no entanto, é subjetivamente memória e ainda não consciência de energia. A consciência, o seu análogo, sim. Nós pressentimos, nós ainda não entendemos a linguagem.

As plantas possuem algo mais. O cristal tem um movimento voluntário apenas uma vez (o que jamais havia sido observado), para então permanecer eternamente fixo. As plantas têm seus movimentos anuais e diários, têm memória, consciência. Ninguém jamais ficou parado à escuta

---

70 Lazarus Geiger (cf. abaixo nota 73, p. 93) e Paul Rée (cf. acima nota 42, p. 55). (N.T.)

diante do cristal, porque não se pensou que ele talvez fale. Os homens param diante das plantas e escutam. A linguagem já é pressentida, mas ainda não entendida.

Nos seres humanos, esse lado subjetivo dos movimentos é por nós chamado ora de memória, ora de consciência, aos domingos, de autoconsciência, e não sabemos que é a mesma coisa. Consciência é, portanto, aquilo que conhecemos em nós como fenômeno que acompanha a vida ou a modificação orgânica. No caso do cristal, não temos palavra para essa consciência, porque nele não temos o conceito, assim como não temos no cristal nem causas, nem causas finais, para a cristalização. E, no entanto, elas existem mais ou menos nele, como no crescimento de plantas e animais. Em nós, os nomes que damos aos motivos ou causas finais de nossa inteira vida nervosa, espiritual e inconsciente são: fome, amor e vaidade. Nós as resumimos nesses três grupos.

A fisiologia ou psicologia conhece três coisas: percepções, atos de vontade e sentimentos ou algo assim.

Essas trindades coincidem aproximadamente. Quando a consciência, o fenômeno subjetivo que acompanha a vida, é excitada pelo exterior, ela pode ser chamada original e habitualmente de fome. A fome é originalmente satisfeita por ingredientes de fora. O que é percebido além disso é opulência humana, é luxo.

Aquilo até o que os atos da vontade se prolongam em movimento irresistível é objeto da fome ou do amor. E, em sentido rigoroso, somente o amor se volta para o exterior; os movimentos da fome no vagalume, assim como na mastigação humana, são, no fundo, voltados apenas para dentro. Homem e predador têm primeiro de caçar. Mas isso é apenas o luxo da premência da fome.

Resta o processo em que se constrói no cérebro a ponte da percepção *de* fora ao movimento *para* fora. Eis o que há de mais inconsciente, de mais misterioso. Mas é precisamente aí que se fixa a forma de sentir da consciência, a vaidade. Por memória ou consciência se entende mais esse processo central do que a entrada e a saída, as percepções e os atos da vontade, fome e amor. Por alma ou consciência ou memória se concebe mais a aranha do que os fios da sua teia.

No entanto, apenas a entrada e a saída são reais; a ponte é inapreensível, é inabordável, é quase tão irreal como... uma lei estática. O processo central se esvai invisivelmente numa névoa mais fina ou espessa, que é a linguagem. A causa final última da linguagem parece ser, portanto, o terceiro grande motivo da humanidade: a vaidade. Só que a linguagem, o órgão de toda vaidade, se apoderou também dos outros motivos, assim que se tornaram luxuriantes. Fome e amor precisam da linguagem, tão logo se tornaram viciosos no ser humano.

Estas não são certamente contribuições a uma história da consciência, mas talvez pontos de vista, ou seja, boas questões.

Gostaria de ensinar e aprender a perguntar.

Tempo e associação Minha equiparação de consciência e recordação ou memória não é provavelmente uma explicação objetiva da contradição, mas manifestamente não violenta a língua. E assim considero uma hipótese útil que, de fato, sempre apenas uma única representação passe pelo buraco da agulha de nossa consciência, porque, nesse sentido, a única coisa que prende a atenção é sempre apenas o que há de mais presente, isto é, o que acaba de ser assimilado no estômago espiritual, aquilo que justamente nesse momento dá trabalho ao cérebro (porque naturalmente também o presente como tempo é apenas a ponta da agulha entre passado e futuro, e o mundo real, portanto, não pode ser a cada momento mais largo do que o fino fio desse instante, do que um buraco de agulha); ao mesmo tempo, porém, a memória, isto é, o registro inconsciente do cérebro, dispõe de todo o nosso acervo de saber e a cada representação momentânea já tem de prontidão tudo aquilo que lhe é mais proximamente aparentado e, portanto, o cérebro possui em sua memória o amplo horizonte que abarca o mundo da experiência, ou passado, e o mundo das possibilidades, ou futuro.

Para não me afastar demasiadamente da linguagem habitual em minha exposição, repeti até agora o eterno erro dos psicólogos e falei das associações de representações, como se realmente passassem numa linha reta pelo portão da consciência. Steinthal (p. 142) acredita bastante seriamente nisso; ele diz: "Devido à estreiteza da consciência, ela (a associação) só tem uma forma de movimento, a forma de sequência *linear*".[71] Ele, portanto, confunde simplesmente o tempo com seu conteúdo, o instante presente com sua representação, isto é, com aquilo que ocupa o espírito precisamente agora. O *tempo* é aquilo que

---

71 H. Steinthal, *Einleitung in die Psychologie und Sprachwissenschaft*, II [Introdução à psicologia e à linguística], § 88. O livro faz parte de uma obra maior, o *Abriss der Sprachwissenschaft* [Compêndio de linguística]. (N.T.)

só tem *uma* forma de movimento e a forma de sequência linear, e por isso podemos conceber cada ponto desse tempo como uma pequena parte dessa linha; pois sem dúvida o tempo é uma dimensão, uma das quatro dimensões do vivido.

A associação, porém, se espraia por todas as direções ao seu redor. Assim como o som não se propaga como uma linha nem mesmo na superfície (embora nos comprazamos em traçá-lo assim) como ondas numa poça d'água (embora a comparação seja bastante instrutiva), mas em todos os raios de uma *esfera*, assim também ocorre com a associação, só que a associação não se deixa contentar com as três dimensões, utilizando ainda o tempo para sua difusão (*e talvez ainda a realidade como uma quinta dimensão* ou como movimento numa nova dimensão, que não podemos entender como um movimento nas três dimensões do espaço).[72]

72 Fui instado a explicar mais claramente essa passagem aparentemente misteriosa. Ousarei fazer a tentativa, embora já na primeira formulação eu devesse ter evitado a censura de mistério (por trás da qual se esconde a censura de falta de sentido) se tivesse à disposição uma linguagem comum para a comunicação de minha representação. Direi, no entanto, apenas duas palavras para evitar o mal-entendido. A quarta dimensão e a dimensão *n* são um conceito que, desde o escrito de Riemann (de 1854, mas só editado em 1864; a *géometrie imaginaire* remonta a Gauss, desde 1799, passando por Bolyai, 1832, e Lobatschevski, 1829),* é conhecido dos matemáticos de profissão, e também me é conhecido a partir de Helmholtz (*Conferência sobre a origem e significação dos axiomas geométricos*, 1870, in *Conferências e Discursos*, II). Minha representação tem em comum com esse conceito apenas isto, que a *imaginação* busca se elevar além da crença brutal no mundo da realidade tridimensional. Nós não sabemos o que é o espaço. Mas tampouco sabemos o que dizemos com dimensão. Dimensão muito certamente não é direção, como ordinariamente se pensa. Os conceitos "dimensão", "direção", "reta" são igualmente indefiníveis. Nosso espaço habitual pode assumir inúmeras direções. Quando dizemos que tem três dimensões, queremos significar apenas que cada ponto do espaço pode ser *determinado* inequivocamente por três medidas ou proporções. As dimensões de Riemann, da quarta até a *n*, se referem ao espaço. Riemann e Helmholtz estabelecem um espaço de quatro ou mais dimensões em suas imaginações. Helmholtz denomina o tempo (*Conferências e discursos*, II, p. 16) uma multiplicidade simples, portanto, grandeza de uma dimensão. Mas que é dimensão? Medida, alinhamento, prolongamento, disposição. Não encontro a palavra. Compreendo a palavra "dimensão" quase como sensação de medida, qualidade de medida. Com isso, as três dimensões conhecidas do espaço continuam subsistindo para a *medição*. A elas vem se juntar, porém, o tempo com sua própria quarta

coordenada, como quarta qualidade de medida. Ou, então, altura, largura e profundidade são enumeradas como a, b, c da primeira dimensão ou qualidade de medida, a dimensão do espaço; então se soma o tempo, como segunda dimensão ou qualidade de medida. Minha representação é a seguinte: o espaço finito tridimensional se move através do tempo infinito unidimensional, e o tempo finito se move pelo espaço infinito em repouso.

Não vejo, porém, como o próprio mundo real poderia surgir do movimento de entrelaçamento do tempo e do espaço. Não tenho como sair dessa sem ainda uma outra "dimensão". Também Helmholtz revela uma vez, contra a sua vontade, que não poderia passar, sem um salto, da geometria à mecânica. Ele diz (p. 6) que pelo movimento de um ponto surge a linha, da linha surge uma linha ou superfície, da superfície uma superfície ou corpo. Não! Do movimento da superfície (para fora de si) não surge corpo algum, surge apenas o espaço tridimensional, a qualidade de medida espacial *para* o corpo. Para que haja um mundo real, é preciso acrescentar ainda, além do espaço e de sua quarta coordenada, um movimento interno, para a coordenada do qual não tenho nenhuma imagem. Esse movimento deveria ser contado como quinta dimensão (se o tempo é chamado de quarta de acordo com sua coordenada), ou como terceira dimensão (se, como tentamos acima, as dimensões espaciais são contadas como a, b, c de uma só dimensão espacial), ou finalmente como a segunda dimensão (ou seja, caso se queira compreender espaço e tempo como primeira qualidade de medida e designar o espaço e suas dimensões a, b, c, como A e o tempo como B dessa primeira dimensão). Então conservaríamos para a imagem da realidade duas medidas de qualidade, a dimensão espaço-temporal com suas subdivisões e a dimensão da causalidade. Haveria, naturalmente, uma nova divisão das associações. (N.A.)

*Georg Friedrich Bernhard Riemann (1826-1866), matemático conhecido pela introdução de número ilimitado de dimensões (geometria riemanniana). Mauthner se refere ao curso por ele ministrado em 1854 na Universidade de Göttingen e posteriormente publicado sob o título *Über die Hypothesen, welche der Geometrie zu Grunde liegen*, XIII [Sobre as hipóteses que estão no fundamento da geometria]. Göttingen: Abhandlungen der Königlichen Gesellschaft der Wissenschaften zu Göttingen, 1866-1867. A tese de Johann Carl Friedrich Gauss (1777-1855) defendida na Universidade de Göttigen em 1799 tem por título *Demonstratio nova theorematis omnem functionem algebraicam rationalem integram unius variabilis in factores reales primi vel secundi gradus resolvi posse* [Nova demonstração do teorema de que toda função algébrica integral pode ser resolvida em fatores reais de primeiro e segundo grau], mas não trata exatamente de geometria. Farkas Wolfgang Bolyai (1775-1856), matemático húngaro, *Tentamen juventutem studiosam in elementa matheseos purae, elementaris ac sublimioris, methodo intuitiva, evidentiaque huic propria, introducendi* [Ensaio para introduzir a juventude estudiosa nos elementos da matemática pura, elementar e sublime, pelo

A vida, o mundo real, o interesse é então o que seleciona as mais úteis dentre as representações associadas e as arrasta (não linearmente, mas a torto e a direito) para diante do buraco da agulha da consciência, lançando-as ao bloco da recordação, sob a guilhotina da palavra ou do conceito.

Entendimento, linguagem, razão

Pensar e falar Ao adotar e aprovar a ideia de Geiger segundo a qual a linguagem humana é causa da razão humana, Lippert decompõe o espírito humano ou o pensamento em três fatores, como se o pensar fosse uma divindade que pudesse ser dividida numa trindade.[73] Certamente, o historiador da cultura não tem inteira clareza sobre o próprio procedimento. Ele acredita que basta dividir o pensamento em duas faculdades, no entendimento, que antecede a linguagem, e na razão, que vem depois da linguagem. É assim que a linguagem se converte de novo para ele numa serva da razão, o produto da linguagem se torna o senhor dela, mais ou menos como o fetiche se torna deus daqueles que entalharam o fetiche.

Se, contudo, tivéssemos antes penetrado mais profundamente nas almas de diferentes povos dotados de fala, saberíamos que por toda parte linguagem e pensamento são idênticos, que a linguagem não é, como Lippert deve imaginar, uma espécie de escola superior na qual o entendimento obtém o doutorado da razão; que, antes, cada povo chama de seu pensamento aquela forma de recordação que a linguagem lhe põe nas mãos. Há diferentes hábitos de pensamento, como há diferentes hábitos de linguagem. Se indianos e chineses não têm palavra especial para nossa palavra auxiliar de tempo "ser", tampouco podem ter nossa lógica, na qual a cópula "é" desempenha um papel tão decisivo, podendo muito menos ainda possuir ou entender nossos livros metafísicos sobre o ser, a substância etc.

---

      método intuitivo e pela própria evidência]. Nicolai Ivanovitch Lobatschevski (1792-1856), matemático russo. Mauthner se refere provavelmente a dois artigos em russo publicados em 1829, "Sobre os princípios da geometria" e "Novos princípios da geometria", traduzidos para o alemão em 1898 pela editora Teubner de Leipzig. (N.T.)

73 Julius Lippert, *História cultural da humanidade em sua constituição orgânica*. Stuttgart, 1886. Lazarus Geiger (1829-1870), filólogo e estudioso da linguagem. Suas obras mais importantes são: *Origem e evolução da linguagem e razão humanas*, 2 v. (1868-1872) e *A origem da linguagem*, 1869. (N.T.)

Entendimento Aquilo que nesse contexto se chama de entendimento é apenas uma palavra para a enorme soma de todos os movimentos reflexos, os quais, na verdade, já podem ser observados nos animais mais inferiores. Movimentando-se na direção de um estímulo alimentar, a medusa também tem entendimento. Como sabemos precisamente desde Kant e, agora, desde Helmholtz, o entendimento não está no fundamento apenas dos movimentos do homem, mas também já no das percepções sensíveis, que ocasionam os movimentos. Sem entendimento, não podemos ver nem ouvir. Dizemos, é verdade, que nossos movimentos racionais estão ligados à consciência; só não sabemos o que é consciência. A mais precisa observação de si me leva a afirmar que jamais se é consciente da consciência. No fundo, pensamos tão instintivamente quanto respiramos. E se alguma vez procuramos olhar por sobre os ombros, se procuramos trazer nosso pensamento à consciência, é apenas como quando respiramos propositalmente um pouco mais fundo.

Não sabemos, portanto, como o entendimento evoluiu até a linguagem, embora se esteja seguramente diante de uma evolução; sabemos menos ainda por que meio a razão pode se diferenciar da linguagem, porque jamais e em parte alguma se observou uma diferença entre elas.

História da psique Se possuíssemos uma história da linguagem que fosse mais do que uma coleção de curiosidades filológicas e um panorama etimológico das algumas centenas de anos de algumas línguas literárias, se possuíssemos — o que é inalcançável — uma história séria das línguas humanas, nela teríamos também uma história do pensamento humano, ou melhor, uma história das diferentes espécies de pensamento dos povos. O ideal de tal história das espécies do pensamento dos povos seria, no fundo, uma história da alma ou do cérebro humanos. Pode-se imaginar, mas infelizmente não executar uma história assim. Do mesmo modo que temos, com base no darwinismo, uma história da evolução do olho, que se inicia pelas partes pigmentadas da pele e vai até os olhos da mosca e do homem, também se poderia ter escrito uma história do cérebro melhor do que se fez até agora, iniciando pelos nervos dos animais inferiores até a separação entre cérebro e medula e o desenvolvimento dos cérebros atuais nos aborígenes australianos, nos chineses e nos moradores da Wilhelmstrasse em Berlim. E, assim como já demos os primeiros passos para uma história do olho humano ou, pelo menos, do sentido para a cor nos últimos três milênios, assim também teríamos de encontrar pontos de referência para a história do cérebro no tempo histórico; e as notas para a história do sentido para a cor já são contribuições a uma tal história do cérebro. Em vez das coleções de anedotas que nos comprazemos em chamar de história da psicologia, teríamos então algo como uma história da psique. Decerto, mesmo que soubéssemos algo correto a seu respeito, tal história não poderia ser bem escrita segundo os tópicos da psicologia atual. Seria preciso escrever a história da alma ou do cérebro sem usar uma vez sequer palavras como entendimento ou razão. Também não haveria muito que fazer com a consciência. Mas uma história ideal da linguagem se aproximaria bastante de tal história da alma ou do cérebro. Nossa crítica da linguagem gostaria de ser uma investigação do cérebro atual ou da alma atual; ela só poderia proporcionar um saber se fosse precedida por uma história das almas ou por uma história das línguas.

A tarefa é tão grande que uma mísera coleção de notas preparatórias para a história da evolução da língua, da alma ou do cérebro já seria louvável. Seria o primeiro começo de uma ciência do homem. Pois só muito recentemente se começou a investigar de maneira histórica outros instintos humanos. Faz apenas poucos anos, para não pouco pavor dos filisteus, que temos investigações sobre a história da vergonha, sobre a história da consciência moral ou da moral. Se procuramos uma expressão geral para essas investigações darwinistas no mais alto sentido, nós, pobres seres humanos falantes, temos de voltar a recorrer à expressão que acabamos de rejeitar e empregar aquilo que se designa como consciência. Na vergonha, é o impulso sexual que vem à consciência; na consciência moral, é o costume do povo que vem à consciência do indivíduo; na língua, é o hábito de pensamento de seu povo que vem à consciência. Assim, as investigações históricas sobre a vergonha e sobre a consciência moral já seriam belas contribuições a uma história do cérebro humano no tempo histórico.

Conhecimento e realidade

Causalidade A antiquíssima crença humana, a crença no mundo real, coincide com outro antiquíssimo dogma que costumamos fazer passar por ciência, coincide com a crença na causalidade, com a crença no encadeamento de causa e efeito na natureza. Observo, além disso, que a crença na causalidade tem propriamente de ser ainda mais pueril, ainda mais primitiva, que a religião da realidade. Pois o cão, que indubitavelmente possui uma crença no mundo real, mas uma crença de todo inconsciente, age e atua de modo totalmente consciente na crença uma causalidade dessa realidade; na sua esfera de observação, ele conhece o encadeamento de causa e efeito.

Contudo, se dissolvemos até os últimos elementos aquilo que aparece em nosso cérebro como causa e efeito, e que acreditamos também existir num mundo real, chegamos apenas à representação altamente abstrata de que o tecido impenetrável de espaço e tempo é o que produz essa causalidade, esse mundo real. O espaço sozinho, em suas três dimensões, ainda se apresenta ao nosso cérebro sempre como algo irreal, como algo vazio, como um espaço não preenchido. Temos de entrelaçá-lo com a quarta dimensão, com o tempo, para chegar à realidade. Ou inversamente: temos de tirar o vestido daquela divindade que chamamos de realidade, temos de lhe tirar as três dimensões do espaço para ter o tempo nu diante de nós. Mesmo que a monstruosa representação nos apavore, temos de compreender que espaço e tempo juntos nos ajudam a tecer a realidade, e que a cada instante do tempo infinito todos nós e cada um isoladamente está naquele lugar em que a máquina de costura do tempo corta laboriosamente as três dimensões do espaço. Se então compreendêssemos — como parece — espaço e tempo, nós possuiríamos finalmente um conhecimento da realidade e teríamos afinal rompido as barreiras de bronze do mundo dos fenômenos, com a espora adamantina de nosso espírito que passa por ali (cf. p. 623).[74]

Kant Como já foi mostrado noutro contexto, a teoria do conhecimento de Kant envelheceu para nós porque, a despeito de sua teoria do céu, ele não tinha nenhum pressentimento nem podia ter representação alguma da evolução de nossos órgãos individuais dos sentidos e, por conseguinte, tampouco da evolução do entendimento humano. O significado desse fato me parece patente. O ceticismo do predecessor de Kant, o idealismo cético de Hume, segundo o qual o conhecimento do mundo em nossa mente é a única coisa real, também poderia continuar

---

74 A indicação se refere, na edição original, ao trecho traduzido acima sob a rubrica "Tempo e associação", p. 90. (N.T.)

a ser ensinado sob a égide da teoria evolucionista; pois, evoluindo ou não, os sentidos não nos contam nada sobre o mundo real. Mas, como os sentidos e o seu entendimento se desenvolveram lentamente, do tatear cego da ameba até a atividade cerebral de um Kant, não pode haver no entendimento nenhum esquema imutável F, as categorias do entendimento não podem proporcionar a forma fixa de toda visão do mundo. Vista de um mirante que não abrange quarenta séculos como as pirâmides de Napoleão, mas quarenta milênios, a relação do conhecimento do mundo para com o mundo real parece ser mais ou menos uma pequena imagem da grande evolução, tal como para nós é a história da filosofia. É que as filosofias não se modificam apenas de século a século, mas também a história da filosofia com elas, porque o ponto de vista sempre se torna outro. Assim, a imagem de nosso sistema solar se modifica incessantemente para o observador terrestre, porque o ponto de vista do observado se modifica com o movimento da Terra. Desde que se calculou o movimento da Terra, foi possível colocar, na astronomia, esse movimento duplo, tríplice, multíplice em fórmulas matemáticas. Uma fórmula quase matemática para a história da evolução dos sentidos humanos e seu entendimento seria o acabamento da filosofia kantiana. Tal forma de pensar do conhecimento progressivo do mundo teria de poder ser edificada caso possuíssemos uma história ideal dos conceitos humanos. Ao lado de uma história da evolução do cérebro humano e dos órgãos particulares dos sentidos, tal ciência seria, portanto, algo como aquilo que Spencer disse certa vez (*Psicologia*, I, p. 144): "A psicologia, considerada por seu lado subjetivo, é a única ciência inteiramente existente, independente de todas as outras ciências concebíveis e fundamentalmente oposta a cada uma delas".[75] Ela não seria apenas a única existente, mas a única existente em geral, ela seria a história da evolução do entendimento humano e, como esta seria somente a história crítica da memória da humanidade conservada unicamente na linguagem, essa única ciência seria a crítica da linguagem. Somente aproximar-se dessa ciência ideal já seria um sonho arrogante. Mas podemos ponderar a tempo que, segundo nossa doutrina, a história da evolução dos órgãos dos sentidos, que deve ser posta no fundamento de tal ciência ideal, é igualmente uma história contingente,

---

[75] H. Spencer, *The Principles of Psychology*, 1855. Tradução alemã: *Die Prinzipien der Psychologie*, I. Stuttgart: Schweizerbart, 1882. (N.T.)

assim como aquela pequena parcela chamada história universal; podemos ponderar a tempo que nossos sentidos são sentidos contingentes e que, portanto, a história dos sentidos e de seu entendimento ou a história da evolução da razão humana ou a crítica da linguagem não levarão, ao fim e ao cabo, a nenhum conhecimento do mundo.

Caso se queira abarcar com a vista, num exemplo corriqueiro, o progresso realizado no âmbito dessa questão particular, é preciso se perguntar: o que os sentidos humanos e seu entendimento aprenderam a afirmar a respeito de uma maçã, e como esse mesmo entendimento aprendeu a criticar essas afirmações? Que a maçã seja saudável depois de digerida como alimento é uma representação subjetiva do ser humano, um conceito de fim que não é idêntico ao conceito de fim da macieira, de produzir maçãs, o que afinal Aristóteles já teria sabido, mesmo que ainda tenha considerado o gosto doce da maçã como uma qualidade objetiva da coisa. Foram necessários dois milênios até Locke reconhecer clara e distintamente que também o conceito doce é um conceito humano subjetivo, não pertencente à maçã, e que esse conceito nem mesmo existiria se não houvesse nervos animais para o gosto, sobre os quais a maçã exerce tal ou tal efeito químico. Que os efeitos do gosto sejam, de resto, tão pouco objetivos, que dependam até mesmo da temperatura dos órgãos humanos dos sentidos, foi novamente observado nos últimos anos, depois de os antigos céticos gregos já terem ensinado isso um tanto sofisticamente. Para Locke, contudo, havia ainda qualidades particularmente destacadas que a maçã possuía objetivamente: seu grau de dureza, sua figura esférica. Kant transferiu igualmente essas formas intuitivas da física e da matemática para a subjetividade do cérebro humano, mas sem poder compreender essa subjetividade como algo que se formou. Só as investigações extraordinariamente finas de Spencer sobre a evolução das representações espaciais podem nos deixar esperar que também esse último ponto, no qual a subjetividade do conhecimento do mundo ainda paira no ar, será conquistado linguisticamente para a história da evolução do entendimento.

Se fui em alguma medida claro nessas questões difíceis, então se terá compreendido como se dissolve o conflito aparentemente insolúvel entre realistas e idealistas, como, portanto, a teoria do conhecimento ainda pode ser objeto de reflexão e até o único objeto da reflexão filosófica, e como, no início do século xx, podemos mais uma vez viver na ilusão de ter atingido um último degrau. A análise do espaço e do tempo parece tão próxima que é como se já se pudesse alcançá-la com a mão.

Mas resta também o último de todos os pontos para nossa reflexão: a causalidade. Todo o nosso conhecimento do mundo está edificado sobre o conceito de causa e efeito, e aqui certamente ainda não fomos além do modo de falar escolástico e irrepresentável de Kant, de acordo com o qual também a causalidade é uma forma do entendimento humano. A isso se liga a questão capciosa de saber se há em geral um mundo da realidade, se simplesmente não sonhamos o mundo. Pois não se pode negar que Kant cometeu um erro grosseiro (que lhe foi também logo objetado pelos seus melhores adversários) ao estabelecer o mundo da realidade objetiva, que ele chamou de coisa-em-si, como pressuposição necessária para nosso conhecimento subjetivo do mundo. Essa coisa-em-si deveria ser a causa do fenômeno que é a imagem do mundo em nosso cérebro. Mas se a causalidade, ou seja, o conceito de causa e efeito é apenas subjetivo, se faz parte somente da imagem do mundo em nosso cérebro, do mundo do fenômeno, então era falso aplicar o conceito de causa a essa imagem do mundo, fazendo essa imagem do mundo ser o efeito de alguma outra coisa.

Possibilidade da filosofia

Filosofia e linguagem Se a filosofia, no entanto, deve ser o "autoconhecimento do espírito humano", então ela simplesmente não é possível. Pois o "espírito humano" é a soma da linguagem humana, quer os consideremos a ambos no indivíduo, quer na humanidade. O "espírito humano" é a memória do indivíduo ou de um povo, ou da humanidade, tal como ela (a memória) evoluiu enquanto uso dos sinais linguísticos. Autoconhecimento da linguagem, porém, ou é justaposição de palavras sem sentido ou significa o anseio infrutífero de penetrar na profundeza da linguagem com auxílio da linguagem.

Mas a isso vem se juntar ainda uma triste dificuldade.

Não é verdade que o mundo da realidade permaneça inalterado segundo algum plano de criação. O mundo evolui. A linguagem evolui atrás dele, claudicando no seu encalço. Já por essa razão, portanto, a linguagem não pode dar nenhuma imagem correta do mundo.

Contudo, o glossário[76] ou o espírito humano, enquanto evolui, e evolui de modo consideravelmente vivo, deve ser ao mesmo tempo objeto e sujeito do conhecimento. Mesmo se somente o objeto mudasse, o conhecimento jamais poderia se tornar um sistema fechado, um círculo de pensamento; isso, no entanto, é completamente impossível, se o mesmo espírito humano ou o glossário tem de ser ao mesmo tempo sujeito do conhecimento.

É assim que a Lua (do ponto de vista terrestre) pode girar em torno da Terra numa elipse fechada; ela, todavia, não descreve uma curva fechada, mas uma linha muito complicada, porque a Terra gira junto com ela em torno do Sol. E também essa linha complicada não retorna em si mesma, porque o Sol, junto com a Terra e com a Lua, gira de novo em torno de algum centro.

Desse modo, todo sistema fechado é uma autoilusão, a filosofia, como autoconhecimento do espírito humano, é eternamente infrutífera, e a filosofia, caso queiramos manter a velha palavra, não pode querer ser outra coisa que atenção crítica à linguagem. Diante do organismo da linguagem ou do espírito humano, a filosofia não pode fazer mais que o médico diante do organismo fisiológico; ela pode observar atentamente e designar os acontecimentos com seus nomes.

O filósofo Ainda hoje se pode dizer da filosofia o que disse dela o velho W. T. Krug em seu léxico: "É uma expressão sobre cuja significação os filósofos mesmos até agora ainda não estão de acordo".[77] Talvez a dificuldade de definição possa ser adiada pelo paradoxo: não há filosofia, mas há filósofos. Como se sabe, a palavra "filósofo" é mais antiga que a palavra "filosofia". Nos tempos antigos, chamava-se sábio quem sabia o que alguns de seus contemporâneos sabiam. Desde tempos passados se atribui a bela invenção da palavra "filósofo" a Pitágoras. Ele achava imodesto chamar de sábio a si mesmo e queria ser chamado apenas de amigo da verdade, de alguém que se esforça, talvez já com o sentimento profundo

---

76 No original *Wortschatz*, literalmente "tesouro de palavras". O termo foi introduzido no alemão como tradução do latim *thesaurus*, de onde provém também em português a palavra "tesouro" com a acepção de dicionário, léxico ou coleção de palavras. Também pode ser traduzido por "vocabulário". (N.T.)

77 W. T. Krug, *Dicionário universal de bolso das ciências filosóficas, com sua literatura e história*, 5 v. (1827-1834). (N.T.)

que Lessing externou em suas famosas palavras sobre o esforço pela verdade.[78] Sem o ceticismo de Voltaire, que certa vez riu de Menão, o qual *"conçut un jour le projet insensé d'être parfaitement sage"*.[79]

É suficiente que tenha havido, desde a época de Pitágoras, homens que foram chamados de filósofos, não no sentido em que ainda hoje, meio zombeteira, meio respeitosamente, se chama de filósofos aos excêntricos, a indivíduos que não perseguem fins comuns, mas no sentido em que eram considerados, afilosoficamente, como detentores de uma ciência particular que podia ser ensinada. Esse conhecimento estranho dos filósofos era chamado de filosofia pela gente comum, quando não eram filósofos práticos individuais que chamavam eles mesmos de filosofia a sua ciência pretensamente ensinável. Desde essa época há no uso da linguagem dos povos ocidentais uma pretensa ciência, a filosofia, e desde sempre somente alguns poucos souberam que essa suposta ciência é apenas uma tonalidade do saber. Fausto é um filósofo, não porque tenha estudado muito, além de direito, medicina e teologia, ah! filosofia,[80] mas porque vê que nada pode saber e porque isso é simplesmente de lhe queimar o coração.

A história da filosofia ensina que a cada século houve aproximadamente um filósofo, mas ainda não houve jamais uma ciência "filosofia". Diante da ignorância, as disciplinas filosóficas causam naturalmente uma impressão altamente científica; em comparação com o suposto saber arrogante, o estado de espírito dos filósofos genuínos foi confissão de não saber.

Se ainda houvesse nos filósofos vivos e no seu estado de espírito em relação ao saber uma ciência particular, a filosofia, que pudesse ser ensinada e aprendida, essa ciência não seria outra coisa que a totalidade das ciências, porque, junto com todas as outras, ela tem o mundo e o homem por objeto, e o entendimento por instrumento. A filosofia na mente do filósofo

---

[78] "O valor do homem não está na verdade, em cuja posse ele está ou supõe estar, mas no esforço honesto que emprega para chegar à verdade. Pois suas forças não se ampliam pela posse, mas pela investigação da verdade, unicamente na qual consiste sua perfeição sempre crescente. A posse o torna acomodado, preguiçoso, orgulhoso." G. E. Lessing, *Eine Duplik* [Uma tréplica], 1778.

[79] "Concebeu um dia o projeto insensato de ser perfeitamente sábio." Em francês no original. Voltaire, *Menão ou a sabedoria humana*, 1756. (N.T.)

[80] Alusão aos célebres versos da cena "Noite" do *Fausto* de Goethe (vv. 354-56). Trad. de Jenny Klabin Segal. São Paulo: Editora 34, 2004, pp. 61-62. (N.T.)

corresponderia então a algo como um léxico para conversação ideal,[81] a uma enciclopédia real; só que cada livro dessa espécie tem de ser disposto segundo o fio acidental do alfabeto, não podendo jamais formar uma linha circular que retorna a si mesma, e assim também, na mente de um onissapiente,[82] os conhecimentos seriam dispostos segundo o fio acidental das associações, e ele, em virtude da estreiteza da consciência, não poderia visualizar, de uma só vez, mais em sua mente do que num livro.

Para salvar a filosofia como uma ciência particular, ora se lhe atribuiu modestamente uma posição intermediária entre saber e religião, ora foi concebida, menos modestamente, como a ciência das ciências.

A comparação com a religião não seria tão ruim assim, caso se considerasse que religião é, por sua essência, uma crença, isto é, um não saber. *Credo quia absurdum est.*[83] As palavras do Padre da Igreja Tertuliano me parecem muito mais espirituosas do que foram entendidas pela história eclesiástica e até talvez pelo próprio Tertuliano. Não há um saber teológico. Justamente não se pode saber o que é absurdo; se queremos empreender algo com o absurdo, temos justamente de acreditar nele. A religião é, de acordo com palavras de Schopenhauer, um efeito da carência metafísica do homem. Nós poderíamos dizer: religião é a filosofia do tolo; filosofia, a religião do sabichão.

A outra salvação da filosofia, que é concebê-la como ciência das ciências, seria propriamente possível apenas para aqueles onissapientes, dos quais Leibniz deveria certamente ser considerado o último, já que Kant, por exemplo, não tinha aptidões históricas. Frente ao largo empreendimento atual de todas as disciplinas científicas, quem ainda pretendesse conceber ou mesmo colocar no papel uma ciência de todas as ciências teria de aceitar a censura barata de que é, por princípio, um diletante.

Quase tão barata é então a evasiva de que uma ciência de todas as ciências também só poderia ser estabelecida mediante mera tomada

---

81   Em alemão, *Konversationslexicon*: desde o início do século XVIII são obras de consulta contendo termos indispensáveis para a conversa social. Posteriormente passou a designar "enciclopédia". Cf. nota 146 da seleção de textos do *Dicionário*, p. 250. (N.T.)

82   Em alemão, *Alleswisser*. Em geral, a palavra é usada depreciativamente para designar o "sabe-tudo", o "sabichão", como será traduzido uma vez na sequência. (N.T.)

83   "Creio por ser absurdo." Em latim no original. Paráfrase de uma sentença atribuída a Tertuliano em sua obra *De carne Christi*. (N.T.)

de conhecimento dos resultados mais altos de todas as disciplinas. Pois o filósofo sempre se encontra diante do dilema: se chega aos princípios supremos, aos princípios certos e ensináveis, estes pertencem à ciência e certamente a alguma outra ciência que aquela chamada de filosofia; mas se chega apenas a pressentimentos, então não existe nenhum saber. Se fosse provada a existência de um deus pessoal, esse fato pertenceria à ciência natural. Propendemos a entender por filosofia os últimos princípios ou, antes, os conformismos da teoria do conhecimento; isso pertence então, como parte da lógica, à psicologia, que, no entanto, se esforça por se tornar uma disciplina da ciência natural; e quando agora em tais investigações se arrisca lançar mão do pensamento ousado acerca de uma evolução dos sentidos e, com ela, de uma evolução do entendimento, isso pertence às ciências históricas, no mesmo sentido em que a geologia faz parte delas. Não pode ser de outro modo: a história se esforça por se tornar fisiológica, enquanto a fisiologia tem de se tornar história como teoria da evolução.

V. II

LINGUÍSTICA

O que é linguística?[84]

Quem promete apresentar uma linguística sempre presume ter coletado e ordenado todos os fatos no interior de seu domínio e presume, portanto, conhecer as leis da linguagem; quem só quer criticar promete apenas observar precisamente. Assim, aquele que viaja por um país estrangeiro pode descrever os costumes do povo sem conhecer as leis dele; se as conhecesse, não teria muita vantagem nisso, pois os costumes não se explicariam pelas leis. Antes o contrário.

Não quero, porém, me afastar do costume alemão que gosta de colocar no topo da investigação uma exposição dos conceitos principais, seu conteúdo e extensão, reivindicando um círculo fechado para cada ciência especial — mesmo que o cubículo tenha de ser delimitado apenas idealmente por um traço de giz, por um traço de caneta, por uma palavra. O que é linguística? E que lugar a linguística ocupa no sistema das ciências?

História da linguagem A isso tenho de objetar que não vejo no mundo todo linguística que não seja história da linguagem. A linguística pretende explicar os fenômenos linguísticos, isto é, descrevê-los da maneira mais exata possível. Mas que ninguém queira explicar um uso a não ser pela história do uso.[85] Essa espécie de explicação é o complemento necessário de qualquer descrição; assim como a cada peça numa coleção de objetos de história natural é preciso que se acrescente de onde ela provém.

---

84 Aqui começa o segundo volume das *Contribuições a uma crítica da linguagem*, intitulado "Para a linguística". Sobre o termo *Sprachwissenschaft*, ver nota 19, p. 50. Talvez seja interessante notar que o termo "linguística" começa a circular pela Europa em fins do século XVIII, e é nas academias alemãs que foram instituídas as primeiras cátedras da disciplina, como a de sânscrito nas universidades de Bonn (1819) e Berlim (1821), cujo primeiro professor foi Franz Bopp. Cf. L. Formigari, *History of Language Philosophies*. Amsterdam/Filadélfia: John Benjamin, 2004, p. 2. (N.T.)

85 A tradução introduz "ninguém" em lugar de "alguém" no original. (N.T.)

O uso atual das formas dos vocábulos e dos afixos derivacionais, a significação atual das palavras e das formas de construção, a sintaxe atual, todos os fenômenos da língua só podem ser descritos precisamente com auxílio de sua história. E se, portanto, a linguística precisa ser essencialmente história da linguagem, por outro lado ela não pode ser senão isso, uma vez que todo o seu saber se esgotaria com a explicação do estado atual. Se, como geralmente se afirma, a linguística tivesse realmente descoberto leis linguísticas, estas seriam também apenas leis da história da linguagem, apenas pretensas leis históricas. A confusão dos conceitos "história", "descrição" e "ciência" pode ser observada com bastante frequência e revela certa insegurança entre os estudiosos. Hoje o uso linguístico letrado propende a compreender com o termo "ciência natural" o conjunto de toda a história natural, desde as hipóteses acerca do surgimento do universo, que se baseiam na astronomia ou na descrição do céu, até a narrativa das aventuras humanas afiançadas por documentos escritos, narrativa que, realmente com demasiada imodéstia, é chamada de história universal. Há ainda poucos decênios, "descrição natural" significava a mísera ciência natural que era servida aos estudantes mais jovens.

Sistema das ciências Mas também a história da linguagem é apenas o conjunto do mundo real observado a partir de um ponto de vista limitado. A isso se acrescenta que a palavra "ciência" designa em regra uma abstração de inúmeras tentativas de descrever ou explicar fenômenos isolados. O que então constitui a ciência é subsistirem semelhanças entre os fenômenos e, portanto, também entre as descrições ou explicações. Trata-se, portanto, em cada caso, dos menores fenômenos da língua. Mas, mesmo se tratando apenas de indagar por que, por exemplo, uma vogal que foi pronunciada de maneira breve há 2 mil anos e agora é pronunciada mais prolongadamente em uma fração de segundo (o que se chama alongamento), a história da linguagem tem de empregar, para a sua descrição, todas as ciências possíveis em suas mínimas especialidades. Em primeiro lugar, a fisiologia, porque sem conhecimento dos órgãos da língua não seria possível descrever a alteração da vogal geralmente ligada ao alongamento; depois, a psicologia e certamente também a filosofia, porque se deu com o alongamento uma mudança de significação que seria inexplicável sem essas ciências do espírito; e então também todas as ciências altamente terrenas, que envolvem o conceito extremamente obscuro de clima, porque, segundo a moda de nossa década, o clima se torna responsável ora pela fisiologia, ora pela psicologia; e também a matemática, porque a grandeza do alongamento não poderia ser fixada em cifra sem matemática. Nessa enumeração, feita apenas a título de exemplo, incluí a psicologia de volta entre as ciências do espírito; e o decoro parece exigir que a ciência do espírito humano seja inserida entre as ciências do espírito.[86] Só que a psicologia mesma faz esforços desesperados para se salvar nas ciências naturais, nem que seja com o mínimo de bagagem e na última tábua de salvação. Assim, as ciências especiais têm de se tornar realmente uma espécie de fricassê na investigação particular mais minuciosa; e emerge a suspeita de que sua divisão sistemática é realmente apenas uma prova da pobreza do cérebro humano. A estreiteza da consciência humana compele a tais expedientes.

A razão por que se quis incluir a linguística e, portanto, a história da linguagem entre as ciências do espírito é particularmente aquela segundo a qual a linguagem não seria uma criação da natureza, mas do ser humano. Se ao menos eu pudesse pensar algo com essas palavras! Mas também tentarei pensar esse esquema. História ou linguística se encontram então na fileira das orgulhosas ciências do espírito, ao lado de filosofia, filologia e história. Deixemos a filosofia de lado — para não sermos descorteses. Mas o que habitualmente se chama de filologia, o trabalho com os documentos escritos de nossas línguas e com as línguas civilizadas mais antigas, é então manifestamente apenas uma parte ou uma ciência auxiliar da história da linguagem. E a história da linguagem, isto é, a soma de todos os fenômenos linguísticos na Terra é por sua vez apenas uma parte de nosso conhecimento das aventuras humanas da época recente, dos últimos 2 mil a 4 mil anos. No fim, o conceito de ciências do espírito coincidiria, portanto, com o presunçoso conceito humano de história universal. Ora, quem acredita que a história da humanidade depende da vontade, da vontade consciente de indivíduos isolados, também pode acreditar que a história da linguagem mostra a vontade de homens isolados e, por isso, seria uma ciência do espírito. Mas como, se toda a história humana e a história da linguagem é somente uma

---

86 Em alemão: *Geisteswissenschaften*. O termo remonta a Wilhelm Dilthey, que incluía entre as ciências do espírito a psicologia, a sociologia, a filologia e a história. Dilthey opunha as ciências do espírito às ciências naturais. A designação se mantém até hoje na língua alemã e corresponde ao que se entende em geral por ciências humanas. (N.T.)

sequência temporal de bilhões de ações singulares, as quais foram acompanhadas, consciente ou inconscientemente, por outros tantos bilhões de sentimentos que hoje denominamos vontade? Como, se a história do mundo vegetal na Terra — seguramente uma história ainda mais longa e, portanto, mais nobre que a dos homens — pode igualmente ser compreendida como uma série temporal de um número inexprimível de fenômenos de vida, de modificações, portanto, que podem igualmente ter sido acompanhadas de sentimentos vitais, aos quais Schopenhauer chamou igualmente vontade? Como, se a liberdade da vontade, que deve, portanto, cindir história do homem e história natural como uma ciência do espírito é cindida da ciência natural, não passa de uma palavra que nada diz? Que fazemos então com a distinção entre ciências da natureza e ciências do espírito?

Espiritual Gostaria de inverter mais uma vez e ver se não é da matéria da linguagem que propendemos instintivamente a incluí-la no grupo indefinido das ciências do espírito. Já sabemos quão sem valor é este último conceito; porém, em toda essa investigação tivemos de nos acostumar a continuar empregando as palavras usuais em sua significação aproximada, depois de declararmos que sua definição corrente é insustentável.

A matéria da linguística é dada por fenômenos, fenômenos tão propriamente ditos, que costumamos atribuí-los ao domínio espiritual; todo fenômeno linguístico é um som que desperta em nós uma recordação mais próxima ou mais distante das impressões do sentido, recordação esta que denominamos a significação do som. Bem entendido, portanto: em todas as manifestações linguísticas temos algo que parece ser espiritual, isto é, imaterial num duplo aspecto, o som imaterial, que *ouvimos*, e sua significação, de que nos *recordamos*. Assim parecemos estar esplendidamente em solo espiritual puro. Mas o único que é propriamente "imaterial" ali é a recordação. As impressões sensíveis, recordadas pela significação do som da palavra, foram, pois, algo material, para exprimi-lo de modo popular. Não sabemos como a impressão sensível se conservou em nosso cérebro como memória; mas pressentimos, de ano a ano com mais segurança, que também a memória se prende a modificações materiais. O espiritual, portanto, na linguagem, a significação dos sons das palavras é psicológica somente na medida em que por psicologia entendemos a fisiologia do cérebro, que permanece desconhecida para nós.

Creio, porém, realmente que mesmo sem esse aspecto significativo a linguagem seria mais bem incluída nos fenômenos imateriais, porque sua matéria é o som, portanto, um fenômeno de movimento do ar, uma modificação formal, não uma modificação material da matéria, de acordo com o testemunho de nossos órgãos dos sentidos. Mas é triste que, tantos anos depois de Locke e Kant, ainda seja preciso chamar atenção para o fato, inteiramente certo do ponto de vista psicológico, altamente provável também do ponto de vista físico, de que também os fenômenos observados por outros órgãos dos sentidos são modificações de movimento, alterações formais da matéria imutável, de uma matéria que provisoriamente, à falta de expressão melhor, voltamos desde algum tempo a chamar de átomo. Se, portanto, por quaisquer circunstâncias, o veículo de entendimento dos homens se tornasse uma linguagem *visível*, nós não propenderíamos tanto a incluir a linguagem entre as coisas imateriais; e, no entanto, nada teria mudado na questão.

Naturalmente, não quero negar o que é real. O som da língua pertence inquestionavelmente à ciência natural. Esse som, porém, desperta em nós milhares de sentimentos, estados de espírito, recordações; o mundo, mais alegre ou mais triste, de nossa experiência se edifica mais uma vez diante de nós com ajuda desse som. Chamamos o que então se passa em nós de atividade de nosso espírito, porque não conhecemos a natureza desse processo; a conversa a seu respeito é o que chamamos de ciência do espírito, porque não conhecemos a ciência natural do fenômeno. Assim, todos os fenômenos das harmonias sonoras, até onde os entendemos, são incondicionalmente objeto da acústica, uma ciência natural; já as consonâncias de um fino instrumento em nosso ouvido, o sentimento que acompanha nossa audição, nós chamamos de uma arte, a música, assim como chamamos de nossa vontade os sentimentos que acompanham toda evolução linguística e qualquer outro agir humano, atribuindo-os à atividade do espírito humano.

Lógica Se a linguagem fosse uma servidora do pensamento, o pensamento objeto de outras ciências, seria suficiente investigar o som, os tons e a expressão na linguagem escrita, além das palavras com suas transformações e das frases com suas estruturas no contexto de cada língua. Com isso, no entanto, o objeto da linguística ainda não está esgotado para nós.

Segundo a opinião corrente, a lógica é uma ciência por si, e uma ciência extremamente nobre, a qual tem de lidar somente com formas e da qual a realidade não pode se aproximar muito. Veremos, contudo, que todas as regras lógicas são apenas conceitos que se alargaram, mas conceitos são palavras e, portanto, a lógica inteira está oculta nas palavras de uma língua. Embora sempre se repita que há categorias inteiramente uniformes e igualmente válidas para todos os cérebros humanos, que as formas das línguas particulares são apenas modos diferentes de expressão do mesmo pensamento, tenho de afirmar, em oposição a isso: só quando as palavras de diferentes línguas forem sinais para representações iguais (o que jamais será o caso segundo a exatidão matemática), só quando recordações iguais de dois povos se unirem a diferentes palavras deles, somente então se poderá desemaranhar as palavras diversas empregadas para pensamentos e proposições iguais, somente então poderíamos falar de uma mesma lógica para dois povos. Nada é comum a não ser a lei vazia da tautologia.

Como, porém, as palavras não existiram eternamente, mas evoluíram junto com o povo, como cada significação da palavra surgiu pela observação de semelhanças (de metáforas e analogias), como esses procedimentos, segundo nosso uso linguístico, pertencem à psicologia, as razões psicológicas para o surgimento das palavras também são objeto da linguística, além das circunstâncias lógicas.

Perguntemos tão-somente se é possível representarmos a palavra e o som, a lógica e a psicologia de uma única língua estrangeira com palavras e imagens de nossa língua materna, ou mesmo se é apenas possível, com palavras da língua viva de hoje, comunicarmos a nós mesmos ou a outro a língua e a psicologia da geração anterior.

A língua é o objeto dessa ciência, a língua é seu instrumento. E é apenas triste que a mesma coisa que pode ser tão infinita, tão amplamente abrangente como matéria, seja tão pequena, tão pouco abrangente como instrumento. É assim que as pessoas deviam se sentir quando ainda acreditavam que o olho humano gera a luz, a luz infinita que preenche o mundo, e que ela existe somente graças ao pequeno e cansado olho humano.

Linguística – única ciência do espírito Ocupar-se de línguas particulares (sejam elas línguas individuais, línguas de povos ou mesmo troncos linguísticos) já não é considerado como verdadeira linguística desde que a validade universal das leis linguísticas foi posta em dúvida. Nossa cientific*idade*[87] quer avançar até a capacidade linguística, até a intelecção dessa qual*idade*

---

87 Em alemão, *Wissenschaft*. Mauthner separa o núcleo do substantivo (*Wissen* = saber) do sufixo -*schaft*, que indica substantivo abstrato. O mesmo ocorre a seguir com a palavra *Eigenschaft* (propriedade, qualidade) (N.T.)

humana a respeito da qual não sabemos exatamente se devemos denominá-la um órgão ou não (porque não sabemos o que é um órgão). Se quisesse me distinguir por apresentar um novo fundamento de divisão para as ciências, sugeriria que ordenássemos nossos conhecimentos e recordações ou referindo-os às próprias impressões sensíveis, o que constituiria todas as ciências naturais e a história a elas pertinente (história universal como continuação da geologia, história do *Homo sapiens*), ou ocupando-nos das próprias rememorações como problema, o que constituiria a ciência do espírito ou um sistema de ciências do espírito. E conforme eu a considerasse mais superficial ou mais profundamente, a linguística deveria a cada momento ser incluída numa dessas disciplinas, ou seja (já que a linguística é uma abstração e cada consideração da linguística tem de se legitimar a si mesma), depende de mim se quero empreender uma investigação particular desta ou daquela forma. Se, por exemplo, na pronúncia do som *Stiefel*[88] atento unicamente ao ruído ou ainda a seu órgão, tomo parte de estudos físicos, mecânicos ou fisiológicos; se atento para o fato de que a palavra foi tomada de empréstimo ao italiano *stivale* (do latim medieval *aestivale*, estival, calçado de verão), procedo a um recorte de história e, sob certas circunstâncias, também história da cultura. Só quando me volto para o caráter substantivo da palavra, quando então persigo, por exemplo, o adjetivo *aestivale* pelas modificações de sua forma gramatical e lógica, eu consigo observar não a realidade e as impressões sensíveis dela, a que a palavra recorda, mas essa recordação mesma, aproximando-me da questão: como a recordação é possível no cérebro humano? Ora, se consideramos que todas as supostas ciências do espírito têm de se haver com essa questão, porque não podem passar ao largo nem sair dela, porque o instrumento de todas elas é a linguagem e todo uso de um instrumento tem de começar pelo conhecimento dele, então talvez possamos denominar a linguística a ciência do espírito *par excellence*,[89] *a* ciência do espírito na qual já estão contidas psicologia, lógica, metafísica, moral, estética e grafologia, juntamente com teologia; eu estaria mesmo propenso a denominar todas as ciências do espírito que *não* são ciência da *linguagem* ciências de *brincadeira*. De modo que ciência do espírito restasse como sinônimo de linguística. Ocorre que

---

88 "Bota" em alemão. (N.T.)
89 "Por excelência." Em francês no original. (N.T.)

dois componentes da formação *Geist*eswissen*chaft*[90] são sons inteiramente incompreensíveis, e me daria já por satisfeito se pudesse equiparar espírito com linguagem e ter uma representação correta do que seja o saber da linguagem.

Categorias da linguagem Em seus caminhos, a linguística cai, portanto, no seguinte círculo absurdo de pensamento. A lógica tem de admitir dez categorias ou partes da oração, porque elas podem ser comprovadas nas línguas: 1. substantivo, 2. adjetivo, 3. verbo, 4. advérbio, 5. preposição, 6. pronome, 7. numeral (o artigo deve ser ou pronome ou numeral, embora no alemão, por exemplo, habitualmente não seja nenhum dos dois), 8. negação, 9. partícula, 10. conjunção. A lógica o exige por força da língua. Mas só raramente uma língua satisfaz esse ideal. Nossas línguas indo-germânicas[91] justamente não tinham preposição em sua origem; e mesmo verdadeiros advérbios não podem sempre ser comprovados. No chinês, o verbo nem sequer se separa com certeza do substantivo; a palavra "costas" também pode significar "virar as costas" ou "trazer nas costas". E, o que vale para toda esta seção, chamo de uma vez por todas a atenção para que esse "significar" comporta um conceito falso. Essas significações só se separam na tradução. A mesma impertinência, porém, no desprezo do olhar do ianque para o chinês emigrante por causa de seus olhos puxados ou porque faz trança no cabelo, não é cristão, não troca de roupa, ou porque sua vergonha sexual é outra ou ele não é carente de nada —, é essa mesma impertinência que ocorre quando desprezamos a língua chinesa por causa de tais particularidades. A categoria verbo talvez só tenha nascido porque equiparamos mitologicamente ações e estados das coisas com nossa suposta vontade, com nossas disposições, e descobrimos nomes particulares para eles (assim como para outras divindades); o chinês talvez esteja, sem verbo, mais próximo do mundo da realidade.

90   Como no início do parágrafo, Mauthner destaca aqui o sufixo *-schaft*, em *Wissenschaft*, mas também destaca a palavra *Geist* (espírito), ídolo ou fetiche linguístico igualmente passível de suspeição. (N.T.)
91   "Indo-germânico" é o nome proposto pelo orientalista alemão Julius Heinrich von Klaproth (1783-1835) para substituir a denominação "indo-europeu". Em outras passagens, Mauthner chama a atenção para o cunho racial dessa proposta. (N.T.)

Chinês A concepção segundo a qual a língua analítica chinesa ocupa, na verdade, um patamar linguístico altamente despojado — língua esta que, em razão do aspecto monossilábico e rígido de suas palavras, foi por tanto tempo tida como arquétipo das línguas mais primitivas — e a língua inglesa, com sua tendência a abolir as desinências, aspira a um despojamento semelhante, já foi expressa, ao que parece, há mais de quarenta anos pelo inglês Edkins. Lepsius e Friedrich Müller[92] chegaram a resultados análogos.

Há algo muito peculiar na língua chinesa. Se as formas ou categorias fossem condição para fala e pensamento lógicos, o povo chinês teria de estar muito abaixo dos cafres, dos bantos e de outros povos denominados selvagens. Todos os relatos concordam, entretanto, que os chineses estacaram há bastante tempo, mas que, com essa mesma língua, antigamente eles marchavam — pode-se dizer — à frente da civilização. E o que conheço de traduções da literatura chinesa me parece equivaler mais ou menos aos melhores livros semíticos e indo-germânicos sobre religião e filosofia, com exceção apenas dos escritos de epistemologia dos últimos séculos. Confúcio, com seu chinês de radicais isolados, não falou ou escreveu com menos sabedoria que os autores dos Vedas, do Antigo e do Novo Testamento e do Alcorão, com suas línguas ricas em flexão.

Aliás, o chinês moderno não difere lá tanto assim do alemão. Também, toda paisagem tem seu dialeto próprio e há uma língua comum a todos os instruídos, um chinês oficial. Como se nosso alto-alemão comum também não tivesse sido um alemão de chancelaria antes de se tornar nosso alemão bíblico! Fala-se sempre do estilo chinês antigo, *kù wen*, que deve ser distinto da linguagem coloquial. Mas tal estilo antigo também se faz presente no jargão de nossos pregadores e em nossa linguagem jurídica, nos romances arcaizantes de Gustav Freytag, também nós ouvimos *kù wen* e arcaísmos intencionais — que o homem comum não entende — em Richard Wagner e sua escola, nas sessões de abertura do Parlamento e nas cerimônias para lançar uma pedra fundamental. E os atuais conhecedores do chinês afirmam expressamente que nele a relação entre o *kù wen* e a linguagem coloquial não é tão diferente da que vemos aqui.

---

92 Joseph Edkins (1823-1905), missionário e sinólogo, autor, entre outras obras, de *O lugar da China na filologia* (1871). Karl Richard Lepsius (1810-1884) foi egiptologista e linguista. Friedrich Müller (1834-1898), linguista e etnólogo austríaco, estudou as línguas hamito-semíticas. (N.T.)

Afirmo e não cansarei de repetir: também em nossas línguas não são as palavras que esclarecem a oração ou o pensamento, mas é antes o pensamento ou a oração que esclarece as palavras. Com isso quero ensinar e demonstrar que toda gramática, com sua construção de frases, e também toda lógica, com suas formas dedutivas, põem literalmente a realidade de ponta-cabeça, no cérebro, na linguagem.[93] Esta teoria contradiz (e deve contradizer) de tal forma nosso hábito mental que o leitor em geral lhe abanará a cabeça ou o cérebro ou a linguagem. E Confúcio, no entanto, escreveu seus ensinamentos (que eram, na verdade, apenas uma ética) numa língua em que é a frase, reconhecidamente, que elucida a palavra. Pois que outro nome posso dar a isso quando descubro que no chinês clássico as chamadas raízes se unem umas às outras sem nenhuma flexão, e o sentido das partes só é reconhecível a partir do sentido do todo? Nossa língua flexiva, que diz, tão mais arranjada, "o ministro serve o príncipe" em vez de "ministro serviço príncipe" ou "conduzir servir reinar", é apenas mais cômoda, mais jeitosa, mais adaptada: mais inteligente ela não é. Nossa bota se molda mais facilmente e melhor ao pé do que a bota militar que o recruta tem primeiro de amaciar, mas mesmo nossa bota feminina mais elegante tampouco é orgânica. Ela é e sempre será couro estrangeiro.

E o fato de o chinês moderno ter aos poucos conseguido diluir essa maneira desconfortável de pensar e de falar mediante toda sorte de sincategoremas, ao passo que nossas línguas (como demonstra o inglês) se esforçam para perder as formas e se tornar mais quadradas, chinesas, isso deveria nos preservar mais uma vez da presunção indo-germânica.

Também a ordenação rígida dos elementos lógicos do discurso, sujeito, predicado e objeto, por exemplo, que deveria auxiliar os chineses na compreensão dos blocos de suas frases, não é nem uma propriedade exclusiva do chinês, nem uma necessidade daquelas línguas ciclópicas não flexionadas. A disposição livre das palavras (deixando de lado a liberdade, insuportável para minha sensibilidade, dos poetas latinos,

---

93 Mauthner faz um jogo de palavras intraduzível em português: *auf den Kopf stellen* é a expressão usual para "pôr de ponta-cabeça" ou "de cabeça para baixo". Mas literalmente pode significar "pôr na" ou "sobre a cabeça". Para o leitor alemão, cérebro e linguagem também estariam, por contaminação, de cabeça para baixo, isto é, numa posição diversa da habitual. A frase seguinte leva adiante a metáfora. (N.T.)

em especial de Ovídio) não é exclusiva do grego e do alemão, com sua abundância em formas, mas também se faz presente no amorfo inglês; os franceses, no entanto, com suas formas pobres (sobretudo na declinação), devem obedecer a uma disposição chinesa.

Não pode ser verdade — não entendo chinês e aqui nem sempre sigo as intuições de Gabelentz,[94] mas somente suas indicações —, não pode ser verdade que o chinês perceba, por intermédio da ordenação de seus conjuntos de radicais, primeiro o significado gramatical e depois o sentido das palavras. Que importa aos chineses a gramática local dos europeus? E também para nós, de que ela nos serve? Ela é para nós um alargador de sapatos, cuja finalidade consiste em lassear botas desconfortáveis, e nada mais. "Peras selvagens têm gosto ruim": acaso o homem comum entende menos essa frase porque não sabe se "ruim" é um adjetivo ou um advérbio? E quando dizemos "peras selvagens" ou "Instituto de Seguridade Social do Trabalhador"[95] acaso sabemos, mais que os chineses, se esses blocos isolados de palavras assim agrupadas são substantivos, verbos, adjetivos ou outra coisa?

Misteli diz (*Tipos de construções linguísticas*, p. 180): "Para a compreensão segura dos textos chineses, a gramática, como sempre, é insuficiente; um conhecimento lexical preciso e sobretudo a familiaridade com o espírito chinês têm de sustentá-la".[96] Misteli, neste ponto, assim como Gabelentz, já tem em mãos a chave para abrir a porta de minha teoria; mas sua enorme erudição não permite que se atreva a usá-la. Em Paris, em Londres, na Alemanha e também na China, é necessário conhecer os fatos lexicais e o espírito do povo a fim de entender sua língua. Mas conhecimento das palavras tem de ser conhecimento da matéria para não ser tolice. Quem quiser entender uma língua e trocar lembranças com outros homens terá primeiro de compartilhar com eles lembranças de uma realidade comum.

---

94   Hans Georg Conon von der Gabelentz (1840-1893), linguista e sinólogo alemão. (N.T.)
95   Como "peras selvagens" (*Holzbirnen* = *Pyrus pyraster*), Instituto de Seguridade Social do Trabalhador é uma palavra composta: *Arbeiterversicherungsanstalt*. (N.T.)
96   F. Misteli, *Caracterização dos tipos mais importantes de construção linguística*, 1893. (N.T.)

Da história da linguística

Categoria da palavra A superstição em relação à palavra é muito certamente consequência necessária da maneira humana de pensar. Aquilo que eu chamaria categoria da palavra se encontra mais profundamente cravada no cérebro humano que as outras categorias do entendimento, pelas quais, segundo Kant, somos obrigados a considerar o mundo. Pois aquilo que se denomina pensamento está indissoluvelmente ligado à palavra, enquanto única marca característica de todas as recordações (cf. vol. 1, 2ª ed., pp. 155ss.).[97]

A superstição em relação à palavra é inextirpável. É fácil apresentar a prova disso. A força de um só indivíduo não é suficiente para *examinar* os muitos milhares de palavras nas quais ele recebeu sua herança espiritual, o tesouro de todas as recordações de seus antepassados, isto é, as marcas características de bilhões de sensações. Mas o que o próprio indivíduo não examinou sozinho, isto é, em suas próprias sensações, ele aceita de boa fé; ele tem, pois, de contar com o fato de que acabou comprando também incontáveis superstições. Mesmo o investigador mais livre não pode se libertar da superstição em relação às palavras, porque somente no âmbito estreito de suas próprias observações ele pode dizer que sua língua é *sua*. Este livro está todo ele dedicado à libertação da superstição em relação às palavras e, no entanto, está muito certamente coalhado de fantasmas de palavras, em cujo valor relativo erroneamente acreditei.

Muito mais brutal e ingênua é a superstição religiosa do poder da palavra, como ainda hoje é comprovável nas rezas dos curandeiros e benzedeiros. Os hindus foram ainda mais consequentes nisso, porque viam na palavra (*vâk*, em latim *vox*) uma divindade. O trovão (a palavra ou a voz, *kat'exochén*)[98] era a causa da chuva. Nas liturgias hindus se encontram passagens das quais parece simplesmente ter sido transposto o tão interpretado, mas propriamente insignificante início do Evangelho de São João, "no início era a Palavra".

O prazer dos hindus na personificação não se limitou à divinização da palavra. Também a significação da palavra, o pensamento (*manîshâ*), se converteu em divindade, não se devendo naturalmente esquecer que

---

97   Seção intitulada "Superstição", não traduzida nesta seleção. (N.T.)
98   "Por excelência." Em grego no original. (N.T.)

os antigos, tanto hindus como gregos, ainda não haviam sido educados a pensar sempre solenemente em seus deuses. E se a *moûsa*[99] grega é realmente idêntica ao *manîshâ*, se *musa* significa pensamento ou canção, então seria esplêndido admitir que havia ainda em Homero uma representação suplementar inteiramente realista, profana, quando iniciou assim seu poema: "Canta o homem, canção minha".

Pensar e falar Num ponto Steinthal tem certamente razão, a saber, quando diz que não conhecemos as leis do pensamento com suficiente exatidão para delas deduzir as leis da linguagem; que a linguagem é mais material, mais clara e que, por isso, seria mais aconselhável inferir, inversamente, as leis do pensamento das leis da linguagem. Mas à compreensão de que linguagem e pensamento são uma coisa só, um mesmo procedimento real no cérebro, uma única realidade, cujas leis não conhecemos, até essa compreensão Steinthal não avançou, porque certamente queria compreender, muito mais claramente que Humboldt (*Charakteristik*, p. 74),[100] a essência da linguagem expressamente como mero processo psíquico, mas, paralelamente ou além disso, sempre voltou a ver o espírito ou o pensamento ou algo outro como um fetiche legislador.

Nesse ponto, aconteceu com ele o mesmo que com seu mestre Wilhelm von Humboldt. Este atuou na época em que o historicismo estava iniciando, mas sempre se manteve propriamente ainda no solo do velho racionalismo. Ele não havia sido capaz de aprender o melhor de Kant. Tampouco se desembaraçou da discórdia entre racionalismo e historicismo em sua "forma interna da linguagem".[101] Aliás, esse conceito também é um exemplo notável de contradição interna; pois sempre se designa por forma o que é externo. Tal formação lexical quase só é possível na língua filosófica dos alemães e antes teria sido possível apenas no grego especificamente aristotélico e depois no latim monástico dos aristotélicos. Mas agora nos perguntamos por que caminho um espírito tão fino e puro como Humboldt chegou a esse ferro de madeira.

---

99 "Musa." Em grego no original. (N.T.)
100 H. Steinthal, *Caracterização dos tipos mais importantes da construção frásica. Segunda elaboração de uma classificação das línguas.* Berlim, 1860. (N.T.)
101 *Innere Sprachform*: noção criada por Wilhelm von Humboldt e comentada por Mauthner um pouco antes desta seção. (N.T.)

Não devemos tomar aqui o famoso fundador da filosofia da linguagem demasiado rigorosamente ao pé da letra. Humboldt não era um sistemático, felizmente. Em muitas passagens de seus escritos se pode mostrar que reconheceu a linguagem em geral, o que há de comum nas línguas humanas como uma abstração, mas, por outro lado, ele não pressentiu a futilidade de toda abstração e, por isso, buscou a ideia única de todas as línguas. Com muita beleza (para sua época), definiu a linguagem como o *trabalho* do espírito humano, aquilo pelo qual o som articulado se torna expressão do pensamento. O político prudente Humboldt, o historiador, teria de ter entendido o conceito de evolução, teria de ter sabido que tal trabalho incessante e sem fim não pode se deter numa única ideia, e que, ao contrário, tem de se adaptar às circunstâncias. Mas o darwinismo então ainda não estava nas mentes, não importa o que se diga sobre os tão elogiados precursores de Darwin. O pretenso darwinismo de Goethe ainda não concebia uma unidade da evolução, mas antes somente uma unidade do tipo. A planta e o animal primordiais de Goethe não são pensados como sendo os primeiros na série de antepassados, mas como esquemas, como ficções do tipo primordial. Ao tratar da sua unidade da ideia de linguagem, Humboldt pode ter tido em mente essa unidade goethiana do tipo. Não mais do que isso.

Sentimento da língua Se a observação da construção externa da linguagem, da forma exterior da língua, não lhe bastava, se então novamente duvidou do conhecimento da vida real da língua, da organização interna, nada mais lhe restava senão espreitar seu próprio sentimento da língua, para ver quão longe podia ir com ele. Atribuímos (naturalmente apenas em nossa língua materna) uma significação às formas externas da língua, sentimos a sílaba final *te* como uma marca para o tempo passado. Se pronuncio, por exemplo, o som *ich flirbte*,[102] ninguém pode conceber nada com ele, porque não existe uma palavra *flirben* em nossa língua; no entanto, qualquer alemão sentirá esse som como um imperfeito pela sílaba final *te*, e alguns hão de se perguntar o que significa a palavra *flirben*, cujo imperfeito acabam de ouvir. O que Humboldt, portanto, chamou demasiado eruditamente de forma interna da língua e o que deu ocasião para tanto falatório, por ora não é nada mais nada menos que o que chamamos de sentimento para as formas de nossa língua materna.

102   *Ich flirbte*: primeira pessoa singular do passado imperfeito do verbo inexistente *flirben* antecedido pelo pronome "eu" (*ich*). (N.T.)

Talvez nos satisfizéssemos com essa expressão se o valor que um homem como Humboldt dava a esse sentimento não nos fornecesse ocasião de levar a reflexão adiante. Ao menos o respeito que lhe devemos é tal que admitimos que não buscou um novo conceito sem necessidade.

"Sentimento para a forma da própria língua": essa expressão tampouco pode nos satisfazer, porque com a palavra "sentimento" estamos em regra acostumados a designar as impressões mais confusas e mais indeterminadas. O que percebemos com nossos sentidos mais agudos, o que vemos e ouvimos, a isso não denominamos sentimento; só as relações surdas que acompanham a visão e a audição e que se referem a nosso interesse são por nós chamadas de sentimentos. Em nossas ações, o sentimento concomitante de referência a nós mesmos é o que chamamos de vontade. Ao falar, empregamos as formas habitualmente de modo inconsciente; mas, assim que nos perguntamos a nós mesmos por que designamos exatamente assim o passado, a quantidade, a possibilidade de um juízo, com frequência temos a sensação de que o espírito de nossa língua nos obriga a designar o passado, a quantidade, a possibilidade etc. mediante essa forma e mais nenhuma outra. Essa necessidade parecia residir inteiramente na essência mesma da língua enquanto cada povo considerou sua própria língua como a única possível e toda língua estrangeira como uma geringonça bárbara, enquanto não existiu uma linguística comparada. Até então, a questão permaneceu essencialmente esta: as formas e conceitos da gramática latina tradicional eram considerados as formas e conceitos da língua mesma; e, como se acreditava possuir na lógica uma ciência terminantemente matemática do pensamento humano, comparavam-se as formas da língua, isto é, sempre na verdade as formas da língua romana, a língua da única fé verdadeira, com as regras da lógica, e isso era satisfatório. Mas quando a comparação linguística, depois de suas primeiras explorações etimológicas, avançou aos poucos para a observação de que o pensamento é diferente em línguas diferentes, ela não ousou adentrar o sagrado edifício da lógica e não o fez até o presente momento, mas teve de individualizar a organização interna de uma língua, já que o sustentáculo lógico universal teve de ser abandonado. O bom senso teria de ter aprendido que a partir de agora há tantas lógicas quanto línguas de diferente estrutura. Mas a época ainda não parece ter amadurecido para tal atrevimento. Humboldt, com compreensão confusa desse contexto, se contentou em chamar de forma interna da língua esse sentimento concomitante da necessidade das formas da língua materna, isto é, da lógica especial da língua particular.

Lógicas Chegamos, pois, ao ponto de reconhecer nosso sentimento linguístico como a lógica particular de cada língua. Com isso, entretanto, não demos nenhum passo à frente, mas, ao contrário, um passo atrás. Colocamos no lugar da palavra "sentimento", que, mesmo indefinível, corresponde ao menos a nossa sensação, a palavra "lógica", a qual, ironicamente, devíamos livrar do sentido que teve até agora. Pois no momento em que renunciamos à lógica como legalidade *universal* do pensamento ou linguagem humana, no momento em que atribuímos leis próprias de pensamento a cada povo, já não temos direito de empregar a velha palavra. Contra a lógica, contra o sentimento da língua, é preciso fazer da palavra "lógica" uma pluralidade.

Ora, o que é a forma interna da língua ou nosso sentimento linguístico, se não pode ser seriamente explicado pela lógica da língua particular? Dei antes, como exemplos de nosso sentimento da língua, sílabas que formam o substantivo e o verbo e a forma das frases que indicam possibilidade.[103] Mas cremos possuir um sentimento linguístico muito mais intensivo e amplo. Na verdade, o sentimento da língua só desaparece em palavras que não nos são correntes, em palavras estrangeiras mais raras, em palavras totalmente isoladas, exatamente como quando elas nos faltam ao arranharmos línguas estrangeiras. O ápice do sentimento linguístico está justamente na crença da insuperabilidade, na evidência óbvia, da língua materna, que se manifesta do modo mais forte em crianças e pessoas incultas fantasiosas. O ápice do sentimento linguístico está naquela exclamação do tirolês: "Que língua mais tola é a língua italiana! Eles chamam *Pferd*[104] de *cavallo*. Nós dizemos *Pferd*, e ele é mesmo um *Pferd*". No entanto, todos nós, não tão forte e ingenuamente, sentimos de modo semelhante em nosso sentimento linguístico. Noutro lugar mostro com que frequência esse mesmo sentimento linguístico nos leva a considerar palavras de nossa própria língua como onomatopeias. Propendemos a considerar *bellen*[105] imitação de um som, embora talvez esteja originalmente relacionado com a palavra do sânscrito para falar (*bhâs*). Propendemos a ver em *blitzen*[106] a imagem momentânea de um *Blitz*,[107] embora no antigo alto-alemão significasse *blecchazzen*.[108]

103   Trecho não traduzido neste volume. (N.T.)
104   "Cavalo." (N.T.)
105   "Latir." (N.T.)
106   "Relampejar." (N.T.)
107   "Relâmpago." (N.T.)
108   "Relampear", "cintilar", "brilhar". (N.T.)

Se, no entanto, nosso sentimento linguístico fosse audaz o bastante, aqui e em milhares de casos semelhantes ele exclamaria: "Isso não significa apenas 'latir', 'relampejar', isso é mesmo um latir, um relampejar".

Lógica da língua De maneira semelhante, as palavras mais usuais de nossa língua nos parecem natural e, em certa medida, interiormente necessárias, assim como suas formas. Sobretudo todas as palavras para categorias amplas. Uma classificação científica do mundo real não foi obtida até hoje e jamais poderá sê-lo segundo a essência da linguagem. Uma classificação superficial, popular, um sistema provisório de compartimentos e gavetas existe em toda língua, e propendemos a atribuir necessidade lógica a essas categorias, assim como sentimos o som como uma necessidade linguística. A palavra *Pflanze*[109] só chegou aos germanos vinda do latim; a palavra *Tier*[110] era originalmente um adjetivo com a significação de "selvagem", de modo que nos tempos antigos o animal era diferenciado da rês, do animal doméstico, do rebanho aproveitável (no inglês, *deer*; pensemos em nosso *Tiergarten*).[111] Ambas as palavras, portanto, são ainda relativamente recentes em sua significação atual na língua alemã. Já temos, todavia, um sentimento linguístico para elas, e o homem inculto se sente constrangido a enxergar no reino animal e no reino vegetal categorias necessárias da natureza. A língua também resiste à designação de um reino intermediário, da mesma maneira que toda nova compreensão, observação ou descoberta implode a língua habitual e, com isso, fere o sentimento que mantém a língua coesa. A língua é o mais conservador dos poderes. A razão principal para esse fenômeno está talvez em que homens de resto inteiramente bons e honrados se assustam diante de toda nova verdade. Toda nova verdade modifica a língua, e a língua não quer se deixar modificar. *Usus tirannus*.[112]

Vemos, portanto, que no sentimento linguístico está contida uma dupla crença: a crença na necessidade do som e a crença na necessidade lógica dos conceitos. No entanto, não vamos nos preocupar mais com essa divisão. Aquilo que unicamente importa é a relação de uma palavra com as impressões sensíveis, as quais, no final dos finalmentes, ela recorda. O que chamamos de relações lógicas são apenas membros intermediários

---

109   "Planta." (N.T.)
110   "Animal." (N.T.)
111   "Jardim zoológico." (N.T.)
112   "O costume é tirano." Em latim no original. (N.T.)

nessa recordação, que surgem, por sua vez, graças à evolução da língua. Isso deve ser bem particularmente retido. Que tenhamos desenvolvido uma parte especial da oração para as marcas características dos objetos, para suas supostas qualidades, o adjetivo, isso é uma forma acidental de nossa língua e das proximamente "aparentadas". Há línguas nas quais essas marcas características, que reputamos logicamente necessárias, são expressas de modo diferente. A relação entre sujeito e predicado, que nos parece a fundação de todo pensamento, é, no entanto, igualmente apenas um produto da linguagem e novamente uma parte de nosso sentimento linguístico.

Catálogo do mundo E com isso teríamos chegado ali onde devemos encontrar a resposta a nossa pergunta. Entre nós, uma grande biblioteca pública é habitualmente ordenada por autores e seguindo o alfabeto alemão; poderia igualmente ser ordenada seguindo o alfabeto rúnico e ser iniciada pelo F; poderia ser ordenada conforme a ordem de qualquer alfabeto, segundo os assuntos tratados. E, assim, de centenas de maneiras. E seria sempre a mesma biblioteca e sempre igualmente utilizável se o esquema de classificação fosse familiar ao público. Exatamente a mesma coisa me parece ocorrer à ordem do saber na mente de um indivíduo, com exceção, naturalmente, de que o esquema de classificação das percepções humanas, isto é, a língua, produz mais do que o catálogo de uma biblioteca. O procedimento, no entanto, é o mesmo. Quando crianças, aprendemos nossa língua materna, incorporamos em nós um repositório para todas as notas imagináveis que tomaremos ao longo da vida, recebemos de nossos antepassados o seu catálogo fragmentário, provisório, popular, do mundo, a fim de preenchermos posteriormente as suas gavetas com as nossas experiências. Esse catálogo fragmentário e cientificamente bastante insatisfatório do mundo é tudo que possuímos em inteligência; é toda nossa parca razão humana. Ele é totalmente insuficiente para a sempre renovada tentativa de conhecer o mundo real, mas, considerado em si mesmo, uma obra enorme, o trabalho conjunto de mil milhões que viveram antes de nós e, por isso, para nós.

Nada sabemos sobre o arranjo desse catálogo interno do mundo. Michel Bréal tentou em vão iluminar o mistério numa conferência no Instituto de França: "Comment les Mots sont classés dans notre esprit".[113]

[113] "Como as palavras são classificadas em nosso espírito." Em francês no original. Michel Jules Alfred Bréal, linguista tido como fundador da semântica

Ele exclama: "*Nous sommes tous, plus ou moins, des dictionnaires vivants de la langue française*".[114] Mas então não sabe dizer mais nada, a não ser que a cada momento sempre sentimos apenas uma palavra, e essa palavra numa significação só. Ele se espanta com o resultado, sem esclarecê-lo. O valor incomparável desse resultado (o valor para nós, não o valor proporcional à tarefa) consiste na ordenação e visão geral que nos permitem abarcar incontáveis impressões sensíveis com um grupo de sons e assim por diante até o limite da abstração. Um indivíduo só ou mesmo apenas um pequeno grupo de indivíduos não teriam sido capazes de produzir essa obra. É impossível que uma língua artificial, como tantas vezes foi intentada, pudesse abrigar tantos bilhões de impressões sensíveis; só o trabalho inconsciente de mil milhões é capaz de fazer isso. Mas uma língua artificial também não é capaz de nos dar uma forma interna da língua, um sentimento linguístico. Isso é tão só e unicamente possível por transmissão hereditária e por aquilo que está relacionado ao povo numa língua. Somente porque quando crianças já incorporamos em nós todas as categorias e formas da língua, numa época, pois, em que temos em quantidade apenas as gavetas vazias para elas; somente porque, portanto, recebemos essas formas e categorias de nossos pais, como a crença no amado Deus, porque posteriormente vemos todos os nossos compatriotas sem exceção acomodarem todas as suas impressões sensíveis e abstrações nas mesmas gavetas com as mesmas designações, somente por isso cresce conosco desde a juventude e junto com nosso povo o sentimento de que todas essas formas e categorias são necessárias. As coisas não se chamam apenas assim, elas também *são* assim.

    Essa enorme superioridade geral de toda herança da língua sobre o mundo da experiência do homem individual não pode nos iludir sobre o mundo da linguagem. A linguagem humana é insubstituível e insuperável para a ordenação de todas as impressões sensíveis; também para o indivíduo mais tolo se transmite por meio dela algo das experiências da humanidade. O homem de pouco mérito recebe de legado com a língua todas as experiências do passado, tanto quanto delas precisa para seu ofício.

---

114   moderna. A conferência a que Mauthner se refere foi proferida em 1884 e publicada nos *Comptes Rendus de la Séance Annuelle de l'Institut*. (N.T.)
    "Todos nós somos, mais ou menos, dicionários vivos da língua francesa." Em francês no original. (N.T.)

A forma interna da língua é o uso da língua [...] Somos acostumados na Alemanha a considerar a jovem ciência que se chama ora investigação linguística comparada, ora filosofia da linguagem, ora psicologia dos povos, ora história da linguagem um produto exclusivo do espírito alemão, porque a personalidade de Wilhelm von Humboldt foi a primeira a indicar seus caminhos e metas. A influência da Inglaterra, no entanto, foi muito grande, desde o início até agora. Como em toda parte na história da cultura, diversas influências entram poderosamente em jogo. Faz parte da superação da limitação da antiga filologia o conhecimento do sânscrito; e este não teria sido possível — como mencionado — sem a dominação inglesa na Índia e sem os estudos ingleses que serviram de preparação para os fundadores da comparação linguística. A escola de Wilhelm von Humboldt via a língua mais ou menos como os naturalistas franceses anteriores a Darwin viam os animais e plantas. Por certo se havia criado uma anatomia comparada, cujo ponto de vista mais ideal nos é conhecido pelas obras de Buffon e pelos esforços de Goethe em botânica e zoologia. Buscava-se o que havia de comum, mas apenas em tipos. Tudo era apenas morfologia, mesmo quando se chamava também *meta*morfose. Tudo era — observe-se a estranheza dessas imagens lexicais — apenas *meta*física, quando acreditava ser apenas física. Faltava ainda o conceito de evolução. Comparavam-se, certamente, línguas irmãs contemporâneas, comparavam-se também estados mais antigos e mais recentes da mesma língua, investigavam-se as leis naturais da transformação, mas a essência de todas essas leis teve de permanecer incompreensível enquanto o ponto de vista de Darwin não foi adotado também pelos investigadores da língua.

Hermann Paul[115] Ora, o darwinismo, principalmente a compreensão da linguagem de Hermann, mediante Herbert Spencer, fez a filosofia da linguagem alemã, que se desenvolvera a partir de estudos ingleses do sânscrito, dar recentemente um grande passo adiante. O crítico mais es-

---

[115] Hermann Paul (1846-1921), linguista e lexicógrafo alemão. Como define Mauthner no artigo "Junggrammatiker" [Neogramáticos], Hermann Paul é "a cabeça espiritual de um partido que atualmente procura dar continuidade ao trabalho de Grimm e de Bopp; nele vive algo do frescor e da juventude do romântico Friedrich Schlegel. O partido tomou seu nome da juventude. Quando esses senhores que atualmente cultivam a linguística se posicionaram criticamente em relação à geração anterior, eles eram ainda jovens e se chamaram, por isso, neogramáticos". (N.T.)

pirituoso do procedimento anterior é Hermann Paul, em seus *Princípios da história da linguagem*. A obra poderia ter acarretado uma revolução espiritual se o autor tivesse estudado e examinado as ciências adjacentes, a saber, lógica e psicologia, de maneira tão autônoma e independente quanto a linguística, de que tem pleno domínio. Esta é, porém, a outra face da competência dos professores alemães: cada qual quer e pode ser especialista apenas no seu âmbito particular, para além dos limites do qual aceita e utiliza confiantemente os resultados apresentados pelos senhores seus colegas. Ninguém parece ainda suspeitar que, *além daqueles limites, se fala outra língua* e que, por isso, as chamadas leis naturais jamais são transportadas impunemente de uma ciência a outra, de uma convenção linguística a outra. O que sucede aqui é ainda pior que nas convenções cambiais. Se alguém passa da Itália à França, o dinheiro perde um pouco do valor, apesar de todas as garantias.

Dessa maneira, Hermann Paul não pôde penetrar até a verdade de que lógica e gramática são apenas modernas mitologias da língua humana, mas a nova atitude que mostrou na linguística oferece, mesmo assim, estímulos significativos. Ele foi o primeiro a entender a linguística puramente como disciplina histórica, como parte da história da cultura; foi o primeiro a ensinar que a linguística é sempre ciência social, e de tal modo que as forças psíquicas jamais podem ser observadas sozinhas, mas sempre junto com as forças físicas. Com isso, superou os trabalhos de Steinthal e a riqueza espiritual de Lazarus, que se estabeleceram como psicólogos dos povos.[116]

[...] Que apesar disso uma evolução histórica da língua, isto é, um progresso do espírito humano seja real e possível, isso ele explica artificialmente, graças à transformação das associações de representações indiretas em diretas. Essa transformação deve se dar na alma individual, e o resultado obtido deve ser transferido a outras almas. Não posso pensar nada com as palavras se todo o trabalho anterior de pensamento não é também transferido com elas. Isso depende, pois, de exercício e de sua hereditariedade, em que, por certo, infinitos elos intermediários têm de permanecer inconscientes.

Bastante fecunda é a ideia de Hermann Paul segundo a qual toda nova criação linguística, isto é, mesmo a mais ínfima alteração no com-

---

[116] Em alemão, *Völkerpsychologen*. Sobre a psicologia do povo de Steinthal, Lazarus e posteriormente Wundt, ver nota 6, p. 36. (N.T.)

portamento de um som ou significação, é sempre obra de um indivíduo, com o que a língua se distingue de outros produtos humanos. Naturalmente, isso não exclui que haja grande homogeneidade de todos os eventos linguísticos no interior de grupos maiores ou menores de indivíduos. O resultado importante a que Hermann Paul chega é o de que o objeto para uma investigação linguística ideal seriam todas as modificações da atividade linguística de todos os indivíduos em sua determinação recíproca. Tudo o que um ser humano jamais pensou, balbuciou, falou ou ouviu, todas as combinações de todas as representações possíveis, que existiram ou existem em algum lugar, pertencem à linguística, se esta pretende ser história da linguagem. Mas os portadores dessa evolução histórica são — esforço-me por encontrar as palavras próprias — os processos imperceptíveis que ocorrem nos cérebros humanos, não as exteriorizações perceptíveis. A palavra realmente pronunciada evapora segundo leis físicas, como o som de um tímpano. Não é uma palavra, uma significação, que se transforma em outra; é apenas um cérebro que, com outros cérebros, coloca em movimento outro órgão linguístico para compreender outras representações. A língua dos sons é necessária para o comércio espiritual dos homens porque os espíritos não podem atuar uns sobre os outros sem física; mas a história da linguagem tem, mesmo assim, de tentar se ater unicamente aos processos psíquicos imperceptíveis. Partindo das línguas existentes, tem, portanto, de tentar conhecer e descrever os processos psicológicos, assim como o darwinismo procura inferir leis naturais a partir das diferenças existentes entre os animais. As velhas classificações são tão defeituosas na história natural quanto na história da linguagem. O sistema gramatical tradicional não é suficientemente fino para a realidade.

 A primeira pergunta da linguística tem, pois, de ser esta: que relação há entre a atividade linguística individual e o uso herdado da língua? Poderíamos dizer que essa é a mesma pergunta que tinha de ser feita pela moderna história natural: que relação há entre o indivíduo e sua espécie? Com isso chegamos à concepção darwinista da linguagem de Hermann Paul (ainda deveremos falar de Schleicher).

Darwinismo e linguística Sem intenção, sem fim, a atividade linguística de cada indivíduo modifica o uso linguístico instituído. Isso foi compreendido teoricamente por nosso investigador. Mas, exatamente como a cada passo Darwin recai na teleologia a despeito de sua compreensão mais adequada, porque não pode se pôr fora de sua pele humana, Hermann Paul nega num só fôlego toda influência *intencional* sobre o uso linguístico, para prosseguir: "De resto, o *fim* não desempenha na evolução do uso linguístico nenhum outro papel do que aquele que Darwin lhe destinou na evolução da natureza orgânica; a maior ou menor finalidade das formações que surgiram é determinante para a conservação ou declínio delas" (p. 30).[117] Não há, portanto, intenção, embora haja certamente um fim! Uma vez mais se faz violência à língua ao se utilizar finalidade no sentido de desprovido de fim. Um novo objeto de uso dos homens é e permanece atendendo uma finalidade se não corresponde apenas à intenção do inventor mas também à intenção dos demais indivíduos. Existe uma fina diferença entre uma intenção e outra. A intenção do inventor é um fim mediato, a do comprador, um fim imediato. Na modificação de uma espécie animal, isto é, no surgimento de um órgão em lugar de outro ou mesmo no surgimento de uma nova palavra ou de uma modificação lexical, não se pode absolutamente tratar, para nós que não cremos na criação divina, de uma intenção do inventor; mas tampouco de uma intenção dos compradores. Pois a mudança na língua e na natureza surgiu inconscientemente numa série de indivíduos, até que o grau herdado foi forte o suficiente para ser *perceptível*. O que então chamamos de finalidade na mudança também não é mais, portanto, o fim imediato porém consciente do comprador, mas única e exclusivamente a capacidade de subsistir. Logo, a definição de Darwin para finalidade aceita por Paul — uma finalidade de conservação — é uma tautologia profundamente oculta: a espécie ou palavra se conserva porque se conserva; declina porque declina. Tendo descoberto essa tautologia num conceito tão importante, ainda seria preciso acrescentar que o conceito de fim não podia ser outra coisa que o som de uma palavra vazia. Pois as espécies da natureza e as palavras da língua, para as quais nosso sentido de ordem transfere do exterior o conceito de finalidade, são apenas, como se disse poucas linhas antes, modificações das espécies e palavras existentes que se tor-

---

[117] H. Paul, *Princípios da história da linguagem*, 1880. Como bem explica Jacques Le Rider, apesar dessa crítica ao darwinismo do "neogramático" Hermann Paul, Mauthner respeita a "perspectiva pragmática e utilitarista" e também as concepções do linguista sobre a mudança semântica. Cf. J. Le Rider, *Fritz Mauthner. Scepticisme linguistique et modernité. Une biographie intellectuelle.* Paris: Bartillat, 2012, p. 301. (N.T.)

naram *perceptíveis*. Deveríamos aprender daí que a finalidade não tem um lugar natural em ponto algum da evolução. As modificações reais na natureza e na língua são desprovidas de fim porque são mínimas, são desprovidas de intenção porque inconscientes. Onde a soma de todas as modificações se torna consciente, perceptível, uma grandeza medível, ali ela já é também uma abstração, já não é real, não pode ser um fim (cf. o verbete "Fim" no meu *Dicionário de filosofia*).[118]

Hermann Paul aceita os pressupostos dessa intuição a respeito da língua; se apesar disso se equivoca darwinisticamente, como a outra investigação sobre a linguagem,[119] isso advém certamente de uma aparente ninharia. Ele reconhece claramente que todas as divisões da língua humana, descendo até os dialetos, são apenas abstrações, do mesmo modo que a grande reviravolta na zoologia mais recente se baseia no conhecimento de que todas as classes, gêneros e espécies são somente criações do entendimento humano, de que somente os indivíduos são reais. Mas então lhe escapam as palavras traiçoeiras: "A diferença de idade e diferenças individuais não ocorrem segundo a essência, mas segundo o grau". Isso soa perfeitamente compreensível a todos, porque todos nós acreditamos que podemos pensar algo mediante a oposição entre essência e grau. A imagem da diferença de grau parece ser quase uma explicação. Pensamos na escala do termômetro e atribuímos imediatamente realidade à diferença de grau. Para os darwinistas, assim como para os investigadores da linguagem mais modernos, a abstração que reconheceram nas classes, gêneros e espécies se transforma assim imediatamente em realidade. De acordo com essa sabedoria mais recente, a cada momento se falam tantos dialetos, dialetos surgidos historicamente, quantos são os grupos, as aldeias, as famílias, os indivíduos existentes. Aquilo que geralmente se supõe ser os dialetos não é nada mais, para a nova sabedoria, que um crescimento das diferenças individuais além de certa medida. Não pode haver dúvida de que Hermann Paul entende por "certa medida" uma grandeza certamente desconhecida ou imprecisamente conhecida, mas determinada, positiva. E aqui se oculta um erro de teoria do conhecimento do darwinismo e da linguística.

118   Verbete não traduzido neste volume. (N.T.)
119   Mauthner se refere provavelmente às análises da linguagem ligadas apenas à psicologia do povo (*Volkspsychologie*), de Steinthal e Lazarus, que não levavam em conta o evolucionismo, como fez Hermann Paul. (N.T.)

Os experimentos da psicologia fisiológica mais recente nos ensinaram que diferenças de estímulo têm de ultrapassar uma "certa medida" para ser perceptíveis a nossos sentidos. Não percebemos, por exemplo, apenas mais fracamente estímulos abaixo dessa medida, nós não os percebemos de modo algum. É o que se passa com nosso sentimento tátil, com a visão e com a audição. Disso também faz parte que sons ascendentes ou descendentes sem intervalo determinado não sejam mais sentidos por nós como música. "O lobo uiva", diziam os antigos instrumentistas sobre essas sequências de som. Tudo isso tem de deixar claro para nós que as diferenças de grau sobre as quais repousam nossas classificações da natureza e da língua não são absolutamente nada de positivo, de objetivo, mas estão baseadas subjetivamente em nossos sentidos, as fundações de nosso conhecimento. Compare-se o que precisei dizer de desconsolador sobre a relatividade dos termos subjetivo e objetivo (cf. vol. 1, 2ª ed., pp. 415ss., e o verbete "Objetivo" em meu *Dicionário de filosofia*),[120] e se compreenderá o quão lastimável haverá de parecer para mim mesmo essa observação sobre a linguística darwinista. E, no entanto, ela era necessária.

Darwinismo *e* linguística são atingidos pela mesma crítica, porque a semelhança entre o surgimento de línguas individuais e de indivíduos animais é ainda maior do que os próprios darwinistas entre os linguistas parecem admitir. É conhecido ou geralmente aceito que o desenvolvimento de um organismo, de um indivíduo animal ou vegetal, depende de dois fatores, da hereditariedade por parte dos pais e da adaptação ao meio. A hereditariedade — para exprimi-lo sucintamente — explica a constância; a adaptação, a mutabilidade. Ora, quando considera que os produtores da língua individual de uma pessoa são aqueles com quem se relaciona, quando equipara a influência destes à hereditariedade e atribui, por outro lado, as alterações às demais peculiaridades e estímulos da natureza espiritual e física do indivíduo, Hermann Paul desloca um pouco a verdadeira relação. Diferentemente do que os fisiólogos foram capazes de fazer, por exemplo, com relação ao desenvolvimento do olho, até hoje não podemos apresentar as alterações mínimas dos órgãos humanos da fala, dos seus nervos motores e centros de fala do cérebro, a soma dos quais resulta nas diferenças de espécie. Mas não podemos imaginar isso de outro modo senão como se transmitem todas as outras coisas, mão, pé e olho, e que,

---

120 Textos não incluídos neste volume. (N.T.)

por conseguinte, a linguagem é, como manifestação do órgão da fala, tão hereditária quanto a vida é manifestação de um organismo animal particular. Constante, caso se queira empregar já a palavra. E cada modificação, cada adaptação é produzida por aqueles com quem se convive, os pais, os colegas de escola etc. A língua é uma manifestação da vida como outras; nesse sentido, só há primeiro línguas individuais, assim como só há organismos individuais. Todas as diferenças às quais se fez referência são, por isso, insignificantes; o indivíduo herdou seu órgão para a linguagem em todas as suas finas nuances de realidade, assim como herdou seus demais órgãos, sua vida; pois a vida também é apenas novamente uma abstração para todas as manifestações de todos os seus órgãos. O órgão da linguagem é modificado mais fraca ou mais fortemente, se nele incluímos cérebro e nervos, por todas as suas relações com o mundo externo incessantemente até a hora da morte, e incessantemente até a hora da morte a personalidade do homem singular também atua no desenvolvimento dos órgãos da língua dos outros homens e, primeiramente, daqueles que lhe são mais próximos. De maneira igualmente recíproca, por mínima que seja, o organismo todo de um influencia as manifestações de vida de todos os outros. Não posso comer uma fatia de pão sem contribuir com uma parcela infinitamente pequena para a quantidade de gêneros alimentícios e influenciar os homens. E meu vizinho não pode criar um cachorro sem que esse aumento da quantidade de gêneros alimentícios atue de volta, numa parcela infinitamente pequena, sobre meu modo de vida. Milhões de fenômenos individuais perfazem o fenômeno que se manifesta na natureza como sensação de fome e, na história da linguagem, quando pronuncio, por exemplo, a palavra "caro" com um conteúdo de representação intensificado. O que torna a questão tão infinitamente complicada não é a diferença entre língua individual e indivíduos animais, mas apenas o fato inescrutável de que a manifestação linguística singular é sempre primeiramente uma manifestação de vida, uma realidade do momento e, além disso, também uma representação, uma recordação.

 Hermann Paul vê muito perspicazmente que a dificuldade da história da linguagem não está em explicar a fragmentação de uma língua materna em seus dialetos. Pois a diversidade é o que há de óbvio, já que só há em geral línguas individuais diferentes. Ele vê muito corretamente a dificuldade ao perguntar de onde vem que a diversidade leva no entanto a uma maior ou menor concordância, que há unidades como dialetos, línguas maternas etc. Pôr de lado a velha questão, qual seja, a questão da fragmentação de unidades linguísticas superiores em inferiores, foi bom, tendo finalmente permitido que se pusessem abaixo todos os erros da linguística comparada. A nova questão, no entanto, a questão do surgimento dos dialetos a partir de línguas individuais, é apenas de novo uma fraqueza perspicaz.

 Pois nos movemos no círculo ardente das abstrações quando opomos à língua comum, à língua materna, ao dialeto, ou como quer que denominemos o meio de comunicação de um grupo de seres humanos, quando opomos à língua existente entre homens as línguas individuais dos homens particulares. Só os órgãos da fala dos homens particulares, incluindo sempre cérebro e nervos nesses órgãos, são reais, individuais, vivos. Com relação a esses órgãos da linguagem nos indivíduos, não se pode encontrar de fato nada de comum que seja real, no máximo um tipo, uma espécie, uma homogeneidade. Contudo, a *língua* individual, isto é, a manifestação momentânea do órgão da linguagem de um indivíduo, não é real, ela seria o rufar do tambor num espaço vazio se outro indivíduo ouvinte não estivesse preparado para ela. A língua só se torna resultado físico do órgão fisiológico individual da linguagem quando os sons recebem um valor de troca entre os homens. Só agora vemos que significado tinha quando afirmamos já desde o início que a língua era para nós algo entre os homens. Não podíamos, portanto, perguntar: como a língua ou um dialeto surge das línguas individuais? Temos de reconhecer que a primeira e mais antiga manifestação informe, balbuciante de um órgão da fala individual primitiva já não é mais meramente, ao primeiro som, língua individual, mas língua, isto é, algo entre um indivíduo que fala e outro que escuta.

 Muito cautelosamente eu ainda gostaria de perguntar aqui se não se poderia supor ou mesmo estipular uma diferenciação semelhante também na natureza viva. Sem dúvida, no reino animal e vegetal não há *gênero, não há espécies reais*. Somente os indivíduos são reais. Mas, e se nos fosse permitido conceber o conceito bastante controverso de espécie como algo entre os indivíduos? Continuamos como antes a reconhecer espécies, suas relações recíprocas, sua capacidade de procriação, quando podemos representar algo mediante uma palavra. Esse fato, essa manifestação dos organismos individuais, subsiste, mesmo que o velho conceito de espécie esteja abolido. Cão e gato não se entendem para a produção de novos indivíduos. O dogue alemão e o cão de caça se entendem. Quem sabe se essa espécie não é talvez algo real, algo entre os indivíduos.

Schleicher/ Parente Não é de espantar, por isso, que uma definição satisfatória do conceito de parentesco linguístico tampouco seja encontrada em investigadores menos modernos e menos céticos que Schmidt.[121] Eu ao menos procurei em vão por uma definição científica útil. Aquela que em sua formulação inaproveitável reflete melhor os fatos e parece ser suficiente para a prática dos comparatistas linguísticos está em Schleicher (*Die deutsche Sprache*, p. 26): "Se duas ou mais línguas empregam sons tão fortemente concordantes para exprimir a significação e a referência de modo que parece inteiramente despropositado pensar numa concordância fortuita, e se, além disso, as concordâncias perpassam toda a língua e são *em geral* de tal espécie que não se deixam de modo algum explicar pela admissão de empréstimo de palavras, as línguas que concordam dessa maneira têm de descender de uma língua fundamental comum, têm de ser aparentadas".[122] Observando mais precisamente essa tentativa de definição, nota-se que Schleicher não foi muito além do conceito de semelhança. Se duas línguas são tão semelhantes entre si, que admitir um acaso é "despropositado", isto é, inverossímil, e admtir empréstimos é "impossível", isto é, mais uma vez, inverossímil, então Schleicher *denomina* essa semelhança de parentesco. E todos nós estamos, com ele, tão sob o encanto da disciplina linguística comparativa que acreditamos até esta hora que o parentesco das línguas é um conceito claro para nós. No entanto, o conceito de parentesco é aplicado apenas *figurativamente* à relação das línguas entre si. Essa última observação é tão simples e inocente, que seu valor crítico para a linguística comparada não salta imediatamente aos olhos. Tenho, por isso, de me tornar um tanto pedante. No francês, a designação *parent* coincide tão claramente com o termo latino

---

121 Johannes Friedrich Heinrich Schmidt (1843-1901) desenvolveu a chamada teoria das ondas, segundo a qual inovações na linguagem se espraiam concentricamente a partir de um ponto de surgimento. Essa teoria foi defendida no livro *Die Verwandtschaftsverhältnisse der indogermanischen Sprachen* [As relações de parentesco das línguas indo-germânicas], publicado em 1872. Mauthner comenta os problemas da teoria do parentesco entre as línguas defendida pelo linguista no tópico anterior a este, aqui não traduzido. Objeto deste parágrafo, August Schleicher (1821-1868), indogermanista, autor do *Compendium der vergleichenden Grammatik der indogermanischen Sprachen* [Compêndio da gramática comparada das línguas indo-germânicas], foi professor de Schmidt na Universidade de Jena. (N.T.)

122 A. Schleicher, *Die deutsche Sprache* [A língua alemã]. Stuttgart: Cotta, 1860. (N.T.)

parens (aquele ou aquela que gera, procria) que o verdadeiro sentido de parentesco está ao alcance da mão. *Parents* são única e exclusivamente aqueles seres vivos que se conectam um ao outro por um ato de geração. Nosso alemão *verwandt*[123] é, felizmente, formado do mesmo modo. Ele é o particípio do médio alto-alemão *verwenden*[124] na significação rara de *verheiraten*.[125] Antigamente, era mais frequente no alemão a palavra *Sippe* ou *Sippschaft*,[126] que significava somente parentesco sanguíneo. Não é preciso chamar particularmente atenção para o fato de que em toda árvore genealógica de uma família o nexo só pode ser estabelecido por um ato de procriação, no que habitualmente se passa por alto que na descendência humana, assim como em todos os animais superiores, são necessários dois *parentes* e que o lado aparentado poderia se unir com um não aparentado; também não é preciso chamar atenção para o fato de que as árvores genealógicas, tais como os discípulos de Darwin as estipularam para o reino animal, se fundam única e exclusivamente em atos de procriação. O conceito de parentesco em famílias humanas se transfere, portanto, muito bem às árvores genealógicas aceitas pelos darwinistas. Totalmente falha, no entanto, é a transferência metafórica do mesmo conceito para a relação entre as línguas. E justamente Schleicher, que primeiro aplicou a teoria de Darwin à linguística, teria de reconhecer o conceito de parentesco linguístico, que até então fora utilizado ingenuamente pelos comparatistas das línguas, como um parentesco metafórico. Pois numa epístola a Ernst Haeckel ("A teoria darwiniana e a linguística"),[127] ele chama cautelosamente a atenção para a divergência entre as respectivas expressões usadas por linguistas e naturalistas. Bastava dar um único passo adiante para notar que o conceito de parentesco sanguíneo não se aplica à parentela linguística. Isso, no entanto, ele não notou, e continuou se valendo de locuções metafóricas cujo embaraço um bom sentimento linguístico haveria de observar. Numa única sentença, fala primeiro das línguas românicas "surgidas" do latim e, em seguida, das novas línguas hindus "saídas" do sânscrito. Bastaria ter ousado colocar "geradas" no lugar de "surgidas" e "saídas", e a verdade não lhe teria podido permanecer oculta. [...]

---

123 "Parente", "afim". (N.T.)
124 "Empregar." (N.T.)
125 "Casar-se", "consorciar-se". (N.T.)
126 "Parentela", "clã", "estirpe". (N.T.)
127 Publicada em Weimar pela Böhlau em 1863. (N.T.)

Correção linguística

Metáfora e adaptação A semelhança entre o surgimento de novas palavras e o de novos organismos é grande demais para ser necessário levar adiante a comparação. Eu propenderia, antes, a me colocar novas dificuldades, indicando que para a consciência ingênua existe uma diferença entre, de um lado, o ser singular animal ou vegetal, ser palpável, demarcado em relação ao mundo exterior pela pele do corpo, e, de outro, as palavras fugazes que surgem e desaparecem com as ondas sonoras. No entanto, ocorre frequentemente também de apreendermos plantas e animais particulares como mundo fugaz da suposta matéria, que surge e desaparece com os agrupamentos invisíveis de "átomos". E temo me perder em misticismo ou ao menos despertar a impressão de misticismo se associo as forças propulsoras da formação linguística, metáfora e analogia, às forças propulsoras da natureza, à adaptação e à transmissão hereditária. Mas talvez seja mais que mística, talvez seja idêntica realidade em alterações mínimas inatingíveis. A inércia ou transmissão hereditária que repete analogicamente as velhas formas em rastros antigos talvez seja algo inteiramente não figurado e objetivo; ela é o trabalho de novas influências, novas observações que, como adaptação, gera metaforicamente novas formas. Pois mesmo as ilusões do amor são manifestações da mesma atividade da imaginação, sem a qual a metáfora não é possível.

O olhar para a formação da linguagem se faz mais difícil ainda quando devemos sentir como formação natural não apenas a criação de novas palavras, mas também a de novas formas gramaticais, ou seja, as formações analógicas daquilo que se chama gramática. Para compreendê-lo com exatidão, temos de lembrar mais uma vez que também o organismo animal singular não é tão simples como parece à consciência ingênua. Não nos é difícil imaginar um animal complexo, no qual as diversas células, com suas funções diferenciadas, se unem numa unidade compositiva, como se fosse um Estado animal. Pois felizmente existem na natureza colônias animais das quais não se pode dizer ao certo se são Estados animais ou organismos particulares. Ocorre-nos com frequência apreender a efetivamente enigmática memória como o elo que unifica tanto os Estados animais (naturalmente também as associações humanas) quanto as colônias animais e os organismos particulares. Essa memória enigmática também é naturalmente, por ora, a única explicação para todas as formações analógicas na natureza e na linguagem, mas é também, a cada instante de seu enriquecimento, a explicação provisória para as metáforas formadoras da linguagem e para as contínuas adaptações. Essa memória nos leva finalmente, no entanto, da criação analógica das palavras à formação analógica de novas formas linguísticas de que a gramática se ocupa.

Exemplo de desenvolvimento individual da língua Mais uma vez: quando é que falamos corretamente? E ainda mais precisamente: quando eu falo corretamente? Ou: como cheguei à língua que *agora* considero correta, assim como em cada outra época considerei correta a minha língua? O exemplo será instrutivo, porque é um exemplo totalmente corriqueiro e totalmente pessoal e, por isso, seguramente bem observado.[128]

Nasci no noroeste da Boêmia no final dos anos quarenta.[129] Lá primeiro aprendi — segundo o costume do país — algumas palavras em tcheco; até os três anos de idade, também os pais alemães falam tcheco com as crianças, porque a ama é tcheca. Então aprendi alemão; de meu pai, que, sem propriamente conhecimento do assunto, dava muito valor à linguagem culta, aprendi mais ou menos a língua comum dos alemães da Boêmia, com um leve traço de imitação da língua militar austríaca; de minha mãe, o alemão de meu avô: muitas formas arcaizantes de palavras e frases, de cunhagem pomposa e antiquada (ele nascera no século XVIII), com algumas palavras judias e hábitos prosódicos e, por fim, acréscimo de formas francesas de cerimônia à la mode. Tivemos então um preceptor; ele nos ensinou, em pronúncia dura, um "alemão puro", sem caráter, usual na Boêmia. Eu dizia: "*ohne dem*", "*am Land*", não duvidando de que "*powidl*" fosse uma palavra alemã.[130] Seguiu-se a época da escola secundária: no geral, os professores da escola dos Piaristas eram ignorantes, incultos, quase todos tchecos, que procuravam nos ensinar, consciente ou inconscientemente, um abominável alemão eslavo. Observo que naturalmente me abstenho de enumerar aqui — o que seria tão impossível como tedioso — todas as criadas e meninos da rua ou também apenas os irmãos

---

[128] Sobre o aprendizado das línguas por Mauthner, ver também "Exposição da minha filosofia", no final deste volume. (N.T.)

[129] Mauthner nasceu em 22 de novembro de 1849, em Horschitz bei Königgrätz, Boêmia. (N.T.)

[130] A declinação gramaticalmente correta em alemão seria *ohne den* e a preposição *auf dem Land*. *Powidl* é palavra tcheca e designa um purê de frutas. (N.T.)

e parentes, que formaram minha língua individual; abstenho-me do mesmo modo de apontar individualmente os colegas de escola que então e mais tarde — eles mesmos influenciados por mim — me influenciaram por seu turno. O que me importa são apenas os grandes traços, e já por aí se perceberá que a língua individual é inconstante, é como um átomo de ar na atmosfera e, no entanto, está sempre no lugar certo.

Nesse ínterim, desde aproximadamente meus dezesseis anos eu havia sentido pendores literários. Desde então e até o dia de hoje, li centenas, milhares de livros, sempre com o afã consciente de aprender a língua correta com eles. Cada livro deve ter agido sobre mim como uma pessoa com quem eu tivesse trocado uma palavra.

Desde essa época estudei línguas estrangeiras, em parte sozinho, em parte com outros; cada frase estrangeira deve ter influenciado meu sentimento linguístico.

Como todos na escola secundária, eu me esforçava para traduzir com precisão, isto é, falsamente, do latim para o alemão e, como todos os outros, me habituei mais ao período latino do que aquilo que dele já encontrara nos modelos alemães.

Estudei direito na universidade e me habituei a entender um grande número de palavras principalmente em sua significação jurídica, além de obter certa segurança em fazer distinções.

Por volta dessa época comecei a praticar filosofia como autodidata e, com frequência, por anos ou meses, tornava inconscientemente meu o círculo de pensamento e, com ele, o uso linguístico de determinado filósofo.

Emigrei para Berlim, desposei uma mulher da Prússia oriental e criei uma filha que falava o dialeto berlinense. De ambas assimilei inconsciente ou conscientemente palavras e ordens de palavras. Antes, houvera em Praga um círculo de professores universitários e suas mulheres — os meus preferidos, que assimilaram consciente ou inconscientemente minha língua, provinham por acaso da região do Reno.

Como escritor, estudei por algum tempo a história da língua alemã, e a história foi eficaz tanto quanto pode ser. Como estudos preparatórios para esta obra, me apliquei por anos às ciências da linguagem, e, enquanto ia coletando material, a forma deve ter sido necessariamente influenciada pelo conteúdo. De fato, ao escrevê-la, o ceticismo em relação à linguagem cresceu de tal modo que a forma acabou influenciando novamente o resultado, e vice-versa.

Enfim, nem mesmo a língua deste livro é um monólogo, mas também novamente algo "entre os homens". É assim que cada escritor pode falar de maneira distinta a cada livro, porque ele sonha em falar para os outros.

Ocorre, portanto, com este livro o mesmo que afinal ocorre com qualquer frase mais simples da língua viva: não há uma correção geral para ambos, só há correção individual, porque só há línguas individuais. E no final dos finalmentes essa língua individual é por sua vez ainda dependente de outras, porque toda língua é algo recíproco.

Espero ter tornado claro o que para mim ainda pode ser a correção linguística. A correção de nosso mundo de ideias só pode existir se temos impressões sensíveis corretas do mundo real e possuímos assim, em nossos conceitos, uma provisão de recordações corretas. Sabemos quão complicada é a correção linguística, dado que cada conceito isolado tem necessariamente algo de irregular, de nebuloso, e que esse defeito só tende a crescer na ligação entre conceitos. Somente nesse sentido a correção linguística é uma questão séria. A forma correta da língua — pela pronúncia e pela gramática — é sem dúvida objeto de ciências particulares; para o progresso do conhecimento humano, entretanto, ela é tão indiferente como a pergunta do dândi[131] se "nós" vamos vestir calças largas ou justas nesta primavera. O dândi tem em mente a si e a seus camaradas quando diz "nós": cada indivíduo é assim o centro — realmente o centro — de um círculo particular no qual "nós" falamos corretamente. E, ao mesmo tempo, todos nós estamos ainda em outros círculos de formas linguísticas corretas, e não só porque cada um de nós fala corretamente: falamos sempre corretamente, toda vez que falamos também diferentemente.

Mas, se "falar corretamente" já não existe no sentido da teoria do conhecimento, esse erro ainda é certamente potencializado, porque um falar correto não existe nem mesmo no sentido popular. Correto significa tanto quanto conforme à lei. E só quando tivermos nos libertado da superstição linguística segundo a qual necessidade tem de ser sempre conformidade à lei, compreenderemos o acaso na história da linguagem.

---

[131] *Gigerl* no original. Gíria da época usada para a pessoa dândi ou janota, empregada principalmente em Berlim e Viena. (N.T.)

Acaso na língua[132]

A sílaba, o radical ou a raiz relativa que significava *ir*[133] ou *se mover*[134] pôde com o tempo assumir tantas significações que o acaso na história da linguagem se torna quase engraçado. A palavra grega *próbata* pode ter significado realmente um dia seres "que caminham para a frente"; passou então ao sentido de animal gregário manso e se tornou por fim o conceito para ovelhas *e* cabras, para os quais outras línguas não têm um conceito comum. Da raiz relativa do sânscrito para ir (*sar*) não surgiu por sua vez a significação de pedestre ou de gado, mas de "rio"; numa figura algo modificada, a palavra significou então "suco". Outro radical sânscrito para ir se desenvolveu, por um lado, em "rápido" e, por outro, em "gota", significação que entra de novo em contato com suco. Já o radical latino para ir (*i*) levou, ao que parece, à palavra e ao conceito que existem em nosso *ewig*,[135] que também está foneticamente ligado ao grego *eão* (*aion*), e a palavra latina para "mover" se distanciou, desenvolvendo-se, através do francês, em nosso *Möbel*.[136]

Se já a mudança do som, apesar de todas as pretensas leis, é uma história do acaso (quem chegaria, com todas as leis fonéticas, sem conhecimento da história do acaso, a comparar etimologicamente o inglês *tear* e o francês *larme*?), a mudança de significação jamais pode ser compreendida por uma lei, mas sempre apenas historicamente, isto é, casualmente (cf. o verbete "História" no meu *Dicionário de filosofia*).[137]

Etimologia

Etimologia moderna Nossa etimologia atual nos brinda com toda uma profusão de resultados importantes; mas quem acreditasse que podemos nos aproximar mais da origem da linguagem com sua ajuda não seria mais prudente que os gregos e os etimólogos da Bíblia. Comparando-os

---

132 Este texto abre o capítulo IV. (N.T.)
133 *Gehen*. (N.T.)
134 *Sich bewegen*. (N.T.)
135 Eterno. (N.T.)
136 Móvel, mobiliário. (N.T.)
137 Não incluído neste volume. (N.T.)

aos resultados obtidos pelos filósofos da linguagem gregos, o léxico etimológico da língua alemã de Kluge ou mesmo o dicionário latim-românico de Körting, por exemplo, são um prodígio de saber e aplicação.[138] O cérebro de um Aristóteles não poderia redigir um livro assim, mesmo que para isso tivesse antes catalogado todo dialeto alemão, o alto-alemão medieval, o alto-alemão, o gótico e o sânscrito. Mas o que o resultado de tal prodígio significa para o importante problema de toda linguística? Cerca de quinhentos anos do passado da língua alemã são investigados historicamente, examinam-se muitas palavras até mesmo por todo um milênio; com frequência se comprova o plausível parentesco com outras línguas germânicas; não raro também o "parentesco" com a língua latina e com a grega. E vez ou outra se atesta de maneira convincente o parentesco fonético com o sânscrito. O interesse em tais pequenas comprovações é geral, e se podem ter interesses mais tolos. Procurar semelhanças é para o especialista um dos jogos mais espirituosos que já foram inventados. E aquele que, sem se interessar pela investigação científica, ao menos entender essa disciplina, assistirá seguramente com muito prazer ao jogo espirituoso. Com efeito, se tiver senso para ela, se sentirá como o herdeiro fidalgo de alta estirpe que passeia pela coleção de armas de sua casa guiado por um especialista e que fica sabendo que tal machado de pedra foi encontrado num fosso a dez passos do portão do castelo: "Há vinte gerações um antepassado teu ia caçar com esta balestra, há dez gerações teu baluarte foi defendido com este arcabuz, e esta espingarda de pederneira ainda era usada pela tropa que teu avô comandou nas guerras de libertação". A etimologia é, assim, uma disciplina totalmente aristocrática. Quem não sabe quem foi ou o que foi o seu bisavô vê subitamente na língua um salão nobiliárquico cujas imagens são duas vezes mais antigas que as das linhagens mais orgulhosas da Europa. Sem dúvida, a etimologia proporciona, portanto, um grande prazer. Mas em que ela contribui para o conhecimento do mundo ou mesmo apenas modestamente para o conhecimento da essência da linguagem? O que ensina apenas para a origem de uma língua particular?

---

138 F. Kluge, *Etymologisches Wörterbuch der deutschen Sprache* [Dicionário etimológico da língua alémã]. Estrasburgo: Crübner, 1883; G. Körting, *Lateinisch-romanisches Wörterbuch* [Dicionário latim-românico]. Paderborn: Schöningh, 1891. (N.T.)

Limites da etimologia Uma história da língua humana seria, a rigor, uma história do conhecimento humano sobre o mundo, uma evolução da visão humana a respeito dele, além da única história da filosofia completa e a ser levada a sério. Já aprendemos que tal história da filosofia, mesmo no sentido restrito dessa disciplina, é impossível por uma razão bem simples: a língua do historiador já não é a língua dos filósofos por ele tratados, e isso porque a língua do historiador se diferencia da língua individual e da língua da época de cada filósofo tratado. É como se um relojoeiro de hoje quisesse dar corda em todos os relógios desde a sua invenção, os relógios de torre, de caixa alta e de bolso, com uma única chave ou mesmo com o mecanismo que pertence apenas a seu próprio relógio. É como se o pescador que lançasse sua rede no Danúbio esperasse pegar os peixes que nadam já correnteza abaixo. É como se a mão trêmula de um corredor quisesse enfiar o fio na agulha, que segura com sua mão trêmula um outro corredor que passa por ele.

Se uma história aprofundada da linguagem ou do pensamento humano nos últimos milênios já é uma impossibilidade, investigar a origem da linguagem se torna então um esforço inteiramente fantasioso. Basta pensar um pouco — como foi dito — na distância percorrida pela linguagem desde sua origem para reconhecer a impossibilidade de todo intento científico.

O que fazemos em todo intento como este é o esforço de conectar dois pontos infinitamente distantes um do outro, sendo ambos, além disso, imaginários. Um deles é, sempre, uma hipótese indemonstrável sobre a origem da língua; o outro, o limite evanescente até o qual nossa investigação etimológica da língua viva pode recuar ainda com isenção. Esse último ponto-limite se encontra, segundo as concepções da linguística atual, há no máximo 4 mil anos do presente. Na verdade, a confiabilidade da evolução histórica já nos abandona no século XV, na época anterior à imprensa. Quanto mais recuamos na história da língua, menor se torna a segurança e mais confusamente se emaranham as hipóteses particulares. A explicação de que o antigo alto-alemão deriva de uma língua indo-europeia primordial, o estabelecimento de raízes indo-europeias que continuam a ser buscadas por proximidade com as raízes do sânscrito constituem uma pequena montanha de hipóteses, e nela acaba para nós o pequeno trecho da história retrospectiva da linguagem. No ponto mais extremo nessa direção está então alguma teoria inteiramente hipotética sobre a origem da linguagem. Entre essas hipóteses extremas e a montanha de hipóteses etimológicas tão mais próxima de nós se entreabre o abismo do desconhecimento absoluto.

Querer demonstrar que uma teoria acerca da origem da linguagem seja certa ou mesmo apenas verossímil é, por isso, um empreendimento não apenas totalmente inútil como tolo. O que me importa neste ponto é a confirmação de que, ao nos perguntarmos pela origem da linguagem, não podemos mais nos ater a palavras de nossa língua evoluída, nem a alguma forma mais antiga delas, nem a raízes compostas de sons da nossa língua, por mais primitivas que sejam; devemos antes compreender que não só as línguas, mas também os seus sons passaram por uma evolução sem fim, e nada mais sabemos sobre esses sons de uma época remota e sobre sua articulação. Em tais ideias, temos de nos libertar da estreiteza europeia e da linguística, que só vê como articulados os nossos sons, isto é, os sons humanos históricos. Infelizmente, estamos habituados a chamar de inarticulados o suspiro e o som de repulsa que precederam, por exemplo, as interjeições articuladas *ach* e *pfui*[139] e ainda hoje as substituem na linguagem emocionada. Na sequência, mais sobre isso.

Talvez haja comprovações para essa evolução dos sons da linguagem no período histórico. Por mais recente que seja esse ramo da linguística, e por mais cautelosamente que se devam acolher os seus resultados (em virtude da incerteza da escrita), uma coisa, no entanto, parece assegurada. Parece, por exemplo, que os sons "l" e "r" só se diferenciaram tardiamente no indo-europeu, que as vogais "ü" e "ö" e o som nasal são de origem mais recente, e que também grupos inteiros de consoantes tão familiares a nós surgiram somente no período histórico; que, por exemplo, os sons guturais são mais antigos que os sons palatais a eles correspondentes. Permanece então indecidido se a língua se tornou mais rica ou mais pobre em sons no período histórico, se o som tem realmente propensão (chamam a isso sua lei) a se abrandar, a jamais se acentuar. Certamente, o conceito de riqueza, o conceito de atenuação, é muito mais subjetivo do que se acredita.

Classificação das línguas

Forma interna da língua dos chineses Steinthal se compraz em abstrações quando diz que a língua chinesa não conhece palavras, mas apenas fra-

---

139   "Ah" e "arre", respectivamente. (N.T.)

ses; onde não existe palavra, também não poderia existir substantivo e verbo, declinação e conjugação.[140] Ora, que fim levou a teoria da forma interna da linguagem? Também em nossas línguas, como reconheceremos pela importância da situação para a linguagem, as palavras isoladas da frase têm apenas um sentido de dicionário ou, no melhor dos casos, um sentido gramatical geral, mas nunca já o significado que ganham no chamado contexto. Também entre nós a palavra só se esclarece pela frase, exatamente como entre os chineses. Se quisermos fazer jus ao espírito chinês, teremos de abandonar não só nossas representações gramaticais acerca da frase, do sujeito, do predicado etc., mas também nossos preconceitos europeus sobre o juízo e aquilo que se denominou sujeito lógico. Aprenderemos a reconhecer que o chamado sujeito lógico é sempre o precedente, a soma das representações conhecidas por nós numa determinada situação. O predicado lógico é para nós o que se segue, a observação nova, o que de novo se acresce à nossa experiência. Também se chama erroneamente de lógico esse processo. Ele nada mais é que o processo psicológico mais geral da associação, que no cérebro dos chineses certamente se assemelha àquele em nosso cérebro, com a única diferença de que lá os recursos da associação, que em nossa gramática definimos conforme nosso costume, são outros. Se os recursos chineses — ainda tenho minhas dúvidas acerca disso no que concerne ao processo cerebral propriamente dito — fossem realmente menores em número que os nossos, ou — o que é mais provável — fossem ainda mais sutis e imperceptíveis que nossas desinências de declinação, conjugação e comparação etc., isso só provaria que os chineses se acostumaram a trabalhar com ferramentas mais simples. Nós dizemos, por exemplo, "o indo-europeu é o mais inteligente de todos os homens"; o chinês, de seu ponto de vista, diria, também corretamente: "O chinês é o mais inteligente de todos os homens" — e o exprimiria assim: "O chinês mil homens inteligente". Pode alguém de fato

[140] "A língua chinesa não tem palavras, sua frase não se constrói sobre palavras [...]. Quando, porém, se constata que os membros da frase em chinês não são palavras, também não mais se aplicam a essa língua as partes da oração e as formas de flexão. Onde não há palavra, não pode haver substantivo e verbo, nem declinação e conjugação." H. Steinthal, *Charakteristik der hauptsächlichsten Typen des Sprachbaues* [Caracterização dos tipos mais importantes da construção linguística]. Berlim, 1860. A obra é uma reformulação e ampliação do livro *Die Classification der Sprachen dargestellt als die Entwickelung der Sprachidee*. Berlim, 1850. (N.T.)

acreditar que o grupo fonético "mil inteligente" é, para o chinês, um superlativo menos claro que nosso "o mais inteligente"? Nós mesmos, sem qualquer preparação, entenderíamos a palavra "mil-inteligente" como um superlativo absoluto. No próprio alemão (e semelhantemente no grego), temos, nas livres composições de palavras, algo análogo ao espírito linguístico chinês. Verifiquem, a esse respeito, o primoroso exemplo de Steinthal, *"Klein-Kinder-Bewahr-Anstalt"*.[141] Se em vez disso dissermos *"Klein-Kind-Bewahr-Anstalt"*,[142] o que seria igualmente compreensível, ou — para também eliminar os sufixos — *"Klein-Kind-Schutz-Haus"*,[143] teremos reunido, da mesma maneira, toda uma série de conceitos sem qualquer vestígio de forma gramatical e ainda sem qualquer ambiguidade. É claro que, para entendermos a palavra composta, tivemos primeiro de conhecer a coisa. Antes de haver *Klein-Kinder-Bewahr-Anstalten*, a palavra parcial ainda não se esclarecia pela palavra total. Da mesma forma, o novato ou iniciante também acha o chinês difícil ou incompreensível. O conhecimento da língua pressupõe o conhecimento da coisa. Lutero teria entendido nossos jornais tão pouco quanto o iniciante que aprendeu a falar e desenhar duzentas palavras chinesas entende chinês.

O assombro europeu é ainda mais tolo naqueles casos em que há realmente uma forma no chinês e, além disso, não resta dúvida de que o conceito chinês não se distingue de maneira alguma do europeu. Sempre penso aqui no modo chinês de designar o plural. Os chineses têm o costume de inserir, entre o numeral e a palavra principal a ser contada, o conceito, por assim dizer, segundo o qual eles contam. Eles dizem, por exemplo, três rabo peixe, quatro cabeça ovelha, cinco boca familiares, seis cabo faca etc. Tal método deveria ser chamado de espirituoso ou ao menos de prático. Ele indica de maneira muito intuitiva como se pode

---

[141] Literalmente: "Pequenas-crianças-proteger-instituição". As *Kleinkinderbewahranstalten* equivalem aproximadamente às creches, isto é, são instituições que, durante o dia, abrigavam e alimentavam crianças pequenas cujos pais trabalhavam fora. (N.T.)

[142] Literalmente: "Pequena-criança-proteger-instituição". A diferença em relação à locução anterior é que "pequena criança" aqui está no singular. (N.T.)

[143] Literalmente: "Pequena-criança-abrigo-casa". Como nos exemplos anteriores, Mauthner separa com hífens as palavras que formam um substantivo composto em alemão. No último caso, abrigo + casa traduz o composto *Schutzhaus*, vocábulo próprio do alemão austríaco que significa "abrigo para se proteger de intempéries". (N.T.)

contar com mais facilidade ou qual é a razão do contar. Nós também dizemos três filões de pão, quatro folhas de papel;[144] um pai de família também diz, de modo drástico, que tem cinco bocas para alimentar. Também me parece claro e, por isso mesmo, bom, quando os chineses expressam o plural "virtudes", isto é, suas quatro virtudes cardeais, nomeando-as convencionalmente uma após a outra, e expressam seus prazeres vitais convencionalmente por meio das quatro palavras para "comer-beber-volúpia-jogo". Os chineses, provavelmente por serem seres humanos, têm os mesmos conceitos de virtude e os mesmos conceitos de prazer que nós. Mas, mesmo se este não fosse o caso, eles possuiriam pelo menos nosso conceito de plural e nosso conceito de uma vez um.

Nós, que reconhecemos nossos sentidos como casuais, certamente não admiraremos que os signos rememorativos para as impressões sensíveis tenham se tornado signos casuais e que não apenas os conceitos, mas também as categorias da estrutura da língua, tenham resultado diferentes das nossas no chinês. Não podemos nos furtar a comparar a língua chinesa com a nossa, mas temos de renunciar a ver na estrutura de nossa língua uma medida ou mesmo uma bitola para as formas das línguas remotas.

A metáfora

"*Wippchen*" Desde que um correspondente de guerra de um folhetim de humor recebeu este nome,[145] a antiga palavra *Wippchen* (H. Paul[146] a define como patacoada) passou a designar as populares e hilárias combinações de expressões figuradas contraditórias presentes em seus relatos.[147]

---

144 Em alemão, respectivamente, *drei Laib Brot, vier Blatt Papier*. Diferentemente do português, em alemão o substantivo que dá a quantidade permanece sempre no singular e não vem acompanhado da preposição indicando o partitivo, assim como no chinês. (N.T.)

145 Mauthner se refere aqui ao folhetim *Berliner Wespen* [Vespas berlinenses], de autoria de Julius Stettenheim. Wippchen era um dos personagens de Stettenheim, que, munido de um cachimbo, uma caneca de cerveja e um roupão, enviava ao jornal seus relatos da Guerra Russo-Turca, redigidos por ele de sua própria residência na idílica Bernau, uma cidadezinha nos arredores de Berlim. (N.T.)

146 H. Paul, *Deutsches Wörterbuch* [Dicionário alemão], 1897. (N.T.)

147 Na sequência, Mauthner explicará e dará exemplos de *Wippchen*. Freud analisa

Reunir tais piadas requer muito espírito e muita prática. Stettenheim, o virtuose do chiste linguístico, fez desse tipo de jogo sua especialidade, mas a brincadeira se tornou quase que mecânica em suas mãos, de modo que seu discípulo, Alexander Moszkowski,[148] seguindo o mesmo estilo, foi ainda mais bem-sucedido.

Ambos os cultores desse fecundo campo ficariam admirados com o fato de que suas divertidas violações da língua nos ajudam a compreender mais profundamente, e sob um novo aspecto, a essência da linguagem. Pode ser que professores universitários também se espantem com isso. Pode ser.

A língua nunca é sem *Wippchen* Stettenheim, no entanto, não teria tido a ideia de trabalhar essa amorfia e sair à sua caça se não a tivesse encontrado com extrema frequência em artigos de jornal sérios. A irônica caixa de correspondência do *Kladderadatsch* está repleta de *Wippchen*, cometidos inconscientemente por redatores de jornal apressados.[149] Frequentemente também se ouvem escritores mais cuidadosos emitir a opinião de que ninguém está livre de escrever alguma vez algo assim. Para mim, porém, o que importa é observar que pequenos *Wippchen* inconscientes, que, por isso, não produzem efeito cômico e passam quase sempre despercebidos, são um fenômeno do dia a dia; mais ainda, chegaremos talvez ao resultado preocupante de que nenhuma língua é possível sem *Wippchen* ocultos.

Basta refletir em geral sobre o processo psicológico segundo a visão que aqui apresentei sobre o desenvolvimento da linguagem humana para que esse triste resultado se afirme imediatamente de maneira totalmente lógica e científica. E se o que importasse para mim fosse persuadir em vez de convencer, eu poderia me contentar com lógica e ciência, como outros fazedores de livros. Pois sabemos que todas as palavras de nossa língua chegaram a suas

---

alguns *Wippchen* em O *chiste e sua relação com o inconsciente*, afirmando que não poderiam ser considerados chistes, pois não possuem duplo sentido. Sua técnica consiste em fazer substituições de elementos banais em expressões correntes por elementos mais rebuscados ou em fundir diferentes expressões, produzindo *nonsense*. (N.T.)

[148] Alexander Maszkowski, escritor e satirista de origem polonesa, trabalhou junto com Stettenheim no *Berliner Wespen* de 1877 a 1886 e fundou depois sua própria revista, *Lustige Blätter*. (N.T.)

[149] *Kladderadatsch* é um jornal de sátira político publicado entre 1848 e 1944. (N.T.)

significações por meio de emprego figurado. Toda palavra remonta naturalmente, em cada uma de suas significações, a outra representação figurada. Logo, não pode deixar de ocorrer que, já na mais corriqueira composição de duas palavras, resulte uma mistura de duas imagens desconexas. Tome-se um exemplo qualquer, e quanto mais simples, melhor. Se a palavra sânscrita para o nosso *Tochter*[150] dela derivado (?) é realmente tirada da representação de uma ordenhadora (porque talvez a tarefa de ordenhar coubesse a uma filha da casa como cargo honorífico), deve ter sido um *Wippchen* se, então, quando a imagem da ordenhadora ainda vivia na consciência da língua, se dizia: a "ordenhadora" acende o fogo, borda ou dá à luz. Deixo inteiramente de lado o fato de que acender o fogo, bordar e dar à luz remontam, por sua vez, a outras representações figuradas. Hoje, certamente, só os filólogos dizem que o nosso *Tochter* (como também o eslavo *dcera*) estava outrora ligado à imagem de uma ordenhadora. Com isso cessou a possibilidade de se sentir o *Wippchen*. O teor da palavra, como quase sempre, se tornou mero signo, que paira no ar. Mas não se pode negar que *Wippchen* antiquíssimos como esse se ocultam por trás de quase toda composição de palavras. Pode-se dizer categoricamente que é um raro acaso quando as imagens de duas palavras ligadas concordam. Como, por exemplo, quando alguém diz que a irmã lhe deu leite para beber. E, no entanto, todo mundo me concederá que essa frase passa a impressão de algo imemorial, patriarcal. A imagem toda tem algo de intrinsecamente verdadeiro.

Contaminação Os eruditos da linguística não ficarão surpresos ao saber que, ao empregarem a douta expressão "contaminação" para nomear certas formações linguísticas baseadas em erros, propuseram a teoria desses *Wippchen*. Contaminação significa, na verdade, contágio. Na linguística, contaminação, explica Hermann Paul, é o processo "em que duas expressões sinônimas se apinham simultaneamente na consciência, de modo que nenhuma das duas prevalece de modo puro, senão que surge uma forma nova, na qual estão misturados elementos de uma e de outra". Veremos a seguir que, mesmo da perspectiva de seu inventor, essa definição é demasiado estreita. A fusão de duas expressões sinônimas só ocorre no caso da fusão de duas palavras em uma. Nos outros casos, muito mais numerosos (inclusive, como disse há pouco, por toda parte e em toda frase), pode-se observar que a

---

150 "Filha", em alemão. Como de hábito, Mauthner desconfia das etimologias, daí o ponto de interrogação na sequência. (N.T.)

impurificação ou contágio se dá por meio da confluência de duas imagens figuradas. Como sabemos que todo conceito nos oferece apenas uma imagem nebulosa e flutuante, a possibilidade da confluência não nos causará admiração. Ao adotar o conceito de contaminação ou contágio, espero mostrar que esse erro (o mais grave contra a intuitividade da linguagem) desempenha, em grande medida, a função de catacrese na transformação do significado.

Paul dá belos exemplos do contágio em uma única e mesma palavra, dos quais tomarei emprestados dois do alto-alemão moderno. Em nosso *doppelt* (duas vezes), deu-se a confluência do adjetivo *doppel* (duplo) com o particípio *gedoppelt* (duplicado), ainda hoje usual. Em nosso *zuletzt* (por último), confluíram nosso adjetivo *der letzte* (o último) e a forma antiga *zu guter letz* (por fim) (*letze*, no alto-alemão médio = despedida).

Os exemplos que seus *Princípios da história da linguagem*[151] nos dão do contágio sintático não são muito convincentes, porque ele não atenta ao erro propriamente dito, à mistura de duas imagens, e se contenta com o contágio recíproco de duas formas gramaticais. Tais erros linguísticos — pois se trata sempre de erros sensíveis — verificam-se também nos melhores escritores, e até nos mais excelentes poetas. Quando Goethe diz "da sexta-feira, como no dia mais calmo", isso é um fato pouco digno de ser mencionado. O gramático sente o erro; o correto seria ter começado com "na sexta-feira".[152] O gramático já ouve, portanto, um quê de *Wippchen* na mistura das duas formas, a qual é despreocupadamente empregada por um gigante da língua como Goethe e despreocupadamente aceita por quase todos os leitores. Não podemos incorrer no erro já censurado por Vischer em *Estética ou ciência do belo* (III, 1230):[153] "O preceito de usar a mesma imagem não pode atar o verdadeiro artista de modo incondicional. Violações genuínas, que, como as chamadas catacreses, devem ser incluídas entre os pecados contra o gosto, só ocorrem devido a um verdadeiro lapso de atenção, quando se atravessa de uma região de comparações para outra" etc. Há para isso uma pedra de toque simples: nosso riso espontâneo. Com o que já proporcionei intencionalmente um exemplo (riso — pedra de toque).

---

151 H. Paul, *Prinzipien der Sprachgeschichte*, 1880. (N.T.)
152 O erro de Goethe consiste em sexta-feira estar no caso genitivo e "no dia mais calmo" no caso dativo. (N.T.)
153 Ver nota 15, p. 47. (N.T.)

Linguagem oficiosa Em parte alguma essa mistura selvagem de imagens presente no uso linguístico se manifesta tão claramente quanto na linguagem oficiosa de nossos jornais e parlamentos. Quem tiver aguçado o ouvido para esses *Wippchen* involuntários já não poderá conter o riso ao ler os discursos dos deputados mais populares e os editoriais de nossos publicistas. Muito provavelmente é a isso que se referia Whitney quando chamou a atenção para o conhecido fenômeno do achatamento das significações originais das palavras. Ele nos dá um exemplo corriqueiro e afirma que, se tivéssemos ciência do significado etimológico original, veríamos uma miscelânea de mau gosto de imagens completamente díspares: "Apresento uma moção para passarmos à discussão de um grave objeto" (*Sprachwissenschaft*, p. 179).[154] Há de se convir que os *Wippchen* ocultos nas expressões "apresentar uma moção", "passar a uma discussão" (isto é, a uma sacudidura) e "um grave objeto" (isto é, uma comparação de peso),[155] que já tilintam baixinho como guizo de louco nos conceitos "apresentar, mover e passar", só são claros para o conhecedor da história da palavra. Mas, para aqueles dotados de uma sensibilidade mais acentuada em matéria de língua, o sentido atual de todas essas palavras ainda conserva muito de seu teor histórico, de modo que tais frases coloquiais da linguagem oficiosa permanecem sempre uma miscelânea solene de imagens.

Shakespeare Minha intenção, porém, é mostrar por meio de exemplos que essa contaminação recíproca entre duas expressões figuradas se evidencia com maior frequência se, ao ouvirmos, simplesmente nos esforçarmos para pensar de modo intuitivo, se retivermos as imagens invocadas pelas palavras e as unirmos tal como foram ligadas pelas palavras da frase. Asseguro que não procurei tais exemplos, mas, sempre que minha atenção se volta a isso, descubro que estão por toda parte, em cada sentença de uma

---

154 William Dwight Whitney (1827-1894), filólogo e orientalista americano. A obra aqui mencionada (*Die Sprachwissenschaft* [A linguística]) é uma tradução para o alemão de sua principal obra, *Language and the Study of Language* (1867), com acréscimos e adaptações para o alemão de Julius Jolly (Munique, 1874). (N.T.)

155 A palavra *discutio*, em latim, tem o sentido original de "afastar algo sacudindo ou agitando". Por sua vez, "importante" em alemão se diz *wichtig*, que, segundo o *Duden*, viria do baixo-alemão médio "peso", assim como o português "grave" viria do latim *gravis* (pesado, carregado). (N.T.)

conversa cotidiana e, naturalmente, de modo ainda mais nítido na língua dos poetas. Pois a figuratividade da linguagem se revela mais clara e proposital na poesia, e, portanto, também a contaminação recíproca entre imagens. Tomo aleatoriamente alguns versos de Shakespeare que ouvi por acaso algumas horas atrás, muito rico em imagens. São os doze primeiros do *Ricardo III*. Schlegel os traduz assim, conservando quase que os mesmos *Wippchen* ocultos do original:

> *Nun ward der Winter unsers Mißvergnügens*
> *Glorreicher Sommer durch die Sonne Yorks;*
> *Die Wolken all, die unser Haus bedräut,*
> *Sind in des Weltmeers tiefem Schoß begraben.*
> *Nun zieren unsre Brauen Siegeskränze,*
> *Die schart'gen Waffen hängen als Trophä'n;*
> *Aus rauhem Feldlärm wurden muntre Feste,*
> *Aus furchtbar'n Märschen holde Tanzmusiken.*
> *Der grimm'ge Krieg hat seine Stirn entrunzelt,*
> *Und statt zu reiten das geharn'schte Roß,*
> *Um droh'nder Gegner Seelen zu erschrecken,*
> *Hüpft er behend' in einer Dame Zimmer*
> *Nach üppigem Gefallen einer Laute.*[156]

O próprio leitor pode assumir a desagradável e pedante tarefa de encontrar as misturas de imagens nesses versos. Quem não fez o trabalho de crítica da linguagem por si mesmo a princípio não acredita que nos primeiros versos as imagens astronômicas do sol nascente e do sol de verão se misturam. Como amostra, indicarei apenas algumas misturas de metáforas nos últimos versos.

---

156 "Ora pelo sol de York o frio inverno/ do descontentamento foi mudado/ em glorioso verão. As negras nuvens/ que sobre nós pendiam já se encontram/ sepultadas no seio do oceano./ Agora as fontes temos circundadas/ por grinaldas vistosas; nossas armas/ amalgadas estão como troféus;/ os severos alarmas se mudaram/ em reuniões alegres, nossas marchas/ temerosas em danças aprazíveis./ A guerra carrancuda as fundas rugas/ da fronte já apagou, e em vez, agora,/ de montar em cavalos ajaezados/ para a alma amedrontar de seus contrários/ cheios de medo, lestamente salta/ num quarto de mulher, aos sons alegres/ de um lascivo alaúde." W. Shakespeare, *A tragédia do rei Ricardo III*. Trad. de Carlos Alberto Nunes. São Paulo: Peixoto Neto, 2017. (N.T.)

Shakespeare quer contar que a paz sucedeu à guerra. Como se tivesse aprendido sua língua com os romanos, ele substitui a guerra (*war*) pelo deus da guerra, mesmo que aqui, por acaso, não chame Marte por seu nome próprio. Com isso, porém, a mistura de imagens se torna ainda mais crassa. Se tomamos a guerra como abstração, é ridículo imaginá-la desfranzindo a testa, montando a cavalo e saltitando nos aposentos de uma dama. Mas quando aí imaginamos o deus da guerra — o que só nos é possível por memórias escolares —, eu gostaria muito de saber de que modo poderíamos figurá-lo senão como belicoso, ainda que as artes plásticas, aparentemente, tenham solucionado essa tarefa uma centena de vezes. Em ocupações pacíficas, mesmo esculpido em pedra, Marte é e sempre será um *Wippchen*. Talvez haja leitores que não se incomodem quando se fala de nuvens ameaçadoras, que depois sorriem cá para baixo desde lá do azul do céu. No entanto, a imagem ambígua da guerra dançando nos aposentos de uma dama é igualmente irrepresentável. A não ser que Shakespeare, empenhando todo o poder figurativo de sua linguagem, tivesse desejado apresentar apenas um oficial em tempos de paz: nesse caso, as palavras grandiosas também são justamente falta de gosto. As imagens não combinam.

Não precisarei assinalar para o meu bom leitor o abismo que há entre as contaminações exuberantes de Shakespeare e os *Wippchen* irrisórios e ordinários dos poetas mais modernos. Mesmo entre Shakespeare e Schiller a distância pode por vezes ainda ser grande. Um exemplo que não podia ser mais instrutivo: Shakespeare emprega uma hipérbole que mais uma vez peca contra nosso gosto; Schiller tenta melhorá-la e mete os pés pelas mãos, caindo no ridículo. A passagem está em *Macbeth* (ato IV, cena 3; em Schiller, ato IV, cena 7). Macduff, cuja mulher e cujos filhos foram assassinados, exclama (na tradução de Schlegel-Tieck, em que Macbeth se sai muito mal): "Todos os meus pequerruchos tão lindos? Disseste 'todos'? Oh, abutre dos infernos! Todos? Os belos pequerruchos com a galinha, num só golpe furioso?" (*Dam*, em inglês, significa fêmea ou algo como "a mãe", e evoca ainda sua origem, *dame*.)[157]

[157] A tradução de Schlegel-Tieck diz: "*All' meine hübschen Kleinen. — Sagtest du, alle?/ O Höllengeier! — Alle? —/ Was, all' die hübschen Küchlein sammt der Henne/ auf einen wilden Stoß?*" E o original em inglês: "*All my pretty ones?/ Did you say all? O hell-kite! All?/ What, all my pretty chickens and their dam/At one fell swoop?*". (N.T.)

Mas como Schiller idealiza esses versos? "Todos os meus doces anjinhos! Oh, abutre infernal! Mãe e filhos num único ataque de tigre."[158] Ele traduz *dam* (fêmea) por "mãe" e transforma os pintinhos em anjos, mas mantém o abutre e lhe dá garras de tigre.

 Talvez me objetem que tais comentários implicantes — que de resto poderiam se estender por todo o Shakespeare, verso a verso — são inúteis para minha linha de raciocínio porque, embora tenham algum fundamento, minhas censuras não concernem à boa linguagem poética, e a riqueza em imagens, típica da linguagem poética, nada nos diz sobre seu uso corriqueiro. No entanto, ela difere daquela dos poetas mais modernos apenas em grau, e não em gênero. No que diz respeito ao segundo ponto, já afirmei e demonstrei satisfatoriamente que todas as palavras de nossa língua, em seu conjunto, só adquiriram suas formas e significados atuais por intermédio de metáforas audaciosas, e também que a fantasia do poeta sempre produziu novas imagens e teve de misturá-las com as imagens inapropriadas de outras palavras. O que distingue essas peças artificiais de Shakespeare de nossa linguagem cotidiana é unicamente a sua consciência, e a nossa, de que falamos por imagens. Enquanto esse saber estiver em primeiro plano, a fantasia do poeta permanecerá ativa, assim como a do leitor; se, além da fantasia, houver também um senso vivo e são para a realidade, o desajustamento entre as imagens particulares será sentido a cada passo. E se o próprio Shakespeare, quando quis parodiar seus precursores, precisou exagerar só um pouco a pompa habitual das imagens deles (Píramo e Tisbe às vezes usam metáforas empregadas alhures com seriedade por Shakespeare), logo chegará o tempo em que a imparcial posteridade perceberá sem culpa a comicidade involuntária na linguagem de Shakespeare. Então será hora de dizer aos que riem: Shakespeare, apesar de tudo, era um gênio incomparável; em seu tempo, o velho defeito da língua de misturar imagens incompatíveis estava abundantemente em moda. Quase como no tempo dos melhores autores do período romano tardio. As metáforas antigas de Shakespeare só nos chegam de segunda mão. E o que nos incomoda nesse prodígio suportamos nos latinos. É também uma questão de estilo. No estilo fervoroso da criatura (perante Deus) do fáustico Santo Agostinho, um *Wippchen* monstruoso não incomoda. "*Numquid manus mea valet hoc*

---

158 Na tradução que Schiller fez para o Teatro de Weimar: "*Meine zarten kleinen Engel alle!/ O höllischer Geier! Alle! — Mutter, Kinder/ mit einem einz'gen Tigersgriff!*". (N.T.)

aut manus oris mei per loquel*las agit tam grandem rem?*" (*Confissões*, XI, 11)[159] "A mão de minha boca" soa como um anseio dilatado. Também em Shakespeare há passagens em que a mistura de metáforas não incomoda porque a personificação de uma virtude ou de uma característica (como nas "moralidades" que lhe servem de base) ainda corresponde a nosso sentimento dessa virtude ou característica.

"Com o coração de joelhos" Santo Agostinho herdou tais *Wippchen* do hebraico do Novo Testamento. Neste, fala-se em face da Terra, face da mão, face dos pés. A mitologia oriental e também a grega se transformam num *Wippchen* estilizado. E, como a mitologia, ele pode confinar com o sublime. Com profunda comoção, lemos na fervorosa prece de Manassés, em seguida à mais intensa contrição (versículo 11): "Por isso, eu dobro os joelhos do meu coração e lhe imploro, Senhor, por misericórdia".[160] Deve-se ler a prece de Manassés para entender com que sentimentos Heinrich von Kleist escreveu a Goethe (em 24 de janeiro de 1808): "É com o coração de joelhos que me apresento ao senhor (com o primeiro número do *Phoebus*)". Como perante seu Deus. Goethe, sempre duro com Kleist, provavelmente não se lembrava de que muitos anos antes (maio de 1775) havia usado o mesmo belíssimo *Wippchen* ao se dirigir a Herder: "O teu jeito de varrer o solo — sem peneirar o ouro da poeira, mas tranformando-a por palingênese numa planta viva, sempre põe meu coração de joelhos".

A mistura inconsciente de metáforas não provoca riso porque nós infelizmente só recorremos a nossa fantasia na presença de palavras incomuns, raras ou poéticas, ao passo que costumamos empregar as palavras usuais da linguagem coloquial sem a representação delas, como fórmulas matemáticas. Mas, como cada uma de nossas palavras, até a mais abstrata delas, remete afinal a impressões sensíveis, cuja designação é seu único sentido, o caminho de volta da palavra à representação é sempre possível nos casos em que a etimologia é evidente ou possa ser descoberta; todavia, mesmo quando a etimologia desapareceu não apenas da consciência do povo como também da ciência, é de algum modo possível que o surgimento de uma palavra exerça alguma influência, ainda que

---

159   "Será minha mão capaz disso ou a mão de minha boca capaz de fazer tão grande coisa pelas palavras?" Em latim no original. (N.T.)
160   Na tradução de João Ferreira de Almeida: "Assim, agora eu dobro os joelhos de meu coração e imploro pela tua graça". (N.T.)

indireta e microscópica, sobre a representação, que, não sem esforço de nossa fantasia, designamos pela palavra. Entre as muitas notas características de uma coisa, a língua destacou em seus primórdios apenas uma para de algum modo simbolizá-la. O substantivo *Rose*[161] sempre encerrará a designação da cor, ainda que não tenhamos consciência do nexo etimológico. Contudo, até mesmo quando a maior das perspicácias não puder mais descobrir a etimologia, aquela escolha do traço distintivo terá de continuar a produzir algum efeito. Tão logo se conecte a outra palavra, a imagem será implacavelmente distorcida — embora nem sempre de modo perceptível para nós.

Repito: não me objetem que isso tudo é crítica estética — justa ou injusta —, mas não crítica da linguagem. É crítica da linguagem, pois o afamado espírito da língua é um poeta que tenta se virar fazendo metáforas com suas poucas pobres palavras. A Lua como um pastor de nuvens-ovelha ainda é uma imagem poética, considerem-na bela ou estranha. Mas o homem simples também fala em nuvens-ovelha ou em ovelhinhas e não sente mais o atrevimento da imagem.

Os *Wippchen* serão bem impalatáveis se seu criador tiver mais espírito que gosto para a língua. Em meu querido Hamann, por quem apesar de tudo ainda tenho bastante apreço, as imagens sempre caçam umas às outras como numa patológica fuga de ideias. Em sua "Apologia da letra H", um de seus mais belos panfletos, encontrei a seguinte monstruosidade: "Uma cabeça alemã com cujo bezerro Wolff arou sua imortalidade" (Wolff refere-se ao filósofo; a "cabeça alemã" é uma alusão a Leibniz). Esse "bezerro da cabeça" supera até a garra de tigre do abutre de Schiller; e não é um caso isolado.

Origem e história da razão

***Common sense* e hereditariedade** Em nossa investigação sobre a origem da razão ou linguagem fomos, no entanto, pouco estimulados pelo ponto de vista da comunidade,[162] porque a comunidade das sensações e representações se nos mostra como uma consequência necessária da hereditariedade. Nossos sentidos são sentidos contingentes, por certo; deve-se atribuir a um

---

161 "Rosa", substantivo que designa a flor. (N.T.)
162 *Gemeinsamkeit*. (N.T.)

acaso relativo que sintamos os movimentos macroscópicos e microscópicos do mundo da realidade justamente como cores e sons, e não como graus de eletricidade e eventos químicos. Entretanto, esse acaso relativo se tornou nota característica essencial do ser humano. Nossos sentidos são comuns por hereditariedade; é apenas outra expressão para esse fato se dizemos que também nossas sensações e percepções sensíveis são comuns. Sem essa comunidade herdada, teria sido tão pouco possível o surgimento da linguagem entre os seres humanos como é possível uma linguagem entre o esquilo e a ostra. Onde a comunidade cessa, com combinações superiores das impressões sensíveis, com combinações superiores tanto pelo lado concreto quanto pelo abstrato, ali também a linguagem cessa de ser um meio de entendimento; tanto os conceitos individuais, por exemplo, os nomes próprios, quanto as categorias mais ricas de conteúdo e, por isso, as mais vazias, já não são comuns por hereditariedade e, por isso, no sentido mais estrito, já não são palavras da língua comum. O indivíduo chamado Friedrich Wilhelm Schulze de determinado vilarejo já não é conhecido fora desse vilarejo; e as ideias mais ousadas de um Kant talvez não tenham sido entendidas por ninguém mais além dele, ou ninguém as entendeu como ele. A linguagem entre os homens é inteiramente comum somente se a comunidade dos sentidos herdados está defronte de uma comunidade do mundo externo (também esta comunidade é herdada) e se também as combinações mais comuns de todas as percepções sensíveis ainda são provavelmente comuns. A comunidade cessa e, com ela, a linguagem em concretos inteiramente individuais assim como em abstratos inteiramente individuais. Então já não há situação psíquica comum entre dois homens.

V. III

LINGUAGEM E GRAMÁTICA

Indeterminação do sentido gramatical

Partes do discurso[163] A meta de toda ciência é ter uma representação correspondente do mundo real; e como seria impossível manter todas as representações singulares numa memória potencial, como sinais verbais abrangentes substituem coisas individuais da realidade semelhantes entre si, a meta se resume a isto: poder reter e comunicar a pirâmide ou o sistema ou o organismo do mundo real mediante uma pirâmide, um sistema ou um organismo de palavras. Com essa meta da ciência se pressupõem manifestamente duas coisas.

Ordem Primeiramente, que a realidade tenha de dispor em si mesma de algo que corresponda à ordem mecânica, lógica ou viva que nela procuramos, embora se deva observar que o conceito de ordem talvez seja algo muito particular do entendimento humano e que a natureza, fora do entendimento, não conheça ordem alguma. O que a natureza pode conhecer sobre a simetria, que nela tão frequentemente admiramos?

Por isso, uma visão de mundo que não queira prostituir nem a natureza, nem a si mesma tampouco pode ser sistemática e ordenada. Eu de fato deveria me envergonhar de apresentar uma crítica da linguagem sistematicamente; ordenadamente. *Ordem* é, na verdade, quase como *lei*, um conceito estatal. Quanto mais concretamente uma cabeça pensa, menos sistematicamente ela pensará. Pascal diz (VIII, 1): "*J'écrirai ici mes pensées sans ordre et non pas peut-être dans une confusion sans dessein; c'est le véritable ordre et qui marquera toujours mon objet par le désordre même*".[164] Tentei mostrar no verbete "Ordem" (*Dicionário*

---

163 A partir daqui a seleção dos textos provém do terceiro volume das *Contribuições*, que está dividido em dois tomos "Linguagem e gramática" e "Linguagem e lógica". (N.T.)

164 "Escreverei aqui meus pensamentos sem ordem, mas não em confusão despropositada; essa é a verdadeira ordem e ela marcará sempre meu objeto pela desordem mesma." B. Pascal, *Pensées diverses*, n. 532, conforme edição de Lafuma. Em francês no original.

de Filosofia, II, pp. 220ss.)[165] quão pouco a "ordem" pertence à natureza das coisas, quanto ela resulta da necessidade do pensamento humano (da natureza humana).

Mas, em segundo lugar, como nossos conceitos ou palavras, na condição de sinais das representações singulares, são equivalentes a coisas singulares, pressupõe-se que sempre correspondam ao modo, ao gênero, ao conteúdo, à abstração etc. que queremos designar; pressupõe-se, portanto, que nossa linguagem humana seja, de certo modo, um fac-símile do mundo real, a partir do qual seria de fato possível um conhecimento progressivo pela escuta e comparação exata das palavras (pela fala ou pensamento). Quão pouco a linguagem é adequada a um edifício mecânico ou lógico do conhecimento, a um catálogo do mundo, isso está indicado em outra parte (*Crítica da linguagem*, II, p. 67).[166]

Mas nossa linguagem não me parece sequer capaz de designar as ligações e relações mais fáceis, mais rotineiras e conhecidas entre as coisas; apesar disso, se toda a doutrina da linguagem ou gramática deve ter um sentido (não gostaria de escrever para homens que valorizam a gramática como um guia para bem falar), este só pode ser o da comparação mútua entre as categorias da linguagem e as categorias do mundo real. Esforçar-me-ei para esclarecer alguns pontos e acredito piamente que uma investigação mais extensa leve ao resultado tragicômico: assim como as dez categorias do ser, que desde Aristóteles valem como as formas mais altas do entendimento, foram tiradas simples e puerilmente das partes do discurso da língua grega; assim como o conhecimento progressivo dos povos civilizados — amarrado aos raios da roda da língua "ariana" e das línguas construídas de maneira semelhante — girava em círculos e projetava de modo fantasioso as formas da linguagem sempre mais profundamente na natureza, assim também, enfim, trata-se de uma autoilusão quando tomamos apenas as formas relacionais mais evidentes da linguagem por cópias das formas de relações reais, mesmo quando apenas acreditamos ver na natureza categorias como "coisa" e "qualidade", porque elas se encontram na linguagem. Além disso, acredito que a descoberta com a qual Kant negou as formas do conhecimento à coisa-em-si e as atribuiu ao intelecto outra coisa não é que o pressentimento

---

[165] Não traduzido neste volume. (N.T.)
[166] Mauthner faz referência aqui ao tópico "Catálogo do mundo", p. 124 deste volume. (N.T.)

de toda essa minha doutrina, como se pode verificar em algumas passagens. Sem dúvida: as categorias ou formas de todo conhecimento não estão na realidade, estão no pensamento, isto é, na linguagem, apenas ali.

Gostaria de evidenciá-lo preliminarmente nas categorias ou partes mais importantes do discurso, por mais evidente e ridiculamente claro que a mera afirmação me pareça: na coisa ou no substantivo, na quantidade ou no adjetivo, no efeito ou no verbo.

Parece-nos natural, quer dizer, parece natural para nossa língua que os sinais linguísticos substituam as coisas individuais reais, que, portanto, substantivos concretos como "sol", "cachorro", substituam as coisas mais originárias e valiosas; somos inclinados a acreditar que, em caso de necessidade, as pessoas poderiam se comunicar umas com as outras meramente balbuciando os substantivos e que, portanto, adjetivos e verbos teriam se formado só posteriormente.

Substantivo e adjetivo O que é um adjetivo? Se a investigação linguística não tivesse desde sempre tomado o descaminho da lógica, desde Locke ela deveria ter chegado lentamente à resposta que aqui, quase sem preparação, parece paradoxal: nós descrevemos com uma palavra *substantiva* o *conjunto* de todas as impressões dos sentidos que deduzimos de uma e mesma coisa como sua causa; por exemplo, designamos com "maçã" a coisa que nos parece deste ou daquele tamanho, desta ou daquela cor, desta ou daquela fragrância, desta ou daquela doçura; designamos com "Sol" a coisa cuja grandeza (*i.e.* distância), cuja luz, cujo calor sentimos desta ou daquela maneira; mas designamos com uma palavra *adjetiva* uma única impressão dos sentidos que, em especial, queremos ou devemos destacar dentre sensações produzidas por uma coisa em razão de algum interesse; por exemplo, reparamos, segundo as circunstâncias, que a maçã é "vermelha", "perfumada", "grande", "doce"; que o Sol está "distante", é "claro", "quente". (Se por acaso dizemos vermelhidão, fragrância, doçura, claridade, calor, nem por isso se extingue o caráter adjetivo).

Se consideramos que todas as palavras abstratas são de produção mais recente, que a língua mais antiga — evidente e comprovadamente — proveio de palavras concretas, mas que, como acabamos de descobrir, todos os adjetivos concretos (o neologismo deve ser admitido) diferenciam-se psicologicamente dos substantivos concretos apenas pelo número das impressões sensíveis designadas, então vem abaixo o falatório acerca das duas categorias ou formas à qual pertencem. Já também aqui, nesse umbral, a linguagem ou o pensamento quer acrescentar categorias artificiais à realidade risonha.

E evitemos acreditar que agora o adjetivo deva ser tratado como mais antigo, porque designa somente uma impressão, enquanto o substantivo designa de duas a seis ou até mais, dependendo do número. Primeiramente porque, de hábito, a impressão total é naturalmente anterior à sensação singular, "maçã" é anterior a "vermelho". Mas, em segundo lugar, apenas a sensação dos sentidos é justamente — e isso eu enfatizo — a única verdadeira, e o signo lhe é indiferente. *Antes* da diferenciação entre substantivo e adjetivo existe a sensação dos sentidos. E, onde há somente *uma* sensação, desaparece a diferença entre adjetivo e substantivo. Quando a criança vê um ponto brilhante no céu e não tem nenhuma sensação acessória, é o mesmo se ela disser "estrela" ou "luminoso"; de modo semelhante, é frequentemente o mesmo se dissermos "água" ou "molhado", "fogo" ou "quente". Exatamente o mesmo; o mesmo em palavra e pensamento.

E o caso não é diferente quando experimentamos a proximidade de uma coisa em geral apenas por uma de suas propriedades sem a termos percebido antes pela visão ou pelo tato. Quando, por exemplo, tocamos numa assadeira quente (em que não o tato, mas o sentido da temperatura reage primeiro), quando cheiramos um cogumelo bexiga-de-lobo sem que o vejamos. Mesmo então, somente um dos nossos sentidos nos comunicou uma qualidade, para a qual nosso entendimento procura uma causa: a coisa.

Aqui já está claro, portanto, que a diferença que poderia corresponder à diferença entre as categorias de substantivo e adjetivo é uma diferença incomparavelmente outra no mundo real e no mundo da linguagem. Se eu quiser caracterizar, de maneira vaga, com uma palavra, o conjunto de nossas sensações (ou, ainda, sua causa comum), então profiro um assim chamado substantivo; se atento para uma parte dele, para uma única sensação, então profiro um adjetivo; se observo essa sensação única tão atentamente que estou de novo em posição de diferenciar algo nela, então o signo será de novo um substantivo, um abstrato (maçã — redondo — rotundidade). Desse modo, as categorias aparentemente fixas cambaleiam confusas entre si, como imagens de sonhos dependem da atmosfera de cada instante. E mais ainda. Se é certo que o homem natural — hoje, como num tempo primordial — percebe antes a coisa que sua qualidade, então também é certo que ele pode notar, designar, nomear a coisa apenas segundo *uma* sensação dos sentidos; que ele forma o substantivo metaforicamente a partir de palavras adjetivas. Exemplos podem ser ensinados apenas a partir das camadas mais recentes da linguagem; mas deve ter sido sempre assim.

Substantivo e verbo Segundo a aparente argúcia de alguns filósofos da linguagem, também parece haver uma diferença categorial mais profunda entre substantivo e verbo. E minha explicação talvez soe semelhante quando digo: o substantivo designa o conjunto de sensações provenientes de uma causa, isto é, designa precisamente a causa, mas o verbo designa uma mudança dessa causa no tempo e no espaço. Para o que quero dizer basta atentar aos verbos concretos, por exemplo "a árvore *floresce*"; mais uma vez, a linguagem considera uma única sensação, que, no entanto, se diferencia do adjetivo ("a árvore é verde") por percebermos uma mudança, uma evolução, um movimento, ou como quer que se queira chamar. "Chove" também não diz absolutamente nada além do substantivo "chuva" e, dependendo das circunstâncias, nada além do que o adjetivo "molhado". E deve-se de novo lembrar que, muito certamente em várias coisas, ao menos nas móveis, a mudança era justamente o que mais dava na vista e, por isso, essa mudança veio a ser aquilo que as designava e, assim, aqueles substantivos, que não eram adjetivos, eram de fato verbos. Isso, note-se bem, numa época em que ainda não podiam ser estabelecidas categorias que não se encontram no mundo real.

    Deixo outros perseguirem os rastros que ligam o mundo do adjetivo a outras "categorias"; para mim, há sempre algo de adjetivo quando representações parciais de alguma coisa são "proferidas". "Quadrímano" é um adjetivo assim, ele pode ser expresso de maneira igualmente graciosa por (o macaco) "tem quatro mãos". Vê-se a metáfora mais claramente quando dizemos, por exemplo: a maçã *tem* uma aparência avermelhada, faces vermelhas, *tem* gosto doce, *tem* esse e aquele cheiro, em vez de: *é* vermelha, é doce etc.

    Portanto, se já nos casos mais evidentes as formas mais gerais da realidade, as suas categorias, não são congruentes com as partes do discurso, com as categorias da linguagem, como deveriam sê-lo nos casos sutis das preposições e pronomes? E como se deve salvar a unidade das formas na realidade e no pensamento se categorias importantes de uma língua faltam em outras línguas civilizadas? E como deverá ser se a moderna investigação da natureza finalmente reivindicar o direito de aprimorar a linguagem, assim como aprimorou o desempenho dos órgãos dos sentidos por meio de ferramentas artificiais? E se ela quisesse exprimir linguisticamente as sensações artificiais dos sentidos, os resultados de experimentos difíceis? Se tivesse demonstrado e *percebido* luz, calor etc. como movimentos (como muito antes o som) e quisesse que o adjetivo se tornasse inteiramente verbo? Onde permaneceriam, então, as antigas categorias de Aristóteles?

Mesmo se deixamos de lado a ideia provisoriamente paradoxal da adaptação da língua futura aos nossos órgãos do sentido aprimorados (microscópio, telescópio, microfone, mecânica analítica e análise matemática) — mesmo assim, a antiga doutrina das categorias não pode ser mantida, não na concepção originária, nem em alguma reinterpretação.

Platão ainda está livre dela, o que não é mérito seu. Ele não dispunha de representação correta das partes do discurso, que foram estabelecidas depois dele; apenas por isso ele não disse disparates a respeito das diferentes categorias do ser e se contentou com uma única: a Ideia; para ele, as suas Ideias eram algo como modelos de tudo que podemos representar. Ele foi o ultrarrealista por excelência, no sentido dos escolásticos, naturalmente, e, se tivesse conhecido preposições, teria admitido também uma Ideia das preposições em alguma cucolândia das nuvens. Suas Ideias eram para ele as mães, as matrizes de nossas representações singulares; mas já que ele, felizmente, não aprendera gramática, cada representação tinha ao menos somente *uma* mãe *só*, *uma única* Ideia; desde Aristóteles, que já era gramático e lógico, cada representação pôde ter até dez mães ou categorias como essas.

Genitivo É esforço vão querer descobrir uma significação única nas formas antigas ou atuais dos casos.[167] Aqui também poderemos comprovar aquilo que perpassa toda a linguagem. As circunstâncias dirigem a atenção para cá ou para lá. Na expressão linguística, as representações singulares são chamadas uma a uma à memória, para serem novamente referidas umas às outras pela recordação das circunstâncias concomitantes. Com o passar do tempo, as formas dos casos, que separam as representações principais das secundárias, evoluíram, mas essa separação permanece sempre vacilante, a relação das representações secundárias

---

167 O termo "caso" é usado aqui no sentido da função gramatical da palavra na frase em línguas com declinação, como grego, latim, alemão etc. (N.T.)

permanece sempre indeterminada. Quando coloco as palavras cometa e ano uma ao lado da outra, sem a forma do caso, isso tanto pode querer dizer "o ano de determinado cometa" quanto "o cometa de determinado ano". Na linguagem culta, a representação secundária é expressa no genitivo.[168] O genitivo designa, num caso, o conceito abrangente, no outro, o abrangido. As significações do genitivo foram classificadas com uma lógica impecável. Em nossas gramáticas escolares, genitivo significa o caso da posse (o que não pode ser sustentável de modo algum); é dividido, então, em genitivo indicador de posse, em genitivo de divisão, de matéria, de qualidade, em genitivo subjetivo e objetivo, em genitivo de causa e final e, por fim, é preciso acrescentar ainda um genitivo absoluto para reunir aqueles empregos que não querem se encaixar no esquema. Hermann Paul já tentou se salvar desse emaranhado afirmando que, "nas línguas indo-germânicas, o genitivo é utilizado como expressão de qualquer relação entre dois substantivos" (*Princípios da história da linguagem*, p. 126), no que não leva em conta o genitivo ligado a verbos. Mas, quando ponderamos que todas as formas gramaticais da linguagem são utilizadas igualmente para exprimir relações de representações, a explicação desesperada de Paul é ainda mais pobre do que parecia a ele mesmo. Na verdade, ela apenas diz que o genitivo é uma forma linguística, o que é propriamente ainda menos que o valor zero de uma tautologia. Além disso, não podemos ver no genitivo a forma de uma palavra que nos impele a dirigir nossa atenção de uma representação a uma representação associada; ou melhor, já que a associação ocorre inconscientemente, genitivo é a forma de expressão para a atividade associativa inconsciente. Poder-se-ia objetar que essa explicação conviria a qualquer outra forma dos casos (para permanecer apenas nos substantivos). Ela também convém a todas. E todos os esforços para introduzir sentido lógico no uso das diferentes formas dos casos fracassam pelo fato de que toda relação nas diferentes línguas pode ser expressa por qualquer forma dos casos.

No latim, *amor patris* pode significar duas coisas: amor do pai e amor ao pai. Dependendo das circunstâncias, o ouvinte entende corre-

---

[168] Segundo o *Houaiss*, "diz-se de ou caso que exprime, em certas línguas declináveis, a relação de posse, ou de alguns sentidos limitativos, entre um nome e seu complemento ou adjunto (por exemplo: em latim *liber Petri* 'livro de Pedro'); possessivo". Obviamente, Mauthner vai contra essas definições gramaticais. (N.T.)

tamente ambas as palavras no sentido do falante, sem perceber a mais remota diferença no que se refere à forma do genitivo. Nesse caso, pode ser para nós indiferente por que casualidade da formação analógica a indeterminação da significação pôde ser tão grande a ponto de abranger opostos. Não se acredite que tais casos sejam isolados. No alemão, aliás, *Vaterliebe* significa apenas o amor do pai, mas a palavra aparentada *Elternliebe* pode significar, de acordo com nosso sentimento da língua, tanto o amor dos pais quanto o amor aos pais, e *Vaterlandsliebe*[169] é totalmente unívoco apenas porque a pátria, por sua vez, não ama. As circunstâncias concomitantes decidem.

Recortando um número de exemplos nos quais essa forma do caso parece ter um sentido determinado, a famosa significação do genitivo como indicador de posse é muito menos clara do que nossos gramáticos fazem crer. Onde está de fato a significação do indicador de posse em *der Fürst des Landes*[170] ou em *das Land des Fürsten*?[171] O príncipe pertence ao país ou o país ao príncipe? Na realidade, um faz parte *do* outro, a saber, na nossa representação. O genitivo designa, nos dois casos, apenas uma associação. Mas, mesmo em exemplos escolhidos de modo muito simples, a representação ainda oscila conforme as circunstâncias. Quando digo *der Rock des Vaters*,[172] posso querer expressar diferentes relações; por exemplo, primeiro, naturalmente, "este é o casaco que pertence ao pai", mas também "este é o casaco que foi roubado do pai", ou ainda "este é o casaco com que quero presentear o pai no Natal".

Parece ser absolutamente emprego indicativo de posse quando chamamos o domingo de "dia do Senhor". Pelo sentido, no entanto, a relação exige evidentemente o dativo.[173] É o dia consagrado ao Senhor. Do mesmo modo, "a obra do poeta" parece eminentemente uma indicação de posse. No entanto, a relação é totalmente outra; deve-se dizer a obra com que o poeta presenteou o mundo. E na inversão "o poeta da obra" o genitivo diz novamente que o poeta compôs a obra (acusativo). O genitivo é pau para toda obra e tem de expressar brevemente todo e

---

169 "Amor à pátria." (N.T.)
170 "O príncipe do país." (N.T.)
171 "O país do príncipe." (N.T.)
172 "O casaco do pai." (N.T.)
173 Nas línguas declinadas, o dativo é o caso que equivale aproximadamente ao objeto indireto em português. (N.T.)

qualquer tipo de relação de uma representação substantiva. Nenhuma outra analogia o formou. Apenas pequenos âmbitos no interior de seu uso permitem reconhecer certas analogias mais definidas, mas nunca inteira e firmemente definíveis.

"Eu": objeto comum dos verbos intransitivos/Verbos intransitivos Na mesma indeterminação, o acusativo[174] designa toda ligação do substantivo com algum verbo. Objetar-se-á que a relação principal entre substantivo e verbo (a saber, em frases mais simples) é expressa pelo nominativo.[175] Devemos lembrar nossa interpretação da frase para compreender e colocar de lado essa diferença natural entre nominativo e acusativo. A frase mais simples, que consiste somente em sujeito e predicado, pode e deve abdicar de toda forma dos casos, pois de modo algum une duas representações, mas apenas esclarece uma representação. "O sol ilumina" é uma única representação; "o sol" sozinho dá a mesma ideia. No entanto, na linguagem culta que se emancipou da intuição, o conceito de predicado parece antes se juntar ao conceito de sujeito; porém, ele sempre surge do conceito de sujeito. Faz parte do conceito de Sol que ele ilumina. "A árvore floresce" já parece dizer mais, pois, de fato, a árvore não floresce sempre. Mas em nenhum caso individual posso conceber a representação da árvore sem seu florescimento, isto é, quando vejo a árvore que floresce diante de mim. Se aponto com o dedo para o Sol, para a árvore florescente, para a criança dormindo, para o rio corrente, para o inimigo que se aproxima, remeto todas as vezes, ao mesmo tempo, inseparavelmente ao sujeito e ao predicado. Tampouco posso separar o predicado do sujeito, como na frase "a neve é branca". Ela não seria neve se não fosse branca. Ela não seria de modo algum essa árvore se não florescesse, não seria essa criança nesse instante se não dormisse etc. A gramática ocidental distingue o adjetivo "branco" e o verbo "dormir" mediante a diferença entre qualidade e atividade. Essa diferença já não existe para a nossa psicologia da ciência natural; e deveria menos ainda existir para a lógica, que só se ocupa das notas características dos conceitos. Se desmembramos na frase mais simples um conceito concreto em substantivo e adjetivo ou em substantivo e verbo, isso depende propria-

---

174 O acusativo equivale aproximadamente ao objeto direto em português. (N.T.)
175 O nominativo é o caso que corresponde ao sujeito em português. (N.T.)

mente apenas do nosso conhecimento da natureza ou, antes, do costume herdado de reproduzir antiquíssimas intuições da natureza na linguagem. Se eu disser, como todo o mundo, "o céu é azul" ou "o céu azula", se disser "a rosa é perfumada" ou "a rosa perfuma", isso preliminarmente não é nada mais que um diferente hábito linguístico e é sempre expansão de um, não composição de dois conceitos. Que as notas características de um conceito sejam expressas ora pelo adjetivo, ora pelos verbos intransitivos, isso foi em parte uma falsa representação da natureza, em parte puro acaso. Todos os adjetivos poderiam ser prescindidos, e no lugar deles poderiam ser colocados verbos intransitivos. Mas todos os verbos intransitivos são tais em nossa representação apenas porque nos acostumamos, linguística e mentalmente, a não atentar para seu único objeto, o "eu". O homem que fala é o objeto comum de todos os verbos intransitivos. Isso é nitidamente reconhecível naqueles que possuem uma ligação imediata com nossos sentidos. Não começamos a exprimir essa relação num hábito linguístico apenas porque o objeto comum de todas as impressões dos sentidos do mundo nos é por demais conhecido. Na verdade, sou eu a quem a árvore esverdeia.

Com efeito, há outras incontáveis ligações na natureza, onde a mudança provocada e percebida não ocorre imediatamente nos nossos órgãos dos sentidos mas fora deles, em outros objetos. O primeiro grupo, nós o exprimimos por um adjetivo ou por verbos intransitivos, o segundo, pelos chamados verbos transitivos. Uma observação exata, que por certo não pode levar em consideração nossos hábitos linguísticos, nos ensinará que a diferença entre verbos intransitivos e transitivos repousa somente numa psicologia imprecisa e, além disso, não tem limites definidos. A gramática inglesa deveria ser mais fortemente diferenciada da gramática latina etc., pois o verbo inglês pode ser transitivo e intransitivo em incontáveis casos, e tal diferença se torna clara apenas na tradução.

Considero aceite que as notas características das coisas que exprimimos por adjetivos poderiam ser formuladas igualmente bem por verbos intransitivos. Sabemos que a sensação da cor verde é provocada somente por um efeito na nossa retina, que somos o objeto do verbo aparentemente intransitivo "esverdear". A frase "a árvore me esverdeia" é formada totalmente contra nosso sentimento linguístico historicamente constituído. Mas, em vez de "a árvore é verde", nosso sentimento linguístico permite ao menos dizer "a árvore esverdeia". O mesmo sentimento linguístico não permite transformar o adjetivo "branco" no verbo intransitivo "branquear", talvez apenas porque existe um verbo transitivo "branquear".[176] O sentimento linguístico procede nisso muito ilogicamente. O fato de que *eu* seja o objeto de todas as impressões dos sentidos, de que *eu*, portanto, tenha de ser acrescentado, como objeto, a todos os verbos intransitivos, não é inteiramente estranho ao sentimento linguístico. A língua, se o meu próprio sentimento linguístico não me engana, procura frequentemente exprimir essa circunstância mediante o chamado *dativus ethicus*.[177] Em prosa e poesia podemos dizer: a maçã me apetece (é doce), a rosa me perfuma, a árvore me esverdeia. Se mergulharmos no sentido desse dativo, reconheceremos que, na verdade, ele expressa realmente o objeto do apetecer e do perfumar; apenas porque segundo nossos hábitos linguísticos o objeto exterior habitual costuma ser expresso pelo acusativo, recorremos ao dativo mais íntimo para o objeto interior. Não posso me expressar de outro modo e confio no sentimento linguístico do leitor.

Acusativo Essa aparente digressão não terá sido infrutífera se ao menos tiver levado à observação de que uma psicologia inexata faz ora o acusativo, ora o dativo, substituir obscuramente o objeto igualmente "passivo". A digressão, porém, foi necessária para esclarecer melhor do que antes a essência do acusativo e acrescentar ainda por que seu sentido teve de permanecer indeterminado. Vimos que a frase simples (sujeito e predicado) não é uma associação de dois, mas apenas o desdobramento de um único conceito. Ambos os conceitos podem ser abarcados com um olhar, porque um está contido no outro. O olho, de certo modo, não precisa se mover numa frase simples. Apontando apenas com o dedo indicador indicamos a criança que dorme, a árvore que floresce etc. Não precisamos indicar o objeto, pois ele próprio deu a direção ao dedo. *Eu* aponto com o dedo a árvore que floresce. Se, no entanto, a mudança não se realiza em mim mesmo, mas no mundo exterior, então preciso, de fato, mover o olho, dirigir o dedo para lá e para cá, associar dois

---

176 Diferentemente do que ocorre com "branquear" em português, *weißen* em alemão só admite o sentido transitivo. (N.T.)

177 "Dativo ético", em latim no original. De acordo com o *Houaiss*, é a "construção que emprega o pronome pessoal oblíquo átono para indicar a pessoa a quem interessa a ação (por exemplo: ele *me* saiu melhor do que a encomenda!)". (N.T.)

conceitos. "O pescador pesca o peixe", "o magarefe abate o gado de abate".[178] Escolho de propósito palavras etimologicamente muito próximas. As frases simples "o pescador pesca", "o magarefe abate",[179] não indicam nenhuma mudança extra no mundo exterior; apenas quando tal mudança é suscitada associamos um novo conceito. E as línguas se habituaram a expressar na forma do caso acusativo aqueles conceitos em que é perceptível a mudança suscitada por uma atividade.

Ora, qual deve ser o sentido comum desse acusativo? Enquanto nos encontrarmos sob o feitiço da linguagem, diremos muito simplesmente: ele significa que o objeto sofre uma mudança, que ele é o fim de uma ação e coisas semelhantes. Uma escuta atenta à nossa própria língua deve nos ensinar, entretanto, que apenas palavras figurativas servem para relações absolutamente incomparáveis e desconexas. Somente sob o feitiço da linguagem que se convenceu da analogia entre todos os acusativos para poder aplicar o acusativo analogamente a todos os objetos é que podemos atribuir um sentido geral aos acusativos: o magarefe abate *o gado*, eu amo *o trabalho*, eu escrevo *uma carta*, eu te chamo *meu grilinho*, a ocasião faz *o ladrão* etc.

Como no genitivo, também se tentou descobrir uma classificação lógica das diferentes significações no acusativo. Há pouco, ao tratar do genitivo, não mencionei o ponto que devo agora indicar. Mesmo se admitindo que tal classificação lógica seja possível aqui ou ali, algum gramático no mundo pretenderá afirmar que existe uma consciência ou até a mais obscura noção de classificação lógica no uso vivo das formas dos casos? Para o sentimento linguístico dos não instruídos há apenas um genitivo, apenas um acusativo. A indeterminação do sentido de cada forma particular dos casos é tão grande que não resta mais nada além de dizer: eles indicam relações. A realidade circundante, ou melhor, a sua lembrança reavivada, só dá às formas dos casos o seu sentido particular na respectiva aplicação. Para os especialistas, não preciso acrescentar que nos demais casos vale ainda em maior medida o que demonstrei em relação ao genitivo e ao acusativo.

---

178 No original, respectivamente: *der Fischer fischt den Fisch*; *der Schlächter schlachtet das Schlachtvieh*. As frases são construídas de forma redundante, com sujeito, verbo e predicado de mesma origem. (N.T.)

179 No original, respectivamente: *der Fischer fischt*; *der Schlächter schlachtet*. (N.T.)

No mais, o fato de que nos saímos bem com apenas quatro casos nas nossas modernas línguas civilizadas, enquanto alhures são necessários oito, é apenas prova de que a língua renunciou paulatinamente em sua evolução a conservar categorias especiais para diferenças indeterminadas e obscuras. E estou bem convencido de que, se os mestres-escolas gregos não nos tivessem legado os casos, e se a linguagem e a gramática das novas línguas, aqui e em toda parte, não tivessem se influenciado mutuamente, há muito já não se falaria nesses casos no francês e no inglês. Quero dizer, um gênio gramático que, sem conhecer as línguas antigas e a gramática herdada, só pudesse contar única e exclusivamente com o inglês e o francês e que escrevesse a gramática de uma dessas línguas não pensaria em apresentar as nossas formas dos casos. No máximo, se surpreenderia com as mudanças incomuns e particulares da palavra (como o genitivo saxão).

Para que não falte aqui o ridículo dos pedantes, nossos estudantes aprendem, como uma sabedoria gramatical, que as formas dos casos são as respostas para as perguntas: quem? de quem? a quem? quem?[180] E crianças e gramáticos acreditam por vezes possuir nessas perguntas a significação ou o sentido das formas particulares dos casos. Quase não preciso assinalar que essas perguntas nada são além de repetições as mais gerais e abstratas justamente das formas dos casos. Apenas porque permanecemos no erro de crer que cada forma dos casos tem um sentido determinado, imaginamos que a forma geral dos casos (a pergunta: quem?[181] de quem? a quem? quem?)[182] nos esclarece alguma coisa.

Voz passiva Não tão evidente é a indeterminação do sentido nas formas linguísticas do verbo. Aquele que não perdeu, pela reflexão, sua robusta crença na relação com o mundo real, considerará especialmente a forma temporal do verbo como se fossem definições extraordinariamente lógicas; assim como a diferença entre ativo e passivo. Estamos tão insuperavelmente acostumados a dar às nossas palavras o sentido que nossas representações recebem das circunstâncias associadas que nós naturalmente — e do ponto de vista da realidade, com razão — vemos uma grande diferença entre "eu surro meu irmão" e "eu sou surrado por meu

---

180 No original: *wer? wessen? wem? wen?* (N.T.)
181 Sujeito. (N.A.)
182 Objeto. (N.A.)

irmão". Mas não pode haver dúvida de que a língua em tempos remotos, do mesmo modo como hoje a língua de uma criança de dois anos, não fazia nenhuma diferença entre voz ativa e passiva. A criança grita "irmão surrar" e a mãe descobre, com toda a evidência, a partir das circunstâncias (o tom triunfante ou choroso daquele que grita, as forças tão conhecidas por ela e o hábito das crianças, e assim por diante), o que se quer dizer. Se nos lembrarmos do que foi dito há pouco sobre a essência do acusativo, não poderemos esclarecer melhor a voz passiva senão pelo fato de que designa mudanças no mundo externo. A diferença em relação à voz ativa consiste apenas em que a atenção é dirigida, primeiramente e com todo o foco de luz, ao objeto no qual a mudança é visível. Excepcionalmente, de uma maneira afônica, a criança grita, por exemplo, "bater irmão", e a mãe entende que ela bateu no irmão. A mãe ralha. Assim, a criança é capaz de se expressar muito bem sem conhecimento da voz passiva: "eu ... bater ... *irmão*", mesmo quando ela apresenta o irmão como agente apenas pelo tom ou gesto.

    O leitor atento já terá notado que essa explicação da voz ativa e passiva coincide bastante com a minha explicação dos verbos transitivos e intransitivos. "Eu derrubo as árvores" é transitivo e ativo; "as árvores caem" pode ser entendido tanto como passivo quanto como intransitivo. "As árvores caem" não se diferencia em absoluto — quando o pronuncio de modo geral como um exemplo — de "as árvores são derrubadas". Mas segundo meu sentimento linguístico há uma nuance na verdadeira linguagem entre "as árvores caem" (sob efeito do machado do lenhador) e "as árvores caem" (por um vendaval). Percebo a segunda frase como uma expressão metafórica, poética. Seria o mesmo se eu tivesse dito "as árvores são derrubadas pelo lenhador, elas são derrubadas pelo vendaval". Num caso, a pessoa que age é essencial, causa a mudança na coisa externa; no outro, ela é apenas um componente descritivo.

    Mas a indefinição se prolonga ainda para além das sensações tão refinadas do sentimento da língua. Só podemos mostrar isso nitidamente nas línguas modernas.

    A voz passiva é expressa por um verbo auxiliar e pelo *participium perfecti*[183] do verbo. No inglês e no francês, o verbo auxiliar que se presta a isso é "ser": *I am loved, je suis aimé*. Nisso está — seja observado de passagem — claramente expresso como o objeto externo se torna objeto

---

183   Particípio perfeito. Em latim no original. (N.T.)

interno. O acontecimento é a única coisa que nos é clara. Se a atenção fosse mais dirigida à neve, a expressão seria: "a neve me ofusca". Se a atenção fosse mais dirigida a mim mesmo, a expressão seria: "estou ofuscado" (o verbo auxiliar alemão *werden* proporciona ainda, por meio apenas de uma descrição mais íntima, a nuance de que justamente uma mudança transcorre por si).[184]

Se afirmei ser um acaso da história da linguagem que qualidades das coisas sejam expressas ora por meio de adjetivos, ora por meio de verbos (é verde — esverdeia), é que me parece que o verbo transitivo retorna ao adjetivo na chamada voz passiva. "A árvore é verde" e "a árvore está (é) derrubada"[185] se diferenciam apenas em que, no primeiro caso, a qualidade, a nota característica, a impressão dos sentidos já foi previamente descoberta por mim, de modo que, sem um ensejo particular, eu não pergunto pela causa; todo o trabalho da ciência natural consiste talvez no fato de que indivíduos pretensiosos, sedentos de saber, se perguntam pela causa das qualidades, que são designadas por adjetivos e verbos intransitivos, e que encontramos sem que tenhamos percebido uma mudança. No segundo caso (a árvore está [é] derrubada), vejo a qualidade "surgir" diante de meus olhos; sinto-me, portanto, obrigado a perguntar pela causa habitualmente muito palpável, por exemplo, pela pessoa que age. Mas, nos dois casos, noto uma qualidade. O *participium perfecti* é um adjetivo. Na voz passiva, o verbo se tornou um adjetivo, tal como talvez tenha coincidido totalmente com o adjetivo nos primórdios da linguagem.

E note-se agora quão indeterminado é esse *participium perfecti* quando se apura o ouvido no exame do sentido ativo ou passivo. Na realidade, esse particípio perfeito dos verbos transitivos de modo algum se diferencia do particípio presente dos verbos intransitivos. "A árvore está derrubada" e "a árvore está florescendo". Não posso ver nenhuma outra diferença entre voz passiva e voz ativa senão o maior ou menor impulso de perguntar pela causa de uma qualidade.

Acrescento, como algo conhecido, que grande número de tais particípios passivos se tornaram inteiramente adjetivos (portanto, em sentido ativo): um homem experiente, merecedor, (muito) viajado, um homem

---

184 No alemão, o verbo *sein* (ser) indica, como auxiliar, o estado, e o verbo *werden* (tornar-se, vir a ser), a ação no modo passivo. (N.T.)
185 No original: *der Baum ist grün*; *der Baum ist (wird) gefällt*. (N.T.)

estudado e assim por diante.[186] Juntam-se a estas palavras semelhantes, que procuram se fixar no uso da língua, tais como: realizado, acontecido. Goethe diz certa vez: "O infortúnio abatido sobre o conde".[187]

Situação e linguagem

Hústeron-próteron[188] Se uma exposição ou narração mais longa for completamente insignificante ou corresponder ao estado psíquico do ouvinte, este, tendo boa memória, reterá tudo e no final compreenderá aproximadamente a situação da alma do orador ou autor naquele momento, situação que este queria comunicar. Se o ouvinte estiver mal preparado, se a exposição ou narração oferecerem muita novidade ou se, no seu decurso, os predicados psicológicos não forem todos se convertendo em sujeitos,[189] então não se produzirá, com as últimas palavras da descrição ou narrativa, a comunhão da situação psíquica entre orador e ouvinte: o propósito da comunicação terá falhado. Isso está entranhado na essência da linguagem, uma vez que ela só pode fazer lembrar. Tudo depende da memória do ouvinte. Em casos assim, ele terá de ouvir a exposição ou narração duas, três ou mais vezes, para finalmente completar em seu cérebro o processo que converte para ele o predicado em sujeito, a novidade em algo conhecido. O que Schopenhauer reivindica para si no prefácio à primeira edição de sua principal obra não decorre do caráter particular de sua filosofia, mas da essência da linguagem. Leiamos, sob esse ponto de vista, o que escreve. Seu livro consiste em um único pensamento. "Apesar de todos os esforços, não pude encontrar caminho mais curto para comunicá-lo do que todo este livro [...]. Um livro deve ter uma primeira e uma última linha e, por isso, será todas as vezes bem diferente de um organismo, por mais que seu conteúdo se lhe assemelhe [...]. Disso resulta obviamente que, em tais circunstâncias, o melhor conselho para se penetrar no pensamento apresentado é ler o livro

---

186   No original: *ein erfahrener Mann, ein verdienter, ein (weit) gereister, ein studierter Mann*. Todos os adjetivos são formas do particípio passado. (N.T.)
187   No original: *Das den Grafen befallene Unglück*. (N.T.)
188   Locução grega que significa literalmente "posterior-anterior" ou "o que sucede vem primeiro". (N.T.)
189   Sujeito e predicado psicológicos são termos empregados por Hermann Paul e designam, respectivamente, a representação inicialmente presente na alma e a representação nova que vem se unir a ela. (N.T.)

duas vezes, e a primeira delas com muita paciência, a qual só pode advir da crença voluntária e espontânea de que o começo pressupõe o fim quase tanto quanto o fim pressupõe o começo, e, da mesma maneira, a parte anterior pressupõe a posterior quase quanto esta pressupõe aquela."[190] Temendo pelo destino de sua obra, Schopenhauer reconheceu que uma comunicação ordenada é impossível; ele acreditava, contudo, que a falta de visão do todo fosse uma consequência da dimensão além-de-humana de seu pensamento, não sabendo que o mais breve artigo de jornal sobre um incêndio, sem o auxílio da memória, teria tido o mesmo destino. A própria crença voluntária e espontânea, que nos soa quase como uma exigência infundada ao leitor no prefácio de Schopenhauer, tem, diariamente e em toda parte, uma importância extraordinária na linguagem. Wegener foi muito preciso ao indicar que a sintaxe se empenha em antecipar a ideia principal, mesmo quando seu conteúdo sucede no tempo a ideia secundária.[191] A maneira natural de narrar seria o *próteron-hústeron*; a linguagem recorre incessantemente a um *hústeron-próteron* e não consegue abrir mão dessa forma de apresentação. Nada é mais torturante na biografia de um homem pelo qual já tínhamos interesse prévio do que o ordenado e contínuo *próteron-hústeron*. Se na folha de rosto estiver escrito "A vida de Goethe" ou "A vida de Jesus", o epílogo de toda a exposição, o predicado psicológico último, o estado anímico do narrador, já estará preparado no leitor. De certa maneira, ele já leu o livro pela primeira vez; agora o lê pela segunda, interessando-se por aquilo que de outro modo lhe seria insuportável — a história da juventude de Goethe, a genealogia de Jesus —, visto que as toma pela exposição[192] de uma conclusão bem conhecida para ele. Biografias de pessoas que não apreciamos tanto deveriam começar pelo predicado principal, pelo seu feito decisivo, e ir oportunamente intercalando a história anterior, tal como Ibsen nos ensinou novamente a fazer com a exposição de uma ação. O que vale para livros vale também para frases complicadas, para toda ligação entre oração subordinada e oração principal. As orações subordinadas surgiram de orações principais que tinham função de exposição em relação à

---

190 Trecho do primeiro parágrafo do prefácio de *O mundo como vontade e representação* (1818, 1ª ed.). (N.T.)
191 Philipp Wegener (1848-1916) é considerado um dos fundadores da linguística. É autor de *Investigações sobre as questões fundamentais da vida linguística*, 1885. (N.T.)
192 Exposição (*Exposition*) é o termo adotado por Wegener para designar o elemento já conhecido de uma oração. (N.T.)

verdadeira oração principal. As sequências temporais de nossos verbos parecem ser um auxílio imprescindível e, ao mesmo tempo, fidedigno para que, a despeito do *hústeron-próteron* linguístico, tenhamos uma visão de conjunto da sucessão no tempo. Somente nossa experiência, nosso conhecimento prévio da sucessão dos acontecimentos, nos permite desemaranhar a miscelânea linguística do *hústeron-próteron* e do *próteron-hústeron* e colocar as coisas na série natural para nós.

Essa pequena ajuda só se aplica, naturalmente, aos períodos isolados de um livro mais extenso. Se permanecermos sob o feitiço de nossa linguagem, soará paradoxal o que quero dizer agora e, no entanto, é uma verdade simples. A sucessão temporal em nossa língua pode ser expressa por apenas cinco ou sete tempos verbais diferentes. Esse número basta para uma frase complicada. Se numa exposição histórica quiséssemos expressar linguisticamente as relações temporais de modo consecutivo, nós precisaríamos de um sistema de centenas, quiçá de milhares de formas verbais — já que quase toda frase é a exposição temporal para a seguinte. O modo como nossa memória se ajuda é sempre tornando o passado presente, exatamente do mesmo modo que o predicado psicológico sempre se converte em sujeito e a exposição em situação presente. Excetuando-se as pontes de burros,[193] formadas pelos chamados advérbios de tempo, os períodos isolados de um capítulo, os capítulos isolados de um livro e os livros isolados de uma grande obra estão dispostos lado a lado sem conexão e sem alusão à relação temporal, como as palavras *veni, vidi, vici*.[194] Nosso conhecimento geral das coisas nos permite adivinhar a sequência temporal correta.

Adivinhar o sentido Adivinhar o sentido de uma palavra pelo conteúdo da frase toda e — dado que a frase é constituída de palavras — adivinhar o sentido da palavra graças à recordação que as outras palavras despertam no ouvinte ou leitor, esse adivinhar só é especialmente interessante na sequência temporal porque esta, segundo a crença comum, parece já ser perfeitamente ordenada pela gramática. O que vale, porém, para a sequência temporal vale ainda em maior medida para o respectivo

---

[193] Em alemão, *Eselsbrücken*. Tradução do latim *pons asinorum*, que signfica as remissões ou marcas no discurso que servem de orientação ao leitor. (N.T.)

[194] "Vim, vi, venci." Em latim no original. Palavras de Júlio César anunciando sua vitória sobre Fárnaces em Zela, cidade da região chamada Ponto (mar Morto, atual Turquia). (N.T.)

conteúdo dos substantivos e dos verbos, para o respectivo sentido da ligação entre sujeito e predicado, para o sentido dos demais membros sintáticos da frase, para as formas de composição dos substantivos e dos verbos e, finalmente, até para o tom da fala. Em muitos casos, certamente, o chamado uso linguístico uniu, por exemplo, determinado substantivo a determinado verbo; mas a riqueza de nossa língua decorre justamente de que essas expressões fixas sejam relativamente raras, de que as formas gramaticais e sintáticas sejam empregadas em infinitas variações segundo o princípio da analogia no interior de um uso linguístico indeterminado. Todo emprego analógico de uma forma sintática ou gramatical é uma pequena metáfora cujo sentido tem de ser adivinhado a cada vez. Exemplos específicos de substantivos são desnecessários. Pense-se, a propósito dos verbos, no número imenso de significados da palavra "ter".[195] Por exemplo, nos sentidos de fazer cerimônia, de sentir, de guardar, de portar (ter pudores, ter na bolsa, ter na consciência), e também no sentido de possuir etc. Nas formas de construção gramatical, os casos são tão equívocos quanto os verbos e têm de ser interpretados um a um com base em nosso conhecimento de mundo. No genitivo, isso é do conhecimento de todos. Mas também o acusativo, supostamente tão claro, na verdade só indica uma relação vazia, cujo sentido tem de ser adivinhado a cada vez. Isso não se aplica apenas ao acusativo de palavras diferentes, mas também ao acusativo de uma palavra unívoca. Quão diferente não é o sentido do acusativo em: povoar a cidade, deixar a cidade, urbanizar a cidade, conquistar a cidade, descrever a cidade etc. A propósito, aqui a univocidade da palavra "cidade" também não deve ser tomada ao pé da letra; a palavra "cidade" suscita representações completamente diferentes, conforme a cidade seja fundada ou conquistada (cf. vol. III, pp. 15ss.).[196]

Adivinhar o sentido tem uma enorme importância prática na língua. Sabe-se que basta alguém dizer tudo para seguramente tornar-se enfadonho. A característica infalível do chamado bom estilo, isto é, do uso natural da língua, consiste em que sejam ditas somente as palavras indispensáveis para a cômoda adivinhação do sentido. O restante é deixado de fora. Assim, toda

---

195 Mauthner se refere aqui e nos exemplos a seguir à multiplicidade de sentidos do verbo *haben* em alemão, correlato, em muitos de seus usos, ao verbo "ter" em português. (N.T.)
196 Trecho traduzido acima nas rubricas "Genitivo" e "'Eu': objeto comum dos verbos intransitivos/Verbos intransitivos", pp. 164-69. (N.T.)

exposição ou narração se torna por si mesma "elíptica". A incessante elipse da língua vai muito além. Numa narrativa seria necessário recapitular, a cada passagem, tudo o que veio antes. Essa elipse consiste precisamente na confiança que o orador deposita a todo momento na memória do ouvinte. A memória que torna possível a exposição ou narração, poupando o narrador de dizer tudo a cada instante (o que seria certamente estúpido ou impossível), é a mesma memória que adivinha o sentido das palavras.

Gramática filosófica E assim seria a hora de parar de sonhar o sonho de uma gramática filosófica. Não há gramática geral alguma, muito menos uma gramática filosófica. Em algum lugar encontrei um louco que queria se localizar em Munique com um mapa de Königsberg. Nas ciências humanas há algo parecido. Por que não esboçar um mapa universal, um mapa filosófico das cidades? Cada rua desembocaria numa outra. Com exceção das exceções. No fim da rua, uma ponte passa sobre o rio. Com exceção das exceções. O pobre diabo que quisesse se orientar por tal mapa filosófico seria tão sábio quanto o estudante de uma gramática filosófica. Hoje já não somos tão "esclarecidos" como J. B. Meiner[197] (sua gramática universal foi publicada no mesmo ano que a *Crítica da razão pura* de Kant), que via em todas as línguas apenas cópias de um único e mesmo original, a saber, de nosso pensamento. Mas mesmo as tentativas mais recentes de fazer uma gramática filosófica confessam involuntariamente a impossibilidade da empreitada. A. Stöhr jamais apresenta em sua *Álgebra da gramática* (cf. particularmente p. 15)[198] uma visão geral completa de todas as relações, mas, quando muito, apenas exemplos copiosos e abrangentes. Não há uma filosofia, mas somente filosofias. Não há uma gramática, mas somente gramáticas. Não há uma lógica, mas somente lógicas. E a realidade viva faz explodir os grilhões das filosofias, das gramáticas e das lógicas, assim como a água cristalizante e viva rompe na fissura o antiquíssimo rochedo morto.

197 Mauthner se refere provavelmente a Johann Werner Meiner, autor do *Versuch einer an der menschlichen Sprache abgebildeten Vernunftlehre oder Philosophische und allgemeine Sprachlehre* [Ensaio de uma lógica ilustrada na linguagem humana ou gramática filosófica e universal]. Leipzig: Breitkopf, 1781. (N.T.)

198 A. Stöhr, *Algebra der Grammatik. Ein Beitrag zur Philosophie der Formenlehre und Syntax* [Álgebra da gramática. Contribuição à filosofia da doutrina da forma e sintaxe]. Leipzig, 1898. (N.T.)

LINGUAGEM E LÓGICA

Conceito e palavra[199]

A lógica apresenta regras gerais, como a gramática. A gramática da própria língua não ensina como se deve falar ou como se falará, mas apenas como se fala ou se falou, algo pelo que apenas o gramático se interessa. A melhor maneira de conhecer a gramática de uma língua estrangeira é igualmente pela prática; em todo caso, a gramática de uma língua estrangeira pode ser útil quando ela se afasta da gramática da língua própria.

Ora, a lógica, do mesmo modo, não ensina como se deve pensar ou como se pensará, mas apenas como se pensa ou se pensou, o que, no entanto, só interessa o lógico. Só uma lógica dos estrangeiros pode se tornar útil para nós. Em nossa própria atividade de pensar estamos tanto mais distantes de empregar a lógica quanto mais objetivamente nos atemos à tarefa de pensar. E gostaria de dizer que os famosos erros de pensamento, os sofismas e os paralogismos, jamais teriam sido cometidos por aqueles que não são lógicos. Pois o cérebro natural de modo algum pensa sem objetividade, não utiliza regras de modo algum, mas julga e infere talvez de maneira tão exatamente instintiva como o animal. Só o indivíduo falante pensou "logicamente". É quase engraçado que lógica derive de *lógos*, o qual, no entanto, não estava no início.[200]

Conceitos e imagens Antecipo o que será mais desenvolvido em passagens posteriores, que estes níveis, conceito, juízo e silogismo, são denominações tiradas da lógica tradicional e não têm nada que ver com a origem psicológica daquilo que assim denominamos; que o conceito é quase sempre precedido por um juízo, o juízo quase sempre por um silogismo, o que, aliás, torna mais clara a falta de utilidade da lógica. Antecipo que nossas supostas representações, que acreditamos exprimir

---

199 Aqui se inicia o segundo tomo do terceiro volume das *Contribuições*, "Linguagem e lógica". (N.T.)
200 O autor joga com o texto bíblico "No início era o Verbo", a palavra ou o *lógos*, em grego. (N.T.)

por conceitos ou palavras, só podem adentrar em nossa consciência mediante nosso esforço de conferir um objeto a conceitos ou palavras. Na atividade normal do espírito, quase todas essas representações são, sem dúvida, recordações, não imagens perceptíveis, ainda que bastante empalidecidas, de representações, mas única e exclusivamente atividades de nossa memória (cf. também vol. I, p. 454).[201] Se não fosse assim, se a recordação fosse apenas uma imagem de recordação suscitada pela palavra ou conceito, a linguagem não teria essa significação para o ser humano, o animal poderia pensar tão bem sem linguagem quanto ele. Pois não haveria nenhum impedimento a que as sensações do olfato, por exemplo, trouxessem representações ao cão assim como as palavras as trazem ao homem e o animal conseguisse aos poucos se elevar à ciência com ajuda do olfato, assim como o homem com ajuda da linguagem articulada. Contra isso se opõe nossa convicção acerca da vida interna ou da psicologia do cão. A única maneira pela qual conseguimos representá-lo é a de que, no cão, os odores presentes ligam meramente associações de ideias, e — eu diria — pela articulação fugaz e deficiente das sensações olfativas também as associações de ideias da articulação carecem de maior utilidade. Se alguém ouve uma palavra bem conhecida, só em casos excepcionais lhe ocorre uma imagem, que então pode ser apreendida quase patologicamente como engano dos sentidos; em situações normais, o que é estimulado é somente uma cadeia ou um tecido, uma rede ou, ainda mais corretamente, um pequeno mundo, um microcosmo de associações de ideias, quase sem participação dos órgãos dos sentidos, quase sem consciência, e desse microcosmo (que não é unidimensional como uma cadeia, nem bidimensional como um tecido ou rede, mas tridimensional ou, com respeito ao tempo, quadridimensional como um mundo) fazem parte também inúmeros resultados de inferências e juízos, os quais, portanto, precedem o uso do conceito, assim como um dia precederam o surgimento dele.

Aquilo que tomamos por representação quando, ao pronunciar ou ouvir uma palavra, sentimos por vezes a necessidade de um apoio no mundo real, é quase sempre apenas uma exemplificação, a atenção proposital interna voltada para algum exemplo. Assim ocorre quando queremos nos certificar se de fato podemos pensar algo mediante palavras ditas concretas como animal, mamífero, predador, cão, *poodle*.

201 Cf. acima o tópico "Memória e linguagem", p. 71. (N.T.)

É psicologicamente interessante observar como em tais casos sempre lançamos mão do exemplo mais próximo. Desde que os estudiosos se tornaram homens livrescos, homens de escrivaninha, quando, por exemplo, um psicólogo quiser atestar o conceito de coisa com uma representação, veremos que mencionará mesa, caneta ou coisas semelhantes. O caráter de exemplificação da representação se mostra ainda mais nítido em conceitos abstratos, como *coragem*, em conceitos de relação, como *mas*, e mesmo em verbos, como *combater*. Não considero impossível que um exemplo fugazmente representado de *mas*, de *coragem* e de *combater* mostre os mesmos elementos: dois elementos que estão em confronto.

Na base de conceitos ou palavras se encontram, portanto, sensações dos sentidos e percepções, não representações ou imagens rememorativas. Aqui a confusão da terminologia psicológica é, sem dúvida, completa. Como representações e percepções foram excessivamente aproximadas, sempre houve a propensão a erigir o pensamento ou a fala sobre representações. Por outro lado, mais uma vez somente as sensações dos sentidos são elementos imediatos dos conceitos; entretanto, na evolução do organismo, inúmeros diferenciais de juízo, semelhantes aos da linguagem, podem ter cooperado para a passagem das sensações dos sentidos às percepções humanas. Provisoriamente nossa posição será a de que não é a representação que deve estar na base da palavra ou conceito, ao contrário, é a palavra ou conceito que pode suscitar uma representação.

Conceito e juízo Impera a mesma confusão entre conceito e juízo. Essa confusão não pode imperar da mesma maneira entre os conceitos correlatos "palavra" e "proposição", porque palavra e proposição são fenômenos externos que toda criança aprende a manter separados um do outro. É claro que a proposição "o *poodle* é um cão" ou "o cão é um animal" contém mais do que a palavra *poodle* ou cão. Para a psicologia, no entanto, é bastante questionável se o *juízo* "o *poodle* é um cão" contém de algum modo mais do que o *conceito poodle*, como se certa quantidade de álcool aumentasse se eu lhe acrescentasse água. Pode mesmo ocorrer que o álcool, como causa do efeito sobre mim, diminua por conta da água. Falando sem imagem: pode ocorrer que o conceito se enfraqueça ao ser diluído por um juízo amplo demais. Parece-me que na vida espiritual efetiva do ser humano, que não pode ser equiparada aos exemplos escolares da psicologia escolar, é somente uma questão de atenção se sentimos o conceito ou o juízo como aquilo que vem primeiro.

Nos juízos analíticos de Kant (que são sem valia e, não obstante, talvez os únicos juízos existentes), a relação se esclarece: os juízos procedem por si mesmos do conceito, porque os conceitos são apenas juízos economicamente resumidos. "Conceitos são juízos potenciais" (Riehl).[202]

Inferência silogística

Silogismos Chegamos agora tão longe, que já temos de saber, sem investigação mais detida, que o silogismo ou inferência lógica é tão pouco capaz de fazer avançar nosso conhecimento quanto o juízo. Já não há para nós a antiga representação segundo a qual os conceitos são reunidos por comparação na sabedoria mais alta dos juízos. Aprendemos que o juízo não se torna distinto pelo conceito, mas o conceito pelo juízo. Se, no entanto, não cabe mais matéria de conhecimento no juízo do que no conceito, a inferência não pode concluir mais por juízos do que por conceitos. A conclusão, portanto, não será outra coisa senão um desmembramento mais amplo dos conceitos ou palavras, pelo qual não pode surgir nenhum conhecimento novo.

Pode-se aceitar que essa esterilidade das inferências está demonstrada desde Stuart Mill,[203] mas a lógica escolar continua se aferrando aos ensinamentos antigos e procura salvá-los mediante novas construções. Desde Trendelenburg[204] se tem abandonado a lógica formal, isto é, aquela lógica que confessadamente destruiu a ponte entre si mesma e a realidade, e se tem tentado restabelecer a ligação das pretensas leis

---

202 Mauthner cita aqui o neokantiano Alois Riehl em sua obra *Der Philosophische Kritizismus und seine Bedeutung für die positive Wissenschaft*, II, 1. Leipzig: Engelmann, 1876, p. 224. (N.T.)

203 John Stuart Mill (1806-1873), filósofo e economista britânico, autor de *Sistema da lógica dedutiva e indutiva* (1843). (N.T.)

204 Friedrich Adolf Trendelenburg (1802-1872), cuja *Geschichte der Kategorienlehre* [História da doutrina das categorias] é particularmente importante para a concepção mauthneriana de que as categorias provêm de uma transposição das formas gramaticais para a metafísica e a lógica, o que é particularmente visível no livro *Aristoteles. Ein unhistorischer Essay* [Aristóteles. Um ensaio a-histórico]. Berlim: Bard & Marquardt, 1904. Essa obra foi traduzida para o inglês por Charles D. Gordon e publicada em 1907 (Nova York: McClure, Phillips). (N.T.)

da lógica com as leis do mundo real. Repete-se, portanto, aqui no alto da elaboração lógica o que já observamos em seus níveis inferiores. A grande, inevitável hipótese de que causa e efeito dominam na natureza é equiparada à imagem linguística defeituosa de que há um fundamento e uma consequência, atribuindo-se à consequência, a partir do fundamento, a mesma necessidade que ao efeito a partir da causa, e a utilidade dos silogismos parece demonstrada.

Ora, a lógica escolar mais recente admite sem reservas que não há nenhum progresso na maioria das conclusões de nosso pensamento, mas antes apenas uma espécie de visão retrospectiva. O exemplo mais em voga dessa admissão costuma ser tirado das proposições sobre nosso sistema planetário.

Façamos, pois, a seguinte inferência:
Todos os planetas são achatados nos polos.
Marte é um planeta,
Logo, Marte é achatado nos polos.

O silogismo é irrepreensível. Mas, ao mesmo tempo, é claro como o sol que, para ser mais que uma suposição, só podemos ter chegado à afirmação "todos os planetas são achatados" por meio de uma observação particular de que Marte também é achatado nos polos. Em todos os casos semelhantes, pode-se tornar compreensível a qualquer criança que a conclusão teve de estar presente em nosso pensamento antes que a premissa maior, da qual posteriormente a extraímos. É indubitável que a consequência estava presente antes do fundamento, que a imagem extraída da sequência temporal é uma imagem invertida e que, finalmente, a equiparação de causalidade (causa e efeito) e inferência (fundamento e consequência) é um disparate. Só podemos repetir: não descobrimos nada de novo por meio daquilo que se denomina inferência.

A indução

Dedução e indução A crítica da linguagem conduz para além e para fora das formas dominantes de pensar; ensina que a lógica nunca pode levar a um enriquecimento do conhecimento. Nossa visão, no entanto, se diferencia da visão vigente, ensinada teoricamente por Stuart Mill e admirada particularmente pelos cientistas naturais ingleses, pelo fato de que esses cientistas renunciaram mais ou menos claramente, no máximo, à lógica dedutiva, a velha lógica escolar, para colocar em seu lugar a lógica indutiva como instrumento de conhecimento igualmente infalível. Compreendemos, porém, que a dedução era inútil porque levava de volta das palavras às impressões dos sentidos ou completamente ao vazio, enquanto a indução é igualmente inútil porque não leva das impressões sensíveis a conhecimentos, mas apenas a recordações ou palavras. Para a drástica exposição desse estado de coisas, utilizarei e modificarei uma imagem espirituosa de Whewell.[205] A dedução se parece com a pessoa que vê um prego pintado na parede e quer pendurar um quadro com verdadeira moldura nesse prego; isso não dá para fazer porque em prego pintado só se pode prender moldura pintada. A indução, porém, se parece com a pessoa que vê na parede o quadro na moldura pintada, e sua imaginação não sossega até que um prego pintado pareça prendê-la. A indução é psicologicamente mais fina; mas também seu sossego é afinal, como o da teoria do conhecimento dedutiva, apenas uma ilusão.

O erro comum à lógica tanto dedutiva como indutiva consiste em que ambas satisfazem com meras palavras a inextinguível necessidade de repouso do espírito humano; a indução só é ao mesmo tempo mais prudente, mais modesta e mais pobre porque se satisfaz mais cedo. A palavra da linguagem humana, a palavra como sinal característico para as percepções sensíveis, é apenas o ponto de passagem da indução para a dedução. A indução genuína e confiável se encerra na palavra, ali onde a palavra sem teoria quer ser apenas uma recordação; a dedução começa ali onde a recordação cessa, onde os fatos são abandonados pela palavra. Foi assim nos tempos antigos e ainda hoje é assim.

Termini technici das ciências indutivas

Linguagem técnica e linguagem comum E então nos perguntamos o que devemos pensar da oposição entre linguagem coloquial e linguagem técnica das ciências. Whewell, em seus aforismos, considera de grande importância que, ao serem introduzidas na ciência como expressões técnicas, as palavras da linguagem comum sejam definidas com precisão

---

205 William Whewell (1794-1866), filósofo, teólogo e historiador inglês. A comparação se encontra na introdução ao livro *História das ciências indutivas* (1837). (N.T.)

e eximidas de toda ambiguidade. Há alguns séculos — pois essa exigência é de fato mais antiga do que se pensa —, o rigoroso cumprimento dessa regra fez a descrição da natureza se libertar parcialmente da superstição dos antigos em relação às palavras. Mas tampouco a expressão técnica pode se tornar uma ferramenta útil para o conhecimento.

 Custou muito tempo para que alguns homens perspicazes descobrissem que as palavras da linguagem coloquial não são assim tão claras e definidas como o falante normalmente crê ainda hoje. A sensação de insuficiência da linguagem comum, parece-me, surgiu vivamente pela primeira vez (com exceção de Sócrates) em Descartes. Isso pode ter a ver com o fato de que ele é um dos primeiros eruditos a escrever, depois de um milênio, também em sua língua materna. Desde então, a necessidade de traçar uma distinção entre as palavras da linguagem coloquial e as expressões técnicas só aumentou. Toda disciplina científica possui sua própria linguagem técnica, cuja delimitação se deu a duras penas, e, dessa forma, todas elas terão dificuldade em admitir que também a expressão técnica não pode ser instrumento do conhecimento.

 Se quisermos sintetizar nosso panorama acerca das expressões técnicas das ciências empíricas, teremos de retomar uma imagem já empregada antes nesta investigação. Vimos, por exemplo, que os tipos de inflorescência que nos servem de critérios numa classificação botânica têm caráter adjetivo. Chamo a atenção aqui para aquilo que nossa crítica da gramática nos fez reconhecer acerca da essência do adjetivo. E se acrescentarmos que todo nosso conhecimento da natureza jamais deixa de ser uma descrição da natureza, e que a memória da humanidade ou linguagem nunca pode ir além de características adjetivas, isto é, de comparações figuradas entre as coisas, isso já bastará para que se conclua, do ponto de vista teórico, que também as expressões técnicas padecem das mesmas insuficiências que qualquer palavra da linguagem comum. Vimos, noutro contexto, como todo progresso do espírito humano não consiste senão no acúmulo de novas observações. Não importa se observações mais acuradas no âmbito de uma disciplina, como as observações da Lua, por exemplo, ou aquelas feitas no interior de uma classe profissional, como a observação mais acurada do vinho e a distinção de seus tipos, sejam transmitidas de geração em geração, tornando-se, com isso, mais numerosas: em ambos os casos não se deve estabelecer um limite entre linguagem coloquial e linguagem técnica. Não nos deixemos enganar pela diferença do trabalho espiritual exigido aqui e ali para se fazer observações. Valorizamos mais a formação do astrônomo que observou e mediu a Lua mais precisamente do que seus antecessores e menos a formação de um viticultor que sabe diferenciar os vinhos de uma região por vinha e ano de colheita. Ninguém denominará seriamente os conhecimentos do viticultor uma disciplina científica; mas temos finalmente de reconhecer que a observação mais acurada da Lua não é senão uma descrição de suas aparências adjetivas, que essa descrição não poderia se perfazer, e que a explicações sobre a Lua não poderiam ser alcançadas em futuro algum. Os termos técnicos do viticultor e do astrônomo certamente não têm o mesmo valor do ponto de vista do emprego cerebral; eles têm o mesmo valor do ponto de vista da crítica da linguagem.

  O viticultor ou enólogo ultrapassam a linguagem coloquial com sua abundância de termos técnicos porque a fineza de suas sensações gustativas sobrepuja a do homem comum. Ali onde o bebedor inculto só diferencia o doce do azedo e os posteriores efeitos leves ou fortes da embriaguez, e o conhecedor de vinhos experiente conhece uma dezena de sensações gustativas diferenciadas e as nomeia com uma dezena de expressões que são correntes em seu círculo, mas que, para a linguagem popular, já são expressões técnicas, ali o viticultor vai ainda mais longe. Até que ponto? Isso é bastante digno de nota. Ele certamente dispõe ainda de uma porção de designações técnicas que ultrapassam o conhecimento de um fino apreciador de vinhos. Mas, no final das contas, o número de suas expressões técnicas não supera o de suas observações e memórias do vinho. Suponhamos que nosso especialista tenha em sua adega vinhos de trinta vinhas e vinte colheitas diferentes, ou seja, seiscentos tipos. Suponhamos (o que de fato pode ocorrer) que esse homem digno e versado em sua especialidade possa, após uma degustação, distinguir cada um desses seiscentos tipos de todos os outros. Ele poderá, com alguns adjetivos, descrever cada um deles. Mas essa descrição não fará com que outra pessoa, não especialista, tenha uma ideia do vinho sem prová-lo, nem o viticultor será capaz de descrever separadamente, ainda que de modo aproximado, a totalidade dos tipos. As nuances das sensações gustativas serão mais sutis do que as nuances dos termos técnicos. Vejam como a linguagem serve a nosso especialista e como ele se entende com seus alunos, degustadores experimentados. Os termos técnicos adjetivos falham. Mas o gosto de cada um dos seiscentos tipos, que diferem conforme a vinha e o ano da colheita, lhe é conhecido. O viticultor compõe, assim, com a denominação da vinha e o ano de colheita, uma espécie de nome próprio para cada tonel — "Deidesheimer Leinhöhle 1889", por exemplo. E quando o gosto e o cheiro desse vinho lhe estimulam os nervos, ele então se lembra desse nome próprio. Ele dispõe de mais de seiscentos nomes próprios, ao passo que um pobre-diabo, quando muito, conhece apenas o conceito geral "vinho branco". Esses nomes próprios se tornam termos técnicos entre os conhecedores e, no linguajar das cartas de vinho, o nome próprio "Deidesheimer Leinhöhle 1889" significa apenas que o vinho comprado sob esse nome é o que mais se aproxima àquele do tonel de nosso viticultor — já que, por várias razões, até mesmo pela recarga dos tonéis, já quase não há vinho de origem pura. De modo geral, podemos exprimir esse procedimento corriqueiro da seguinte maneira: a linguagem não é capaz de acompanhar os resultados das observações mais precisas, a linguagem técnica tem de retornar, no ápice de seu desenvolvimento, à origem da linguagem, à comparação instintiva de impressões sensíveis. Uma sociedade fechada de especialistas, sejam astrônomos, sejam conhecedores de vinho, possui, portanto, um estoque de expressões técnicas que integram a linguagem coloquial dessa sociedade, mas que, em cada patamar do conhecimento técnico, são sempre lembranças figuradas, imagéticas, de impressões sensíveis, ou seja, não valem mais do que as palavras da linguagem comum.

    Não preciso dizer que o viticultor de modo algum é exceção. O comprador versado em chá, tabaco, trigo, algodão etc. etc. detém conhecimentos específicos que a linguagem técnica, mesmo a de sua corporação, nunca alcança. Uma centena de diferenciações incompreensíveis para nós, leigos, é feita pelo especialista que segue, como se diz, o seu sentimento. E essa fineza dos nervos custa caro ao comerciante. Isso vai ainda além; todas as pessoas em suas ocupações diárias são dotadas desse sentimento, que não se deixa definir com precisão. Nós só não estamos acostumados a fazer exigências tão grandes e precisas à linguagem. A precisão última na observação sempre a ultrapassa. A cozinheira não saberia expressar por palavras o sabor que consegue dar à sopa mediante mínimos acréscimos de sal e tempero. O carpinteiro que conhece os diversos tipos de broca e seus respectivos nomes, desconhecidos para o leigo, não saberia dizer com palavras qual é seu sentimento quando encaixa e move a broca de um jeito um pouco diferente de acordo com a dureza e a estrutura da madeira. Os exemplos seriam infinitos. Todos eles resultariam no conhecimento de que a realidade de cada campo de interesse, observada com mais precisão, cria e exige uma linguagem coloquial mais específica, que, aos olhos dos que estão de fora, parece se distinguir enquanto linguagem técnica, e no conhecimento de que, por fim, a linguagem em geral falha quando se observa a realidade com a máxima precisão.

Na vida prática, tal circunstância tem como consequência que determinada técnica não pode chegar à posteridade apenas por meio da linguagem. Técnica alguma se esgota num livro. Quem quiser montar uma fábrica de vidro terá de ser vidreiro ou de contratar vidreiros. Se por alguma razão o sentimento dos nervos de determinada categoria se perder (por falta de encomendas, por exemplo), a técnica também se perderá. Foi assim que a técnica da pintura de vitrais e outras técnicas de pintura se extinguiram. Não foi por meio de livros ou da linguagem, isto é, da ciência, que uma técnica morta pôde ser ressuscitada, mas por meio de novas experiências, por um novo treinamento dos nervos. As impressões sensíveis mais elementares tiveram de dar novamente sentido às palavras preservadas.

Saber e palavras

Individualidade da sensação E agora vejamos se a situação muda com as percepções, que no entanto estão no fundamento de todo nosso conhecimento do mundo, de todas as nossas representações, mesmo de indivíduos humanos. De imediato nos ocorre que nossos órgãos do sentido não nos prestam esclarecimento sobre qualquer coisa de real. Temos de tentar reter essa comparação entre indivíduos humanos e as mais simples percepções sensíveis, por mais paradoxal e difícil que isso seja. Um som soa, uma cor reluz. Impossível para nossos órgãos do sentido sentir o indivíduo dó sustenido ou o indivíduo vermelho (ambas as sensações são apenas componentes infinitamente pequenos de nossa consciência do eu) a não ser pela atividade da memória, que compara tais e tais vibrações como semelhantes ou regulares, as deixa fluir por seu leito (da memória), as passa em revista de algum ponto desse leito e as destaca mediante uma recordação. Não possuiríamos nossa consciência do eu se nossa memória ou nossa linguagem não tivessem classificado, comparando, milhões desses indivíduos sensíveis; também esses últimos indivíduos sensíveis, no entanto, não nos dão percepções de algo real, mas apenas mera aparência. Nosso realismo moderno será necessariamente levado, para além de si mesmo, a confessar que não conhece nenhuma realidade efetiva, que ele conduzirá a um novo idealismo, digamos, a um idealismo apenas mais enérgico. Nosso moderno realismo, em seu orgulho de um século, tem no fim das contas de confessar que, por maior que tenha sido desde a Idade Média o avanço de nossas investigações nas ciências naturais, não pode afirmar sem superstição linguística que conhece algo de real em algum dos dois pontos extremos, na consciência humana do eu ou nas mais baixas sensações dos sentidos. O realismo moderno compreendeu a irrealidade do conceito de espécie e de gênero, mas — enquanto não se tornou crítica da linguagem — permaneceu um realismo linguístico na apreensão da realidade última.

Nominalismo epistemológico O nominalismo escolástico se opôs corajosamente ao realismo linguístico escolástico, mas não pôde descobrir a última palavra, porque acreditava na realidade dos indivíduos e não pressentia a casualidade dos sentidos. O que ensino já foi chamado de um nominalismo *redivivus*.[206] Ele, no entanto, não esqueceu a escola de Locke, Hume e Kant depois de seu renascer e, liberto das preocupações terrenas e clericais, é nominalismo epistemológico.

Se esse nominalismo já tivesse vencido, não seria mais possível que homens inteligentes ainda hoje diferenciassem teoria e prática, pensamento e vida. A teoria que alguma vez contradiz a prática pode ser divertida. É como se quiséssemos estabelecer leis que confessadamente contradissessem a experiência. E, no entanto, os grandes homens das grandes práticas estiveram e estão sujeitos à superstição da palavra. Penso nos homens de Estado, cuja força precisa residir naturalmente no fato de que conhecem a realidade, de que não são ideólogos ou realistas linguísticos. Pensemos, porém, em Napoleão e Bismarck, dois gigantes em meio às pessoas atuantes do século XIX, ambos considerados com razão vencedores da ideologia. A meta para a qual se endereçava aos poucos a vida desses dois homens poderia ser resumida em quererem ambos tornar de novo o nome César ou *Kaiser*[207] um poder; Napoleão mais para si mesmo, Bismarck mais para seu rei e seu país. Deixemos de lado tudo de funesto que a superstição linguística em relação às formas de Estado havia acarretado ao próprio Júlio César e a superstição linguística em relação ao título de César, aos imperadores

---

206   "Redivivo." Em latim no original. (N.T.)
207   *Kaiser*, derivado de César, significa, em alemão, "imperador". (N.T.)

da Idade Média alemã. Com força inaudita, Napoleão transformou essa palavra numa realidade, mas depois de tudo se arruinou ao se apegar, por superstição linguística, a outro conceito, ao conceito geográfico de Europa, não se sentindo como César enquanto houvesse na "Europa" alguém que não lhe obedecesse. Podemos encontrar nas cartas de Napoleão documentos mostrando como suas decisões eram guiadas pelo conceito acidental "Europa" e como foi levado por ele à campanha contra a Rússia. Certamente, a Europa também era uma realidade graças às relações cortesãs e econômicas entre a Rússia e as potências ocidentais; mas Napoleão foi influenciado pelo conceito para além disso. E ele tinha tão pouca superstição dos nomes na religião, que consentiu, rindo, que, em homenagem a ele, o papa colocasse São Napoleão de novo no calendário e não se interessou quando viu seu antepassado Bonaventura Buonaparte ser declarado santo. E o ainda mais nominalista Bismarck, que, cinquenta anos após a catástrofe de Napoleão, perguntou ao embaixador inglês, como na crítica da linguagem: "Quem é a Europa?"; Bismarck, cujos êxitos durante toda a vida se deveram ao senso de realidade com o qual levava em consideração os ossos mesmos dos soldados alemães, o caráter mesmo de seu rei e o modo mesmo de agir de seus inimigos internos e externos, conheceu seu único malogro e talvez tenha caído indiretamente porque havia combatido um único de seus inimigos, o dirigente ou os dirigentes da Igreja Romana, não como um ser humano de carne e osso, mas como um conceito.

Se o nominalismo epistemológico e, com ele, a crítica da linguagem tivesse se introduzido no hábito espiritual do povo ou, pelo menos, no dos dirigentes, os últimos restos de ideologia teriam desaparecido do cálculo dos homens de Estado, e um gênio como Bismarck não mais poderia cair no erro de que estaria agindo quando atirasse com canhões contra o nome de Roma ou contra o abstrato "papismo". Enquanto a crítica da linguagem não tiver esclarecido o pensamento, continuaremos acreditando que se faz alguma coisa quando se enforca um inimigo *in effigie*[208] em vez de pegá-lo pelo colarinho. Ainda hoje não se sabe que esses restos de realismo linguístico na cabeça dos homens mais poderosos lembram o fetiche dos árabes, que prometem ou acreditam ferir mortalmente uma vítima quando, com um alfinete, perfuram seu coração em imagem. É o que basta sobre a utilidade prática do nominalismo epistemológico ou de uma crítica da linguagem.

208   "Em efígie." Em latim no original. (N.T.)

A melhor compreensão de quão perigoso para a prática da vida é a disputa em torno de palavras sempre foi dos ingleses, cujos filósofos mais livres, não sendo nunca professores universitários, mas frequentemente homens de Estado, deram a melhor contribuição para o combate ao realismo linguístico. João de Salisbury (no século XII), um discípulo de Abelardo, já zomba das sutilezas dialéticas. Ele é geralmente citado como adversário dos nominalistas. Mas na verdade fazia troça dos dois partidos. Quando, depois de uma vida ativa, retornou à França e viu que os antigos companheiros de estudos ainda estavam no mesmo lugar, escreveu: "O mundo envelheceu trabalhando na questão dos conceitos de gênero e espécie; empregou-se nessa questão mais tempo do que a dinastia de César em conquistar o mundo, gastou-se mais dinheiro do que Creso possuía; absorveu muitas pessoas durante toda a vida, com tanta exclusividade, que elas não encontravam mais nem um, nem outro".

É um belo acaso da linguagem que, na época do Renascimento, os realistas linguísticos fossem chamados de antigos e os nominalistas de modernos. (*Moderni* deriva certamente de *modo*, no latim tardio algo como "agora, hoje", e significa, portanto, realmente, "os de hoje".) Numa significação modificada da palavra, hoje todos os homens modernos são nominalistas, sem suspeitar disso. Como nos tempos de Ockham ou, mais precisamente ainda, nos de Abelardo, a humanidade pensante procura de novo se libertar do peso morto das abstrações; especialmente os conceitos abstratos da estética e da ética, ou seja, todas as leis da arte e da vida estatal em que até agora se acreditava são dissolvidos criticamente, e a transvaloração de todos os valores se tornou uma palavra de ordem em voga graças a Nietzsche. Na designação "valor" se reconhece que o ataque visa, em primeiro lugar, ao grupo de representações abarcadas afinal pelo nome de filosofia prática. A dissolução nominalista de todas essas abstrações e de todos os juízos de valor nelas ocultos começou sob os lamentos da Igreja e dos velhos teóricos do Estado. Mas a dissolução ainda mais importante dos conceitos teóricos, uma crítica radical do conhecimento humano e da possibilidade desse conhecimento, continua atemorizando. De fato, a ciência oficial ostenta mais orgulhosamente do que nunca o valor daqueles universais ou conceitos gerais que em nossa época receberam o nome de leis naturais. Assim como o conceptualismo antigo admitia a origem psicológica dos conceitos na alma humana, buscando, entretanto, nas coisas mesmas, algo real que correspondesse exatamente aos conceitos, assim também hoje nossos melhores cientistas — consciente ou inconscientemente — são unânimes quanto à origem e à significação puramente subjetiva da linguagem humana, mas as leis que formularam nessa linguagem humana, eles as consideram, apesar de tudo, como algo existente na realidade, consideram as leis naturais mandamentos que, não tendo sido dados por nenhum Deus, a natureza se dá a si mesma. E é infinitamente difícil reter ou mesmo transmitir a intuição de que as leis naturais são igualmente apenas abstrações do cérebro humano, e aquilo de que essas leis sejam talvez uma imagem especular, talvez lembranças confusas, talvez caricaturas, não é de modo algum algo real, mas somente relações, para as quais a linguagem humana não possui palavras. Temos uma palavra abrangente para um grupo de fenômenos que explicamos pelo magnetismo. Certamente, não podemos deixar de nos convencer que a relação de semelhança entre esses fenômenos remete a alguma coisa na natureza; mas é orgulho humano crer que na natureza tenha de existir algo que corresponda particularmente a nosso conceito de magnetismo. Esta é uma das muitas hominizações de que não podemos nos livrar. Faz cem anos havia na química de combustão o conceito de flogisto, e se acreditou por muito tempo que algo correspondesse a esse conceito. O que ocorre com o principal conceito da disputa medieval, o de espécie, não é muito diferente. Por milênios foi preciso enxergar algo real por trás dele, e era apenas uma diferença de grau se os crassos realistas linguísticos, de Platão a Schopenhauer, viam algo de real nas espécies ou se seus adversários penavam com as palavras para ocultá-lo em alguma parte dos indivíduos. Quando Darwin nos ensinou que espécies podem *surgir*, o rígido conceito de espécie teve de desaparecer. Mas com isso o ponto de vista da Idade Média só aparentemente foi superado; nossos darwinistas terão dificuldade em admitir que suas leis da hereditariedade e da adaptação são apenas palavras, por trás das quais nós contemporâneos só podemos procurar algo de real enquanto estamos provisoriamente sob o fascínio dessas palavras.

    O nominalismo puro e consequente, que jamais foi pronunciado por nominalistas, que foi posto na boca deles provavelmente apenas por adversários maldosos, a doutrina de que todos os conceitos ou palavras do pensamento humano não passam de exalações de ar da voz humana, o nominalismo consequente, segundo o qual o conhecimento da realidade é tão recusado ao cérebro humano quanto ao quimismo de uma superfície de pedra, esse nominalismo puro, que, a despeito de todas as ciências naturais, duvida tão tranquilamente do conhecimento da gravidade, da cor ou da eletricidade como do conhecimento da consciência, esse nominalismo epistemológico não é uma visão de mundo demonstrável.

Ele não seria nominalismo se quisesse passar por mais do que um sentimento, pelo estado de espírito do indivíduo humano diante do mundo. E mesmo uma consumação do pensamento dessa doutrina, um mergulho satisfeito nesse estado de espírito nos é recusado, porque todo pensamento ocorre em palavras da língua, e o pensamento se dissolve a si mesmo quando a nebulosidade das palavras se tornou clara para nós. O mergulho nesse mero estado de espírito é certamente possível por um momento; mas então o sonhador volta sempre a tentar fixar, como um poeta lírico, esse estado de espírito em pobres palavras, e não encontra apoio quando já não acredita na palavra. O nominalismo puro dá cabo do pensamento e sente, além disso, com um novo arrepio da humanidade, que cor ou som, os resíduos de sua consideração do mundo, são apenas brinquedo de crianças que os sentidos contingentes colocaram no berço do homem. Com palavras se pode realmente apenas discutir, não produzir; com elas só se pode combater a velha crença, não demonstrar uma nova. "Refutar opiniões de forma universalmente válida é possível; fundamentar opiniões de forma universalmente válidas é impossível" (S. Philipp, *Quatro teses céticas*).[209]

Ceticismo e mística Esse ceticismo extremo, que é um lado de toda a minha doutrina, me faz sentir novamente o leve temor, não sem um sorriso, de que defensores atentos do dogmatismo clerical também possam forjar armas com minha crítica da linguagem, assim como ainda continuam a tirar, de qualquer doutrina cética, argumentos contra a ciência esclarecida. Pois no primeiro grito contra a superstição linguística fui tão longe quanto a gíria cínica, que, para *langue*, diz em francês *la menteuse*[210] e em inglês *prating cheat* (mentirosa faladeira, "embusteira"). E não deixei dúvida de que estendo a inconfiabilidade da linguagem àqueles âmbitos em que a gíria não ousa pensar. O cientista natural que reconheceu comigo o caráter enganoso de todas as suas leis continua a trabalhar sorrindo, como se houvesse leis. O nominalista consequente pode não se dar por satisfeito com um "como se" e dirigir seu ódio resignado contra *la menteuse*.

Deixo o ceticismo ético de lado. O velho Huet (*De la faiblesse de l'esprit humain*, p. 242) deu cabo dele com palavras primorosas: "*Autre chose est de vivre, autre chose de philosopher. Lorsqu'il s'agit de conduire*

---

209 S. Philipp, *Vier skeptische Thesen*. Leipzig: Reisland, 1898. (N.T.)
210 "A mentirosa." (N.T.)

sa vie..., nous cessons d'être philosophes... Nous devenons idiots, simples, crédules, nous appelons les choses par leurs noms".[211]

Os céticos epistemológicos, no entanto, sempre se tornaram dogmáticos negativos quando combateram o dogmatismo filosófico, quando quiseram permanecer críticos. Só os céticos realmente grandes foram ao mesmo tempo místicos. Para os defensores do credo antigo, o jogo com os dogmáticos negativos era fácil, porque uma crença infantil que ganhou adesão parece mais bela do que uma nova crença inacabada, surgida de modo igualmente tirânico. Esforcei-me para reprimir em minhas explicações também a propensão mais oculta para a mística, por mais que também ame os grandes místicos para as horas sagradas de domingo, os balbuciantes eloquentes "mudos do céu". Aqui, porém, onde sou obrigado a falar da relação entre crítica da linguagem e o conceito de religião, gostaria de antecipar algumas palavras do nobre Mestre Eckhart: "Um de nossos mais antigos mestres, que já havia encontrado a verdade muito, muito antes do nascimento de Deus, teve a impressão de que tudo o que pudesse dizer sobre as coisas tinha em si algo de estranho e inverídico; por isso, ele quis se calar. Ele não queria dizer: 'Deem-me pão, ou deem algo para beber'. Pelo mesmo motivo, não queria falar das coisas, porque não podia falar delas tão puramente como se tivessem surgido da causa primeira; por isso, preferia se calar e indicava aquilo de que necessitava com sinais dos dedos. Ora, como *ele* não podia falar das coisas, convém ainda mais que todos nós nos calemos sobre aquele que é origem de todas as coisas". E outra vez: "A alma é uma criatura que pode acolher todas as coisas nomeadas; e coisas não nomeadas ela só pode acolher se forem tão profundamente acolhidas em Deus que elas mesmas se tornam sem nome".[212]

Quase não penso de outro modo: só a língua é algo diferente, porque seis séculos separam as duas.

---

[211] "... Uma coisa é viver; outra, filosofar. Quando se trata da conduta de vida..., deixamos de ser filósofos... Tornamo-nos idiotas, simples, crédulos, chamamos as coisas pelos seus nomes." Pierre Daniel Huet (1630-1721), *Traité philosophique de la faiblesse de l'esprit humain* [Tratado filosófico da insuficiência humana], publicado postumamente em Amsterdã, em 1723. (N.T.)

[212] O trecho reproduz a tradução para o alemão contemporâneo do sermão *Ein Zweites vom namenlosen Gott* [De novo sobre o Deus anônimo] da seleção *Mystische Schriften* [Escritos místicos] (Berlim: Segnabel, 1903), p. 68, organizada e traduzida por Gustav Landauer, escritor e ativista anarquista amigo de Mauthner. (N.T.)

Crítica da linguagem Durante os longos anos nos quais as ideias fundamentais desta empresa se apoderaram de mim e me obrigaram ao trabalho realmente duro de pôr sua verdade incessantemente à prova, na vida e nas realizações da ciência, durante esses anos houve muitas horas e dias de desespero, nos quais me pareceu mais precioso e sábio adubar o campo que cultivo ou plantar uma pequena cerejeira ou eleger o primeiro cão que me aparecesse pela frente como professor sensato para a conduta da vida. Nada então me parecia mais tolo do que a tentativa última de falar indefinidamente a não ser da própria ignorância, com palavras que jamais podem ter um firme conteúdo. Mas precisamente essas horas e esses dias sombrios culminavam frequentemente no sentimento estimulante: pois bem, esta é a última tentativa, é a última palavra, e, como ela não pode ser a solução do enigma da esfinge, que seja pelo menos a ação redentora que obrigue a esfinge a se calar, por destruí-la. É com tristeza que volto os olhos a esses estados de elevado sentimento próprio. Que podemos pensar ou dizer na língua do dia de hoje sobre a língua do dia de amanhã? O Sol muda eternamente de órbita. A mesma esfera solar que hoje se põe volta a nascer amanhã. O mesmo vermelho a que agora chamo pôr do sol depois de poucas horas de sono semelhante à morte será chamado de aurora. O que hoje parecia a resposta final amanhã será uma nova pergunta; e a pergunta se transformará de novo em resposta na nossa língua de seres humanos tolos. Não obstante, quero procurar expor por que nas horas boas uma crítica da linguagem me pareceu a resposta final. É assim que crianças de dez anos narram os erros de seus primeiros anos e creem que são grandes.

Para aquele que se tornou solitário entre seus contemporâneos porque chegou a outra língua ou a outra visão do mundo, para aquele que não mais pertence à espécie, seria belo e fácil comunicar seu pensamento solitário aos outros se houvesse um entendimento entre os seres humanos, se os sonhadores ou tolos tivessem razão em falar de uma telepatia entre os humanos. Se houvesse esse contato espiritual imediato entre dois cérebros humanos, o indivíduo isolado precisaria apenas, como é costume entre os amantes, pegar o outro pela mão, e este teria um pressentimento do novo pensamento do primeiro. Entre eles, aquilo que chamamos de pensamento se tornaria algo em comum.

Aquilo, porém, que se chama de pensamento é apenas mera linguagem. Também o indivíduo solitário que produziu em si seu novo pensamento tem apenas a ilusão de uma nova visão do mundo e não sabe que apenas conecta palavras de outro modo, palavras sem conteúdo exato, e, quando quer empregar as palavras para a comunicação, fazendo confiança na linguagem, não pode demonstrar nada, nem sequer convencer, mas no máximo persuadir como um tagarela diante do tribunal, como um orador. Palavras expressas em palavras, eis o início e fim de toda filosofia. O que se arrasta para diante do tribunal é a realidade viva, que ora se chama Deus, ora natureza, sem relevar seu verdadeiro nome. Esse fato que é o mundo das realidades é o que homens chamados de grandes filósofos procuram entender e explicar, defender ou condenar. Eles explicam e entendem, defendem e acusam como tagarelas diante do tribunal. Palavras são as suas obras, palavras expressas em palavras. Teria então também de se empreender um dia a última tentativa de renunciar não apenas à defesa e à acusação, mas também a toda explicação e todo entendimento. Seria preciso empreender a última tentativa de considerar a palavra despida em toda a sua nudez, a última tentativa de ousar uma crítica da linguagem.

Logo a seguir atravessou o umbral dessa reflexão a compreensão de que erramos ao acreditar e dizer que o conhecimento do mundo, tal como o cremos ter em presunção infantil, seja algo no mundo mesmo, algo de real, ideia que exprimimos por meio da linguagem. Naquele umbral estava a compreensão de que todo conhecimento que o homem tem do mundo sempre foi apenas e unicamente a linguagem mesma, a língua desse homem e de seu povo. De Kant até o mais "idiota", todo e qualquer indivíduo tomou por conhecimento do mundo a pequena soma de suas lembranças herdadas e adquiridas. Ele tinha de tomá-las pelo conhecimento do mundo, já que não conhecia nem podia conhecer nada de outro. E eram já os melhores homens da humanidade que se puseram a reordenar honesta e diligentemente a ordem tradicional dessas lembranças herdadas e adquiridas.

Chegou até nós através de milênios uma ordenação simples de nosso saber sobre as coisas. O homem via o mundo e sentia a si mesmo; procurava compreender o mundo e compreender a si mesmo. Só raramente, em mentes de exceção, soou a palavra que parecia uma libertação de todo erro: ninguém pode dizer se está ele mesmo contido no mundo ou o mundo nele. Mas mesmo essa palavra lúdica e sedutora não ajudou as melhores mentes; pois sabiam o que sentiam saber apenas sentindo solitariamente e precisavam falar a fim de pensar e formular por inteiro, entre os homens, o que haviam acreditado ter pensado sozinhas. Não há linguagem na solidão. Mas ali onde alguém se encontrava com outro, ali um se separava do outro, o eu se separava do mundo, e a antiga oposição entre natureza e espírito continuou subsistindo no pensamento e na linguagem até o dia de hoje. Tendo avançado tão esplendidamente em todas as épocas quanto hoje, porque toda época é seu próprio presente, a humanidade ordenou suas recordações herdadas e adquiridas em ciências naturais e em ciências do espírito.

Nosso atual conhecimento do mundo é armazenado, para os contemporâneos e para os pósteros, em incontáveis livros cheios de palavras, ordenado em ciências naturais e ciências do espírito. Não nos aflige que essa divisão em natureza e espírito se tornará obsoleta um dia, quando soubermos o bastante para não mais saber o que é natureza e o que é espírito. Do mesmo modo, nossos catálogos se tornariam imprestáveis no dia em que nosso alfabeto fosse substituído por outro. O catálogo do mundo está dividido apenas provisoriamente em natureza e espírito.

Isso não nos aflige; mas nos aflige há algum tempo o pressentimento alvorecente de algo terrível, isto é, de que nenhum indivíduo sozinho entende completamente as palavras que enchem nossas bibliotecas. Cada palavra tem uma história, uma história de suas formas e uma história de suas significações. Assim como o efeito profundo da música sobre nós não pode ser explicado unicamente pelas meras proporções dos sons, assim como o soar simultâneo dos harmônicos só nos enternece se a música nos enternece, assim também as palavras da linguagem humana não podem ser entendidas sem a sua história. O acaso da pequena experiência pessoal determina a representação que o indivíduo isolado tem ao lidar com as palavras. A linguagem não é propriedade do homem só, porque existe somente entre os homens; mas tampouco a linguagem é comum a dois indivíduos, porque mesmo apenas dois indivíduos jamais representam o mesmo com as palavras. As palavras das ciências do espírito têm sua história, que recua a tempos longínquos. Da mesma maneira, as palavras das ciências naturais recuam mais e mais longe. Porém, não só as palavras têm uma história, também as coisas da realidade a que as palavras se referem tiveram uma evolução.

Então é certamente terrível que nenhum mortal jamais entenderá as palavras de sua língua com todo o seu teor histórico porque seu tempo de vida e sua capacidade de apreensão não bastariam para acolher esse saber enorme e, mesmo que houvesse tal indivíduo, suas palavras não poderiam designar nenhuma realidade, porque esta jamais está em repouso. Assim como, girando ambas em suas órbitas, a Lua continuamente desce sobre a Terra sem se aproximar dela, assim também a palavra móvel da língua humana circunda a órbita da realidade e não se aproxima dela. A palavra não pode apreender a história da humanidade, mas é, por sua vez, inapreensível sem sua própria história.

    Há centenas de anos se tem trabalhado e retrabalhado esse modo de ver. Aos poucos se deixou de ver a história da humanidade apenas nas catástrofes, nas guerras e batalhas; começou-se a escrever a história da cultura humana e a história das ciências. Mas, se um indivíduo superior conseguisse escrever uma história das ciências que fosse a história da humanidade, isso, no entanto, seria apenas uma mísera história da linguagem humana. Pois aquilo que chamamos de ciências é, no entanto, hoje como em qualquer época, apenas a palavra que surge depois do fato.

    Quão distante essa história ideal da humanidade, essa história ideal da linguagem estaria ainda de um conhecimento, de uma solução para o enigma do mundo, isso despenca esmagadoramente sobre nós quando procuramos escavar um nível a mais desse poço escuro chamado pensamento. Todas as palavras de nossa língua nada mais são que sinais rememorativos das representações que nos foram comunicadas pelos nossos sentidos. Mas o que nossos sentidos têm a ver com o conhecimento da realidade? Outros animais talvez tenham outros sentidos. O cristal sem vida, desprovido de sentidos e, portanto, inconsciente segundo nossa linguagem, está talvez mais imediatamente perto do enigma do mundo do que nós. Que acaso desconhecido da evolução pode ter dado à humanidade justamente os seus sentidos? Só quando compreendermos claramente que as cinco portas de nossos sentidos são criações contingentes, como frestas que balas inimigas abriram num muro, só então reconheceremos a miséria de nosso esforço por conhecimento. Algum contato hostil nos tempos primordiais deu às espécies que chamamos animais o primeiro estímulo à tendência de desenvolver olhos e ouvidos, sobre cujas funções se edificou a maior massa daquilo que denominamos nosso conhecimento do mundo. Aquilo que ocorre na realidade, aquilo que, com a linguagem da mecânica, hoje chamamos de movimento, nós o conhecemos tal como nos entra pelas duas frestas do ver e do ouvir. Devemos nos imbuir inteiros de resignação: são sentidos contingentes. Há fenômenos na realidade que temos de traduzir primeiro na língua de nossos sentidos para podermos percebê-los. Nosso mundo é o mundo dos sentidos, e nossos sentidos são testemunhos contingentes. O que é visível e o que é audível no grande desconhecido, e que age ademais sobre nossos outros sentidos contingentes, nós nos acostumamos a acolhê-lo e a denominá-lo nosso mundo. Mas por milênios os fenômenos da magnetita e do âmbar, fenômenos que, no entanto, saturam o mundo tanto quanto o som e a luz, permaneceram imperceptíveis ao ser humano, até que ele aprendeu a vê-los e ouvi-los. Se outro acaso, nos primórdios dos seres vivos, lhes tivesse estimulado a tendência a desenvolver um órgão dos sentidos para a eletricidade, a humanidade conheceria um mundo elétrico e teria talvez conseguido descobrir, depois de milênios e milênios, aquele fenômeno que nos é tão bem conhecido como luz. Assim é o acaso que jogou com a humanidade. No pensamento humano não há nenhum conhecimento que não tenha estado antes nos sentidos. E nada entra pelos sentidos que não seja capaz — de maneira contingente — de tomar a forma desses sentidos. As palavras de Goethe são muito mais tristes do que ele as pensou:

Wär' nicht das Auge sonnenhaft,
Die Sonne könnt' es nie erblicken.[213]

O olho só pode ver o que é ocular no sol, o solar permanece invisível. E nem sequer em palavras podemos exprimir completamente o que queremos dizer com isso.

Nossa ciência oficial se contenta com fenômenos visíveis e audíveis daquelas forças naturais que são manifestamente outra coisa que luz e som. Ela crê conhecê-los, tal como cremos conhecer poesias estrangeiras a partir de traduções. Ainda quase não lhe ocorreu pensar que, por fim, não só os fenômenos audíveis e visíveis da desconhecida eletricidade, mas também tudo o que nos circunda como som e luz, são a tradução balbuciante, para os nossos sentidos, de um mundo estrangeiro e estranho.

Há somente um único fenômeno diante do qual a ciência oficial se detém aterrada ou respeitosa e confessa não entendê-lo: o fenômeno da vida. E, como crianças, os estudiosos mais honestos disputam se podemos ou não falar de uma força vital particular. A antiquíssima escaramuça verbal foi retomada há pouco. E só quem se compenetrou da contingência de nossos sentidos e de nosso conhecimento, só ele pode

---

[213] "Se o olho não fosse solar,/Jamais poderíamos ver o sol." Versos do poema "Doutrina das cores", de Goethe. (N.T.)

se colocar tristemente fora do combate. Felizes os combatentes. Não sabem que vida também é algo para o qual não temos nenhum órgão do sentido, assim como não o temos para a eletricidade. O único órgão do sentido para aquilo que conhecemos em nosso próprio corpo como estímulo e como sensação é o senso comum,[214] senso embotado, surdo-mudo, que não podemos interrogar. E que mais são os menores fenômenos da vida, as modificações orgânicas na matéria, na energia ou na forma do ser vivo (matéria, energia e forma serão apenas palavras diferentes para a mesma coisa), eles que não marcham para dentro de nossos sentidos se não se tornaram antes fenômenos contingentes da visibilidade? Por que devemos recusar que a boa linguagem possa abranger também esses fenômenos? Não precisamos de abstração para os fenômenos da luz e do som, e também as palavras luz e som não têm uma forma abstrata. Mas o que a boa linguagem faz, quando pretende designar os infinitos fenômenos da vida com uma só palavra? Ela diz vitalidade, como disse eletricidade, e o diz sem maldade. Tampouco o disse com maldade quando formou, na boca dos investigadores da vida mais recentes, a palavra "neovitalismo", novamente restaurada. Só não devemos tomá-la por uma inspiração superior. Precisamos saber apenas que a linguagem mais profunda não é mais que o balbucio de uma criança.

Em seu anseio insaciável por conhecer o mundo, a humanidade se encontra armada unicamente de sua língua. As palavras dessa língua são pouco apropriadas para a comunicação porque palavras são recordações, e dois homens jamais têm as mesmas recordações. As palavras da língua são pouco apropriadas para o conhecimento porque cada palavra isolada está rodeada dos sons complementares de sua história. Por fim, as palavras da língua são impróprias para penetrar na essência da realidade porque as palavras são somente sinais rememorativos das sensações de nossos sentidos, e porque esses sentidos são sentidos contingentes, que não experimentam da realidade verdadeiramente mais do que uma aranha experimenta do palácio em cuja sacada urdiu sua teia.

A humanidade tem assim de desesperar calmamente por jamais conhecer a realidade. Todo filosofar foi apenas o sobe e desce entre o furioso desespero e a felicidade da calma ilusão. Só o calmo desespero pode — não sem sorrir de si mesmo — empreender a última tentativa de esclarecer

---

214 Em alemão, *Gemeingefühl*. Outra tradução possível seria "sentimento comum" ou até "sensório comum". (N.T.)

modestamente a relação do homem com o mundo, pela renúncia ao autoengano, pela confissão de que a palavra não ajuda, pela crítica da linguagem e de sua história. Essa seria naturalmente a ação redentora caso a crítica pudesse ser exercida com o pensamento ou a linguagem cometendo voluntariamente suicídio em seu calmo desespero, caso a crítica não tivesse de ser exercida com palavras que aparentam estar vivas.

Comecei minha tentativa na hora de um sentimento como este e sempre hesitei em anunciar àquele que me acompanhava pelo caminho o que agora digo muito tarde, o que minha consciência mais profunda diz a minhas palavras ou pensamentos, as palavras de Dante (Paraíso, II):

> *O voi che siete in piccioletta barca,*
> *desiderosi d'ascoltar, seguíti*
> *dietro al mio legno che cantando varca,*
>
> *tornate a riveder li vostri liti:*
> *non vi mettete in pelago; ché forse,*
> *perdendo me, rimarreste smarriti.*
>
> *L'acqua ch'io prendo già mai non si corse.*[215]

---

[215] "Ó vós que em pequenina barca estais,/ e o lenho meu que canta e vai, ansiados/ de podê-lo escutar, acompanhais,// voltai aos vossos portos costumados,/ não vos meteis no mar em que, presumo,/ perdendo-me estaríeis extraviados.// Ninguém singrou esta água que eu assumo." Dante Alighieri, *A Divina Comédia*, III: *Paraíso*. Ed. bilíngue. Trad. e notas de Italo Eugenio Mauro. São Paulo: Editora 34, 1998, p. 19. (N.T.)

Dicionário de filosofia.
Novas contribuições
a uma crítica da linguagem

Introdução

I. "*O dicionário de filosofia*": assim desejaria que este livro se chamasse. O dicionário. Amigos que não têm por caráter serem apreensivos o desaconselharam. Eu deveria omitir o artigo definido; deveria evitar parecer vaidoso, como se vivesse na crença de ter produzido o único verdadeiro, o único dicionário de filosofia valioso. O artigo definido no título do meu livro tinha, porém, sentido inteiramente outro: a partícula deveria exprimir tanto resignação, modéstia, quanto um ponto de partida. Estas poucas centenas de palavras cuja significação se modificou, cuja força e conteúdo ora aumentaram, ora diminuíram no curso dos tempos, transformando-se não raro no seu oposto, significação sobre a qual nem mesmo os filósofos atuais estão de acordo — estas poucas centenas de palavras, com ajuda das quais podemos apreender e alcançar menos ainda um conhecimento da realidade do que com ajuda de palavras menos abstratas: *este* é o dicionário de nossa filosofia.

Eu me conformei; não para escapar à acusação de vaidade, mas apenas porque a adequação estilística parece exigir de um livro científico que não deixe ecoar uma nota pessoal já no seu título, porque não posso exigir do leitor que perceba o simples título ou mesmo sua primeira partícula como uma declaração melancólica. Já ficarei feliz se meu bom leitor me seguir por todos os caminhos e trilhas difíceis destas investigações e então exclamar com o orgulhoso desapontamento de ter adquirido uma *docta ignorantia*:[1] "Este é, pois, o dicionário da filosofia".

E me alegrarei se um muito bom leitor tiver de dizer a si mesmo ao final do caminho: a resignação cética, a compreensão da incognicisbilidade do mundo real não é mera negação, é o saber que temos de melhor; filosofia é teoria do conhecimento, teoria do conhecimento é crítica da linguagem; mas crítica da linguagem é o trabalho com a ideia libertadora de que, com as palavras de sua língua e com as palavras de suas filosofias, os homens jamais poderão ir além de uma apresentação figurativa do mundo.[2]

---

[1] "Douta ignorância." Em latim no original. A expressão remete ao título do livro de Nicolau de Cusa, *De docta ignorantia*, 1440. (N.T.)

[2] Em alemão: "*eine bildliche Darstellung der Welt*". A expressão também poderia ser traduzida por "apresentação em imagem/imagética do mundo". A ideia

Estas histórias das palavras e crítica dos conceitos se tornaram, portanto, novas contribuições a uma *crítica da linguagem*.

Não apenas porque neste dicionário continuo desenvolvendo ideias de minha *Crítica da linguagem* e porque tive de citar com frequência as proposições diretivas dessa obra basilar, já que não podia nem queria pressupô-la como conhecida — não é por isso que este dicionário se tornou um empreendimento pessoal, mais pessoal que os dicionários habituais. A escolha das palavras ou conceitos cuja história e crítica exponho é que se tornou pessoal; ponderando sobre minha idade e minha força em declínio, mas querendo ainda assim dar ao público o que me parecia essencial para os estudos preparativos a uma teoria crítico-linguística do conhecimento, precisei abdicar, de partida, daquela totalidade aproximativa, daquele ideal próprio a uma obra de referência e a um dicionário de palavras estrangeiras em filosofia; foi inevitável, com isso, que, dentre as abstrações das disciplinas filosóficas, umas me estimulassem mais que outras a um tratamento pormenorizado. Quis também que a visão de mundo fosse pessoal, se é que posso me gabar de ter uma, ou pessoal, ao menos, a situação psíquica que tem me levado há muitos anos à luta em duas frentes de combate: a luta contra toda forma de superstição e dogmatismo, que sempre me traz de novo à vizinhança com os iluministas; com a diferença de que também encontro a pior forma de superstição, a superstição da palavra, o fetichismo da palavra, lá onde se cunharam as palavras de ordem sobre liberdade religiosa e libertade política. O segundo combate está voltado para o materialismo metafísico, que é apenas um dogmatismo anticlerical, mas, de resto, mais insípido, pobre, que o dogmatismo da velha Escolástica. Trabalhar neste livro durante anos foi para mim pessoalmente uma necessidade subjetiva; não sou, porém, tão cético para acreditar que, por isso, método e resultados dessas investigações tenham um valor apenas subjetivo. Vivo da crença e para a crença de que o nominalismo cético, com o qual apresentei a insuficiência da linguagem

---

de uma afiguração ainda será defendida no *Tractatus* de Wittgenstein, que escreve, por exemplo, na proposição 2.171: "A figuração pode afigurar toda realidade cuja forma ela tenha" ("*Das Bild kann jede Wirklichkeit abbilden, deren Form es hat*"). L. Wittgenstein, *Tractatus logico-philosophicus*. Trad., apres. e estudo introdutório de Luiz Henrique Lopes dos Santos. São Paulo: Edusp, 2001, 3ª ed., pp. 144-45. O que está em questão para Mauthner é a impossibilidade de a linguagem ir além de uma *Weltbild* (imagem do mundo) e chegar ao mundo mesmo. (N.T.)

humana em geral, atinge muito particularmente os conceitos filosóficos e, entre eles, mais fortemente os conceitos mais gerais.

Em partes de meu trabalho fiz uma diferenciação entre história das palavras e crítica dos conceitos; mas nisso me servi ainda da terminologia habitual e vi, com perdoável fraqueza, uma parede divisória entre o exterior e o interior de um único ente de razão, que não existe na vida da linguagem. Eu teria podido falar igualmente bem de uma história dos conceitos e de uma crítica das palavras.

Para o método de minhas investigações, a equiparação consciente e simples entre palavra e conceito, assim como minha equiparação entre falar e pensar, tem significado decisivo. O conteúdo atual de um conceito ou palavra, seu conteúdo aproximado e indefinidamente tremelicante, outra coisa não é que o sedimento da história da palavra ou do conceito; aquele que aprende a conhecer melhor acontecimentos passados da história de uma palavra também entende melhor as nuances do uso atual; a história é a verdadeira crítica de toda palavra. Assim, a crosta terrestre real, com todos os seus seres vivos extintos e com todas as suas plantas e animais vivos, é o sedimento da história da Terra. Assim, a figura e a estrutura de um animal hoje vivente (se a história da evolução tem razão) são resultado de uma história particular da espécie: e a possibilidade de comparação entre um animal e uma palavra se torna ainda maior se, em vez de pensarmos na estrutura morfológica, pensamos na finalidade biológica dos órgãos: também aí exercemos algo como crítica, do limitado ponto de vista humano, e os dogmáticos do darwinismo tendem a achar útil o que é, ou seja, o que veem. Cessa aqui, no entanto, a possibilidade de comparação entre a história animal e a história lexical, restando somente uma tarefa semelhante: livrar-nos, lá e aqui, da superstição dogmática das palavras.

Na história das palavras e na crítica dos conceitos encetei essa libertação em duas direções; gostaria de prestar alguma conta dessas duas direções nesta introdução. Isso pode ser feito em poucas palavras no que se refere à crítica dos conceitos, porque aqui combato apenas a crença ingênua de que uma palavra aparentemente viva também teria alguma utilidade filosófica, de que teria de haver um conceito nas palavras. Mas, no que se refere à história das palavras, preciso expor pormenorizadamente os meus princípios, porque estão em contradição com a doutrina predominante, a qual, sob o feitiço da linguística comparada, continua ainda procurando uma significação imanente nas palavras, a despeito das advertências dos melhores estudiosos, e assim tem a cômoda satisfação de conceder, com a maior solicitude, direito de cidadania a imigrantes estrangeiros. *Empréstimo* e *empréstimo por tradução*[3] já haviam sido empregados com bastante frequência antes para esclarecer conceitos filosóficos particulares. Mas o dogma da linguística comparada impediu até hoje justamente os especialistas de ponta de reconhecer que o empréstimo e o empréstimo por tradução desempenharam um papel como que dominante na história espiritual da humanidade. Já fiz referência a esses dois poderes (*Contribuições a uma crítica da linguagem*, II, pp. 621ss., e *Die Sprache*, pp. 45ss.);[4] eu gostaria de apresentar aqui minha convicção do modo mais convincente possível; quase todo verbete deste *Dicionário* pode servir de apoio a essa convicção.

[3] Em alemão: *Entlehnung* e *Lehnübersetzung*. Aqui, a tradução deste útlimo é inspirada em J. Le Rider, que o verte por *emprunt par traduction*. Cf. F. Mauthner, *Le langage*. Trad. e pref. de J. Le Rider. Paris: Bartillat, 2012, p. 107. *Lehnübersetzung* significa em geral a tradução "palavra por palavra" de uma língua a outra. É a transposição que se apoia, que decalca uma construção de outra língua (como "lua de mel" do inglês *honeymoon*). Os dois são conceitos centrais na filosofia de Mauthner, pois expressões e termos que se imaginam próprios de uma língua são na verdade expressões peregrinas, que transitam entre diversos idiomas (por exemplo, os ditos "Mais vale um pássaro na mão do que dois voando" ou "Em terra de cego, quem tem um olho é rei"). O mesmo ocorre com as palavras (por exemplo, *abziehen* em alemão seria uma construção calcada no latim *abstrahieren*). Em sua introdução à seleção *La maledizione della parola*, Luisa Bertolini explica bem o significado dessas migrações lexicais: "No curso de uma história carente de leis e de direções, as palavras migram junto com os homens e com as coisas que eles levam consigo, e com estas migram também os conceitos abstratos". Na introdução ao *Dicionário*, Mauthner "escolhe pouco mais de duzentas palavras da filosofia, das quais não reconstrói o étimo em busca de uma significação originária, mas persegue as suas migrações (*Wortwanderungen*) através das derivações, dos empréstimos (*Entlehnungen*) e dos empréstimos por tradução (*Lehnübersetzungen*). Não se trata, pois, de um catálogo do mundo, mas de um conjunto de pequenas monografias de conceitos abstratos, de conceitos mortos e de conceitos aparentes (*Scheinbegriffe*), aos quais nada corresponde em nossa experiência". L. Bertolini, "Introdução", in F. Mauthner, *La maledizione della parola*. Palermo: Centro Internazionale Studi di Estetica, 2008, p. 11. (N.T.)

[4] Mauthner remete o leitor a um trecho das *Contribuições* que trata dos sistemas métricos (não traduzido neste volume); os termos são tema do capítulo VI do livro *A linguagem*. A seguir, ao final desta seção, Mauthner indica, em nota, as remissões internas entre os verbetes e o índice no final do volume. (N.T.)

II. Temos de nos acostumar a ver em toda história da palavra uma monografia sobre a história cultural da humanidade.

História da língua, história da palavra é sempre história da cultura, se consideramos a matéria; uma história da língua ou da palavra só existe para a forma. Nestas novas contribuições a minha crítica da linguagem, só levarei em conta a forma onde ela tornar mais clara a matéria, só interrogarei o corpo das palavras onde o espírito a ajudou a construí-lo. E observo desde logo que nessa proposição forma e corpo se correspondem, assim como corpo e espírito. Faz parte dos atrativos e dos perigos das investigações crítico-linguísticas que quase toda proposição possa ser ou se tornar exemplo ou pedra de toque da doutrina.

Pretendo oferecer a história de certo número de palavras importantes ou consideradas valiosas, a sua história externa e interna, assim como um bocado de história espiritual da cultura. Mais modestamente, pretendo oferecer apenas alguns fragmentos e nisso permaneci fiel ao antigo plano imoderado de efetuar uma revisão (não restauração) dos conceitos fundamentais de todas as ciências. Pois crítica da linguagem ou crítica do pensamento ou crítica do conhecimento não seria a ciência das ciências ou o saber do saber se não exigisse de si mesma a resignação que requer de todas as ciências [...].

Amor

A linguagem comum diferencia bem a satisfação ou exercício do impulso sexual daquele conceito de amor que obteve incomparável prestígio há cerca de setecentos anos e que pretende exprimir um sentimento que, a despeito de todas as relações com o prazer sexual, é de ordem espiritual; aqui, a linguagem corrente mais ordinária distingue bem melhor do que os filósofos que se dignaram a definir o *amor*. E mesmo os antigos, entre os quais ainda não se falava tanto do *amor* quanto entre nós, não em romances e dramas, tampouco de modo tão hipócrita quando se tratava de casamentos, diferenciavam muito bem ao menos a volúpia e os sentimentos espirituais ou estéticos que a acompanham. Leia-se, com efeito, o ensaio de Plutarco sobre o amor: o grego dado a personificações diferencia nitidamente (os nomes latinos nos são mais familiares) Vênus e Amor.

Entre os filósofos foram particularmente dois, Espinosa e Schopenhauer, os que buscaram incluir uma definição científica do amor em seus sistemas. Em Schopenhauer o amor é um dos focos da vontade metafísica; todos os sentimentos amorosos não passam de ilusões da natureza com o intuito de atrair o indivíduo humano para o maior dos sacrifícios, a geração da criança vindoura. "As aventuras amorosas da geração presente tomadas em conjunto são por conseguinte a séria *meditatio compositionis generationis futurae* de todo o gênero humano, *e qua iterum pendent innumerae generationes*" (*O mundo como vontade e representação*, II, p. 611).[5] Schopenhauer joga, portanto, gozo sexual e sentimento espiritual no mesmo saco; não é de admirar, assim, que ele seja tão inconsequente ao falar com extremo cinismo da mais forte exteriorização de sua vontade quase divinamente venerada. Na verdade, do ponto de vista último da negação do mundo, ele só poderia lamentar o impulso sexual, não escarnecer dele.

Schopenhauer não perde oportunidade de fazer troça da definição espinosana de amor, mencionando-a apenas por diversão devido à sua exagerada ingenuidade (p. 610). O ímpio Schopenhauer zomba do pio Espinosa. E, no entanto, a definição de Espinosa em sua segunda versão é ainda mais cínica do que as grosserias metafísicas de Schopenhauer. Espinosa interpretou o *amor* primeiramente no sentido o mais amplo de deleite ou prazer ligado à ideia de uma causa externa (*Ética*, III, 13); no livro seguinte, porém, que trata da servidão humana, ele define melhor a verdadeira volúpia como uma cócega (*tilitatio*) ligada à ideia de uma causa externa (IV, 44). Não pretendo investigar se mediante a palavra *tilitatio* Espinosa pretendia incluir todo tipo de perversidade no amor, que ele de fato compara nesse segundo momento com cobiça, ambição e outras paixões que se inclina a chamar de doenças. Manifestamente, porém, com a palavra *tilitatio* Espinosa pensa numa satisfação do impulso sexual e vê no sentimento espiritual que o acompanha apenas uma tonalidade do sentimento de prazer, não um sentimento por si.

Após tantos homens, recentemente também uma mulher procurou conhecer a filosofia do amor: Lou Andreas-Salomé, a amiga de Nietzsche profundamente odiada pela *Firma Nietzsche*[6] por causa de seu excelente

---

5   Os trechos "meditação a respeito da composição das gerações futuras" e "da qual por sua vez dependem inúmeras gerações" estão em latim no original. A frase de Schopenhauer se encontra no § 44, livro IV, de *O mundo como vontade e representação*, intitulado "Metafísica do amor sexual". (N.T.)

6   Assim em alemão. Mauthner está se referindo ao grupo ligado à irmã do filósofo, Elisabeth Förster-Nietzsche. (N.T.)

livro sobre o filósofo. A senhora Lou é muito fina em suas exposições; ousa não reconhecer por princípio a fidelidade como uma característica do amor e estabelece uma ponte entre a fantasia do artista e a fantasia amorosa (*Die Erotik*, pp. 25ss.).[7] Mas a senhora Lou também espiritualiza tanto o ato que não sobra lugar para uma separação conceitual entre o sentimento de volúpia e o fenômeno espiritual que o acompanha.

    Como parece se tratar meramente de uma diferenciação conceitual, enquanto na realidade psicológica ambos os sentimentos com frequência se confundem, o erro dos filósofos não seria de modo algum tão sensível caso não tivesse trazido outro erro como consequência. É que o impulso sexual é tão universalmente difundido, que seres humanos que não o conhecem quase podem passar por anormais, quiçá por casos patológicos; contudo, o sentimento espiritual do que se chama amor admite inumeráveis gradações, desde a paixão amena que idealiza um pouco as qualidades do ser amado até o amor desvairado, o amor dos dramas, que cria para si uma divindade e sofre espontaneamente martírio e morte pela união com essa divindade; esse grau mais intenso do chamado amor é porém tão raro quanto o impulso sexual é universalmente difundido. Esse grau mais elevado é tão anormal, que pode ser tomado por patológico com o mesmo direito que a ausência do impulso sexual universalmente difundido. Já mencionei que Espinosa chamou a paixão amorosa de doença; Kant também chamava essa paixão de patológica. Tão grande é a diferença entre a volúpia e o sentimento espiritual que a acompanha, que a falta da primeira e a ocorrência do segundo puderam passar por igualmente anormais, igualmente doentios. A linguagem comum, portanto, teve toda a razão ao escolher palavras diferentes para caracterizar ambos os sentimentos; os filósofos se equivocaram ao pretender encontrar uma única definição para ambos os sentimentos. Creio que os gênios do pensamento, unilaterais como são, raramente compreenderam ou nunca chegaram a compreender o sentimento patológico do amor, o mais alto grau do amor, nunca acumularam experiências próprias, e se deram tão-só ao trabalho de ordenar conceitualmente as descrições dos poetas. Creio que o grau mais elevado de sentimento amoroso só foi experimentado e descrito por artistas (aproximadamente desde Petrarca); graças à força

---

[7] L. Andreas-Salomé, *Die Erotik* [O erotismo]. Frankfurt am Main: Rütten & Loening, 1910. (N.T.)

da imitação ou da moda, passou para as representações da linguagem comum, dominando durante seis séculos a fio a fantasia do leitor de poesia, e neste exato momento está prestes a ser substituído por outra moda. O grau mais elevado de sentimento amoroso é raridade semelhante a uma grande criação artística e à união religiosa com Deus que São Francisco parece ter vivenciado; não obstante, todo mundo tagarela sobre religião, arte e amor. Mas o que é assim denominado é meramente o sucedâneo de um sentimento que foi realmente vivenciado, se muito, por um em um milhão de falastrões.

O grau mais elevado do amor, cuja existência portanto não contesto, tem realmente em si algo de milagre; também já se pretendeu explicar os milagres como fenômenos patológicos. Quando se dá o caso mais raro de todos, em que ambos os amantes sentem o amor em seu grau mais forte, então, contra todas as leis da natureza, consuma-se o milagre em que um eleva o outro, e ambos pairam suspensos sobre a terra. O *dos moi pou stô*[8] de Arquimedes é ou parece superado. Se sorte ou morte, cumpre-se a aspiração da mística.

Nesta breve investigação, negligenciei intencionalmente os vários outros significados da palavra "amor". Devo indicar agora, entretanto, que a mística também experimenta sua união com Deus como o mais fervoroso e espiritual gozo amoroso, e que precisamente Espinosa faz uso de sua primeira definição do amor (no livro III e depois no livro V da *Ética*) para proclamar o *amor Dei*, o *amor erga Deum*[9] como a mais elevada bem-aventurança do homem. A essência da mística, o anseio de dizer o indizível, levou a semelhante abuso do conceito de amor; mas não só na extravagância panteísta de Espinosa, também nos cinismos metafísicos de Schopenhauer se encontra algo dessa mística metafórica que Cousin quis igualmente exprimir com as palavras: "Nós amamos o infinito e imaginamos amar as coisas finitas".[10]

O sentimento bem conhecido no qual chamamos o ser amado pela palavra adjetiva *lieb*[11] perpassa todas as gradações daquilo que se chama

8   "Dê-me um ponto de apoio [que eu erguerei o mundo]." Dito de Arquimedes. Em grego no original. (N.T.)
9   "O amor de Deus", "o amor por Deus". Em latim no original. (N.T.)
10 Mauthner parece citar de memória a "Oitava lição" do *Cours de l'histoire de la philosophie* [Curso de história da filosofia], de Victor Cousin, in *Œuvres*. Bruxelas: Société Belge de Librairie, 1840, p. 377. (N.T.)
11 "Amado", "amor". (N.T.)

amor; a sensação que temos aí, igualmente subjetiva, nós a designamos em toda parte pela palavra verbal falsamente construída *lieben*;[12] a tentativa de criar para a sensação uma palavra objetiva, substantiva, a palavra *Liebe*,[13] teve por sorte na língua que os homens se persuadissem de que o sentimento seria tão frequente quanto a palavra.

Anseio[14]

Toda língua é por natureza retrospecção, história, porque é *memória*. Portanto, passado. Para que se torne futuro, a língua tem de aprender a exprimir um anseio. De fato, a língua não pode dizer absolutamente nada que ainda não foi. (Exceto algo como uma repetição no futuro, ou seja, o retorno de uma experiência.) Daí a obscuridade por princípio inerente ao anseio. Mas, se o anseio vem à palavra, à clareza, então o futuro também já começou a *vir a ser*. Assim como uma casa cujo plano está no papel já começou a *vir a ser*. Aquilo que na pobre linguagem humana não é memória, não é lembrança do passado, aquilo que gostaria de exprimir o futuro sem o poder das palavras (as quais são sempre memória) é o anseio, que também pode se tornar mística.

Apokatástasis

Restitutio, restauração geral, retorno do mesmo, ou como quer que se queira traduzir a palavra grega, este conceito já quase não faria parte do dicionário filosófico do presente se a fama de Nietzsche não tivesse ajudado a popularizar alguns caprichos e pensamentos obscuros, pensamentos, ademais, aforismáticos, na forma irresponsável que os editores do espólio escolhem como bem entendem entre aquilo que deixou. Mas agora os mais jovens e os leitores de Nietzsche falam tão familiarmente do *eterno retorno*, como se essa doutrina fosse mais do que uma

---

12   "Amar." (N.T.)
13   "Amor." (N.T.)
14   No original: *Sehnsucht*, que, em alemão, remete também ao passado, podendo significar nostalgia e até saudade. Daí Mauthner afirmar que todo anseio de algo futuro supõe sempre a memória do passado. (N.T.)

antiquíssima fábula ambulante. O filólogo Nietzsche sabia muito bem que essa fábula, que nos soa hindu, já havia sido contada por Heráclito (e talvez também por Pitágoras) e que os estoicos já lhe haviam acrescentado os traços quase realistas do retorno dos exatamente mesmos acontecimentos e pessoas após cada crepúsculo dos deuses, após cada conflagração universal (*ekpurósis*); o filho de pastor Nietzsche sabia provavelmente que os Atos dos Apóstolos (3,21) falam da *apokatástasis pánton* (na *Vulgata*: *restitutio ominium*), que essa crença, que talvez significasse apenas a ressurreição da carne, foi desenvolvida por Orígenes mais no sentido dos estoicos, e que a fé na *restitutio universalis* voltava sempre a encontrar, de longe em longe, seitas crédulas, a última delas nos Estados Unidos, sob o nome de universalismo. É uma crença tão brutalmente materialista, que, comparada a ela, o céu demasiadamente terreno de Maomé parece quase idealista.

Nietzsche fundamentou tão pouco e tão mal sua fantasia sobre o eterno retorno, que uma refutação parece supérflua. Apenas algumas palavras. Sua imagem da ampulheta é equivocada. "Homem! Toda a sua vida será sempre virada de novo como uma ampulheta e voltará de novo a findar — um intervalo de um grande minuto de tempo até que todas as condições a partir das quais você surgiu se juntem de novo na revolução cíclica do mundo."[15] Nietzsche esqueceu que o que pode ser medido na ampulheta é somente o tempo que não retorna e que, no entanto, justamente as condições da vida individual e os fluxos da vida física e psíquica não podem ser de modo algum revertidos. Isso seria apenas uma imagem falsa. Mas, quando computa o retorno das mesmas situações a partir da infinidade do tempo e da finidade do número de combinações de átomos, Nietzsche esqueceu ainda que 1) dada a pequenez dos átomos e moléculas, as meras combinações de átomos de um único corpo humano perfariam um número que nenhuma representação humana poderia diferenciar *infinitamente* de uma representação humana; que 2) moléculas e átomos são fichas de jogo da alta química, conceitos-limite com cuja operação todo filósofo deveria tomar cuidado, e mais ainda o filósofo moral; que 3) o recurso à extensão infinita do tempo já transcorrido (o qual, portanto, já haveria de ter esgotado todas as combinações

---

15 F. Nietzsche, *Fragmentos póstumos: 1880-1882*. Org. de Giorgio Colli e Mazzino Montinari. Berlim: De Gruyter, 1988, n. 11 [148], p. 498. (N.T.)

ou ter atingido por entropia o estado de equilíbrio prenunciado) é tão facilmente corrigido pela duração posterior do tempo como a negação sofística do conceito de movimento pelo caminhar de Diógenes. Acerca da exploração moral do eterno retorno para uma religião das almas mais livres, mais alegres e mais sublimes, já fiz a seguinte observação (*Contribuições a uma crítica da linguagem*, I, p. 365): "Se Nietzsche opõe à regra moral de Kant a máxima extravagante: 'Viva como se, em vista do eterno retorno, você quisesse viver um sem-número de vezes!', ele esquece por completo que aqui justamente o peso de suas ideias e sua influência sobre as ações dos homens simplesmente anulariam o retorno do mesmo".[16] Acredito ter sido claro. Se a crença no eterno retorno pudesse se tornar moral, isto é, prática, se por meio dessa crença um único alento pudesse resultar diferente do que sem essa crença, o exato retorno do mesmo estaria destruído, o objeto da crença seria aniquilado — o que, sem dúvida, pode por vezes ocorrer.

No enorme poema de seu Zaratustra, Nietzsche deu nova expressão poética à antiga fantasia do eterno retorno, e contra isso só um filisteu teria algo a objetar. Essa representação também tem seu lugar no reino da poesia. Assim como no reino de um misticismo religioso. No pensamento, no pensamento com palavras razoavelmente claras, ela é incabível; é uma fábula antiquíssima, mas não uma bela fábula. A representação da imortalidade da alma é uma bela fábula, tão bela, que alguém como Goethe gostava de jogar com a imagem e, nas horas de mística, talvez acreditasse seriamente na imortalidade de almas aristocráticas privilegiadas, por exemplo, a própria. A representação do eterno retorno é a caricatura mais execrável do determinismo que se possa imaginar. Imaginem: no intervalo de um grande minuto de tempo, Nietzsche está de novo frequentando a escola e a universidade, se torna novamente professor, sofre de novo de indizíveis dores de cabeça e da alma, atormenta novamente seu cérebro polindo e repolindo aforismos, é mais uma vez acometido de loucura, e sua irmã, que também vive mais uma vez, tira novamente do seu espólio os andrajos do eterno retorno. E os editores filológicos se pegam de novo pelos cabelos. Não haveria como não se tornar pessimista.

---

16   Trecho não traduzido neste volume. (N.T.)

Belo

Homero e Sófocles, Fídias e Rafael, Dante e Shakespeare, Leonardo da Vinci e Sebastian Bach criaram obras que ainda hoje achamos *belas*. Eles as criaram sem uma estética, sem nem mesmo imaginar que em algum momento viria a existir uma ciência do belo. Todavia, muito antes da invenção da *estética*, gregos e romanos, ingleses e alemães já possuíam em suas línguas palavras que expressam a sensação: "isto me agrada". Homero dizia *kalós*[17] de homens e, prazerosamente, de mulheres, de bois e cães, de roupas e armas, mas também, no sentido de *bom* ou *apropriado*, de ventos e discursos; ele também já conhecia o substantivo *kállos*,[18] mas os estudiosos disputam se esse *kállos* era uma *beleza* personificada que pudesse ser jogada como um véu sobre os homens ou se era um recurso cosmético. Os latinos diziam *pulcher*[19] de rapazes e moças, de casas e cidades, mas também empregavam a palavra nos casos em que falamos de coisas espirituais que achamos *belas*, esplêndidas, nobres e assim por diante; *pulcher* é derivado de *fulgere*.[20] Outra palavra, no entanto, era muito popular entre os latinos: *bellus* (a partir de *benulus*, de *bonus*), que corresponde à nossa alemã *hübsch*,[21] *niedlich*,[22] ou à obsoleta *artig*.[23] A partir de *bellus* e da vulgar *bellitas* surgiram as palavras românicas *bello, beau, beauté, bellâtre*[24] com toda sua família, e os ingleses formaram a partir disso a sua *beautiful* (de *beauty*),[25] mais ou menos como hoje dizemos *stilvoll*[26] para belos móveis. As línguas germânicas possuíam uma palavra que em inglês foi desalojada por *beautiful* (também *sheen* está obsoleta, isto é, só continua a ser usada em linguagem poética), mas é utilizada com frequência em holandês e em alto-alemão:

17 "Belo." Em grego no original. (N.T.)
18 "Beleza." Em grego no original. (N.T.)
19 "Belo." Em latim no original. (N.T.)
20 "Fulgir." Em latim no original. (N.T.)
21 "Bonito." (N.T.)
22 "Bonitinho", "engraçado". (N.T.)
23 "Jeitoso", "gracioso". (N.T.)
24 Palavras para "belo" e "beleza" em latim, italiano e francês. *Bellâtre* é o homem formoso mas insosso. (N.T.)
25 "Belo", "beleza". Em inglês no original. (N.T.)
26 "Estiloso." (N.T.)

schön.[27] A etimologia é incerta; nos compostos, o gótico *skauns* traduz o grego *morphé*, [28] mas não devemos negligenciar o fato de que não sabemos se as duas passagens principais das Filipenses (2,6; 3,21) querem dizer a *beleza* do Cristo transfigurado ou se já a forma[29] teológica tardia. A derivação de *schauen*[30] não é convincente; se uma derivação a partir de *scheinen*[31] devesse ser novamente aceita (embora Skeat [II, p. 581],[32] rejeite toda relação com *to shine*), não se poderia pensar em um empréstimo por tradução a partir de *pulcher* (de *fulgere*); mas permanece notável que (segundo Bréal) também *kalós* deve ter tido a significação fundamental de *claro*. E é também notável que o nosso *schon*,[33] o antigo advérbio de *schön*, tenha sido outrora utilizado e ainda hoje o seja com frequência, como as palavras latinas *belle* e *bene*, no sentido de *recte*: em alemão *gute*, *wohl*.[34]

O adjetivo *belo* (e naturalmente os seus equivalentes) exprime em todas as línguas uma sensação bem conhecida; mesmo que não tivesse sido empregado, como tantas vezes o foi (por Erasmo Darwin, por Charles Darwin, por W. Scherer), em primeiro lugar para a satisfação sexual, ele podia designar entre as pessoas mais simples uma impressão agradável, como na Grécia era costume grafar o nome do ser amado em uma árvore e acrescentar abaixo *ho kalós* ou *hê kalê*.[35] O predicado *belo* sempre perteceu aos juízos de valor naturais; no mundo das experiências humanas, no mundo adjetivo, havia belos fenômenos: belas pessoas, belos animais, belos utensílios, e por fim se fez bastante tarde a descoberta de que também paisagens podiam ser chamadas belas. Mas, na medida em que produziram artificialmente algo *belo*, os homens aprenderam com o tempo a transferir os belos fenômenos para o mundo

---

27 "Belo", "bonito". (N.T.)
28 "Forma", "figura". (N.T.)
29 Em alemão: *Gestalt*. (N.T.)
30 "Olhar", "ver". (N.T.)
31 "Brilhar", "aparecer", assim como no inglês *to shine*, mencionado a seguir. (N.T.)
32 Walter William Skeat (1835-1912), autor de *An Etymological Dictionary of the English Language*. (N.T.)
33 Atualmente com o sentido de "já". (N.T.)
34 *Belle*: "belamente", "deliciosamente"; *bene*: "bem". *Recte* (advérbio): "reto", "em linha reta", "corretamente". *Gute, wohl*: "bom", "bem". (N.T.)
35 "O belo", "a bela". Em grego no original. (N.T.)

verbal, o mundo do agir. Eles descobriram as artes. Desde recentemente os artistas gostam de referir a si mesmos como *criadores* por excelência. E as artes têm existido há milênios sem que tenha havido necessidade de procurar a *beleza* também no mundo substantivo ou no mundo metafísico. A Alemanha pode se gabar de ter sido a primeira a investigar e definir a essência da beleza. Cientificamente. Não é que as palavras *kállos, pulchritudo, bellezza, beauté, Schönheit* não tivessem estado em uso muito tempo antes. Atribuía-se o abstrato beleza a mulheres e também a homens, animais e plantas, escreveram-se tratados sobre a beleza e até mesmo se começou a refletir sobre o conceito. O velho Walch (no *Léxico Filosófico*)[36] já chama atenção para o modo "diferenciado" de usar a palavra: pode ser empregada para as sensações nas quais "o conceito e o gosto dos homens são tão diferentes entre si"; "[...] por outro lado, tem-se de examinar a beleza tal como ela realmente se encontra numa coisa"; a beleza não seria nenhuma quimera, algo que só existe na imaginação, mas algo verdadeiro, uma ordenação e harmonia composta de diversas partes. Essa nota é temporalmente anterior a uma dissertação na qual o célebre Baumgarten apresentou a exigência de uma ciência especial, uma ciência do *belo* (1735),[37] e à publicação da primeira parte daquela obra que "marcou época", a *Aesthetica* de Baumgarten (1750), cujo impacto funesto ainda não cessou até hoje.

Em seu conteúdo, a respeitável *Aesthetica* de Baumgarten não vai essencialmente além das intuições de seu tempo; Gottsched e Bilfinger já haviam tratado o belo de modo bastante racionalista, e Breitinger[38] tentara estabelecer a doutrina do bom gosto como uma "lógica da imaginação";

---

[36] O *Philosophisches Lexicon* de Johann Georg Walch (1693-1775) foi importante obra de referência sobre filosofia na Alemanha; teve quatro edições entre 1726 e 1775. (N.T.)

[37] O livro que antecede em quinze anos a publicação da *Estética* de Baumgarten se chama *Meditações filosóficas sobre alguns tópicos referentes à essência do poema*. Há tradução para o português de Miriam Sutter Medeiros em A. G. Baumgarten, *Estética. A lógica da arte e do poema*. Petrópolis: Vozes, 1993. (N.T.)

[38] Johann Christoph Gottsched (1700-1766): escritor, crítico e dramaturgo, autor do *Ensaio de uma poética crítica para os alemães*, 1730. Georg Bernhard Bilfinger (1693-1750): filósofo, arquiteto, matemático e teólogo. Johann Jakob Breitinger (1701-1776): ao lado de seu conterrâneo suíço Johann Jakob Bodmer, adversário de Gottsched. Sua obra principal é a *Poética crítica*, 1740. (N.T.)

na verdade, a única novidade em Baumgarten é o nome que ele dá à *doutrina do gosto*: *aisthánomai* = *perceber, aperceber; aísthetos* = *perceptível, sensível; tà aisthêtika* = o *perceptível*, o mundo sensível. A doutrina da percepção sensível pôde, por isso, ser designada como *aisthêtikê*. Beleza, porém, é *perfectio cognitionis sensitivae, qua talis*; gosto é o *judicium sensuum*;[39] por isso, *aisthêtikê* pôde designar também, e por excelência, a doutrina do belo. Para nós, o pai, ou melhor, o padrinho da estética moderna é simplesmente intragável em seu esforço por colocar o *belo* em paralelo com o *verdadeiro* e subsumir as verdades estéticas, porque elas não são nem totalmente verdadeiras nem totalmente falsas, sob o conceito da verossimilhança: *est ergo veritas aesthetica a potiori dicta verisimilitudo, ille veritatis gradus, qui, etiamsi non evectus sit ad completam certitudinem, tamen nihil contineat falsitatis observabilis* (Aesthetica, § 483).[40] Baumgarten não conseguiu se livrar do medo de que se lhe pudesse repreender que ele, professor de filosofia teórica e moral, tivesse recomendado a mentira com o elogio do belo.

Mas a forma fechada da nova disciplina havia agradado ao espírito sistemático alemão, e Kant, que em seu período pré-crítico com frequência baseava as suas preleções nos livros de Baumgarten, acolheu após alguma hesitação o conceito de *estética* e o introduziu em todo seu prestígio nas ciências filosóficas. Cabe destacar que Kant primeiro recusou energicamente o nome estética. Como se sabe, ele denomina a primeira parte basilar de sua obra capital de "Estética Transcendental", isto é, "uma ciência de todos os princípios da sensibilidade *a priori*". E, porque a palavra havia sofrido justamente uma equivocada limitação à bela sensibilidade com Baumgarten, Kant acrescenta numa nota perspicaz (na primeira edição da *Crítica da razão pura*, p. 21): "Os alemães são os únicos que hoje se servem da palavra estética para designar aquilo que outros denominam crítica do gosto. Nisso reside uma frustrada esperança do excelente analista Baumgarten, que tentou submeter o julgamento crítico do belo a princípios racionais e elevar as suas regras à dignidade de uma ciência. Mas esse esforço foi vão. Pois essas regras ou

---

39 "Perfeição do conhecimento sensível enquanto tal" e "juízo do sentido" estão em latim no original. São definições de Baumgarten. (N.T.)

40 "A verdade estética, dita, em sentido precípuo, verossimilhança, é portanto aquele grau de verdade que, embora não elevado à completa certeza, nada contém de falsidade observável." Em latim no original. (N.T.)

critérios são, segundo suas fontes, unicamente empíricos, e, portanto, nunca podem servir para leis *a priori* pelas quais o nosso juízo de gosto possa se orientar; é antes este que constitui a genuína pedra de toque da correção daqueles. Em vista disso é aconselhável prescindir dessa denominação e reservá-la àquela doutrina que é uma verdadeira ciência, pelo que também nos aproximaríamos mais da língua e do sentido dos antigos, entre os quais era bastante famosa a classificação do conhecimento em *aísthêta kai noêta*". E desse modo Kant trata da sua poderosa doutrina de espaço e tempo no capítulo Estética, que hoje se chamaria mais fenomenologia. Na segunda edição da *Crítica*, o protesto contra o termo estética já é bastante amenizado; apenas as fontes "principais" ainda são denominadas empíricas, as regras não podem jamais servir para leis "determinadas" *a priori*; seria preciso *ou* prescindir da denominação, *ou* tomá-la em um sentido em parte transcendental, em parte psicológico. Essa correção do ano 1787 é duplamente interessante (ver a edição da Academia, volume v, introdução de Windelband, pp. 515ss.):[41] Kant havia se reconciliado com o termo estética, estava prestes a incluir a doutrina do belo em seu sistema transcendental (que o leitor a compare com a carta a Reinhold de 28 de dezembro de 1787, tão humana, que atesta concludentemente a dependência de Kant em relação à arquitetônica de seu próprio sistema, embora lhe ocorram explicações "para as quais não estava preparado", prometendo entregar o seu manuscrito sobre estética, sob o título de "Crítica do gosto", já para a Páscoa seguinte), mas ainda não havia concebido a ideia fatídica de que também existiriam juízos estéticos *a priori* e de que a estética iria além da psicologia. Ao publicar a sua *Crítica do juízo* em 1790 (a palavra do título foi escolhida manifestamente para pôr sob o mesmo conceito, sem violência aparente, o sentimento subjetivo do belo e a doutrina de uma conformidade objetiva a fins da natureza; na verdade, apenas a primeira parte nos interessa aqui, a "Crítica do Juízo Estético"), ele fala de juízos estéticos, do valor estético das belas-artes e de ideias estéticas utilizando a expressão estético já quase como em nosso uso linguístico. Quase. Kant define bem e rigorosamente todos esses conceitos. O conceito em Kant ainda não era usado tão aleijadamente como hoje (*estético* se tornou quase sinônimo

---

[41] Remissão ao quinto volume das *Kant's gesammelte Schriften* (Berlim: Reimer, 1913), edição de Wilhelm Windelband, que contém a *Crítica da razão prática* e a *Crítica do juízo*. (N.T.)

de *belo*, e pretende-se que a nova designação *esteta*, internacionalizada via Inglaterra, seja palavra aplicada para toda a conduta de vida); o conceito teve primeiro de se tornar palavra da moda, e isso só ocorreu com um aluno de Kant: Schiller. O abuso das palavras estética e beleza pesa na consciência de Schiller, pelo menos no que se refere à Alemanha. Seus esforços artístico-filosóficos não lhe trouxeram bons frutos. Eles se situam na grande pausa improdutiva entre os geniais e imaturos dramas de juventude e as obras conscientemente clacissizantes que dominaram o gosto alemão por duas gerações inteiras. Schiller apresentou sua estética três vezes: em preleções, nas cartas *Sobre a educação estética do homem* e, finalmente, nos fragmentos redigidos para o grandioso plano estético *Kallias ou sobre a beleza*, em forma de cartas a Körner. Em tudo, Schiller foi ainda mais dependente de Kant do que ele próprio acreditou e admitiu. Ocasionalmente (vide a edição das obras de Schiller por Hempel, xv, p. 690),[42] ele fez troça dos "pobres remendões que se intrometem na filosofia kantiana"; mas ele próprio é um kantiano sem autonomia e maneja os conceitos kantianos sem firmeza filosófica, ainda que com habilidade tão espantosa, que o público literário da época acreditou que Kant fora melhorado por Schiller. "Beleza não é outra coisa senão liberdade no fenômeno. — Uma ação livre é uma ação bela quando a autonomia do ânimo e a autonomia no fenômeno coincidem. — Beleza é natureza na arte."[43] O maior passo que Kant deu para além de Baumgarten foi o de ter libertado o estético do lógico, o conceito de beleza do conceito de *perfeição*. Kant distinguiu a beleza livre (*pulchritudo vaga*) da beleza meramente aderente (*pulchritudo adhaerens*); somente a beleza livre seria inteiramente pura, e — na formulação enfadonha de Schiller — um arabesco e o que quer que se lhe assemelhe, considerado como beleza, seriam mais puros que a mais elevada beleza do homem. Schiller rejeita essa fecunda observação de Kant: "Na verdade, ela me parece desacertar inteiramente o conceito da beleza" (p. 683).[44] Que Kant, no fundo alguém estranho às artes, tenha escolhido um exemplo medonho para

---

42   Mauthner cita aqui o volume xv (*Escritos menores em prosa*) das *Obras* de Schiller publicadas pelo editor Gustav Hempel (Berlim, 1870). (N.T.)

43   O trecho junta frases de três cartas diferentes de Schiller a Körner, datadas de 8, 19 e 23 de fevereiro de 1793. Na tradução brasileira de Ricardo Barbosa, *Kallias ou sobre a beleza* (Rio de Janeiro: Jorge Zahar, 2002), pp. 60, 77 e 85. (N.T.)

44   Ibid., p. 43. Carta de 25 de janeiro de 1793. Tradução modificada. (N.T.)

sua afirmação; que tenha incluído "toda música sem texto" entre esses arabescos, isso, de fato, Schiller não lhe censurou. O enorme esforço de Kant para incorporar a doutrina do belo em seu sistema transcendental permaneceu algo estranho a Schiller. Schiller vê Kant em 1792 ainda ali onde ele estava em 1787, quando dividia o termo estética entre metafísica e psicologia. E Schiller deseja ultrapassar a psicologia bem menos que Kant, não epistemológica, mas apenas exaltadamente, e descobrir, por trás do sentimento adjetivo do belo, a *Beleza* substantiva. Ele escreve a Körner (xv, p. 646): "Creio ter encontrado o conceito objetivo do belo, que também se qualifica *eo ipso* para um princípio objetivo do gosto, e do qual Kant desespera".[45] Pois sim: "Beleza é liberdade no fenômeno".

Entre Schiller e Goethe, a diferença essencial também se manifesta no fato de que Goethe, embora tenha refletido sobre arte de maneira tão verdadeira quanto alguém que escreve filosoficamente a respeito, nunca se tornou filósofo; as suas inumeráveis colocações ocasionais jamais passam do mundo adjetivo do belo para o mundo substantivo e metafísico da beleza abstrata. Goethe, por isso, não tinha nenhuma consideração pela participação artística em si mesma, via "nulidade" nos trabalhos dos pequenos talentos. "Pois o gosto não pode ser cultivado no que é medianamente bom, mas somente no que é o mais excelente" (*Conversas*, v, p. 35).[46] Goethe teve sobre Kant e Schiller a vantagem de ter estudado artes plásticas e arquitetura a fundo, para não falar da poesia, havendo também obtido com aplicação alguns "conceitos" a respeito da música, com a qual não tinha intimidade.

Kant se ocupara consideravelmente de poesia antiga, no entanto mal teve oportunidade de sentir os efeitos da grande música ou mesmo de obras das artes plásticas. Assim, criou a sua estética a partir das profundezas do espírito e de livros, sem sequer estar ciente da sua falta de empiria. De qualquer modo, ele também ministrou com frequência cursos sobre antropologia sem ter saído de Königsberg, e, a esse respeito, afirmou com muita ingenuidade que o tamanho e a excelente localização de sua cidade natal poderiam substituir todas as outras fontes de conhecimento

---

[45] Carta de Schiller a Körner de 21 de dezembro de 1792. A carta pode ser encontrada na Nationalausgabe: F. Schiller, *Werke*, xxvi. Viena: Böhlau, 2006, pp. 170-71. (N.T.)

[46] J. W. Goethe, *Conversas com Eckermann*. Conversa de 26 de fevereiro de 1824. (N.T.)

antropológico: "Uma grande cidade, centro de um reino no qual se encontram os órgãos estatais do governo, que tem uma universidade (para o cultivo das ciências) e uma situação propícia ao comércio marítimo, que por meio dos rios favorece tanto um trânsito do interior do país quanto para países vizinhos e distantes de diversas línguas e costumes — uma tal cidade, como é *Königsberg*, às margens do rio Pregel, já pode ser considerada um lugar adequado para a ampliação tanto do conhecimento do ser humano quanto do conhecimento do mundo, onde este pode ser adquirido mesmo sem se viajar" (Prefácio à *Antropologia*, p. VIII).[47] Para ele, Königsberg também devia substituir a experiência estética.

Não foi muito diferente quando Schiller se pôs a escrever a sua grande estética. Além de Burke, Sulzer, Webb, Mengs, Winckelmann, Home, Batteaux, Wood, Mendelssohn, ele já possuía também cinco ou seis compêndios ruins, mas desejava receber ainda mais livros de Körner (carta de 11 de janeiro de 1793), sempre apenas livros. E queria conhecer os pintores italianos por gravuras. E desejava também um bom livro sobre arquitetura. "Não tenho esperança no tocante aos conhecimentos musicais, pois meu ouvido já está muito velho; não tenho receio algum, no entanto, de que minha teoria da beleza vá malograr na arte da música."

Que não me façam a objeção de que não se pode exigir de ninguém do final do século XVIII aquele íntimo conhecimento de causa que hoje com direito se exige de todo professor de história da arte e de todo bom crítico de arte. Pois não é de história da arte que se trata, mas de estética, da doutrina do belo. Os sentimentos estéticos deviam ser investigados, e essa tarefa ficou a cargo de homens que comparavam as grandes obras instrumentais de Bach e Mozart a arabescos, homens que nunca haviam visto uma pintura original de Rafael ou de Rembrandt e que aplicavam velhas regras até mesmo à poesia. Não é de admirar que desse tratamento conceitual dispensado à arte tenha surgido o novo dogma segundo o qual o essencial dos objetos artísticos seria não suscitar interesse algum.

Até onde sei, essa tese foi proposta pela primeira vez por Burke, o invulgar inglês que abstraíra manifestamente seu requintado ideal de beleza de quadros de pintores contemporâneos seus. Não se deve esquecer que pouco antes disso (em 1745) Hogarth havia deixado o mundo de boca aberta com a descoberta da linha da beleza. Burke também tinha sua

---

47 I. Kant, *Antropologia de um ponto de vista pragmático*. Trad. de Clélia Aparecida Martins. São Paulo: Iluminuras, 2006, p. 22. (N.T.)

suave linha da beleza; de acordo com ele, as qualidades naturais de um objeto belo são: 1. pequenez relativa; 2. lisura; 3. variedade na direção das partes; 4. [...]; 5. estrutura delicada; 6. cores vivas, que no entanto não podem ser demasiado berrantes; 7. se, todavia, for preciso uma cor berrante, ela deve ser suavizada por outras. Burke diz então — Schiller assim reproduz a frase: "A beleza suscita inclinação, sem desejo de posse".[48]

Mas esse pensamento já havia sido formulado por Kant e, mais tarde, de modo muito mais brilhante, por Schopenhauer: a satisfação com o bem e com o agradável estaria vinculada a interesse; a satisfação que determina o juízo de gosto, por sua vez, seria livre de todo interesse; o juízo estético pode ser totalmente desinteressado, mas o objeto de tal juízo pode, no entanto, ser muito interessante. Esses modos de dizer, que dominam a estética de nossas escolas de arte até hoje, já contêm eles mesmos o despropósito, a inverdade à qual a nova disciplina tinha de conduzir, pois ela havia substantivado o objeto de todas as suas investigações, a *beleza*. Se a beleza era antes de mais nada uma qualidade nos fenômenos, uma qualidade até certo ponto objetiva, uma força a partir da qual as obras belas desencadeiam em nós o sentimento de satisfação estética, então de fato se podia dizer desse absurdo que ele não tem nenhuma relação com nosso interesse ou nossa vontade. Contudo, antes de ter havido uma ciência estética, e na verdade também desde então, só havia um *sentimento*, que desperta vários fenômenos em nós e que tem muita relação com nosso interesse. Ainda que o adjetivo *belo* não significasse originalmente e em primeiro lugar a aparência agradável do sexo oposto (aqui não estava totalmente excluído o desejo brutal de posse dos não estetas), o adjetivo *belo* com certeza só foi aos poucos expandido dos fenômenos corporais para obras de arte, e são essas obras de arte que *queremos* ouvir ou ver, independentemente de não serem sempre bárbaros os que desejam possuí-las. O erro quanto ao famoso desinteresse da satisfação humana me parece residir em que por interesse se pensava num interesse dos cinco sentidos, numa utilidade para o indivíduo ou para a humanidade; em que não se considerava o

---

48   F. Schiller, *Fragmentos das preleções sobre estética do semestre de inverno de 1792-93*. Trad. de Ricardo Barbosa. Belo Horizonte: Ed. da UFMG, 2004, p. 54. A obra a que Mauthner se refere, via Schiller, é *A Philosophical Enquiry into the Origin of Our Ideas of the Sublime and Beautiful*. Há tradução para o português de Enid Abreu Dobránszky: E. Burke, *Uma investigação filosófica sobre a origem de nossas ideias do sublime e do belo*. Campinas: Ed. da Unicamp/Papirus, 1993. (N.T.)

quão profundamente todos os juízos de valor, entre os quais também estão incluídos os juízos estéticos, dependem da vontade humana.

Quando se pensa nos filósofos que deram ainda um passo além, qualificando com toda a consequência o prazer estético como *desprovido de afeto*, fica totalmente clara a inverdade do palavrório sobre o desinteresse do interesse artístico. Só mesmo alguém que escreve sobre arte não tendo nunca experimentado a sensação do belo podia ir tão longe. Poderia haver pessoas que não conhecem absolutamente comoção mais forte e apaixonada do que aquela ligada à audição de uma sinfonia de Beethoven, a *Oitava* por exemplo, à primeira contemplação da *Madona Sistina*, à primeira leitura do *Fausto*. Tudo se alvoroça, até os subterrâneos da vontade, aonde a consciência não chega. Raiva e amor se agitam, ações se impõem — e a isso os que escrevem sobre arte denominam desinteresse, ausência de afeto.

Entre os meus exemplos da força comovente das artes pode-se recusar o da música, porque esta, sabidamente, atua de modo imediato sobre o sentimento. Mas então seria preciso excluir a música do âmbito das artes "desinteressadas"; sobre isso, no entanto, ainda não se pensou a sério. Até o famoso esteta musical Hanslick, cujos méritos são agora negados com gosto por conta de seu ódio a Wagner, é mal compreendido quando se considera a sua doutrina "do belo musical" como uma estética meramente formal. Também ele confere conteúdo à música, só que esse conteúdo teria de ser musical. "Em comparação com o arabesco, a música é de fato, portanto, uma imagem, mas imagem de tal tipo que não podemos captar em palavras o seu objeto, nem subordiná-lo a nossos conceitos. Na música há sentido e consequência, mas sentido e consequência musicais; ela é uma língua que falamos e entendemos, mas que, no entanto, não estamos em condição de traduzir" (p. 79). Na música não há oposição entre forma e conteúdo. "A que se quer chamar conteúdo? Os próprios sons? Por certo — só que, justamente, já estão formados. E forma? De novo, os próprios sons — mas já são forma preenchida" (p. 213).[49]

---

49   Com não pequena surpresa e alegria, também encontrei já em meu conterrâneo Hanslick* a diferenciação entre mundo substantivo e mundo adjetivo, claro que sem as ideias cognitivo-críticas correspondentes. (N.A.)
       *Mauthner se refere a Eduard Hanslick (1825-1904), musicólogo e crítico musical nascido em Praga, e cita seu livro *Vom Musikalisch-Schönen*.

A prática centenária de uma estética científica que, não satisfeita em investigar psicologicamente o sentimento adjetivo do belo, queria ainda descobrir a beleza substantiva nas obras de arte e até mesmo na natureza, essa prática oficiosa, e por isso muitas vezes hipócrita, conseguiu degradar o *belo*. A arte ou beleza objetiva foi incensada como uma divindade; todos os artistas "criadores" (eu quase teria dito *Künstlehr* no dialeto berlinense)[50] foram feitos sacerdotes da arte. Não admira que as pessoas do mundo verbal (pintor, escultor, poeta, compositor são *nomina agentis*)[51] logo se associaram para constituir uma casta de sacerdotes, uma classe profissional que, a serviço de sua arte desinteressada, defende os interesses da casta! Não admira que, depois do pretensioso falatório sobre a significação da arte, todo *Künstlehr* se tome por um super-homem e exija dízimos de homenzinhos e mulherzinhas! E o *belo* adjetivo, o único efetivo deste mundo, tornou-se consequentemente uma mercadoria, um produto comercial dos sacerdotes da arte. Também aqui o sacerdote deglute o que os adoradores levam para o deus comer. (Vide verbete "Arte".)[52]

O que combato aqui certamente não é a equiparação de arte e religião. Não coloco a religião tão alto. Nem a arte tão baixo. Ao contrário: não tivéssemos nós adotado com o cristianismo o hábito enfadonho de definir como religião uma religião revelada, uma religião dogmática, determinada, histórica; houvesse ainda para nós, além dessas religiões, *a religião* (no singular; vide verbete "Religião");[53] tivéssemos nós a coragem de falar em deleite religioso tal como falamos em deleite estético (assim como, por exemplo, São Francisco se deleitou com a sua religião), então não se consideraria paradoxal se eu dissesse agora: as únicas sensações estéticas que correspondem inteiramente às definições mortas da

---

Ein Beitrag zur Revision der Ästhetik der Tonkunst [O belo musical. Uma contribuição à revisão da estética da música]. Pela paginação, Mauthner utiliza uma das edições revistas, publicadas pela editora Barth de Leipzig entre 1896 (9ª ed.) e 1910 (11ª ed.). (N.T.)

50 Mauthner marca satiricamente a "hipercorreção" fonética dos berlinenses, que acentuam a última sílaba da palavra *Künstler* (artista), quase não pronunciada. Além disso, o prolongamento da vogal "e" (seguida do "h") aproxima a palavra de *Lehre*, "ensinamento", "doutrina", mas também do adjetivo *leer*, "vazio". (N.T.)

51 "Nomes de agente." Em latim no original. (N.T.)
52 Não traduzido neste volume. (N.T.)
53 Não traduzido neste volume. (N.T.)

estética douta são de tipo religioso e, portanto, deveriam ser tratadas num livre sistema das ciências sob a rubrica "Religião", caso queiramos manter a palavra. Isso não vale apenas para a audição da *Paixão segundo São Mateus* de Bach ou para a contemplação de uma catedral gótica, que por certo pertencem inteiramente aos fenômenos de uma religião determinada. Não. Também a visão do mar tempestuoso ou do céu estrelado, a vivência de um grande temporal ou de uma violenta cachoeira, o retorno da primavera, a leitura de um poema profundamente comovente: tudo isso favorece o estado de espírito religioso, um estado de medo ou veneração, tudo isso talvez tenha ajudado da mesma maneira a gerar historicamente as religiões. Eu não saberia dizer o que pode provocar mais fortemente o sentimento de veneração ou de "dependência absoluta" do que deleites estéticos desse tipo, os quais portanto não posso diferenciar completamente do deleite "religioso". O iconoclasta Lev Tolstói talvez odiasse menos a arte se o deleite religioso no sentimento estético não lhe tivesse permanecido desconhecido. Ele não parece pressentir nada do anseio de nossos trabalhadores pela veneração do deleite artístico. Parece não saber que a iconoclastia da época da Reforma retirou todo o calor do protestantismo, em cujas igrejas se morre de frio.

Não sou um sistematizador. Não pretendo que a estética (a doutrina dos grandes e únicos deleites artísticos verdadeiros) seja transformada em capítulo de uma ciência da religião tão problemática, ou até da teologia. Por mais que essa ciência da religião precisasse e devesse encolher se lhe tirassem todo belo adjetivo. Se a arte for compreendida como atividade, como um viver pleno de personalidades geniais, será preferível tratar o capítulo "Estética" sob a rubrica "Ética social". (Pintorezinhos e pintorazinhas, desperdiçadores de papel e manuscritos não são artistas, mas apenas membros da classe dos sacerdotes da arte.) Mas certamente também se poderá alocá-lo sob o esvaziado conceito de *religião*, caso se queira acreditar que o artista genial se oferece em sacrifício, se entrega para salvar seu povo; mas isso não é verdade: nunca um grande artista se esqueceu completamente de si, nunca morreu abençoando a morte na cruz. Mas os grandes praticaram o mais alto feito social, muito antes de haver socialismo no mundo: eles tornaram a sua personalidade, isto é, o mais alto valor ético, em bem comum para todos os que dele quisessem tomar parte. Por isso, Theodor Lipps não estava tão errado em reduzir o *belo* ao *simpático* (em sentido pregnante): "Nós nos sentimos nos outros e sentimos os outros em nós. Sentimo-nos rejubilados, libertos, engrandecidos, elevados nos outros ou pelos outros, e o contrário" (*Comicidade e humor*, p. 223).⁵⁴

A essa concepção, que gostaria de colocar entre os fenômenos da religião e da ética social as únicas e grandes obras verdadeiramente artísticas, contrapõe-se uma representação que bem se poderia chamar de predominante. A *arte*, o mundo substantivado do *belo* adjetivo, é: jogo. A esse respeito, não devemos esquecer que *arte* significou por muito tempo toda e qualquer técnica e que, somente após o surgimento da estética, foi bruscamente diferenciada das habilidades técnicas.

Tendo a crer que *ars* era de algum modo uma tradução emprestada de *technê*;⁵⁵ Curtius (*Etimologia*, p. 219)⁵⁶ lista para o verbo de base os três significados de *produzir, reunir, preparar*, que, de qualquer modo, devem ser conectados; o étimo de *ars*⁵⁷ parece ter significado *reunir, juntar*. *Ars*, assim como *technê*, tinha especialmente o sentido de uma atividade artística artesanal.⁵⁸ A palavra alemã *Kunst*⁵⁹ seguramente tem relação com *können*;⁶⁰ essa relação se manteve preservada no sentimento linguístico até o século XVI, mas depois se perdeu tão completamente, que ninguém entendeu imediatamente como chiste erudito a alocução de Richard Wagner de 1876 que se tornou célebre (*"Sie sehen, was wir können, und wenn Sie wollen, so haben Sie eine Kunst"*).⁶¹ Essa referência a *poder* ou

---

54   Theodor Lipps (1851-1947), *Komik und Humor: Psychologische-Ästhetische Untersuchung*. [Comicidade e humor: Uma investigação psicológico-estética]. Hamburgo/Leipzig: Voss, 1898. A frase citada se encontra na página 224. (N.T.)
55   "Arte, técnica." Em grego no original. (N.T.)
56   Georg Curtius (1820-1885), *Grundzüge der griechischen Etymologie* [Elementos de etimologia grega]. Leipzig: Teubner, 4ª ed., 1873. (N.T.)
57   "Arte." Em latim no original. (N.T.)
58   Em alemão, *handwerkmäßig* pode se referir tanto ao trabalho feito à mão (a manufatura) como àquilo que é produzido segundo as normas das corporações de ofício. Remete, portanto, à técnica dos artesãos, passadas do mestre aos aprendizes. (N.T.)
59   "Arte." (N.T.)
60   "Poder", "saber fazer" (em sentido prático). (N.T.)
61   "Vocês veem o que sabemos fazer e, se quiserem, terão uma arte." Jogo de palavras intraduzível em português envolvendo o verbo *können* e o substantivo cognato *Kunst*. A tradução literal seria: "Vocês veem o que podemos, e, se quiserem, terão uma arte". A arte (*Kunst*) é a capacidade de saber ou poder fazer algo (*können*). O inglês tem um substantivo composto corres-

saber[62] foi preservada por séculos e tornou arte e ciência quase sinônimos. Reuchlin[63] disse certa vez que as pessoas nada sabiam de sua *arte* hebraica, isto é, não sabiam que ele *sabia* hebraico. O aspecto artesanal na arte ainda permaneceu por muito tempo fundamental. Schottel[64] ainda entende por artes da construção, do entalhe, da pintura, do canto e da poesia a atividade artesanal. Digno de nota no século XVII é também a equiparação "louvável ciência das boas artes". Ainda Adelung tenta fixar *Kunde*,[65] *Kunst* e *Wissenschaft*[66] nesse sentido, dando como exemplo *Arzneikunde*,[67] *Arzneikunst*,[68] e *Arzneiwissenschaft*.[69] Na linguagem comum ainda há vários remanescentes do antigo uso: *Wasserkunst*,[70] *Kunstfeuerwerk*,[71] *Kunst* no sentido de um forno artesanal[72] (como é costume na Floresta Negra). E Kant cita um dito popular sobre o ovo de Colombo: "Isso não é arte, é apenas ciência".[73] (Muito de passagem seja lembrada a tradução erudita, o chiste escolar que verte o alemão *Ars*, atualmente *Arsch*,[74] por *Kunst*;[75] Lutero certa vez chamou o *podex*[76] claramente de "a arte latina".)[77]

---

    pondente que explica bem o saber fazer prático contido nos dois cognatos: *know-how*. (N.T.)

62 Em alemão, *Können* e *Wissen*, respectivamente. (N.T.)
63 Johann Reuchlin (1455-1522): humanista, professor de grego e hebraico. (N.T.)
64 Justus Georg Schottelius (1612-1676): figura proeminente do barroco alemão, conhecido por suas publicações sobre gramática e poética. (N.T.)
65 "Ciência", "saber". Johann Christoph Adelung (1732-1806) filólogo e lexicógrafo, autor do importante *Dicionário gramático-crítico da língua alemã*, 5v. (1774-1786). (N.T.)
66 "Ciência." Os três substantivos em alemão (*Kunde*, *Kunst*, *Wissenschaft*) servem para formação de compostos, funcionando quase como sufixos. (N.T.)
67 "Saber farmacológico", "farmacologia". (N.T.)
68 "Arte farmacológica", "farmacologia". (N.T.)
69 "Ciência farmacológica." (N.T.)
70 "Engenharia hidráulica." (N.T.)
71 "Fogos de artifício." (N.T.)
72 Em alemão: *künstliche Ofenmaschine*. (N.T.)
73 I. Kant, *Crítica do juízo*, § 43, "Da arte em geral". (N.T.)
74 "Ânus." (N.T.)
75 "Arte." (N.T.)
76 "Traseiro." Em latim no original. (N.T.)
77 A passagem se encontra no livro *Contra o papismo, fundado pelo diabo*, de 1545. Cf. P. Diez, *Wörterbuch zu Dr. Martin Luthers deutschen Schriften*. Hildesheim: Olms, 1997, p. 182. (N.T.)

A restrição do conceito à ocupação profissional com o *belo* coincide com o surgimento da estética alemã; a oposição entre *art* e *nature*[78] do francês influi. Winckelmann, Herder e Lessing poliram o conceito; Goethe e especialmente Schiller o tornaram popular.

Quando a *arte* havia se tornado um conceito tão altaneiro e o espírito da época se esforçava, no entanto, por determiná-lo de maneira realista, isto é, com ajuda da psicologia empírica, logo se encontrou a palavra ou o conceito sob o qual se podia subsumir a atividade artística, a saber: *jogo*. Foi Schiller quem, não com total autonomia, cunhou esse juízo. "O animal *trabalha* quando uma privação é o móbil de sua atividade, e joga quando a profusão de força é este móbil, quando a vida *excedente* põe a si mesma em movimento" (*A educação estética*, carta 27).[79] Essa palavra tão feliz foi então amiúde aceita e imitada. Jogar seria um excesso assimilado (Jean Paul),[80] a criança utilizaria a força excedente em suas brincadeiras (Beneke),[81] a arte seria "*surplus energy*"; o jogo, "*overflow of energy*" (Spencer);[82] o jogo estético, "*le superflu*" (Ribot).[83]

Essa associação com o elevado conceito de arte foi muito proveitosa para o outrora tão desprezado conceito de jogo. Os filósofos haviam se ocupado dele ainda no tempo de Wolff somente na medida em que tagarelavam sobre a questão de saber se os jogos de azar seriam moralmente condenáveis no todo ou apenas em parte. Agora se começava a investigar seriamente o jogo dos animais e das crianças. Biólogos e psicólogos chegavam a resultados semelhantes: a atividade da força excedente seria proveitosa tanto para o corpo quanto para o espírito, pelo descanso do trabalho *sério*, pelo exercício *lúdico* de trabalhos futuros, pelo complemento ao trabalho unilateral. Observavam-se atentamente os estímulos de toda espécie de jogo, aprendeu-se até mesmo a ver a beleza que havia

---

[78] "Arte" e "natureza", respectivamente. Em francês no original. (N.T.)
[79] F. Schiller, *A educação estética do homem. Numa série de cartas*. São Paulo: Iluminuras, 2013, p. 130. Tradução modificada. (N.T.)
[80] "Jogar é, no começo, um excesso assimilado, simultaneamente, das forças espirituais e corporais." Jean Paul, *Levana*, § 49. (N.T.)
[81] F. E. Beneke, *Erziehungs- und Unterrichtslehre*, I. Berlim: Mittler, 1835, p. 131. (N.T.)
[82] "Um excedente, um transbordamento de energia." H. Spencer, *Principles of Psychology*, II, §§ 533ss. (N.T.)
[83] "O supérfluo." T.-A. Ribot, *La psychologie des sentiments*. Paris: Felix Alcan, 1896, p. 323. (N.T.)

nos jogos dos animais e das crianças, e que desde há muito tempo vinha sendo imitada por artistas. Mas o que o belo ganhou com a redução ao conceito de jogo? Nada. Era, ademais, um perigoso jogo de palavras contrapor o *jogo* ao trabalho *sério* e então excluir igualmente a arte, como uma espécie de jogo, do trabalho sério. Isso seria falso, mesmo no caso em que se tenha tomado *alegre* como antônimo de *sério*. *Res severa verum gaudium*.[84] Não apenas a criação de grandes obras de arte é o mais sério e o mais extenuante dos trabalhos; também o deleitar-se com a grande arte está ligada a trabalho sério. É preciso ser um filisteu-mór para não ver que o trabalho artístico só se diferencia de outros trabalhos mediante o motivo, a tarefa que alguém se coloca a si mesmo, a inexistência de uma encomenda. É claro que as pessoas da casta artística, os dramaturgos, os autores de romances de entretenimento, a massa dos retratistas, os compositores de bandas de música militar, estes produzem trabalho sério sob encomenda, não brincam nem com a vida nem com a arte.

Tome-se, porém, o conceito de jogo metaforicamente, como toda essa estética do jogo inconscientemente faz; entenda-se por jogo qualquer atividade desprovida de fim e mesmo assim ainda não se chegará ao conceito de arte; pois a criação e o deleite das obras de arte têm um fim: o júbilo com o belo. O filisteu simplesmente não conhece esse motivo. Ele conhece apenas os três motivos — a fome, o amor e a vaidade — e se inclina a imputar esses três motivos também ao criador e ao fruidor da arte. Eles de fato nem sempre desaparecem da psicologia do artista (rivalidade no jogo e na arte), nem da psicologia do grande artista; não desaparecem nem mesmo completamente, nem sempre, da psicologia do fruidor da arte. Mas o motivo que impele à atividade artística é de fato outro, ele existe no mundo adjetivo, é o sentimento de júbilo pelo *belo* adjetivo. Não quero tentar subsumir esse sentimento de prazer sob o motivo do amor; tal tentativa teria o atrativo do jogo de palavras, mas não poderia ser levada a cabo sem violência. Prefiro, tal como já o fiz quando da explicação da filosofia ou do anseio de quietude (*Contribuições a uma crítica da linguagem*, I, 2ª ed., pp. 708ss.),[85] deixar de lado o princípio da supremacia dos três motivos.

Existe um mundo adjetivo do belo e um mundo verbal da criação e do deleite artísticos. O sentimento de júbilo com o belo é o motivo da

---

84 "A verdadeira alegria é coisa séria." Em latim no original. (N.T.)
85 Trecho não traduzido neste volume. (N.T.)

atividade de criação e de deleite. O mundo substantivo da *beleza* não tem motivo porque não encerra atividade alguma. E não é real porque não é causa, nem tem causa alguma.

Crítica da linguagem

Tanto quanto antes, considero a tarefa que me coloquei, fornecer contribuições a uma *crítica* da linguagem, a mais importante da teoria do conhecimento. Sei que essa tarefa ultrapassa as forças de um ser humano — na verdade, ultrapassa as forças do ser humano. Devo me contentar em ter oferecido sugestões decisivas para essa nova disciplina. Não posso publicar mais uma vez neste *Dicionário* tudo aquilo que expus, nas mais de 2 mil páginas da minha *Crítica da linguagem*, sobre a psicologia da linguagem, sobre a linguística, sobre a relação da linguagem com a gramática e com a lógica; não posso mandar imprimir mais uma vez aquilo que desenvolvi acerca da relação da linguagem com a chamada psicologia dos povos no pequeno livro *A linguagem*. Da mesma maneira, apresentar tudo o mais que estudei nos últimos dez anos (desde o surgimento da minha *Crítica da linguagem*) ultrapassaria em muito o escopo de qualquer trecho deste livro. Complementos avulsos que me pareceram importantes podem ser encontrados em toda parte, especialmente nos artigos "Mundo adjetivo", "Mundo substantivo" e "Mundo verbal".[86] A relação entre *pensamento e fala* se encontra mais fundadamente explicitada na terceira edição do primeiro volume de minha *Crítica da linguagem* (pp. 230ss.).[87]

Indo direto ao ponto, eu teria, na verdade, muito a dizer se quisesse relatar como a república das letras — que, como outras grandes repúblicas, considera e zela pelos interesses do líder como se fossem interesses de todos — se posicionou perante minhas concepções linguístico-críticas (com exceção de alguns estudiosos individualmente). Mas eu estaria sendo desleal se me pusesse a falar sobre essa experiência num

---

[86] Verbetes não traduzidos neste volume. Sobre os mundos adjetivo, verbal e substantivo, ver, além de diversos tópicos das *Contribuições*, o "resumo" apresentado na *Exposição da minha filosofia*, no final deste livro. (N.T.)

[87] Referência à seção "Psicologia", segundo tomo do primeiro volume das *Contribuições a uma crítica da linguagem*, não traduzida aqui. (N.T.)

tom de acerba amargura. Pois fiquei realmente feliz com o resultado: que escritores e poetas que me são caros tenham feito suas algumas ideias da minha crítica da linguagem; que alguns linguistas e filósofos, pessoas, portanto, envolvidas no assunto, tenham manifestamente corrigido várias noções de acordo com ela. Que esses doutos senhores tenham de bom grado silenciado o meu nome pode ser algo indesejável para eles próprios, mas para mim só é útil. O que a minha pequena vaidade perde com isso, o meu grande orgulho ganha em dobro.

Um erudito particularmente correto também pode muito bem reconhecer *a* crítica da linguagem como uma nova disciplina, relegando, porém, *minha* crítica da linguagem ao desprezo público. Para o deleite dos meus leitores, gostaria de dispensar especial atenção a um caso. O senhor O. Dittrich diz em suas *Linhas gerais da psicologia da linguagem* (I, p. 63) que o verdadeiro domínio da *filosofia da linguagem* seguiria sendo a lógica, a ética (?) e a estética da linguagem, da mesma forma que a *crítica da linguagem*, mas acrescenta numa nota: "Naturalmente, *os esforços acima mencionados* não devem ser confundidos com a crítica meramente negativa, tal como apresentada por F. Mauthner nos três volumes de suas *Contribuições a uma crítica da linguagem* em razão de conhecimentos insuficientes, tanto de linguística quanto de psicologia e filosofia".[88] Naturalmente que não! Pois há que se diferenciar entre a minha falsa crítica da linguagem e a verdadeira!

Entretanto, antes das minhas *Contribuições*, não houve livro algum que tenha ensinado, nem o mais remotamente, algo como uma disciplina crítico-linguística; mesmo essa sequência de palavras "crítica da linguagem" só foi utilizada muito raramente, e as passagens em que aparece permaneceram completamente ignoradas até eu fazer alusão a elas nos excursos históricos do meu livro. Só posso aconselhar esses senhores (no interesse deles) a inventar um nome diferente de "crítica da linguagem" para a nova disciplina, se não mais desejam nem mesmo mencionar o meu trabalho. Foi também um livreiro alemão quem teve a bela ideia de batizar a *América* recém-descoberta com o nome do dedicado escritor *Américo* Vespúcio, em vez de Colombo, que não fazia parte da corporação. O senhor O. Dittrich, cuja grande obra consistiu até agora em chamar

---

88 Ottmar Dittrich (1865-1951), *Grundzüge der Sprachpsychologie*, I [Linhas gerais da psicologia da linguagem]. Halle: Niemeyer, 1903. (N.T.)

o seu mestre Wundt[89] com bastante recorrência de "acontecimento histórico", seria o homem perfeito para essa escolha do nome. Perdoem-me a piada: juízo injusto mexe com o orgulho.

Deus

I. "Se Deus não existisse, seria preciso inventá-lo." Assim se diz com frequência. Seria preciso? Quer dizer: dever-se-ia. Por razões morais supremas. Por razões provenientes da moral, que remonta a mandamentos do Deus existente ou inventado. Realmente foi preciso inventá-lo. Não porque se devesse fazê-lo, mas em conformidade com a natureza dos homens e sua linguagem. Foi preciso inventar Deus significa, portanto: ele foi inventado, necessariamente. O sentido da célebre frase é, pois: porque Deus não existe, os homens o inventaram em conformidade com sua natureza.

Deus, o Deus de nosso arsenal de palavras, o Deus uno e único do Ocidente cristão, não deve ser compreendido como conceito genérico dos seres imaginários que se chamavam deuses entre os pagãos. Os deuses eram pensados à imagem do homem. (Não foi Feuerbach quem pronunciou esse pensamento paródico pela primeira vez; ele já se encontra na *Mitologia* de Karl Philipp Moritz [3ª ed., p. 22]: "A imaginação não podia atribuir aos próprios deuses imagem mais elevada do que a imagem humana".)[90] Portanto, eles eram ao menos imagens, imagens de uma imaginação rica, jovem e bela. O Deus uno é uma mera palavra, palavra construída a muito custo, desprovida de imagem para exibir seu conteúdo. Todas as tentativas de colocar esse Deus-Pai em imagem são pagãs. O protestantismo com a sua iconoclastia foi apenas consequente.

Quando, para efeito de comparação, se tenta colocar esse conceito abstruso de Deus ao lado de outros conceitos, surge a dificuldade de encontrar palavras de contrassenso similar e, no entanto, de similar poder histórico.

---

89 Wilhelm Wundt (1832-1920). Cf. nota 6 da seleção de textos das *Contribuições*, p. 36. (N.T.)
90 Karl Philipp Moritz (1757-1793), *Götterlehre oder mythologische Dichtungen der Alten* [Mitologia ou poemas mitológicos dos antigos]. A primeira edição é de 1791. (N.T.)

A pedra filosofal nunca existiu e, no entanto, foram-lhe atribuídos poderes miraculosos. Mas a pedra filosofal não era apenas crença humana, também era, além disso, obra humana, algo real, na medida em que fabricada e vendida por um falsário.

Prefiro comparar Deus ao flogisto da química. Por mais ou menos cem anos, do final do século XVII até o final do século XVIII, os teólogos da química, e com eles o mundo, acreditaram nessa palavra, que deveria explicar a combustão dos corpos, logo, o calor, logo, a origem da força terrestre mais importante. Hoje sabemos: óxido de chumbo é chumbo e algo mais, Pb + O. Naquele tempo ensinava-se contra as evidências — porque já se havia observado o peso maior do óxido de chumbo: chumbo é cal de chumbo e algo mais, chumbo é cal de chumbo (óxido de chumbo) + flogisto. Algo que absolutamente não estava no mundo devia ser a causa daquilo que ali estava. E, assim como colocava o flogisto em todos os metais, o pensamento também colocava Deus em todos os acontecimentos: o acaso se torna história pela providência divina, a punição ao criminoso se torna castigo pela justiça divina, a declaração se torna juramento por se invocar Deus.

A famosa prova ontológica da existência de Deus é só um caso entre muitos; o hábito do homem de lançar mão de pseudoconceitos faz que se represente juntamente a existência deles. Isso já foi belamente expresso por Oldenburg numa carta a Espinosa (III, de 27 de setembro de 1661): "O senhor acredita poder comprovar, clara e indubitavelmente, a partir de suas próprias definições de Deus, que um tal ente existe? Para mim não restam dúvidas de que definições encerram única e exclusivamente conceitos em nossa cabeça; e que nossa cabeça, por sua vez, concebe muita coisa que não existe e é, além disso, extraordinariamente pródiga em multiplicar e amplificar as coisas uma vez concebidas: não consigo, portanto, compreender de que maneira devo passar do meu conceito de Deus à sua existência".

O digno empenho do deísmo de servir, à sua maneira, às necessidades de sossego da humanidade e de evitar o *regressus in infinitum*[91] levou ao reconhecimento de um Deus com o qual o livre pensamento acreditava poder conviver. Deus é a resposta à mais bela e infantil das perguntas, a pergunta pelo eterno porquê, e pelo porquê do porquê. Deus é, pois, a causa última. Só que sujeito e predicado desse juízo são

---

91 "Regressão ao infinito." Em latim no original. (N.T.)

igualmente antropomorfismos. Na representação fetichista popular, o conceito de Deus também é manifestamente uma resposta à antiga pergunta infantil; todavia, esse Deus antigo é forjado à imagem do homem. E Hume tentou provar a mais ousada tese, a saber, que também o próprio conceito de causa é uma espécie de personificação da sequência temporal. Não sei o que ainda sobra em tais representações do juízo deísta segundo o qual Deus seria a causa última.

II. "Aquele que diz saber de onde vêm todas as nossas palavras deve ser considerado um fanfarrão." Essa sentença prudente do velho Frisch[92] deveria ser observada em toda investigação etimológica. Também nossa época, tendo atingido um novo apogeu em termos de etimologia, se gaba quando estipula suas hipóteses etimológicas com segurança. De modo bem despretensioso, eu gostaria de compartilhar aqui uma pequena conjectura acerca das palavras *Götze* e *Gott*.[93]

Nossos especialistas não chegaram a um consenso. Era de praxe interpretar a palavra *Götze* como um diminutivo depreciativo de *Gott* e compará-la com o *deunculus* do latim medieval, que, todavia, não se encontra em Du Gange.[94] Já Frisch e, depois dele, Adelung derivaram *Götze* de *gießen*,[95] do alto-alemão antigo *giozan*; a palavra devia designar uma imagem fundida e, posteriormente, toda imagem produzida artisticamente. A linguística contemporânea foi mais longe e correlacionou a palavra à raiz grega *chy* (*cheô* etc.)[96] e, além disso, à raiz sânscrita *hu* (oferecer em sacrifício). Kluge marca a derivação *Gußbild*[97] com um pequeno ponto de interrogação e se inclina a tomar *Götze* por uma forma abreviada de *Götterbild*,[98] da mesma

---

[92] Johann Leonhard Frisch (1666-1743), linguista, naturalista, entomologista e gravurista alemão. (N.T.)

[93] "Ídolo" e "Deus", em alemão, respectivamente. (N.T.)

[94] Charles du Fresne, sieur du Cange ou Du Cange (1610-1688), filólogo e historiador francês. *Deunculus* (deúnculo, pequeno deus) está em latim no original. (N.T.)

[95] "Fundir, derreter, moldar." Sobre Adelung, ver, acima, nota 65, p. 229. (N.T.)

[96] "Verter, derramar, espargir." (N.T.)

[97] "Imagem fundida." Friedrich Kluge (1856-1926), filólogo, autor do *Dicionário etimológico da língua alemã*, cuja primeira edição é de 1881. Continua sendo editado até os dias de hoje. (N.T.)

[98] "Imagem dos deuses, imagem divina." (N.T.)

maneira que *Götz* e *Spatz*[99] devem ser entendidos como formas carinhosas dos nomes *Gottfried* e *Sperling* (no alto-alemão médio, *Spar*). Hermann Paul rejeita categoricamente ambas as derivações na segunda edição de seu dicionário;[100] em todo caso, a derivação de *gießen* deveria ser rejeitada. Paul, no entanto, indica que antigamente a palavra *Götze* era empregada para designar, em geral, qualquer imagem produzida, e ainda em Lutero, de maneira pregnante, uma imagem de ídolo ("os ídolos de seus deuses"). Uma vez que a palavra é, na verdade, um conceito cristão eclesiástico e significa, de origem, precisamente aquilo que hoje com o mais extremo desprezo chamamos de fetiche, é bastante provável que só possa ser elucidada com base em etimologia bíblica. E me parece que um elo foi negligenciado aí, a saber, a palavra grega *choneuein*, moldar, fundir, com sua rica família; *chôneutón*, *chôneuma* queria dizer o *que foi fundido*, a *imagem fundida*.

Desde tempos remotos, os gregos possuíam para a reprodução ou pequena imagem de um objeto a palavra *eídôlon*, de *eídôs*, imagem, o nosso *Idol*;[101] em Homero, esse *eídôlon* já é denominação para constructos artísticos, mas também, com especial frequência, para as sombras dos mortos. O estrangeirismo *idolum* e o livre neologismo *spectrum* entraram na língua latina erudita com o sentido de um fantasma, sentido que surgiu no contexto do culto aos mortos; desde os estoicos, ambas as palavras também se tornaram termo para as *imagenzinhas* na alma, as representações. Com *eídôlon*, assim como com *chôneutón*, os autores da Septuaginta e os escritores da Igreja traduziam as expressões hebraicas empregadas para proibir aos judeus a produção de imagens divinas. A Vulgata e Agostinho têm para elas *sculptile et conflatile*; *conflatile* de *conflare*, fundir em um só todo, soprar a chama, moldar, fundir. Parece-me então que o caminho para *Götze* passando por *chôneutón* e *conflatile* é etimologicamente trilhável. Comparemos agora a tradução de Lutero com a Vulgata: *non facies tibi sculptile neque omnem similitudinem* (Êxodo, 20,4), não deves fazer para ti nem imagem esculpida, nem símile; *non facietis vobis idolum et sculptile, nec titulos erigetis, nec insignem lapidem ponetis in terra vestra, ut adoretis eum* (Levítico, 26,1), não deveis fazer para vós nenhum ídolo, nem imagem esculpida, e não deveis tampouco erigir estátuas, nem pôr em vossa terra

---

99   "Pimpolho" e "pardal", respectivamente. (N.T.)
100   Cf. nota 146 da seleção de textos das *Contribuições*, p. 146. (N.T.)
101   *Eídôlon* (ídolo) e *eídôs* (o que é visto, forma, figura) estão em grego no original. *Idol* em alemão: "ídolo". (N.T.)

monumento para adorá-lo; *non vidistis aliquam similitudinem in die qua locutus est vobis Dominus in Horeb, de medio ignis, ne forte decepti faciatis vobis sculptam similitudinem aut imaginem masculi vel feminae* (Deuteronômio, 4,15-16), pois vós não vistes nenhuma similitude no dia em que o Senhor falou convosco... para que não vos corrompais fazendo para vós alguma imagem, à semelhança quer masculina, quer feminina; *maledictus homo, qui facit sculptile et conflatile, abominationem Domini, opus manuum artificum, ponetque illud in abscondito* (Deuteronômio, 27,15), amaldiçoado seja aquele que fizer um ídolo ou imagem fundida, uma abominação para o Senhor, uma obra de mãos de artífice, e a puser em local secreto.[102]

A palavra hebraica que se encontra em toda parte, פסל, é assim esclarecida por Fürst: "*imagem*, entalhada em madeira ou esculpida em pedra, mais raramente usada para designar *imagem fundida*".[103] Não é de estranhar que o significado tenha se transformado com o avanço da técnica, que a palavra designava, primeiro, entalhe e, depois, obra em bronze fundido; *Feder* significa hoje bem comumente *Metallfeder*;[104] e no fim *Skulptur*,[105] que hoje significa toda obra de arte tridimensional, passou pelo mesmo desenvolvimento. Também gostaria de chamar atenção aqui para a série, notavelmente contínua, de traduções de empréstimo: פסל, *chôneutón*, *Götze*; parece-me pelo menos seguro que Lutero, no último dos exemplos mencionados antes, no qual traduz *sculptile et conflatile* por ídolo ou imagem fundida, procurava expressamente indicar a igualdade das duas expressões. E para mim é certo que não temos aí uma mera etimologia popular erudita, que *Götze* é, decerto, apenas um terceiro empréstimo da palavra bíblica para *Bildnis*.[106] Eu gostaria não de afirmar, mas de perguntar: por que *Gott*[107] não deveria ser a mesma palavra? Atente-se em especial para o fato de que a antiga forma nórdica e gótica da palavra (*gud* e *guþ*), apesar de seu

---

102 Conforme ele mesmo indica, Mauthner cita essas frases dos cinco livros de Moisés na tradução de Lutero (com ortografia atualizada). A versão da Vulgata hoje apresentada pelo Vaticano difere um pouco da citada por Mauthner. (N.T.)
103 J. Fürst, *Hebräisches und Chaldäisches Schulwörterbuch über das Alte Testament* [Dicionário escolar hebraico e caldeu do Antigo Testamento]. Leipzig: Tauchnitz, 1842. (N.T.)
104 "Mola" e "mola de metal", respectivamente. (N.T.)
105 "Escultura." (N.T.)
106 "Retrato, efígie." (N.T.)
107 "Deus." (N.T.)

emprego masculino, era neutra, algo como *das Gegossene*.[108] "A palavra *guþ*, que segundo sua forma é neutra, é usada como masculino para o Deus cristão. Para os deuses pagãos, em contrapartida, o plural neutro *guda* ainda está em uso" (Braune, *Gramática do gótico*, p. 35).[109] Assim, não teríamos de derivar ídolo, em significação e forma, de deus, mas sim, de modo inverso, *deus* de *ídolo*. Ídolo, como o *que foi fundido, moldado*, teria sido a expressão em comum. E *deus* só poderia derivar de *ídolo* unicamente segundo a forma. Reconhecer nisso uma mudança de significação (como na derivação do depreciativo ídolo do sagrado *deus*) já me parece denunciar uma soberba cristianizante. Pois não consigo perceber uma distinção importante quanto à significação. *Gott* seria a forma saxã para *Götze* (tal como *Witze* e *wit*,[110] *Schütze* e *shoot*,[111] *nütze* e o anglo-saxão *nyttu*).[112] Não seria possível que, em sua impenitência, os saxões heréticos tivessem denominado o crucifixo, que os germânicos do sudoeste já adoravam, *o Deus, o que foi moldado*?[113] E que o nome tenha permanecido após a conversão ao cristianismo, enquanto a forma mais antiga *Götze*, do sudoeste germânico, tenha ficado restrita aos deuses não cristãos, como tradução do bíblico *sculptile et conflatile*? Seria mesmo tão inaudito que a palavra tenha uma vez significado *culto a Deus*,[114] o culto ao Deus certo, e outra vez *idolatria*,[115] o culto ao *falso* Deus? *Schlicht* e *schlecht*[116] é só um dentre muitos casos que poderiam ser apresentados como exemplo.[117]

---

108   "Aquilo que foi fundido." (N.T.)
109   W. Braune, *Gotische Grammatik mit Lesestücken und Wörterverzeichnis* [Gramática gótica com excertos de leitura e índice de palavras]. Halle: Niemeyer, 1880. (N.T.)
110   "Chiste, gracejo." (N.T.)
111   "Tiro." (N.T.)
112   "Útil." (N.T.)
113   No original: *das Gott, das Gegossene*. Mauthner emprega *Gott* não no masculino, mas no neutro. (N.T.)
114   *Gottesdienst*. (N.T.)
115   *Götzendienst*. (N.T.)
116   *Schlicht* e *schlecht* são palavras cognatas, significando respectivamente "simples" e "mal, mau". (N.T.)
117   Para *idolatria* ainda temos à disposição uma segunda palavra: *Abgötterei*. *Abgott* (ídolo) é claramente o falso deus, o *Mißgott** (tal como *Abort* [latrina] é o lugar feio, odioso, *Abgunst* [aversão] é *Missgunst* [malevolência; desconfiança; inveja; ressentimento]); mas esse significado não é muito antigo, talvez tenha resultado de um mal-entendido; em Lutero, *Abgötter* significava

Nossa linguística dogmática está mais próxima de relacionar *Gott* com uma raiz sânscrita do que com a palavra alemã *Götze*. Conectam-na ao sânscrito *hu*, raiz de *opfern*, *anrufen*,[118] fornecendo duas etimologias diferentes, como se *opfern* e *anrufen* não fossem manifestamente apenas duas traduções ou estágios culturais diferentes da mesma atividade. De acordo com isso, *Gott* (sânscrito *huta*, gótico *guþa*) deve significar: aquele a quem muito se invoca, aquele a quem se oferecem muitos sacrifícios. Pela minha suposição, a última explicação só deveria ser modificada em termos gramaticais: não aquele a quem muitas libações são vertidas, mas sim *aquele que foi fundido*.[119]

(Ouso lembrar ainda — sem chegar a uma conjectura — *gueuse*, palavra francesa, que em Littré e Diez é etimologicamente separada de *gueux*, e que significa bloco de metal fundido; bom demais seria se esse *gueuse* estivesse por fim ligado a *gueux*, de origem desconhecida, que hoje passou a significar patife.)

Diante de todas essas correlações, muito é de admirar que os homens não tenham se dado conta antes da desrazão pueril com que adoravam servilmente os próprios ídolos ou imagens, desprezando com a mais extrema soberba os ídolos ou imagens de outros povos. Por que não deveriam os pagãos saxões chamar de ídolo o deus visível em imagem dos francos e dos alamanos, se padres cristãos ousavam chamar de

---

> ainda o idólatra, proveniente de uma antiga palavra *abgott*, que significava em gótico não ídolo, mas sim ímpio (*gottlos*). Úlfilas dizia *galiugaguda* para ídolo; *afguþs* era para ele *impius*. Para mim não restam dúvidas de que essa palavra de formação surpreendente é um empréstimo por tradução exato de *atheos* (ateu), à qual ela corresponde literalmente em seu significado e em sua forma quase ilógica. (N.A.)
>> *Como fica claro pelos exemplos a seguir, Mauthner introduz esse neologismo para tentar explicar o sentido do prefixo *ab-* de *Abtöttereil Abgott* por comparação com o prefixo negativo ou privativo *Miß* (mal, mau, como no inglês *mis-*, em *misunterstand*). *Mißgott* seria algo como um "desdeus". (N.T.)

118 "Sacrificar" e "invocar", respectivamente. (N.T.)
119 Mauthner joga aqui com dois sentidos do verbo *gießen*, o qual vem comentando nesta segunda parte do verbete. *Gießen* tem um primeiro sentido de verter, e então deus significa "aquele a quem se vertem muitas libações" (*dem viel gegossen wird*); mas também o de fundir, com o derretimento e fusão dos metais para a estatuária: deus seria então "aquele que foi fundido" (*der Gegossene*). (N.T.)

ídolos as belas imagens humanas cultuadas pelos gregos? Aqui como lá, a fé estava de um lado, a incredulidade de outro. Para o crédulo, o fetiche é imagem e sede do deus miraculoso; para o incrédulo, a imagem do deus é uma *abominatio*,[120] um *fetiche*. Se a etimologia comumente aceite estiver correta, os portugueses empregavam a sua palavra "feitiço" (proveniente de *facticius*, *artificial*, e talvez até mesmo de arte da magia) para bonecos, animais e apetrechos risíveis (para eles) e miraculosos que encontravam como objetos de veneração entre os negros da costa oriental. A palavra (*Fetisch, fetiscio, fétiche, fetish*) faz parte da arrogância da qual comungam os povos cristãos.

Precisamos nos afastar do valor afetivo diverso com que o costume cristão de dois milênios separa as expressões culto a deus e idolatria; precisamos nos compenetrar de que a mesma coisa pode ser deus para um e ídolo para outro, caso desejemos nos libertar da tirania desses valores contidos nas palavras. Se quisermos levar a sério uma ciência comparada da religião, não temos mais direito à distinção entre deus e ídolo; a não ser que queiramos chamar de ídolo a imagem grosseiramente sensualista da qual os crédulos esperavam ajuda milagrosa, e de deus o conceito abstrato, depurado, de deus, cujo milagre e socorro os crédulos invocam com palavras. E, como a arrogância cristã na Idade Média havia designado como ídolos os deuses humanos e, afinal, nada repulsivos da Antiguidade, os tempos modernos precisaram de uma nova palavra para os ídolos muito mais grosseiramente sensualistas dos povos primitivos e disseram fetiche. Entre o fetiche dos negros e as imagens de ídolos dos gregos há naturalmente uma diferença estética. Não há nenhuma diferença tão grande entre o fetiche dos negros e (na imaginação do homem comum) os antigos apetrechos de culto dos cristãos. Para ocidentais em viagem de pesquisa, o fetiche pode ser uma piada ou uma vergonha. O missionário católico estava mais familiarizado com o deus feito em casa, o deus transportável. Os negros depositam as partes do corpo de seus mortos em cabanas-fetiche, como em relicários. Seus sacerdotes utilizam as cabanas-fetiche como caixas de ofertório. Os negros possuem fetiches especiais para guerra e doença, para poção mágica e nascimento, tal como no catolicismo há santos especiais cujo poder miraculoso está, para o povo, em suas imagens, mas os sacerdotes raramente têm algo melhor para lhe ensinar.

[120] "Abominação." Em latim no original. (N.T.)

É digno de menção que, entre os negros, reinado e deus, trono e altar também parecem fortemente ligados entre si. Em algumas tribos negras, o rei é "um dispositivo vivo de culto" (Lippert, *História do sacerdócio*, I, p. 87).[121] O rei é deposto como um fetiche quando falta peixe ou chuva.

Foi apontado com frequência e de forma contundente por espíritos livres do protestantismo que o Santíssimo do catolicismo corresponde plenamente à definição de fetiche. Não há dúvida de que esses protestantes têm razão. Eles apenas esquecem, presunçosamente, que o milagre não é inerente à substância da hóstia, mas produzido primeiramente pela palavra sagrada que o sacerdote ungido profere. (As palavras sagradas que efetuam a transubstanciação jamais devem ser traduzidas, nem mesmo em explicações populares ao texto da missa, tão colada está a magia às palavras latinas *hoc est enim corpus meum*[122] etc; a Igreja Católica e o papa Alexandre VII, que proibiu a tradução pelo decreto de 12 de janeiro de 1661, provavelmente não se deram conta de que o Novo Testamento traz as palavras mágicas em língua grega e que, portanto, elas já tinham de ter perdido sua força com a tradução latina da Vulgata.) O protestante que vê um fetiche na substância, quando deveria ver um fetiche lexical na transubstanciação, não se dá conta, portanto, de que atribui esse mesmo poder mágico às palavras da Bíblia, certamente não às palavras latinas, mas ao sagrado texto de Lutero: poder profético nas ainda hoje usuais provas da agulha,[123] ajuda milagrosa na cura pela oração e (se o protestante for suficientemente moderno e esclarecido) ao menos consolo nas adversidades. Se o fetiche lexical não lhe presta mais esse serviço, o protestante tampouco pode ter direito a se autodenominar um cristão crédulo. Foram os protestantes que inventaram para o seu sacerdote, o *gongá* dos negros fetichistas, a designação "servidor da palavra",[124] certamente sem lhe sentir o humor.

III. Falando assim de fora sobre santuários de palavras que são caros a muitos bons ocidentais, talvez eu tenha o dever de precisar com algu-

---

121 Julius Lippert (1839-1909), *Allgemeine Geschichte des Priestertums*, I [História geral do sacerdócio]. Berlim: Hofmann, 1883, 2v. (N.T.)
122 "Este é, pois, o meu corpo." Em latim no original. (N.T.)
123 Também conhecidas como provas do estigma, foram introduzidas nos processos contra bruxaria para saber se a pessoa acusada era insensível à dor num determinado ponto escolhido pelo demônio como sinal de fidelidade. (N.T.)
124 *Diener am Worte* corresponde em português a "ministro da palavra", mas com o significado mais claro de "servidor" ou "serviçal" da palavra. (N.T.)

mas palavras minha posição sobre a questão religiosa. Começo por dizer que não considero a pergunta de Gretchen "Dize-me, pois, como é com a religião?"[125] tão importante quanto se costuma considerar tradicionalmente, depois de séculos a fio de catequização. Há perguntas mais importantes. Se há desenvolvimento ou progresso? Se é possível conhecimento por meio da linguagem? Se afinal existe algo como uma ordem na natureza? O *se* é a questão. Nós buscamos desenvolvimento, conhecimento, ordem. Mesmo se tivéssemos encontrado algum deles, ainda assim estaríamos longe de ter de perguntar pelo autor do desenvolvimento, da possibilidade do conhecimento, da ordem natural. Os homens sempre tiveram a tendência de responder primeiro às questões últimas, de descobrir primeiro a causa última. E, assim, muito tempo antes de qualquer investigação científica, já aprenderam a usar a palavra "deus", ou algo que o valha, como uma resposta final. Assim como a palavra "alma". Assim como a palavra "flogisto". Se tivessem esperado, não possuiriam hoje a palavra "deus", e eu não precisaria esclarecer a minha relação com uma palavra que não entendo.

Mas não quero parecer estar me esquivando da questão ao apelar para meu ponto de vista crítico-linguístico. Instintivamente adoto uma certa posição em relação a essa palavra incompreendida. Não apenas não a compreendo: também acredito que ela não tem nenhum sentido. Acredito que o antigo Deus judaico, juntamente com sua tradução no cristianismo, tornou-se um símbolo morto, uma palavra morta. A física retirou do Deus judaico a sua substância, a história natural o seu caráter de causa, a astronomia o lugar de onde ele podia mover a Terra. Tomado puramente como negação do conceito de Deus, o ateísmo é realmente, num determinado estágio do saber, a única visão de mundo decente. Essa visão de mundo, entretanto, não deve ser motivo de vanglória. Há outras questões mais importantes, como ficou dito. Confessar-se partidário dessa pequena negação já nem é ato de coragem. Seria apenas decente para todo aquele que se ocupa das coisas do espírito. E me parece infame que nossos estudiosos remunerados pelo Estado, salvo raras exceções, temam confessar essa pequena negação perante o público e

---

[125] Célebre pergunta de Gretchen a Fausto. J. W. Goethe, *Fausto: uma tragédia*, I. Trad. de Jenny Klabin Segal. São Paulo: Editora 34, 2004, v. 3415, p. 379. Numa tradução mais literal: "Diz-me, pois, como te portas em relação à religião?". (N.T.)

procurem algum compromisso de palavras com o velho Deus judaico. Parece-me infame e, ademais, estúpido. Se todos os professores alemães que são ateus professassem o seu ateísmo, o Estado não poderia nem teria por que lhes tocar num único fio de cabelo; e nós não teríamos visto um tipo tão insignificante quanto Haeckel ser transformado, em razão meramente dessa honestidade, em líder da jovem Alemanha, que é claramente ateísta já desde Schopenhauer.

O antigo Deus judaico está morto. Mas o materialismo que ajudou a matá-lo também está nos estertores. E a necessidade metafísica dos homens, que eram inadvertidamente tão metafísicos em seu materialismo quanto em sua crença em Deus, busca por toda parte uma nova expressão para o antigo anseio. Os pobres homens procuram o sentido do mundo em que estão postos. Quem possui profundo sentimento desse anseio e não encontra a palavra refugia-se do mundo no misticismo. O ocultismo, que atualmente se porta, sob vários nomes, como se quisesse dar à luz uma nova religião e um novo Deus, não é entretanto senão a mística do homem simplório. Os grandes místicos seguidores de Buda e de Jesus haviam encontrado o sentido do mundo em seu sentimento, cada um por si, incomunicavelmente.

De fato, a língua não teria nada contra, caso alguém quisesse empregar de novo a palavra morta Deus para esse sentimento incomunicável do sentido do mundo. Só não gosto das palavras que não podem exprimir quaisquer representações comunicáveis. Mesmo para os grandes místicos, Deus só se encontrava em seu sentimento, inefavelmente; tão logo o nomeavam, ele se transformava em ídolo.

A essa humilde honestidade de se confessar partidário da simples negação do conceito de Deus, do ateísmo, de admitir que não se compreende o sentido da palavra "Deus" — a essa pequena ousadia se opõe o uso cristão da linguagem, que não admite o epíteto *gottlos*[126] como simples designação de uma convicção teorética, mas associa à palavra uma desqualificação prática, uma mácula semelhante à da palavra *"ruchlos"*.[127] Apologetas do cristianismo se valem desse uso da

---

126 "Ateu, ímpio", literalmente: "sem-deus". (N.T.)
127 *Ruchlos* (infame) é geralmente derivada do alto-alemão médio *ruochen*: "importar-se com algo, ter consideração para com algo". *Ruchlos*: "aquele que não tem consideração para com nada". Para mim essa derivação não é evidente. Possuímos, no entanto, em *ruchbar* (conhecido, famoso) a mesma

linguagem, que entende por homem mau não os ateístas (isso já não seria adequado desde Espinosa e Bayle), mas os ímpios.[128]

Ao receio do uso da língua pela opinião pública se deve, creio, muito da covardia dos filósofos. Muito rodeio covarde em relação à verdade. O ateísmo também teve seus jesuítas: sofistas a favor e contra o conceito de Deus. Em cada caso particular do período que vai do século XV até o presente é muito difícil decidir se o respectivo advogado do conceito de Deus era crédulo ou um hipócrita covarde. Também não se deve esquecer que uma palavra, contanto que não se tenha duvidado da coisa designada, costuma ser defendida tal como a própria coisa; mas, se a existência da coisa for negada, trava-se uma batalha feroz unicamente em torno da palavra. Entre as palavras que se tornaram tão sem objeto quanto *Deus*, mencionei antes também o antigo princípio *flogisto*. Mesmo depois de Priestley e Lavoisier terem lançado esse *flogisto* entre as ficções, em fins do século XVIII, a aberração flogisto continuou encontrando advogados ortodoxos. E estes, porque fossem ou atrasados ou tolos ou fiéis, também não costumam ser chamados de hipócritas na história das ciências naturais. É claro que os advogados do conceito de Deus são recompensados pelo Estado e pela Igreja; ainda assim, é bastante arriscado falar de desonestidade em cada caso isolado, onde talvez só tenha havido falta de clareza.

Falta de clareza até a mais completa confusão é o que eu suponho haver lendo o breve verbete "Ateísta"[129] no *Dicionário filosófico* de Maimon (p. 25).[130] Ele parece se preparar para dar uma marretada no ateísmo, para em seguida fazer a mais afiada crítica à concepção popular de Deus. "Deveria este (o ateísta) merecer também lugar num dicionário filosófico? Com certeza, mas só para dele ser banido para sempre." A palavra designaria

---

sílaba *ruch* = *rucht* = em alto-alemão médio, *ruoft*, que corresponde ao nosso *Ruf* (fama). Quer dizer, se alguém quisesse construir uma tradução de *infamis*, teria à disposição *ruchlos* e *verrucht* (infame, ímpio), ambos os quais empregamos no sentido de *infam*.* (N.A.)

*O alemão tem o adjetivo *infam*, aqui empregado por Mauthner. (N.T.)

128 *Gottlos*. (N.T.)
129 *Gottesleugner*: literalmente "aquele que nega deus". (N.T.)
130 Salomon Maimon (1753-1800), *Philosophisches Wörterbuch oder Beleuchtung der wichtigsten Gegenstände der Philosophie in alphabetischer Ordnung* [Dicionário filosófico ou Elucidação dos objetos mais importantes da filosofia em ordem alfabética]. Berlim: Unger, 1791. (N.T.)

"algo impossível", tal como a palavra hipogrifo (sic!).[131] Pois só aquele que nega um deus antropomórfico, um falso deus, seria possível. O *conceito* do verdadeiro Deus, "de um ser infinitamente perfeito", não conteria nenhuma contradição, não podendo, portanto, ser contestado, quer dizer, rejeitado como impossível. Obviamente, não se poderia em parte alguma encontrar uma realidade desse conceito, pois seu objeto, por sua essência, não poderia ser objeto de percepção. O conceito de Deus seria, portanto, problemático, tal como uma fórmula matemática enquanto não pudesse ser construída. Ora, aquele que "de modo algum contesta a possibilidade e a existência de Deus mas considera essa suposição apenas indemonstrável para nós" ainda não seria por isso ateísta. Se fulano afirma que os anjos são barbados, beltrano que os anjos são imberbes, e então vem sicrano e diz que os anjos não são nem barbados, nem imberbes, porque simplesmente não têm corpo, ele não negaria nem a existência, nem a inexistência da barba dos anjos. Assim o diz Maimon, depois de ter jurado banir para sempre o ateísmo da filosofia. Os piores ateístas também falam mais ou menos assim. E, no entanto, não acredito tratar-se de desonestidade mesmo nesse caso flagrante.

Não falta clareza a Bacon de Verulamo; mas o pai da ciência natural moderna é profundo até os limites da teosofia, e é por isso que também no seu caso hesito em tomar o breve ensaio "Sobre o ateísmo"[132] como hipocrisia. Neste se encontra a tão citada frase: *Verum est tamen, parum philosophiae naturalis homines inclinare in atheismum, at altiorem scientiam eos ad religionem circumagere.*[133] Muito fina também é esta sua ideia: existem ateístas que preferem morte e martírio a renegar sua convicção; no entanto, seria realmente espantoso (*monstri simile*)[134] se não acreditassem em algo como um Deus. (O sofisma consiste em que Deus é transformado em criador de todo bem, logo, também da lealdade de fé.) Uma vil acusação aos ímpios, aos homens maus, está contida na sentença: *Nemo Deos* (sic!) *non esse credit, nisi*

---

131 No *Dicionário* de Maimon a palavra alemã *Hippogryph* aparece grafada com apenas um "p" e inverte os lugares do "y" e do "i": *Hypogriph*. (N.T.)

132 O ensaio de Francis Bacon "Of Atheism" é de 1612 e foi ampliado para a edição de 1625 dos *Ensaios* do autor. Mauthner cita pela edição latina, publicada em 1633. (N.T.)

133 "É verdade, no entanto, que pouca filosofia natural inclina os homens ao ateísmo, mas uma ciência mais profunda os faz voltar à religião." Em latim no original. (N.T.)

134 Em latim no original. (N.T.)

cui Deos non esse expedit. (Ninguém nega a existência dos deuses, exceto aqueles para quem sua inexistência seja útil.) Pois bem, quero dar a essa afronta um sentido mais elevado e entender a ideia assim: pois seja, nós, modernos, negamos a existência de Deus porque nossa visão de mundo necessita de tal negação.

Se alguém, no entanto, quisesse tratar essa passagem dos *Sermones fideles*,[135] tal como muitas outras, como palavras hipócritas do esperto e com certeza não santo chanceler, eu não poderia protestar veementemente. Bacon criou a primorosa imagem dos preconceitos humanos ou fantasmas ou ídolos que desde sempre impediram o progresso do conhecimento; ele fala (vide o verbete "Teoria Espectral de Bacon")[136] dos fantasmas ou ídolos da tribo, da caverna, do mercado e do teatro. Será que lhe escapou que o conceito de Deus é um fantasma ao mesmo tempo da tribo, da caverna, do mercado e do teatro? Bacon certamente mal podia considerar possível algo que agora finalmente se tornou claro para nós: que *deus* é só uma tradução de *ídolo*, que para ídolo[137] ou fantasma nós podemos dizer tanto ídolo[138] quanto deus, que Bacon poderia ter falado de maneira igualmente punitiva dos deuses ou dos ídolos da tribo, da caverna, do mercado e do teatro. Deus é o ídolo mais alto, o mais genérico, o mais inverídico. Uma imagem para a qual nenhum modelo posou. Eu diria: uma imagem ideal.

Em todo caso, uma palavra. Deuses são palavras. Uma vez mais se inferiu, da existência da palavra, a existência da coisa, como se a prova ontológica fizesse parte dos instintos dos seres humanos falantes. E me ocorre uma passagem de Lutero que não foi concebida sem reflexão; pelo contrário, se encontra logo no primeiro artigo da ponderada e quase diplomaticamente estilizada *Confissão de Augsburgo:*[139] "Em primeiro lugar, ensina-se e mantém-se unanimemente... que só existe um único ser divino, o qual é chamado e é verdadeiramente Deus".

---

135 *Sermões fiéis, éticos, políticos, econômicos, ou o interior das coisas* (1633) é o título da tradução latina dos *Ensaios* de Bacon. Cf. acima nota 132, p. 246. (N.T.)
136 Não incluído neste volume. (N.T.)
137 *Idol.* (N.T.)
138 *Götze.* (N.T.)
139 A *Confissão de Augsburgo* (em latim, *Confessio Augustana*) foi apresentada por Lutero na Dieta de Augsburgo em 1530. (N.T.)

Enciclopédia

I. Ordem é um conceito humano. Na natureza efetiva não há nem ordem, nem desejo de ordem. Também no cérebro humano, visto que é natureza efetiva, não há ordem; há ali, porém, um sentido de ordem, um anseio por ordenar, primeiro, o saber numa determinada disciplina e, depois, de maneira metódica, todo o saber em geral, um anseio por reuni-lo num sistema e transmitir à geração seguinte todo o edifício do saber numa enciclopédia. Atente-se para como em todos esses conceitos estão presentes imagens humanas. *Método, méthodos*, é o caminho que se toma ao perseguir uma ideia; não há caminhos na natureza. *Sistema, systema*, era originalmente uma unidade tática no exército, uma composição de soldados; depois, veio a ser um todo composto de diferentes partes, em especial o todo orgânico de uma ciência; se a representação de um organismo fosse algo além de uma imagem, poder-se-ia apelar ao fato de que na natureza há unidades, organismos, todos compostos de partes, embora uma atenção mais penetrante nos revele que também fomos nós que primeiramente introduzimos os conceitos de unidade, parte e todo na natureza; todavia, é decerto apenas uma expressão figurada quando comparamos um conhecimento ordenado a um organismo vivo; ordenamos nosso conhecimento em referência a uma finalidade; nos organismos vivos, a representação da finalidade foi introduzida primeiro apenas artificialmente (cf. o verbete sobre as causas finais).[140] O saber teve de ser ordenado conforme a uma finalidade principalmente no ensino escolar; o acúmulo de tal saber, almejado em geral segundo o gosto da época, era chamado pelos gregos de enciclopédia, *he enkúklios paideía*, ensino *comum*, educação *trivial*, e a etimologia de *enkúklios*, aquilo que gira em círculo, que morde o próprio rabo, talvez tenha contribuído para isso. A Idade Média chamou posteriormente essa enciclopédia destinada aos meninos de melhor condição *artes liberales*, o que ainda hoje costumamos traduzir muito mal e literalmente por *artes liberais*; significava, na verdade, conhecimentos adequados.[141] Quando os mestres-escolas dividiram essas sete artes liberais em dois grupos, o *quadrivium* (aritmética, geometria, música e astronomia) e o *trivium* (gramática, retórica e dialética), resultou daí a jocosa ambiguidade de que *trivialis* poderia

---

[140] Não traduzido neste volume. (N.T.)
[141] Em alemão, *anständige Kenntnisse*, isto é, conhecimentos apropriados, decorosos para jovens de boa condição. (N.T.)

se referir tanto ao ensino escolar tripartite da juventude mais proeminente quanto àquilo que é comum (no mau sentido); mas *trivialis* já tinha esse duplo sentido no latim clássico. E em minha juventude os religiosos que foram meus professores no ginásio ainda se referiam com desprezo às escolas populares e reles como escolas triviais e, ao fazê-lo, certamente não pensavam no *trivium* da Idade Média.

Apenas com o desabrochar das ciências, da chamada Renascença, desenvolveram-se, para além da necessidade teológica e prática, as instituições de ensino superior, nas quais se ensinava todo o saber da época, e elas receberam o justo nome englobante de *universitates*; cada uma delas era um conjunto que deveria abranger a totalidade do saber humano. Já antes os livros de que se podia extrair todo o saber sobre Deus e o mundo eram denominados *summae*.[142] A moda da Renascença retomou a palavra grega e provavelmente considerou a enciclopédia como mais nobre e científica do que as *summae*.

Neste ponto em que tratamos da mudança de sentido das expressões superiores empregadas pelos mestres-escolas, gostaria de retomar a conjectura de que a suposta frase de advertência de Platão *médêis ageômétrêtos eísitô*, de que ninguém poderia se tornar seu aluno sem conhecimento da geometria, talvez não revelasse, como se pensa agora, uma especial estima pela ciência matemática; a enciclopédia também era chamada pelos gregos de *tà enkúklia mathêmata*,[143] e entre esses *mathêmata* a geometria era considerada, com efeito, especialmente útil; talvez a frase quisesse dizer não muito mais do que nossa imposição deveras controversa: ninguém pode frequentar a universidade sem passar pelo vestibular.

Desde Bacon, quando o conhecimento teológico e lógico das *summae* foi perdendo prestígio e se reuniu uma porção de conhecimentos empíricos, tornou-se cada vez mais difícil acreditar na totalidade, na completude, num sistema interno de todas as ciências. Eruditos mais modestos, como nosso Morhof,[144] abriram mão de oferecer enciclopédias

---

[142] "Sumas." Em latim no original. (N.T.)
[143] "Disciplinas" ou "matérias" pertinentes a um ciclo de ensino. Em grego no original. Pela sequência se depreende que, para Mauthner, a célebre frase de Platão deve ser lida simplesmente no sentido de que o estudante não poderia passar a um outro ciclo do aprendizado sem a geometria. (N.T.)
[144] Daniel Georg Morhof (1639-1691) é autor de *Poli-historiador, ou notícia sobre autores e comentário dos assuntos*, publicado originalmente em Lübeck, em 1688. (N.T.)

a seus leitores e encararam com ceticismo essa denominação; eles prometiam apenas um grande acúmulo de conhecimentos dignos de serem sabidos: polimatia, poli-história.[145] Naturalmente, tais livros eram ordenados da maneira mais sistemática possível; quem neles pretendesse buscar ensinamento tinha primeiro de consultar o assunto procurado no índice; e o índice era ordenado alfabeticamente. Era de esperar, o que certamente já havia sido anteriormente tentado em menor escala aqui e ali, que todo saber disponível fosse alfabeticamente ordenado por palavras-chave e se abrisse mão de toda sistematicidade. A enciclopédia moderna estava inventada.

O efeito sobre os contemporâneos não foi menor pela falta de um sistema; ambas as grandes enciclopédias, a do século XVII e a do século XVIII, têm importância histórica mundial e se equiparam em seu efeito à *Summa* de Tomás de Aquino.

O *Dicionário histórico e crítico* de Pierre Bayle foi e permaneceu sendo por mais de um século o léxico de conversação[146] de todos os espíritos céticos. Apesar de a edição, com seus enormes volumes em fólio, ser de difícil manuseio, era difícil pô-la de lado; depois de tê-la aberto, eu ao menos não conseguia deixá-la por horas.

Pierre Bayle se lê ora como Voltaire ou Lessing, ora como um Heinrich Heine fora de moda (especialmente nas notas apimentadas do campo da mitologia e teologia). O *Dictionnaire historique et critique*[147] é a criação coesa de uma personalidade forte, de um espírito eminentemente crítico. Mas, no que diz respeito à amplitude de seu saber, Pierre Bayle ainda está preso à Escolástica. Ainda lhe era estranha a ideia de que matemática e ciência natural fizessem parte da formação geral, de uma enciclopédia. Procurar-se-á em vão ali o nome de Newton, embora sua obra principal tivesse sido publicada dez anos antes. Para Bayle, a totalidade do saber consistia na herança da Idade Média: na visão de

---

145 Polimatia e poli-história, assim como polímata e poli-historiador, são termos usados para caracterizar, principalmente, o saber amplo, erudito, que se espraia por muitas áreas de conhecimento, mas geralmente difuso e sem aplicação prática. (N.T.)

146 Cabe lembrar, mais uma vez, que o substantivo composto *Konversationslexicon* é também o termo para enciclopédia em alemão. Sobre os léxicos para conversas em sociedade, cf. nota 81 da seleção de textos das *Contribuições*, p. 102. (N.T.)

147 Em francês no original. (N.T.)

mundo antiga e na especulação cristã, às quais a filosofia escolástica estava indissoluvelmente amalgamada. Com admirável perspicácia e espirituosidade, Pierre Bayle extraiu a soma desses conhecimentos e analisou criticamente cada ponto individual dele.

O impacto de seu dicionário foi enorme; talvez não tenha sido nem totalmente medido, nem totalmente exaurido até hoje. Não foi pequeno o mérito de Gottsched, um mérito em prol da Alemanha, que ele tenha ousado traduzir essa obra descompromissada para o seu alemão insípido. Lessing e Goethe colheram estímulos decisivos em Bayle. Acredito que o contato, prenhe de consequências, de Goethe com Espinosa começou com a leitura de Bayle, apesar de o artigo sobre Espinosa não ser exatamente um título de glória para o grande dicionário.

Provavelmente maior foi a influência exercida pelo dicionário do século XVIII, a obra que se costuma chamar de *Enciclopédia par excellence*, e cujos colaboradores são chamados de enciclopedistas. Voltarei mais uma vez ao sistema sobre o qual Diderot assenta conscientemente o seu empreendimento; importa-me indicar agora a amplitude do saber apropriado[148] daquela época. A *Enciclopédia* também trata de questões estatais e, por isso, tornou-se causa concomitante da grande Revolução Francesa. Ela foi concebida segundo um modelo inglês; ensinava-se a doutrina inglesa do Estado; mas o senso dos ingleses para a utilidade do saber também foi exemplar. Francês foi o procedimento irreverente contra a autoridade da Igreja e, em geral, a consequência lógica disso. Em aproximadamente quarenta grandes volumes foram tratadas, seguindo uma tendência completamente nova, além de todas as ciências do espírito, também a matemática, a ciência natural e a tecnologia. A *Enciclopédia* é o léxico de conversação da Ilustração. A Ilustração não foi cética, ao menos não na França; duvidar dos dogmas da Igreja não era mais ceticismo. A Ilustração tinha um novo dogma: a crença na onipotência da razão humana. Religião e Estado, arte e linguagem apareciam e eram apresentados como produtos do espírito humano consciente. Foi algo totalmente no espírito da *Enciclopédia* a Revolução ter posto em cena uma tremenda comédia: a festa da deusa razão. Hegel fez a certa altura um chiste insuperável: a Revolução Francesa pôs tudo de ponta-cabeça, isto é, no pensamento[149] (como ele mesmo, poder-se-ia dizer). A devoção

---

148   Em alemão, *anständig*. Sobre o adjetivo, ver, acima, nota 141, p. 248. (N.T.)
149   O jogo de palavras é intraduzível em português. *Auf den Kopf stellen* significa

à razão e ao raciocínio já se expressa no título da obra: *Encyclopédie, ou Dictionnaire raisonné des sciences, des arts et des métiers*.[150]

A extensão do saber apropriado, a extensão de uma enciclopédia havia crescido tanto que algo estranho ocorreu: apenas uma pequena parcela do saber humano deveria ser reunida e organizada para ser utilizada por homens modestos, e ainda assim esse trabalho não mais podia ser realizado por um único indivíduo; a totalidade do saber humano não mais estava reunida num único indivíduo. Mestre das observações do real, Diderot havia se associado ao notável matemático D'Alembert; eles haviam conseguido mais de trinta colaboradores, especialistas e escritores, entre os quais, como é sabido, Rousseau e Voltaire. A meta futura — tornar rapidamente acessíveis num único livro todos os conhecimentos da época dignos de ser sabidos — não estava mais clara para ninguém do que para o douto D'Alembert, cujo brilhante prefácio poderia encabeçar ainda hoje uma enciclopédia, um léxico de conversação.

O léxico de conversação moderno só se distingue das antigas enciclopédias num único ponto: não são mais o trabalho de vida de um único homem, nem o de um grupo fechado com a mesma orientação. As grandes enciclopédias alemãs de Brockhaus e Meyer[151] não carecem de elogios; tornaram-se de fato indispensáveis. Mas Brockhaus e Meyer são tão pouco anticlericais que especialistas de todas as ciências podem ser colaboradores (mesmo não sendo cientistas ou escritores brilhantes), não importando qual seja a tendência do empreendimento. A teologia ganha no máximo um espaço restrito, e tais questões são tratadas do ponto de vista de um protestantismo educado, como é natural na Alemanha; esse pequeno resto de tendência iluminista foi decerto suficiente para dar vida

---

"colocar de ponta-cabeça", "de cabeça para baixo", mas literalmente também "colocar na ou sobre a cabeça". Mauthner usa a mesma expressão em outra ocasião (cf. nota 93 da seleção de textos das *Contribuições*, p. 116). O "chiste insuperável" de Hegel se encontra na parte IV, seção II, capítulo III ("Ilustração e revolução") das *Preleções sobre a filosofia da história*. (N.T.)

[150] *Enciclopédia, ou Dicionário razoado das ciências, das artes e dos ofícios*. Título completo da obra editada por Diderot e D'Alembert. Em francês no original. (N.T.)

[151] Iniciados respectivamente nos anos de 1808 e 1840, *Brockhaus* e *Meyer* são os dois "léxicos de conversação", isto é, as duas enciclopédias mais importantes em língua alemã. (N.T.)

a uma contraenciclopédia católica, a de Herder.[152] Afora o ligeiro tom protestante, não encontraremos nada de ceticismo ou de Iluminismo naquelas obras. A atividade organizacional dos empreendedores se restringe a prescrever o tamanho dos artigos e cuidar para que nada passe batido e para que atualizações sejam feitas, se possível, até o momento da impressão; o restante é deixado pela organização a cargo do espírito do tempo, que deve zelar pela unidade espiritual entre os colaboradores desiguais. Mas esse espírito do tempo não é anticlerical; ele exige uma obra de consulta objetiva, na qual qualquer um possa encontrar o que está disponível no mundo em matéria de conhecimento digno de ser sabido. Disponível apenas em tais livros, não mais na cabeça de um único erudito. O espírito do tempo não é cético e já não aprecia fazer uso de suas forças espirituais superiores para abater fantasmas medievais; o espírito do tempo também já não crê no poder de transformar a natureza com auxílio da razão. Um trabalho imenso e meticuloso ocupou o lugar do ceticismo e do Iluminismo. Frequentemente, um trabalho meticuloso sem espírito. O prazer pelo detalhe e a resignação filosófica caracterizam o léxico de conversação da atualidade. Ele se tornou realista. E porque o saber meticuloso já não pode ser dominado por uma cabeça só, uma vez que, em razão da divisão do trabalho, frequentemente criticada, o melhor especialista já não consegue ter uma visão geral das pesquisas de áreas vizinhas, esses livros que sabem o que — muito sinceramente — nenhum homem sabe se tornaram necessários. Eles são mais eruditos que qualquer erudito e mantiveram o insípido nome de *léxico de conversação*. A sua poli-história é superior à de todos os poli-historiadores de todos os tempos, disponibilizando saber infinito àqueles que os possuem (não é verdade, naturalmente, que estes saibam alguma coisa), e sua vantagem advém da esperteza com que abriram mão de toda ordenação sistemática e adotaram o mais infantil dos princípios de ordenação, o alfabeto.

II. Para cumprir bem a função de obras de consulta, as grandes enciclopédias teriam de se basear num sistema que servisse de alicerce à sua ordenação alfabética exterior e impedisse que matérias importantes fossem passadas por alto. De primeiro, tal sistema só podia ser artificial; quando se trata de *determinar* um inseto ou uma planta, um sistema artificial é até

---

[152] O *Herder Konversations-Lexikon*, criado pelos irmãos Raphael e Benjamin Herder para a casa editorial da família, começou a ser publicado em 1854. (N.T.)

mesmo superior ao natural, pela simples razão de que é sempre possível em relação ao grau atual do saber, enquanto o sistema natural ainda não foi encontrado. Nem mesmo nos campos mais específicos das ciências naturais, em que há séculos se sente muito bem essa oposição. Ainda hoje não é universalmente aceito que a apresentação matemática ou sistemática da matemática pura repouse sobre um sistema artificial; mas a exposição da geometria euclidiana, por exemplo, seria tão boa quanto, ou ainda melhor, se em vez da reta se tomasse o círculo como ponto de partida, visto que os conceitos geométricos mais difíceis (igualdade, congruência, infinito) se intuem muito mais facilmente no círculo do que na reta.

Justamente no caso dos autores de enciclopédias, no entanto, o *velle scire*,[153] o desejo de criar um sistema únitário de todas as ciências, um *globus intellectualis*,[154] vai muito além da exigência de exposição metódica. O primeiro a se aventurar em tal trabalho intelectual arquitetônico, pelo que sei, foi Bacon, que colocou, para esse fim, todo o conhecimento e fazer humano sob três rubricas: memória, fantasia e razão. A ele remonta a tentativa quase pedante de Diderot de organizar o gigantesco trabalho da enciclopédia fundando-a numa espécie de árvore genealógica de todo o conhecimento. Em seu "Prospectus de l'*Encyclopédie*",[155] Diderot nomeia como seus antecessores Chambers, a quem teria imitado diretamente, Leibniz, que planejou tal organização, e acima de tudo Bacon, o primeiro a ter tido a ideia de descobrir, graças à coleta e ordenação de todo o saber, onde estariam as suas lacunas e onde o experimento poderia ajudar. Diderot enxerga as enormes dificuldades a vencer na tentativa de ordenar a árvore genealógica ou, antes, o sistema, seja pelos assuntos, seja pelos métodos: "*Si nous en sommes sortis avec succés, nous en aurons principalement obligation au chancelier Bacon, qui jetait le plan d'un dictionnaire universel des sciences et des arts en un temps où il n'y avait, pour ainsi dire, ni sciences ni arts. Ce génie extraordinaire, dans l'impossibilité de faire l'histoire de ce qu'on savait, faisait celle de ce qu'il fallait apprendre*".[156] A diferença entre Bacon e Diderot se torna patente

---

[153] "Querer saber": em latim no original. (N.T.)
[154] "Globo intelectual": em latim no original. (N.T.)
[155] "Prospecto da *Enciclopédia*", citado em francês no original. (N.T.)
[156] "Se conseguimos ter sucesso nós o devemos principalmente ao chanceler Bacon, que lançou o plano de um dicionário universal das ciências e das artes, numa época em que não havia, por assim dizer, nem ciências nem artes. Esse gênio extraordinário, na impossibilidade de fazer a história do que se sabia, fez a do

aqui; Bacon esboça a planta de uma construção futura e Diderot coloca sob seu teto tudo aquilo que havia sido reunido em matéria de conhecimento naqueles últimos dois séculos, principalmente sob a influência de Bacon. E mais uma vez o homem acreditou ter alcançado a meta final, os avanços do conhecimento haviam sido mais uma vez esplêndidos. Diderot espera que "*l'*Encyclopédie *devienne un sanctuaire où les connaissances des hommes soient à l'abri des temps et des révolutions*".[157] Mas ele não rejeita a possibilidade de novos progressos, "*tant nous sommes persuadés que la perfection dernière d'une Encyclopédie est l'ouvrage des siécles. Il a fallu des siècles pour commencer; il en faudra pour finir: mais à la postérité et à l'être qui ne meurt point*".[158]

O *Système des Connaissances Humaines*[159] tabular de Diderot segue à risca a sugestão de Bacon. Todo saber humano, que deve, enquanto tal, estar disponível para consulta na *Encyclopédie*, pode ser classificado em história, filosofia e poesia; a história é da alçada da memória, a filosofia é da alçada da razão, e a poesia da alçada da imaginação. Hoje, a história da arte, a poética etc. contariam como conhecimentos humanos, mas dificilmente as artes em si; feitiçaria e arte da adivinhação, superstição e também religião contariam em sua maior parte como história (e, em menor parte, como psicologia e psiquiatria), mas não como filosofia; também o vasto campo da linguística pertenceria à história; sobretudo as ciências naturais seriam separadas, por princípio, da história, e as artes técnicas ganhariam um departamento especial sob o nome de ciência da cultura. Todo o quadro sistemático de Diderot não sobreviveria à acuidade lógica da atual enciclopediologia (tive de inventar a palavra, mas a coisa existe); para o objetivo de Diderot, de confeccionar, para si

---

que era preciso aprender." D. Diderot, "Prospecto", in *Enciclopédia ou dicionário raciocinado das ciências, das artes e dos ofícios por uma sociedade de letrados. Discurso preliminar e outros textos*. Trad. de Fúlvia Maria Luiza Moretto. São Paulo: Ed. da Unesp, 1989, p. 143. (N.T.)

[157] Em francês no original: "Que a *Enciclopédia* se torne um santuário em que os conhecimentos dos homens estejam ao abrigo dos tempos e das revoluções". Ibid., p. 147. (N.T.)

[158] Em francês no original: "de tal forma que estamos persuadidos de que a perfeição final de uma Enciclopédia é obra de séculos. Foram necessários séculos para começar, muitos serão necessários para terminar: mas para a posteridade e para o ser que não morre". Ibid., p. 151. (N.T.)

[159] "Sistema dos conhecimentos humanos": em francês no original. (N.T.)

e seus companheiros, uma espécie de rede de malha fina que não deixasse escapar nenhum conhecimento importante, esse quadro provisório foi, todavia, muito útil. E Diderot reconheceu a artificialidade ou arbitrariedade do seu quadro. Há tantas cabeças quanto possíveis sistemas da ciência. No final de seu "Prospecto", ele justifica a ordenação alfabética do próprio livro, ao longo do qual, mais uma vez, o sistema se dissolve. Logo retornarei ao valor insubstituível da ordem alfabética. Diderot mesmo se refugia no *asylum ignorantiae*[160] ao atribuir ao entendimento divino, *d'où l'arbitraire soit exclu*,[161] o único sistema verdadeiro de todas as ciências, o sistema natural.

Desde Diderot não faltaram inteligências enciclopédicas almejando ao menos uma visão geral ordenada de todo o saber humano, porque dominá-lo inteiramente se tornou completamente impossível para um único indivíduo, porque essa profusão de fatos agora só se encontra em livros, e o uso inteligente desses livros-tesouro depende da capacidade dos leitores de incorporar esses fatos a um saber vivo e próprio. Toda vez que um escritor de capacidade espiritual incomum sentia necessidade de se orientar, buscava uma nova visão geral de todo saber humano ou uma divisão das ciências. Mesmo em se tratando de homens muito distintos, afirmo — e isso pode soar duro — que essa necessidade é, na maioria das vezes, externa, arquitetônica, se preferirem. Penso aqui primeiramente em Comte e Spencer, que se colocaram a tarefa gigantesca de explicar a vida entre os homens e todas as tarefas da sociologia a partir da biologia e da psicologia humana, e a natureza humana a partir da física, tarefa gigantesca que ambos acreditavam não serem capazes de solucionar sem terem antes descoberto uma hierarquia das ciências, a qual coincidiria com a arquitetônica de sua tarefa. Eram classificações para uso pessoal, razões ideais de classificação para um fichário que deveria abranger o mundo. As ciências formavam uma hierarquia porque cada uma tinha como pressuposto a precedente, e seu valor ou dignidade parecia ser mais alto por isso. Matemática, mecânica, física, química, biologia, sociologia integravam uma série, e esse movimento ascendente, que deveria corresponder até mesmo ao desenvolvimento histórico, produzia no leitor uma impressão estética.

160 "Asilo da ignorância": em latim no original. (N.T.)
161 "De onde o arbitrário está excluído": em francês no original. (N.T.)

Menos satisfatórias são as tentativas classificatórias, principalmente de professores alemães, que procuram atender à necessidade externa de organizar o trabalho científico, do qual o classificador se sente o centro. A meta era a divisão econômica do trabalho; assim, por ocasião de congressos aqui e ali, empreendeu-se a tentativa (com especial sucesso por parte de Münsterber)[162] de realizar antecipadamente a divisão nítida dos campos de trabalho. O muito louvado quadro sinóptico de Wundt também me parece pertencer a essas classificações práticas. Poder-se-ia produzir, com base em sua divisão (*Philosophische Studien*, n. 5),[163] um excelente catálogo por assunto de uma grande biblioteca universitária; e seria admirável um catálogo por assunto que tornasse verdadeiramente utilizável o catálogo alfabético. Essa classificação de Wundt também deveria ser lida aplicadamente nos ministérios da cultura, a fim de que, na necessária reforma das universidades alemãs, as faculdades e cátedras sejam divididas entre as disciplinas com mais sensatez do que se fez até agora.

Muito mais digna de consideração é a posição epistemológica de Stumpf ao ensaiar sua *Classificação das ciências* (compare-se a esta seu tratado *Fenômenos e funções psíquicas*, apresentado um ano antes, mas também publicado somente em 1907).[164] A lamentar há somente o escrúpulo exagerado de Stumpf, que, ao levantar o martelo de sua crítica, apenas ameaça, mas nunca bate com força suficiente. Suas palavras se voltam contra as tentativas práticas de classificação: "Faculdades são meras comunidades de trabalho e sua composição e limite são igualmente determinados por razões práticas" (p. 23). Stumpf sabe que os respectivos quadros sinópticos de todo o saber humano dependem do respectivo patamar desse conhecimento e que primeiro é preciso definir o que é o saber para que então se possa empreender uma ordenação de nossas ciências;

---

162   Hugo Münsterberg (1853-1916), um dos fundadores da psicologia aplicada. (N.T.)

163   Mauthner se refere ao artigo de Wilhelm Wundt "Über die Einteilung der Wissenschaften" [Sobre a divisão das ciências], publicado em 1889 no número 5 da revista *Philosophische Studien*, de que Wundt foi também o editor. (N.T.)

164   Os dois livros de Carl Stumpf, *Zur Einteilung der Wissenschaften* e *Erscheinungen und psychische Funktionen*, foram editados em Berlim, em 1907, pela Academia Prussiana de Ciências. As citações a seguir se referem ao primeiro título. (N.T.)

ele não é levado, por isso, a obter a ordem das hipóteses que embasam as ciências segundo um esquema lógico; ele não forja nenhuma tabela das ciências; não se prende a um único princípio de classificação, mas antes compreende que são necessários princípios de classificação que se entrecruzem. "O método dos antolhos sempre fracassa" (p. 34). Ele não rejeita a diferenciação entre ciências da natureza e ciências do espírito, mas reconhece sua incompletude e aprofunda com sua sofisticada epistemologia a significação dos dois grupos; as ciências naturais não são ciências dos *fenômenos*, mas dos sustentáculos que são inferidos a partir dos fenômenos; as ciências do espírito, por outro lado, são diretamente ciências das funções psíquicas, sem as quais os fenômenos seriam tão pouco possíveis quanto sem aquilo que os sustenta. Os fenômenos na realidade são tratados por todas as ciências possíves, mas teriam de ser adjudicados a um âmbito particular, à fenomenologia. "Divisão, contudo, significa apenas divisão de tarefas, não do trabalho. Há uma fenomenologia, mas não um fenomenólogo" (p. 32). Em uma reverência a Platão, ele compreende lógica e teoria do conhecimento como eidologia. Há também uma grande teoria das proporções, estreitamente ligada à eidologia. As questões acerca do conceito de causa embasam a importante distinção entre ciências de fatos e ciências de leis, que poderia pôr um fim ao falatório superficial em torno da formação dos conceitos das ciências naturais e da história. Há leis da natureza, mas apenas fatos da história. Cita uma passagem drástica de Carlyle: "O historiador afirma: apenas o fato tem importância; João sem Terra passou por aqui — isso é notável, é uma verdade factual, pela qual eu abriria mão de todas as teorias do mundo. O físico, por sua vez, diz: João sem Terra passou por aqui — isso me é bem indiferente, já que ele não passará de novo". Além disso, Stumpf confere à matemática um lugar entre as ciências e acrescenta à investigação das tarefas da aritmética e geometria uma crítica psicológica dos conceitos de tempo e de espaço que o poderia facilmente colocar sob a suspeita de psicologismo entre os metafísicos alemães.

Nunca anteriormente a classificação das ciências foi empreendida assim tão sem nenhum padrão; por isso, o resultado também não satisfará aqueles que gostam de padrões. Stumpf parte da ideia de que toda classificação das ciências deve ser relativa e provisória e conclui com a ideia de que uma classificação dotada de pureza lógica é impossível. "Os objetos das ciências não estão dispostos em círculos concêntricos ao redor de um único centro, mas constituem vários sistemas de ondas que se entrecruzam, partindo de centros independentes" (p. 88). Creio não compreender errado essa última proposição ao tomá-la por cética e expressá-la da seguinte maneira: não se produz uma classificação científica útil nem por meio de dicotomias, nem de modelos mais complexos. O pensamento e o trabalho científicos não se atêm ao método de uma única ciência; nem mesmo a filosofia, enquanto ciência dos objetos mais gerais, pode renunciar a empréstimos junto às ciências dos objetos que não são gerais. A resignação de Stumpf já parece se revelar na brincadeira séria feita por ele de que, em lugar de metafísica, poderíamos falar de metapsíquica. E uma observação de Stumpf em polêmica com os psicologistas me dá esperanças de que ele não esteja tão distante assim da posição defendida pela crítica da linguagem. De fato, ele não diz que as questões últimas (causalidade, finalidade, infinitude, realidade) são questões de crítica da linguagem; mas ele sabe que a linguagem comum, da qual nenhuma ciência pode, ao fim e ao cabo, prescindir em sua apresentação, está repleta de conceitos irrepresentáveis, metafóricos, e que isso já impossibilita por si só uma pura separação do saber unicamente apreensível em linguagem humana. Ao menos é assim que traduzo a asserção cética de Stumpf: "Que em geral só se distingam as ciências naturais e as ciências do espírito, e acima destas também uma metafísica, só prova que o pensar geral (eu diria: a linguagem comum)[165] carrega consigo pressupostos metafísicos suficientes para encaixar os fenômenos, sem mais, ou na alma ou nos corpos e, com isso, a fenomenologia na psicologia ou na ciência da natureza" (p. 46). Os especialistas normalmente não têm a mínima ideia de quão metafísicos, quão obscuros, quão supersticiosos em relação às palavras são os próprios conceitos fundamentais de suas ciências especializadas.

A última tentativa de ordenar todo saber humano possível termina, assim, em resignação. Ora, o que se questiona é se tal sistema de todas as ciências, cuja utilidade para ordenar tanto a cabeça do erudito quanto as obras de referência não quero colocar em questão, pode vir a ser natural algum dia. O que se questiona, e a resposta já se encontra na forma da pergunta, é se a *dispositio* de nosso conhecimento do mundo é antecedida por um *ordo* do mundo.[166] (Ver o artigo "Ordem".)[167]

165 O parêntese é adendo de Mauthner. (N.T.)
166 *Dispositio* (disposição) e *ordo* (ordem) estão em latim no original. (N.T.)
167 Não traduzido neste volume. (N.T.)

Enquanto se acreditou num Deus onisciente, criador do mundo e repleto de fins, não era absurdo crer numa ordem oculta subjacente a este. Deus havia criado o mundo segundo um esquema, somente hereges panteístas podiam imaginar uma criação sem plano, inconsciente, e a meta última do conhecimento humano consistia necessariamente em se aproximar da compreensão desse plano. O sistema das ciências tinha de seguir a pista da *recta ratio scibilium*;[168] *recta ratio* era, tanto para Cícero quanto para Tomás, um empréstimo por tradução de *orthós logos*,[169] da razão correta, que era, além disso, a razão moral. Os adjetivos *recta*, *orthós*, *richtig*[170] já revelam que se trata de uma razão que não é pura, que tem um dever, razão que foi incumbida pela religião de descobrir o plano divino a partir do curso do mundo. Desde que a ciência não é mais uma criada da teologia, e esta só ocupa um pequeno espaço entre as ciências antropológicas, desde então se teve de abandonar a representação segundo a qual no fundamento da *dispositio* do conhecimento do mundo residiria uma *ordo* do mundo, de que o sistema das ciências corresponderia a um sistema do mundo. Todos os inventores de sistemas científicos, de Bacon a Stumpf, teriam assim de dizer a si mesmos, no limiar de sua empreitada, que desperdiçaram desproporcional esforço espiritual erigindo um sistema artificial.

Não o disseram. A utilidade biológica do erro mostrou seu valor nesses homens que puseram toda a sua perspicácia a serviço de uma causa perdida, porque era uma necessidade pessoal *para eles* criar alguma ordem proveitosa no saber que se ampliava sempre mais e mais. Bacon, Diderot, Ampère, Comte, Stumpf — para citar apenas os sistematizadores mais importantes — não criaram um sistema natural do conhecimento humano; mas a profunda necessidade de ordenar o conhecimento que os habitava nos ajudou a encontrar um critério para o mérito ou demérito do que foi produzido, em meio ao caótico trabalho científico de transportar e compilar, em meio à massa interminável daquilo que abarrota nossas bibliotecas. Quem há 150 anos assimilou o "Prospecto" de Diderot, quem hoje reflete minuciosamente sobre a tentativa realmente filosófica de Stumpf de reordenar as ciências, pôde e pode dizer com alguma chance de acertar se tal resultado científico particular promove

---

168   "Reta razão das coisas conhecíveis." Em latim no original. (N.T.)
169   "Reta razão." Em grego no original. (N.T.)
170   "Certo, correto", em alemão. (N.T.)

a ciência especializada em algum ponto, se aumenta, portanto, indiretamente o tesouro da humanidade, o conhecimento.

Tal critério jamais foi tão desejável como em nossa época, na qual o financiamento estatal, a organização das escolas superiores, a política infame de proteção nas escolas primárias e secundárias (que faz o filhinho das *melhores* classes sociais passar pela escola e desta à universidade mais facilmente do que o mais inteligente filho de trabalhador) criam uma empresa científica de fachada tão difundida como antes não se conhecia. O inglês Bacon nos deu o bom conselho de basearmos todo o conhecimento na observação; e, desde então, todo inglês colecionador, mesmo se colecionar botões de calça, considera-se um observador e um discípulo de Bacon. Com espantosa força de espírito, o grande filósofo alemão organizou arquitetonicamente, numa forma fechada, aquilo que tinha a dizer de novo sobre a relação entre fenômeno e realidade; desde então, todo professor de filosofia alemão, ao construir seu sistema apenas de aerólitos, se considera um arquiteto e discípulo de Kant. O primeiro filósofo francês, centralista como um bom francês, baseou todo o seu conhecimento em um princípio; desde então, franceses e outros habitantes da Europa Central creem ser bons cartesianos, embora estejam apenas martelando consequentemente um mesmo princípio ou ainda uma petição de princípio.

Esse cultivo extensivo de todas as ciências, esse novo alexandrismo, certamente trouxe à tona muito material para as ciências naturais e para as ciências do espírito, uma abundância interminável, e o afã de compilação fez ressurgir um sem-número de disciplinas e disciplinazinhas, porque, com efeito, cada colecionador, depois de ter organizado sua compilação, tem o direito de designá-la uma disciplina. Essa famigerada especialização das ciências trouxe sem sombra de dúvida muitas vantagens à técnica industrial e científica; a unidade do saber humano, entretanto, se perdeu tão completamente, que hoje não há nem pode haver alguém que o domine. A suma do saber humano está dentro das bibliotecas; bons excertos dele estão nas enciclopédias; nem mesmo o índice de uma boa enciclopédia cabe numa cabeça humana. Desse embaraço resultaram, ultimamente, as muitas novas tentativas de produzir um sistema das ciências, de ordenar de maneira sinóptica um catálogo do mundo. Sempre na esperança de reencontrar, no mundo, a ordem do catálogo.

III. Eu estava inclinado a oferecer um novo sistema do conhecimento. Indicarei aqui apenas a ideia fundamental da classificação, uma vez que trazia em si o germe de sua autodestruição e me fez desconfiar de todos os sistemas desse tipo, assim como a crítica mais mordaz é aquela contra os próprios pensamentos.

 Eu queria dividir todo o conhecimento humano em conhecimentos regidos por leis, regularidades, causalidades cognoscíveis e conhecimentos que permanecem fatos isolados. Essa classificação se encaixaria muito bem na já usual classificação em ciências de leis e ciências históricas; eu só teria de limitar o conceito de lei e ampliar o conceito de história. Todas as ciências classificatórias — as dos três reinos naturais, por exemplo — fariam parte do conjunto dos fatos históricos; na verdade, os conjuntos de fatos não poderiam ser chamados ciências, mas apenas saber; as ciências seriam apenas aqueles sistemas de saber que permitem uma previsão precisa ou provável.

 Logo se vê que, nessa classificação, a matéria do saber seria secundária em relação à classificação. Vê-se também que todo sistema de saber desse tipo corresponderia sempre ao estado momentâneo da pesquisa e seria ele próprio histórico, dado que o saber não é fixo. E cheguei à seguinte convicção: não pode haver sistema objetivo do saber; mesmo essa reflexão extrema ainda continua sendo obra humana subjetiva.

 A razão classificatória de Bacon e Diderot não se sustenta logicamente. Memória, razão e fantasia não são conceitos coordenados. Razão e fantasia são subordinadas à memória. Não sabemos, não pensamos e não criamos nada que não tenha origem na memória. A memória é também a linguagem na qual sabemos e pensamos. É certo que atribuímos igualmente uma memória à natureza, mas apenas metaforicamente; a memória inconsciente da natureza é algo de todo diferente da memória humana consciente, linguística. A *dispositio* do saber humano, mesmo ali onde pôde se concentrar em verdadeiras ciências, é algo completamente diferente do *ordo* da natureza. Nosso saber da natureza só pôde ser notado por nós com auxílio de associações que estão baseadas — diga-se o que quiser — em interesse humano; aproximamo-nos mais e mais da natureza com nosso saber e nossa linguagem, porque a dominação da natureza é de nosso interesse. Nossa linguagem, porém, nunca coincide com a natureza, nem mesmo onde leis haviam sido encontradas, efetivamente ou quase: na matemática, na mecânica. As relações da natureza não são associações, ao menos não associações humanas. Associamos, por exemplo, fogo e sensação de calor, e hoje, após inauditos esforços feitos pelos físicos, cem anos e tanto depois da descoberta do oxigênio, ainda não sabemos o que é o fogo. E não sabemos o que é calor. Apesar disso, associamos fogo e calor. A natureza também não sabe o que é fogo, o que é calor; mas ela também não precisa saber, porque não diz nada sobre isso, porque não tem interesse algum em calor e fogo, nenhum interesse humano, científico. E se a natureza pudesse rir como os homens riem, iria se divertir com o modo como os pobres homens, na história da religião, na arte e na técnica, na psicologia e na história da guerra, na astronomia e na zoologia, na botânica e na mineralogia, na medicina e na química etc. etc., sempre têm de considerar fogo e calor sob um ponto de vista diferente; ela iria se divertir com a maneira pela qual todos os seus outros fenômenos são distribuídos entre todas as ciências ou áreas do saber, e como, portanto, um sistema científico é um disparate no que diz respeito à matéria; iria se divertir com a maneira pela qual os métodos vão se substituindo uns aos outros apenas em razão de uma conveniência momentânea, de uma área de saber a outra e de uma geração a outra.

Aprendemos que as tentativas fatigantes de sistematizar o interminável saber dos detalhes, além de ter por finalidade satisfazer o anseio de espíritos particularmente dotados, ainda tinham a finalidade geral de obter um critério de avaliação do valor que o conhecimento particular reivindicava em relação ao todo, todo este que só existe como anseio. O saber sistemático também pode ajudar a mente individual a ter o seu saber em prontidão, embora a rapidez das associações no cérebro individual se apoie mais frequentemente em um sistema prático instintivo do que em um sistema lógico. As grandes enciclopédias, que foram nosso ponto de partida, criaram com brutal simplicidade algo que certamente se encontra a uma distância celeste da *ordo* da natureza, algo que muito provavelmente não tem nada a ver com a *dispositio* de um sistema da ciência, mas que de maneira terminantemente insuperável quase possibilita o saber presente, liberta as associações do interesse e estabelece conexões entre todos os pontos. A tarefa era: tornar prontamente localizável cada assunto no campo do saber notoriamente interminável. Prontamente localizável com o auxílio de um registro confiável e rápido. Esse registro de extrema confiança e infalível justamente por sua própria estupidez é o alfabeto ensinado a qualquer criança. E não hesito em afirmar que essa grandiosa invenção infantil de ordenar alfabeticamente *omnia scibilia*[171] corresponde mais ou menos tanto aos anseios do fantasista Lúlio quanto aos do organizador científico Leibniz: ambos, e este não independentemente daquele, inventaram ou pretenderam ter inventado uma espécie de máquina de pensar. Em sua brutal assistematicidade, nossas enciclopédias são todas justamente a *ars magna*, a arte de Lúlio ou a *ars combinatoria*.[172] Lúlio e Leibniz decerto ainda haviam esperado ver surgir, mecanicamente, novos pensamentos de sua máquina de pensar; no melhor dos casos, no entanto, a máquina de pensar não poderia ter feito mais que o próprio pensar lógico, e aprendemos que também as conclusões lógicas não levam a novas proposições.

No tocante a Leibniz, deve-se dizer que ele reclamou várias vezes em cartas e até em uma passagem importante de seus *Nouveaux Essais* (IV, 3, § 18) da reimpressão incorreta do seu escrito (a chamada segunda edição da *Ars combinatoria*) e que, portanto, ele ainda lhe conferia importância,[173] mas lamenta, na passagem citada, que tenham podido considerá-lo capaz de tornar a publicar em idade avançada um fruto de sua mais tenra juventude: "Pois, embora haja ali pensamentos de alguma importância, os quais ainda aprovo, há também alguns que são aceitáveis apenas para um jovem iniciante".

Mas, no que diz respeito ao bizarro Raimundo Lúlio, que havia se aventurado a reconstruir nova e livremente a filosofia escolástica abalada pela influência dos árabes, sua *ars magna* me parece ter sido, na teoria, uma máquina de pensar e, na prática, uma lógica mecânica.

A censura que se lhe deve fazer não é tanto a de que as definições relativas à máquina eram abominavelmente tautológicas; é que o erro natural de toda lógica, o de levar de tautologias a tautologias, tinha de se tornar particularmente evidente na *máquina de pensar*. A rigor, os famigerados versinhos lógicos Barbara, Celarent etc. também redundam numa máquina de pensar, algo que Ritter já havia indicado (VIII, p. 492);[174] deles já não

---

171   "Tudo que se pode saber": em latim no original. (N.T.)
172   *Ars magna* (arte magna), *ars combinatoria* (arte combinatória): em latim no original. *Ars generalis ultima* ou *Ars magna* é o título da obra de Lúlio, publicada em 1305, enquanto *De arte combinatoria* é o título da obra juvenil de Leibniz, publicada em 1666, em Leipzig. (N.T.)
173   Subtende-se: o *De arte combinatoria* de Leibniz. (N.T.)
174   Mauthner parece se referir à obra de Heinrich Ritter, *Geschichte der Philosophie*, VIII [História da filosofia]. Hamburgo: Perthes, 1829. "Barbara", "Celarent" são formas mnemônicas de lembrar a ordem dos juízos num silogismo. (N.T.)

podemos fazer uso, porque perdemos a crença no valor da lógica, porque esperamos menos ainda de uma nova tópica e, finalmente, porque já não somos hábeis no emprego da enigmática palavra *barbara* etc. De maneira muito similar, Lúlio uniu as operações lógicas às letras do alfabeto e também tornou obrigatória a memorização das letras e seus significados. Em Lúlio, o uso dos signos B C D E F G H I K já era quase um sistema, a meio caminho entre uma lógica mecânica e uma pasigrafia. No primeiro círculo, as nove letras escolhidas podiam expressar as nove categorias arbitrárias (o número e a divisão são igualmente sem sentido) e, no segundo círculo, as nove qualidades, também escolhidas ao acaso. Se, ao girar os círculos, duas letras se encontravam, elas formavam uma espécie de palavra que expressava simbolicamente uma proposição extremamente banal, por exemplo: "O bem é um grande acordo ou uma grande diferença, seja entre Deus e o homem sensível, seja entre os próprios homens sensíveis". Ali, naturalmente, as avolumadas abstrações tinham primeiro de ser traduzidas para uma língua humana, ainda que resultassem apenas em uma banalidade tautológica. Com três círculos concêntricos podiam surgir palavras simbólicas de três letras, cuja solução, embora de igual banalidade, era ainda muito mais complicada.

Nesta apresentação muito simplificada, deixei propositalmente de mencionar (ver o verbete "Máquinas de pensar")[175] que cada uma das letras de cada círculo podia significar de cinco maneiras diferentes e que, portanto, pelas regras da teoria combinatória, as possibilidades de solução eram infindáveis. O bizarro Lúlio anteviu ali justamente a construção de uma máquina de pensar; Leibniz, o matemático, levou adiante a teoria combinatória e teve por muito tempo a esperança de inventar a máquina de pensar. Ambos não percebiam que uma máquina que havia sido alimentada apenas com material simbólico de memórias passadas não podia produzir futuras novas ideias a partir de si mesma. Mais uma vez: se uma *ordo* natural correspondesse à *dispositio* humana, nós poderíamos criar um catálogo natural do mundo numa língua artificial universal, e algo como uma máquina de pensar seria então possível. Então também um sistema das ciências seria possível. Não possuímos, porém, um catálogo natural nem nas áreas específicas da zoologia, da botânica, da cristalografia, muito menos dispomos de um catálogo natural do mundo; temos apenas compilações do saber humano ordenadas conforme associações e interesses humanos e

---

175   Não traduzido neste volume. (N.T.)

temos de nos dar por satisfeitos com o fato de podermos nos orientar na imensidão desse saber com o auxílio das brutais associações alfabéticas. *Nota bene*: com auxílio de um livro com os caracteres do alfabeto. A capacidade de tal livro excede a de qualquer inteligência.

Não apenas Leibniz, também Agrippa von Nettesheim, também Bruno, também Kirchner, o jesuíta erudito, caíram na ilusão da arte de Lúlio. E ela ainda será talvez muitas vezes redescoberta, assim como se continua tentando construir a quadratura do círculo, mesmo após a demonstração de sua impossibilidade. As três novas máquinas de pensar inglesas não serão as últimas. Nós, porém, reconhecemos tal tolice e não temos mais interesse em investigar se o santo aventureiro Lúlio realmente recebeu sua *ars magna* de presente de Cristo ou se a copiou de um árabe ou cabalista; também não nos interessa saber se sua condenação ou canonização (1419) se deveu a razões melhores. Também Lúlio tentou esboçar, trezentos anos antes de Bacon, algo como uma árvore genealógica das ciências; mas seu sistema de classificação (Maria, Anjo, Apóstolo, Papa, Cardeais, Bispos, os Sete Sacramentos) não nos impressiona mais.

Forma

I. *Forma* é, decididamente, uma palavra da língua internacional; gostaria logo de observar apenas que o purismo das línguas eslavas forjou empréstimos por tradução em russo e em tcheco, mas a palavra de empréstimo[176] *forma* permaneceu popular (a cultura mais antiga da língua polonesa preserva, além disso, as duas palavras de origem estrangeira *forma* e *ksztalt*);[177] é bem parecido no alemão, em que o antigo empréstimo por tradução *Gestalt*[178] prevaleceu tanto na língua literária quanto na língua comum, mas o homem simples ainda hoje prefere dizer *Form eines Baumes*[179] e assim por diante. O uso linguístico em alemão distingue entre *Form*, *Gestalt* e *Figur*; tal uso não pode ser ordenado rigorosamente,

---

176   Em alemão: *Lehnwort*. (N.T.)
177   *Kstalt*: "forma, figura". Neologismo em polonês derivado do alemão *Gestalt*. (N.T.)
178   A hipótese de Mauthner é que o termo alemão *Gestalt*, antigo particípio do verbo *stellen* (pôr, colocar) com o significado de "qualidade exterior, índole, figura", é na verdade um empréstimo por tradução de *forma*. (N.T.)
179   "Forma de uma árvore." (N.T.)

porque muitíssimas línguas antigas e novas e séculos longínquos influíram sobre as expressões idiomáticas particulares.

Cabe descobrir aqui, nessa família semântica quase inabarcável, aquelas formas e conteúdos lexicais que têm relação com o par conceitual *matéria e forma*, par este que não cessou de desempenhar um papel na história da filosofia e cujo lugar próprio só pode ser um dicionário de filosofia. Compilarei antes uma pequena seleção dessas derivações apenas com o intuito de indicar a riqueza dessas formações e de fazer o leitor descobrir por si mesmo a influência que uma das palavras favoritas da filosofia pôde ter sobre nossa língua moderna.

Sem considerar que servia para traduzir *eídos*[180] na língua filosófica, a palavra *forma* (tanto faz se foi realmente um estropiamento de *morphé* [181] ou, como admitiu Jacob Grimm, uma derivação de *ferre*, "aquilo que se leva consigo"; eu diria que meu sentimento para com Jacob Grimm é de afetuoso respeito, mas sua equação *forma: fero = norma: Nero* é por certo um tanto tola) já era encontrada na maioria dos seus significados modernos em latim: *Gestalt*,[182] vulto, figura, rosto, beleza, forma de governo, caráter, modo de expressão, qualidade, ordem, afiguração, esboço, espécie, modelo (fôrma de calçado, fôrma de queijo, cunho), moldura, armação. De *formalis, formal*,[183] em contraposição ao que é essencial numa coisa (matéria e forma), surgiram em nossa língua todas as expressões que falam de modo quase desdenhoso em *formalidades* e *formalismos*, os quais são

---

[180] "Forma", "ideia": em grego no original. (N.T.)

[181] "Forma": em grego no original. A seguir, o infinitivo *ferre* está em latim. (N.T.)

[182] Neste verbete se optou em geral por não verter *Gestalt* devido à sua polissemia e também porque o termo já entrou no português; quando vertido, o correspondente alemão será indicado. (N.T.)

[183] O sentido da palavra *formal* se converteu no contrário devido às mudanças de visão nas questões filosóficas últimas. Walch* ainda esclarece (em 1740) que essa palavra indicaria aquela índole de uma coisa pela qual ela é a coisa que deve ser; significaria a verdadeira essência de uma coisa; assim, *o formal num cachorro é que ele late*. De algumas tábuas de madeira se poderia dizer que nelas haveria uma mesa *materialiter*, mas ainda não *formaliter*; ainda não teriam a essência que se exige de uma mesa. A palavra *virtualiter* constituía uma outra oposição desse tipo; por exemplo: o príncipe não pode estar presente em toda parte *formaliter*, em sua realidade efetiva, mas somente *virtualiter*, por meio de seus *serviçais*. (N.A.)

*Sobre o *Léxico filosófico* de Johann Georg Walch, vide acima nota 36, p. 218. (N.T.)

novamente levados a sério naqueles tipos de profissões que se baseiam em fórmulas; mas *se formaliser*[184] significa quase se irritar porque o outro se tornou muito *formal*. *Formosus* já significava em latim e depois em inglês arcaico (*formous*) *belo, in bonam partem*,[185] enquanto o grego *ámorphos* (lat. *informis*) significava feio, em oposição a *eúmorphos* = *belo*. Da fôrma de queijo (*formis buxeis caseum exprimere*)[186] desenvolveram-se, via *formaticum*, as palavras românicas *formaggio* e *fromage*.[187] *Formula* já significava em latim (além de fôrma de sapato e queijo reinformado) o que significa hoje: esquema, regra; mas os franceses inventaram a inovação *formule* = receita, *formuler* = escrever receitas; *formularium* se converteu numa coleção de fórmulas, que hoje se chama *formulário*, e *formularius* designava igualmente um jurista. As combinações são extremamente numerosas. *Conformis, gleichförmig, konform*,[188] foi frutífero especialmente em inglês; *conformist* designava o membro da Igreja que havia introduzido uma liturgia mediante atos uniformes, em contraposição a *dissenter* ou *nonconformist*.[189] *Informare*, já em latim educar, inclusive por meio de aulas, se remodelou em *Informator*, como em minha juventude ainda se chamava o preceptor; mas *s'informer* e *information*[190] se referiam simplesmente a uma informação. *Performare*, já em latim com o sentido de formação completa, tomou em inglês a direção do virtuosismo; *performance* é particularmente uma apresentação teatral ou musical. *Reformare* é corrente para nós especialmente devido ao lema de Reforma da Igreja, embora a reivindicação de *reforma* já existisse muito antes de Lutero; *reformar* a Igreja ou uma ordem significava restaurar a antiga disciplina, portanto aprimorar, depurar, restringir a ostentação; também veio daí para a Prússia de Frederico, passando pela França, a expressão

---

[184] Em francês no original. (N.T.)
[185] "A favor", "em sentido favorável", na terminologia jurídica. Em latim no original. (N.T.)
[186] "O queijo é pressionado em fôrmas de madeira." Em latim no original. (N.T.)
[187] *Formaticum, formaggio* e *fromage*: "queijo" em latim vulgar e tardio, em italiano e em francês, respectivamente. (N.T.)
[188] "Conforme" (em latim), "uniforme" e "conforme" (em alemão no original). As duas primeiras palavras aparecem em itálico no texto de Mauthner. (N.T.)
[189] *Conformist* (conformista), *dissenter* (dissidente) e *non-conformist* (não conformista) estão em inglês no original. (N.T.)
[190] *S'informer* (informar-se): em francês no original; *information* (informação), a palavra se escreve do mesmo modo em francês e em inglês. (N.T.)

officier reformé para designar um oficial aposentado, assim como *reformer des troupes* significava reduzir o número das tropas. *Transformare*, em sua significação conhecida, é uma palavra antiga; bastante recente é *Transformator* (quase igual em francês e inglês) para o apararelho de conversão de correntes elétricas de alta tensão. *Uniformis, uniforme*,[191] se converteu, por um lado (*uniformism*), na teoria da formação da crosta terrestre por forças uniformes e, por outro, internacionalmente, no idêntico traje de serviço dos soldados e, posteriormente, também dos funcionários públicos.

Bem próximas do que aqui nos interessa, o par conceitual matéria e forma, aparecem algumas expressões bastante internacionais: *pro forma, pour la forme, for forme*, que costumamos empregar na forma latina; *in optima forma, en bonne forme, in due form, in bester Form* são idênticas no tocante ao sentido e quase também na forma, com exceção de que aqui a linguagem esportiva inglesa nos presenteou com a expressão *in (good) form, in guter Verfassung, in Form*,[192] onde um ouvido refinado ainda pode distinguir o antigo sentido latino de *Beschaffenheit*[193] com a nuance filosófica da transitoriedade, da impermanência. Pertence à história teológica da palavra o *sub utraque forma* ou *specie*,[194] outrora inexplicável para não cristãos, que designa as *espécies*, os dois elementos no sacramento da Eucaristia, e que foi traduzido da seguinte maneira por Lutero: Cristo estabeleceu o sacramento em ambas as *formas*.[195] Brentano conhecia mal a história da palavra quando compôs os seguintes versos:

> *Brot und Wein, die zwei Gestalten,*
> *Sind nur Zeichen, sie enthalten*
> *Gottes volle Wesenheit.*[196]

Não: *Gestalt* traduz *forma*, e *forma* enquanto essência só pode admitir uma pluralidade na teologia, não na poesia. (Que da desvalida *utraque* se tenha formado a palavra *utraquista*, na qual o *que*, a mais

---

191 *Einförmig*, no orginal alemão. (N.T.)
192 "Em boa condição", "em forma". (N.T.)
193 "Constituição", "índole". (N.T.)
194 "Sob ambas as formas" ou "espécies". Em latim no original. (N.T.)
195 *Gestalt*. (N.T.)
196 "As duas figuras, pão e vinho,/São somente sinais, elas contêm/Toda a essência de Deus." (N.T.)

insignificante de todas as sílabas, veio a cair na raiz, é uma ousadia da formação de palavras só mesmo possível no âmbito da teologia.)[197]

Desde os primórdios, os homens certamente devem ter de alguma maneira diferenciado a manifestação espacial de uma coisa de suas chamadas qualidades secundárias — as cores, por exemplo. Nessa significação, todas as nossas línguas comuns têm o conceito de forma. Quando, porém, a palavra *forma* surgiu em latim, ela própria precisava ser diferenciada segundo forma e conteúdo: ao menos foneticamente lembrava ou até possivelmente se confundia com o grego *morphé*, a *Gestalt*, a constituição corporal exterior, o *contorno*; quanto ao conteúdo, todavia, era empréstimo por tradução de uma palavra grega inteiramente outra, *eídos*, que originariamente significava, do mesmo modo, a *Gestalt* visível, mas que posteriormente, com Platão, passou a integrar a teoria das Ideias, à qual pertencia etimologicamente (*idea* = o fenômeno exterior), sendo aí empregada, do mesmo modo que *idéa*, como uma imagem, como o tipo, também no sentido de espécie, em oposição ao gênero ou *génos*; Aristóteles, porém, que despojou em geral a teoria platônica das Ideias de todos os seus encantos poéticos, conseguiu transformar a palavra *eídos* de sua língua materna, que expressamente e por sua origem não significava nada mais que a figura visível, exterior, num termo para significar o seu contrário, para designar um *conceito* que se direcionava tanto contra o realismo ingênuo da língua comum quanto contra o idealismo de Platão.

Além dessa polêmica permanente com Platão, ainda outra circunstância tornou-se fatídica para o conceito aristotélico de forma: mais sistemático que qualquer grego, mas tão supersticioso das palavras quanto a maioria dos gregos, Aristóteles se dedicou à ontologia, com todas as palavras abstratas, mas sempre apenas à ontologia; ele ainda não tinha pressentimento de nossa teoria do conhecimento, ainda não perguntava pela origem e correção dos conceitos. Não lhe passou pela mente investigar o conceito de saber.

Ele devia sentir uma antipatia instintiva em relação ao idealismo consequente de Platão. As coisas individuais, cujo ser Platão contestou

---

[197] O utraquismo é uma corrente que defende que o sacramento da Eucaristia deve se dar nas duas "espécies", isto é, como pão e vinho. A partir do pronome latino *utraque*: "cada um dos dois". *Que* em latim ("a mais insignificante de todas as sílabas"), que entra na composição do pronome, é conjunção copulativa ("e" em português). (N.T.)

com fantástica grandeza, eram, no fundo, o único real para o "mestre de obras" Aristóteles, tal como para o realismo ingênuo da linguagem comum; mas, como tudo podia ser demonstrado pelos conceitos filosóficos do platonismo, Aristóteles demonstrou assim o realismo ingênuo com palavras as mais abstratas. A matéria, a *húlê*, é incognoscível, imperceptível, é somente a causa, obtida por inferência, daquilo que chamamos matéria. A coisa individual, porém, só se torna perceptível por sua *forma*. Os exemplos mostram que, de modo bem ingênuo, ele entende originariamente por forma a *Gestalt* exterior, algo como a estátua em relação a seu metal bruto. Assim como foi Aristóteles quem imprimiu forma lexical aos erros mais fortemente arraigados da humanidade, foi ele também quem ligou o conceito, que lhe era tão familiar, de *fim* ou causa final ao seu conceito de forma: *matéria* e *forma* se comportam um para com o outro como causa e causa final, como fundamento real e motivo. Fim e forma se transformam em sinônimos. Tal como o escultor forma intencionalmente a sua estátua, da mesma maneira há um princípio formante nas coisas vivas, que também pode ser chamado de alma. Até a moral foi derivada da forma, porque o bem e o belo estavam intimamente ligados nos pequenos tratados da época e na palavra da moda *kalokàgathía*.[198] Portanto, física, biologia, estética, moral foram tiradas de um princípio que se mostrava, para o realismo ingênuo, em uma aparição direta ao olhar e, para o amante das artes, por intermédio das estátuas. A teoria platônica foi posta, assim, de cabeça para baixo: a coisa individual era irreal para Platão, real era apenas o gênero ou a Ideia; na língua de Aristóteles, que "frequentemente diz algo mais do que quer dizer" (Ritter, III, p. 134),[199] a coisa individual surgia por meio do gênero e de uma diferença; e então, subitamente, a espécie ou a matéria era irreal, e a *diferença* ou a *forma* o único real. (Certamente ainda há outros significados intercambiáveis de matéria e forma em Aristóteles; mas não pretendo criticá-lo, e menos ainda salvá-lo; quero apenas destacar aqui os cursos de ideias que se tornaram importantes para a história da palavra.)

---

198   Termo corrente em grego, mas de difícil tradução, a *kalokàgathía* exprime, segundo *O dicionário grego-francês* de Bally, o caráter e conduta de um homem que é ao mesmo tempo *kalós* (belo) e *agathós* (honesto). É a "honestidade perfeita", a "escrupulosa probidade". (N.T.)
199   Trata-se, mais uma vez, da *História da filosofia* de Heinrich Ritter. Cf. acima, nota 174, p. 264. (N.T.)

Na investigação sobre o conceito de *mudança*, teremos de voltar às dificuldades que a questão do suporte invisível do sujeito (suporte das mudanças, que são as únicas visíveis) trouxe a pensadores antigos e modernos; também aí Aristóteles deixou marcada por dois milênios a funesta oposição entre *dúnamis* e *enérgeia*, entre *potentia* e *actus*;[200] para ele, a forma não é, porém, nem *dúnamis* nem *enérgeia*, mas um terceiro princípio, que transforma a *dúnamis* em *enérgeia*, que causa a existência da coisa individual. Na verdade, a forma é algo assim como Deus (*forma prima*, dirão mais tarde os escolásticos sobre *Deus*), a forma mais elevada, mais pura, livre da matéria — como se o grego antigo já tivesse considerado a matéria algo pecaminoso. As formas são também *eternas*. E o inadvertido materialista Aristóteles aportou à doutrina segundo a qual a forma seria a *essência* primeira, o essencial no Universo. Com isso, seu mestre Platão parecia vencido. Em linguagem simples e direta, o enigma e sua solução soam mais ou menos assim: os homens conhecem somente o *como* e perguntam pelo *quê* de seu mundo, pelo *quê* das coisas mortas e vivas, pelo *quê* dos conceitos estéticos e morais; a isso Aristóteles não responde como um cético, dizendo que temos de nos contentar com o *como* sem nunca chegar a experimentar algo do *quê*, mas decide, dogmaticamente, que o *como* é o *quê*. E, porque Aristóteles também não escrevia um grego simples e direto, inventou para a forma, como a essência de todas as coisas, a monstruosoa expressão *tò ti én eínai*.[201]

200 *Dúnamis* e *enérgeia* estão em grego; *potentia* e *actus*, em latim no original. Formam o par conceitual aristotélico potência e ato. (N.T.)
201 O termo *tò ti én eínai* deu muita dor de cabeça aos historiadores da filosofia. A tradução escolar "o que-era-ser" [*das Was-war-sein*] é inaproveitável. A expressão pode ser compreendida, no limite, pelo sentido, mas não pode ser traduzida nem reintrepretada gramaticalmente em outra língua. Quando Überweg-Heinze (I, 9ª ed., p. 251)* esclarece o *ti én* como um dativo possessivo, não entendo isso nem com o sentimento linguístico alemão nem com o grego. Cohen lembra (*Lógica*, p. 27),** com razão, a forma interrogativa socrática e assume que *o que era* substitui *o que é*, porque o fundamento do ser é colocado além do presente; esta, contudo, é uma interpretação, não uma elucidação gramatical. De modo muito mais consistente do que esses sucessores e repetidores, Trendelenburg (primeiramente num artigo em separado de 1828, depois, em 1846, em todo um capítulo de sua *História da doutrina das categorias*, pp. 34ss.)*** já havia investigado a famosa expressão aristotélica e os conceitos imediatamente afins; devemos à perspicácia de Trendelenburg o método de esclarecer as categorias de Aristóteles a partir de

A Escolástica é a colossal composição virtuosística, por certo formalmente a mais admirável, para comprimir a teologia cristã e sua serviçal, a filosofia cristã, no sistema lexical do idolatrado Aristóteles (*Aristotelis logica ipsius Dei logica est*),[202] ou para espremer, expelir, a doutrina cristã

> seus esforços gramaticais; talvez se reconhecerá, uma vez mais, que Aristóteles foi desbravador unicamente no portentoso trabalho de inventariar categorias gramaticais que ele tirou a muito custo do nada, mas que, seduzido pela novidade da coisa, tomou por categorias metafísicas, tornando-se, assim, por dois milênios, o legislador da superstição linguística, justamente por sua doutrina das categorias. Trendelenburg interpretou corretamente as relações entre *ousía, tí esti* e *tò ti ên eínai*. Acredito chegar um pouco mais perto de compreender o termo quando tento me transportar em sentimento para a língua de Aristóteles. Com ajuda do patético ídiche (assim o denomina Goethe, *Ditos em prosa*, n. 563),**** cuja rabulice a língua filosófica grega lembra com muita frequência. Que se pense, por exemplo, na língua da barganha: *er ist gekommen zu gehen* [ele veio para ir].***** De acordo com semelhante padrão, poder-se-ia reproduzir *tò ti ên eínai* de modo bastante preciso com: *was da ist gewesen zu sein* [aquilo que era para ser]. Em termos estritamente filológicos, cabe lembrar aqui que a lingua grega de fato possui um pleonástico *eínai*, por exemplo, *tò ep' emoí eínai, soviel an mir liegt* [no que depender de mim]. Eu realmente não pretendo com isso defender a antiga lenda de que Aristóteles teria sido judeu. (N.A.)
> *F. Überweg, *Grundriss der Geschichte der Philosophie* [Compêndio de história da filosofia]. Org. de Max Heinze. Berlim: Mittler, 1903.
> **H. Cohen, *System der Philosophie. Erster Teil: Logik der reinen Erkenntnis* [Sistema da filosofia. Primeira parte: Lógica do conhecimento puro]. Berlim: Bruno Cassirer, 1902.
> ***F. A. Trendelenburg, *Geschichte der Kategorienlehre* [História da doutrina das categorias]. Berlim: Bethge, 1846.
> ****"A língua judaica tem algo de patético." Mauthner utiliza o título *Sprüche in Prosa* [Ditos em prosa] e também a numeração mais antiga da obra goethiana que posteriormente ficou conhecida como *Máximas e reflexões*. Na edição estabelecida por Max Hecker, a máxima tem o número de 1330 (Frankfurt am Main: Insel, 1982), p. 225. (N.T.)
> *****Em ídiche, *er kimt zi geyn*, cujo sentido é "ele apareceu". (N.T.)

202 "A lógica de Aristóteles é a própria lógica de Deus." Em latim no original. Mauthner comenta essa frase nas linhas iniciais de seu livro *Aristóteles. Um ensaio a-histórico*, de 1904: "Essas palavras estão manuscritas na minha velha edição greco-latina do *Órganon*. Foram tiradas de uma obra de Gutke, outrora famoso aristotélico, incrivelmente limitado e também incrivelmente crédulo, que viveu em Colônia às margens do Spree". O livro a que a passagem se refere é a *Logica divina seu peripatetica docens* (1626), de Georg Gutke. (N.T.)

das palavras antigas. Mais precisamente: das novas palavras latinas com as quais Cícero, Agostinho e finalmente os próprios escolásticos traduziram ou renovaram, servil ou livremente, os termos gregos. A mim me parece que a palavra *forma* constitui o centro propriamente dito do pensamento escolástico. Deus é a *forma prima*, a causa primeira. Transferida de Aristóteles, a concepção segundo a qual a forma seria em parte o essencial numa coisa particular, em parte a causa do essencial, conduz ao *leitmotiv* escolástico: *forma dat esse rei*.[203] Todos os conceitos superiores da Escolástica são, no fundo, sinônimos de forma; a confusão está contida na coisa: *essentia, species, actus, quidditas*; é sempre um e o mesmo. Os escolásticos, que por tanto tempo haviam estudado seu Aristóteles apenas pela via indireta dos árabes e de suas traduções latinas, encontraram em Averróis uma definição de forma: *actus et quidditas rei*;[204] vejo no bárbaro *quidditas* uma tentativa de verter o talmúdico *tò ti én eínai*. As ideias ou conceitos dos universais são denominados *formae secundae*, pois a *forma prima* já fora reservada para o senhor Deus. E a grande disputa entre nominalismo e realismo, a disputa que se travava inadvertidamente em torno da crítica da linguagem e que com razão foi chamada de nominalista, porque ela nada mais é que nominalismo crítico, já que abandonou o falso caminho que levava do antigo nominalismo ao materialismo dogmático — a disputa entre nominalismo e realismo se vincula, já em Alberto Magno, ao conceito de forma. Ele diz (*Suma Teológica*, I, Qu. 50), não dos universais, mas das *formae*, que possuem três gêneros: *ante rem, in re, post rem*;[205] ele afirma: *ante rem, in materia, quod abstrahente intellectu separatur a rebus*.[206]

    A sinonímia leva a complicadas tautologias; por exemplo, quando Alberto diz que a *forma substantialis* seria a *essentia, cuius actus est esse*.[207] Custa-nos acreditar que o homem tenha pensado alguma coisa com esse

---

203   "A forma dá ser à coisa." Em latim no original. (N.T.)
204   "O ato e a quididade da coisa." Em latim no original. (N.T.)
205   "Antes, na, depois da coisa." Em latim no original. (N.T.)
206   "Antes da coisa, na matéria, porque separada das coisas pelo intelecto abstraente." Em latim no original. Alberto Magno, *De natura et origine animae*, I, 2. O texto de Mauthner encavala o comentário de Alberto Magno na doutrina de Tomás de Aquino, *Suma teológica*, I, 50. (N.T.)
207   "Essência, cujo ato é ser." Em latim no original. Citação truncada de Alberto Magno, *Metaphysica*, VII, 1, 4. (N.T.)

abracadabra;[208] mas não podemos esquecer que cada época está sob a hipnose da língua de seu tempo. *Forma substantialis* é um empréstimo por tradução de *eídos ousiódês*[209] e tem seu antônimo na forma *accidentalis*; esta engendra a coisa individual em sua *quale vel quantum*,[210] e a primeira — o que é que ela engendra? Aquilo que remanesce da coisa individual quando se retira a *quale*. Nada, cremos nós. Os escolásticos, porém, pensavam algo ali, e algo quiçá bem profundo. "Aquilo que era para ser", aquilo que constitui um fundamento para além do perceptível, pelo qual a coisa individual é como é. Para isso dizemos *força*, e uma época futura ainda irá sorrir de nossas *forças* (os mais novos já dizem *energias*) da mesma maneira que nós, talvez com mais indulgência, sorrimos das *formae substantiales*, as quais eram idênticas às famigeradas *qualitates occultae*.[211]

Um exemplo da ampla significação desses bordões escolásticos: as *formae substantiales* não valiam apenas para a física, mas também para a psicologia. (A moral tinha suas *formae intentionales*.)[212] A alma era a *forma substantialis* do homem; isso era consensualmente reconhecido; pensava-se algo com aquilo, algo até mesmo considerável, e ainda hoje se diz (é realmente uma tradução do velho bordão *forma substantialis*) que a alma se constrói o seu corpo. Mas como fica então a alma animal? Naquele tempo era impensável que *a alma* fosse palavra oca. A alma, inclusive uma alma animal, tem de ser ou material ou imaterial. Se for imaterial como a alma humana, também tem de ser imortal, o que contradiz o dogma, e é somente como criada do dogma que a filosofia pode fazer inferências. A filosofia faz aquilo de que é incumbida. A alma é, ao mesmo tempo, material e imaterial, é substancial sem matéria, é uma *forma substantialis*. E, como a alma animal possui manifestamente sensação,

---

208 No alemão, *Hexeneinmaleins*. Enquanto *Hexerei* significa "bruxaria" em amplo sentido, *Hexeneinmaleins* se refere à tabuada das bruxas do *Fausto* de Goethe: "*Und Neun ist Eins,/ und Zehn ist keins./ Das ist das Hexen-Einmaleins!*" ("E nove é um,/ Mas o dez é nenhum./ Das bruxas isto é tabuada comum!"). J. W. Goethe, *Fausto: uma tragédia*, I, op. cit., vv. 2250-52, pp. 260-61. (N.T.)
209 "Forma da substância" ou "substancial". Em grego no original. (N.T.)
210 "Qual" ou "quanto". Em latim no original. (N.T.)
211 Respectivamente, "formas substanciais" e "qualidades ocultas". Em latim no original. (N.T.)
212 "Formas intencionais." Mauthner parece destacar *intentionales*. Em latim no original. (N.T.)

e como seria contraditório à equidade do Deus infinitamente bondoso se suas criaturas sofressem sem ter cometido pecado original, também cabe ainda à filosofia erradicar esse conflito do mundo; insensível ao tormento das criaturas, foi ninguém menos que Descartes (para ocultar da Igreja — como eu já indiquei — a sua teoria verdadeiramente mecanicista da alma) o autor da declaração infame de que os animais não sentem, não sofrem, de que os animais são máquinas. Só Schopenhauer pôs um ponto-final a essa extrema insolência do ser humano, porque compreendeu o sofrimento das criaturas e o utilizou para fundamentar seu pessimismo. Há muito tempo a alma como *forma substantialis* tinha se tornado um dogma eclesiástico; o primeiro cânone do Concílio de Vienne (França, 1312) declarou herética a afirmação de que a alma racional não seria a *forma substantialis* do corpo humano, segundo sua essência. O monge franciscano Pierre Jean d'Oliva foi acusado dessa heresia. Como não sinto em mim pendor para me indignar com o dogma da infalibilidade do papa, contento-me em acrescentar brevemente que João XXII (1325) confirmou a condenação, mandou exumar o monge falecido naquele ínterim e queimar seus ossos; instado por uma reclamação dos franciscanos, Sisto IV mandou reexaminar o processo e limpou a memória do monge de cada censura que lhe fora feita; finalmente, no Concílio de Latrão, Leão X fez condenar definitivamente a doutrina de d'Oliva de que a alma não é a *forma substantialis*.

Não é minha intenção entrar em pormenores acerca do papel que o conceito escolástico de forma desempenhou na doutrina dos sacramentos da Igreja; limito-me a citar um decreto do papa Eugênio IV: *omnia sacramenta tribus perficiuntur videlicet: rebus tanquam materia, verbis tanquam forma, et persona ministri conferentis sacramentum.*[213] Não se vá acreditar que por *forma* se entendia ali unicamente a fórmula, a fórmula de evocação, ainda que essas fórmulas fossem teologicamente diferenciadas conforme se prescrevesse o indicativo ou o imperativo de súplica. (Os católicos ouvem: *ego te absolvo*; os gregos, algo como: *Domine dimitte peccata*[214] etc.) Nada disso, as palavras do sacerdote

---

[213] "Todos os sacramentos se perfazem a partir de três requisitos, a saber: das coisas enquanto matéria, das palavras enquanto forma, e da pessoa do ministro, que confere o sacramento." Em latim no original. Texto que consta na *Bula Exultate Deo*, 1439. (N.T.)

[214] "Eu te absolvo", "Senhor, perdoai os pecados". Em latim no original. (N.T.)

eram a *forma substantialis*, que produzia o milagre, *na* matéria, *mediante* o sacerdote, assim como a *forma substantialis* no ser humano produzia o milagre de sua existência.

Seria inútil e despropositado enumerar todas as filigranas graças às quais os escolásticos acreditavam entender melhor o seu conceito de forma. De novo um único exemplo: havia uma *forma informans*,[215] a forma essencial, que, como uma alma, produz o homem, o *pré-formado*: ela causa, energiza, informa (vocábulo do qual deriva indiretamente o alemão *Informator*)[216] o ato de conhecer no homem; em oposição a ela havia uma *forma assistens*,[217] que também regia, mas não pertencia ao ser do regido, mais ou menos como o timoneiro era a *forma assistens* de um navio, o que ainda hoje reencontramos em expressões como *ele é a alma do negócio*.

Do período escolástico provém, além do já citado *forma dat esse rei*, uma porção de *canones*[218] ou regras que continuam a atuar profundamente em nossa época, razão pela qual talvez não seja mesmo supérfluo fazer de tempos em tempos uma crítica da Escolástica e de seu Aristóteles. Todos esses *canones* e bordões redundam neste pensamento que põe o cone de cabeça para baixo:[219] a forma que nós homens primeiramente abstraímos da realidade seria todavia o criador da realidade, — tal como fizemos do Deus que a nossa linguagem criou à nossa imagem o criador do homem. Ensinava-se: *forma est principium activum, materia est principium passivum*;[220] e disso resultava com evidência escolástica: *forma materia est nobilior*.[221]

Não foi Descartes, tampouco foram os grandes pensadores alemães, os quais, a despeito de toda a audácia, não puderam se desvencilhar do linguajar peripatético-escolástico, que livraram o Ocidente dessa visão de mundo hipnotizada por palavras, mas os ingleses, com suas investigações acerca do entendimento humano, com sua nova disciplina, a teoria do

---

215 "Forma que dá forma." Em latim no original. (N.T.)
216 "Informante, aquele que informa." (N.T.)
217 "Forma assistente." Em latim no original. (N.T.)
218 "Cânones." Em latim no original. (N.T.)
219 *Kegel*, em alemão, significa "cone", mas também os bonecos usados no jogo de boliche. (N.T.)
220 "A forma é o princípio ativo, a matéria, o princípio passivo." Em latim no original. (N.T.)
221 "A forma é mais nobre que a matéria." Em latim no original. (N.T.)

conhecimento. Da França cabe certamente mencionar o grande inimigo de todo pedantismo, cujo nome mal se costuma mencionar na história da filosofia. Uma vez mais cito Molière. Toda a pequena farsa burlesca *Le Mariage forcé*[222] (de 1664), além de ser uma elegia à infidelidade conjugal, é uma saborosa paródia da Escolástica e de Aristóteles, à época ainda suficientemente poderosos para intimidarem penalmente os inovadores. Numa cena em que a mais profunda sabedoria é apresentada com tiradas clownescas, o aristotélico erudito não quer de modo algum escutar as queixas de Sganarelle por estar fora de si em virtude de uma *"proposition épouvantable, effroyable, exécrable"*.[223] A frase que o tira do sério diz respeito justamente ao conceito de forma. *"N'est-ce pas une chose horrible, une chose qui crie vengeance au ciel, que d'endurer qu'on dise publiquement la* forme d'un chapeau? ... *Je soutiens qu'il faut dire la* figure *d'un chapeau, et non pas la forme; d'autant qu'il y a cette différence entre la forme et la figure, que la forme est la disposition extérieure des corps qui sont animés: et la figure la disposition extérieure des corps qui sont inanimés: et puisque le chapeau est un corps inanimé, il faut dire la figure d'un chapeau, et non pas la forme. Oui, ignorant que vous êtes, c'est comme il faut parler, et ce sont les termes exprès d'Aristote dans le chapitre de la qualité."*[224] O pedante chama Aristóteles de filósofo dos filósofos. Não obstante, ao fim da cena, Sganarelle-Molière (o próprio poeta desempenhava o papel) exclama as palavras que certamente já citei antes: *"On me l'avait bien dit, que son maître Aristote n'était rien qu'un bavard."*[225]

Quão livre do linguajar da época estava aí o *outsider* filosófico Molière, isso se vê claramente quando semelhantes traquinagens da crítica

222 *O casamento forçado.* (N.T.)
223 "Proposição execrável, abominável, medonha." Em francês no original. (N.T.)
224 "Não é uma coisa horrível, uma coisa que clama aos céus por vingança, suportar que se diga publicamente a *forma de um chapéu*? ... Defendo que se diga *a figura de um chapéu*, e não a forma, porquanto há uma diferença entre a forma e a figura, sendo a forma a disposição exterior dos corpos que são animados, e a figura a disposição exterior dos corpos que são inanimados; e, uma vez que o chapéu é um corpo inanimado, devo dizer a figura e não a forma de um chapéu. Sim, seu ignorante, saiba que é assim que se deveria falar, e estes são os termos exatos de Aristóteles no capítulo sobre a qualidade." Em francês no original. Grifos de Mauthner. (N.T.)
225 "Bem que me disseram que seu mestre Aristóteles não passava de um falastrão." Em francês no original. (N.T.)

linguística são comparadas aos mais audazes escritos filosóficos da época; Gassendi, o ressucitador do atomismo materialista (parecendo combatê-lo, ele o ensinou cautelosamente), não consegue se desembaraçar das distinções escolásticas (*Animadversiones*, I, 209),[226] se debate com as *formae substantiales*, muito embora já faça a observação acertada de que Aristóteles teria tirado seus exemplos de produtos artísticos.

II. Retornarei à crítica decisiva dos ingleses tão logo tenha dado conta da presença da Escolástica em Kant e Schopenhauer. Pois na filosofia o caminho da história tem prazer em correr por linhas espirais, e isso dificulta uma exposição cronológica. Não sei se entre nós alemães é suprema profundidade religiosa ou submissão inconsciente, mas sempre, em Lutero, em Leibniz, em Kant, os mais ousados estímulos estrangeiros são acolhidos, energicamente levados adiante, mas ao fim e ao cabo são novamente torcidos para o lado de uma metafísica que só com muito custo pode ser distinguida da teologia.

Locke e Hume haviam realizado uma crítica fulminante do conceito escolástico de forma; ao nosso Kant estava reservada a reformulação dessa crítica para satisfazer às exigências de uma filosofia inteiramente nova, as exigências da teoria do conhecimento. À negação inglesa — nós não conhecemos a substância, e a forma é uma palavra sem sentido —, ele quis contrapor a posição alemã: a substância, que não conhecemos e todavia existe, é a coisa-em-si; cujo fenômeno, o qual unicamente conhecemos, entra em nossa vida sensível mediante as formas, que são *a priori*. Essas *formas* são espaço, tempo e também causalidade; o mundo moral possui igualmente formas *a priori* da vontade. Todos os kantianos rigorosos sublinharam, no entanto, que essas formas não são uma armadura vazia no espírito (Krug), uma porção de receptáculos vazios infinitos (Cohen).[227] Receio que as formas da sensibilidade e da vontade, que não devem ser meras abstrações, remontem, afinal, a forma e conteúdo, às *formae substantiales* escolásticas. O próprio Kant estabeleceu

---

226 Pierre Gassendi (1592-1655) foi um filósofo, matemático, astrônomo e teólogo francês, autor de *Animadversiones in decimum librum Diogenis Laertii, qui est de vita, moribus, placitisque Epicuri* [Observações sobre o livro x de Diógenes Laércio, que trata da vida, da moral e das opiniões de Epicuro], 1649.
227 Wilhelm Traugott Krug (1770-1842), sucessor de Kant na Universidade de Königsberg, e Hermann Cohen (1842-1918), um dos fundadores da escola neokantiana de Marburgo. (N.T.)

em sua *Crítica da razão* (1781, p. 266)[228] a ligação com a Escolástica. Schulze-Enesidemo não estava tão errado ao denominar essa teoria do conhecimento de *formalismo* (p. 387);[229] só que com essa palavra não se deve pensar no formalismo de nossos funcionários públicos, mas na teoria dos *formalistas*, segundo a qual entre os universais e as coisas particulares não há nenhuma distinção a não ser *distinctio formalis*.[230]

Discípulo de Kant e G. E. Schulze, Schopenhauer certamente acreditou ter dado conta do espírito cristão da Escolástica e sua linguagem lexicalmente supersticiosa. Ele vê bem claramente a identidade entre os conceitos de forma e de mudança. "A única expressão correta para a lei da causalidade é esta: cada mudança tem sua causa numa outra, sua predecessora imediata (coisas são estados da matéria)... mudança e causalidade só se referem a estados. Esses estados são aquilo que se entende por forma em amplo sentido: e só as formas mudam; a matéria perdura" (*O mundo como vontade e representação*, II, § 4, "Do conhecimento *a priori*"). Entretanto, esses estados se transformam inadvertidamente nas antigas *formae substantiales*. Com etimologia deturpada, Schopenhauer faz a *matéria* parir tudo de seu ventre, "razão pela qual seu nome parece provir de *mater rerum*" (p. 327); [231] e a forma é até convertida em pai das coisas. "Podemos representar forma sem matéria, mas não o contrário: porque a matéria, despojada da forma, seria a própria vontade, mas esta só se torna objetiva mediante a entrada no modo de intuição de nosso intelecto, portanto só mediante aquisição da forma."[232] Tudo muito bonito e aparentemente moderno, kantiano. Só que as *formas* cessam propriamente de

---

[228] Trata-se do tópico 4 ("Matéria e forma") da "Anfibolia dos Conceitos de Reflexão", da *Crítica da razão pura*, citada por Mauthner na primeira edição. (N.T.)

[229] G. E. Schulze, *Aenesidemus oder über die Fundamente der von dem Herrn Professor Reinhold in Jena gelieferten Elementar-Philosophie. Nebst einer Verteidigung des Skeptizismus gegen die Anmassungen der Vernunftkritik* [Enesidemo ou sobre os fundamentos da filosofia elementar apresentada em Jena pelo senhor professor Reinhold. Junto a uma defesa do ceticismo contra as pretensões da crítica da razão]. Heimstedt, 1792. (N.T.)

[230] "Distinção formal." Em latim no original. (N.T.)

[231] "Mãe das coisas." Em latim no original. O texto se encontra no livro II do *Mundo como vontade e representação*, § 22, "Visão objetiva do intelecto". (N.T.)

[232] A. Schopenhauer, *O mundo como vontade e representação*, II, § 24, "Da matéria". (N.T.)

ser meros *estados* das *coisas* quando são *objetivações* da *vontade* (como em Kant: formas fenomênicas *a priori* da coisa-em-si); e Schopenhauer se torna realmente escolástico quando faz as formas *irromperem* da matéria: as formas, figuras ou espécies têm uma *origem* temporal; "elas precisam ter irrompido um dia" da matéria; "justamente porque esta é a mera visibilidade da vontade, a qual constitui o ser em si de todos os fenômenos. Ao se tornar fenômeno, isto é, ao se apresentar objetivamente ao intelecto, a matéria, como sua visibilidade, assume a forma por meio das funções do intelecto. É por isso que os escolásticos dizem: *materia appetit formam*" (p. 352).[233] Schopenhauer mesmo fornece um exemplo de quão funesta a Escolástica pode ser ainda hoje para a ciência natural. A irrupção das formas ou espécies, a única legítima *generatio aequivoca*,[234] ainda continuaria atuando, ao lado da transmissão hereditária das formas pela procriação. A questão realmente só poderia ser decidida por experiência; mas Schopenhauer considera a *generatio aequivoca*, "a despeito das mais recentes objeções a ela", como altamente provável "em níveis inferiores". "Ou preferir-se-á que até os ovos dos epizoicos pairem eterna e esperançosamente no ar? (Medonho de se pensar!)"[235] Nós aprendemos a nos habituar a essa representação medonha.

Quis apenas mencionar os dois filósofos alemães mais vigorosos para provar que a Escolástica continua atuando na Alemanha. Repugna-me coletar afirmações escolásticas de espíritos menores. Só gostaria de acrescentar ainda algumas sentenças de Novalis, como exemplo estarrecedor. Elas foram tiradas todas dos "Fragmentos" e podem ser encontradas no volume III da edição de Minor.[236] "A forma mais pura é, portanto, matéria da forma. A matéria mais pura é a forma da matéria (isso dito apenas como gracejo)..." (p. 138). "O espírito como tal é o espírito puro e empírico. O espírito puro possui dupla matéria e forma" (p. 140). "Em relação à matéria, o espírito é forma, em relação ao espírito a matéria é estofo,[237] ou melhor, ambos são forma e estofo um para o outro, dependendo unicamente de sobre qual dos dois se reflete, qual se toma

---

233 "A matéria deseja a forma." Em latim no original. (N.T.)
234 "Geração espontânea." Em latim no original. (N.T.)
235 As duas últimas passagens citadas por Mauthner se encontram no parágrafo 24 do segundo livro de *O mundo como vontade e representação*. (N.T.)
236 Novalis, *Schriften*. Org. de Jacob Minor. Jena: Diederich, 1907. (N.T.)
237 Sobre a tradução de *Stoff*, ver o verbete "Matéria", p. 316. (N.T.)

como sujeito ou predicado" (p. 141). "O predicado do predicado é o predicado mediato, assim a forma da forma é: estofo; o estofo do estofo: forma" (p. 142). Minha recusa dessas passagens não se volta contra Novalis, mas antes contra o alexandrinismo dominante, que não se cansa de gastar aparas de papel. Editado pelo próprio Novalis, *Pólen*[238] já havia selecionado as uvas-passas do meio da mixórdia; apesar disso, propunha pensamentos tão inacabados, que Novalis pôde concluir: "Como fragmento, o incompleto ainda parece mais aceitável". À maior parte do que foi mais tarde acrescentado cabe outra declaração de Novalis sobre as passagens riscadas de seus cadernos de estudo, dos quais foram tirados todos esses fragmentos: "Algumas coisas são completamente falsas, algumas insignificantes, outras vesgas".[239]

Voltemos, porém, aos ingleses que demoliram o edifício lexical escolástico, assim como anteriormente um inglês havia sido o primeiro a opor o nominalismo, que se tornara uma necessidade, ao realismo lexical da Idade Média.

Com plena consciência e força moderada, Locke já havia combatido a Escolástica no terceiro livro crítico-linguístico do seu *Essay concerning Human Understanding*,[240] especialmente no sexto capítulo, "Sobre os nomes de substâncias". Ali ele apresenta (§ 2) o conceito de essência nominal (*nominal essence*). "Assim, por exemplo, a essência nominal do *ouro* é a representação composta que essa palavra designa, e poderia ser, por exemplo, um corpo amarelo de determinado peso, que fosse maleável, fundível e resistente. Em contrapartida, a essência real do ouro é a constituição de suas partes não mais perceptíveis, das quais estas e todas as demais propriedades do ouro dependem." A essência real das coisas é incognoscível, a essência nominal coincide com os conceitos de espécie. Classificamos o mundo segundo a essência nominal, não segundo a essência real, que de fato não conhecemos. "No conhecimento e diferenciação

---

238 Trata-se da famosa coletânea de fragmentos intitulada *Pólen*. Foi traduzida para o português por Rubens Rodrigues Torres Filho (São Paulo: Iluminuras, 2009, 2ª ed.). (N.T.)

239 Na edição crítica de Richard Samuel, as duas últimas passagens se encontram no mesmo fragmento póstumo de número 318 dos "Trabalhos preliminares para diversas coleções de fragmentos". Novalis, *Schriften*, II. Stuttgart/Berlim/Colônia/Mainz: Kohlhammer, 1981, p. 595. (N.T.)

240 O título do *Ensaio sobre o entendimento humano* de Locke é citado em inglês por Mauthner. A seguir ele se referirá ao sexto capítulo do livro III. (N.T.)

das substâncias, nossas faculdades mentais nos levam somente até a reunião das representações nelas percebidas; e, por mais que apliquemos nisso o máximo cuidado e a máxima precisão possíveis, mesmo assim continuamos distantes da verdadeira constituição interna, da qual essas propriedades provêm, assim como a representação do construtor diante do famoso relógio do mosteiro de Estrasburgo está muito longe de apreender seu mecanismo interno, já que ele só vê a figura exterior e os movimentos" (§ 9). A criatura mais desprezível, planta ou animal, colocaria em embaraço o mais supino dos entendimentos; o hábito nos tiraria paulatinamente a admiração, mas não curaria nossa ignorância.

Tampouco podem os conceitos de espécie ser determinados pelas formas substanciais, porque estas são ainda menos conhecidas que a essência real das coisas. "Ensinou-se que as diferentes espécies de substâncias têm suas formas substanciais internas determinadas, e que nessas formas estaria contida a diferenciação das substâncias segundo os gêneros e espécies adequados; os que haviam aprendido isso foram ainda mais fortemente extraviados, pois procuraram em vão por essas formas substanciais totalmente inapreensíveis, das quais mal temos, e de modo bem geral, algo como uma representação obscura e confusa" (§ 10). É nesse contexto que Locke encontra a palavra de ordem da crítica da linguagem: *"so hard is it to show the various meaning and imperfection of words, when we have nothing else but words to do it by"* (§ 19).[241]

Para que se possa apreciar por completo essa libertação do conceito escolástico de forma, compare-se com esse modo livre de se expressar a dependência em relação à terminologia tradicional em que Bacon ainda se encontrava pouco antes (*Novum Organum*, II, 2-4).[242] O fundador do empirismo chama as leis naturais, cuja investigação considera a mais importante das tarefas, de *formas*; ele as chama assim "porque essa palavra se impôs e tornou corrente... quem conhece as formas apreende a unidade da natureza nas mais variadas matérias... por isso, da descoberta das formas seguem-se a correta representação e o poder ilimitado...

---

241 "É muito difícil mostrar o significado variado e a imperfeição das palavras, quando não temos nada além de palavras para fazê-lo." Em inglês no original. (N.T.)

242 Mauthner citará em seguida frases dos aforismos 2, 3 e 4 do *Novum Organon* na tradução de Heinrich von Kirchmann (Berlim: Heimann, 1870), pp. 184ss. (N.T.)

a forma de um ser é constituída de tal modo que, de seu estabelecimento, segue-se infalivelmente esse ser (*forma naturae alicuius talis est, ut ea posita natura data infallibiliter sequatur*)". Quão difícil era se salvar da hipnose linguística da Escolástica.

    Aceitaremos com mais tolerância o nosso próprio desamparo, a nossa própria vacilação no uso de uma terminologia que constantemente se torna obsoleta (átomo, energia, potência etc.), ao encontrarmos o mesmo poder da hipnose ou sugestão atuando em todas as épocas. Entre os contemporâneos e seguidores de Bacon estavam os dois grandes físicos Gilbert e Boyle; Gilbert, o médico particular de Elisabeth, que por volta de 1600 descobriu e descreveu o magnetismo da Terra; Boyle, que descobriu as regularidades que chamamos de lei de Mariotte já por volta de 1660. E esses dois homens importantes andaram a vida inteira às voltas com o conceito de forma, que haviam encontrado na filosofia; para Gilbert, o campo magnético, que ele já conhecia, era, devido à ação a distância, uma *forma prima radicalis et astralis*;[243] Boyle se empenhou infindavelmente em transferir o conceito de *forma naturalis* do mundo orgânico para interpretar o mundo inorgânico. E ambos fizeram suas descobertas, apesar da linguagem escolástica. Assim como aprendemos a dominar cada vez mais a natureza apesar de estarmos sob a hipnose dos conceitos neoescolásticos de nosso tempo.

    A luta para se libertar do conceito escolástico de forma é especialmente bem observável em Boyle, porque esse célebre físico e cientista experimental andou às voltas com conceitos metafísicos e publicou (1688) o escrito *Origo formarum et qualitatum*.[244] Há muito se comprovou que não só a teoria corpuscular de Boyle, como também sua teoria do movimento e toda sua concepção de mundo, eram dependentes do atomismo de Gassendi. Também a distinção das qualidades em primárias e secundárias, que se tornou tão importante com a psicologia de Locke, já se encontra tanto em Gassendi quanto em Boyle. Boyle, particularmente, já tem conhecimento de que as qualidades secundárias só se realizam por intermédio dos órgãos sensoriais humanos. "A visão de que elas possuem realidade objetiva deve seu surgimento ao hábito humano de

---

243   "Uma forma primeira radical e astral", em latim no original. (N.T.)
244   R. Boyle, *Origo formarum et qualitatum* [Da origem das formas e das qualidades]. Genebra: Samuel de Tournes, 1688. (N.T.)

coisificar tudo, até mesmo privações como cegueira e morte."[245] Boyle combate as tentativas escolásticas de interpretar os acidentes como substâncias; especialmente repugnante nesse contexto lhe parece a doutrina das formas substanciais, que, como peripatéticos perspicazes indicaram, era quase inconcebível. Os escolásticos haviam ensinado que a matéria eduziria a forma de sua potência e então a acolheria em si. Se, por exemplo, a água aquecida esfriasse novamente, o frio seria assim uma forma eduzida, a água fria uma substância diversa da água quente. Boyle superou completamente a Escolástica nesse domínio da física e comprovou que a ciência não tira vantagem alguma do vanilóquio acerca das formas substanciais. Mas Boyle falha tanto quanto os escolásticos na explicação das formas orgânicas, da mesma maneira que o atomismo nunca fez propriamente uma tentativa séria de esclarecer a estrutura dos organismos. Nesse sentido, as *formae subsistentes* e as *formae informantes* eram ao menos finas distinções escolásticas. Também o estabelecimento de *formas subordinadas*, isto é, das formas de órgãos e partes individuais do corpo, era uma boa distinção; frente a ela, a teoria corpuscular de Boyle era totalmente desvalida; ele não pode renunciar completamente ao conceito de forma, entende por este, entretanto, ora as três almas distintas dos escolásticos, ora o suporte dos átomos, mas sem distinguir entre orgânico e inorgânico.

A deficiência de Boyle se torna compreensível quando se lembra que ele, que se pretendia atomista, não podia ou não queria abrir mão do conceito de Deus. E, no entanto, sabia muito bem que a teoria escolástica das formas substanciais era influenciada sobretudo pelo respeito à doutrina da Igreja, ao evento da Eucaristia. Se pão e vinho se transformavam em carne e sangue, as formas substanciais tinham de cooperar para tornar concebível que substâncias surgissem de acidentes. Isso não poderia transcorrer sem milagre; e Boyle parece se voltar contra o dogma católico ao não atribuir a criação das formas ao Deus amado, que teria, com efeito, trabalho demais com isso. As imagens preferidas de Boyle podem nos mostrar que, apesar de suas contribuições significativas, no fundo esse atomista não havia se distanciado da imagem de mundo aristotélica, a qual sempre tinha um *deus ex machina* de prontidão, tornando-se,

---

245 A frase se encontra no capítulo I da primeira edição do livro de Boyle: "Considerações e experimentos", in *The Origine of Formes and Qualities*. Oxford: H. Hall, 1666, § 4, p. 40. (N.T.)

por isso, tão indispensável para a Idade Média cristã. Por trás de todas essas imagens está um entendimento ordenador. Assim como as letras fornecem um sentido diferente dependendo da sua ordem, por exemplo, N A diz algo distinto de A N, assim também os átomos atuam diferentemente dependendo da sua ordenação. Um relógio fica pronto quando se juntam as partes e se acrescenta o movimento; destroçando o relógio com uma pedra, não se destrói a substância, mas somente a forma (do mesmo modo, Aristóteles havia recorrido à imagem do bloco de mármore e da estátua para exprimir substância e forma).

Não se pode reprovar, por deficiência, o grande cético que sucedeu a Locke. Hume, a quem o temeroso Mendelssohn poderia ter chamado de tritura-tudo com ainda mais razão do que a seu Kant, também despedaçou o conceito de forma junto com muitos outros resíduos da metafísica grega na terceira seção da quarta parte de seu *Tratado da natureza humana*, intitulada "Da filosofia antiga".[246] Seria possível chegar a toda sorte de descobertas úteis se as representações ilusórias da filosofia antiga fossem tratadas como sonhos e se fizesse a crítica da sua doutrina das substâncias, das formas *substanciais*, dos acidentes, das qualidades ocultas. Hume já sabe que a representação de um corpo não é nada além de uma *collection, formed by the mind*;[247] ele já sabe também que essa unidade forjada pelo entendimento humano é suporte subjetivo da modificação, a única coisa que é perceptível. "A imaginação tende a inventar algo desconhecido e invisível, que ela supõe permanecer igual em todas as modificações; a esse algo inconcebível ela chama substância ou matéria original, primeira."[248] É fácil para esse produto da imaginação ser a mesma substância em todos os corpos; mas, como os corpos são manifestamente diferentes, tem de haver então alguma causa da diferença: as formas *substanciais*. Não creio estar subentendendo nada se ouço Hume rindo ao escrever essas palavras: a fantasia primeiramente insere uma substância comum em todas as diversas coisas da realidade, e então a mesma fantasia tem de se

---

[246] A referida seção se encontra no livro I do *Tratado* de Hume, dedicado ao entendimento. Na tradução brasileira de Déborah Danowski (São Paulo: Editora da Unesp, 2000), a seção se encontra entre as pp. 252-57. (N.T.)

[247] "Uma coleção, formada pela mente." Em inglês no original. Na tradução para o alemão refeita por Theodor Lipps e utilizada por Mauthner, as palavras estão citadas em nota de rodapé; na edição de 1895 (Hamburgo/Leipzig: Leopold Voss), p. 288. (N.T.)

[248] Ibid., p. 290. (N.T.)

esforçar novamente para arrancar a realidade da substância comum, com ajuda das formas substanciais. Hume tem a ousadia de chamar de hábito a esse modo de inventar e ver substâncias, formas substanciais, além de acidentes, "assim como o hábito que está na base do pensamento do nexo causal".[249] Chama esses conceitos e, com eles, as *qualitates occultae* de quimeras inconcebíveis. (Espinosa falara de um *ens chimärae*.)[250] Só os escolásticos e peripatéticos procuram pelo conteúdo de tais conceitos, num estado espiritual "do qual os poetas só nos deram uma fraca noção em suas descrições do castigo de Sísifo e Tântalo".[251] A boa natureza não é implacável com esses filósofos; ela lhes deu, como às outras criaturas, um meio de consolo, o grande meio de consolo que é a invenção de palavras. "Após o uso mais frequente de palavras significativas e compreensíveis acontece de as utilizarmos sem conectar a representação correspondente a elas... Mas também acontece, e a bem dizer de modo natural, de presumirmos, após o uso frequente de palavras completamente desprovidas de significado e incompreensíveis, que sucede com elas exatamente o mesmo que com aquelas palavras dotadas de significado, que por conta disso nós lhes atribuímos igualmente um sentido oculto, o qual supomos poder descobrir por reflexão."[252] Um outro exemplo é o *horror vacui*. O espírito humano tem inclinação a atribuir emoções humanas a objetos externos. "Essa inclinação é facilmente suprimida com um pouco de reflexão; ela persiste, porém, em crianças, em poetas e nos filósofos antigos."[253]

III. Hume, portanto, baniu o velho fantasma das formas substanciais. Não precisamos continuar arrastando esse cadáver lexical no organismo de nossa língua; podemos enterrá-lo. Mas será que por isso chegamos de fato tão esplendidamente longe, como ouvimos hoje em discursos de reitores? Será

---

249   Ibid., p. 291. (N.T.)
250   "Desta definição, ou, se preferes, desta descrição, segue-se que a *quimera*, o *ente fictício* e o *ente de razão* de modo algum podem ser colocados entre os entes. Pois a *quimera*, por sua própria natureza, não pode existir." B. Espinosa, *Pensamentos metafísicos*, I, 1, in *Princípios da filosofia cartesiana e Pensamentos metafísicos*. Trad. de Homero Santiago e Luís César Guimarães Oliva. Belo Horizonte: Autêntica, 2015, p. 197. (N.T.)
251   Na tradução de Lipps do *Tratado da natureza humana*, op. cit., p. 293. (N.T.)
252   Ibid., p. 294. (N.T.)
253   Ibid. (N.T.)

que compreendemos o conceito de *forma*, pertencente hoje como outrora à nossa língua comum e à científica, tão melhor do que os escolásticos de quem zombamos? Buscarei mostrar brevemente agora que nossa língua também não consegue nem se desembaraçar desse conceito, nem dominá-lo.

Sem dúvida, a linguagem comum associa a esse conceito uma representação totalmente plana. Já observei que em alemão o antigo estrangeirismo se tornou quase mais popular que a tradução do alemão literário *Gestalt*, que mal tem quatrocentos anos.[254]

Ambas as palavras se referem às relações espaciais das coisas, mas (segundo meu sentimento linguístico) de tal modo que o que se entende não é a extensão tridimensional, mas antes a imagem bidimensional por meio da qual o nosso olho pintor percebe os corpos (o olho é sempre um pintor). Desse modo se restabelece a conexão etimológica com *eídos, eídôlon*. Na linguagem científica, essa representação plana teve de admitir diversas variações metafóricas. Falamos de *formas* na geometria, na estética e nas ciências naturais orgânicas; e em todas essas três disciplinas a representação espacial da língua comum é insuficiente.

As *formas* geométricas, uni, bi ou tridimensionais, parecem ser as que mais se aproximam do conceito na língua comum. Uma reta, um quadrado, um cubo, são referidos ao espaço. Mas tanto as formas geométricas mais simples quanto as mais complexas trazem consigo consequências de sua forma, correlatos de seu fundamento ontológico, que se elevam muito acima da figura que o olho pintor nelas percebe. As descobertas que sempre se fizeram a respeito dessas formas, que são as mais infalíveis de todas as leis naturais, essas atraentes e amiúde desconcertantes *leis formais*, foram capazes de suscitar em seus descobridores, de Pitágoras até hoje, um êxtase de alegria que não fica em nada atrás do êxtase com as formas estéticas ou do êxtase com as formas teleológicas do mundo animal e vegetal. Ora, as *provas* para essas leis naturais das formas geométricas são

---

[254] O adjetivo *gestalt* [formado, moldado] é bastante antigo no sentido de *bestellt* [preparado, arranjado], *bestimmt* [determinado, definido]; o substantivo *Gestalt* no sentido de espécie [*Art*], caráter [*Beschaffenheit*] é igualmente antigo; já mais recente é sua transposição para o contexto dos diversos fenômenos externos de uma coisa, inclusive para a cor, e, além disso, para a aparência exterior, onde a palavra entra em cena no sentido de *Bild* como tradução de *imago*. O emprego que atualmente se faz do termo, capaz de dar conta de todos os significados de *Form* por meio de *Gestalt*, só se se torna comum a partir do período luterano. (N.A.)

obra humana, subjetivas, trabalho do entendimento; as leis mesmas são objetivas, tendo atuado antes do surgimento do homem, na formação dos corpos celestes e suas trajetórias, na formação dos cristais etc. As leis são inerentes às formas, as formas as possuem em si. E assim, se não fosse fora de moda, teríamos de denominar as formas geométricas *formae substantiales*, já que leis lhes são inerentes. E a língua falha quando, de maneira séria e não escolástica, queremos separar forma e conteúdo nos fenômenos espaciais da geometria.

A *forma estética* já se distancia um pouco mais do conceito de forma da língua comum. Por certo, no artista plástico a forma é parente próxima daquilo que o olho pintor do homem mais comum divisa como forma nas coisas; e quando se fala de forma na música, trata-se de uma metáfora corrente, como aliás todos os conceitos temporais só se deixam exprimir mediante conceitos espaciais. Novidade, e excedendo o encanto das leis geométricas, é que as formas das quais falamos como estetas possam nos aparecer como belas. E a estética deve ser a doutrina das *belas formas*. Quando aluno (de Volkmann, que fora aluno de Herbart),[255] não aprendi outra coisa: a estética, mas também a ética, é uma ciência formal e se assenta em juízos de valor, os quais só valem para a forma (isso eu não entendi). Uma *estética do alto*, a qual Fechner, com espirituoso escárnio, queria ver contraposta a uma *estética de baixo*. Levada às últimas consequências, essa doutrina diz: só a forma é bela, toda forma é bela (*formosus = belo*; *informe*,[256] o que não foi formado,[257] o que não possui nenhuma *Gestalt* = não belo). O que é informe[258] não pertence à estética — não ainda: pois *informe*, com efeito, é apenas um conceito relativo, da mesma maneira que o bloco de mármore, enquanto cubo ou paralelepípedo, por exemplo, só é dito informe em relação à estátua por esculpir.

Por esculpir. Não se pode ouvir nessa construção de palavras algo futuro, a tarefa a realizar? E inumeráveis vezes escultores, esculpidores acreditaram divisar no bloco informe a forma da estátua nele embutida; muito antes de Rodin, várias obras plásticas podem ser explicadas pelo suposto informe, isto é, pela forma casual do bloco bruto; imagens de

---

255 Wilhelm Fridolin Volkmann (1821-1877) foi professor de estética (1846) e de filosofia (1856) na Universidade de Praga. (N.T.)
256 *Ungestalt*. (N.T.)
257 *Gestaltet*. (N.T.)
258 *Formlos*. (N.T.)

bronze também têm de obter sua forma de acordo com as leis, ou seja, de acordo com as formas do bronze líquido e do bronze solidificado.

Há, todavia, uma forma artística na qual forma e conteúdo estão em vínculo ainda mais estreito: a poesia ou arte da palavra. Nesta, a estética formal me parece falhar ainda mais fundamentalmente do que nas artes plásticas e na música. Os formalistas nessa área, que recentemente passaram a chamar a si mesmos de estetas, abrem mão do conteúdo e foram quase tão longe quanto os versejadores do século XVII que publicavam versos em forma oval ou semelhante. Goethe, que entendia algo do riscado e que pensou bastante sobre a relação entre forma e conteúdo, afirma (*Ditos em prosa*): "Agora se tornam possíveis produções que são nulas, sem serem ruins; nulas, porque não possuem nenhum conteúdo; não ruins, porque paira diante dos autores a forma geral de bons modelos".[259] E: "A forma precisa ser tão bem assimilada quanto a matéria; aliás, ela é bem mais difícil de assimilar".[260] E ("Sobre o chamado diletantismo"): "Podemos ler livros inteiros que são belamente estilizados e não contêm absolutamente nada".[261]

A estética formal e o esteticismo foram tão longe, que se podia seriamente lançar a pergunta para saber se o retrato, esse fenômeno originário da arte plástica, teria de ser semelhante ou não. Um pintor genial, cuja produção mais recente de retratos eu achara dessemelhante, respondeu-me sobressaltado: "E de onde o senhor sabe que os retratos de Rembrandt eram semelhantes?". O jovem seguramente não fazia ideia de que estava praticando estética formal, que desvinculava a forma do conteúdo ou assunto e pretendia contentar-se com a forma vazia. Pois a expressão, a expressão facial, se compõe de formas tanto para o olho pintor do botocudo[262] quanto do artista, e é sem sentido chamar de retrato algo que pretende fornecer o conteúdo sem a forma. A forma da expressão facial traz em si o caráter, a personalidade. Ou inversamente. A forma do poema, do drama, da sonata

---

259   Na edição de Max Hecker, máxima 126, em J. W. Goethe, *Máximas e reflexões*, op. cit., p. 40. (N.T.)
260   Na edição de Max Hecker, máxima 1083; ibid., p. 188. (N.T.)
261   Goethe escreveu diversos esboços sobre o diletantismo. A frase citada por Mauthner se encontra no volume XLVII da chamada edição de Weimar ou Sophienausgabe das *Obras* de Goethe (Weimar: Bohlau, 1896), p. 312. (N.T.)
262   Em alemão, *Botokuden*. A palavra não se encontra dicionarizada, constando apenas de enciclopédias, como o citado *Meyers Großes Konversations-Lexicon*. O neologismo vem, naturalmente, do português, mas, salvo engano, sem a conotação preconceituosa do termo na língua de Camões. (N.T.)

traz em si o conteúdo espiritual, material, psíquico (como se queira) de sua obra de arte. Ou inversamente. A linguagem falha quando pretendemos separar forma e conteúdo nas obras das belas-artes. E, de novo, se a forma interna ou o uso da língua não tivessem mudado, teríamos de denominar a forma estética uma *forma substantialis*, pois ela governa a obra de arte.

Sucede que a lei estética não é eterna como a geométrica, e o conceito de beleza está sujeito àquilo que a contragosto se chama, nesse âmbito, de moda. O conceito de beleza bem como o de costume. *Boas maneiras*[263] possui aquele que conhece e pratica a conduta atual na boa sociedade; *belas formas* são as proporções que agradam agora.

Não é diferente com o emprego do *conceito de forma* na ciência natural dos organimos, onde, no entanto, o ponto de partida na língua comum é encoberto pelo estrangeirismo *morfologia*. Em livros sistemáticos, morfologia e biologia são mantidas bem separadas; todo o trabalho das últimas décadas lida, porém, com a questão de saber se a morfologia se reduziria à genealogia. *Semelhança da forma* na consanguineidade. (Haeckel diz, naturalmente, *parentesco* da forma, o que, em primeiro lugar, é um absurdo e, em segundo, antecipa a resposta.) Para o ponto de vista da crítica da linguagem, a oposição da Igreja a Darwin é obviamente sem sentido. Mas isso não quer dizer que o darwinismo deva ser declarado um dogma. Ele foi apenas uma tentativa generosa, uma tentativa fracassada, de afastar o conceito antropomórfico de fim na explicação dos organismos. A tarefa está colocada, não está resolvida. Não podemos deixar de achar, agora como antes, que as unidades que chamamos de organismos tenham uma finalidade em sua estrutura. Sabemos de onde é tirada a metáfora *estrutura*; não sabemos propriamente de onde é tirada a metáfora *fim*. Formações homólogas, como as patas dianteiras dos mamíferos e as asas das aves, e formações análogas, como as asas das aves e as das borboletas, são ambas finalísticas; a hereditariedade pretende explicar a homologia; a adaptação, a analogia. Mas o ser orgânico sempre assume uma *forma* final, e a forma constitui a espécie. Foi exatamente assim que o expressaram os escolásticos, quando sua *forma substantialis* ainda criava a espécie. E novamente a linguagem falha quando queremos separar forma e ser nos organismos.

Mas é preciso ter claro que os esforços incessantes da investigação científica para substituir as classificações antigas e artificiais do mundo orgânico por classificações novas e naturais jamais podem ir além de uma

---

[263] Em alemão, *gute Formen*. (N.T.)

ordem das formas. "Daí resulta, necessariamente, o caráter provisório de toda construção conceitual classificatória" (Sigwart, *Logik*, II, p. 232).[264] A língua comum forjou as primeiras classificações mais rudimentares; há um longo caminho da caracterização de plantas e animais mais conhecidos, realizada pela linguagem comum, até o sistema que hoje ordena a forma vegetal e animal; mas nesse longo caminho jamais se foi além da descrição e comparação de formas. "Nenhum espírito criado penetra no interior da natureza."[265] Nós confiamos que existam leis subjacentes às formas biológicas, leis muito mais rigorosas do que as da estética, menos rigorosas do que as da geometria; mas todo o trabalho dos últimos séculos, todo o trabalho auxiliar da química e da microscopia, só foi capaz de chegar a formas, formas macroscópicas e microscópicas, órgãos, tecidos, corpúsculos albuminosos ainda pouco visíveis, jamais àquilo que constitui o organismo como um todo. Jamais às unidades orgânicas.

E assim empreguei a palavra (*unidade*) que tinha de solucionar para mim o enigma da relação entre matéria e forma, supondo que eu fosse tão afortunado de acreditar na ajuda de palavras. Mas o conceito de unidade talvez encerre uma pequena libertação frente àquela antiga oposição.

Com efeito, chamamos matéria àquilo que é sem unidade própria em si, que só se pode mensurar em unidades alheias. (Sei que empreguei aí *unidade* em duas significações diferentes; assim o quer a linguagem.) Chamamos forma àquilo que possui unidade própria, em si mesma ou na percepção do observador, objetiva ou subjetivamente. Onde acreditamos perceber formas em coisas orgânicas ou inorgânicas (a ideia ultrapassa, portanto, o mundo orgânico), onde falamos de forma ou sentimos formas, aí nós sentimos ou vemos unidades; e as unidades do mundo orgânico não são invenções humanas, são realmente unidades. Unidade do organismo não quer dizer absolutamente nenhuma outra coisa senão: *unidade da forma*. E unidade também é aquilo que, na geometria e na estética, unicamente nos permite falar de formas; na geometria essa unidade se denomina lei, na estética se denomina harmonia.

Gostaria ainda de ousar dar mais um passo adiante, porque sei que a palavra-chave unidade é ela própria um novo enigma. Mas conheço,

---

264 Christoph von Sigwart (1830-1904), *Logik*, II. Tübigen: Laupp, 1873. (N.T.)
265 "Nenhum espírito criado penetra no interior da natureza, feliz daquele a quem ela apenas mostra sua casca exterior." Frase de Albrecht von Haller, médico, naturalista e poeta suíço (1708-1777). (N.T.)

sim, a causa de cada unidade, da unidade originária no eu humano e da unidade nos organismos. A causa, a causa comum, é a memória. Ensinei que o sentimento do eu é uma autoilusão; o sentimento do eu ou a unidade da autoconsciência é forjada pela memória individual, que enfileira impressão sensorial após impressão sensorial num fio, até que o fio se rompe, e eu só não saberia dizer se o fio seria algo diferente da própria atividade de alinhar, algo diferente da própria vida interior, a qual só tem seus vividos uma vez, mas não uma segunda — algo diferente, enfim, da unidade do eu. Essa memória unificadora ordena as impressões vividas no tempo e engendra assim, além da unidade da autoconsciência, também as unidades ou formas da vida interior, as formas psíquicas.

 E sabemos que é novamente a memória, a memória hereditária da espécie, que com inacreditável uniformidade engendra as unidades ou formas que chamamos de organismos. Aí a memória ordena no espaço, externamente. O que me inquieta é que tempo e espaço foram eles mesmos mais uma vez denominados, sem contradição manifesta, formas dos sentidos interno e externo. O que é isso que engendrou essas formas, se é que podem ser realmente chamadas de formas? E o que me inquieta é que não posso dizer que tipo de causa, que tipo de força, em suma, o que é propriamente em geral essa memória onipotente. E, ainda, que a linguagem, além da unidade da autoconsciência e das unidades orgânicas, fale muito frequentemente, e a língua comum quase exclusivamente, de unidades numéricas, do princípio da enumeração, portanto de uma unidade que não é objetiva, que é colocada no mundo efetivo pelos homens, mas arbitrariamente, fortuitamente. (Vide verbete "Unidade".)[266] No que então se atribui o conceito de unidade a um átomo, ao universo, a um monte de pedras, a uma árvore, a uma floresta, a uma matilha, a um rebanho, a uma nuvem, a um Estado etc. Essas unidades do monte de pedras, do rebanho e do Estado poderiam ser chamadas de históricas. Mas quer me parecer que é como se o homem também só concebesse essas unidades históricas ao lhes emprestar metaforicamente o caráter de formas internas ou externas. De onde talvez provenha o fato de se ter procurado, e naturalmente também encontrado, leis por trás dessas formas ou unidades históricas ou fortuitas: "um monte de pedras é mais largo embaixo do que em cima"; "depois da revolução vem o despotismo militar".

---

266 Não traduzido neste volume. (N.T.)

Se a linguagem quer falar das coisas do mundo efetivo, ela *tem de* ordenar, e ordenar conceitualmente, essas coisas, incluindo os vividos interiores e os amontoamentos casuais, inorgânicos, segundo analogia das formas ou unidades orgânicas, que foram forjadas *finalisticamente* pela memória da espécie. A linguagem não poderia se orientar no mundo sem formas naturais ou artísticas. E o único fim da linguagem é orientação, orientação aproximativa. A linguagem aplicou o conceito de forma até a si mesma, e chama as analogias orientadoras de *formas da linguagem*. Quem estivesse inclinado a admirar a sabedoria ou a simplicidade da linguagem poderia de resto lembrar que, além de falar de formas da linguagem, a linguagem fala também de *uma linguagem das formas*, de uma linguagem muda das formas orgânicas, que nos revelaria, segundo a crença de homens piedosos, os mistérios da natureza. Não é verdade. E se a natureza falasse, não falaria a nossa língua.

Se falasse, a natureza por fim dividiria a si mesma, como nós fazemos com ela, em matéria e forma. Já chegamos, porém, suficientemente longe, ao fim desta investigação, para podermos nos dar conta da incompreensibilidade do par conceitual imemorial *matéria e forma*. Todo nosso pensamento e fala só podem se aproximar da realidade se a ordenamos segundo conceitos ou unidades ou formas. Pois como devemos nos aproximar da matéria, do não formado, se os únicos meios da linguagem são formas? Realmente não dá. Todas as tentativas de se orientar no mundo podem ser divididas em dois grupos: ordena-se o mundo em formas ou em átomos. Só os átomos correspondem à matéria, e a hipótese atômica é, por isso, chamada, com razão, de visão de mundo materialista. O átomo, porém (vide verbete "Átomo"),[267] é irrepresentável, um pseudoconceito, a não ser que esteja subentendido um conceito de forma. "*O vis superba formae*",[268] assim termina João II o seu oitavo *Basium*; e Goethe assinalou em seus *Sprüche* a apaixonada exclamação como "uma bela expressão".

---

267 Não traduzido neste volume. (N.T.)
268 "Ó força superior da forma." Em latim no original. A frase se encontra no final do oitavo poema ("Oitavo Beijo") de *Liber Basiorum* [Livro dos beijos], de Johannes (Janus) Secundus (1511-1536). O comentário de Goethe sobre a "bela expressão" de Secundus se encontra em *Ditos em prosa*, número 321 (na edição de Max Hecker: *Máximas e reflexões*, op. cit., máxima 362). (N.T.)

Função

Uma história da palavra, para a qual, aliás, não há suficientes trabalhos preliminares, dificilmente ajudaria a esclarecer a mudança mais recente de significado que converteu o vocábulo antigo num conceito filosófico. A palavra latina *functio* (como *fungi*)[269] significava toda *execução*, especialmente a execução de encargos oficiais, e depois a possibilidade de *substituir* uma mercadoria de acordo com a qualidade e a quantidade, a fim de que as coisas pudessem ser separadas em *fungible*[270] e individuais. Em francês, os diversos significados de *fonction* se separam bem um do outro; *fonction* designa (segundo Littré): 1. a atividade respectiva a cada cargo e também a delegação de um serviço (*faire function de*...); 2. o próprio cargo, de onde provém *fonctionnaire*;[271] 3. o funcionamento de cada um dos órgãos do corpo; 4. em especial na psicologia,[272] os trabalhos dos órgãos, conhecidos com mais precisão e investigados microscopicamente, como os do aparelho digestivo e respiratório; no caso dos órgãos dos sentidos, prefere-se falar em energias sensoriais específicas; 5. em matemática, uma grandeza variável, cuja variação é *dependente* de outra grandeza variável x, é denominada função desta última. Littré atesta ainda outros significados técnicos, que não nos interessam aqui; tal como a singular mudança no significado que conferiu à palavra latina *defunctus* (francês: *défunt*) o sentido de *defunto*.

Cabe à história da matemática dizer como *functio* passou a significar a dependência quantitativa; sabe-se que para os primeiros geômetras analíticos *functio* designava apenas um tipo muito específico de dependência, as diferentes potências do mesmo número, de modo que, nos problemas mais simples, a área do quadrado e o volume do cubo apareciam como funções de um lado; posteriormente, os grandes matemáticos ampliaram ainda mais o conceito de função até este vir a se tornar, na segunda metade do século XIX, a fundação sobre a qual se pôde erigir,

[269] Forma infinitiva do verbo depoente *fungor*, "cumprir, desempenhar, exercer uma função". (N.T.)
[270] "Coisas que podem ser substituídas por outras de igual valor ou utilidade; coisas intercambiáveis." Em inglês no original. (N.T.)
[271] "Funcionário." Em francês no original. (N.T.)
[272] Trata-se certamente de um erro de impressão. Na quarta acepção dada pelo *Dicionário Littré*, lê-se: "*Dans le langage strict de la physiologie*" (na linguagem estrita da *fisiologia*). (N.T.)

com espantoso rigor, a aritmetização de todas as disciplinas matemáticas. Desses campos, de difícil acesso para mim, gostaria de mencionar apenas o seguinte: tal dependência matemática é também ainda uma expressão indeterminada, uma vez que a fórmula $Y = F(X)$ pode ser usada mesmo quando a relação entre Y e X não pode ser determinada de modo unívoco.

    O conceito de função foi empregado nesse sentido de uma dependência obscura, incontrolável, por dois pensadores alemães que também se distinguiam pelo fato de um amar as fórmulas matemáticas, e o outro não: Schleiermacher e Herbart. Ambos foram opositores do idealismo exacerbado, que se afastara de Kant ou o confundira com Fichte, do idealismo que teria preferido professar a total independência da filosofia em relação ao mundo real, do pensamento em relação a seus objetos, da forma em relação à matéria; ambos, Schleiermacher e Herbart, se esforçaram por vias muito diferentes pela amistosa readmissão de um mundo real, ambos aceitavam a dependência do eu em relação a esse mundo real e, para designá-la, empregavam ambos a prestativa expressão "função". Schleiermacher distingue, com Kant, matéria e forma em nosso conhecimento; a matéria se dá por intermédio da função orgânica enquanto sensação, e a forma é produzida pela função intelectual ou pelo pensamento. Em vez de função, ele poderia ter dito: a atividade dependente de algo dado, a elaboração, o trabalho. Muito mais complicada e aparentemente mais matemática era a imagem de mundo de Herbart; para ele, as representações eram funções das substâncias reais, mas a dependência das representações em relação às substâncias e das representações entre si certamente não diferia tanto do modo como Schleiermacher a concebia. Chegamos a conhecer a dependência como sucedâneo impreciso do conceito de necessidade; essa imprecisão, agora associada também ao conceito de função, provavelmente nunca chegou à consciência dos opositores do idealismo. Mas justamente para a matemática e para a física pura a imprecisão do conceito não pode ser entendida como se o valor da função, a relação entre as variáveis dependente e independente, devesse ser indeterminada ou obscura; apenas o conceito mesmo de independência é inexato enquanto não é identificado ao de necessidade. (Vide o verbete "Dependência".)[273]

    Foi precisamente esse passo que Mach ousou dar (e também, não tão decidida e claramente, Avenarius) quando propôs nomear *função*

---

[273]   Não traduzido neste volume. (N.T.)

aquilo que até então havia se chamado *Ursache, causa*.[274] Não preciso salientar que a palavra não importa; se Mach não compreendesse a função senão como aquilo que antes se entendia por causa, dificilmente teria julgado necessária sua temerária proposta, ele que, com sua economia de pensamento, se porta de modo suficientemente crítico perante a linguagem. Mach manifestou sua ideia pela primeira vez numa conferência sobre a conservação do trabalho (1872)[275] e, logo em seguida, de modo ainda mais arguto (na *Análise das sensações*, 3ª ed., p. 71).[276] Ele entende pelo conceito de função, que pretende pôr no lugar do antigo conceito de causalidade, a "dependência dos fenômenos entre si, ou melhor, a dependência entre si de suas notas características". A novidade é a *reciprocidade* das dependências. Assim como são recíprocas as dependências entre as posições. "Uma dependência recíproca apenas admite *modificação* se algum grupo das partes relacionadas puder ser considerado uma variável *independente*. Por isso, é possível completar cientificamente a imagem de mundo em sua particularidade se nos for dada uma parte suficiente deste, mas não se pode investigar cientificamente para onde o mundo inteiro quer ir. Nisso reside, em minha opinião, a vantagem do conceito de função sobre o de causa: o primeiro impele ao rigor e a ele não estão associadas a incompletude, a indeterminação e a unilateralidade do segundo. O conceito de causa é, na verdade, um recurso paliativo primitivo e provisório."[277]

274   *Causa* está em latim no original, como equivalente do termo alemão *Ursache*. (N.T.)
275   E. Mach, "Die Geschichte und die Wurzel des Satzes von der Erhaltung der Arbeit" [História e raiz da proposição da conservação de trabalho], conferência apresentada em 15 de novembro de 1871, publicada em Praga no ano seguinte pela editora Calve. (N.T.)
276   Id., *Die Analyse der Empfindungen und das Verhältnis des Pysischen zum Psychischen* [A análise das sensações e a relação do físico com o psíquico], livro publicado em 1886. Mauthner cita a partir da terceira edição ampliada (Jena: Gustav Fischer, 1902). A paginação correta seria p. 73, onde começa a análise da causalidade. Um exemplar dessa edição lhe foi enviado pelo próprio Ernst Mach. Ver carta de Mach a Mauthner, de 24 de dezembro de 1902 (Disponível em: < https://archive.org/stream/fritzmauthner_07_reel07#page/n32/mode/1up>. Acesso em: 16 nov. 2023.). A carta encontra-se na Coleção Fritz Mauthner do Instituto Leo Baeck. (N.T.)
277   E. Mach, *Die Analyse der Empfindungen und das Verhältnis des Pysischen zum Psychischen*, op. cit., pp. 74-76. (N.T.)

Numa nota (p. 71) em que discute, rápida e amistosamente, a tentativa de Cossman de salvar a teleologia,[278] Mach afirma ter substituído o antigo conceito de causalidade pelo de função; no texto mesmo ele emprega o conceito de causa, que queria substituir pelo conceito matemático de função. Não é exatamente a mesma coisa. Por milênios, quando se pensava em causa, não se tinha em vista uma reciprocidade da relação; quando o calor se torna a causa da dilatação do fio de mercúrio, ninguém pensa numa reciprocidade entre causa e efeito. Causalidade, no entanto, como reconhece Kant contra Hume, expressa justamente a relação entre causa e efeito e, por isso, é um conceito muito mais rico que o de causa; aprendemos que a física moderna define até mesmo seu conceito favorito, o de energia, como essa categoria kantiana da causalidade. (Vide os verbetes "*Causalitas*" e "Energia".)[279] Espero poder mostrar agora, quase que intuitivamente, servindo-me do exemplo mais simples, como essa dependência recíproca entre os fenômenos físicos pode ser muito bem designada pelo conceito matemático de função.

A fórmula analítica da elipse diz que Y é uma determinada função de X; ou vice-versa. Quando um jardineiro deseja fazer um canteiro elíptico no jardim, ele descreve a elipse segundo um método que faz a dependência recíproca saltar aos olhos. Ele pega uma linha cujo comprimento corresponde à soma dos dois vetores, prende as duas extremidades nos focos, e passa um bastão ao longo da linha esticada. A todo momento a fórmula da elipse é válida, a todo momento a ordenada é a mesma função da abscissa; ou vice-versa. A reciprocidade da dependência é evidente; um vetor não pode ser nem um pouquinho mais longo sem que o outro se encurte na mesma medida. Essa reciprocidade já é reconhecida há muito tempo no campo da geometria. O que Schopenhauer nomeou *razão do ser*, entre as quatro raízes da razão suficiente,[280] é a razão das relações geométricas espaciais; as relações são recíprocas, mas lá não se

---

278 Paul Nikolaus Cossmann (1869-1942), *Elemente der empirischen Teleologie* [Elementos da teleologia empírica]. Stuttgart: Zimmer, 1899. A nota em que Mach se refere a Cossmann encontra-se, na verdade, na p. 74. (N.T.)
279 Não traduzidos neste volume. (N.T.)
280 Mauthner está se referindo a um dos sentidos de razão explicados por Schopenhauer no livro *Sobre a quadrúplice raiz do princípio de razão suficiente*, de 1813. Há tradução para o português de Oswaldo Giacoia Jr. e Gabriel Valladão Silva (Campinas: Ed. da Unicamp, 2020). A seguir, Mauthner se refere à "razão do devir", também contemplada por Schopenhauer. (N.T.)

fala facilmente em reciprocidade, porque a razão do ser não é causa de um efeito como a razão do *devir*. A audácia de Mach me parece consistir apenas em querer expandir o conceito de função, que expressa a dependência recíproca do ser no espaço, para a dependência recíproca entre causa e efeito no tempo. As dificuldades dessa mudança de significado não podem ser ignoradas; os movimentos num sistema planetário, por exemplo, podem ser representados como funções do tempo; já o tempo não é reversível, embora não se possa duvidar de uma ação recíproca da chamada gravitação. E justamente por isso a substituição do conceito de causalidade pelo de função poderia ser ainda muito frutífera; a causalidade foi considerada por tempo demais como uma lei, como a única lei válida, porque era experimentada como absolutamente válida (Cossman cunhou essa contradição); o conceito de função não se impõe desse modo como uma lei, ele só quer ser uma descrição, e não faz violência aos fenômenos da biologia, que relutam em se submeter à causalidade. Mas, antes de me arriscar a ligar, com fios de uma teia de aranha quase invisível, o conceito de função ao misterioso conceito de finalidade, gostaria de alertar mais uma vez para os perigos das tentações da linguagem. A mim e ao leitor.

Também Mach não consegue abdicar completamente das antigas designações de *causa* e *efeito*, embora as declare vulgares e supérfluas; bem-humorado, zomba da objeção segundo a qual estaria travando uma luta exasperada contra o conceito de causa (*Conhecimento e erro*, 2ª ed., p. 279);[281] mas o uso linguístico é tirânico e obriga também o renitente a distinguir *provisoriamente* duas modificações como causa e efeito, uma das quais sucede imediatamente à outra e dela resulta. Mach haverá de me dar razão se descubro essa representação coercitiva da linguagem atuando na distinção necessária entre o conceito de energia e o de função.

Designam ambos os conceitos a dependência entre si de duas modificações; ambos se referem ao trabalho que foi necessário à modificação. Pensemos agora mais uma vez no campo do qual se tomou de empréstimo o conceito matemático de função: na razão do ser da geometria, na elipse, por exemplo, é uma simples questão de convenção e de nosso arbítrio considerarmos X ou Y a variável independente, ou escrever $Y = F(X)$ em vez

---

[281] E. Mach, *Erkenntnis und Irrtum. Skizzen zur Psychologie der Forschung* [Conhecimento e erro. Esboços para a psicologia da investigação]. Leipzig: Barth, 1906. (N.T.)

de $x = F(Y)$. A linguagem também se recusa a comparar a função a uma energia; também se recusaria a aplicar o conceito de trabalho à geração da curva. Modificações que são apenas relações espaciais, apenas funções do espaço, não têm nada a ver com causa e efeito; esse par de conceitos é uma função do tempo, e Hume parece ter razão. Contudo, se pensarmos na razão do devir, na realidade física, não é uma questão de convenção ou arbítrio designar — mesmo que apenas provisoriamente — a extensão como dependente do calor, ou vice-versa. Por outro lado, hoje já podemos, por certo apenas com algum esforço, conceber a seguinte representação: depende de nosso arbítrio abstrair do momento temporal e atentar, como que atemporalmente, ora ao calor, ora à extensão, enquanto dependentes entre si. Ou (o que exigiria menos esforço): ora à força de atração do Sol, ora à da Terra. Mas ainda assim a língua nos constrange, provisoriamente, a decidir entre causa e efeito, ainda que vejamos na extensão apenas outra forma de manifestação do calor. Pode-se então dizer: se compreendermos a dependência de ambos os fenômenos como uma função do tempo irreversível, chamaremos de trabalho potencial, *energia*, o fenômeno de partida ou a possibilidade da realização do trabalho, e aí também pensaremos, de modo obscuro, no conceito de causa; e então chamaremos de função o fenômeno subsequente, o trabalho realizado, atual, e pensaremos também no conceito de efeito. Queiramos ou não; provisoriamente, como disse. Mach, aliás, ilustrou a reversibilidade do tempo com uma bela imagem: basta projetar os quadros de um cinematógrafo de trás para frente.

Volto ao problema da aplicação do conceito de função à representação de fim na biologia. O conceito biológico de função está muito longe do conceito matemático porque, quando falamos na função de um órgão, sempre se subentende um fim. Observando com cuidado, o conceito de fim se encontra ainda mais profundamente oculto na representação de função. Se traduzirmos função por *execução, efetuação, cumprimento*, já há sempre, nesses três prefixos, algo como a satisfação com a consecução de um fim humano.[282] Definições antigas, distantes de minha linha de pensamento, adotaram tais determinações a partir dos mais diversos pontos de vista; o devoto *Dictionnaire universel* de Trévoux define: "*l'action de l'agent qui fait la chose à laquelle il est* destiné *ou*

---

282 Em alemão, os prefixos *ver-*, *aus-* e *voll-*, presentes nos substantivos *Verrichtung*, *Ausführung* e *Vollführung*, indicam uma ação completa, acabada, realizada até o fim. (N.T.)

obligé";[283] e a *Enciclopédia* livre de Diderot explica: *"on appelle fonctions ces actions, comme étant faites pour s'acquitter d'un devoir auquel leur structure et leur position les engagent"*.[284] Quando nos referimos à função do intestino, do pulmão, do cérebro, quando explicamos a memória como uma função da matéria organizada, estamos pensando, no caso das energias sensíveis específicas,[285] em um encargo ao qual todos esses órgãos estão *destinados*, não importa a quem pertençam, estamos pensando em realizações executadas de modo correto. Também as máquinas e os funcionários funcionam segundo um fim preestabelecido. Segundo um plano que deu ensejo ao conceito humano de causa final.

Somente o conceito matemático de função nada tem a ver com todas essas representações, pois, como vimos, é atemporal. Se quisermos aplicá-lo, com Mach, à realidade física, teremos de desmembrar em causa e efeito dois fenômenos dependentes um do outro, mas apenas enquanto não tivermos nos livrado do tempo, enquanto encararmos a causa como função do tempo. Se, ao contrário, conseguirmos nos libertar do tempo, seremos capazes de reconhecer atemporalmente os dois fenômenos como reciprocamente dependentes um do outro, e aí a razão do devir será, como a razão do ser, atemporal. Restará então, por assim dizer, uma licença poética, para saber se queremos denominar *efeito* ou *causa final* o fenômeno dependente, que, sob o fascínio da representação temporal, era apreendido como o fenômeno subsequente.

Imortalidade da alma

A imortalidade da alma é uma bela fábula de tempos imemoriais que não se pode impedir poeta ou doente algum de voltar a contar ou sentir; mas me parece deplorável atribuir ao abstrato "alma", em livros que aspiram à clareza filosófica, uma propriedade que é por sua vez ela mesma

---

283 "A ação do agente que faz a coisa a que é *destinado* ou obrigado." Em francês no original. (N.T.)
284 "Chamam-se funções as ações feitas para cumprir um *dever* ao qual *obrigam* a sua estrutura e a sua posição." Em francês no original. (N.T.)
285 A expressão "energias sensíveis específicas" remete à teoria do fisiólogo Johannes Peter Müller, que formulou, em 1826, a lei das energias sensíveis específicas, segundo a qual não é o estímulo externo que determina a qualidade da percepção, mas a qualidade própria do órgão sensível estimulado. (N.T.)

um vocábulo vazio e que, no caso de ter sido haurida da experiência, só poderia ser aplicada unicamente a indivíduos vivos. O interminável falatório sobre a imortalidade da alma é, portanto, deplorável a partir do momento em que existe uma psicologia sem psique, a partir do momento em que o conceito de alma foi reconhecido como um termo sumário. Renuncio, por isso, à tarefa fácil de criticar a doutrina da imortalidade da alma ou mesmo de apresentar a sua história. Limitar-me-ei a chamar a atenção tão só para dois erros ainda largamente difundidos e para um jogo de esconde-esconde que se comete com a palavra *imortal*.

O primeiro erro diz respeito à origem da crença na imortalidade. Continua-se a contar aos colegiais que os grandes mestres do espiritualismo e do idealismo ensinaram e demonstraram a necessidade da crença na imortalidade e que os representantes do malvado materialismo tentaram atrapalhar e destruir essa crença. Tal afirmação não seria de todo falsa em relação à crença na substância da alma, desde que se deixasse de fora o idealismo moderno, o qual não é de modo algum espiritualismo; e o materialismo grosseiro, em todo caso, também prestou bons serviços à crítica do conceito de alma. A situação é bem diferente quando se trata da crença na *imortalidade* dessa alma. Ela foi desde sempre, desde o primeiro surgimento do temor às trevas até o corpo astral dos espiritistas, o mais brutal materialismo. O medo dos pequenos inimigos da vida engendrou os deuses, os salvadores miraculosos; o medo da grande inimiga incontornável (a morte), o medo instintivo perante o aniquilamento, engendrou a crença na imortalidade daquilo que o homem sentia como seu próprio eu: a alma. O medo, que não há por que reprovar como covardia, presenteou a humanidade com as representações dos deuses e da imortalidade da alma.[286] Esses dois produtos do medo eram intimamente aparentados entre si. Os deuses se distinguiam dos homens mortais única e exclusivamente pelo fato de serem imortais; e a alma, porque não podia ser destruída, também foi divinizada.

Nas representações vivas do povo, a bela fábula antiga é compreendida em toda parte de maneira realista e adornada com os traços mais rudes; trate-se do Hades dos gregos, do Xeol dos judeus, do Inferno,

---

[286]   Enquanto este *Dicionário* estava sendo impresso, encontro no *Emanuel Quint* de Gerhart Hauptmann* (p. 334) as palavras: "É o medo da morte que leva os homens a se agarrarem à fantasmagoria da vida eterna". (N.A.)
   **O louco em Cristo, Emanuel Quint* foi publicado em Berlim, 1910, pela editora Fischer. (N.T.)

do Purgatório ou do Céu dos cristãos, do Paraíso dos maometanos, sempre as almas necessitam de uma morada espacial e material após a morte, são castigadas com sofrimentos materiais e recompensadas com prazeres materiais; o Céu cristão perdeu um pouco de sua condição sensível, na teoria: na prática da crença popular e das pregações, a alma imortal não abdica jamais dos prazeres terrenos preferidos pelo seu corpo.

A fábula permaneceu grosseiramente materialista também na forma que assumiu no Oriente e que nos foi transmitida tal como surge na crença popular dos egípcios e indianos: como transmigração das almas. O budismo só aparentemente teria elevado a representação demasiadamente tangível a uma esfera mais alta, graças a uma interpretação ética; essa ética, que manda torturar os homens pecaminosos na forma de corpos animais, não é de todo desprovida de valor — apenas por tratar melhor os animais —, mas de resto é tão brutal quanto a ética do Purgatório ou quanto a ética da nossa pena de morte. O criador infinitamente bondoso se torna, numa só pessoa, legislador, juiz e algoz de uma ordem jurídica baseada na intimidação.

O anseio poético, que deu ao medo do aniquilamento uma bela forma fabular na crença na imortalidade da alma, já foi enfraquecido no poeta filosófico Nietzsche, quando ele, bem próximo de sua própria aniquilação trágica, aceitou a doutrina da transmigração das almas e a acoplou à fantasia imemorial da *apokatástasis*. A mensagem do *retorno do mesmo*, da eterna repetição de todas as coisas, não era nenhuma gaia ciência; seria bem possível (e não teria sido vulgar) que Rhode tenha se afastado de seu amigo Nietzsche quando este ameaçou atrapalhar a obra de sua vida, o trabalho de destruição do conceito de alma;[287] da mesma maneira que Nietzsche, o Anticristo, começou a odiar Richard Wagner quando este começou com suas cristianices. Mas não se perde nada por Rhode ter destruído os documentos humanos de seu rompimento com Nietzsche.

O outro erro se compraz em falar de Goethe, o resoluto não cristão, como um partidário convicto da crença na imortalidade da alma;

---

287 Possível alusão ao afastamento dos amigos, que segundo alguns teria sido motivado por divergências em relação à interpretação do culto de Dioniso. Erwin Rhode defende em seu livro *Psyche. Seleencult und Unsterblichkeitsglaube der Griechen* [Psyché. Culto das almas e crença na imortalidade entre os gregos], em dois volumes (1890-1894), que o dionisismo estaria ligado à introdução da imortalidade da alma na Grécia. (N.T.)

por conseguinte, deveríamos considerar o velho pagão como um pregador dominical. Como prova dessa visão equivocada, costuma-se mencionar alguns diálogos, especialmente um dito de suas Xênias Mansas:

> "*Du hast Unsterblichkeit im Sinn;*
> *Kannst du uns deine Gründe nennen?"*
> *Gar wohl! Der Hauptgrund liegt darin,*
> *Daß wir sie nicht entbehren können.*[288]

No envolvimento lúdico de Goethe com a ideia de imortalidade da alma, dois pontos não devem ser deixados de lado: que não se tratava de uma crença firme ou mesmo de uma convicção científica, mas somente de um anseio pueril ou até piedoso; e que o malvado Goethe só reivindicava a imortalidade da alma para si e outras almas extraordinárias, abandonando confiadamente fulano e beltrano à aniquilação geral.

Observando mais atentamente, vemos que Goethe, no que toca meramente a seu anseio, está de acordo com os dois pensadores que ainda hoje, caso se dê ouvido às vozes do mundo oficial, disputam a hegemonia nas ciências do espírito: São Tomás de Aquino e Kant.

Tomás descobre a prova da imortalidade unicamente em nosso anseio por ela: "*intellectus naturaliter desiderat esse semper*"; e é somente sua confiança em Deus que lhe permite concluir: "*naturale desiderium non potest esse inane*".[289] Não consigo deixar de achar que o raciocínio de Kant segue um curso de ideias semelhante. "A permanência da alma, como mero objeto do sentido interno, permanece não demonstrada e mesmo indemonstrável." Assim na *Crítica da razão pura*.[290] Mas, na *Crítica da razão prática*, o "progresso infinito (rumo à santidade ou perfeição) só é possível sob a pressuposição de uma existência e personalidade perdurando ao infinito do mesmo ser racional", que se denomina a imortalidade da alma. O sumo bem só é possível praticamente, portanto, sob a

---

[288] "'Tu aspiras à imortalidade;/Podes nos dar teus motivos?'/Mas claro! O motivo principal /É que não podemos passar sem ela." (N.T.)

[289] "O intelecto deseja naturalmente ser sempre" e "o desejo natural não pode ser inane". Tomás de Aquino, *Suma teológica*, LXXV, 6. Em latim no original. (N.T.)

[290] A frase se encontra na seção "Refutação da prova de Mendelssohn sobre a permanência da alma" no capítulo "Dos paralogismos da razão pura", em I. Kant, *Crítica da razão pura*, B 415. (N.T.)

pressuposição da imortalidade da alma; por conseguinte, esta, como inseparavelmente ligada ao princípio moral (sua própria construção), é um postulado da razão prática pura".[291] Não falta alusão ao mundo do além.

Vaihinger nos ensinou, em sua *Filosofia do como se*, que Kant teria estabelecido o postulado da razão prática como uma ficção: devemos viver *como se* houvesse uma permanência após a morte;[292] Kant, entretanto, frequentemente se exprime acerca dessas coisas morais de modo tão dogmático, frequentemente defende os velhos dogmas de modo tão sofístico, que fica difícil fazer o Kant relativista radical prevalecer sobre o Kant piedoso da tradição escolar.

Em Goethe tampouco se tratava de tais sub-repções sob aparência de lógica, de submissão ao dogma, mesmo quando uma suave disposição desatava a tagarelar sobre a fábula da imortalidade.

O anseio de poder acreditar em alguma forma de continuidade de si mesmo, no entanto, sempre se oferecia de bom grado a Goethe quando, para grande contragosto seu, se lhe anunciava um *memento mori*. Goethe não queria saber da morte. Em janeiro de 1813, no dia do sepultamento de Wieland, em tom solene e com os olhos brilhando em lágrimas, derramou-se com Falk a respeito de sua ideia de permanência futura. "O ocaso de tais forças espirituais elevadas não pode jamais e em nenhuma circunstância ocorrer na natureza; ela nunca trata os seus capitais de modo tão pródigo."[293] Ele esboça uma imagem do indivíduo humano fortemente inspirada na filosofia natural, lembra Leibniz, Swedenborg e, por fim, a sua própria doutrina da metamorfose, apresentando o organismo como um Estado no qual uma mônada suprema rege um conjunto de mônadas inferiores. "O momento da morte, que por isso também se denomina muito apropriadamente dissolução, é precisamente aquele em que a mônada principal, regente, despede de seu leal serviço todas as suas mônadas até então subalternas. Tal como o surgimento, considero o perecimento igualmente um ato autônomo dessa mônada

---

291 O trecho citado está na *Crítica da razão prática*, na seção intitulada "A imortalidade da alma como postulado da razão prática pura" (A 220), do capítulo "Da dialética da razão prática pura na determinação do conceito de sumo bem". No texto kantiano, a frase "que se denomina imortalidade da alma" se encontra entre parênteses. (N.T.)

292 H. Vaihinger, *A filosofia do como se*, 1911. Há tradução em português de Johannes Kretschmer (Chapecó: Argos, 2001). (N.T.)

293 Conversa com Johannes Daniel Falk, 25 de janeiro de 1813. (N.T.)

principal, que nos é completamente desconhecida em sua essência própria." Há uma hierarquia entre as almas; além da reles "ralé do mundo", que é uma verdadeira "turba de mônadas",[294] há também aquelas que absorveram em si o mundo. "Assim entendida, de modo geral e histórico, não creio ser absolutamente impensável que a personalidade de uma mônada-mundo permaneça." Ele bem gostaria de reencontrar, milênios depois, a mônada-mundo Wieland.

Completamente outro é o tom com que o ancião Goethe conversa com o leal Eckermann sobre o mesmo assunto em fevereiro de 1824. A ocasião, o sucesso de um novo livro, não é tão séria. O *Urânia* de Tiedge se encontrava então em todas as escrivaninhas.[295] "Conheci mulheres estúpidas que se orgulhavam de compartilhar com Tiedge a crença na *imortalidade*, e tive de aturar ser interrogado por algumas delas de um modo bastante presunçoso a esse respeito. Eu, porém, as irritava com a seguinte resposta: seria ótimo se, depois do fim desta vida, tivéssemos a felicidade de viver uma outra; eu, porém, imploraria para não encontrar lá quem tivesse acreditado nisso nesta vida aqui... e com isso nem no além o tédio teria fim."[296] Ocupar-se com as *ideias sobre a imortalidade* seria coisa para gente distinta, sobretudo para donzelas que não têm nada a fazer; o indivíduo aplicado não se incomodaria com o mundo futuro. Aquele homem de setenta e cinco anos afirma algumas semanas mais tarde que o pensamento da morte o deixava inteiramente tranquilo, pois estava convencido a valer de que nosso espírito é um ser de natureza totalmente indestrutível; ele seria algo cuja atuação se mantém de eternidade a eternidade.

[294] No original, respectivamente *Weltgesindel* e *Monadenpack*. Mauthner joga aqui com a palavra alemã *Pack*, que significa "saco", "pacote", mas tem também significado semelhante a *Gesindel*, "ralé", "gentalha", "turba", "cambada". Assim, com o composto *Monadenpack* se tem uma "turba de mônadas", ou seja, um grupo de mônadas inferiores, mas ao mesmo tempo um "monte de mônadas comprimidas num só saco", uma espécie de grande "mônada-ralé". (N.T.)

[295] Christoph August Tiedge, autor de *Urania. Sobre Deus, imortalidade e liberdade*, de 1804, teve um de seus poemas ("À esperança") celebrizado por Beethoven (op. 32 e op. 94). (N.T.)

[296] J. P. Eckermann, *Conversações com Goethe nos últimos anos de sua vida: 1823-1832*. Trad. de Mario Luiz Frungillo. São Paulo: Editora Unesp, 2016, p. 101. Conversa de 25 de fevereiro de 1824. O itálico é de Mauthner. Tradução ligeiramente modificada. (N.T.)

Em fevereiro de 1829, aos oitenta anos, ele tira a seguinte conclusão: "O ser humano deve crer na *imortalidade*, tem direito a isso, está em consonância com sua natureza, e ele pode confiar em promessas religiosas; mas quando o filósofo vai buscar em uma lenda a prova da imortalidade de nossa alma, essa prova é muito fraca e nada significa. A convicção de nossa permanência futura me vem do conceito de *atividade*, pois, se até o fim de meus dias eu ajo incessantemente, então a natureza está obrigada a me proporcionar outra forma de existência quando a que eu tenho agora não puder mais sustentar meu espírito".[297] E em seguida, apenas quatro dias após a comemoração de seu aniversário de oitenta anos, sobrevém-lhe um ataque de cólera a respeito da "turba de mônadas": "Quanto já não se filosofou acerca da *imortalidade*! (ele está falando de Hegel). E quão pouco se avançou! Eu não duvido de nossa permanência futura, pois a natureza não *pode* prescindir da enteléquia. Mas não somos todos imortais do mesmo modo e, para se manifestar futuramente como grande enteléquia, é preciso ser de fato uma".[298]

Não se pode duvidar da seriedade dessa mística, por menos que combine com o famoso pensamento concreto de Goethe. Mas também não pode ser acaso que Goethe só proferisse esse tipo de fantasias em conversas informais; o homem consciencioso que era se abstinha de publicar inspirações momentâneas dessa espécie, e um pouquinho de mistificação pode ter contribuído. Um Goethe não poderia falar de um *dever* da natureza totalmente a sério; e, sobretudo, sua sempre habitual altivez aristocrática, que reivindicava a imortalidade somente para si e para um par de bons amigos, deixando despreocupadamente a gentalha restante do mundo ser aniquilada, certamente será mal compreendida se citada como um dogma sério. A bela crença imemorial na imortalidade da alma era para Goethe um jogo de gigantes, que distraía a atenção de pensamentos da morte.

Encontrei, além disso, também do período de sua idade avançada, um documento, que passou despercebido até agora, que confirma que Goethe só brincava com ideias acerca da imortalidade, ao passo que, cientificamente, ele estava convencido de que era um contrassenso.

---

297 Ibid., p. 302. Conversa de 4 de fevereiro de 1829. Itálicos de Mauthner. Tradução ligeiramente modificada. (N.T.)
298 Ibid., p. 360. Conversa de 10 de setembro de 1829. Itálico e comentário entre parênteses de Mauthner. Tradução ligeiramente modificada. (N.T.)

No ano de 1821 Goethe estava vivamente ocupado com Lucrécio, traduzido por seu amigo Knebel.[299] Ele desejava promover o livro por meio de uma nota informativa de sua autoria, e considerava útil, para tanto, tratar jocosamente o ateísmo e a crença na consumição, muito embora nesse ponto estivesse de acordo com o "preocupante" original. Numa carta datada de 18 de fevereiro, anunciou seu prudente objetivo de "brincar comicamente com a apaixonada negação da imortalidade".[300] E na própria resenha escreveu: "Uma pessoa sempre obrigada a ouvir o que há tempos já deixou de lado sente por isso uma indisposição capaz de crescer da impaciência à ira (pense-se no ódio de Goethe ao cristianismo); daí a impetuosidade e fervor com que Lucrécio se lança sobre aqueles que não querem perecer na morte. Eu, no entanto, sempre senti algo quase cômico nessa violenta reprimenda; ela me faz lembrar aquele general (Frederico, o Grande) que, no instante mais crítico da batalha, quando suas tropas hesitaram em ir rumo à morte inevitável, exclamou contrariado: 'Seus cães, então vocês querem viver eternamente!'".[301] Não se há de negar que com essa citação atrevida Goethe quis primeiro salvar a si próprio, mas também escarnecer seu próprio flerte com uma permanência após a morte.

A presunção de conceder imortalidade exclusivamente a si próprio e a seus iguais já se encontra num outro escritor famoso, Tácito; ele aplaude (vide *Discurso fúnebre a Agrícola*, 46) a opinião dos sábios que dizem: "*Non cum corpore exstinguuntur magnae animae*".[302]

Liberdade

O tratado *Sobre a liberdade da vontade humana* se tornou uma obra-prima porque, tendo de se manter "estritamente incógnito" em respeito às condições de um concurso acadêmico e sem poder fazer referência à sua própria obra principal, Schopenhauer precisou demonstrar sua tese

299 A tradução do *De rerum natura*, de Lucrécio, pelo poeta Karl Ludwig von Knebel foi publicada em dois volumes, em 1821. (N.T.)
300 Carta a Carl Ludwig von Knebel. (N.T.)
301 A nota de Goethe tem por título "Von Knebel's Übersetzung des Lukrez" [A tradução de Lucrécio por Knebel]. (N.T.)
302 "Almas magnas não se extinguem com o corpo." Em latim no original. (N.T.).

do zero, ou, como se diz, *a posteriori*. Numa exposição inigualável, demonstrou aquilo que, antes dele, Hobbes e Espinosa já haviam formulado de modo especialmente vigoroso: que a vontade do homem não é livre, que as suas ações dependem tão necessariamente da sua razão suficiente quanto um evento físico depende da sua. O modo como termina recaindo na superstição linguística de seu sistema, como explica a vontade do mundo, enquanto coisa-em-si, como metafisicamente livre, e, assim, reintroduz culpa, imputabilidade e moralidade no mundo mau, de maneira na verdade não muito diferente daquela com que Kant reintroduz o seu Deus, com a solenidade de um mestre de cerimônias, é algo que apresentarei na crítica de seu conceito de Vontade (vide o verbete "Schopenhauer (vontade)").[303] O que ele apresenta sobre a inexistência da liberdade da vontade, sem levar em consideração o seu sistema, não é turvado em sua maestria por tal metafísica. Pressuporei aqui o seu escrito como conhecido e examinarei apenas o conceito de *liberdade*.

Schopenhauer começa logo pela definição mais importante: "Esse conceito, precisamente considerado, é negativo". Possuímos muitos desses conceitos negativos em forma positiva: cego, surdo é quem não pode utilizar o seu órgão da visão, o seu órgão da audição, quem não o possui ou não o possui normalmente. Mas o conceito de liberdade não é assim tão negativo, mesmo quando se quer esclarecer e substituir a palavra *livre* pela palavra negativa *desimpedido*. *Eleútheros* e *doúlios*, *liber* e *servus*, *frei* e *eigen* (*leibeigen*),[304] são propriamente conceitos correlatos; e depende da situação psíquica do falante ou do seu grupo de falantes qual dos dois conceitos será sentido como negativo. Posso muito bem pensar que o homem grego livre e o homem germano livre considerassem o escravo como privado de sua liberdade e sentissem a própria liberdade como positiva, certamente como um sumo bem. Essa questão não pode ser respondida pela etimologia, porque todas essas palavras, como diz Grimm a respeito de *frei*, remontam a um passado distante. Correlações históricas entre palavras, como *frei* e *freien*,[305] *liber* e *lubere* (alemão: *lieb*; eslavo: *ljubiti*),[306] são belas e estimulantes, mas no fundo não provam

---

303 Não traduzido neste volume. (N.T.)
304 Os pares correlatos "livre" e "escravo" (ou "servo") estão em grego, latim e alemão no original. (N.T.)
305 "Livre" e "pedir em casamento". (N.T.)
306 *Liber* (livre) e *lubere* (infinitivo de "agradar, aprazer" ou "fazer o que é do

nada. No *Dicionário alemão*[307] se pode ler como *frei* se desenvolveu por oposição a não livre ou servo, a preso, a casado ou até mesmo apenas a apaixonado, a encerrado (pescoço livre, campo aberto), a impedido, a conforme os costumes (livre no sentido de impudente, libertino), e como essa palavra, já na Idade Média, em associações como *frank und frei*, *frank und froh*[308] se converteu na representação do gracioso, jovial.

 A liberdade física, que é o emprego mais frequente e mais natural no uso linguístico, é efetivamente um conceito inteiramente negativo para o ser humano. Não exatamente como quando pomos animais em liberdade, os exibimos em liberdade ou os deixamos circular livremente. Embora também aí a jaula e a corrente sejam o fisicamente positivo. O homem é fisicamente livre quando nenhum obstáculo exterior o impede de fazer o que quer.

 A liberdade *política* é uma ampliação conceitual da liberdade física. Liberdade política se tornou um bordão do qual ninguém pode escarnecer impunemente. "Liberdade e igualdade, ouve-se retumbar" (Schiller).[309] Sob o bordão *liberté, égalité et fraternité* (desde 1791; durante algum tempo todas as casas traziam essa inscrição com o acréscimo *ou la mort*)[310] reinaram Robespierre e o Primeiro Cônsul;[311] a frase ainda foi incluída entre os artigos iniciais da Constituição francesa de 1848. Liberdade política é um conceito logicamente bem construído. Assim como o homem isolado é fisicamente livre quando, não impedido exteriormente, faz o que quer, assim também todo um povo é politicamente livre quando pode fazer o que quer, ou seja, quando pode ele mesmo estabelecer os seus limites ou suas leis. Antes todo Estado se chamava *Res publica*. O que agora se chama república, o *Estado livre*, é portanto um Estado cujos cidadãos são politicamente livres. Só que desde os primórdios, ou depois de alguma nova superstição qualquer, o modo como as leis devem ser estabelecidas é determinado por deliberações dos mais ricos, dos mais velhos, dos habitantes mais antigos, ou até em geral da

---

   agrado de alguém") estão em latim no original. *Lieb*: "caro", "querido", "amado", em alemão. *Ljubiti*: "amar", em esloveno. (N.T.)
307 Isto é, o *Dicionário* dos irmãos Grimm. (N.T.)
308 "Franco e livre", "franco e contente". (N.T.)
309 Verso da "Canção do Sino", poema de Schiller de 1799. (N.T.)
310 "Ou a morte." *Liberté*, *égalité* e *fraternité* também estão em francês no original. (N.T.)
311 Napoleão. (N.T.)

maioria. Em parte alguma se encontra explicitamente a definição: liberdade política consiste em que os estúpidos fazem as leis às quais todos têm de obedecer. A liberdade política é conquistada periodicamente por revolução, ou seja, por negação das restrições legais. Como a negação é uma utopia (Landauer o mostrou generosamente em seu livro *A revolução*),[312] o primeiro trabalho da nova ordem social é negar a negação e erguer novos limites, que então também se chamam novamente liberdade. Também só existe um único ideal de completa liberdade físico-política: a *anarquia*, a ausência irrestrita de leis. E um Estado anárquico — não, não poderia ser um Estado —, uma existência anárquica seria também o meu ideal, porque todos os homens teriam de se tornar antes algo como anjos. E assim ousei escarnecer do conceito de liberdade política.

O conceito de *liberdade da vontade* é *muito* mais significativo para o interesse das histórias da palavra aqui tratadas. Entre os antecessores de Schopenhauer (já mencionei Hobbes e Espinosa; Priestley também devia ser mencionado), o maior deles não foi outro senão Hume, e gostaria de retroceder até ele porque só ele proferiu as palavras decisivas e, como cético, era muito mais livre. A língua de Schopenhauer é, por certo, mais nova, mais moderna e pregnante, é mais a nossa língua; a língua de Hume parece com frequência tatear insegura; meus leitores não devem se surpreender se essa linguagem tateante de Hume me parece se aproximar mais da verdade inapreensível.

Hume, cujo feito espiritual mais assustador foi a crítica ao velho conceito de *causa*, coloca seus pensamentos sobre liberdade e necessidade em ligação com seu conceito de causa. A disputa se travaria em torno de palavras. Caso contrário, todos os homens teriam desde sempre sido unânimes a esse respeito. O hábito de conceber a sequência temporal regular de dois fenômenos como relação de causa e efeito teria sido transferida, na prática de todos, também às ações humanas. Quem conhecesse as paixões humanas (ambição, avareza, egoísmo, vaidade, ódio, generosidade, patriotismo) com tanta exatidão quanto se crê conhecer as qualidades das coisas naturais, poderia antecipar as ações dos homens com a mesma certeza com que sabemos de antemão as consequências da gravidade ou do

---

312 Gustav Landauer (1870-1919), *Die Revolution*. Frankfurt am Main: Rütten & Loenig, 1908. Mauthner manteve uma longa correspondência com Landauer e, depois do assassinato do amigo, pensou em escrever um livro sobre o anarquista revolucionário. (N.T.)

choque. Hume também traçou uma comparação com a meteorologia, na qual se assume a existência de leis fixas, que, no entanto, se furtam à observação exata. Não apenas homens de Estado contam com a necessidade das ações humanas. "Um fabricante conta tão seguramente com o trabalho do seu pessoal para fabricar seus produtos quanto com a eficácia das ferramentas que ali utiliza."[313] A crítica de um poema não teria sentido se não se assumisse que determinada personagem teria de agir de determinada maneira. O condenado sem dinheiro nem influência espera a sua execução por parte dos guardas com a mesma segurança com que a espera por parte do machado; "em todas as tentativas de se libertar ele prefere trabalhar contra pedra e ferro a trabalhar contra a natureza inflexível dos primeiros". Assim, todo mundo acredita que os outros não são livres, no entanto se acanha de afirmar expressamente algo teórico assim em palavras, pois não descobre a necessidade em sua autoconsciência. (Gostaria de acrescentar que também ninguém descobre necessidade, em parte alguma, nos efeitos da natureza; ela é introduzida ali; e ainda veremos por que não é introduzida na própria autoconsciência.)

Quer o conceito humano de causa seja formado corretamente no curso natural, quer não o seja, em todo caso a ação se seguiria (temporal ou causalmente) ao motivo com a mesma necessidade com que o efeito se seguiria à causa. "A liberdade (abstração feita à liberdade física) é o mesmo que acaso, que as pessoas reconhecem em geral não existir." O acaso é um conceito negativo, não tem existência na natureza, nem o caráter de uma força. Na investigação do conceito de verdade, terei de dizer que a designação *verdadeiro* é uma adição supérflua aos juízos para cuja asserção ou afirmação se tem uma razão; que a designação *necessário* me parece ser, para nós que apreendemos a cadeia inquebrável de eventos do mundo, igualmente um acréscimo supérfluo ao que quer que aconteça. Tal como há pessoas para quem é hábito dizer a expressão *eu sei*. Um exemplo para a necessidade: "Eu sei que o sol irá nascer amanhã". Um exemplo para a verdade: "Eu sei que o sol brilha". Quem não se dá por satisfeito com o conceito de necessidade ou com o saber de que "nada acontece sem uma razão" se esforça por colocar a necessidade

---

[313] D. Hume, "Sobre liberdade e necessidade", in *Investigação sobre o entendimento humano*, parte I, seção VIII. A tradução utilizada por Mauthner é a de Julius Hermann Kirchmann, *Eine Untersuchung in Betreff des menschlichen Verstandes* (Berlim: Heimann, 1869). (N.T.)

regular sob leis e, como isso não dá certo, recorre à ideia de liberdade, como um jogador recorre ao acaso.

Na segunda parte de seu ensaio, Hume faz uma tentativa de defender sua doutrina das objeções de religiosos e moralistas, meio a sério, meio com maldosa ironia, que em sua cautela não está longe de um desmentido. Mas não devemos atirar pedra; pois não é mérito pessoal se hoje podemos nos preocupar menos com a Igreja e com o conceito de Deus. Hume estabelece, o que soa quase como arrogância, que, ao se admitir a liberdade ou o acaso nas ações humanas, estas não poderiam de forma alguma ser objeto de punição ou vingança. A conclusão que ele tira de sua doutrina para a onisciência e infinita bondade de Deus, assim como para o menosprezado conceito de fatalismo, me parece dever ser levada ainda menos a sério.

Há pessoas que não se fecham à ideia de uma necessidade inevitável do curso do mundo, nem também, portanto, à de uma necessidade de todas as ações humanas, mas que se recusam a acreditar numa predeterminação. Tais pessoas me parecem estar bastante certas, só que não pela razão alegada por Hume. É que, por trás da representação de uma predeterminação, de uma fatalidade de alguma forma concebível, encontra-se invariavelmente, em Calvino como em Maomé, em contos de fada como nos dramas do destino,[314] a representação de uma personalidade que possui o saber, que predeterminou o acontecimento futuro ou ao menos o conhece, o prenunciou (vide o verbete "Fatalismo").[315] Se dirijo todo o meu foco de atenção a esse ponto, também reconheço aqui o funesto duplo sentido, a dupla visão do pensamento humano, que pode ser encontrado, de igual maneira, no realismo ingênuo do homem comum e na filosofia mais extravagante, dupla visão que ainda há de nos ocupar com frequência; eu não saberia dizer se essa perigosa duplicação partiu do instinto para a filosofia ou o contrário, se ela não estivesse profundamente assentada na essência da linguagem humana. Gostaria de reiterar: o mundo está aí, de só uma vez; e nós o dividimos em fenômeno e realidade. Dividimos cada evento singular em efeito e causa. A cada efeito, acrescentamos em pensamento a sua necessidade. A necessidade reside apenas em

---

[314] *Schicksalsdrama*: na literatura alemã, principalmente a partir do romantismo, tragédia em que o herói se vê indefeso diante um acontecimento assustador, macabro. (N.T.)

[315] Não traduzido neste volume. (N.T.)

sabermos dele e, por isso, a cadeia de todas as causas e efeitos é chamada de onisciência.[316] Aquilo que é apenas uma única vez, nós o dividimos em um mundo e em um Deus. E talvez seja isto o que podemos aprender de melhor com a crítica de Hume ao conceito de causa: toda causa, se tivéssemos conhecimento dela, seria uma explicação de seu efeito; no entanto, possuímos somente descrições, e não explicações, mesmo dos fenômenos mais conhecidos da física; não conhecemos causa alguma, e temos receio de denominar causas os motivos das ações humanas, porque não conseguimos descrever sequer sofrivelmente ações como efeitos.

O implacável Hume atribui à vaidade uma parcela de responsabilidade pelo temor em reconhecer que a vontade não é livre. "Sentimos que nossas ações dependem em regra de nossa vontade, e imaginamos sentir que a vontade mesma não depende de nada, pois, quando se contesta isso e somos desafiados a comprová-lo, constatamos que a vontade (ou pelo menos uma *veleidade*, como diz a escola) se inclina facilmente para qualquer direção, até mesmo para a direção pela qual não se decidiu. E nos persuadimos de que essa veleidade poderia, naquele instante, ser desejada e realizada, porque isso, se contestado, poderia ocorrer neste momento numa segunda tentativa. Não levamos em consideração que esse desejo fantástico de provar a liberdade é neste caso o motivo de nossas ações."[317]

Caso se quisesse incluir, entre as inverdades dotadas de "utilidade biológica" capazes de contribuir para a felicidade humana, o erro quase imortal, porque instintivo, de fabular sobre a liberdade da vontade humana, verificar-se-ia que, entre os três únicos motivos da vontade ou ação humana, entre, portanto, os três únicos sentimentos humanos de prazer ou desprazer (fome, amor e vaidade), a fantasia da liberdade da vontade lisonjeia e faz bem exclusivamente à vaidade. "Eu posso o que eu quero." Ela é como a satisfação da megalomania. O ensinamento de que o homem não é livre, como a pedra inerte ou em queda, não é lisonjeira e não torna feliz. "Eu quero o que posso", e em algumas circunstâncias até mesmo "eu quero o que preciso fazer", é um ensinamento mais

---

316 Ajuda a compreender a argumentação perceber que em alemão o parentesco *Wissen-Allwissenheit* é mais evidente que no português saber (ou ciência)--onisciência. (N.T.)

317 O trecho encontra-se na mesma seção VIII ("Sobre liberdade e necessidade") da *Investigação sobre o entendimento humano*, parte I. Onde se lê "veleidade" pela segunda vez, o texto de Hume traz "essa imagem ou fraco movimento". (N.T.)

sábio e resignado. Para conseguir ir além de tal resignação orgulhosa, é preciso uma consciência quase inumana como esta: a vontade é uma afirmação ou uma negação supérflua, fútil, acessória para a ação. "Que eu faça ou não: que o diabo carregue a vontade e *hang philosophy*!"[318] Bismarck gosta de citar a frase em inglês. Nem sempre ele queria fazer o que precisava. Mas ele só queria o que podia. Napoleão queria mais do que podia. Seria um tema de redação para ginasianos examinar qual dos dois foi mais feliz, Bismarck ou Napoleão.

Se me declarei partidário da doutrina humiana da não liberdade da vontade e se considero, por isso, a *liberdade da vontade* um pseudoconceito e a ilusão de liberdade um instinto humano, essa rejeição do conceito ainda não me é suficiente. A mera tentativa de reunir os dois conceitos, *vontade* e *liberdade*, em um juízo me parece algo tão absurdo quanto, por exemplo, ferro de madeira ou quadratura do círculo. Não é preciso ser nominalista para perceber que a chamada vontade não pertence de modo algum ao mundo da efetividade. Ora, quando a negação *livre* é predicado desse pseudoconceito, responde-se a uma pergunta que, do ponto de vista lógico, me parece tão significativa quanto o seria a pergunta: os fantasmas têm um olho só? Ou: os anjos não têm sexo? Um dia pararemos de escrever sobre a liberdade da vontade, assim como já paramos de escrever sobre a assexualidade dos anjos.

Essas contendas eram de bom grado e serão mais bem travadas em latim escolástico: *estne velleitas hominis absoluta?*[319] *Velleitas* (em francês: *velléité*) significa, por certo, apenas um meio querer, um querer fraco, imperfeito, que em Tomás de Aquino se contrapõe justamente ao querer ativo, à *voluntas absoluta.*[320] Nessa língua, porém, a pergunta a respeito da liberdade da vontade teria sido certamente mais bem expressa por meio de designações totalmente abstratas, por meio de *velleitas* e *absolutum*, e a questão: *num velleitas absoluta sit*[321] conteria este primoroso sentido: uma vontade fraca é ao mesmo tempo uma vontade firme?

---

318   "Ao diabo a filosofia." Em inglês no original. (N.T.)
319   "É a veleidade do homem absoluta?" A seguir, *velleitas* (veleidade) também está em latim. (N.T.)
320   "Vontade absoluta." Em latim no original. (N.T.)
321   "Se a veleidade é absoluta." (N.T.)

Matéria[322]

I. A compreensão da essência dos empréstimos por tradução não nos levará muito longe no caso do conceito de estofo, embora também aqui seja novamente bastante claro que, como termo filosófico, *materia* (*materies*)[323] traduzia o termo grego *húlê* e que, após longa oscilação, que ainda não cessou de todo, *estofo* entrou no lugar de *materia*. Mas o conceito mesmo de matéria é tão ingênuo, tão grosseiro e tão reles do ponto de vista da nossa teoria do conhecimento, que realmente não consigo encontrar diferença entre a representação que um selvagem qualquer tem de matéria e o conceito de matéria, tal como foi sendo destilado na filosofia há dois milênios e meio. Por isso, me desincubirei rapidamente de tratar da história da palavra.

Como se sabe, o grego *húlê* significava originalmente (o que assim é chamado de originalmente) um bosque, depois a árvore tombada, a *madeira aproveitável*, em especial aquela a partir da qual se constrói; em metáforas cada vez mais tortuosas, significou outros *materiais de construção*, como pedra e metal e, por fim, em oposição a *forma*, todo tipo de conteúdo, inclusive espiritual, por exemplo, *húlê tragikê*.[324]

Os latinos empregavam sua palavra *materies* ou *materia* com todos estes significados: madeira aproveitável, madeira para construção, e mais: matéria nutritiva, matéria-prima, *material de construção*, cal e até mesmo *substância* purulenta (*materia peccans*, como os médicos diziam ainda em minha juventude),[325] combustível, matéria inflamável, ou seja, estímulo, causa e, finalmente, também a disposição espiritual, a índole e a matéria de uma atividade espiritual ou artística.

Etimologicamente, o alemão *Stoff* não foi esclarecido com toda a certeza. De acordo com Diez,[326] provém do latim *stuppa* (estopa), aquilo

---

322 O termo colocado em verbete por Mauthner é *Stoff*. A palavra é de uso corrente em alemão, muito mais do que seu correlato "estofo" em português, igualmente empregado em algumas ocorrências na tradução. O alemão tem igualmente *Materie*, também comentado neste verbete. (N.T.)
323 Os dois termos estão em latim no original. (N.T.)
324 "Matéria trágica." Em grego no original. (N.T.)
325 *Materia peccans* era a expressão usada na teoria humoral para designar alimentos não naturais, causadores de doença. (N.T.)
326 Friedrich Christian Diez (1794-1876), *Dicionário etimológico das línguas românicas*, 1853. (N.T.)

com que se estofa; *stuppa* teria se tornado *Stoff* nas línguas germânicas e só então retornado às românicas como *étoffe*.[327] Mas *materia* foi traduzida por *Stoff* somente no século XVII, e com pleno êxito apenas no XVIII. Eckhart havia tentado um empréstimo por tradução muito preciso com *Holz*;[328] da mesma forma que já antes Notker vertera *materia* por *Zimber*; o atual *Zimmer*[329] correspondia em alto-alemão antigo muito precisamente ao grego *húlê* — era, como ainda hoje no inglês *timber*, madeira aproveitável, madeira de construção,[330] depois material em geral, *matéria*, também no sentido figurado. Fica para outra ocasião mostrar que *timber*, tal como *materia* e *materials*, foi largamente suplantado pela forma peculiarmente inglesa *matter*.[331]

Ora, o que é isso que os filósofos gregos, romanos e do novo Ocidente denominam, tal como os pensadores mais despretensiosos da Terra do Fogo, o *material*, o estofo de um produto artístico ou natural? Minha intenção realmente não é nada mais nada menos do que comprovar o caráter linguístico, humano e inconcebível desses conceitos e, com isso, uma vez mais, o caráter inconcebível dos pares ou opostos conceituais: *matéria* e *forma*, matéria e força, matéria e espírito. E, como pequeno exemplo de que tais investigações não precisam ser totalmente desprovidas de valor — pois atingem até mesmo o terreno da jurisprudência ou do valor monetário —, lembro que, segundo o direito romano, a propriedade era obtida por quem dava *forma* nova, artística, a um *material* e que o direito mais recente, em sua perplexidade e superstição lexical, enfrenta a questão de saber se é possível ou não o furto de força elétrica.

A linguagem é sempre materialista e jamais pode ser sensorialmente ordenada. A linguagem segue sempre enumerando cinco sentidos, apesar de não sabermos exatamente a quais órgãos nervosos correspondentes

---

[327] O parentesco é bastante comum nas línguas românicas (por exemplo, no francês: *éteuf*, bola com enchimento; *étouffer*, sufocar; no italiano: *tuffo*, entufar; *stoffa*, estofa; no espanhol: *estofar*, forrar roupas, e assim por diante); no entanto, investigadores mais recentes colocaram pontos de interrogação nessas correlações. Em todo caso, a palavra vem de muito mais longe, pois já o grego *stúppê* quer dizer estopa, de *stúphein*, tornar denso, talvez uma expressão náutica, emprestada sabe-se lá de que povo. (N.A.)
[328] "Madeira" em alemão. (N.T.)
[329] "Quarto, aposento." (N.T.)
[330] *Zimmerholz*, no original. (N.T.)
[331] *Timber*, *materials* e *matter* estão em inglês no original. (N.T.)

chegam as sensações vitais, além das sensações motoras; o antigo sentido tátil foi obrigado a aceitar ser separado em sentido térmico e sentido de contato, e este novamente em sentido tátil e sentido de pressão, enquanto os sentidos gustativo e olfativo foram aproximados.

Se agora tivéssemos de criar uma língua filosófica e nela expressar, com uma mesma palavra geral, as causas de nossas impressões sensoriais, então saberíamos nos situar: estofo, matéria, realidade seria aquilo que o homem normal percebe com seus sentidos. A imagem do mundo do homem comum não precisa mesmo ser a melhor ou a mais rica; a agulha magnética e qualquer fio de cobre possuem sentidos que faltam ao homem comum.

Mas as línguas históricas não trilharam esse caminho. Separaram as causas das impressões sensoriais em *estofo* e algo outro, segundo o deveras brutal princípio de divisão da distância espacial. Primeiramente, estofo, matéria era muito certamente aquilo que afetava imediatamente o sentido do tato. O que pode ser apalpado, tocado com os dedos, é o *estofo* e, portanto, um corpo. E, por isso, se considera a impenetrabilidade uma propriedade essencial dos corpos, embora seja apenas uma propriedade do espaço.

Nos sentidos do gosto e do olfato, também se tem contato com matérias ou, antes, com pequenas partículas delas. O sentido olfativo pode ser afetado pela matéria a algumas centenas de metros de distância; sob certas circunstâncias, a uma distância até maior do que o ouvido é afetado pelo som. Na maioria dos casos, contudo, o som penetra mais longe que um perfume ou mau cheiro e, por isso, desde tempos remotos a causa do som não se chama *matéria*. Foi desse modo ingênuo que a linguagem formou desde sempre a sua representação da matéria. Já se fazia essa distinção numa época em que os óleos essenciais ainda eram desconhecidos, em que a prova da diminuição de peso ainda não estava assegurada por balanças de precisão. A vibração do sino no ar provocava a sensação do som em nosso ouvido. Qual a causa dessa sensação, se não a matéria? No caso do som, logo se encontrou a palavra. Tomou-se o caminho da propagação, portanto, de um conceito espacial totalmente ilógico para a causa, a qual, no entanto, ao fim e ao cabo, tinha de ser algo material. E se acrescentou ainda, para o caminho da propagação, a imagem da forma do caminho, a imagem comparativa com o movimento ondulatório que surge quando uma pedra é atirada num tanque. O escrúpulo científico ainda se perguntou pelo conceito do gênero: o que é movimento ondulatório, se não é matéria? Uma *força*. Algumas centenas de anos se passaram para que o conceito de força, analisado e esmiuçado, deixasse de ser considerado adequado. Desde então o conceito do gênero foi novamente renomeado: trabalho, ou também *energia*. O que não é matéria e, no entanto, atua direta ou indiretamente sobre nossos órgãos sensoriais, é energia.

A luz afeta o seu órgão específico a uma distância infinitamente maior que o som, a incontáveis milhões de milhas. Qual a causa dessas sensações luminosas? Uma matéria ou uma energia? Por duzentos anos se disputou sobre isso como sobre as pessoas da Trindade. Como se sabe, Newton via na luz uma matéria. Logo, porém, a doutrina dos movimentos ondulatórios da luz foi proposta por Huygens contra essa "detonação de partículas de luz". Os pesquisadores não se uniram de imediato. Euler ainda defendeu Huygens com um curso de pensamento que se assemelhava um pouco ao trilhado aqui. Sentimos o cheiro das partículas que se desprendem de um corpo volátil. No caso da audição, nada se desprenderia dos corpos sonoros e, no caso do tato, teríamos de tocar o próprio corpo. A distância seria nula para o tato, pequena para o olfato, significativa para a audição e enorme para a visão. Seria por isso mais provável que a mesma espécie de propagação valha para som e luz do que odor e luz devam se propagar de uma mesma maneira (*O calor*, de John Tyndall, 4ª ed., p. 331).[332] Não estou apenas brincando quando digo que Euler teria podido apoiar sua prova de plausibilidade mostrando que a linguagem compreende audição e visão como os sentidos mais elevados, em contraste com os outros mais baixos. Pois logo veremos que teorias físicas, assim que se queira ir além da descrição (antes da qual não se produzem teorias), já são *in statu nascendi* dependentes da descrição, da linguagem, da linguagem comum.

A causa de nossas sensações tanto luminosas como sonoras é, portanto, *energia*. Há algo em nosso sentimento linguístico que não gosta muito dessa palavra. Certo, a causa dos fenômenos individuais sonoros e luminosos, especialmente os sonoros, poderiam ser energias. Mas a luz, a luz solar, o Sol — isso é, no entanto, algo mais. Digamos: uma *fonte de energia*. Uma fonte, uma reserva, onde ainda o fluxo descendente desde

---

[332] John Tyndall (1820-1893), físico britânico. A obra referida é *Heat: a Mode of Motion* [O calor: um modo de movimento]. Londres: Longmans, Green & Co., 1870, 4ª ed. (N.T.)

o alto da fonte se harmoniza muito bem com o nível mais elevado de outras energias. Mas têm estas, por sua vez, outras fontes particulares de energia? O que ocorre, porém, se luz e, por exemplo, eletricidade, são um único e mesmo movimento? Pão e farinha do mesmo saco?

    Desde alguns anos, a energia elétrica, que com toda a certeza é idêntica à energia da luz, voltou a ser apreendida como *matéria*. Permanecemos na detonação de átomos ou moléculas elétricas ou eletricamente carregadas, na detonação de elétrons e íons. A velocidade de 300 mil quilômetros por segundo, ou seja, de 300000 × 1000 × 1000 milímetros por segundo, já não espanta os físicos. A diferença feita pela linguagem comum entre causas mais próximas e mais distantes é em um instante negligenciada pelos melhores especialistas; a causa mais distante de nossas impressões sensoriais se transforma novamente em *matéria*. E, entre a causa material dos sentidos mais baixos, de um lado, e da visão, de outro, se encontra, sozinho e triste, o sentido auditivo, ao qual nenhuma matéria se comunica. É que o meio da audição é o ar, o da visão, porém, o *éter*. Denominamos, portanto, a causa material do som pela forma de seu caminho de propagação. Para a causa material da luz, chegada à nossa Terra de regiões desconhecidas do universo, nós apontamos o mesmo caminho e uma forma semelhante de caminho. Não conhecemos a região do universo, nem tampouco o caminho. Mas ele é pavimentado com éter.

    Ora, tendo materializado os dados mais remotos dos sentidos, a física desmaterializou, quase espiritualizou os dados mais próximos. As duas sensações do antigo sentido tátil não precisam mais designar suas causas ou sua causa como estofos. Só se podem inferir energias, não matérias, do sentido térmico e (digamos) do sentido corporal. O movimento molecular interno (de quê? Dos corpos? Mas estes não estão de fato duas vezes no mundo? Uma vez como corpo e uma vez como movimento molecular de centros de energia?) é registrado, ordenado, sentido aqui pela nossa sensação cutânea, lá pelo mercúrio no termômetro, como esta e aquela temperatura, tal como certo repique é ordenado pelo ouvido como *dó* sustenido e outro repique, por sua vez, ordenado pelo olho como *verde*. Calor é energia. Mas também o que o sentido do tato toca, o corpo sólido entre nossos dedos, também isso é um efeito de energias. A velha impenetrabilidade se torna um fenômeno para o tato. Portanto: a eletricidade, para a qual o homem comum não possui nenhum órgão, é uma matéria; explicam-na, segundo o modelo da "superada" teoria newtoniana dos feixes de luz, por meio de íons e eléctrons (e disputam sobre a significação de ambos os conceitos), mas a matéria, a velha e bem conhecida matéria, o corpo, este não é de natureza material. Assim, até onde nossa vista consegue alcançar o conjunto, a significação dos conceitos mais altos oscila para cima e para baixo em oposições extremas na história da filosofia, na história das ciências, há dois milênios e meio. E é sempre apenas uma moda espiritual se os modernos da vez veem na matéria ora o *ser*, ora o *não ser*, no ser ora a *matéria*, ora a *não matéria*. Quando a areia cessa de cair, a ampulheta é virada. As inteligências mais livres no máximo se dão conta a cada duzentos anos de que *estofo*, *matéria*, *húlê* eram originalmente expressões metafóricas, como em Platão, tiradas da madeira de construção dos carpinteiros. A razão preguiçosa, *pigra ratio*, *argós lógos*,[333] se agarra à palavra figurada. Agostinho denomina *hylen quandam informem materiam*;[334] Paracelso inventa uma matéria primordial a partir de *húlê* e *astrum* e a denomina *yliaster* ou *hyaster*.[335] Os *summi philosophi*[336] alemães Schelling e Hegel estudaram tudo o que os cartesianos ensinaram sobre matéria e espaço, o que os ingleses ensinaram sobre matéria como ente de razão, e chegaram, desamparados, a definições como: "algo que preenche o espaço" e *algo duradouro*. Somente em nossos dias a crítica da linguagem entra lentamente em ação e reconhece que matéria e seus contrários só podem ser modos diferentes de compreensão da mesma realidade. Wundt reconhece que matéria é só um conceito;[337] Mach, que "coisa, corpo, matéria nada são fora do nexo de cores, sons e assim por diante, fora das chamadas notas características".[338] Busquei exprimir a mesma representação ao dizer que no mundo efetivo, portanto em nosso vivido psíquico, só há adjetivos; mas nenhum substantivo ou matéria, tampouco verbos ou forças.

E agora me volto duramente contra essas minhas próprias tentativas de orientação e digo: mesmo esse exame — como creio — mais

---

333 *Pigra ratio* e *argos lógos* estão, respectivamente, em latim e grego no original. (N.T.)
334 Em latim e grego latinizado no original: "*húlê* certa matéria informe". (N.T.)
335 *Hyle*: "matéria"; *astrum*: "astro". Em grego e latim no original. (N.T.)
336 "Sumos filósofos." Em latim no original. (N.T.)
337 Para Wilhelm Wundt, em *Grundriß der Psychologie*, matéria é um conceito auxiliar das ciências naturais (um conceito, não uma intuição), assim como alma é um conceito auxiliar da psicologia. (N.T.)
338 E. Mach, *Die Analyse der Empfindungen und das Verhältnis des Pysischen zum Psychischen*, op. cit., p. 19. (N.T.)

claro e por enquanto final da essência do conceito de matéria é apenas humano, apenas linguístico, diz respeito apenas à linguagem, nada diz sobre a natureza.

Assim como a Lua não se importa que o cão ladre para ela, também a natureza não se importa se os pobres homens a descrevem com palavras materialistas ou idealistas. O cão só late para a Lua porque a entende mal, porque a toma por uma grande lanterna com um homem atrás, antropomorficamente, cinomorficamente. Tampouco a crítica da linguagem pode se aproximar da natureza; ela é apenas mais ciente disso e não mais late nem dirige a palavra para ela.

Neste curso de pensamento, mesmo que se acredite estigmatizá-lo com as palavras "niilista" ou "desesperado", porque ele se resigna; neste contexto, eu gostaria de repelir uma vez mais a objeção dos diretores ferroviários, engenheiros, pastores e agulheiros de estradas de ferro, que diz: bem pode ser que nossa linguagem científica não seja totalmente impotente, porque com sua ajuda chegamos aos trens elétricos etc. Uma vez mais: não nos aproximamos da natureza pela linguagem, mas sempre desprovidos dela; temos duas imagens da natureza: a ingênua da Terra do Fogo, que faz sua casa, vestimentas e alimentação a partir de *húlê*, e a imagem matemática do físico que mensurou as relações em números (sem saber se são relações de matérias ou forças). Mas números, incluindo o símbolo do diferencial, não são conceitos, não são palavras. Números se calam.

II. Prometi demonstrar não apenas o caráter inconcebível do conceito de matéria, como também a fragilidade e o vazio dos pares de opostos *matéria-forma, matéria-força, matéria-espírito*.

Houve um tempo em que se acreditava pensar alguma coisa com a oposição entre matéria e forma; foram os mil anos do domínio de Aristóteles. A forma era um princípio ativo, a matéria um princípio passivo; a forma era o masculino, a matéria o feminino; juntos engendravam as coisas individuais. Obscuramente se sabia que, assim como não havia forma sem matéria, também não havia matéria sem forma, uma matéria não formada. Do mesmo modo, a Escolástica distinguia em cada coisa individual o quê e o como, a matéria e a forma. Mas já naquela época deveria ter sido possível admitir a relatividade de ambos os conceitos. Contudo, o novo uso da linguagem, que chamamos de epistemológico, não pode se contentar com isso. Matéria, com efeito, é causa de nossas sensações. Holbach o exprime claramente, assim como o materialismo nunca deixou de apregoar: "*La* matière *en général est tout ce qui affecte nos sens d'une façon quelconque*".[339] Mas vimos anteriormente que nem isso é verdade, em língua alguma. Somente o que afeta o sentido do tato, do gosto e do olfato se chama matéria, ou assim se chamava antes da entrada em cena da energética. O que afeta o sentido da audição e do calor é algo outro, é movimento no espaço; é, portanto, forma do caminho. O que afeta a visão e foi, ao longo de cem anos, matéria é agora, como cor, forma do caminho e, como figura, pura forma. Não esqueçamos que o rigoroso dualista Descartes e, depois dele, Espinosa e ainda também Wolff identificaram, ou quase identificaram, matéria com extensão; eles tinham sempre de acrescentar uma propriedade qualquer (a *força* de resistência) para poder distinguir a matéria do *espaço*, o qual seria *forma*. Então é assim: para que a matéria não coincidisse com seu oposto, forma, outro oposto tinha de vir em seu auxílio — a força. A ampulheta foi virada.

Poderíamos, brincando, chamar a força de forma interna. Wilhelm von Humboldt de fato cunhou a expressão *forma interna da língua* para *uso da linguagem*, e a expressão fez sucesso. Poderíamos igualmente falar de forma interna do animal, de forma interna da planta, de forma interna do cristal, e assim por diante. Se ao menos se pudesse pensar algo com isso.

O par de opostos *matéria* e *forma* pertence à Antiguidade, foi inventado por Aristóteles e dominou toda a Escolástica, depois de a *forma* ter entrado e declinado na doutrina platônica das Ideias. Na metafísica da Idade Média eram tantas as *formae* quantas foram as forças na física metafísica de tempos mais recentes. Desta se desenvolveu então o par de opostos *matéria* e *força*, que na época de Moleschott e Büchner[340] desvendou o enigma do mundo aos semicultivados incrédulos de uma maneira tão simples quanto hoje cuida dessa tarefa o monismo de Haeckel. Todos esses movimentos surgiram do necessário ódio à Igreja. O mesmo ódio não nos deve impedir de reconhecer que o materialismo da força e da matéria foi a metafísica do idiota liberal.

---

339 "*Matéria*, em geral, é tudo aquilo que de alguma forma afeta os nossos sentidos." Em francês no original. A frase do barão D'Holbach se encontra no seu *Système de la nature*, I, parte I, capítulo III. (N.T.)

340 Jacob Moleschott (1822-1893), físico holandês. Friedrich Karl Christian Ludwig Büchner (1824-1899), físico, escritor e médico alemão. (N.T.)

Como não podia haver uma matéria não formada, como matéria sem forma e forma sem matéria permaneciam irrepresentáveis, também não existe matéria sem força nem força sem matéria. Mas os conceitos de forma e força provêm de pontos de partida opostos. *Forma* era primeiramente a figura exterior, e a significação teve de passar por muitas torções antes que *forma* pudesse se tornar *quidditas rei*, antes que a *forma substantialis* (*eídos ousiôdês*) pudesse ser pensada.[341] Em contrapartida, o conceito de força teve seu ponto de partida no sentimento humano da própria força muscular. Galileu e Locke já sabiam disso. Aristóteles ainda não possuía o conceito. As *formae* se formaram lentamente na Escolástica, sendo por fim chamadas de *qualitates occultae*.[342] Só depois de as relações dos movimentos serem medidas na mecânica é que se procurou uma palavra para essa qualidade oculta, para a causa do movimento. Procurou-se por muito tempo. *Vis, impetus, conatus, effort, force, Kraft*.[343] A metafísica de Leibniz ainda vê na *force* um intermediário entre a *faculdade* de agir e o próprio agir. Wolff, cuja importância para a terminologia alemã Rudolf von Raumer indicou pela primeira vez contra Jacob Grimm,[344] define finalmente *força* como a fonte das mudanças, como o fundamento do movimento. Aí poderíamos estabelecer uma bela diferenciação: *matéria* é a causa de nossas impressões sensoriais, mais precisamente a causa de toda mudança em nossas sensações; *força* é a causa, a causa última das mudanças entre as coisas externas e, portanto, num caso especial, também a causa última das relações modificadas entre a coisa externa e nosso órgão do sentido. Forças, portanto, provocam o movimento das bolas de bilhar, mas forças também fazem que as coisas nos pareçam pesadas, duras, quentes, doces, aromáticas, barulhentas, claras. Logo veremos, e já vimos, que com isso as forças fizeram tanto por nós, que já não resta nada para a matéria fazer.

341   No original, *quidditas rei* (quididade da coisa) e *forma substantialis* (forma substancial) estão em latim; *eídos ousiôdês* é o equivalente grego dessa última expressão. Cf., neste volume, o verbete "Forma". (N.T.)
342   "Qualidades ocultas." Em latim no original. (N.T.)
343   *Vis* (força), *impetus* (ímpeto), *conatus* (esforço) estão em latim; *effort* (esforço) em francês; *force* (força) em inglês ou francês. *Kraft* é o termo para "força" em alemão. (N.T.)
344   Rudolf von Raumer (1815-1876), *Das deutsche Wörterbuch der Gebrüder Grimm und die Entwicklung der deutschen Schriftsprache* [O Dicionário alemão dos irmãos Grimm e o desenvolvimento da língua alemã escrita]. Viena: Carl Gerold's Sohn, 1858, pp. 15-17. (N.T.)

Mas a metafísica das forças já não fala a nova língua há muito tempo. D'Alembert já queria eliminar o conceito metafísico de força. Com sua célebre exigência de descrever e não explicar, Kirchhoff quer o mesmo.[345] Czolbe[346] nega a existência de forças, cujo conceito só poderia ser usado por razões de conforto. E Mach esclarece a utilização do conceito de força como fetichismo.

Que o conceito humano de força provenha do sentimento da própria força muscular é o que revela um conjunto notável de mudanças na significação metafísica e gramatical da palavra *subjectum*. Aristóteles nomeara a *húlê tò próton hupokeímenon*.[347] Meus leitores sabem que *hupokeímenon* foi traduzido por *subjectum* pela Escolástica, e que essa palavra tinha muito precisamente o sentido que hoje associamos a objeto. A sentença de Aristóteles foi traduzida cuidadosamente também por Tomás de Aquino (como antes por outros): "*materia est* primum subjectum *ex quo aliquid fit per se*".[348] Não se deve a mim, e tampouco à deficiência de estudos históricos, se aquilo que desejo indicar não se deixa pronunciar de maneira inteiramente inequívoca. As relações ontológicas, lógicas e gramaticais se confundiram ao longo dos séculos e ainda não foram desemaranhadas até hoje. Isso não pode ser diferente: Aristóteles mesmo não distinguiu claramente se as suas categorias eram de natureza ontológica, lógica ou gramatical. E até hoje nada mudou, muito embora todo garoto em idade escolar empregue a torto e a direito os conceitos de sujeito e predicado. Platão, que não havia estudado gramática, percebeu, no entanto, de maneira muito mais correta a essência da frase; para ele, o substantivo, o *substantielle nomen*, era *ónoma*; o predicado, o *verbum*, era o não substancial, o fluido, *rhêma*.[349] Quando então, depois de Aristóteles, a gramática se implantou

---

345 Gustav von Kirchhoff (1824-1887), *Vorlesungen über mathematische Physik: Mechanik* [Preleções sobre física matemática: mecânica]. Leipzig: Teubner, 1877, 3ª ed., primeira preleção, § 1, p. 1. Mauthner cita o texto dessa preleção no verbete "Descrição" [Beschreibung] do *Dicionário de filosofia*, aqui não traduzido. (N.T.)
346 Heinrich Adam Friedrich Czolbe (1819-1873), físico e filósofo materialista. (N.T.)
347 "Matéria é o primeiro sujeito." Em grego no original. (N.T.)
348 "Matéria é o primeiro sujeito a partir do qual algo se faz por si." Em latim no original. (N.T.)
349 *Substantielle nomen* (nome substancial), *verbum* (verbo) estão em latim; *ónoma* (nome), *rhêma* (verbo) em grego. A distinção de Platão se encontra no *Crátilo*, 399b. (N.T.)

como disciplina particular, a parte fundamental do discurso e da oração recebeu a designação de *hupokeímenon, subjectum*. E se hoje em frases ou juízos como "eu vejo a árvore", "o Sol aquece a Terra" as representações "eu", "o Sol" se chamam *sujeito* e as representações "árvore", "Terra" se chamam *objetos*, por trás desse bem conhecido linguajar de escola se esconde justamente a confusão que faz permutar as significações de *sujeito* e *objeto*. Tomás de Aquino ainda tinha de chamar a matéria de *primeiro sujeito*; e hoje a investigação mais sutil sobre a função do juízo leva a atribuir força ao *sujeito* (na proposição, portanto no juízo). Jerusalem diz (*Função do juízo*, p. 156):[350] "O que assume a função de sujeito é centro de força e, a bem dizer, centro de força objetivamente existente, e os processos, os fatos, as leis do acontecimento são entendidos como seus efeitos potenciais ou atuais". Ontologicamente, o sujeito se tornou objeto; lógica e gramaticalmente, a matéria se tornou força.

Mais uma vez (vide verbete "Objetivo")[351] faço a observação de que talvez procedêssemos bem reinvertendo os conceitos de sujeito e objeto, retornando assim sem acanhamento ao uso linguístico dos escolásticos.

Toda a filosofia mais recente e também toda ciência natural esclarecida aprenderam assim a considerar a velha matéria como um ente de razão. Os *termini*[352] foram tomados da Antiguidade, especialmente do neoplatonismo, que já havia concebido a matéria como emanação do ser espiritual primordial. Escoto Erígena leva ao extremo o malabarismo com os conceitos; a matéria, que na verdade é uma abstração dos corpos, é para ele incorpórea, uma *privatio*;[353] para ele, a matéria, fora da qual não conhecemos substância alguma, não é substância. Mas só com a modernidade veio a compreensão de que também a matéria é apenas um *abstractum*, é *corpus generaliter sumptum*[354] (Hobbes, *De corpore*, VIII). Da mesma forma, para Locke a matéria é só uma abstração, para Hume mera ficção e para Berkeley, naturalmente, só existe na consciência. A mais recente intuição, que faz dos elementos da matéria pontos intermediários de força

---

350   W. Jerusalem, *Die Urtheilsfunction. Eine psychologische und erkenntniskritische Untersuchung* [A função do juízo. Uma investigação psicológica e epistemológica]. Viena/Leipzig: Brautmüller, 1895. (N.T.)
351   Não traduzido neste volume. (N.T.)
352   "Termos": em latim no original. (N.T.)
353   "Privação": em latim no original. (N.T.)
354   *Abstractum* (abstração), *corpus generaliter sumptum* (corpo tomado em geral) estão em latim no original. (N.T.)

e hoje domina as disciplinas mais recentes da física, como a Energética, já se encontra claramente pronunciada em Lotze. Segundo ele, matéria é uma hipótese, o mero fenômeno de átomos discretos, que por sua vez são pontos intermediários de forças não extensos. E assim termina a canção: força é causa de um fenômeno, matéria é causa de uma sensação; como, porém, toda sensação também é um fenômeno, então força é o conceito superior de matéria; se ao menos soubéssemos o que é uma causa.

O terceiro par de opostos que temos de considerar não deve ser levado tão a sério. O uso tirânico da língua conduziu a duas formas da expressão: *corpo* e *alma*, *matéria* e *espírito*. Essa oposição parecia lançar alguma luz sobre o conceito de matéria enquanto o materialismo era honesto em sua pobreza e, por isso, não tinha vergonha, sendo infantilmente livre de toda teoria do conhecimento. Almas, espíritos, não existiam, eram fantasmas; somente os corpos existiam e existem uma vez mais como sua matéria. Filósofos e jesuítas — é preciso reconhecer os jesuítas por isso — atacaram por tanto tempo a pobreza desse velho materialismo que seus representantes se tornaram pobres envergonhados e tentaram decifrar o enigma do mundo e da vida mediante uma nova palavra, o monismo. Há uma liga monista tal como existem associações políticas distritais. As pessoas se envergonham de sua nudez e citam Kant, que não conhecem. Dão de ombros a respeito de Büchner e dizem: teoria do conhecimento. Também chamam a coisa de pampsiquismo. Não sabem que o pampsiquismo é tão velho quanto o fato de que pensadores importantes também podem ser um pouco poetas. Paracelso, que via *spiritus* em todas as coisas, Kepler, que deu alma aos astros, Fechner, cuja *Visão diurna*[355] ensinou sonhadoramente a presença de uma alma em tudo, estes eram poetas, e seu pampsiquismo era uma visão de mundo bela e rica; o sóbrio pampsiquismo de nossos dias é acanhado e miserável.

A confluência dos conceitos de matéria e forma é antiquada; a convergência dos conceitos de matéria e espírito é natimorta; a relação entre matéria e força ainda pertence, no entanto, aos problemas de nosso tempo. Se por séculos não se tivesse oposto a matéria enquanto causa de impressões sensoriais à força enquanto causa de todos os fenômenos, a conservação de força teria há muito tempo de ter logicamente surgido

---

[355] Gustav Theodor Fechner (1801-1887), *Die Tagesansicht gegenüber der Nachtansicht* [A visão diurna em oposição à visão noturna]. Leipzig: Breitkopf und Härtel, 1879. (N.T.)

da conservação de matéria. A *conservação de matéria* já havia sido límpida e claramente ensinada por Lucrécio e, de novo, por Francis Bacon; mesmo assim, ainda na metade do século XIX pôde surgir uma guerra odiosa pela prioridade da descoberta em relação à conservação de força, guerra na qual uma vez mais vieram à tona vaidades nacionais e individuais, como Mach já explicitou de forma bela e humana.[356] Bem sei, e penso tê-lo fundamentado de maneira bastante geral, que o progresso do saber não pode ir adiante pelo caminho da lógica. A monomania genial de Robert Mayer, a sobriedade técnica de Joule e a clareza matemática de Von Helmholtz tiveram de atuar juntas para transferir, de modo convincente, a proposição mais geral de matéria para força; mas aqui, onde pratico sempre apenas crítica da linguagem, é permitido, contudo, apontar uma vez mais como os conceitos da linguagem detiveram o progresso. Semelhantemente, parece-me que o conceito de força e a expressão *vis inertiae* detiveram durante cem anos a compreensão da essência da *inércia*. (*Vide* Planck, *Princípio*.)[357]

E hoje acontece que a disputa em torno do conceito de matéria, que envolveu outrora idealistas e materialistas, filósofos e cientistas naturais — essa disputa em torno do conceito de matéria teria de ser levada adiante no interior da investigação física, e isso só não acontece porque os melhores pesquisadores não têm tempo para ela. Quase toda disciplina particular da física pressupõe uma matéria diferente. A mecânica tem a ver exclusivamente com massas, que coincidem cada vez mais com seus pesos; a química se agarra à hipótese atômica, faz a matéria consistir de átomos ponderáveis e comemora o seu triunfo com essa hipótese; as disciplinas do calor, da eletricidade, do magnetismo e da luz aceitaram há pouco tempo matérias imponderáveis (a teoria da eletricidade parece até mesmo querer retroceder a átomos ponderáveis, os íons) e desde sua união ideal tentaram substituir todas essas matérias imponderáveis por algo que conjuga propriedades da antiga matéria e da antiga força. E, além disso, não renunciaram à hipótese do *éter*, sobre o qual efetivamente ninguém é capaz de dizer se seria uma matéria ou não.

---

356 Mauthner provavelmente se refere à obra de Ernst Mach "Die Geschichte und die Wurzel des Satzes von der Erhaltung der Arbeit". Cf. nota 275, do verbete "Função", p. 297. (N.T.)

357 M. Planck, *Das Prinzip der Erhaltung der Energie* [O princípio da conservação da energia]. Leipzig: Teubner, 1887. (N.T.)

Espero poder expor uma vez mais o que eu teria a dizer, de maneira figurada ou ainda melhor, sobre o dever da física em definir o conceito principal de suas observações. Ouso aqui algumas palavras introdutórias e, por razões estilísticas, utilizo para força, apesar de tudo, a palavra da moda, *energia*.

Aquilo que antigamente se chamava matéria imponderável, aquilo a que hoje se costuma referir como energia de movimento, aquilo que se esforça por desalojar a matéria dos sentidos mais próximos, é o éter, *no* qual ou junto *ao* qual todos esses movimentos são pensados. "*No* qual ou junto *ao* qual"; as preposições dificilmente estão *na* ou junto *à* realidade.[358] E não consigo descobrir em que o éter se distingue tanto do espaço que ele preenche. Espaço e matéria são tão inseparáveis que uma matéria não espacializada é impensável. E igualmente inseparáveis são força (a causa de um efeito) e tempo. Tempo e espaço se comportam como força e matéria. Espaço é sempre, tempo está em toda parte. Nas fórmulas mais seguras e importantes da física matemática, força e matéria desaparecem, e entram as medidas de tempo e espaço. O espaço não pode ser consumido, é portanto indestrutível como a matéria. O tempo, porém, se consome. Vivemos às margens do fluxo do tempo, do tempo infinito, como nos sentamos às margens de um fluxo de energia solar infinita; e utilizamos uma fração de ambos os fluxos de energia e acreditamos num *perpetuum mobile* do universo e falamos de conservação da energia, e talvez um dia venhamos a experimentar que o tempo é a entropia do mundo (vide verbete "Tempo").[359]

Memória

Não tenho inclinação alguma a repetir com outras palavras o que já disse sobre o enigma da memória (*Crítica da linguagem*, I, 2ª ed., pp. 448-541 e pp. 541-608).[360] Não me foi possível solucionar o enigma; creio que no

---

358   Mauthner joga com as preposições *in* (em, dentro) e *an* (a, junto a, próximo a). (N.T.)
359   Não traduzido neste volume. (N.T.)
360   Mauthner remete o leitor a trechos das *Contribuições* traduzidos acima: "Memória e linguagem", "Linguagem é memória", "Memória consciente", "Toda recordação é ação" e "Memória inconsciente". (N.T.)

caminho para a solução correta se ergue uma vez mais a pergunta oculta na palavra que queremos explicar. A filosofia não sabe nunca quão escolástica é a sua linguagem. Gostaria de ressaltar ainda brevemente apenas alguns pontos nos quais busquei determinar com um pouco mais de exatidão o uso linguístico na psicologia; e tenho bem pouco a acrescentar.

Falar da memória como uma força particular da alma seria duplamente escolástico, porque se atribuiria algo como uma coisidade tanto à *alma* quanto à *força*. Ao reconhecer a memória como uma qualidade, uma qualidade que está sempre aderida a cada percepção e cada representação, o segundo perigo escolástico se avizinha, o de atribuir memória, então muito infelizmente designada como um substantivo, ao mundo adjetivo da realidade. Se por fim se compreende que a memória é sempre ativa, sempre uma atividade, e nada fora ou ao lado dessa atividade, então o terceiro perigo escolástico é iminente, o de tomar o fenômeno como mais bem esclarecido pelo seu caráter verbal. Não posso considerar decisiva a forma linguística das tentativas de solucionar o problema, muito embora o trabalho realizado com essa inversão do ponto de vista não tenha sido pequeno. Se digo: "A memória é no mundo psíquico uma energia, como a inércia no mundo físico", ou: "As percepções e representações possuem a propriedade de permanecer constantes com lento enfraquecimento", ou: "Só sabemos que há um *recordar*"; se, portanto, tento solucionar o enigma da memória com uma palavra-chave substantiva, adjetiva ou verbal, não chego a sair da linguagem escolástica, isto é, de uma linguagem que prefere trabalhar com conceitos históricos que com conceitos inteligíveis.

A memória, no entanto, se identifica com a linguagem, assim como se identifica, por outro lado, com a consciência; não é de admirar, portanto, se não encontro possibilidade de explicar a memória nem em minha consciência, nem em minha linguagem; eu teria, nesse caso, de acreditar na existência de um além-da-linguagem, de um além-da-consciência, de um além-da-memória.[361] Memória sempre ativa é a denominação verbal que, por certo, melhor corresponderia à imagem homogênea presente na

---

[361] Em alemão: *Übersprache, Überbewußtsein, Übergedächtnis*. Conhecedor de Nietzsche, Mauthner decalca aqui o célebre além-do-homem (*Übermensch*) nietzschiano. Sobre a tradução desse termo, ver a nota de Rubens Rodrigues Torres Filho em F. Nietzsche, *Obras incompletas*. São Paulo: Editora 34, 2014, p. 235. (N.T.)

visão de mundo mais poderosa atualmente, que acredita compreender o mundo físico pelo conceito de trabalho e tornar o mundo interior mais inteligível graças a esse mesmo conceito. As ligações há muito conhecidas da memória com as chamadas leis de associação, com a representação do tempo, com a audibilidade de nossa linguagem falada, poderiam ser mais sistematicamente ordenadas sob o conceito de *recordação*. Em particular, a teoria de que tanto a fala quanto a compreensão repousam sobre recordações motoras poderia lançar alguma luz sobre o processo fisiológico que, de modo tão incompreensível, reunimos sob a palavra "memória". Tal doutrina se integraria muito bem à visão de mundo dos pragmatistas; e Bergson, o metafísico vazio do pragmatismo ou do ativismo (não é fácil distinguir entre esses dois ismos), embora ainda não pense em equiparar linguagem e memória, já sabe que a recordação é uma forma de movimento. Ele o expressa de modo bastante estranho dizendo (*Matéria e memória*, p. 140): "Meu presente é, por essência, de tipo sensório-motor".[362] É preciso reter, junto com isso, que Bergson não admite de modo algum que o estado psíquico que ele chama de *meu presente* possa se dar sem a concorrência da recordação. Rigorosamente falando, a causa de nossos movimentos atuais deveria ser buscada sempre no passado, isto é, na recordação.

Receio apenas que não me seja possível expressar inteligivelmente, nem na linguagem do presente, nem na do passado (uma linguagem do futuro infelizmente não existe no presente), o que eu agora gostaria de acrescentar sobre as proporções[363] entre memória e linguagem, entre passado e presente. Temos em alemão sempre uma só palavra, mas ela não significa sempre o mesmo. A *língua* que é minha atividade atual, minha produção atual de palavras, está inevitavelmente ligada e é dependente, em cada som, da *língua* que nada mais é que recordação, recordação do gênero humano e, em particular, do meu povo. Por isso, não podemos de modo algum dizer se o presente ou o passado guiam os movimentos que, dependendo da direção de nossa atenção, são concebidos como produto do trabalho de nossa memória ou de nossa linguagem. Se substituímos

---

362 A frase se encontra no capítulo III, 3, de *Matéria e memória* de Henri Bergson. Mauthner não cita diretamente do francês, mas da versão alemã "autorizada e revista pelo próprio autor", com prefácio de Wilhelm Windelband (Jena: Diederichs, 1908). (N.T.)

363 Em alemão: *Proportionen*. (N.T.)

os conceitos substantivos pelas expressões verbais *recordar* e *falar*, a situação só melhora aparentemente e por um momento. A isso vem se acrescentar ainda apenas o novo enigma: como é que tornamos possível, com materiais do passado, a execução de movimentos que servem a um fim futuro? Pois, sem o conceito de fim, as expressões verbais, como aprendemos, não têm nenhum sentido.

Se a memória, no entanto, é uma forma de trabalho, um movimento, se é uma atividade da representação, assim como a linguagem é um trabalho, um movimento, uma atividade, então uma nova luz incide sobre a afirmação paradoxal de que tampouco o *esquecimento* seria uma negação, mas uma outra atividade muito importante do cérebro. Aludi (*Crítica da linguagem*, I, 2ª ed., p. 532)[364] a uma passagem de Jakob Böhme em que ele compara a culpa absolvida a um cavaco de lenha na lareira, porque ambos aumentam nosso bem-estar ao se desfazerem e consumirem. "Também a queima do cavaco de lenha é uma negação em sua expressão linguística; sabemos, contudo, desde um século que queimar é um evento positivo, no qual a conservação de energia pode ser comprovada da melhor maneira possível. Se houvesse um esquecimento como pura negação, a lei de conservação da energia não existiria para nossa vida espiritual."

Sustentei então (pp. 519ss.) que não se trata de um erro, mas muito mais de uma propriedade essencial da memória humana, notar todas as experiências que correspondem a uma opinião preconcebida, a uma crença, portanto, à suposta verdade, e esquecer, em contrapartida, todas as experiências que contradizem os preconceitos. Do que também se segue que nossa linguagem sempre se acredita em posse da verdade; que a ignorância e a estupidez do ser humano são tão indizivelmente difíceis de extirpar. Mas já chamei de longe a atenção (p. 526) para a possibilidade de interpretar biologicamente a propriedade fundamental da memória, o que significa que a memória seria essencialmente falsa. A hereditariedade das formas orgânicas é, de fato, sempre apenas um esquema, assim como uma memória absolutamente fiel não é senão um ideal esquemático; dentro de limites típicos, que certamente permanecerão o segredo não explicado da hereditariedade, o novo organismo assimila as novas

---

[364] Mauthner menciona o tópico "Esquecimento ativo", que se encontra no capítulo VIII do segundo tomo do primeiro volume das *Contribuições*, sobre psicologia. Não foi aqui traduzido. (N.T.)

impressões a modificações, assim como a memória assimila novas experiências a seus conceitos; no tocante aos organismos, falamos em adaptação, explicamos a evolução a partir dela, e não hesitamos em dizer que é ela que torna primeiramente a vida possível; onde quer, porém, que a memória possa ser ativa, em conformidade com o linguajar comum ou de maneira inovadora, na adaptação biológica, nas ações instintivas dos animais, ou na formação dos conceitos linguísticos e seu emprego — onde quer que isso ocorra, a observação microscópica pode comprovar a propriedade essencial da memória: *semelhança* é falsamente tomada por igualdade. Não existem casos iguais na realidade. Não nos teria sido possível formar qualquer conceito se em tempos remotos não tivéssemos tomado semelhança por igualdade; e não poderíamos empregar os conceitos se não tomássemos percepções semelhantes por percepções iguais. O *à-peu-près*[365] governa nosso pensamento, como, aliás, governa nossas máquinas, que funcionam até uma certa margem de erro, embora sua precisão não seja nem permaneça micrometricamente mensurável. É preciso obviamente não esquecer que o *fim* da abstração, da formação conceitual, do pensamento, já é alcançado quando tratamos espécies naturais, utensílios semelhantes e entes de razão *como se* fossem iguais, *como se* fossem unidades.

Se me inclino a admitir que o alargamento do conceito de memória, por mim mesmo proposto, da psicologia para a biologia envolve uma arbitrariedade linguística; se suspeito que a memória inconsciente da matéria organizada por certo trabalha de modo distinto da memória consciente do cérebro; se procuro por um conceito genérico para essas duas atividades distintas, é por acreditar ter encontrado agora aproximadamente esse conceito genérico na *adaptação*. A memória inconsciente, tendo a falsidade como sua propriedade essencial, se adapta (tanto na evolução quanto nas ações instintivas) ao meio; a memória consciente adapta ao presente ou ao meio aquilo de que dispõe como recordações; e o conceito de tempo que se faz notar nessa explicação deve zelar para que ela não seja tomada por mecanicista. Enigmas linguísticos podem ser solucionados por palavras; os enigmas da natureza, não.

Não estarão entre os meus piores leitores aqueles que me interrompem subitamente perguntando qual o proveito biológico desta análise ou filosofia crítica da linguagem; e o pragmatismo, que acabo de

---

365   "Aproximadamente." Em francês no original. (N.T.)

advogar, teria primeiro de colocar essa questão a si mesmo. Que proveito pode ter investigar se a bem conhecida memória é faculdade potencial ou trabalho atual? Talvez um bem grande. Sobretudo se da lição de que memória é única e exclusivamente atividade fossem tiradas as devidas consequências para a escola, cujos instrumentos para educar a juventude são tão obsoletos quanto o processo inquisitorial com sua tortura. Não vou tão longe quanto James (*Psicologia*, pp. 297ss.),[366] que considera impossível todo e qualquer aprimoramento da memória; não é impossível que o exercício torne os órgãos do trabalho mnemônico mais eficientes, tal como se pode comprovar nos órgãos do trabalho muscular. Em todo caso, na base da psicologia escolar, que crê fortalecer a memória dos jovens com exercícios insensatos, encontra-se a antiga psicologia da associação, que vê na memória o ente de razão "força" e outros entes de razão nas representações, com os quais aquela força aprenderia a jogar. Se, no entanto, a memória nada é fora e além de sua atividade, assim como a alma nada é fora e além de seus vividos, então não resta ente de razão que possa ser fortalecido; a vontade férrea que não se perdoa o esquecimento de algum conhecimento útil, que se lembra com esforço onde sem esforço não se avança, é questão de caráter; e nesse sentido a memória de um indivíduo é, sem dúvida, imutável como o caráter. Mesmo sem levar nada disso em conta, os exercícios insensatos de nossas escolas são no mínimo tão improfícuos quanto o exercício dos músculos errados para o uso desejado dos membros. Quem na juventude não aprendeu nada além de andar com as mãos não poderá fazer uso disso mais tarde, a não ser que queira se apresentar no circo.

Andar com as mãos, de cabeça para baixo, é a principal tarefa em que nossos jovens são exercitados. Versículos da Bíblia (na escola primária), todos os afluentes de um rio estrangeiro (no ginásio), tabelas e detalhes de uma ciência dispostos em manuais (na universidade): tais são os exercícios mnemônicos defendidos como pretenso fortalecimento da memória. Em meu exame nacional de história do direito, tive de enumerar as treze prerrogativas de um cardeal, na sequência divinamente

---

366 W. James, *The Principles of Psychology*, 1890, capítulo XVI. Segundo James, a capacidade nativa da memória é imutável, e um aumento de cultura não seria capaz de modificar a capacidade retentiva (*retentiveness*) do homem. (N.T.)

estabelecida, não podendo me esquecer do direito ao *pallium*[367] confeccionado por determinadas freiras num determinado convento.

E, no entanto, a escola deveria se limitar a exercitar o caráter do aluno, a habituar o caráter ao trabalho de encontrar o mais curto, o mais cômodo ou o melhor dos caminhos entre as imagens úteis do mundo real.

Mística

I. A imagem exterior da palavra tem uma história curta e conhecida. Não entrarei em pormenores sobre a etimologia bastante incerta a partir de *mueîn* (bem como *muóps*, míope; *muïnda*, cabra-cega; *múan*, pestanejar); basta saber que podemos dela derivar *mústês*, o iniciado nas doutrinas secretas dos *mistérios*, e que *mustikós*[368] designa aquilo que se refere a esses mistérios.[369] Por ora podemos assumir que *mística, misticismo* signifique um estado psíquico no qual a pessoa se sente atraída por uma misteriosa união com o todo e acredita conhecer o incognoscível por intermédio de tal união.

Uma história da mística ainda precisaria ser escrita. Talvez ensinasse que a cada período de elevada soberba no saber se seguiu um período de derrocada e desespero científico, que, especialmente em naturezas otimistas, se refugiou na mística. Apesar de longas interrupções, esses períodos místicos têm uma continuidade entre si, uma coesão, mais ou menos como os estados oníricos têm uma coesão

---

367 "Pálio", "ornamento litúrgico". Em latim no original. (N.T.)

368 *Mueîn, muóps, muïnda, múan, mústês* e *mustikós* estão em grego no original. (N.T.)

369 A *Encyclopédie* (Diderot) pretende que *mystère* [mistério] seja uma palavra hebraica; *ssotar* significa ocultar, encobrir, *misstar* significa o esconderijo onde alguém se esconde. Nem em Diez, nem em Körting* encontro referência a essa possível etimologia, mas que não tem nada que ver com as velhas derivações tolas de todas as palavras a partir do hebraico. Aproveito a ocasião para sugerir que se reflita sobre o fato de que o nome das peças teatrais da Idade Média, os *mistérios*, bem pode ter vindo de *ministerium*, já que são no máximo meras "razões ortográficas" (caso isso realmente exista) que falam contra isso. (N.A.)

*Friedrich Christian Diez (1794-1876), *Dicionário etimológico das línguas românicas*, 1853; Gustav Körting (1845-1913), *Dicionário latim-românico*, 1907, 3ª ed. rev., ampl. (N.T.)

entre si em ambas as personalidades do suposto eu duplo. Hoje em dia, em que ao lado do mais extremo orgulho de saber dos especialistas há um sentimento de derrocada por parte dos devotos e dos filósofos, os escritos de Mestre Eckhart estão sendo novamente editados. E Eckhart, assim como Gerson,[370] havia reavivado uma mística muito antiga, no momento em que, ao lado da mais extrema soberba de saber da Escolástica, começava a se fazer sentir o desespero com a Escolástica. Assim, com meu amor quase relutante a alguns dos maiores místicos (há também entre eles tagarelas e hipócritas bastante repugnantes), estarei mais sob a influência do desesperado espírito do tempo do que desejaria. Todos os períodos de um iluminismo seguro de sua vitória foram hostis à mística. Uma história da mística também teria de caracterizar as contracorrentes, de Aristóteles a Cousin. Vai aqui um único exemplo do ódio com que o Iluminismo agraciou a mística. Hoje dificilmente amamos a outro poeta antigo tanto quanto ao místico panteísta Angelus Silesius. O bom e, ademais, honrado Wilhelm Traugott Krug o tratou muito mal no primeiro volume de seu léxico filosófico e abandonou ao desprezo público, por exemplo, versos tão esplêndidos como estes:

> *Nichts ist als Ich und Gott; und wenn wir zwei nicht seyn,*
> *So ist Gott nicht mehr Gott und fällt der Himmel ein.*[371]

Mas no segundo volume ele volta a se referir ao peregrino querubínico com o bordão "absurdo místico" construído *ad hoc* e denuncia mais algumas das "rimas espirituais: gnômicas e epigramáticas":

> *O süße Gasterei! Gott selber wird der Wein,*
> *Die Speise, Tisch, Musik und der Bediener sein.*[372]

---

370   Jean Gerson (1363-1429). (N.T.)
371   "Nada é além de mim e Deus; e se não somos dois,/Deus já não é Deus e o céu desaba." Versos do dístico 178 ("Tudo está no eu e tu, criador e criatura") do *Cherubinischer Wandersmann oder geistreiche Sinn- und Schlußreime* [O peregrino querubínico ou rimas espirituais: gnômicas e epigramáticas], de Angelus Silesius. (N.T.)
372   "Oh, doce banquete! O próprio Deus se torna vinho,/alimento, mesa, música e serviçal." (N.T.)

E também:

*Als Gott verborgen lag in eines Mägdleins Schoß,
Da war es, da der Punkt den Kreis in sich beschloß.*[373]

E o bom Krug acrescenta: "O cômico e o sublime se casam de tal maneira nesses versos, que bem se poderia chamá-los de *hipermísticos*. No entanto, absurdo místico de semelhante teor se encontra também em hinários e pequenos tratados".[374]

"Absurdo místico" é a resposta racionalista aos místicos de todos os tempos que deram muito pouco valor à razão, aos místicos de todos os tempos que sempre enalteceram o silêncio perante a razão tagarela, e o enalteceram por vezes de maneira surpreendentemente eloquente. Mais estranho é que também o partido antirracionalista, a Igreja cristã, tenha menosprezado e perseguido os místicos, sempre que pôde; pois — e uma história da mística deveria procurar trazer isso à evidência — a crença cristã, a doutrina católica em especial, é um sistema místico, e os grandes místicos cristãos foram os melhores cristãos, os únicos homens profundamente comprometidos a abraçar seriamente o cristianismo. Como recompensa foram com razão rotulados de hereges pela Igreja, que não pode ser outra coisa senão mundana e, portanto, frívola.

O cristianismo primitivo já é místico. O pensamento messiânico, quando não era interpretado de maneira puramente nacional e política, quando se voltava para a "salvação da humanidade pecadora", já pronunciava algo indizível, e *Cristo* é só uma tradução de *Messias*. O misticismo de São João Evangelista foi muito mais longe; até mesmo Paulo foi um místico genuíno, ao dizer (Gálatas 2,20): "Já não sou eu que vivo, mas é Cristo que vive em mim" (*Christôi sunestaurômai: zô dè oukéti egő, zeî dè en emoí Christós*). Mas, a partir do momento em que houve uma Igreja Católica, um culto católico ordenado, a mística também foi nele assimilada; o ponto alto do culto, o sacrifício da missa, não pode ser apreendido pela razão, é

---

[373] "Quando no ventre de uma donzela Deus jazia oculto,/Era ali que o ponto fechava o círculo em si." (N.T.)

[374] W. T. Krug, *Dicionário portátil das ciências filosóficas*, II. Leipzig: Brockhaus, 1833, p. 958. Comentado há pouco e também a seguir, "absurdo místico" (*mysticher Unsinn*) é a entrada do verbete em que Krug cita e comenta os versos de Silesius. (N.T.)

um mistério. Dois mistérios em um: a transformação da matéria em Deus e a união dos crédulos com Deus. Uma literatura mistagógica também existe na Igreja do Ocidente, tanto quanto na do Oriente; pouco importa que a Igreja prefira chamar isso de *simbolismo*. *Mustagôgéin* perdeu, por certo, seu sentido ritualístico (em grego, e então no latino *mystagogus*, aquele que inicia nos mistérios, o guia, aquele que conduz o *mústēn*, o iniciando); já Cícero pôde exercitar seu escárnio em relação à palavra sacra, ao chamar de *mystagogos* os que guiavam estrangeiros pelos locais sagrados; e o mistério se vingou, levando-nos hoje em dia a chamar tais guias de cicerones. Mas será que ninguém ainda realmente percebeu que o nosso *mystifizieren*, francês *mystifier*, não passa de um mau neologismo de *mystagôgéin*? É verdade que Littré recusa a derivação do latim *moestificare* (entristecer), mas lembra superfluamente um esquecido *mistigouri*. É bem possível que o homem que encontrou a palavra, o Grimm francês, e a época em que foi descoberta, 1764, tenham sido responsáveis por equiparar *mistificar* a *mistagogizar*; ou assim a traduziram para evitar escândalo geral. O primeiro emprego da palavra casa primorosamente bem com essa conjectura. Um belo espírito parisiense, Poinsinet, foi enganado com ela por seus conhecidos: Frederico, o Grande, o teria escolhido para preceptor de um príncipe prussiano, e Poinsinet podia assim nutrir esperanças de penetrar no santuário do rei. Grimm relata: "Essa comédia durou vários meses e teve vários atos, sem que Poinsinet duvidasse por um instante da realidade de todos esses fatos; a isso seus amigos chamaram de *mistificar um homem*, e o apelidaram de *mistificado*, termo que não é francês (só foi incorporado ao *Dicionário da Academia* em 1835), que não tem sentido e que, inventado e utilizado por algumas pessoas, não mereceria ser levado em consideração se etc.".[375]

---

375 A passagem toda vem citada em francês, pois é tirada do *Dicionário Littré*, que a usa como abonação do sentido da palavra *mystifier*. Littré reproduz a anedota da mistificação do dramaturgo e libretista Antoine Alexandre Henri Poinsinet (1734-1769) encontrada na *Correspondência literária* (1º de outubro de 1769) de Friedrich Melchior, o barão Von Grimm (que Mauthner denomina "o Grimm francês" para distingui-lo dos irmãos Grimm). No original em francês, o texto de Grimm diz: "*Cette comédie dura plusieurs mois et eut plusieurs actes, sans que P. dutât un instant de la réalité de tous ces faits; ses amis appelaient cela mystifier un homme, et lui donnèrent le surnom de mystifié, terme qui n'est pas français, qui n'a point de sens, et qui, inventé et employé par certaines gens, ne mériterait pas d'être remarqué si etc.*". Os parênteses são de Mauthner. (N.T.)

Considero altamente provável que *certaines gens*[376] chamaram o bom Poinsinet de *mystifié*[377] por ele se vangloriar de ter se tornado um *mistagogué*[378] pela sua nomeação na corte de Postdam. Seja como for: os caminhos das palavras são por vezes ainda mais fantásticos que os caminhos de Deus.

II. Uma história fundamentada da mística cristã não precisaria obviamente se deter em tais ninharias, mas teria de mostrar as influências que a representação cristã de Deus sofreu do neoplatonismo, em primeiro lugar de Fílon e de Orígenes, o qual em toda a sua heresia deixou, por certo, fortes vestígios não apenas na Igreja do Oriente, mas também na do Ocidente, que o havia excomungado. Ela teria por fim de seguir incansavelmente os amplos vestígios deixados pelo Pseudo-Dionísio, o Areopagita, cujos efeitos foram imensuráveis, se não sobre os próprios dogmas cristãos, por certo sobre o matiz de sentimento da fé.

E os efeitos do neoplatonismo sobre o conceito cristão de Deus, acerca dos quais se pode consultar mais pormenorizadamente a *História dos dogmas* de Harnack,[379] são uma influência do Oriente sobre a visão de mundo do Ocidente.

Para que consideremos corretamente essas conexões simples, temos de nos livrar novamente de uma superstição lexical, do consenso com o qual por séculos a fio o conceito de *Oriente* foi oposto à cultura ocidental. Não foi sempre assim, e ao menos na ciência deixou de sê-lo desde que *Oriente* nos lembra a sabedoria última dos hindus. Primeiro desde o surgimento do Islã, mas especialmente desde a tomada de Constantinopla pelos turcos, a palavra *Oriente* ganhou para a cristandade ocidental o significado de barbárie fabular. Antes, a parte do Oriente que ainda hoje o comerciante chama de Levante era a sede e o ponto de partida de toda cultura ocidental. O pensamento grego fugia dos soldados romanos para Bizâncio, e de Bizâncio fugia dos soldados turcos para Roma. O cristianismo e a Igreja cristã se desenvolveram na Ásia Menor, em Alexandria e em Bizâncio. Tão certo quanto cristianismo é misticismo é que ele é uma visão de mundo oriental. *Oriental* em sentido pré-turco.

---

376 "Algumas pessoas." Em francês no original. (N.T.)
377 "Mistificado." Em francês no original. (N.T.)
378 "Mistagogado." Neologismo francês introduzido por Mauthner. (N.T.)
379 Karl Gustav Adolf von Harnack (1851-1930), *Dogmengeschichte* [História dos dogmas], 3v. (1886-1890). (N.T.)

Se olharmos para as coisas do ponto de vista da mística, ficaremos surpresos com a semelhança entre cristianismo crédulo e budismo incrédulo.[380] Desde Schopenhauer, esse íntimo parentesco integra o cabedal estável da religião comparada; as conexões históricas, contudo, restam por esclarecer. Dar-me-ei, pois, por satisfeito indicando alguns traços manifestos da mística budista.

O que é o indivíduo? *Nāmarupa*, isto é, *nome-forma*. Do *Buddhi*, o ser pensante, surge o indivíduo, o *Ahamkāra*, o *fazer-eu*.[381] O eu, portanto, só emerge do pensamento. "Tal como os rios, quando se dissolvem no mar, perdem nome e forma, assim o sábio, quando perdeu nome e forma, se dissolve no mais alto espírito celestial."

O apego, a avidez de existência, é *Samsāra*, que por sua vez nada é além de *Bhava*, o devir. O eu é tão pouco algo permanente, algo real junto às suas manifestações de avidez, quanto a carroça é algo de real junto às suas peças. O *eu* é uma palavra, tal como *carroça*. Creio que já citei em algum lugar esta pergunta profunda: "A chama da primeira vigília noturna é a mesma que a da segunda?".[382] Dessa imagem provém o antônimo de *Samsāra*: *Nirvāna* ou (em páli) *Nibbāna*. *Nis* (*nir*) = de, proveniente de, *va* = ventar, soprar; *Nirvana*: a extinção.[383] "A aniquilação das paixões, a aniquilação do pecado, a aniquilação da ilusão, isto, ó irmão, é Nirvāna." Durante a vida já existe uma extinção da avidez, mas só após a morte do indivíduo há *Parinirvāna*, a completa extinção.

[380] Os termos em alemão para crédulo (pio, piedoso) e incrédulo (ímpio) são difíceis de verter em português, pois são compostos formados com o substantivo *Gott* (deus). Enquanto o cristianismo é *gottselig*, ou seja, "bendito, abençoado ou bem-aventurado por Deus", o budismo é *gottlos*, "carente ou desprovido de Deus", mas também "sem deus", isto é, "ateu". (N.T.)

[381] Em alemão, *Ichmachen*. (N.T.)

[382] A passagem é citada na íntegra no livro *A última morte de Gautama Buda*: "Se um homem acende uma lanterna e esta queima a noite toda, a chama na primeira vigília noturna não é a mesma que na segunda; nem a mesma que na terceira. Da mesma maneira também se seguem os elementos das formas de existência. Um surge, o outro se vai; sem início e fim, eles se seguem imediatamente uns aos outros". F. Mauthner, *Der letzte Tod des Gautama Buddha*. Munique: Müller, 1913, p. 147. Mauthner cita a partir da tradução que é dada por Richard Pischel em *Leben und Lehre des Buddha* (Leipzig: Teubner, 1906), p. 72, em que a citação está em forma dialogada; daí o ponto de interrogação que aparece no texto do *Dicionário*, mas não no livro sobre Buda. (N.T.)

[383] A etimologia é explicada por Richard Pischel; ibid., p. 73. (N.T.)

De maneira humanamente bela como o cristianismo — sem se importar com nenhuma lógica —, Buda, que não conhece o indivíduo, pregou o amor, que entretanto só pode valer para indivíduos: "Todos os outros méritos religiosos não possuem o valor de uma décima sexta parte do amor, da redenção do coração... E, assim como o brilho de todas as estrelas não possui o valor de um décimo sexto do brilho da Lua, mas é o brilho da Lua que as acolhe em si e ilumina e cintila e brilha, assim também todos os meios de se obter mérito religioso nesta vida não possuem um décimo sexto do valor do amor, da redenção do coração".[384] Quem não pensaria aqui nas palavras: "Se eu não tivesse amor..."?[385] E de modo ainda mais realista: "Entre quem pela manhã, à tarde e à noite faz um presente de cem cestos de alimentos, e quem pela manhã, ao meio-dia e à noite, só gera amor apenas por um instante em seu coração, o segundo colhe maior benefício".[386]

A exigência de Buda não é *compaixão* (*Karunā*), como quer Schopenhauer, mas amor (*Maitrī*).

O budismo não é comunicável, tal como, de fato, genuíno misticismo cristão é guardar silêncio. Identificar-se com Buda é o mais elevado; mas mediante *Parinirvāna* o próprio Buda se identificou com aquilo que não é chama de uma vigília noturna qualquer. Buda não é um deus. Deixou de ser desde que se libertou do devir. É possível, certamente, tornar-se novamente um Buda, *Pratyekabuddha* (um Buda por si mesmo), mas nunca ser um para os outros ou comunicá-lo aos outros. "Tal como o que cala bem pode ter um sonho importante, mas não pode explicá-lo aos outros." O *Pratyekabuddha* é eremita e gosta de ser comparado ao solitário rinoceronte errante. (Nietzsche se divertiu com essa metáfora.)[387] Buda, o que está além, é salvador, messias; mas ele não nos fala,

---

384 Ibid., p. 78.
385 Referência a 1Cor 13,1-3. Algumas edições da Bíblia em português verteram para "caridade" aquilo que Mauthner cita como *Liebe*, traduzido aqui por "amor". (N.T.)
386 Citado também em F. Mauthner, *A última morte de Gautama Buda*, op. cit., p. 164. O trecho é novamente tirado de R. Pischel, *Leben und Lehre des Buddha*, op. cit., p. 78. (N.T.)
387 No aforismo 469 de *Aurora*: "A inumanidade do sábio. — No passo pesado, tritura tudo, do sábio, que, segundo a canção budista 'caminha solitário como o rinoceronte' —, fazem falta, de tempos em tempos, sinais de humanidade conciliadora e amenizada". (N.T.)

nós não lhe falamos, não rezamos a ele. A sequência de palavras *"Om mani padme hum"* ("Joia no Lótus, Amém") mal pode ser chamada uma prece. Misterioso é este santíssimo símbolo: o grupo fonético *Om*. É o *ens realissimum*, em que se pode representar ao mesmo tempo *sim* e *não*, em que se pode pensar em tudo ou em nada, algo realmente semelhante ao nosso "Deus". Mas não se trata de uma prece pedindo alguma coisa.

Também a sentença mais abissal da mística budista já quase não é linguagem, quase não é mais apreensível gramaticalmente. *Tat tvam asi*. *Isso tu és*. Poder-se-ia também dizer: *eu é tu*. A palavra sagrada, o *Brama* (o *brâmane* é só o conhecedor do Brama), já era inescrutável antes de Buda: o Âtman, o *spiritus*, o *Eu* (*atta*). Quando alguém perguntou a um brâmane sobre a essência do Brama, ele não lhe respondeu; à repetição da pergunta ele redarguiu: "Eu já te ensinei, mas tu não entendes. Este Âtman é silêncio".

Assim é o misticismo budista, que não está muito distante da mística cristã de Mestre Eckhart. A representação da transmigração das almas aparece intimamente ligada a isso nos escritos budistas. Os neobudistas na Inglaterra querem inclusive adotar essa doutrina em sua fé artificial. E na Alemanha o "eterno retorno do mesmo" de Nietzsche vem ao encontro de semelhantes fantasias. Gostaria de manter essa superstição materialista nitidamente separada da mística. Transmigração da alma, eterno retorno, isso já não é mais místico, mas absurdo. É hipostasiar uma alma contínua sem memória, portanto, uma unidade sem unidade. Um ferro de madeira.

Na apreciação da mística cristã farei igualmente abstração das fantasias que ensinam a existência de um inferno. O que me aflige não é a blasfêmia de admitir um inferno e punições infernais eternas; isso é algo que os crédulos têm de resolver com seu Deus infinitamente bom. O que não posso passar por alto é, mais uma vez, que o indivíduo seja eternizado no inferno. Isso é tacanhamente materialista, exatamente como a transmigração das almas. Nenhum místico cristão poderia ter acreditado no inferno. Nenhum cristão sério. Pois cristianismo é mística profunda, antimaterialista.

Não pode ser de outro modo: nas almas dos cristãos mais fervorosos, genuínos, na alma de Francisco, na do jovem Lutero, o cristianismo é mística, o sistema cristão da Igreja, incluindo ainda o sistema intelectual de Tomás, é misticismo. Por isso, a Igreja Romana e os pequenos papas protestantes foram espertos em sempre condenar apenas a *falsa* mística, mas em ter em alta conta a mística *autêntica*. Só que seria tarefa difícil traçar uma linha de demarção entre a mística autêntica e a falsa. É o que sempre digo e repito.

A reabilitação dos grandes místicos que esteve em voga por cerca de um século, estimulada pelas tendências católicas do romantismo, beneficiou a reputação da própria religião. O respeito tributado aos místicos hereges não podia ser facilmente negado ao misticismo da religião dogmática.

Mas um outro movimento também quis tirar seu proveito dessa atmosfera de época, movimento este que é tão semelhante à mística quanto o macaco ao homem: o espiritismo, essa *cloaca maxima*[388] de estupidez, estultice e engodo. O conjunto, o traço fundamental do espiritismo é superstição grosseiramente materialista, temor primitivo de fantasmas (no qual manifestamente também degenerou o misticismo da religião idealista). É a mística do sujeito estúpido, que nunca sentiu o anseio profundo de um místico, no máximo só o brutal desejo de continuar se relacionando com um ente querido que já morreu. Mediante batidinhas idiotas, das quais ainda não se viu sair pergunta digna de ser perguntada, nem resposta digna de ser ouvida. Alguém poderia ser levado a se tornar católico só de pensar que dessa montoeira de tolices venha a surgir uma nova religião ocidental, como desejam os espíritas mais audaciosos. Ela seria a mais vulgar de todas as religiões possíveis, apesar de filósofos terem se empenhado em se conciliar com os supostos fatos. Particularmente Schopenhauer, que se lançou, cego como um galo silvestre, na "visão de espíritos", por amor de seu sistema. Bem engraçado é o ponto de vista de Eduard von Hartmann, que foi esperto o bastante para duvidar de todos os fatos apresentados pelo espiritismo, tendo, no entanto, uma explicação pronta caso algo assim viesse a se verificar um dia. Ele não sabe se o planeta Marte é habitado, mas sabe como os seus habitantes se pareceriam *se* fosse habitado.

Entre os líderes do espiritismo, os mais cultos foram suficientemente espertos para acoplar seus gracejos aos fenômenos enigmáticos de um campo totalmente diverso, os fenômenos do hipnotismo. Racionalistas incautos haviam por muito tempo relutado em reconhecer até mesmo fenômenos hipnóticos bem verificados; quando espiritismo e hipnotismo foram lançados no novo caldeirão do *ocultismo* — que é neologismo

---

[388] Em latim no original. (N.T.)

supérfluo de *misticismo* —, o reconhecimento científico do hipnotismo acabou beneficiando também o espiritismo. Não era de todo equivocado apostar na falta de clareza dos homens; os ocultistas fizeram bons negócios com o hipnotismo, neles logo vendendo alguns jogos de prestidigitação espírita (vide verbete "Ocultismo").[389]

Sempre ainda mal observados e mais ainda mal explicados, os fenômenos *hipnóticos* podem ter alguma relação com a mística e seu êxtase. Seria desejável que nos habituássemos a deixar os êxtases do misticismo exclusivamente aos cuidados da psicologia, mas a lidar com os fenômenos hipnóticos na fisiologia. Por esse caminho, talvez se conseguisse ao menos classificar os portadores dos fenômenos pelo sexo e descrever separadamente êxtases masculinos e femininos, místicos masculinos e místicas femininas. Seria em geral bom voltar a praticar mais psicologia, a ciência do homem. À psicologia pertencem todas as representações dos homens, inclusive os enganos e os pseudoconceitos. Depois da transmigração das almas, depois da eterna punição no inferno, a comunicação com as almas dos entes queridos que partiram também deveria ter o seu lugar na psicologia. Também a psicologia patológica pertence à ciência do homem, e a psicologia patológica dos povos constitui um capítulo muito importante.

III. Se nenhum feliz acaso nos ajudar, jamais saberemos o verdadeiro nome do homem que — como já dito — trouxe a mística oriental para o Ocidente cristão, infelizmente não a mística mais profunda dos hindus, mas somente a doutrina emanacionista do neoplatonismo. Ele se autodenominava Dionísio Areopagita, um contemporâneo dos apóstolos; foi, como se diz hoje, um "impostor"; é agora chamado de Pseudo-Dionísio Areopagita.[390] Mas, se soubéssemos que se chamava Caio, não mudaria absolutamente nada. Há um milênio e meio, aliás, não havia um temor

---

389 Não traduzido neste volume. (N.T.)
390 A investigação histórica conferiu alto grau de probabilidade ao fato de que o autor mesmo dos escritos que aproximadamente desde o ano 500 são citados como sendo de Dionísio Areopagita só viveu no século V e, portanto, não pode ter sido o Dionísio Areopagita dos Atos dos Apóstolos (17,34). A autenticidade desses escritos foi contestada já no século VI por um metropolita, e depois, cerca de mil anos mais tarde, com fundamentos ainda melhores, pelo corajoso e culto humanista Lorenzo Valla. Se o autor daqueles escritos assumiu o nome do Dionísio bíblico com o propósito de falsificação ou não, a esse respeito nunca talvez se saberá algo de certo; e também é indiferente para o curso da história. (N.A.)

policialesco na publicação de escritos como hoje. Até a Bíblia contém semelhantes falsificações e, não obstante, estabeleceu o cristianismo no mundo. Com sua falsificação, o falso Dionísio tinha o intuito de restabelecer o verdadeiro cristianismo no mundo. Ele teve sucesso na criação de uma comunidade que atravessa um milênio e meio e chega até os nossos dias: é o criador da mística cristã.

Raoul Richter teria de classificá-lo sob a rubrica de ceticismo parcial.[391] Ele é procedente da filosofia grega tardia e duvida, por isso, da verdade palpável dos dogmas cristãos. A verdade só é possível numa religião secreta; em enigmas para os não iniciados. Pois não existe nenhum conhecimento de Deus. Temos de submergir no não saber caso desejemos nos aproximar do mistério, do silêncio de Deus. Tal silêncio é expresso de modo um tanto bombástico. Deus é o hiperperfeito, o hiperinexprimível, o hiperincognoscível.[392] Não é possível se aproximar dele pelo pensamento, pela linguagem — mas antes por privações, ou seja, negações. "Ele alega como sendo uma prescrição da tradição oculta (que lhe foi confiada por um anjo) que as negações de Deus são verdadeiras e as afirmações inadequadas, e infere daí que seria melhor representar Deus por meio de imagens dessemelhantes que por imagens semelhantes, que só dariam ensejo a enganos" (Ritter, VI, pp. 515ss.; onde não se trata também de filologia, ainda se pode sempre consultar o velho Ritter).[393] Por conseguinte, o caminho do amor conduz melhor à comunhão com Deus que o caminho do conhecimento. O amor de Deus é extático, *mathṓn kaì pathṓn*.[394] Todas essas

---

[391] Raoul Hermann Michael Richter (1871-1912), *Der Skeptizismus in der Philosophie* [O ceticismo na filosofia]. Leipzig: Dürr, 1904-1908, 2v. A obra classifica o ceticismo em "total" (*totaler*) e "parcial" (*partieller Skeptizismus*). (N.T.)

[392] Em alemão, *das Übervollkommene, das Überunaussprechliche, das Überunerkennbare*. Para manter a correlação com o prefixo *über-*, do *Übermensch* nietzschiano, também poderiam ser traduzidos por: o além-de-perfeito, o além-de--indizível, o além-de-incognoscível. (N.T.)

[393] H. Ritter, *Geschichte der Philosophie*, VI [História da filosofia]. Hamburgo: Perthes, 1841. Sobre a obra, cf. acima notas 174, p. 264 e 199, p. 271. Os parênteses no excerto são de Mauthner. (N.T.)

[394] "Aprendendo e também experimentando." A frase provém do texto *Dos nomes divinos*, do Pseudo-Dionísio, onde se lê mais precisamente: "*ou mónon mathṓn allà pathṓn tà thêia*" ("ele [o renomado mestre] não só aprendendo, com também experimentando as coisas divinas"). Cf. Pseudo-Dionísio, *The Complete Works*. Trad. de Colm Luibheid e Paul Rorem. Nova Jersey: Paulist, 1987, p. 65. (N.T.)

representações remontam à teoria emanacionista dos neoplatônicos: por causa de sua abundância, Deus deve transbordar. Mas, enquanto justamente essa teoria emanacionista, que impossibilita a conexão direta com Deus sem mediação da hierarquia celeste, foi abandonada pelos grandes discípulos tardios do Pseudo-Dionísio, o seu fervor, que pode fazer a *ékstasis* parecer quase uma fusão carnal,[395] permaneceu. Seus discípulos se tornam hereges; o autor do Pseudo-Dionísio era quase um pagão, um cético, que só preservava externamente algumas fórmulas e costumes do cristianismo, mas internamente devolvia ao cristianismo aquilo que parecia estar se perdendo com o declínio da patrística: a mística.

Esse cristianismo místico foi reavivado em meados do século IX por João Escoto Erígena, que hoje se deve escrever Eriugena. Ele entendia grego, à época quase uma heresia; traduziu Pseudo-Dionísio para o latim. Adaptou a letra da Bíblia bem livremente à própria representação mística; de boa-fé: pois naquele tempo o cristianismo ainda era tão vivo, tão fluido, que realmente não chamou muito a atenção ensinar que os escritores sagrados haviam se adaptado ao modo de pensar e à língua do povo, que muita coisa devia ser entendida apenas figuradamente. Quando oitocentos anos mais tarde Espinosa afirmou a mesma coisa, o propósito era outro, era o começo da crítica da Bíblia. Erígena é quase condescendente, uma vez que preserva a antiga imagística bíblica, bem como as formas da Igreja. Bastante digna de nota e historicamente inexplicada é a concordância com a ontologia dos hindus: uma quarta natureza, que, incriada, não cria. Difícil de entender nos hindus, essa construção lógica é obscura, contraditória, verdadeiramente incompreensível em Erígena. A despeito de toda a sua luta por liberdade, ele foi um teólogo, douto, e sua mística foi frequentemente diluída até a abstinência.

A mística cristã se fez novamente viva com os chamados vitorianos, os senhores do mosteiro de São Vítor. No século XII, Hugo de São Vítor toma novamente Dionísio Areopagita como ponto de partida. Deus, a quem até

---

395 Nesse sentido, o sacrifício da missa é mística a mais primitiva; é tentador, e não incorreto, colocar essa espécie de "identificação com Deus" sob o amplo conceito de *xamanismo*, que na Sibéria, na África e entre os índios da América realiza mediante transes e convulsões algo semelhante à transubstanciação e ao "sacrifício". No entanto, não se trata aqui para mim da mística nas religiões, mas unicamente da mística filosófica, que quer pronunciar o impronunciável, e que, sem dúvida, leva facilmente a lançar mão de símbolos oferecidos pelo culto. (N.A.)

a razão pagã havia reconhecido como um criador, ainda que não como um salvador, não está preso aos seus próprios símbolos. "*Illo namque spiritu, quo docet hominem sine verbo, justificare etiam valet, si voluerit, sine sacramento.*"[396] No fundo, esse Deus infinitamente livre não pode ser de modo algum representado em palavras pelo homem; pois todos os nossos conceitos se referem a objetos, mas Deus está fora de toda relação. Para a intuição de Deus nós possuímos outro órgão que não a razão: o terceiro olho. (Já encontrei a imagem dos três olhos em algum lugar em Agostinho.) O primeiro olho é o da carne; ele vê as coisas sensíveis. O segundo olho é o da razão; ele reconhece a alma e os conteúdos da alma. Só o terceiro olho é capaz de ver Deus. ("*Allium rursum oculum acceperat, quo intra se Deum videret et quae in Deo erant, et hic est oculus contemplationis.*")[397] Quase me sentiria tentado a associar os meus três mundos, o adjetivo, o verbal e o substantivo, a esses três olhos e, assim, a Agostinho. E aos três degraus do conhecimento de que fala Espinosa. (Vide verbete "Deus de Espinosa".)[398]

A mística de Hugo (e a de seu seguidor Ricardo de São Vítor) também é terrivelmente diluída, muito embora ouçamos aqui e ali fortes tons heréticos. Deus criou o mundo por causa dos homens, mas os homens por causa de Deus. Não é Deus quem se reconcilia conosco, somos nós que nos reconciliamos com Deus. Hugo descobre mística em sua alma, um amor a Deus que de fato parece herético em contraste com o temor a Deus exigido pelo dogma (ainda não se encontra o *amor* a Jesus, como, por exemplo, em São Bernardo, nos tempos das grandes batalhas dogmáticas); ele se esforça com meios de todo inadequados para examinar psicologicamente esse sentimento; e não vai além dos três olhos, dos três degraus da alma, aos quais denomina *cogitatio*, *meditatio* e *contemplatio*, de maneira muitas vezes obscura e bastante teológica. Mas já nos foi dado contemplar Deus na Terra, não temos de esperar pelo Céu; podemos tocar Deus, saboreá-lo, desfrutá-lo. O amor é melhor, é mais que conhecimento.

---

396   "É que [Deus], que ensina o homem *sem palavra*, ainda é capaz, se quiser, de lhe fazer justiça sem sacramento." Em latim no original. O itálico é de Mauthner, que cita a frase do *Dos sacramentos da fé cristã* (I, 9, 5), de Hugo de São Vítor, a partir da *História da filosofia* de Ritter. (N.T.)

397   "Por outro lado, [a alma] havia recebido um outro olho, pelo qual veria Deus dentro de si e as coisas que estariam em Deus, e este é o olho da contemplação." Hugo de São Vítor, *Dos sacramentos da fé cristã* (I, 10, 2), também citado a partir de Ritter. (N.T.)

398   Não incluído nesta seleção. (N.T.)

Para nomear todas as fontes nas quais Mestre Eckhart bebeu, tenho de mencionar ainda nesse ponto o *sufismo* árabe. Ao menos, um representante desse misticismo árabe: Al-Gazali (Algazel). Ele iniciou sua atividade de ensino em Bagdá, na segunda metade do século XI. As semelhanças com a mística cristã saltam aos olhos. A união com Deus tem seu modelo no amor terreno, que também conduz ao esquecimento de si. (Seja lembrado que o mundo antigo não conhecia um tal Eros, e que somente agora surgiu o fervor amoroso e a veneração de Maria.) Esse é o *"status supremus: perfectio tunc conspicitur, cum adeo absorbetur, ut sui ipsius eum lateat absorptio"*.[399] O êxtase supremo da visão de Deus é inexprimível, é uma absorção total da alma em Deus. Do ponto de vista do Islã, também Al-Gazali é um herege; seu misticismo é cético: cético contra os aristotélicos árabes, mas também contra os *mutakallimun*,[400] os professores dogmáticos em matéria de religião e filosofia. Uma reforma do Islã, como Al-Gazali provavelmente planejava, não resultou de seus esforços.

Uma nova igreja alemã tampouco surgiu da força espiritual de nosso mais nobre místico, Mestre Eckhart. Como eu gostaria de sonhar que não apenas pregadores de boa índole como Tauler e Suso[401] mas também um estadista como Lutero ou um organizador erudito como Melâncton tivessem estado entre os alunos de Eckhart e permanecido fiéis a ele, que tivessem concretizado os seus pensamentos puros e elevados sobre a Terra. Sonhos vãos!

Aquele que deseja vivenciar a mística de Mestre Eckhart com a felicidade de quem presencia o nascer do sol que leia seus escritos na boa edição de Pfeiffer (ela já não é mais modelo para filólogos, mas é a melhor porque a única)[402] ou na livre e excelente seleção "traduzida

---

[399] "Estado supremo: a perfeição é conspícua principalmente quando é absorvida, de modo que a absorção passe despercebida [do próprio indivíduo]." Al-Gazali também citado por Ritter. (N.T.)
[400] Teólogos dialéticos do Islã, conhecidos como os "escolásticos árabes". (N.T.)
[401] Johannes Tauler (1300-1361), frade dominicano e místico alemão; Heinrich Suso (1295?-1366), que adotou o nome de Amandus, foi teólogo e místico. (N.T.)
[402] Franz Pfeiffer (1815-1868), *Deutsche Mystiker des Vierzehnten Jahrhunderts* [Místicos alemães do século XIX]. O primeiro volume foi editado em 1845 e o segundo em 1857. Este segundo volume é inteiramente dedicado à obra de Mestre Eckhart e foi decisivo para o *revival* do místico, embora alguns dos critérios de edição tenham sido posteriormente contestados. (N.T.)

para nossa língua" de Gustav Landauer.[403] Não me atrevo a tentar um resumo objetivo da mística de Mestre Eckhart; eu correria o risco de ler muita coisa moderna nele; eu o amo demais. Eu encontraria Kant nele ("Toda e qualquer coisa receptível é recebida e apreendida em seu receptor segundo a natureza deste; da mesma forma, toda e qualquer coisa notável é notada [percebida] e entendida [compreendida] segundo a faculdade daquele que a entende, e não segundo aquilo que é notável em si mesmo". Pfeiffer, p. 484);[404] e a doutrina das energias sensoriais específicas ("Não posso ver coisa alguma que não seja como eu; tampouco posso reconhecer coisa alguma que não seja como eu. Deus contém ocultamente todas as coisas em si mesmo, não isto ou aquilo em diferença, mas um algo só em união. O olho também tem cor em si: o olho recebe a cor, e o ouvido não. O ouvido recebe o som, a língua o gosto. Tudo o que é unidade tem isso." Pfeiffer, p. 333); nele eu também encontraria Schopenhauer ("Se uma coisa estiver a mil quilômetros de distância e eu a quiser, ela me pertence mais verdadeiramente do que uma que esteja no meu colo e eu não deseje possuir... Querer fazer tão logo o possa e ter feito de fato é o mesmo perante Deus... Só na vontade reside o amor. Aquele que tem mais vontade também tem mais amor", pp. 552ss., e, além disso, "Renúncia a toda Vontade", p. 555), e especialmente, em toda parte, em cada página, pregação do silêncio, crítica da linguagem. Suas demonstrações, conhecidas como apofáticas, da essência do conhecimento e de Deus não devem ser consideradas. Deus é incognoscibilidade, velamento, silêncio, um deserto; aquele que realmente deseja conhecer algo tem de se despojar de todos os pensamentos, palavras e atos; o meio é o silêncio; "por isso nada é tão desconhecido para a alma quanto ela mesma".

O impacto extraordinário imediato (não apenas histórico e erudito) de Mestre Eckhart é, no fundo, enigmático. Não é verdade, como antes se acreditou, que o que nos agrada é ele ter sido adversário da Escolástica.

403   Mauthner brinca com o subtítulo da obra *Meister Eckharts mystische Schriften. In unsere Sprache übersetzt von Gustav Landauer* [Escritos místicos de Mestre Echkart. Traduzidos em nossa língua por Gustav Landauer]. Berlim: Schnabel, 1903. Landauer seleciona e traduz para o alemão contemporâneo alguns dos textos publicados na edição de Franz Pfeiffer. (N.T.)

404   Mauthner pode ter utilizado tanto a primeira (Leipzig: Göschen, 1857) quanto a segunda edição da compilação de Pfeiffer (Göttingen: Vandenhoeck & Ruprecht, 1906), já que a diagramação e a paginação são as mesmas. Na citação, os colchetes são de Mauthner. (N.T.)

Eckhart assimilara toda a formação erudita de seu tempo, evocava São Tomás nas questões de fé e, portanto, no fundo seria também, ao mesmo tempo, um escolástico, mesmo que não tivesse escrito textos escolásticos em latim de escola. Como professor na Universidade de Paris, ele não podia ensinar senão à maneira escolástica. E também sua mística, o outro lado forte de seu pensamento, tem sua tradição, e acabamos de travar contato com ela: Eckhart foi buscar suas ideias e imagens místicas em Agostinho, nos árabes, em Dionísio e em Erígena e em toda a *theologia mystica*[405] sobrevivente.

Ele não é, portanto, alguém que seja único nem na filosofia nem na teologia; ele só é único, e o é para nós, apenas por sua língua.

Pesquisas eruditas tentaram recentemente levantar a hipótese de que Eckhart, escritor em latim, talvez não tenha escrito os sermões e os tratados alemães que tanto amamos; estaríamos apenas diante da tradução alemã de um autor anônimo. Que tolice! Pois então o desconhecido seria o *nosso* Eckhart.

É que a magia dos escritos de Eckhart se deve justamente apenas à força prodigiosa da língua da tradução. As ideias, como foi dito, ele as tira de "mestres" mais antigos e dos "clérigos" maiores e menores (até Platão é uma vez chamado de "o grande clérigo");[406] são ideias ou intuições místicas indizivelmente difíceis, literalmente indizíveis. Eles soam muitas vezes surpreendentes no texto original grego e na tradução latina, parecem-nos mistérios; mas são mistérios da língua escolástica. A cada duas palavras, uma é *terminus technicus*.[407] Eckhart se propõe então a apresentar esses mistérios tão difíceis na querida língua materna, para a gente

---

405   Em latim no original. (N.T.)

406   Não há um correspondente exato em português para a palavra alemã *Pfaffe*, que, sobretudo depois da Reforma luterana, ganhou um sentido pejorativo, muito certamente ainda não presente em Mestre Eckhart. Segundo o *Dicionário* dos irmãos Grimm e o *Dicionário etimológico do alemão* (Pfeiler et al.), o vocábulo proviria do grego eclesiástico *papás* = clérigo menor (*clericus minor*), a ser diferenciado de *pápas* = papa, e teria sido introduzido com a missão gótico-ariana no sul da Alemanha já no século VI. Haveria assim clérigos maiores e menores, e é a isso, parece, que o místico se refere (Platão seria, assim, um "clérigo maior"). Talvez seja interessante lembrar também que a designação "papa" era atribuída a todos os bispos em geral, e somente depois passou a valer apenas para o "bispo de Roma". Se é assim, haveria "papas menores", enquanto Platão seria um "papa maior". (N.T.)

407   "Termo técnico." Em latim no original. (N.T.)

simples, para as freiras, para aqueles a quem o monge dominicano tinha de pregar. E por que não? Pois se o Pai Nosso, o Credo e as categorias de Aristóteles também tinham sido traduzidos para a querida língua materna! Será que Eckhart teve alguma vez consciência da diferença? Na tradução da doutrina da fé, da lógica e da oração, o que importava era a transmissão de um conteúdo, que era mais ou menos corretamente compreendido vertendo sílaba por sílaba do texto latino com pedações de palavras alemãs. Mas isso não bastava para verter frases místicas, as quais, com efeito, já estavam quase mortas na língua estrangeira morta. A tradução, que normalmente já mata com muita facilidade, tinha aqui de reavivar, ressuscitar. Era preciso que um milagre acontecesse — um milagre linguístico.

E o milagre aconteceu. Ao encontrar, como por inspiração, *o guarda-roupa alemão* para as frases místicas, Mestre Eckhart pôde compreendê-las melhor do que as havia compreendido antes. Todos os *termini technici* surrados e desgastados brotaram como que de uma fonte da juventude ao serem vestidos em alemão — muitas vezes bem despretenciosa e literalmente, outras tantas, sem dúvida, com admirável contundência. Eles já não eram os termos antigos: nada de poeira, nada de ferrugem; o sentido deles podia ser apreendido imediata, intuitiva, concretamente. Só Eckhart teria merecido de verdade o nome *philosophus teutonicus*,[408] não Jakob Böhme, interessante sapateiro e intragável falastrão.

Alguém poderia desejar ser ainda mais cético que eu e objetar: é você que está pondo tudo isso no seu Mestre Eckhart, e você só o ama porque a época nostálgica está por acaso novamente de volta, porque a língua de Eckhart está por acaso naquele limite em que o arcaísmo ainda comove esteticamente sem dificultar o entendimento; Notker é muito velho, Böhme é muito novo para você; Mestre Eckhart é um tradutor como outro qualquer e não pensou nada de tão moderno e duradouro. Mas não e não! Admito todos esses acasos, o cético pega essas armas da minha mão. Mas Eckhart, para além disso, é *o* gênio da mística, ao mesmo tempo desdenhador e artista da palavra, jamais seu servo. Ele também tem a autoconsciência do gênio, e inclui a si mesmo entre os "clérigos maiores" (p. 286, a pitada de ironia da passagem não me incomoda).[409]

---

408   "Filósofo alemão." Em latim no original. (N.T.)
409   Referência a um trecho que se encontra no sermão LXXXIII da edição de Pfeiffer: "Uma questão surgiu ontem na escola entre os grandes clérigos [*under grôsen pfaffen*]. Admira-me, disse eu, que ninguém possa sondar a menor das

Eckhart foi o primeiro a criar "consciente e grandiosamente" a possibilidade de exprimir ideias filosóficas em língua alemã. Ele é o *Magister Germaniae*.[410] Todos os louvores que lhe fazem Eucken (na *História da Terminologia Filosófica*) e Kramm (na *Revista de filologia alemã*, n. 16)[411] ainda não são louvor bastante. Suas traduções são renascimentos. Mencionarei alguns poucos exemplos.

Aristóteles fala em *órexis*, esforço; a Escolástica traduz exatamente: *appetitus*, e distingue entre *appetitus sensitivus* e *rationalis*; a tradução de Eckhart é bem diferente: *gērunge*,[412] e o termo morto renasce. Da mesma forma, *betrachtunge*[413] é mais vivo que *consideratio*.

Ratio é traduzida por *redelichkeit*; infelizmente não usamos mais essa palavra saborosa no sentido de "capacidade de falar, de julgar, de concluir, de pensar". Toda a crítica da linguagem está contida nessa cunhagem lexical; *nach reden* quer dizer: segundo o conceber humano, *conceitual*. O pregador do silêncio se queixa de que os discípulos, ao receberem o Espírito Santo, não permaneceram em sua *redelichkeit*. Falar[414] convém às três pessoas da Trindade, à divindade panteísta (Eckhart não precisa dessa palavra) convém *unreden*.[415] A divindade é muda. "Deus é inominável e está acima de todas as palavras na sua pureza de ser, porque Ele não pode ter nem fala nem palavra, porque Ele é indizível a todas as criaturas" (p. 162).

---

   palavras, ao que me perguntaram: se sou filho único que o pai celestial gerou eternamente, eu teria sido então eternamente? Respondi: sim e não. Sim, um filho, porque o pai me gerou eternamente; mas filho algum: pela não natividade [*ungebornheit*]". (N.T.)

[410] O "Mestre (ou Senhor) da Alemanha" (em latim no original): título honorífico introduzido no Sacro Império Romano-Germano em 1219. (N.T.)

[411] Rudolf Eucken (1846-1926), *Geschichte der philosophischen Terminologie im Umriss* [História da terminologia filosófica resumida]. Leipzig: Veit, 1879; E. Kramm, "Meister Eckharts Terminologie in ihren Grundzügen dargestellt" [A terminologia de Mestre Eckhart exposta em suas linhas gerais]. *Zeitschrift für deutsche Philologie*, n. 16, 1884, pp. 1-47. (N.T.)

[412] Segundo o *Mittelhochdeutsches Wörterbuch* [Dicionário do médio alto-alemão] de Gerhard Köbler (2014, 3ª ed. Disponível online.), *gērunge* significa "desejo" (*Begehren*, *Verlangen*), anseio (*Sehnsucht*), vontade (*Wunsch*). (N.T.)

[413] "Contemplação, observação." (N.T.)

[414] *Reden*, no original alemão. (N.T.)

[415] O prefixo *un-* em alemão é geralmente indicativo de negação ou privação. O sentido, sempre segundo Köbler, é "fala inconveniente, má, perversa", "xingamento". (N.T.)

De *krínein, krités* se formou o latino *judicium*; os ramistas foram os primeiros a empregar a palavra latina em sentido lógico; nós a traduzimos cegamente por *juízo*; Eckhart diz para isso *bescheidenheit* (de *scheiden*), e não é acaso que justamente essa palavra para prudência arrogante tenha se tornado tão humilde.[416]

Transcendência se torna *obenheit*, ou também *überslac*.[417] Até mesmo *indruk* e *influz*[418] para *impressio* e *influxus*, por mais literais que sejam essas traduções, trazem um ganho.

Uma palavra de importância para a história universal é *ideia, eídos*; Eckhart diz *bilde, vorgēndiu bilde*, cria *entbilden, überbilden, widerbilden*,[419] tornando com isso a doutrina escolástica da forma quase palpável.

Ainda não sabemos até hoje o que é *substância*; Eckhart também não sabia, mas se afadigou bravamente com tentativas de tradução: *fürwurf* (*objectum*), *gegenwurf, widerwurf, understoz, grundveste*.[420] Certamente, Eckhart tampouco pôde destrinçar a confusão inextricável entre sujeito e objeto, os quais, como se sabe, tiveram seu sentido completamente invertido desde então; mas *understoz*, significando ao mesmo tempo *substância* e *sujeito* (à época generalizadamente confundidos), me parece magnificamente construído.[421]

---

[416] Inúmeras são as significações de *bescheidenheit* no médio alto-alemão, como "entendimento", "compreensão", "capacidade de julgar", "razão", "maioridade" etc. (para a lista completa, vide o verbete de Köbler). Mauthner alude aqui provavelmente à história do vocábulo, que passa da "prudência arrogante" à humildade, mas essa transformação só se entende bem se lembrarmos que o substantivo *Bescheidenheit* e o adjetivo *bescheiden* querem dizer também "discrição", "discreto". (N.T.)

[417] O primeiro termo não está consignado em Köbler. É um substantivo composto formado do advérbio de lugar *oben* (sobre, acima) e *-heit*, sufixo caractetístico de substantivos; a palavra inglesa *aboveness* seria uma boa tradução. Já o segundo termo significa, no médio alto-alemão, "passar por cima de algo", "subjugar", "vencer". (N.T.)

[418] "Impressão" e "influência", respectivamente. (N.T.)

[419] *Bilde* (imagem), *vorgēndiu bilde* (imagem evanescente), *entbilden* (desfigurar, tornar irreconhecível), *überbilden* (transfigurar, transformar) e *widerbilden* (representar à imagem e semelhança). (N.T.)

[420] Os três primeiros termos podem ser considerados correlatos de *objectum* em latim (literalmente: "aquilo que é posto, lançado diante de" ou "contraposto"). *Understoz*: "o que é colocado, impelido sob". *Grundveste*: "o que é fundamentalmente firme". As formas *fürwurf* e *grundveste* não são assinaladas por Köbler. (N.T.)

[421] Sobre essa inversão de sujeito e objeto, ver o verbete "Matéria". (N.T.)

Wesen[422] ainda vive com sua força primordial em Eckhart; *entwesen* significa acabar, cessar ("o casamento entre homem e mulher não acaba", p. 100);[423] para ideias conhecidas de Dionísio ele encontra a nova palavra *überwesenlich*.[424] Ele ousa verter o famoso *tò ti én eínai* por *istigkeit*.[425]

Eckhart traduz *causa* literalmente, muito mais literalmente do que ele próprio podia saber, por *sache*; *berliche sache* = *causa efficiens*; *ursache* também já existia; mas o nosso *Grund* ainda não queria dizer princípio do conhecimento, *grunt* ainda é para ele a causa primordial profunda de uma coisa. Quem não ouve em nossa expressão ainda corrente *Grund und Ursache* a distinção feita por Eckhart?[426]

E Eckhart também cunhou a palavra alemã para caracterizar o estado psicológico da mística (para a *ékstasis*). A palavra grega tinha, naturalmente, um sentido simples, plebeu, de afastamento, *amotio* ou *emotio* (ainda não se sabe ao certo de onde tiramos a nossa internacional *Emotion*), podendo significar também a *amotio mentis*, o *arredamento* do espírito ou loucura; e ainda degeneração. *Ékstasis*, no entanto, já se encontra no Novo Testamento, não inteiramente como *terminus technicus*, mas como designação corrente do estado de *arrebatamento*. Contribuiu certamente para isso a representação segundo a qual no mundo primordial a alma se *afastaria* temporariamente do corpo. (Confira-se especialmente 2a Coríntios, 12,2-3; Paulo se gaba de ter sido elevado ao terceiro céu e entrado no Paraíso, ele diz duas vezes *harpázein*[427] e não se importa em saber precisamente se o milagre teria acontecido *ektós toû sómatos*.)[428] Agostinho conhece o estado

---

422 "Ser", "essência", em alemão. (N.T.)
423 O prefixo *ent-* marca negação, privação. Segundo Köbler, o significado seria "não ser", "sem ser", "desprovido, falto de algo". (N.T.)
424 Literalmente "o que está além, acima do ser ou da essência". (N.T.)
425 *Istigkeit* é formado por *ist*, terceira pessoa singular do verbo ser, pelo sufixo *-ig*, "qualidade relativa ao que é", e *-keit*, sufixo de substantivo feminino, correspondente, por exemplo, ao português *-ade*. Köbler assinala que o sentido seria "realidade efetiva" ou "essencialidade". Para a discussão mais cerrada do *tò ti én eínai*, ver o debate mauthneriano em torno do conceito de forma no verbete homônimo, em especial a primeira parte e a nota 201, p. 272. (N.T.)
426 *Sache* (coisa), *berliche sache* (causa manifesta), *ursache* (causa), *Grund* (razão, fundamento) e *Grund und Ursache* (fundamento e causa). (N.T.)
427 "Enlevar", "arrebatar". Em grego no original. (N.T.)
428 "Fora do corpo." Em grego no original. (N.T.)

dessa *alienatio*,[429] ele que foi discípulo de Paulo também na doutrina mística da graça. O cristianismo, que de fato é mística no que tem de melhor e deveria ter permanecido assim para o seu bem, está cheio de homens e mulheres extáticos, desde seu fundador (a quem se quis injustamente livrar da acusação de ser um extasiado) até os dias de hoje. Já foi suficientemente ruim para o protestantismo que Lutero e Melâncton, os políticos, não tivessem senso para o *entusiasmo* (*estar-em-Deus*), para os excessos (*excessus* = *ékstasis*) dos espíritos exaltados (*exaltado* se tornou desde então = *extático*). Êxtase é tão cristão, que um verdadeiro cristão não é inteiramente cristão sem êxtase. E esse conceito só se tornou termo técnico com o Pseudo-Dionísio; Dionísio se atreve a dizer do próprio Deus que em seu amor por tudo *éxō heautoû gínetai*.[430] Também esse termo da contemplação de monges e freiras foi reavivado por Eckhart graças a uma tradução singela: desde então possuímos as tão queridas palavras *Entzücken* e *Verzückung*.[431]

Eckhart diz (p. 533), e reproduzo aqui suas palavras sem nenhuma modificação: "*Als ich mê (sonst, oft) gesprochen hân, wêre der mensche alsô in einem inzucke als sanctus Paulus was unde weste einen siechen menschen, der eins suppelins von ime bedörfte, ich ahte verre bezzer, daz dû liezest von minne von dem zucke unde diendest dem dürftigen in mêrre minne. Niht ensol der mensche wênen, daz er gnâden in disem sülle beroubet werden*".[432]

De novo: podemos lamentar que Lutero tenha se afastado da mística, mas negar esse afastamento seria um falseamento histórico tão grosseiro quanto a tentativa de eruditos protestantes (Ritschl[433] inclusive) de negar toda influência da mística sobre a ação de Lutero. Lutero fora introduzido

---

429 "Alienação." Em latim no original. (N.T.)
430 "Ele sai de si mesmo." Em grego no original. (N.T.)
431 "Arrebatamento" e "enlevo", em alemão, respectivamente. (N.T.)
432 "Como muitas vezes já disse, se um homem estivesse num *arrebatamento* como São Paulo esteve e um homem doente lhe pedisse uma sopa, eu consideraria muito melhor que deixasse de lado seu amor pelo *arrebatamento* e servisse o necessitado com maior amor. O homem não deve crer que por conta disso a graça lhe seria roubada." Os itálicos são de Mauthner, que também explica entre parênteses o sentido de *mê* (frequentemente, muitas vezes). Mauthner cita pela edição de Pfeiffer. A passagem se encontra na *Die rede der underscheidunge* [Discurso sobre a instrução] na edição de Josef Quint: Mestre Eckhart, *Die deutsche und lateinische Werke*, v. Stuttgart: Kohlhammer, 1963, p. 221. (N.T.)
433 Albrecht Ritschl (1822-1889), teólogo protestante alemão. (N.T.)

na linha de pensamento dos místicos alemães por seu professor Staupitz e ainda antes de 1517 editou a *Teologia alemã*, acompanhada de um prefácio; neste, ele se coloca inteiramente no solo da mística alemã, afirma que os teólogos alemães são os melhores e diz literalmente: "E para louvar ainda meus velhos loucos, ao lado da Bíblia e de Santo Agostinho não surgiu outro livro com o qual eu tenha aprendido mais (ou queira ainda aprender) o que seja Deus, Cristo, o homem e todas as coisas, e somente agora percebo que é verdade o que alguns doutos falam de modo difamatório de nós, teólogos de Wittenberg, como se quiséssemos propor coisas novas, como se não houvesse existido outras pessoas antes de nós ou alhures. Certamente as houve, mas a ira de Deus, provocada pelo nosso pecado, não nos tornou dignos de vê-las ou ouvi-las". Quando, alguns anos mais tarde, em pleno sentimento de seu poder e responsabilidade, Lutero abandonou o castelo de Wartburg,[434] ele tinha se tornado um homem de Estado, um político pragmático que se pusera a tarefa de erigir uma nova Igreja, que tinha de se pôr essa tarefa se quisesse levar a luta adiante. Quem pode dizer se foi em boa ou má consciência que combateu não apenas os camponeses rebeldes, mas também as doutrinas aparentadas com a mística do entusiasta Karlstadt? Seu escrito *Contra os profetas celestiais* é mais divertido de ler do que o livrinho de sermão de Karlstadt, contra o qual, antes de mais nada, se volta o seu escrito;[435] mas ali, a fim de prevalecer sobre o radicalismo e o amor fervoroso de Karlstadt a Deus, Lutero teve de renegar sua própria juventude. Karlstadt teria feito do sacrifício da missa uma adoração humana, carnal, uma obra fervorosa, ardente do coração; Lutero responde: "Se eu cultuasse a memória a Cristo com tanto fervor e seriedade a ponto de suar sangue e queimar, tudo seria nada e se perderia por completo". É a palavra, a palavra, a palavra que faz isso; o diabo faz Karstadt falar com espírito, espírito, espírito (§§ 12, 173, 184, 185).

---

[434] Castelo próximo da cidade de Eisenach, no qual Lutero se refugiou (de 4 de maio de 1521 a 1º de março de 1522) depois de sua proscrição política e proibição de suas obras. (N.T.)

[435] Lutero escreveu *Contra os profetas celestiais, das palavras e do sacramento* em 1525. O livrinho de Karlstadt (Andreas Bodenstein, 1486-1541), principal objeto da crítica de Lutero, é *Sermão sobre o estado das almas dos cristãos crentes, das almas segregadas do seio de Abrão e do Purgatório* (1523), mas o escrito seu que mais causou polêmica na época tinha por título *Von Abhutung der Bilder* [Da rejeição das imagens] e foi publicado em 1522. (N.T.)

IV. Como podemos solucionar essa contradição, que ateus do século XX tenham escolhido para mestre o cristão mais devoto do século XIV?[436] Não penso aqui nos oportunistas que aderem à moda, mas em pessoas sérias, lúcidas, que sentem a contradição e não podem, todavia, resolvê-la.

A contradição sempre existe apenas na linguagem, e só terei palavras para a sua solução; que essas palavras sejam ao menos as mais francas possíveis.

O espírito da época, o historicismo, do qual ninguém pode se esquivar, também desempenha seu papel aqui. Sabemos muitas coisas e estudamos muito para poder nos transportar a cada época distante e forte; acreditamos entender sem contradição, quer dizer, acreditamos viver ao mesmo tempo o estado de alma de Buda e Sócrates, de Copérnico e Robespierre, de Lutero e Napoleão. Por que também não o estado de alma de Francisco e Eckhart? Esse historicismo, no entanto, não seria capaz de explicar por que, entre todos, justamente Mestre Eckhart, o maior dos cristãos, foi escolhido como o favorito de uma geração pouco cristã.

O prazer com a forma artística também desempenha seu papel. Certamente. O esplendor imagético dos Salmos, a força do *Dies irae*,[437] a graça dos diálogos platônicos, tudo isso empalidece diante da grandeza interior da língua de Mestre Eckhart. Mas o nosso arrebatamento não é mero prazer artístico. Quando apreciamos em Dante o hino de São Bernardo à Virgem Maria, quando vivenciamos com sentimentos elevados a vista da Catedral de Estrasburgo, a *Assunta* de Ticiano, os sons das cantatas de Pentecostes de Bach, nós separamos — posteriormente pelo menos — a forma do conteúdo e dizemos talvez a nós próprios que devemos agradecer justamente ao mau historicismo a sorte de desfrutar de tal arte pela forma cujo conteúdo rejeitamos como informe. Em Mestre Eckhart, porém, não rejeitamos nada, nada, não rejeitamos Deus, não rejeitamos a identificação com Deus, a *travessia* para Deus, a interpretação de Deus no *nada do nada*.[438] Riscamos o conceito de Deus de nosso dicionário e lemos, oramos quase com devoção palavras do mais fervoroso amor a Deus.

---

436 Johannes Eckhart nasceu em 1260, em Hochheim, na Turíngia, e morreu provavelmente em Avignon, em 1328. (N.T.)
437 "Dia de ira", famoso hino do século XIII atribuído ao franciscano Tomás de Celano. O título está em latim no original. (N.T.)
438 Em alemão, *Nichtesnicht*. (N.T.)

Separar o mundo adjetivo do mundo verbal e do mundo substantivo nos leva novamente um pouco para fora da contradição. Deixemos os mortos sepultar seus mortos, os substantivos seus substantivos. Que importa a gramática! No mundo das realidades não existe *triangularidade*, mas o teorema de Pitágoras permanece verdadeiro assim mesmo. Não existe uma *maldade* e uma *bondade*, mas em nossa experiência há seres humanos *maus* e seres humanos *bons*, em nossa experiência há até mesmo ações que qualificamos de boas ou más. Não existe um *certo*, mas há um sentimento do que seja *certo*. Não existe nenhum Deus, mas existem místicos bons, magníficos, divinos.[439]

Também eu não posso assim prescindir das pobres palavras "Deus" e "religião"?

Uma vez mais tentarei dizer o indizível e pronunciar com pobres palavras o que tenho a oferecer de mística nominalista, de mística cética, aos incrédulos devotos. Penetrar na psicologia da mística teológica tem de conduzir — assim penso — a tal *contemplação*, para além da *cogitatio* e *meditatio*. Exprimimos de maneira diferente, mas queremos dizer o mesmo que há seiscentos anos.

O mundo não está duas vezes no mundo. Não existe Deus além do mundo, não existe mundo além de Deus. Chamaram essa convicção de panteísmo, mas também pedantemente de panenteísmo (para aparentemente salvar o Deus pessoal). Por que não? Afinal, são apenas palavras. No mais elevado êxtase místico o eu sente que se tornou Deus. Angelus Silesius e Kathrei, a freira penitente de Eckhart, experimentaram isso. Por que não? Devo disputar acerca de palavras?

Há dez anos ensino isto: o sentimento do eu é uma ilusão, a unidade do indivíduo é uma ilusão.[440] Se eu não sou eu e, apesar disso, sou, então por certo posso acreditar que também todos os outros seres só aparentemente são indivíduos, eles não se diferenciam de mim, eu sou um com eles, eles e eu somos *no interior do* Um. Isso são meras sequên-

---

[439] Mauthner joga com a aliteração "*es gibt gute, gottvolle, göttliche Mystiker*" e com a ocorrência de *gott* tanto em *gottvolle*, que em emprego familiar significa apenas "grande", "esplêndido", e, ao pé da letra, "*cheio de Deus*", quanto em *göttliche* (divino). (N.T.)

[440] Mauthner se refere a todo o capítulo XI do segundo tomo do volume I das *Contribuições a uma crítica da linguagem*, intitulado "Ichgefühl" [Sentimento do eu]. (N.T.)

cias filosóficas de palavras? Jogos da linguagem? Não. Aquilo que posso vivenciar já não é mera linguagem. Aquilo que posso vivenciar, isso é real. E eu posso vivenciar, por breves horas, que nada mais sei do *principium individuationis*,[441] que a *diferença* entre o mundo e eu cessa. "Que eu me tornei Deus." Por que não?

A mais alta virtude de todas as religiões e doutrinas morais não resiste, por certo, a essas horas de êxtase. Pois o que ainda é bondade para um homem que nada mais sabe do *principium individuationis*? Bondade é abrir mão da própria individualidade, mas é também reconhecimento da individualidade do outro. "Amarás o teu próximo como a ti mesmo." Não mais. Se não tenho mais meu próprio si mesmo, tampouco meu próximo tem o seu. Quem ainda é bom ainda não é livre. Nas horas sagradas do êxtase não se é bom. Bondade não é possível sem *diferença*.

Compaixão? Sim. Se entendermos por *paixão* o que ela significa originalmente: vivenciar passivamente, vivenciar junto sem dor. Todas as criaturas vivenciam o mesmo mundo. Cada indivíduo o vivencia com os outros, em *compadecimento* com eles. Ele o percebe até onde seu olho alcança: o homem, o animal, a planta, as gotas de chuva. Queremos ser compassivos, como o são as flores e as gotas de chuva. Compaixão é a alegria das flores e das gotas de chuva.

Nunca tiveste tais horas de êxtase? Pobre de ti! Então não conheceste a alegria.

Num sossegado dia de verão estás deitado na relva alta. Lá embaixo corre o Ganges ou o Reno. Ao teu lado só o teu cachorro, cuja cabeça afagas, e que lambe a tua mão. Brincas com ele? Ele brinca contigo? A diferença está abolida. E todas as outras diferenças.

A diferença geracional existe porque envelheceste? Dá na mesma. Deve ser por isso que a mística, a cessação de toda diferença, é a sabedoria dos anciãos. O motivo do amor perdeu sua força. E se deita silenciosamente no túmulo, ao lado do motivo da bondade.

A diferença entre meu e teu. Não queres nada, absolutamente nada. És feliz. E o motivo da fome perdeu sua força abominável, pelas breves horas do êxtase. Não pensas em atirar no coelho lá longe, em colher o fruto da árvore. Tu ris. Em volta de ti rastejam e murmurejam milhares de vermes e insetos sob o feitiço do amor e da fome. Aranhas

---

[441] "Princípio de individuação." Em latim no original. (N.T.)

e moscas. O saber deles tampouco é melhor. Ali! Mais um besouro. Apaixonado e faminto. Pobrezinho! E tu não sabes, tu, homem extasiado, tu também um pobre coitado, que incessantemente, regularmente, inspiras o oxigênio, o qual também queria viver e também se toma por um indivíduo. Pobre oxigênio! Porque ele é tão estúpido a ponto de se tomar por um.

A diferença entre os homens cessa, a diferença mais difícil, e com ela o motivo da vaidade perde sua força. Tu nunca o consideraste possível, mas agora, nestas breves horas sagradas, experimentaste: os homens já não podem te fazer mal, porque olhas de repente para eles como se fossem animais, plantas ou gotas de chuva. Ou as ondas do rio lá embaixo, do Ganges ou do Reno. O cachorro pode te morder, a árvore pode te atingir na queda, as ondas podem te puxar para baixo. Mas nada nem ninguém pode te fazer mal desde que os motivos do amor, da fome, da vaidade se calam. Que importa à Lua se o cachorro late para ela? Que te importa se o homem-animal, o homem-planta, o homem-onda late ou murmura para ti? Pobre deles! Cada um deles ainda acredita que é um. Pois sim. Até que a tua hora também chegue e toda, toda diferença cesse. Tal como agora cessou entre ti e o Sol. Não é verdade? Irmão Sol, *Messer lo frate Sol*,[442] pertencemos um ao outro? Quem já não conhece amor, fome e vaidade, este é Sol, Deus, folha da relva.

Ainda não te falei de outros motivos humanos, além desses três terríveis? Não falei da sede de saber e da necessidade de repouso, a nostalgia de morte? Também estes se calam nas breves horas sagradas do êxtase?

Ambos silenciam. São silenciados. Não queres nada, realmente nada, não queres mais nem mesmo saber. Porque experimentaste que a diferença entre aquele que sabe e o que pode ser sabido também cessou com a diferença entre ti e o mundo. Aprendeste que não és feito para saber, e o mundo não é feito para ser sabido. Tudo não passa de um pequeno circunvagar, como o andar da lagarta em volta de uma folha. Não tens mais sede do golinho de conhecimento que outras pessoas beberam e de novo botaram para fora; tu sabes que não existe um conhecimento das razões últimas e profundas. E não anseias o lodo.

---

[442] "Senhor irmão Sol", do *Cantico delle Creature* ou *Cantico di Frate Sole* [Cântico das criaturas ou Cântico do irmão Sol], de São Francisco de Assis. Notar ainda, no início da frase, que Sol é feminino em alemão (a tradução literal seria então "irmã Sol"). (N.T.)

Até a necessidade de repouso se cala, porque te sossegaste, completamente, talvez até morreste. Não queres realmente nada. E, assim como a *doctissima ignorantia*[443] é teu saber abissal, melhor do que o saber expelido por todos os sábios de antigamente, teu sossego é agora mais vivo que toda a tua antiga vitalidade, tua morte é agora mais viva que todo o teu agir anterior.

Todos os motivos da vida se calam para ti. Ali. Ainda não estás quieto? Assassino! Ladrão! Somente agora percebes que tragas ar a cada inspiração para te nutrires do oxigênio, que, por sua vez, tanto gostaria de viver e ser um. Assassino! Então ainda queres algo. Ainda não agiste segundo teu conhecimento. Ainda não te sossegaste. E então não és bom de modo algum, assassino do oxigênio.

Ages segundo teu conhecimento. Não respiras mais uma vez sequer. E finalmente te tornaste um com o mundo, que outrora foi chamado de Deus; te tornaste um com o irmão Sol, que outrora foi chamado de Deus. Isso é belo. Mil cores, mil tons. Harmonia. Hostes celestiais. Tampouco faltam os santos, que tomavas por contos de fada. Eles se reúnem em torno de ti e segredam palavras mudas. De suas palavras silenciosas e silenciantes adivinhas como eles se chamaram um dia, na aparência da vida. Shakyamuni, o Buda, sussura contigo, e Franciso, e Goethe, e Novalis, e Mestre Eckhart, e o camponês ri disso e grita: "Nada te pode acontecer! Nem mesmo o maior suplício, quando passou. Se estás agora a sete palmos debaixo da terra, ou se ainda verás isso milhares de vezes — nada pode te acontecer! Tu fazes parte de tudo, e tudo te faz parte de ti! Nada pode te acontecer!".[444]

Se ele ao menos não tivesse gritado tão alto. Sua voz humana pesa sobre teu peito como um demônio. Ar! Tu não o queres, mas necessitas dele. Só uma inspiração. Assassino!

Absurdo. A vida é isso. Tomar aquilo de que se precisa. Querer viver. Finda é a breve hora da mística sagrada. Retornaste à ilusão da vida, aos seus motivos, ao seu conhecimento.

Pobre coitado.

---

443 Em latim no original. Remissão ao *De docta ignorantia*, de Nicolau de Cusa. Cf. acima nota 1, p. 205. (N.T.)
444 Mauthner mimetiza neste parágrafo o falar campesino. (N.T.)

Nominalismo

I. Não há até agora boa apresentação histórica da disputa entre nominalistas e realistas, um trabalho à altura da importância do assunto; isso porque somos inclinados a considerar toda essa violenta querela uma rixa escolástica que já não nos diria respeito, um milênio após sua eclosão. Tentarei mostrar apenas, com meios insuficientes, que a disputa entre nominalistas e realistas não cessou até os dias de hoje, que ela simplesmente tomou sempre novas formas, estendendo-se a novas áreas do conhecimento. Mostrarei de maneira breve que a querela entre nominalistas e realistas estava originariamente relacionada à lógica antiga; que ela rebentou com a mais extrema violência na teologia, quando a Escolástica tentou colocar a lógica a serviço da Igreja; que o nominalismo levou finalmente a que fossem postas pela primeira vez questões psicológicas, transpondo assim a disputa para o novo campo da psicologia; indicarei, além disso, que, ainda recentemente, na luta contra ou a favor do darwinismo, a antiga disputa tomou conta da biologia; e que, se quer ser crítica da linguagem, a teoria do conhecimento tem de tomar posição em relação à velha disputa entre nominalistas e realistas.

Antes de tudo, gostaria de observar que mantenho a antiga designação *nominalismo*, porque essa palavra ainda é facilmente compreensível; com efeito, também falamos de *definições* nominais, de *valores* nominais (de uma ação), de uma *nobreza* nominal, quando queremos dizer que a definição, o valor ou a nobreza consistem meramente em um nome, uma palavra, e nada têm que ver com a coisa, com os privilégios efetivos da nobreza, com a cotação da bolsa de valores ou o poder de compra das ações.[445] Mas, como a palavra realismo se transformou

---

[445] Nos primeiros tempos da disputa, era praxe exprimir-se assim: os modernos (*moderni*) ensinam dialética ou lógica *in voce* (nominalisticamente), os mestres antigos *in re* (realisticamente). Com a vitória do realismo nominal de São Tomás, todas as designações dos nominalistas soavam como xingamentos; contudo, elas faziam todo o sentido: *moderni, verbales, terministae, connotatistae*;* que os realistas nominais se autodenominassem veteranos e os nominalistas recrutas ou novatos (*tirones*) era inofensivo; o fato de os escotistas de Oxford terem se autodenominado nórdicos e os partidários de Ockham meridionais se deve, por certo, a querelas estudantis locais. Entre os escolásticos mediadores, que reconheciam a legitimidade do nominalismo mas não queriam se desavir com a Igreja, tentou-se salvar os universais ou as palavras

nos últimos decênios no contrário de idealismo, e assim significa quase o exato oposto daquilo que os escolásticos entendiam por realismo, chamarei em regra *realismo nominal* a esse realismo medieval que se opõe ao nominalismo. E para os *universais* ou generalidades, pelos quais àquela época se entendiam os *genera* e *species*,[446] direi apenas *nomes genéricos* e ocasionalmente *palavras genéricas*, porque há muito a gramática tem traduzido assim *genera* e *species*.

Antes, porém, de apresentar o desenvolvimento do pensamento nominalista, desde uma pequena ruminação lógica até a visão de mundo crítico-linguística, gostaria, em primeiro lugar, de corrigir um erro que pode surgir com facilidade do contato fugaz com a história do nominalismo e que poderia ser favorecido, aliás, justamente por minha compreensão de seu desenvolvimento; refiro-me ao erro pelo qual o realismo nominal sempre esteve associado a servidão espiritual e retrocesso e o nominalismo a liberdade e progresso. Quase nunca o curso da história é tão simples e esbelto; eu também não conseguiria respeitar as diretrizes simples de minha exposição caso quisesse manter sempre em vista as relações das duas seitas com os movimentos religiosos e políticos da época. No entanto, como advertência ao leitor, cabe lembrar aqui apenas que a mística alemã, tão essencialmente aparentada com o panteísmo moderno, não saiu do nominalismo herético, mas do realismo nominal ortodoxo; que o precursor de Lutero, Johannes Hus, foi um realista nominal; e

---

genéricas dando-se-lhes nomes novos e inabituais; provém desse período o já então realmente incompreensível neologismo *maneries* (talvez inventado como contraste lúdico a *materies*),** que resultou numa rica descendência graças ao francês *manière*; a derivação do francês *manière* do latim *manuarius**** é para mim duvidosa no som e no significado. Em ligação mais estreita com a expressão "valor nominal" acima mencionada (em oposição ao valor real, por exemplo, de uma ação), está a mais recente mudança de sentido da expressão "nominalismo", que hoje, na "filosofia do dinheiro" (isso existe), resume a doutrina que nega todo valor próprio ao dinheiro, em oposição aos "metalistas", que edificam todo sistema monetário sobre o valor real do ouro. Os nominalistas da Idade Média seguramente teriam se colocado do lado dos novos realistas (do ouro), os metalistas. (N.A.)

*"Modernos", "verbais", "terministas", "conotatistas". Em latim no original. (N.T.)

**"Maneira" e, a seguir, "matéria". Em latim no original. (N.T.)

***Adjetivo sinônimo de "manual" (*manualis*). (N.T.)

446 "Gêneros" e "espécies". Em latim no original. (N.T.)

que a prosperidade momentânea do nominalismo no primeiro terço do século XIV esteve o mais estreitamente ligada à luta entre imperador e papa e à briga de gato entre franciscanos e dominicanos. Os documentos a respeito destes dois últimos pontos podem ser extraídos da história mundial e da história eclesiástica; mas o nexo entre a mística alemã e o realismo nominal ortodoxo também é importante para o nosso interesse pela história da palavra. Eckhart, que fez a mais bela defesa da mística alemã em seus *Sermões alemães*, acreditava sinceramente encontrar-se no terreno dos realistas nominais Alberto Magno e São Tomás; ele só abandonou esse terreno, no que diz respeito à língua, para que seu sentimento pudesse entrar ainda mais apaixonadamente no simbolismo da fé, graças a palavras mais antigas e fervorosas; apesar de toda heresia e de toda desconfiança quanto à suficiência das palavras, apesar de seu anseio por uma linguagem do silêncio, Eckhart jamais passou para o lado nominalista. Se mística é apenas anseio em pronunciar o impronunciável, ela não pode ser separada da crença no poder das palavras. Mas se mística é anseio quase fisicamente sentido por unir o próprio eu diminuto ao Outro, ao Todo ou à Divindade, maior a razão para que ela não possa abrir mão das representações do realismo nominal mais antigo, segundo as quais o indivíduo só existe na medida em que participa da realidade do conceito superior, enfim, da realidade da divindade. No que segue, precisamos nos lembrar de não perdermos completamente de vista essas relações do realismo nominal.

II. A expressão para o contrário de realismo nominal e nominalismo muda conforme seja antigo ou moderno o filósofo que escolhemos para nos aproximar da querela; em seu início já se tinha o sentimento correto de que os partidários de Platão estavam do lado do realismo nominal, e os partidários de Aristóteles do lado do nominalismo mediador. Hoje diríamos que Platão ensinou a transcendência, isto é, a realidade inexperimentável das *Ideias*. Aristóteles, a imanência dessas Ideias, isto é, sua realidade terrena colada às coisas. Sucede que aquele período do século IX em que a disputa se avivou pela primeira vez sabia quase tão pouco de Aristóteles quanto de Platão; este era conhecido quase exclusivamente a partir de citações; aquele, a partir da tradução latina de alguns poucos livros e de alguns manuais de glosa escolar, que o acaso histórico colocara e mantivera em evidência. Um desses manuais havia levantado a pergunta pela essência dos universais; nesse ponto, não posso dizer *nomes genéricos*, porque a palavra moderna não é compatível com as antigas ruminações. Foi, portanto, o pedante antigo Porfírio que, numa introdução aos escritos lógicos de Aristóteles, levantou as questões (mas não tentou sequer respondê-las) de saber se as palavras genéricas estariam só em nossas mentes ou se seriam substâncias fora delas, se seriam substâncias corporais ou incorpóreas, separáveis das coisas perceptíveis ou não.[447] Essa passagem de Porfírio (já conhecida do velho Brucker, sem que, portanto, Cousin e Loewe precisassem certificá-la pela primeira vez),[448] esse esboço da questão, portanto, foi sendo espichado ora para um lado, ora para outro, ao longo dos quatro séculos da querela entre realistas nominais e nominalistas; as fórmulas nas quais a querela sintetizou as três respostas que mais claramente a definem são, como se sabe: *universalia* ante *rem*, in *re*, post *rem*.[449] O realismo nominal extremo diz: os nomes genéricos existiam *antes* das coisas individuais; o nominalismo extremo diz: os nomes genéricos foram abstraídos das coisas *posteriormente*; o ponto de vista mediador diz: aos nomes genéricos corresponde algo real *nas* coisas. Mais que pela costumeira tripartição *ante rem, in re* e *post rem*, talvez a diversidade de ponto de vista seja mais bem expressa pela fórmula tríplice (talvez árabe): *ante multa, in multis, post multa*.[450]

Nas fórmulas conhecidas mais antigas (*ante rem* etc.) se revela que o realismo nominal queria transformar toda a querela numa questão metafísica; logo saberemos por que razões teológicas teve de recuar tão longe. O erro do nominalismo foi que, em geral, ele se deixou desde o início aliciar para dentro do terreno metafísico ou ontológico e não perseverou — já que lhe era vedado tirar as consequências epistemoló-

---

447 O texto a que Mauthner se refere é o primeiro parágrafo de *Introdução às categorias de Aristóteles*, de Porfírio (*Porphyrii Isagoge*). (N.T.)

448 Johann Jakob Brucker (1696-1770), autor de *Historia critica filosofiae* [História crítica da filosofia], de grande êxito no século XVIII; a primeira edição, em cinco volumes, é de 1742-1744, a segunda, em seis volumes, foi lançada entre 1766 e 1767 e traduzida para o inglês em 1791. Victor Cousin tece considerações sobre o comentário de Porfírio a Aristóteles em *História da filosofia da Idade Média*. Paris: Didier, 1872, pp. 226-27. J.H. Loewe, *Der Kampf zwischen Realismus und Nominalismus im Mittelalter. Sein Ursprung und sein Verlauf* [A luta entre realismo e nominalismo na Idade Média. Sua origem e seu transcurso]. Praga: Kosmack & Neugebauer, 1876, p. 28. (N.T.)

449 "Universais *antes* da coisa, *na* coisa, *depois* da coisa." Em latim no original. (N.T.)

450 "Antes de muitos, em muitos, depois de muitos." Em latim no original. (N.T.)

gicas últimas — nos limites da lógica. Aqui, no interior da lógica, sua posição era inabalável. Pelos costumes do ensino escolar na época, a invocação do suposto axioma de que essencialidades (*entia*) não deviam ser multiplicadas sem necessidade já bastava para colocar os adversários em apuros. Decisivo, porém, foi o outro princípio escolástico latino: *res de re non praedicatur*;[451] de algo só se poderia predicar uma palavra, um conceito, e não uma coisa real. Se com os universais pensamos em nossas palavras ou nomes genéricos, a verdade desse axioma se torna imediatamente evidente para todos os exemplos escolásticos da lógica antiga; o predicado é expresso por *genera* e *species*, os quais, portanto, são apenas palavras, conceitos para esse uso lógico, não coisas; é fácil estender essa concepção de predicado aos casos em que o predicado é expresso por um verbo ou por um adjetivo.

A veemência de toda a querela pode ser mais bem compreendida levando-se em conta que as palavras que os realistas nominais concebiam como signos, e mesmo como signos adequados, das essencialidades mais altas e supremas, eram justamente aquelas que os nominalistas consideravam poder tratar apenas como gramáticos e lógicos. Não está provado que Roscelino[452] ensinou literalmente que as essencialidades expressas por nomes genéricos não são nada além de vibrações do ar provocadas por uma voz humana; mas ele certamente afirmou algo semelhante, e podia para isso recorrer à opinião dos antigos manuais escolares, em especial à de Marciano Capela.[453] A época ainda não estava madura para a questão psicológica: se o nome genérico é apenas uma palavra para abarcar as semelhanças nas coisas, como tal palavra surge no espírito humano? A época também não estava nem um pouco madura para a questão da biologia: se os nomes genéricos e os nomes específicos são apenas palavras sumárias para indivíduos semelhantes, como surge essa semelhança entre os indivíduos? Seria preciso admitir modelos prévios no entendimento do Criador?

Ganhar clareza graças a tais perguntas não era possível para o período que vai do século IX até o XIV. Os adversários falavam sem se

---

451 "Não se predica uma coisa de uma coisa." Em latim no original. Princípio atribuído a Abelardo. (N.T.)
452 Roscelino de Compiègne (c. 1050 - c. 1125). Filósofo francês considerado o fundador do nominalismo. (N.T.)
453 Marciano Capela (375-425), escritor latino da Antiguidade tardia. (N.T.)

entender, porque os mais importantes conceitos de valor se misturavam a uma questão da gramática e da lógica. Quando se duvidou da realidade dos nomes ou das palavas genéricas, Anselmo de Canterbury deve ter sentido ruir o edifício de sua prova ontológica da existência de Deus. Preste-se bem atenção às palavras deste Anselmo justamente na passagem em que imputa aos nominalistas a heresia de afirmar que as essencialidades expressas por nomes genéricos não são nada além de vibrações do ar provocadas pela voz humana. Ele diz: *"Illi nostri temporis dialectici, immo dialectices haeretici, qui non nisi* flatum vocis *putant esse universales substantias; qui colorem nihil aliud queunt intelligere quam corpus, nec sapientiam hominis aliud quam animas"*.[454] Os exemplos escolhidos por Anselmo se voltam contra o ponto de vista intermediário (*in re*), enquanto a censura principal tem por alvo o nominalismo extremo (*post rem*). Se a cor só adere aos corpos e a sabedoria às almas, então não se poderia mesmo provar e nem acreditar na existência da cor, na existência da sabedoria; e, uma vez que a prova da existência de Deus depende da realidade de tais abstrações, os nominalistas têm de ser combatidos encarniçadamente. Assim deve ter pensado Anselmo. Para a Igreja querelante, porém, outro conceito era ainda mais importante que o de Deus: o conceito dogmático de Trindade. Em virtude deste, a querela contra os nominalistas foi encampada por toda a teologia ortodoxa.

III. Não nos interessa aqui como surgiu a doutrina da Trindade. A teologia escolástica via essa doutrina como o artigo de fé mais importante e era de resto demasiado a-histórica para pensar que provinha do platonismo e do neoplatonismo. Agora podemos dizer, de modo geral, que os dogmas surgiram lentamente como interpretações da religião que vinha se formando havia dois séculos: os velhos e os novos padres da Igreja acreditavam estar fazendo filosofia enquanto buscavam exprimir em palavras gregas os grandes mistérios da encarnação humana de Deus, da transubstanciação e da Trindade.

[454] "Aqueles dialéticos de nossa época, e dialéticos heréticos, que consideram que as substâncias universais não passam de *emanações da voz*; que não conseguem compreender a cor senão como corpo, nem a sabedoria humana senão como alma [deveriam ser colocados de lado na discussão das questões espirituais]." Anselmo de Canterbury, *Da encarnação da palavra*, in *S. Anselmi Cantuariensis archiepiscopi opera omnia*, II. Edimburgo: Nelson, 1946, p. 9. Os itálicos são de Mauthner. (N.T.)

Os dogmas surgiam da maneira como se ousava pronunciar o impronunciável da fé. Esse processo de pensamento já estava concluído havia muito tempo na época da Escolástica, e o desenvolvimento do período subsequente passou aproximadamente por três estágios: os dogmas que haviam se tornado patrimônio permanente da Igreja estabilizada deviam ser primeiramente demonstrados a partir da razão; em seguida começou a diferenciação entre dogmas demonstráveis e indemonstráveis; e por fim se impôs a convicção de que a religião e seus mistérios não tinham absolutamente nada que ver com a razão. Esse desenvolvimento mais recente começou com o nominalismo, e, por isso, não só nominalistas extremos, mas também nominalistas brandos, que só duvidavam do contrassenso, do realismo nominal extremo, foram logo difamados como hereges e constrangidos, um a um, à abjuração. Não houve nominalista, por mais moderado que fosse, contra quem as autoridades eclesiásticas não agiram imediatamente com o mais extremo rigor. Já na primeira metade do século XI se constatou a dificuldade para compreender o milagre da transubstanciação se o indivíduo — por exemplo, este pedaço de pão perceptível aos sentidos — fosse uma substância. Do mesmo modo, a concepção do pecado original tinha estreita ligação com o realismo nominal; para os ortodoxos, a humanidade inteira parecia estar contida no nome genérico homem, não só linguística mas também substancialmente; o primeiro homem compreendia toda a humanidade em si, não de maneira conceitual, mas efetiva; partindo dessa concepção realista nominal do conceito de espécie, os escolásticos demonstraram até mesmo a impossibilidade de salvação dos anjos caídos: os anjos não constituem uma *espécie*. O pecado original está colado à substância do primeiro homem; dessa substância participam então todos os indivíduos humanos posteriores.

    Essa linguagem abstrusa do realismo nominal escolástico nos parecerá talvez menos estranha se nos lembrarmos mais uma vez do excerto da polêmica de Anselmo acima citado e se nos acostumarmos à ideia de que os hábitos linguísticos do realismo nominal também influenciaram a imaginação dos homens da época. Anselmo não podia de modo algum entender que a sabedoria só poderia ser uma propriedade da alma, e não uma pessoa em si. Para aquela época, sabedoria, justiça, bondade, não eram propriedades, não eram pálidas alegorias, mas pessoas reais. Aliás, isso talvez nos ajude a apreciar melhor os dramas da baixa Idade Média conhecidos como mistérios, em geral tão intragáveis para o nosso gosto, nos quais virtudes e vícios entram em cena como personagens dramáticas; o realismo nominal da época talvez não fizesse em sua imaginação distinção tão grande como fazemos entre o indivíduo César e a *substantia rationalis*,[455] o ente de razão "despotismo".

Abelardo, que provavelmente sempre permaneceu secretamente nominalista, ainda acreditava poder entrar em acordo com a Igreja concebendo as três pessoas da Trindade como os três atributos de uma única divindade, como poder, sabedoria e bondade; apesar da invocação a Santo Agostinho, isso teria sido heresia, caso a época não tivesse entendido três pessoas sob esses três atributos, de acordo com o realismo nominal. Com efeito, nenhum outro foi considerado como verdadeiro inimigo da doutrina da Trindade a não ser aquele que havia sido mais consequente, Roscelino, o ex-professor e mais tarde oponente de Abelardo, o mesmo Roscelino que teve de abjurar o seu triteísmo (em 1092), com cuja sujeição o nominalismo parecia aniquilado. Roscelino ensinou manifestamente que só indivíduos existem de fato, que as três pessoas da divindade são indivíduos, que há, portanto, três deuses, só que a linguagem da Igreja proíbe esse modo de expressão. Essa crítica nominalista à doutrina da Trindade, contra a qual Anselmo se insurgiu e que depois pareceu definitivamente eliminada por São Tomás, é bastante simples; confesso que a querela em torno das palavras pessoa, substância e assim por diante é muito mais complicada; mas tal querela foi disputada na época sem nenhum conhecimento da história das palavras, e não nos acrescentaria nada nos aprofundarmos nela. Mencione-se ainda apenas que nessa querela de palavras também um realista nominal não foi poupado da suspeita da mesma heresia, a saber, do triteísmo. Trata-se de Gilbert de la Porrée, que em meados do século XII sustentou a intrincada doutrina segundo a qual o Deus único seria a divindade, a *forma, qua tres personae informentur*.[456] Lembre-se que mais tarde Eckhart também estabeleceu uma forte distinção entre divindade e Deus: "Deus causa, a divindade não causa nada" (vide verbete "Personalidade").[457]

O nominalismo parecia aniquilado, e de fato estava, no campo da teologia; pois, quando o renovou na primeira metade do século XIV,

---

455 Substância racional. Em latim no original. (N.T.)
456 "Forma pela qual se as três pessoas se enformam." Em latim no original. Gilbert de la Porrée (1076-1154), filósofo e teólogo francês. (N.T.)
457 Não traduzido nesta seleção. (N.T.)

Guilherme de Ockham se preocupou muito pouco com a teologia. Pretendia deixar todas as questões de fé a critério da tradição e da autoridade da Bíblia; talvez esse apelo à Bíblia já fosse uma nova heresia, seu elogio da vontade que quer crer no indemonstrável talvez tenha sido dito de forma irônica.

IV. Eu disse que o nominalismo colocou pela primeira vez questões verdadeiramente psicológicas e transpôs assim a querela para o novo domínio da psicologia. Naturalmente, conceitos ou palavras de que a psicologia atual continua se ocupando tampouco eram estranhos à Antiguidade; designações para as formas de percepção dos órgãos dos sentidos, para os desejos e para as paixões dos homens, e até para os fenômenos mais salientes do trabalho do pensamento, já existiam na linguagem realista ingênua de povos primitivos. Aristóteles, no entanto, ainda não tinha uma psicologia em nosso sentido, e os ensaios psicologistas dos estoicos foram novamente aniquilados na alta Idade Média. Especialmente por culpa do realismo nominal, que transformou as palavras genéricas em essencialidades, ou seja, transformou entes de razão ou produtos psíquicos em coisas ontológicas. Se nomes genéricos e propriedades eram coisas reais, a lógica podia florescer e a psicologia tinha de definhar; na verdade, o ensino escolar da lógica medieval já não nos pareceria tão morto e infrutífero como nos parece se pudéssemos nos colocar de volta nas representações realistas nominais. Segundo a fantasia daquela época — creio não estar exagerando —, os conceitos de uma frase atuavam uns sobre os outros não menos fisicamente que, para nós, os elementos químicos atuam uns sobre os outros; e o predicado da conclusão resultava da síntese quase como o novo elemento no laboratório químico. Foi um nominalismo moderado, conhecido como *conceptualismo*, que esperou pôr fim à querela dizendo: as palavras genéricas nem são, enquanto realidades, *anteriores* aos indivíduos, nem realidades *posteriores* aos indivíduos; mas tampouco são vibrações de ar vazias, são, ao contrário, conceitos de um entendimento (*conceptus mentis*). Seria ir longe demais se me propusesse a investigar até que ponto Abelardo, a quem seus conterrâneos franceses atribuem a invenção ou descobrimento desse conceptualismo, conheceu o alcance de sua fórmula. Basta apontar que com essa fórmula o psicologismo se instalou no mundo, psicologismo que posteriormente, sob a influência dos ingleses, ajudou a remodelar nossa visão de mundo. O essencial era que o realismo nominal sempre perguntara pela realidade das palavras genéricas e fundamentara sua verdade com base em sua realidade; agora, porém, vinha lentamente à consciência dos nominalistas que a verdade das palavras ou conceitos não poderia de modo algum ser proferida, mas somente a verdade de juízos, portanto, como diríamos hoje, de uma atividade psíquica. Uma resposta psicológica ainda não havia sido encontrada; mas logo já não havia mais como se furtar a colocar a pergunta psicologicamente. Os nominalistas explicavam os nomes genéricos como meras palavras ou conceitos, como conceitos de um entendimento; se esses conceitos não se encontravam *previamente* no entendimento de Deus, entendimento semelhante ao humano, se eles surgiam, ao contrário, *posteriormente* no entendimento humano, portanto numa capacidade da psique, era natural perguntar: *como* surgem esses conceitos? A questão psicológica, a questão da teoria do conhecimento, tinha de ser posta.

Siebeck, em seu escrito "Para a psicologia da Escolástica" (*Arquivo para a História da Filosofia*, I, pp. 375 e 518),[458] remete à influência que os árabes, mais instruídos em ciências naturais, tiveram sobre esse desenvolvimento; Avicena e depois dele Averróis puseram em execução o conceptualismo que Abelardo claramente acabara de edificar com excessiva cautela, ou que nós talvez apenas projetamos em suas palavras tateantes. Não se deve passar em silêncio aqui que os árabes não eram nominalistas consequentes, que faziam as palavras genéricas surgirem primeiramente no entendimento divino para depois fazê-las surgir uma segunda vez na realidade psicológica do entendimento humano.

Esse psicologismo nominalista foi desenvolvido pela primeira vez de forma clara por Guilherme de Ockham, cuja luta obrigatória contra os realistas nominais lógicos e teológicos torna, sem dúvida, a sua exposição quase ilegível para nós. As palavras genéricas só podem ser encontradas no entendimento humano, e mesmo aí só subjetivamente enquanto representações (*objective*), não objetivamente ou enquanto substâncias (*subjective*). Ockham preparou o caminho para Locke, uma vez que, de modo quase sensualista, só confia naqueles conceitos que remontam à percepção intuitiva ou ao conhecimento intuitivo (*intuitivo* sempre no sentido natural de uma impressão imediata) de nossa vida interior que nos permita apreender conceitos de nossos estados psíquicos. Quase como Locke, Ockham já nega a possibilidade de se afirmar qualquer coisa sobre a essência da alma, sobre a essência de

---

[458] H. Siebeck, "Zur Psychologie der Scholastik". *Archiv für Geschichte der Philosophie*, I. Berlim: Reimer, 1888. (N.T.)

Deus. Com essa tese ousada para sua época, coloca-se pela primeira vez o problema da psicologia.

V. Descobrir como as palavras genéricas surgem no entendimento humano, como, portanto, os conceitos *post rem* são abstraídos das semelhanças nas coisas, esta era a nova tarefa da psicologia, que tomava a si mesma meramente por uma lógica moderna, nominalista. Demorou bastante tempo até que essa atividade do entendimento fosse referida ao jogo das associações e se reconhecesse a semelhança nas coisas como uma das principais causas da atividade associativa. Tampouco havia ainda ocorrido a alguém tentar esclarecer a semelhança, especialmente a semelhança na estrutura dos organismos, pela filosofia natural. Já foi um imenso avanço quando Avicena sumarizou as três fórmulas da querela em torno do nominalismo e fundamentou, mediante essa combinação de opostos, a intuição que na verdade — se não se quiser fazer caso da mudança da expressão linguística — permaneceu hegemônica até o triunfo do darwinismo. O exemplo da *equinidade* usado por Avicena[459] mostra claramente que, com sua combinação das três fórmulas, ele realmente tinha em mente os gêneros e espécies do mundo orgânico. Segundo pensava, os universais ou unidades eram ao mesmo tempo *ante rem*, *in re* e *post rem*. Eram *ante multa* na sabedoria de Deus, como a obra de arte antes de sua produção na alma do artista; eram, além disso, *in multis*, como a semelhança relativa das coisas; eram, finalmente, *post multa*, como a percepção dessas semelhanças no pensamento humano. As semelhanças eram intelectuais no plano divino, lógicas no entendimento humano e naturais nos próprios organismos.

Ora, enquanto a crença num plano de criação deu uma direção à biologia, podia-se reencontrar o antigo realismo nominal e sua doutrina das Ideias nas representações da ciência; como ninguém podia ter uma imagem do modo como o criador fazia os organismos surgir em conformidade com as suas Ideias, a questão se resolvia com as criaturas individuais participando dos conceitos genéricos ou Ideias, que eram de algum modo reais *ante multa*, se não justamente como substâncias, certamente

---

[459] A famosa passagem de Avicena sobre a "equinidade que não é outra coisa senão somente equinidade" ("*equinitas non est aliquid nisi equinitas tantum*") se encontra na tradução latina de Ilāhiyyāt: *Liber de philosophia prima*, II. Ed. crítica de S. van Riet. Louvain: Peters, 1980, pp. 228-29. (N.T.)

como intenções ou fins de Deus. Não era fácil colocar o nominalismo moderado em oposição a essa intuição, porque as semelhanças dos gêneros e espécies evidentemente não haviam surgido primeiro no pensamento dos classificadores humanos, *post rem*, mas já se encontravam nas coisas naturais, *in re*. Desse ponto de vista se pode exprimir a hipótese de Darwin (a crença nela é profundamente supersticiosa em relação às palavras) dizendo que ela ensina o nominalismo moderado; que rejeitou e aniquilou o realismo nominal que havia transformado os gêneros e espécies em Ideias finais de um entendimento antropomórfico.

A crítica ao darwinismo investigou com mais exatidão os conceitos de adaptação e hereditariedade, aos quais Darwin já havia conferido robustez para poderem ser submetidos a tal investigação; mas também examinou mais atentamente o conceito de fim e agora chegou à convicção de que a visão de mundo mecanicista, louvada até pelo darwinismo consequente, não é capaz de esclarecer a finalidade de algum modo existente nos organismos; de que temos primeiramente de entender o conceito de fim melhor do que antes para podermos nos pôr em algum acordo sobre como as semelhanças penetraram nos organismos. Temos de examinar o conteúdo dos conceitos fundamentais (lei, fim, vida, adaptação, hereditariedade, forma) antes de podermos novamente declarar liquidado o antigo realismo nominal, isto é, até o seu ressurgimento; e esse exame dos conceitos só pode ser realizado por um nominalismo crítico que não se limite a querer esclarecer o surgimento das palavras genéricas no pensamento e o surgimento das semelhanças nos organismos, mas que, ao contrário, pergunte: como podemos chegar ao conhecimento de indivíduos passando pelas palavras genéricas? Que sentido, que conteúdo as palavras genéricas ainda têm para nós? Se conseguirmos tornar ao menos mais precisa essa pergunta, cuja resposta mal será possível pôr em palavras, então o nominalismo antigo se terá desenvolvido numa crítica da linguagem.

VI. Precisei relembrar com frequência (vide especialmente o verbete "Filosofar grego")[460] que a lógica de Aristóteles e também sua doutrina das categorias eram uma gramática mal compreendida, e que por isso a filosofia da linguagem dos antigos mal podia ir além de sua gramática incompleta. O realismo nominal da Idade Média teve de submergir

---

460   Não traduzido neste volume. (N.T.)

ainda mais profundamente na superstição da palavra porque a lógica e a doutrina das categorias foram colocadas a serviço de uma teologia que tinha de demonstrar inteiramente pelo entendimento dogmas da fé surgidos com comodidade. Contra essa pseudológica se insurgiu o nominalismo radical de Roscelino, primeiramente numa espécie de desespero linguístico; no entanto, também o nominalismo moderado (*universalia in re*) de Abelardo e de Ockham trabalhou numa filosofia da linguagem que ultrapassou significativamente o pensamento grego. Já Abelardo e seus discípulos — e antes, na verdade, Boécio — haviam indicado que as palavras, justamente porque não lhes corresponderia corpo algum, mas somente entes de razão, só podem ser empregadas em asserções; já naquela época se chegou à heresia de afirmar que a existência de tais entes de razão na mente ou na linguagem não é prova da existência daquilo que os entes de razão querem designar subjetivamente. Ockham levou essa filosofia da linguagem ainda mais longe porque, como franciscano, sentia ainda muito menos que Abelardo necessidade de demonstrar racionalmente os confortáveis dogmas da fé, para si mesmo ou para o povo. Ele aproveitou os primeiros impulsos do psicologismo para aplicá-lo à lógica e à filosofia da linguagem. Para ele, as percepções imediatas (que ainda não havia reconhecido como intelectuais) são o primeiro conhecimento; a concepção ou a apercepção consciente de uma coisa individual já é para ele a primeira abstração; essa apercepção nunca se efetuaria sem um ato de representação, sem um sinal exterior, como o gemido é um signo da dor. As palavras genéricas, com as quais designamos uma quantidade de coisas individuais semelhantes, são, por conseguinte, sinais de sinais; ele deveria ter dito mais precisamente: sinais de sinais de sinais.

Foi por um caminho inteiramente outro que cheguei à doutrina segundo a qual a linguagem surge por via metafórica, é figurada, e a maioria das palavras são imagens de imagens (vide *Crítica da linguagem*, II, 2ª ed., pp. 449ss.).[461] Gostaria de acrescentar que, com o surgimento da linguagem a partir de metáforas, eu tinha em mente, em primeiro lugar, a forma externa da linguagem, mas a forma interna ou o uso da linguagem tinham naturalmente de estar subentendidos. As palavras, com efeito, nada são sem o seu conteúdo significativo. O avanço de uma crítica da linguagem para além do nominalismo parece residir nisto, que o nomi-

---

461   Trecho não traduzido neste volume. (N.T.)

nalismo antigo ainda não tinha nenhum senso histórico, nenhum senso para o surgimento de uma língua e do conteúdo de suas palavras, que o nominalismo, portanto, não podia compreender a insuficiência essencial da linguagem para conhcer o mundo; via apenas a insuficiência prática da linguagem diante dos problemas da teologia. E, no entanto, temos de agradecer ao nominalismo inglês por ter colocado primeiramente as questões psicológicas e, depois — meio milênio mais tarde —, as questões biológicas que ainda hoje nos ocupam. Não gostaria de evocar aqui a proposição crítico-linguística de Ockham, segundo a qual somente as proposições, não as coisas, são cognoscíveis, porque não sei dizer se nela há tanta resignação no saber quanto lhe atribuo.

O desenvolvimento ulterior do nominalismo inglês nos levou tão longe, que reconhecemos vários conceitos da filosofia escolástica como pseudoconceitos; não apenas conceitos que pertencem à teologia exotérica ou esotérica, como Deus, liberdade, imortalidade, mas também as supostas fundações de todo pensamento científico, como causa e lei. Quase todos os artigos deste *Dicionário* aspiram à libertação de tais pseudoconceitos, que nasceram pela via da mudança de significação, pelas metáforas e, especialmente, pelas analogias.

Tenho então de perguntar, neste ponto, se as palavras genéricas da biologia também são pseudoconceitos como esses ou não. Vou me ater aqui ao tão debatido conceito de espécie.

Do ponto de vista da querela em torno do nominalismo, seria possível dizer que a Igreja e a linguagem comum veem as espécies como realidades, como algo *ante rem*; que os darwinistas consequentes consideram que o conceito de espécie está destruído e lhe negam o direito de existência até mesmo no pensamento, *post rem*; Igreja e linguagem comum são realistas nominais, os do círculo de Haeckel vão ainda mais longe que o nominalismo mais antigo. Darwin não era tão imprudente quanto seus partidários; queria explicar o surgimento das espécies, as semelhanças *in re*. Já mostrei (vide verbete "Espécie")[462] que o conceito de espécie passou da lógica para a biologia e não tem nesta a mesma validez rigorosa que tem na lógica. Se pudéssemos nos livrar de tempo e espaço, somente então seria também representável a abolição do conceito de espécie. Formulo a questão do sentido das palavras genéricas mais precisamente assim: o que ainda é real para

---

[462] Não traduzido neste volume. (N.T.)

nós no conceito de espécie, desde que a consanguineidade das espécies se nos tornou pensável?

Chamamos a coisa individual de uma unidade e cremos naturalmente ter fundamentos para tanto; no mundo real só há essas coisas individuais ou indivíduos. *Post rem* também chamamos, contudo, os organismos semelhantes de unidades e vemos neles indivíduos de pensamento, os quais nós sabemos que não vivem no mundo real. Mas como, se também os indivíduos só seriam unidades *post rem*, unidades em nosso pensamento? (Vide verbete "Unidade".)[463] Afinal, então, as espécies e gêneros não seriam talvez menos reais do que os indivíduos, e teríamos de reconhecer, após uma querela de milênios, que o nominalismo só foi vitorioso contra o realismo nominal eclesiástico da Idade Média em um sentido negativo, que não contribuiu positivamente em nada para o conhecimento do mundo. Uma vibração do ar que só tinha sentido como reação ao insolentemente supersticioso realismo nominal. Eu quase diria com Goethe: "Para o cepo grosso, cunha grossa, para o velhaco, velhaco e meio".[464]

Palavra de Deus[465]

I. É difícil ficar sério quando se pretende investigar o conceito *palavra de Deus*. Com efeito: no princípio era a Palavra,[466] e Deus era uma pala-

[463] Não traduzido nesta seleção. (N.T.)
[464] O dito se encontra na coletânea intitulada *Sprichwörterlich* [Proverbial], de Goethe. De fato, a primeira frase, *"Auf groben Klotz den groben Keil"*, é um provérbio em alemão, mas cepo (*Klotz*) também tem o sentido de indivíduo tosco, grosseiro. Ao provérbio, Goethe acrescenta *"auf einen Schelmen anderthalbe"*, que é proverbial também em outras línguas: *"à vilain, vilain et demi"* (francês), *"per conoscere un furbo, ci vuole un furbo e mezzo"* (italiano) etc. A quadra em que se encontram os dois versos proverbiais diz mais ou menos assim: "No ano-novo, saúde e bonança,/Para dor e ferida, bons remédios./Para o cepo grosso, cunha grossa,/Para o velhaco, velhaco e meio". (N.T.)
[465] Mantendo o sentido bíblico, outra tradução possível para *Gotteswort* em português seria "Verbo divino". (N.T.)
[466] Sobre opção de traduzir *Wort* por "Palavra" em vez de "Verbo", ver nota 2, da seleção de textos das *Contribuições*, p. 33. (N.T.)

vra. Deuses são palavras. Foi sobretudo o grupo das chamadas religiões monoteístas que colocou palavras humanas, palavras da sabedoria e da ignorância, na boca antropomórfica daquela que é a mais temerária de todas as palavras, isto é, Deus; palavras que apenas gozavam de prestígio por longo tempo aqui e ali, como os livros de escritores antigos, eram chanceladas como autênticas palavras de Deus toda vez que a heresia começava a duvidar de sua autenticidade. O ser humano pode menosprezar o quanto quiser o animal; não há, entretanto, na natureza muda, animal que afirme estar em posse da palavra de Deus.

Faz aproximadamente 2 mil anos que judeus e cristãos se esforçam por estabelecer um texto autêntico da palavra de Deus; o Islã, para sorte sua, fica um pouco à parte, porque não conhece nossa filologia e sua aplicação à Sagrada Escritura. Se perguntarmos agora o que a Igreja entende por autêntico, teremos de deixar de lado os contos de fadas com os quais se degeneram os cérebros de nossas pobres crianças: o dedo de Deus, que, segundo o conto de fadas judaico, por exemplo, gravou os dez mandamentos nas tábuas, e o Espírito Santo do conto de fadas cristão, que sempre estava presente quando alguém, de Moisés aos Evangelistas, escrevia um dos livros canônicos e também quando outro alguém traduziu o livro e, novamente, quando a tradução foi traduzida, isto é, traduzida para o latim, a língua oficial da Igreja Católica. Com as línguas modernas, o Espírito Santo deixou de se intrometer. Mas, quando o Concílio de Trento declara que a Vulgata é autêntica, o que isso quer dizer? Aqui não se deveria esquecer que esse texto autêntico — como logo veremos — só foi estabelecido décadas depois dessa declaração e que o Espírito Santo, portanto, fez os homens do Concílio autenticarem passagens bíblicas que só uma geração posterior soube avaliar como corretas por razões filológicas. No Concílio havia sido apresentada a proposta sensata de que primeiro se autenticassem os textos originais em hebraico e em grego e então também se produzissem traduções autênticas para as línguas vernáculas. As propostas não passaram. Admitiu-se que não se possuíam textos originais autênticos, isto é, certificados, mas a tradução latina usual desses originais não comprovados foi declarada *autêntica*. Ora, o que foi isso?

Bem estranhamente, o étimo do conceito, *aythéntēs*, em cuja difícil etimologia não quero entrar aqui, não significa o autor de um escrito, mas de um assassinato, de certo modo o assassino que matou de próprio punho, mas então também o detentor do poder em geral, o senhor violento ou despótico. Dificilmente saberemos como, a partir desse significado (*aythéntia* = *autocracia*), o adjetivo *aythentikhós*, em grego, e *authenticus,* em latim, adquiriu o sentido de: *confiável, certificado, de próprio punho, original*. Mas é somente nesse sentido jurídico, judicial-processualista, que a Vulgata pode ter sido chamada de autêntica. Assim como, no caso de o original não poder ser requerido, o juiz romano tratava uma cópia do testamento oficialmente declarada fidedigna como *autêntica*, assim também a Igreja chamou a antiga tradução latina da Bíblia de *autêntica*, porque não se sentia capaz de emitir um juízo sobre os originais em grego e em hebraico. A propósito, também a designação usual da Bíblia se origina da linguagem jurídica; os judeus antigos compreendiam a palavra de Deus a eles legada como a sua aliança com Deus, o seu contrato com ele, preto no branco; a Septuaginta traduziu a palavra hebraica por *diathēkē*, a que se chamou posteriormente em latim, em neologismo literal, *testamentum*;[467] apesar do relacionamento totalmente diverso (Jesus Cristo não fechou contrato algum, ao menos não com um povo eleito), essa palavra foi empregada para a coletânea de livros dos apóstolos e dos evangelistas, e assim ganhamos um Novo Testamento em acréscimo ao Antigo.

A autenticação eclesiástica da Vulgata, entretanto, correspondeu muito mal ao seu modelo jurídico. Por mil anos a Igreja havia se arranjado, bem ou mal, com a disparidade e inconfiabilidade de seus manuscritos bíblicos. As disputas locais nunca lhe deram motivo para declarar a autenticidade de um dos textos bíblicos antigos, o hebraico, o caldeu, o sírio, o grego, nem de uma das traduções modernas, a alemã, a francesa, a flamenga. Foi somente quando a Reforma se pôs a interpretar a palavra de Deus sem a participação do Espírito Santo, cientificamente — na medida em que a teologia pode ser uma ciência —, e filologicamente — quando teve a audácia de consultar os textos relativamente autênticos, o hebraico e o grego —, foi somente aí que a Igreja interveio com sua declaração: a chamada Vulgata, "*haec vetus et vulgata editio pro authentica habeatur*".[468]

---

467   *Diathēkē* (disposição, ordem, disposições por escrito, testamento) está em grego; *testamentum*, em latim no original. (N.T.)

468   Em latim no original: "Esta edição antiga e acessível deve ser considerada autêntica". Trecho do decreto do Concílio de Trento, de 8 de abril de 1546, sobre as Escrituras canônicas. (N.T.)

Com a costumeira esperteza, a Igreja Romana, como veremos, não deixou a querela sobre essa declaração arrefecer sem antes interpretar autenticamente o conceito de *autêntico*. De um lado, afirmou-se que autêntico seria o mesmo que inspirado pelo Espírito Santo; de outro, ensinou-se que essa explicação só teria o valor de uma aprovação, a constatação do texto verdadeiro da Vulgata seria, como sempre, obra científica humana, desvinculada do milagre do Espírito Santo e da infalibilidade do papa. É assim que hoje não há aparentemente contradição em incutir nas crianças as palavras da Vulgata como palavras certificadas de Deus, enquanto os eruditos católicos podem afirmar que a Igreja Romana dá toda a liberdade à pesquisa bíblica e à crítica textual. Na verdade, também para os bons católicos a Vulgata não é a palavra autêntica de Deus, mas apenas a palavra oficial, a que eles devem se ater. Como se um juiz soubesse não estar diante do verdadeiro testamento, mas declarasse, por razões não jurídicas, que a falsificação é autêntica.

Não fosse fato conhecido, seria inacreditável que a Igreja Romana tenha tentado proibir a palavra de Deus à humanidade alfabetizada, palavra que existia, contudo, para a sua salvação. A ressalva de proibir a leitura da Bíblia apenas nas traduções não aprovadas veio somente num momento angustiante da Igreja (1757); as proibições antigas incidiam sobre as traduções para as línguas vernáculas em geral: os boêmios tiveram sua tradução proibida no século XI, os valdenses no século XIII e os lollardistas no século XIV.[469] A mera posse de uma tradução era passível de punição. Por fim, durante a Guerra dos Trinta Anos, a leitura da Bíblia numa língua vernácula foi universalmente proibida. Quem quisesse me objetar que tal interdição político-eclesiástica não tem nada que ver com o curso de minha investigação deveria considerar que os cristãos dos primeiros séculos não tinham outro consolo neste mísero mundo que a palavra de Deus, não tinham igreja, não tinham clero, não tinham dogmas (igreja, clero, dogmas em sentido atual); que ainda no tempo de São Jerônimo a elevação podia ser haurida única e exclusivamente da palavra de Deus; que, posteriormente, o maior desaforo cometido pelos comerciantes de palavra foi oferecer à cristandade somente palavras

---

[469] Valdense é membro do valdismo, seita herética fundada por Pierre Valdo em Lion, no século XII. Lollardismo foi um movimento político-religioso inglês de fins do século XIV e início do século XV; John Wycliffe é considerado seu fundador. (N.T.)

numa língua estrangeira, como se fossem fórmulas mágicas, antiquíssimas, que se tornaram incompreensíveis, negando-lhes assim a única possibilidade que tinham de empregá-las, a tradução das palavras antigas.

Não é de minha alçada, ao menos não aqui, criticar a pessoa da Trindade que se chama Espírito Santo; no entanto, posso e devo investigar em que medida ele é considerado o responsável pelo teor textual oficial da palavra de Deus, segundo a doutrina cristã. A decisão sobre essa questão influenciou o juízo dos teólogos acerca da qualidade da tradução latina. Os eruditos que criticam a língua da Vulgata adotam uma posição intermediária (Louis de Dieu: "*suos habet naevos, habet et suos barbarismos*"),[470] mas admitem que ela não contém nada contra a fé ou os bons costumes. Mais papais que o papa são os eruditos que (como Morinus) buscam a intercessão do Espírito Santo não apenas no conteúdo mas também na forma da tradução latina: "*Vulgatam versionem* theópneuston *non sine gravibus argumentis existimamus*".[471]

No que concerne à maior ou à menor importância dos trechos bíblicos, os autores teológicos distinguem três graus de colaboração do Espírito Santo: *revelatio* (revelação), *inspiratio* (inspiração) e *assistentia* (assistência). Visto que a inspiração, da qual principalmente se trata aqui, se manifestava mais conscientemente para os autores do Antigo Testamento do que para os do Novo, e visto que a inspiração é muito raramente afirmada, é o ponto de vista humano, sujeito a erro, que deve decidir acerca do grau de colaboração do Espírito Santo. No tocante aos inúmeros deslizes de ciência natural e de história, a Igreja já rejeitou aquela doutrina comprometedora que dizia que nas "coisas naturais" se deve falar apenas de uma *inspiratio concomitans*.[472] No entanto, visto que a palavra de Deus, a palavra do Deus onisciente e verdadeiro, também não pode errar nas coisas naturais, e que a inspiração do Espírito Santo não foi, na primeira redação do texto, mera assistência, mas uma

---

[470] Em latim no original: "[Ela] tem suas manchas e também seus barbarismos". O trecho aparece no livro *Animadversiones sive Commentarius in quatuor Evangelia* (1631) de Louis (Ludovicus) de Dieu (1590-1642) (N.T.)

[471] Com exceção da palavra grega *théopneuston* (inspirado pela divindade), a frase de Joannes Morinus (Jean Morin, 1591-1659) está em latim: "Estimamos, não sem sérios argumentos, que a versão da Vulgata é de inspiração divina". Encontra-se em *Exercitationes ecclesiasticae in utrumque Samaritanorum Pentateuchum*, 1631. (N.T.)

[472] "Inspiração concomitante." Em latim no original. (N.T.)

força necessária, uma determinação, e visto que erros e contradições inessenciais devem ser admitidos pelos homens mais crentes, então não resta mais nada a não ser renunciar à forma da Vulgata latina. A onipotência divina *queria* que suas palavras fossem redigidas nas três línguas santas; mas não queria se envolver nos naturalismos do espírito da língua: ela apenas cuidou para que o Espírito Santo entrasse em ação nas palavras decisivas.

Antes do nascimento de Cristo, Deus deixou a tradição das Sagradas Escrituras aos cuidados da Sinagoga e, mais tarde — atente-se à admirável coerência da Igreja Romana —, aos cuidados da Igreja. Esta tem, portanto, direito de declarar autêntica a forma da palavra de Deus que lhe é conveniente por quaisquer razões que sejam, inclusive práticas e políticas; de declará-la autêntica para seus fins; fins alheios — por exemplo, os da ciência moderna — não lhe dizem respeito.

II. A história do texto da Vulgata nos ensina que a Igreja Católica nunca afirmou a existência de um texto autêntico. A Vulgata sempre foi um compromisso. A ideia ensinada às crianças de que cada palavra e cada letra da Sagrada Escritura foram ditadas aos autores e aos tradutores pelo infalível Espírito Santo é contraditória segundo os próprios ensinamentos da Igreja. Dizem que o Espírito Santo só teria se preocupado com o conteúdo, não com a forma linguística; entretanto, todas as passagens importantes para o conteúdo da doutrina são declaradas sacrossantas, sem excluir um jota, sem excluir uma vírgula da tradução. A Igreja define a correção do texto da Vulgata com a mesma habilidade com que define o caráter coercitivo dos dogmas; "*quod semper, quod ubique, quod ab omnibus creditum est, hoc est catholicum*".[473] Mas de sentença alguma na tradução latina da Bíblia se pode afirmar com justiça que foi empregada sempre, em toda parte e por todos os crentes. Pois o número de variantes é superior a 150 mil.

Nem sequer a designação *vetus et vulgata latina editio*, que, desde a quarta reunião do Concílio de Trento, é oficial para o texto ainda hoje em uso, é inequívoca. São Jerônimo, o redator responsável pelo nosso texto, chama com frequência a Septuaginta de *editio in toto orbe*

---

473 Citação truncada de trecho da Declaração de Utrecht (1889): "Afirmemos aquilo em que se tem acreditado em todas as partes, sempre e por todos, porque isso é verdadeiro e propriamente católico". (N.T.)

vulgata[474] ou algo parecido; Santo Agostinho, igualmente. E então, no século IV, também a Ítala, cujo texto, apesar de todos os barbarismos, São Jerônimo aceitou muito piedosamente em sua tradução, foi denominada *usitata*, *communis* ou também *vulgata*.[475]

A redação de São Jerônimo, embora tenha tido a seu favor a autoridade deste santo e de um papa, nem de longe pôs fim à insegurança no uso de bíblias latinas. Até o desfecho do século VI, dominou grande liberdade na escolha do texto. Papas e santos citavam, conforme suas convicções pessoais ou conforme circunstâncias casuais, ora a Ítala, ora a tradução de Jerônimo. Mesmo Gregório Magno, enérgico adepto da *realpolitik*, traz ora passagens da tradução antiga, ora da moderna, *quia sedes apostolica utraque utitur*.[476] Em algumas partes da liturgia cantada na missa, o texto da Ítala é mantido ainda hoje. Sem dúvida, a partir do século VIII aproximadamente, apenas a tradução de Jerônimo foi usada na homilia e afins; era chamada, em relação à Ítala, *emendata* ou *recens*;[477] Gregório a denominava, como vimos, *nova* em relação à *vetus*;[478] mas a obra de tradução de Jerônimo também foi chamada *hebraica translatio*,[479] com um leve tom de desaprovação. Sem que se viesse a declarar oficialmente, a antiga Ítala foi na prática posta de lado pelo texto de Jerônimo, de maneira que já no século XII pôde surgir a crença de que esse texto teria sido oficialmente encomendado pela Igreja. Naquela época, o conhecimento do hebraico ainda era tão raro entre os teólogos cristãos, que a Septuaginta continuava sendo citada ocasionalmente como Vulgata, e a tradução de Jerônimo, que remontava ao hebraico, era vista como a fonte última, como *hebraica veritas*.[480]

A crescente difusão do texto de Jerônimo não foi capaz de estabelecer uma uniformidade, em virtude da técnica de reprodução da época.

---

[474] "Edição acessível em todo o orbe." Em latim no original. (N.T.)
[475] Vulgata não era, nem de longe, termo para um texto oficial. Vulgata sempre foi o texto usual, o texto *moderno* a cada momento. Também não houve, nesse sentido, uma Ítala, pela qual hoje se gosta de entender uma determinada versão antiga do texto. O que Santo Agostinho chama de Ítala é simplesmente a Bíblia latina difundida na Itália, terra do bispo romano. (N.A.)
[476] "Porque a sé apostólica utiliza ambas." Em latim no original. (N.T.)
[477] "Corrigida" ou "recente". Em latim no original. (N.T.)
[478] *Nova* (nova) e *vetus* (velha) estão em latim no original. (N.T.)
[479] "Tradução hebraica." Em latim no original. (N.T.)
[480] "Verdade hebraica." Em latim no original. (N.T.)

Hoje se poderia dizer com muito mais razão o que Jerônimo disse outrora acerca da Ítala: *"quot codices, tot exemplaria"*[481] (no prefácio ao livro de Josué). Os copistas faziam modificações ora conforme sua ignorância, ora conforme sua erudição; cada país tinha seu próprio texto, de maneira que a França chamava a *Biblia Caroli Magni* também de *Biblia Alcuini*.[482] Apesar disso, já no século XIII o texto mais comumente usado é chamado de *vulgaris*, e em 1266 Roger Bacon usa pela primeira vez a expressão *exemplar vulgatum*, no nosso sentido de uma edição que a Faculdade de Paris e o arcebispo primaz da França haviam aprovado; o que não impediu os dominicanos nem os franciscanos de propor textos divergentes para seus domínios. Entretanto, visto que por volta dessa época todo copista erudito considerava questão de honra para a transmissão do texto autêntico de Jerônimo comparar manuscritos mais antigos, incluir variantes ou anotá-las na margem; visto que esses manuscritos eruditos foram por sua vez copiados, não com precisão, mas com total liberdade de escolha entre as variantes; e visto que cada um dos *correctores*,[483] como são conhecidos, esperava encontrar por si só o texto autêntico de Jerônimo, logo não houve mais texto confiável. Roger Bacon, que parece ter se autorrecomendado ao papa para o estabelecimento de uma edição oficial, emite um juízo severo sobre os manuscritos bíblicos de seu tempo: *"quot sunt lectores per mundum, tot sunt correctores seu magis corruptores, quia quilibet praesumit mutare quod ignorat, quod non licet facere in libris poetarum"*.[484] As últimas palavras nos lembram que, na visão panorâmica do tempo, estamos nos aproximando da Renascença. Também esse movimento deixou vestígios no texto; por mais parecidos que fossem os códices alemães e italianos, conhecedores

---

481 "Há tantos textos quanto são os códices." Em latim no original. (N.T.)

482 *Bíblia de Carlos Magno* e *Bíblia de Alcuíno* estão em latim no original. (N.T.)

483 Mauthner usa aqui a palavra latinizada *Correctorien*, não encontrada em dicionários, mas usada na linguagem especializada para significar aqueles que corrigiam as versões bíblicas. Além de evitar a confusão com "corretor", a opção de tradução se justifica lendo a passagem de Roger Bacon citada em latim logo a seguir. (N.T.)

484 "Tantos são os leitores pelo mundo, quantos são os corretores, ou melhor, corruptores, porque qualquer um presume mudar o que ignora, o que não se pode fazer nos livros dos poetas." R. Bacon, *Opus minus*, in *Opera quaedam hactenus inedita*, 1. Londres: Longman, 1859, p. 330. (N.T.)

mais finos da língua puderam descobrir germanismos nos textos alemães e certo *color latinus*[485] nos italianos. Quando o texto bíblico latino usual foi então finalmente reproduzido pela tipografia recente, em letras *góticas*, naturalmente, o título dizia: *Biblia* ou *Textus bibliae* ou *Biblia sacra latina juxta* vulgatam *editionem*;[486] uma edição de Nuremberg do ano 1471 traz pela primeira vez o título: *Biblia vulgata*.

Justamente nessa época, quando o título *Biblia vulgata* surgiu e se começou a preparar o que hoje oficialmente se denomina *Vulgata* no mundo católico, não havia um texto bíblico latino reconhecido por todos, nem para a teoria, nem para os estudos teológicos. Para a prática eclesiástica bastava a uniformidade aproximada das bíblias. É difícil dizer se a Reforma ou o alexandrismo humanista nascente naquela época foram o principal motivo para que se examinasse o texto bíblico letra por letra: se a filologia bíblica despertou o pensamento reformador, ou se este pensamento a filologia bíblica. De toda maneira, no Concílio de Trento tendências humanistas e esforços enérgicos em prol da Contrarreforma se uniram estranhamente para exigir afinal um texto bíblico autêntico. A proposta foi aprovada em 8 de abril de 1546. Como em todas essas disputas, o que se conservou foi a ficção, como se já houvesse um único texto de uso em toda a Igreja, o qual só precisava ser aprovado, ser declarado autêntico. Graças a essa ficção foi possível proteger a nova edição: com ameaças de punição contra alterações arbitrárias dos eruditos, bem como contra erros levianos dos tipógrafos.

É muito importante para a edição de uma autêntica palavra de Deus que a Igreja não negue que a Vulgata tenha por caráter ser uma tradução, mas no fundo deve silenciar sobre isso; nos decretos sempre se fala somente de uma *editio*, não de uma *versio*;[487] o prefácio mais erudito ao texto Clementino (1502) menciona os manuscritos antigos em grego e em hebraico, mas os denomina fontes[488] (*fontes*), e não originais; já havia certamente no Concílio, como dissemos, mentes filológicas que ansiavam por edições autênticas desses textos; mas, até hoje, não se

---

485 "Cor latina." Em latim no original. (N.T.)
486 "Bíblia", "Texto da Bíblia", "Bíblia sagrada latina conforme a edição *vulgata*". (N.T.)
487 "Edição" e "versão": em latim no original. (N.T.)
488 Mauthner escreve *Quellen* no original. A seguir, *fontes* entre parênteses está em latim. (N.T.)

chegou a elas. Para seus fins práticos, a Igreja Romana só precisava de *um* texto oficial, o latino.

Como se sabe, demorou ainda muito tempo até que as decisões do Concílio fossem executadas. Mais afinado com seu tempo do que o Concílio e, pode-se dizer, quase mais liberal do que este, o papa se inclinava a uma profunda revisão do texto, chegando talvez até a ousadia de mandar produzir realmente um texto autêntico a partir do original em grego e em hebraico. No final, porém, a corrente conservadora da Igreja Romana acabou vencendo. Por mais que humanistas e reformistas possam ter debochado, por mais que bons cardeais católicos possam ter desejado que naquela ocasião única fosse feito o trabalho completo, a decisão foi, contudo, semelhante à de mais de mil anos antes: alterar o menos possível.

As preparações duraram tanto, que a Igreja, nesse ínterim, encomendou à célebre tipografia de Plantino uma edição autêntica provisória.

Sob o pontificado de Pio v, que se dedicou à Contrarreforma com a mesma energia que à luta contra os turcos, a comissão se aplicou muito para estabelecer o texto oficial da Vulgata. Sabemos pelos protocolos que a adoção de uma versão era decidida pelos votos da maioria. Assim, o antiquíssimo *Codex Amiatinus*, ao qual se prestou atenção por acaso, constituiu a base da revisão. O trabalho, mais uma vez, foi um compromisso: o ideal parecia ser reproduzir, onde possível, o texto original de São Jerônimo; a tradição deveria ser poupada ao máximo, e não se daria tanto valor à literalidade da tradução e a um bom latim.

No início de 1589 o trabalho foi confiado ao papa, Sisto v. Sisto se esforçou pessoalmente, várias horas por dia, na revisão. Decidiu casos controversos, mas também alterou arbitrariamente muitas resoluções da comissão. E novamente com a tendência a conservar, contra a resolução da comissão, a última edição oficial. O manuscrito corrigido por Sisto ainda existe; foi impresso pelo célebre Manúcio, sob a supervisão de um agostiniano e de um jesuíta. O papa ainda verificou pessoalmente cada uma das páginas impressas, sem conseguir, inexplicavelmente, evitar os erros de impressão. O parecer dos eruditos católicos, de que o papa teria intervindo enquanto homem erudito e não em virtude de sua cátedra, não teria sido pronunciado se a edição sistina tivesse por acaso permanecido a oficial. De qualquer forma, este não era o parecer do papa Sisto. Pois, na bula impressa no início de sua edição, ele diz em tom solene: *"Nos enim rei magnitudinem perpendentes ac provide considerantes, ex praecipuo ac singulari Dei privilegio et ex vera ac legitima successione apostolorum principis beati Petri, pro quo Dominus et Redemptor noster, ab eterno patre pro sua reverentia procul dubio exauditus non semel tantum, sed semper rogavit, ut eius fides non humana carne et sanguine, sed eodem patre inspirante ei revelata, umquam deficeret...*".[489] Já que em seu trabalho filológico Sisto se valeu da infalibilidade já aceita naquela época, e especialmente por ele, era coerente que não autorizasse sua edição apenas para o uso da Igreja (na liturgia e na homilia) mas também para a discussão privada, isto é, científica da Bíblia. Mas algo diferente sucedeu. Pouco tempo depois de enviados os exemplares da Bíblia Sistina, em encadernações suntuosas, aos príncipes católicos, Sisto morreu, e a comissão, sob a supervisão de Carafa e, após sua morte, de Bellarmino, começou imediatamente a suspender a venda da edição sistina. Mas, como teria sido impróprio e contra a tradição romana que o sucessor imediato desautorizasse seu predecessor (entre Sisto v e Clemente VIII houve, no período de um ano e meio, três papas), criou-se a nova ficção de que a Igreja teria só melhorado um pouco o trabalho do papa Sisto. Essa falsificação já se encontra na autobiografia de Bellarmino, que aconselhou o empreendimento da nova edição; "*coram Pontifice demonstravit Biblia illa* (a Sistina) *non esse prohibenda, sed esse ita corrigenda ut salvo honore Sixti v. Pontificis Biblia illa emendata prodirent*".[490] A alma da nova edição foi o jesuíta Toledo, que já havia fiscalizado a impressão da edição sistina. A um erudito que recomendou uma comparação com o hebraico e atacou num memorando mais de duzentas passagens do trabalho de Toledo, ou seja, da Vulgata corrente, impôs-se simplesmente silêncio. O título dessa edição oficial

---

489 "Pois examinando e mesmo considerando providamente a magnitude da questão desde o privilégio precípuo e singular de Deus e da verdadeira e legítima sucessão do beato Pedro, príncipe dos apóstolos, pelo qual nosso senhor e redentor não apenas às vezes, mas sempre rogou para que nunca lhe falte a sua fé, não pela carne e pelo sangue humano, mas inspirada e revelada a ele pelo pai." Trecho da bula de Sisto v, inserida em sua versão da Bíblia e intitulada "Eternus Ille" [Ele, o Eterno], de 1589 ou 1590. (N.T.)

490 "Demonstrou perante o pontífice [Clemente VIII] que aquela Bíblia não deveria ser proibida, mas corrigida de modo a publicarem-na emendada para salvar a honra do pontífice Sisto v." Trecho da autobiografia de Berlarmino, escrita em 1613. (N.T.)

de 1592 é também uma falsificação: *Biblia sacra Vulgatae editionis Sixti V. Pontificis Max. jussu recognita et edita*[491] (edições mais novas trazem somente: *Biblia sacra Vulgatae editionis*). A edição oficial da Vulgata, que é, sob pena eclesiástica, a única autêntica desde 1592, foi declarada obra de Sisto não apenas por essa pequena falsificação. O prefácio de Bellarmino, que pode ser encontrado ainda hoje em toda edição aprovada da Vulgata, além dos decretos tridentinos e dos prólogos e prefácios de São Jerônimo, contém uma mentira cabal sobre esse ponto: após o término da impressão e antes da distribuição, Sisto teria deliberado e ordenado (*censuit atque decrevit*) reeditar toda a obra em razão dos muitos erros de impressão. Assim se produziu a autêntica palavra de Deus.

III. Um alemão não pode falar da história das traduções da Bíblia sem mencionar a de Lutero. Sua Bíblia alemã cunhou nossa língua alemã. Não apenas a Alemanha protestante, mas também a católica se formou na língua de Lutero. O que não é apenas um dado das pesquisas mais recentes; o próprio Lutero o sabia e afirmava em sua tumultuada autoconsciência. Em sua *Carta aberta sobre a tradução* (8 de setembro de 1530), diz: "Nota-se muito bem que eles (os papistas) falam e escrevem alemão pela minha tradução e pelo meu alemão e roubam, portanto, minha língua, da qual pouco sabiam anteriormente, mas não me agradecem, ao contrário, antes preferem usá-la contra mim; que façam bom proveito, pois me faz bem ter ensinado a falar também àqueles que são não só meus discípulos ingratos, mas também meus inimigos".

Nessa mesma carta aberta, que deveria ser impressa em toda história da língua alemã, ele se defende especialmente da acusação de ter traduzido erroneamente a asserção decisiva de que só a fé salva, porque a palavra *só* não se encontra em São Paulo. "De fato, essas quatro letras *sola,* que os cabeças de asno não reconheceram, como a vaca não reconhece a porteira nova, não estão lá. Não veem eles, entretanto, que estão implícitas no que o texto quer dizer; e isso é necessário quando se quer traduzir de maneira clara e vigorosa; pois eu quis falar alemão, não latim ou grego, quando me propus falar alemão ao traduzir." Em seguida, as célebres palavras: "Pois não se deve perguntar às letras da língua latina como se deve falar alemão, como fazem os asnos, mas perguntar às mães

---

[491] *Bíblia sagrada da vulgata reconhecida e editada por ordem do pontífice Máximo Sisto v.* (N.T.)

em casa, às crianças na rua, ao homem comum no mercado, olhá-los na boca para ver como falam, e depois traduzir; é assim que eles entendem e notam que falam alemão com eles". Lutero não segue "os asnos e literalistas", a "arte dos asnos"; sabe também que "infelizmente não atingiu por completo nem encontrou" o bom alemão, "pois as letras latinas tornam sobremaneira difícil que se fale muito bem". Por vezes, fica bem satisfeito consigo, como quando, para louco dissabor dos papistas, traduz a saudação inglesa "Maria, cheia de Graça" por "tu, graciosa". "Aqui eu deveria ter empregado o melhor alemão e traduzido assim a saudação: 'Deus te saúda, querida Maria!', pois é o que o anjo quer dizer e teria dito se tivesse querido saudá-la em alemão. Penso que eles (os papistas) deveriam se enforcar por tamanha devoção à querida Maria, se eu tivesse destruído a saudação. Mas que me importa que se enfureçam ou vociferem?... Quem sabe alemão sabe muito bem quão efusivas e finas são as palavras: *die liebe Maria, der liebe Gott, der liebe Kaiser, der liebe Fürst, der liebe Mann, das liebe Kind*.[492] Não sei se se poderia usar a palavra *liebe*[493] em latim ou outras línguas tão efusiva e modestamente que ela entre pelos sentidos e reverbere no coração como faz em nossa língua".

É um tanto difícil separar em Lutero a incomparável e inaudita força linguística da sujeição à fé na palavra de Deus. Apenas a oficiosa historiografia protestante pode não se dar conta de que ele, como teólogo, era um camponês cabeçudo, que devia seus êxitos à sua fraqueza e servidão. A resposta necessária para aquele ensinamento decisivo de que só a fé salva lhe foi dada há duzentos anos, vinda de círculos protestantes, numa obra-prima repleta de ironia: o escrito de Liscow, não suficientemente enaltecido e quase de todo desconhecido na Alemanha, *As boas obras não são necessárias para a salvação*.[494] Se Liscow tivesse sido francês, todos os jovens estudantes franceses o saberiam de cor e as bibliotecas alemãs estariam cheias de teses sobre Liscow. E quem quisesse me espancar por isso teria apenas de me repreender, com razão, por eu ser capaz de amar Lutero *e* Liscow.

492 "A amada Maria", "o amado Deus", "o amado imperador", "o amado príncipe", "o amado marido", "a amada criança". (N.T.)
493 Na forma adjetiva, a palavra *liebe* pode ser traduzida por "querido" ou "querida", como acima em "Deus te saúda, querida Maria!". Na forma substantiva, *Liebe* em geral quer dizer "amor". (N.T.)
494 Christian Ludwig Liscow (1701-1760). O escrito foi publicado postumamente, em 1803, em Leipzig (N.T.)

A atitude luterana em relação à palavra de Deus, sua confiança fanática nas Escrituras, não pode ser expressa mais logicamente que em uma antiga nota manuscrita que encontrei no quinto volume da edição de Jena de 1575 (Biblioteca Universitária de Freiburg im Bresgau, K 9024): "*Quid est sacra scriptura nisi quaedam epistola Omnipotentis Dei ad creaturam suam... omne effectum praestantiam atque autoritatem habet a sua causa... omnis Ecclesiae autoritas est a scriptura sacra. Ergo scripturae sacrae autoritas non est ab Ecclesia*".[495] Nessas afirmações, inquestionáveis no tempo de Lutero, está fixado o significado da palavra de Deus para Roma e para Wittenberg. A autoridade da Escritura não provém da Igreja; a doutrina católica está, portanto, errada. A autoridade da Igreja provém da Escritura; os protestantes, portanto, têm razão. Só que, de dentro da Reforma, se desenvolveu lentamente a crítica, a questão: a Escritura é realmente uma epístola de Deus aos homens, possuímos alguma palavra de Deus? Com abissal erudição se ascendeu passo a passo à resposta negativa. Até hoje ninguém se admirou o bastante com o pensamento ou com a linguagem daqueles que puseram seriamente a questão: se uma palavra dessa língua, Deus, nos teria legado palavras autênticas.

Paradoxo

Paradoxo já era palavra corrente entre os gregos e designava o que era *parà dóxan*, contra a opinião geral, isto é, contra a expectativa, o que era inacreditável, espantoso; os latinos adotaram a palavra na forma grega e a transformaram quase em termo técnico do esporte (nas competições, *paradoxos* podia designar aquele que vencia contra todas as expectativas, mais ou menos como o inglês *outsider*, que, ao contrário do *favourite*,[496]

---

495 "Que é a Sagrada Escritura senão uma epístola do Deus onipotente à sua criatura... ela tem todo efeito, préstimo e autoridade da sua causa... toda a autoridade da Igreja vem da Sagrada Escritura. Logo, a autoridade da Sagrada Escritura não vem da Igreja." A frase é do papa Gregório I. O quinto volume consultado por Mauthner na Biblioteca Universitária de Freiburg é provavelmente o *Der fünfte Teil aller Bücher und Schriften des teuren seligen Mannes Gottes Doct. Martin Lutheri* [Quinta parte de todos os livros e escritos do caro e bem-aventurado homem de Deus, doutor Martin Lutero], que faz parte das obras de Lutero publicadas em Jena a partir de 1757. (N.T.)

496 *Outsider* e *favourite* estão em inglês no original. (N.T.)

pode significar o cavalo ao qual não se presta atenção, mas que acaba ganhando o páreo), em termo técnico da retórica (como figura de linguagem para aumentar a tensão) e, finalmente, em termo do ofício de escritor, pois gostavam de dar o título *paradoxa* a coletâneas de frases retóricas surpreendentes, o que Cícero traduz minuciosamente assim: "*Quae sunt mirabilia contraque opinionem omnium*".[497] Dos romanos, a expressão passou aos modernos povos civilizados, mas de tal modo que foram chamados de paradoxais tanto afirmações surpreendentes como indivíduos que, por vaidade, gostam de fazer tais afirmações. Hoje em dia são chamadas, pois, de *paradoxais* as novas verdades que ainda contradizem a opinião geral e estão bem distantes de se tornar lugares-comuns; mas também se chama de *paradoxais* as inverdades formuladas de modo espirituoso ou mesmo apenas engenhoso, com as quais pessoas fúteis buscam desempenhar um papel na sociedade ou no mercado editorial. Uma frase paradoxal, portanto, não tem de ser verdadeira, o que só precisou ser expressamente dito em nossa época de paradoxos maçantes; Schopenhauer era um pouco orgulhoso demais dos paradoxos de seu sistema.

As novas verdades importantes, sem dúvida, sempre entraram em contradição com a opinião pública da época; posteriormente, no entanto, tiveram de ser admitidas como verdades por aquela mesma opinião pública, embora continuassem em contradição com aquilo que se manifesta, em contradição com aquilo que os sentidos humanos atestam. Nesse sentido, foi paradoxal quando Copérnico afirmou que o Sol permanece em repouso e a Terra gira. Sem dúvida, é o engano dos sentidos que produz a opinião mais geral, o realismo ingênuo; e aquilo que o contradiz, contradiz de maneira especialmente paradoxal a linguagem comum. Não espanta, pois, que verdades paradoxais da crítica do conhecimento pareçam paralogias ou paralogismos, ou seja, sintomas de distúrbio mental.

Pensar

Pensar não é uma palavra exclusiva da terminologia filosófica; em todas as línguas civilizadas, e provavelmente também naquelas dos chamados

---

[497] "[As doutrinas dos estoicos] são admiráveis e vão contra a opinião de todos." Cícero, *Paradoxos dos estoicos*, proêmio, 4. (N.T.)

selvagens, encontramos uma palavra que corresponde mais ou menos ao nosso conceito inexato de *pensar*. Por isso, ela não se tornou uma palavra internacional nas línguas civilizadas, nem por empréstimo, nem por neologismo. *Noeîn* permanece inexplicado em grego, ao lado das derivações *epinoeîn*[498] e *dianoeîsthai*;[499] talvez ele tenha de fato uma afinidade ancestral com a raiz conhecida como *gen, gerar*, e lembre assim, não sem razão, nossos *nennen*[500] e *können*;[501] em latim, é possível que *cogitare* tenha realmente resultado da junção de *co-agitare* e significado, em sua origem, *reunir no espírito*; *pensare* (de *pendere, pesar*) já era empregado figurativamente no latim antigo com o significado de *ponderar, comparar*, mas adquiriu o significado que conhecemos somente nas línguas românicas vulgares, francês, italiano, espanhol, português, provençal etc. (*penser* e *panser*, *unir*, apesar da grafia diferente, são a mesma palavra; Littré: "*pour panser quelqu'un ou quelque chose il faut d'abord y penser*");[502] por fim, *denken*,[503] que, segundo Grimm, se associa a *danken*[504] e a *dünken*,[505] teria tido em sua origem o sentido de *sich erinnern*.[506]

Pensar é, pois, uma palavra da língua comum, incorporada bem mais tarde, casualmente, como por si mesma, à terminologia filosófica, sem ter sido definida para essa finalidade específica. Ocorreu o mesmo com a palavrinha *eu*, que também se encontra na língua mais primitiva e se tornou mais tarde um dos principais objetos do pensamento filosófico. Uma terceira palavra ainda, a mais corriqueira de todas, teve o mesmo destino: o verbo *sein*,[507] que raramente está ausente numa oração, seja enquanto simples cópula, seja enquanto auxiliar na conjugação dos verbos, e que, paralelamente a isso, foi elevado à condição de o mais criticado dos conceitos, já desde a filosofia grega. Podemos dizer sem exagero que essas três palavrinhas fortuitas da língua comum designam aqueles conceitos

---

498 "Pensar, conceber, planejar, inventar." (N.T.)
499 "Pensar, ter em mente, conceber, refletir." (N.T.)
500 "Nomear, chamar, denominar." (N.T.)
501 "Saber, saber fazer." (N.T.)
502 "Para *cuidar* de alguém ou de alguma coisa é preciso primeiro *pensar* [na pessoa ou na coisa]." (N.T.)
503 "Pensar." (N.T.)
504 "Agradecer." (N.T.)
505 "Parecer, achar." (N.T.)
506 "Lembrar-se." (N.T.)
507 "Ser, estar." (N.T.)

em torno dos quais giram todas as grandes questões da teoria do conhecimento, da psicologia e da lógica. E se relacionarmos a cada vez dois desses conceitos entre si, o que, como se sabe, pode ser feito de seis maneiras diferentes, resultarão seis problemas, os quais só quero aqui indicar brevemente, porque creio entrever o que há de lúdico em tal tábua de problemas: 1. Pensar pressupõe um eu? 2. Pensar pertence ao mundo real? 3. O eu pressupõe um pensar? 4. O eu tem uma existência? 5. A realidade é um produto do pensar? 6. O sentimento do eu não é, mais uma vez, a realidade? Alguns desses problemas, contudo, terão de ser aflorados por nós.

Antes de prosseguir, gostaria primeiro de me opor à antiga ilusão segundo a qual o pensar pressupõe o sentimento do eu. Essa ilusão está tão profundamente arraigada, que jamais foi refutada, nem sequer enunciada de modo particular e formal. A lógica a empurra para a psicologia, que a remete à teoria do conhecimento, e esta última preferiria ser poupada de questões psicológicas. Ela se ocupa do conhecimento e, portanto, do pensar correto, mas não do pensar em geral; e também se ocupa do eu apenas enquanto objeto do conhecimento, mas não enquanto sujeito do conhecimento. Sei, porém, que o sentimento do eu não tem nada que ver com o pensar, que aqui ele é posto fora de circuito. Em vez de uma investigação, darei um exemplo. Quando nesses minutos examino com toda a penetração de que sou capaz a relação entre o sentimento do eu e a ação de pensar, isso pode certamente ser chamado de *pensar*. Ao fazê-lo, meu olhar se dirige tão firmemente a esse único ponto, que as outras questões próximas que a palavra "pensar" suscitou em mim ainda estão em alerta, mas já não figuram no campo visual mais distinto. Também está excluída a representação de que a peça que dito agora à pena forma apenas parte de um todo maior. Mas está principalmente excluída toda lembrança alegre ou triste daquilo que constitui a vida individual. O eu é um objeto do pensar como qualquer outro. Posso associá-lo a outros objetos e, portanto, também ao conceito de *pensar* se ele tiver se tornado seu objeto. Mas, enquanto estou pensando, não tenho habitualmente nenhum sentimento do eu. Este já não tem cabimento ali devido à exiguidade da consciência. Se outro objeto mantém o foco ocupado, nele não há espaço para o vasto sentimento do eu.

Essa compreensão deve ser comparada à famosa proposição *Cogito ergo sum*, que pretendeu extrair uma nova visão de mundo do sentimento do eu no pensamento (quer o *ego cogito* resulte do ser por inferência lógica, quer por convicção imediata) e em virtude da qual

Descartes foi e é chamado o pai da filosofia moderna; sabe-se, contudo, que não apenas o mundo se rege, mas também a história da filosofia se escreve *quantilla prudentia*.[508] (Vide o verbete "*Cogito ergo sum*".)[509]

O segundo dos seis problemas, a saber, se o pensar pertence ao mundo real (e não, ao contrário, o mundo real ao pensar), permite-me agora retornar à queixa de que *pensar* é uma palavra da língua comum e que, por isso, é de saída ainda mais mal definida que maior parte dos conceitos da terminologia filosófica. O conceito *pensar* se move desimpedidamente num campo vasto, cujos limites não podem ser bem claramente demarcados. Um de seus extremos é mais bem designado pelo *nomen agentis*:[510] o *pensador*; com essa palavra não temos em mente um homem que pensa em algo, mas alguém que se distingue por seus conhecimentos e perspicácia, que tomou para si como tarefa de vida a promoção do próprio conhecimento do mundo e que, na opinião das pessoas, promoveu esse conhecimento objetivo graças a um tratamento diligente dos conceitos da experiência ou simplesmente dos conceitos linguísticos. É chamado de pensador por ser um virtuose na técnica de pensar; e esta consiste precisamente em que a própria experiência e suas fixações conceituais (ou outros conceitos) sejam investigadas muito precisamente. Mas quando pensa, além disso, na satisfação de suas necessidades, não é chamado de pensador; seu pensar é *par excellence* o trabalho em ou com as palavras ou conceitos mais difíceis e abstratos. Atente-se então para isto, que mesmo esse extremo superior do uso da palavra não conhece limites precisos; do contrário, visto que o pensar deve ser nesse sentido pensar correto, nem todo virtuose do ramo do pensar seria chamado de pensador, a história da filosofia não teria de enumerar centenas de pequenos pensadores que outrora foram considerados grandes, e o título de honra de pensador teria de ser reservado ao homem que ainda não nasceu.

O limite do extremo inferior é ainda mais indeterminado. Marido e mulher estão juntos em silêncio. O marido põe o livro de lado e olha a paisagem. Passado algum tempo, a esposa pergunta: em que você está

---

508 "Com pouca prudência." A expressão é parte da sentença em latim: "*An nescis, mi fili, quantilla prudentia mundus regatur?*" ("Então não sabes, filho meu, com quão pouca prudência se rege o mundo?"), dita por Axel Oxenstierna exortando o filho hesitante sobre suas capacidades a participar das negociações da Paz de Westfália em 1641. (N.T.)
509 Não traduzido neste volume. (N.T.)
510 "Nome de agente." Em latim no original. (N.T.)

pensando? Enquanto lia, certamente pensava no que estava lendo. Naquele momento, ela não perguntou. Agora ele talvez estivesse com seus pensamentos na solução de um problema filosófico, numa dificuldade prática de seu trabalho ou numa antiga lembrança de sua vida anterior; essa lembrança talvez não fosse um pensamento claro, mas apenas uma associação evocada de modo fugaz, à qual se ligaram desregrada e irrefletidamente tantas e tantas outras associações. Ao fazer a pergunta usando a palavra *pensar* a esposa tinha em mente todas essas possibilidades: ela resumiu e a língua resume sob *pensar* o trabalho da razão, o trabalho do entendimento, uma imagem da memória e mesmo a mera fugacidade das associações. Nesse sentido, todo vivido interno faz parte do pensar. "*L'âme pense toujours*" (Malebranche);[511] os limites são tão indeterminados nesse extremo do emprego da palavra, que nada nos impede de dizer que também pensamos durante o sonho. Esses limites são tão indeterminados que o marido, se é um pedante, pode responder: "Eu não estava pensando em absolutamente nada". Porque talvez queira dizer que uma imagem da memória não mereça a designação *pensar*. Mas a língua não é tão pedante; ela nos faz dizer "pense" em vez de "você não faz ideia" ou, muitas vezes, apenas "escute aqui"; ela nos faz dizer "vou te ajudar a pensar" no sentido de "reforçar a memória" e nos faz dizer *pensar* no sentido de *ter a intenção de*; também encontramos frequentemente entre nós, com o significado de lembrar-se, as expressões *es denkt, mir denkt, mich denkt* (Logau, Schiller, Lessing).[512]

Que a palavra *pensar* faça parte da linguagem comum ou (como consequência disso) que seja um conceito indeterminado, isso dificultou bastante a demonstração da tese de que pensar e falar são o mesmo processo. Tentei demonstrá-la detalhadamente em minha *Crítica da linguagem* (I, 2ª ed., pp. 176-232).[513] Naturalmente, a opinião contrária, de que a linguagem é na verdade apenas uma vestimenta do pensamento

---

[511] "A alma pensa sempre." Em francês no original. Mauthner parece citar de memória. A expressão se encontra em Descartes, nas *Respostas às quintas objeções*, in *Œuvres de Descartes*, VII. Org. de Ch. Adam e P. Tannery. Paris: J. Vrin, 1983, pp. 356-57. Cf. também "Carta a Arnaud" de 29 de julho de 1648. (N.T.)

[512] Os exemplos são provavelmente tirados da entrada "Denken" (n. 22) do *Dicionário* dos irmãos Grimm. (N.T.)

[513] Trechos do capítulo IX do primeiro tomo das *Contibuições a uma crítica da linguagem*, intitulado "Pensar e falar". (N.T.)

(ou como se queira chamá-la), não poderia ter sido enunciada tantas vezes se o uso da linguagem não fosse tão complacente. Se se amplia o conceito de pensar para que a orientação de uma criança em seu ambiente, as ações compreensivas dos animais sejam chamadas de *pensar*, se ele é ampliado até a atividade do entendimento, isto é, a elaboração psíquica das impressões sensíveis, então certamente há um pensar sem linguagem. Se se amplia o conceito de pensar para com ele nomear a língua de sinais dos surdos-mudos crescidos sem educação, então há um pensar sem linguagem articulada. Jamais ocultei que a frase "pensar é falar" deve ser compreendida *cum grano salis*. Mas insisto: a palavra enquanto mero som, desprovida de seu sentido, não pertence à linguagem; a frase que não expressa pensamento algum não pertence à linguagem. Não há, acima do pensar humano, um pensar superior, absoluto, pelo qual o pensar humano possa ser medido. Não há uma língua absoluta, perfeita, acima das línguas humanas particulares. Só podemos pensar aquilo que podemos expressar linguisticamente; só podemos expressar aquilo que pensamos. E porque o uso da linguagem distingue falsamente entre pensar e falar, pude igualmente distingui-los e fui forçado a fazê-lo nas duas últimas frases. A fim de tornar clara a identidade entre pensar e falar, gostaria agora de investigar mais detidamente um exemplo que apresentei (cf. *Crítica da linguagem*, 1, 2ª ed., p. 232).[514]

Ambos os verbos designam movimentos determinados, *pensar* e *falar*; suponho como conhecido que a linguagem é apenas um movimento dos órgãos da fala e que a apreensão e a compreensão das palavras ouvidas estão, por seu turno, intimamente ligadas a lembranças do movimento. Quando pensamos em silêncio, mas com distinção, podemos sentir o movimento dos órgãos da fala tateando a laringe com os dedos (pp. 512-14). Se eu quisesse extrair daí a conclusão de que pensar é linguagem e, portanto, movimento, isso seria um argumento circular. Mas, se for um processo no cérebro, como cremos, o pensar não poderá ser interpretado senão como movimentos. Movimentos ainda pouquíssimo explicados das igualmente desconhecidas células do órgão. Pensar e falar são movimentos; resta-me agora mostrar que são o mesmo movimento, observado de pontos de vista diferentes.

---

[514] Mauthner remete o leitor a uma passagem da *Crítica da linguagem* não traduzida neste volume. O exemplo serve para explicar a diferença entre correr e caçar no caso de um cão de caça e será elucidado mais adiante. (N.T.)

Em vez de movimentos, eu também poderia dizer *ações*. Movimento é somente um conceito mais científico. Ao falarmos em ação, pensamos amiúde também em um sujeito, em um homem que age. Mas eu não saberia dizer quem é o sujeito da ação de pensar. A linguagem quase se recusa a pronunciar *es denkt* (como *es blitzt*) de Lichtenberg.[515] E o entendimento sadio e a linguagem do homem comum troçariam de quem ousasse dizer: *es spricht*.[516] No mais, contudo, a designação *ações* teria nos levado um passinho adiante. Quero ainda mencionar que o falar se inclui, obviamente, no conceito das ações humanas; e que Kant (*Crítica da razão pura*, pp. 94 e 304),[517] muito de passagem e tomando-o por uma obviedade, chama o pensar de ação, uma ação do entendimento, de modo que o entendimento (nessa passagem) vem a ser para ele o sujeito do pensar. "Pensar é a ação de relacionar uma dada intuição a um objeto."

Por conseguinte, ambos os verbos pensar e falar não denotam apenas movimentos em geral, mas, de modo específico, ações humanas arbitrárias que servem a um fim; não preciso, portanto, nem pressupor minha doutrina de que além do mundo adjetivo há ainda um outro mundo verbal e irreal completamente distinto, de que somente as partes diferenciais de uma ação ou movimento são reais, e de que somente um fim representado une, a cada vez, os movimentos diferenciais numa representação verbal. Poderíamos lembrar aqui os verbos cavar, tricotar, escrever, ir, pensar ou escrever. Somente os movimentos mínimos de nossos músculos têm realmente eficácia na cadeia de causa e efeito.

[515] Mauthner se refere aqui ao famoso aforismo (*Sudelbücher*, K 76) em que Lichtenberg diz que o verbo *denken* deveria ser usado de modo impessoal, como o verbo "relampear", isto é, não devemos dizer "eu penso", mas "pensa", assim como dizemos "relampeia" ou "chove". O fragmento diz: "Temos consciência de certas representações que não dependem de nós; outros acreditam que nós ao menos dependemos de nós: onde está o limite? Conhecemos unicamente apenas a existência de nossas sensações, representações e pensamentos. Deveríamos dizer 'pensa', assim como dizemos 'troveja'. Dizer *'cogito'* já é demais, assim que é traduzido por 'eu penso'. Admitir, postular um eu, é necessidade prática". (N.T.)
[516] Como nos exemplos anteriores, o verbo falar (*sprechen*) usado impessoalmente. (N.T.)
[517] Mauthner cita pela segunda edição. A citação a seguir está em B 304. (N.T.)

Essa compreensão dos conceitos verbais esclarece, de resto, por que são definidos com ainda menos precisão que os conceitos substantivos; os substantivos podem ser definidos a partir das impressões sensíveis adjetivas, que são elas mesmas indefiníveis, mas que, em compensação, são imediatamente dadas; os movimentos mínimos das representações verbais não são imediatamente dados, mas apenas inferidos, e têm, por isso, alguma semelhança com os átomos, com os quais se constituem os corpos. Quando falamos, podemos perceber ao menos os movimentos macroscópicos; quando pensamos, não há absolutamente nada de externo e perceptível, e os movimentos microscópicos que constituem o pensamento são tão só uma hipótese dos fisiólogos do cérebro. A língua comum nada sabe de tudo isso; mas a ciência, embora saiba tudo isso, ou justamente porque o sabe, pôde definir tão pouco o pensar quanto a língua comum.

Quer o tomemos de modo mais lato ou mais estrito, esse conceito designa sempre uma ação, portanto, a representação de um fim, uma soma de modificações, na qual apenas as modificações são reais, mas não a soma. No entanto, nem a menor dessas modificações do movimento, nem um átomo é diferente no pensar e no falar. Só a direção da atenção deles é distinta, ora mais voltada para o fim, ora mais para o percurso. Meu exemplo do cão que caça e corre agora também se torna mais claro. *Correr* e *caçar* também são representações verbais, em que apenas os movimentos mínimos são reais. Estes se unem nas representações verbais mediante a unidade do fim; levaria longe demais mostrar que o conceito de fim, tão claro em *caçar*, também auxilia a formar o verbo *correr*.

Quando digo "o cão caça", não ocorre a mínima alteração no movimento do cão que persegue a lebre. Ora atento para a modificação do lugar, ora para o fim do movimento. Da mesma maneira, se eu disser que *falo* ou que *penso*, nem um átomo do mundo real se altera. A intenção de pegar a lebre e a intenção de encontrar a associação correta entre as inúmeras associações podem ser, na caçada e no pensamento, mais ou menos fortes ou fracas, assim como também o esforço empregado na corrida ou na escolha das palavras; mas essa é uma diferença interna a ambos os conceitos, e não uma diferença entre pensar e falar, entre caçar e correr. É a mesma realidade, vista ora de fora, ora de dentro; do mesmo modo, a mesma linha curva pode ser considerada côncova ou convexa, dependendo do ponto de vista.

post hoc, ergo propter hoc[518]

Todo mundo sabe que inferir uma conexão causal da sequência temporal é um paralogismo ou até um sofisma. As regras de nossos camponeses para o clima, nossa inextirpável superstição quanto à influência dos planetas e da Lua estão cheias desses paralogismos; também a medicina confunde muito frequentemente o *post hoc* e o *propter hoc*. Habitualmente usamos o subterfúgio de considerar que o vínculo causal é uma inferência indutiva correta assim que um evento ocorre *depois* de outro.

Deveríamos, contudo, ter aprendido com Hume que essa maneira antiga e ordinária de falar esconde um sentido mais profundo do que costumeiramente se lhe atribui. Do *propter hoc* nós na verdade só sabemos que é um *post hoc*. Todavia, a ousada redução da relação causal a uma relação temporal não pode permanecer a palavra final nessa questão tão sutil; e também não ganhamos muito ao deixar de chamar de causa a relação entre o acontecimento precedente e o acontecimento regularmente subsequente para chamá-la de *condição*. (Vide verbetes "Condicionismo" e "Causa".)[519] Encontramo-nos na estranha posição de não poder definir o conceito que é fundamental a toda compreensão do mundo antes de termos esclarecido o significado das palavras relacionais *post* e *propter*; e uma definição dessas preposições da língua comum não é possível, porque conceitos fundamentais de todo pensamento (espaço, tempo, causalidade) já são pressupostos nessas miseráveis partículas.

Já assinalei em várias ocasiões o nexo entre tempo e causa; gostaria apenas de indicar aqui o desamparo das línguas, todas as quais pretendem exprimir a relação causal por intermédio de uma relação temporal e são obrigadas a exprimir a relação temporal por intermédio de uma relação espacial. Isso vale tanto para as conjunções de frases compostas quanto para as preposições de frases simples. Não existe na gramática nenhuma forma capaz de exprimir claramente a relação causal. Todas as partículas em questão se relacionam originalmente ao espaço, foram transferidas para uma relação de direção, figurativamente também para a relação temporal, e só assim, como imagens de imagens, puderam se tornar designações da relação causal. E, além disso, mediante outra imagem, completamente antropomórfica, tornaram-se designações da relação teleológica.

---

518 "Depois disso; logo, por causa disso." Em latim no original. (N.T.)
519 Não traduzidos neste volume. (N.T.)

O desamparo da linguagem pode ser percebido num exemplo. Em alemão se pode dizer: "*er ist* an *dem Gifte,* vor *Schreck gestorben*";[520] mas também se pode dizer "nach *dem Gifte,* vor *Hunger*";[521] e também: "*er ist* durch *Gift,* mit *einem Dolche umgebracht worden*"[522] (vide Becker, *Organismo da linguagem,* p. 435).[523] Em frases compostas usa-se no alto-alemão *weil*[524] (na verdade, *während;*[525] no médio alto-alemão, *die vîle*), enquanto o austríaco diz *nachdem*.[526] A causa é sempre expressa por uma partícula temporal, e o tempo por uma partícula de direção. Nas palavras aqui discutidas, *post* (de *pone,* atrás) exprime até mesmo uma relação espacial mais determinada do que *propter* (na verdade, *propiter,* de *prope,* perto).

Qualidade

De tempos em tempos é útil recordar quão escolástico foi o modo como surgiu a maioria das palavras que passaram do uso técnico da filosofia para a língua culta comum. É verdade que a nossa palavra *qualitas*[527] é significativamente mais antiga que as formações medievais *quidditas* e *haecceïtas,*[528] das quais todo estudante de história da filosofia gosta de zombar; mas, apesar de sua aberração linguística, esses dois conceitos faziam bastante sentido, talvez mais sentido do que *qualitas,* palavra cunhada pelo clássico Cícero: *quidditas* deveria designar o *quê* (*quid*) das coisas e, com uma falta de clareza que é especialmente surpreendente vinda dos escolásticos, ao mesmo tempo a matéria e a forma; *haecceïtas* deveria indicar deicticamente as mesmas coisas enquanto indivíduos; mas de tal maneira que ambos os

---

520 "Ele morreu *pelo* veneno, *de* susto" (a preposição *an* indica literalmente "*no, junto ao* veneno"; a preposição *vor* indica literalmente "*antes* ou *diante do* susto"). (N.T.)
521 "Ele morreu *com* o veneno, *de* fome" (literalmente, "*depois do* veneno" e "*antes da* fome"). (N.T.)
522 "Ele foi morto *por* (ou *através de*) veneno, *com* um punhal." (N.T.)
523 Karl Ferdinand Becker (1775-1849), *Organism der Sprache.* Frankfurt am Main: Kettembeil, 1941, 2ª ed. (N.T.)
524 "Porque." (N.T.)
525 "Enquanto, durante." (N.T.)
526 "Depois, a seguir." (N.T.)
527 "Qualidade." Em latim no original. (N.T.)
528 "Quididade" (a essência, o que faz a coisa ser o que ela é) e "ecceidade" (o que faz da essência algo que se individualiza). Em latim no original. (N.T.)

conceitos devessem denominar, segundo o realismo nominal, as forças que evocavam ora o *quid*, ora o *haec*[529] das coisas.

Ao conceito *qualitas* falta desde o início semelhante relação com a ontologia; ele exprime originalmente uma pergunta escolar de gramática e foi simplesmente transportado para a lógica, quando Aristóteles fez as principais partes do discurso passar por categorias lógicas. Pressuponho aqui como conhecido que Cícero — como se disse — presenteou o mundo, que ficou grato pelo empréstimo latino traduzido do grego *poiótēs* (já em Platão, de *poîos, qualis*); ele diz (Acad., I, 7, 25): *"qualitates igitur appellavi, quas* poiótētas *Graeci vocant, quod ipsum apud Graecos non est vulgi verbum, sed philosophorum"*.[530]

Na maioria dos casos, podemos traduzir a palavra latina por *propriedade* ou *constituição*, ocasionalmente também por *espécie* ou por *modo*, mais erudito A melhor forma de esclarecer o surgimento da palavra-modelo grega é pensarmos no método que ensina nossas crianças a conhecer as partes do discurso; pergunta-se pelo caso do substantivo com as perguntas tradicionais *quem* ou *o quê, de quem* etc.; semelhantemente, pergunta-se também pelo adjetivo mediante a tradicional *como é constituído (qualis)*; e como a resposta tem de ser, de modo muito geral, *talis*, a categoria (já que a lógica quer ordenar respostas e não perguntas) teria de se chamar em latim, de maneira pedante, *talitas*.[531] Mas preferimos nos contentar com a forma tradicional *qualitas*.

Também Kant acolheu o conceito de qualidade em sua nova tábua das categorias, de modo mais perspicaz que Aristóteles, porém, entendeu por categorias não partes do discurso, mas formas do juízo, classificou a categoria da qualidade de acordo com seus três tipos (realidade, negação e limitação), aceitando, no entanto, que com a admissão do conceito havia sido formado, mediante a pergunta pela propriedade, algo abstrato substantivo.[532] Mas, a meu ver, só a doutrina ingênua das categorias dos

---

529   Mesmo entre os monstros linguísticos da Escolástica, a expressão *haecceïtas** tem cara de palavra bárbara; ela foi cunhada por Duns Scotus. (N.A.)
        *Haec, do qual provém *haecceïtas*, é pronome indicativo feminino em latim e significa "esta". (N.T.)

530   "Chamei, pois, qualidades aquelas que os gregos dizem *poiótētas*, porque entre os gregos não é palavra do vulgo, mas dos filósofos." (N.T.)

531   *Talis*: pronome latino: "tal", "de tal natureza". (N.T.)

532   Em alemão, *ein substantivisches Abstraktum*. Substantivo é usado aqui adjetivamente. (N.T.)

gregos tinha direito a isso, não mais a teoria do conhecimento, que quer dominar nosso pensamento desde a influência exercida pelos nominalistas. Quer me parecer também que a linguagem humana como que resiste a todas as tentativas de conceber propriedades (ao menos as propriedades naturais, sensíveis) como substantivos, como objetos. Aprendemos que o nosso mundo da efetividade é um mundo adjetivo, e que o sensualismo só conhece impressões sensoriais adjetivas; acreditamos que a melhor maneira de expressar a efetividade ou a realidade daquilo que provoca essas impressões sensoriais adjetivas seja representando exteriormente no mundo esses geradores de qualidades como forças, objetos, coisas. É assim que substantivamos as qualidades pela primeira vez; e o realismo ingênuo da linguagem comum não conhece outra realidade. Os escolásticos não envidaram esforços para distinguir nessas qualidades substantivadas o singular como ecceidade e o essencial como quididade. Escolásticos mais espertos deveriam ter dito a si mesmos que a quididade, por designar simultaneamente a matéria e a forma dos objetos, não deixava nenhuma possibilidade de ação para a qualidade; pois as qualidades eram entendidas como forças eficientes, que ocasionam uma reação em nossos sentidos, quer pela matéria, quer pela forma. E assim o conceito de *qualidade* teria de ter desaparecido da linguagem filosófica e não teria podido de forma alguma entrar na língua comum — se, com efeito, a confusão de Aristóteles entre categoria e parte do discurso não tivesse passado à posteridade.

Vista por esse ângulo, a querela quase bicentenária sobre a essência da qualidade me parece apta para ser colocada numa fórmula simples. Galileu, Boyle e Gassendi, mas especialmente Locke, ensinaram de modo cada vez mais resoluto que as qualidades secundárias, isto é, as tão bem conhecidas propriedades sensíveis das coisas, não são de índole objetiva, mas subjetiva; em seguida, Berkeley e, depois dele, Kant descobriram que também as qualidades primárias tinham caráter subjetivo, bastando para isso pensar na grandeza e no movimento. Com essa fenomenalidade ou (com o perdão da palavra) aparencialidade[533] do mundo, o direito de substantivar propriedades foi negado aos hábitos linguísticos há pouco mencionados. Só existe um mundo efetivo adjetivo; os objetos são apenas hipóstases, propriedades substantivadas, e *qualitas* significa meramente perguntar pelo tipo dessas propriedades. A aplicação

---

533 Em alemão, *Erscheinungshaftigkeit*. (N.T.)

do conceito de qualidade às formas do juízo não pode ser mantida sem uma torção do conceito original.

Entrementes a palavra penetrou profundamente na língua comum. *Qualidade*, em francês *qualité*, começou a significar a *boa* qualificação de um objeto de uso. Hoje, o charuteiro recomenda seus charutos de qualidade, e ainda promete entregá-los em qualquer *quantidade*.

Quantidade

Paralelamente a *qualitas* foi formado *quantitas* em latim (como empréstimo por tradução do grego *posótēs*); qualidade era somente a terceira das categorias de Aristóteles, quantidade já era a segunda. A pergunta se dirigia dessa vez (*posós*)[534] a uma única entre todas as qualidades possíveis: ao número ou à grandeza mensurável por um número; não preciso esclarecer por que enumero a quantidade entre as qualidades; sei muito bem que uma categoria não pode se tornar conceito genérico de outra categoria.

Em um sentido mais amplo da palavra categoria, a quantidade ou o número constitui manifestamente uma classe por si e, além disso, fica de fora da linguagem, como muitas vezes já expus, porque números não são conceitos. Observe-se que na tábua das categorias de Kant as três formas da quantidade (unidade, multiplicidade e totalidade) formam grupos estranhos; o grupo da multiplicidade abrange a sequência infinita de números, a unidade e a totalidade se referem a um único conceito, poderíamos dizer, a um conceito-limite, e, de mais a mais, a totalidade pode ser novamente compreendida como unidade, como um *universo*.

Para a física, a lógica escolar, que por mais de dois milênios viu quantidade e qualidade como duas categorias distintas, que não reconheceu a qualidade como o conceito genérico da quantidade — para a física, Aristóteles foi desastroso também nesse aspecto. Mesmo depois de Galileu, os peripatéticos ainda se opuseram a que as qualidades dos corpos fossem reduzidas a quantidades; essa redução, no entanto, foi alcançada nos últimos séculos pela ciência, que hoje expressa as qualidades de tons e cores, e mesmo as intensidades do calor e da eletricidade, mediante quantidades de vibração. Não preciso repetir (vide verbete "Explicação matemática da

---

534 "Quanto." Em grego no original. (N.T.)

natureza")[535] que a quantificação dos fenômenos da vida e do espírito não pôde nem pode ter êxito; mesmo as qualidades de tons e cores, que foram conhecidas como efeitos de números de vibração calculados com precisão, não têm psiquicamente relação alguma com esses números; mais ainda: quando uma área da pele é arranhada com força crescente, a sensação de bem-estar pode se transformar em dor insuportável; mas, de novo, as qualidades prazer e dor não têm relação alguma com a grandeza da intensidade. A aplicação da matemática acaba onde não se pode medir nem contar; nada se alterou nesse ponto com os grandes feitos da matemática, que refinou enormemente o conceito de quantidade dos gregos graças à descoberta do sistema decimal, da análise e do cálculo infinitesimal. A aplicação do conceito de quantidade a intensidades psíquicas é metafórica, e muito mais metafórica ainda é a transposição da quantidade a conceitos morais. Algo bem diferente sucede com a quantidade no âmbito da lógica.

Desde Aristóteles a quantidade foi um dos dois principais fundamentos da classificação dos tipos de juízos e inferências; "Caio é um homem", "alguns homens são ricos", "todos os homens são mortais" — o silogismo foi classificado de acordo com esse esquema; e mal se atentou para o fato de que, com alguma obstinação, o outro fundamento da classificação (juízo afirmativo ou negativo) também poderia ser colocado sob o conceito de quantidade. Em todo caso, apesar de toda essa aporrinhação escolar, desde Aristóteles se pensou somente em unidade, multiplicidade ou totalidade do *sujeito*; ninguém atentou para o fato de que no juízo "Caio é um homem" também o predicado devia ser entendido apenas como unidade. Sem entrar propriamente na questão, quero apenas lembrar que a sagacidade dos escolásticos interpretou essa lacuna da lógica escolar de modo até muito sutil; eles entendiam o sujeito da frase (*subjectum* ainda no sentido medieval, isto é, enquanto *objeto* da proposição) unicamente como coisa, e o predicado unicamente como conceito; foi assim que Abelardo chegou à regra espirituosa: "*res de re praedicare non potest*",[536] que parece realmente convir bem aos genuínos juízos de subsunção.

Preencher a lacuna da lógica escolar, atentar para a quantidade do predicado na classificação dos juízos, foi algo para o qual o valente Lorenzo Valla alertou já no século XV; outros precursores da nova doutrina até o século XVIII não ostentam nomes tão conhecidos. Mas a

---

535 Verbete não traduzido nesta seleção. (N.T.)
536 Cf. acima a nota 451, p. 366. (N.T.)

quantificação do predicado, em protesto feroz contra a antiga lógica, só foi exigida no século XIX, quando se empreendeu uma nova fundação da lógica com Bentham (sobrinho do famoso Bentham) e com Hamilton.[537] Parece ser ponto pacífico (baseio-me numa dissertação de Ljubomir Nedich)[538] que Bentham pode reivindicar a prioridade (1827), enquanto Hamilton foi o primeiro a reconhecer em sua nova análise (1846) a importância dessa exigência.

Passo por alto o melhor que a nova analítica de Hamilton ocasionou: a crítica que lhe foi feita por John Stuart Mill, que ainda hoje merece ser lida. Menciono apenas uma circunstância que parecia ser de grande importância para o desenvolvimento da lógica. Numa época em que a crença na lógica formal começava a vacilar, Hamilton pretendeu restabelecê-la sobre fundamentos mais sólidos do que nunca justamente por meio da quantificação do predicado e da nova classificação dos juízos originada por tal técnica; de acordo com essa tese, o juízo deveria apresentar unicamente a relação de quantificação de dois conceitos; a simbolização do juízo poderia então assumir a forma matemática de uma equação, e a doutrina tão complicada da conversão dos juízos poderia ser reduzida a uma fórmula única. Com essas vantagens formais da nova lógica, a simbolização matemática das operações lógicas e a quantificação de todos os conceitos se tornaram particularmente claras para alguns filósofos com preparo matemático, e Boole e seus discípulos erigiram sua álgebra lógica sobre a quantificação dos predicados (as objeções a essa circunstância histórica são infundadas). Já expliquei (vide verbete "Álgebra da lógica")[539] por que considero essa nova lógica tão infrutífera quanto a antiga. Nem a lógica antiga, nem a nova constituem uma arte capaz de ensinar a pensar ou de tornar mais fácil o pensamento; a lógica formal é sempre somente uma mecânica posterior e esquemática, que rubrica e classifica o pensamento real. Uma compreensão da realidade viva do pensamento só poderia ser oferecida pela psicologia, pela teoria do pensamento ou, no que me diz respeito, pela lógica enquanto parte da psicologia.

---

537 George Bentham (1800-1884), *Outline of a New System of Logic, with a Critical Examination of Dr. Whately's Elements of Logic*, 1827; William Hamilton (1788-1856), *New Analytic of Logical Forms*, publicado originalmente em *The Works of Thomas Reid*. Edimburgo/Londres, 1846. (N.T.).

538 Ljubomir Nedich (1858-1902), *Die Lehre von Quantification des Prädicats in der neueren englischen Logik* [A doutrina da quantificação do predicado na moderna lógica inglesa]. Leipzig: Engelmann, 1885. (N.T.)

539 Não traduzido neste volume. (N.T.)

Mas, uma vez que psicologia não é física, uma vez que os processos nas operações do pensamento não podem ser contados nem medidos, uma vez que a quantificação do sujeito e do predicado só em casos muito raros é verdadeiro cômputo, a psicologia também nunca chegará, por isso, a ser uma física matemática, nunca chegará a ser uma álgebra do pensamento.

Realismo

Os filósofos antigos e os escolásticos, se deixarmos de lado os céticos gregos e os nominalistas da Idade Média, trataram da questão da *realidade* das coisas — note-se a tautologia —[540] numa disciplina que recebeu, sucessivamente, os seguintes nomes: *filosofia primeira, metafísica, ontologia*. Para fugir ao realismo ingênuo que se impõe de maneira imediata, eles se abrigavam num mundo ideal, num ideal-realismo, e ainda não eram capazes de distinguir entre subjetividade e objetividade, entre a efetividade e a aparência dos entes de razão. Mas a designação *ontologia* para toda essa disciplina, como já antes mencionado, só foi inventada por Clauberg, o cartesiano empenhado em clareza, que quis finalmente manter teologia e conhecimento do mundo nitidamente separados e, por isso, postulou uma ciência do ser, da coisidade, ou seja, da efetividade. Como, segundo ele, havia uma ciência da teosofia ou teologia, não era inapropriado (*non incommode*) denominar a ciência do ser em geral (*circa ens in genere*) *ontosofia* ou *ontologia*.[541]

Essa palavra está ligada, pela doutrina platônica das Ideias (ela remonta, com efeito, ao termo *óntōs ónta*),[542] ao *realismo* escolástico, que, por precaução, sempre chamo de *realismo nominal*. Mais tarde, Wolff colocou essa ontologia num sistema impecável; Zeller (*História da filosofia alemã*, pp. 183-84)[543] expôs brevemente e bem esse sistema, indicando agudamente o erro fundamental desse dogmatismo de não investigar mais precisamente a origem das representações. Para apreciadores

---

540 Mauthner remete à etimologia de "realidade", formada a partir de *res* (coisa). (N.T.)
541 Johannes Clauberg (1622-1665), teólogo e filósofo alemão, autor de *Elementa philosophiae: sive Ontosophia*, 1647. (N.T.)
542 "Seres efetivos, de fato." Em grego no original. (N.T.)
543 E. Zeller, *Geschichte der deutschen Philosophie seit Leibniz* [História da filosofia alemã]. Munique: Oldenburg, 1875, 2ª ed. (N.T.)

de uma terminologia mais apurada, também é correto que Zeller chame o trabalho de Wolff de "uma realização nada infrutífera". Tão sistemático quanto Wolff, só que muito mais profundo, foi somente Kant que traçou um limite rigoroso entre ontologia e metafísica, fez da ontologia a antecâmara de uma metafísica (futura) e buscou transformar a ontologia em filosofia transcendental, isto é, em teoria do conhecimento. Schopenhauer (*Parerga*, I, p. 88) expressou-o assim: "A *Crítica da razão pura* transformou a ontologia em *dianoiologia*".[544]

Noutra parte (*Parerga*, II, p. 19), Schopenhauer fala dessa ciência como aquilo "que antigamente se chamava ontologia".[545] Ontologia é, na verdade, um conceito antiquado, que abarca todas as querelas estéreis acerca da realidade das Ideias, acerca da essência ou da *ousía*,[546] acerca do ser, numa palavra, acerca do indizível. Só que a ontologia nunca é mística, sempre pretendeu ser lógica. Quando muito, Hegel trouxe como que de longe uma brisa mística à sua ontologia, muito embora também a trate de modo inteiramente realista-nominal (*Enciclopédia*, 2ª ed., § 33).[547]

Mas engana-se quem pensa que a esterilidade dessa luta tenha cessado. Com efeito, quase precisamos novamente da palavra *ontologia*

---

[544] A passagem citada se encontra no capítulo XIII dos *Fragmentos à história da filosofia*, intitulado "Elucidações ulteriores à filosofia kantiana", dos *Parerga e paralipomena* de Arthur Schopenhauer. A edição utilizada por Mauthner é muito provavelmente a de Julius Frauenstädt (Berlim: Hayn, 1862). (N.T.)

[545] A diferenciação entre dianoiologia e ontologia se encontra no § 21 de *Sobre a filosofia e seu método*, texto também incluído nos *Parerga e paralipomena*. Cabe lembrar que o termo "dianoiologia" era uma parte do livro *Neues Organon* (1764) de Johann Heinrich Lambert. (N.T.)

[546] "Substância." Em grego no original. (N.T.)

[547] "A primeira parte dessa metafísica [dogmática], em sua figura ordenada, é constituída pela *ontologia* — a *doutrina das determinações abstratas do ser*. Falta um princípio para essas determinações, em sua diversidade e validez finita: elas têm de ser enumeradas empírica e contingentemente; e seu conteúdo mais próximo só pode ser fundado na *representação*, na *garantia* de que pensamos exatamente isso com essa palavra, ou talvez até na etimologia. Nelas só pode se tratar de correção da análise que concorda com o uso linguístico e da *integralidade* empírica, não da *verdade* e *necessidade* de tais determinações em e por si mesmas." G. W. F. Hegel, *Enciclopédia das ciências filosóficas em compêndio*, in *Werke*. Frankfurt am Main: Suhrkamp, 1979, p. 98. (N.T.)

quando buscamos um conceito genérico para o *realismo* e uma de suas muitas oposições. *O que* é isso que é? O que é o ser? Continuamos perguntando assim, tal como há 2500 anos. Até Kant teria necessitado de uma ontologia em sentido escolástico, uma vez que afirmou simultaneamente o ser e a incognoscibilidade das coisas-em-si; justamente do ponto de vista da fenomenalidade era preciso perguntar: ainda nos é permitido chamar de ser aquilo que não é de modo algum cognoscível para os homens?

O modo mais recente que a filosofia tem de colocar suas questões parece querer retroceder ao realismo ingênuo; mas só parece ser assim. Há uma diferença significativa entre esse realismo, para o qual a realidade do mundo exterior é um dogma, e as lições dos físicos filosóficos (Mach e Helmholtz, aos quais os pragmatistas recorrem de modo um tanto ousado), para os quais essa realidade é apenas uma hipótese; uma hipótese útil, frutífera, precisa, a hipótese mais simples. "Os atos de consciência que se mostram com o caráter da percepção transcorrem *como se* o mundo das coisas materiais aceito pela hipótese realista realmente existisse" (Helmholtz, *Discursos e conferências*, II, p. 243).[548] Helmholtz tomou novamente de empréstimo a Kant o moderado e moderador *como se*.

A querela sobre o realismo também termina, portanto, com um símile; e terminaria ainda melhor com a primeira e última pergunta: *o que é isso?*

Sabedoria de Goethe

Já se escreveram tantos livros e opúsculos sobre a filosofia de Goethe, sobre sua visão de mundo, que com eles se poderia lotar uma imponente biblioteca; apesar disso, os manuais de história da filosofia passam por ele com um aceno afável, mas breve. Senti isso frequentemente como uma injustiça e não deixei passar ocasião de citar a sabedoria de Goethe, como autoridade, ao lado dos ditos de filósofos célebres. Quando, no entanto, volto minha atenção mais precisamente para esse ponto, a

---

[548] H. Helmholtz, *Vorträge und Reden*, II [Discursos e conferências]. Braunschweig: Vieweg und Sohn, 1884. A frase se encontra no texto *Die Tatsachen der Wahrnehmung* [Os fatos da percepção]. (N.T.)

injustiça dos historiadores parece menor; pois sabedoria não é filosofia: o mais sábio daquele povo a quem um inglês, Bulwer, chamou de povo de poetas e críticos (literalmente: "*The great German people, a race of thinkers and of critics*")[549] não foi filósofo. Para nossa salvação: tivemos muitos filósofos, mas só um Goethe.

Se não quisermos nos dar por contentes com clichês, será difícil decidir qual dos filósofos insignes influiu decisivamente sobre a visão de mundo de Goethe. Espinosa é aquele que se costuma citar em primeiro lugar, e fazem de Goethe um discípulo dele; depois vêm Kant e também Schelling e, finalmente, qualquer filósofo a quem tenha mencionado ocasionalmente com deferência e gratidão. Mas a atitude filológica de voltar a atenção para um momento isolado do desenvolvimento goethiano cria toda vez uma ilusão sobre a importância da influência alheia; Goethe, por certo, se apropriou incansavelmente de coisas dos outros tanto quanto de si próprio, mas o inimigo das palavras vazias era o homem menos capaz de jurar *in verba magistri*.[550] Em seus escritos, cartas e conversas, ele se pronunciou tão claramente sobre sua relação com cada filósofo, que é preciso exagerar oficiosa e superficialmente o valor do poeta ou do pensador para introduzir confusão nessas relações espirituais. Esforçar-me-ei para evitar esse erro.

Que Goethe tenha sido espinosano é e não é verdadeiro, dependendo de como se entende o termo. Ele teria sido reprovado num exame sobre Espinosa; jamais *estudou*, como acadêmico, o seu filósofo predileto e será, por isso, superado em conhecimento por qualquer professor que tenha defendido um doutorado sobre Espinosa. Ele fala com toda a despreocupação sobre essa matéria (no livro XVI de *Poesia e verdade*): "Não posso dizer que tenha lido seguidamente as obras desse homem notável, a ponto de ter diante da alma uma visão completa do edifício inteiro de seus pensamentos"... "Não se pense, porém, que teria subscrito suas obras e feito literalmente profissão de fé. Pois, que ninguém entende o outro, que, embora as palavras sejam as mesmas, ninguém pensa o mesmo que o outro, que uma conversa, uma leitura desperta sequências diferentes de ideias em pessoas diferentes, isso já era mais que sabido para mim."[551] Como sempre, Goethe tirou de

---

549 A caracterização se encontra no romance *Ernest Maltravers* (1837), de Edward Bulwer-Litton (1803-1873). (N.T.)
550 "Pelas palavras do mestre." Em latim no original. (N.T.)
551 A primeira parte da citação (antes dos três pontos) não se encontra em *Poesia e verdade*, mas em uma carta ao filósofo Friedrich Heinrich Jacobi de

Espinosa apenas aquilo que lhe falava de perto, que ele podia utilizar; o "não cristão decidido", para quem o materialismo cinzento dos enciclopedistas era uma abominação, se amoldou, com o panteísmo espinosano, numa religiosidade sem deus, na qual a tranquilidade lhe vinha da poesia e da vida. A forma escolástica da filosofia de Espinosa não o interessava; ele não conhecia o edifício inteiro; o que o alegrava naquele filósofo de ofício, cuja memória fora salva por Lessing e pela controvérsia em torno do livrinho de Jacobi sobre ele, era reencontrar suas livres convicções a respeito da vida e da religião, e ele se acostumou, poeta como Tasso, a "colocar sob um só nome aquilo que amava em todas as esferas".[552] Num artigo que vale a pena ler (*Zeitgeist*, 31 jan. 1910), A. Köster[553] indica com muito acerto que a imagem viva e atuante de Espinosa entre nós surgiu justamente sob a influência de Goethe; eu diria: muito do que chamamos de espinosano na visão de mundo goethiana, nós aprendemos a encontrar em Espinosa lendo-o a partir de Goethe.

Tampouco seu contemporâneo Kant foi lido sistematicamente por ele; o crítico da razão lhe era bem mais distante que o panteísta, nada podendo acrescentar à sua visão da vida e da religião. Pelo menos não lhe acrescentou nada. Foi quase apenas para ser cordial com Schiller e com o círculo letrado de Jena que Goethe aceitou se ocupar um pouco, e à sua maneira, de Kant. Também a esse respeito ele se manifestou com bastante despreocupação no breve escrito *Influência da novíssima filosofia*.[554] Ele diz: "Faltava-me o órgão para filosofia no sentido próprio da palavra"... Na *Crítica da razão pura*, "senti pela primeira vez que uma teoria parecia sorrir para mim. Foi o preâmbulo que me agradou, mas não pude ousar entrar no próprio labirinto: ora era o dom poético que me impedia, ora o bom senso, e em parte alguma eu me sentia melhor que antes... Acreditava que entendia alguns capítulos isolados

---

9 de junho de 1785. Cf. J. W. Goethe, *Briefe*, in *Obras*, VII. Sophienausgabe. Weimar: Böhlau, 1891, tomo IV, p. 63. A segunda parte se encontra de fato no livro XVI de *Poesia e verdade*, obra traduzida integralmente para o português sob o título *De minha vida. Poesia e verdade*. Ver a tradução de Maurício Mendonça Cardoso (São Paulo: Unesp, 2017), pp. 805ss. (N.T.)

552 Versos ditos por Eleonora, no ato I, cena I, de *Torquato Tasso*, drama de Goethe. (N.T.)

553 O artigo de Adolf Köster, político social-democrata alemão, foi publicado em *Der Zeitgeist*, um suplemento do jornal *Berliner Tageblatt*. (N.T.)

554 O texto (*Einwirkung der neueren Philosophie*) é de 1820. (N.T.)

melhor do que outros, e guardei alguma coisa para uso caseiro". Mais forte foi a impressão causada pela *Crítica do juízo;* esta lhe proporcionou "um período de vida altamente feliz". Schiller e os outros senhores de Jena podiam se espantar o quanto quisessem com a maneira pela qual o Kant deles era lido e apropriado por Goethe: ele ia ao âmago da obra crítica. "A vida interior da arte, assim como da natureza, o agir de ambas de dentro para fora, estava claramente expresso no livro. As produções desses dois mundos infinitos deviam existir em vista de si mesmas, e o que existia um *ao lado* do outro existia um *para* o outro, mas não intencionalmente um *por causa* do outro."[555] Nem as posteriores demonstrações de respeito, nem as ocasionais faltas de respeito para com Kant (como quando, para não agastar Herder, o adversário de Kant, afirmou: "Consideramos essa filosofia como um fenômeno ao qual também devemos conceder o seu tempo, porque tudo tem o seu tempo") devem ser tomadas com demasiada solenidade; Goethe podia fazer pose, como quando, com superior conhecimento de causa, afirmou o seguinte ao francês Victor Cousin sobre Kant e a filosofia alemã (em 20 de outubro de 1817): *"J'ai tout vu en Allemagne, depuis la raison jusqu'au mysticisme. J'ai assisté à toutes les révolutions. Il y a quelques mois, je me suis mis à relire Kant; rien n'est si clair depuis que l'on a tiré toutes les conséquences de tous ses principes. Le système de Kant n'est pas détruit".*[556] No fim das contas, permanece o que Goethe disse ao chanceler Müller, em 1823: "Jamais estreitei relações profundas com a *Crítica da razão pura*".[557]

Se colocamos de lado certa deferência, metade dela por força do cargo, é impossível não reconhecer um tom de irônica superioridade nas

---

555 As frases da *Einwirkung der neueren Philosophie* [Influência da nova filosofia] se encontram no início do escrito, na Sophienausgabe: *Obras*, II, op. cit., tomo XI, pp. 47-51. (N.T.)

556 "Vi de tudo na Alemanha, desde a razão até o misticismo. Assisti a todas as revoluções. Há alguns meses me pus a reler Kant; nada é tão claro depois que foram tiradas todas as consequências de seus princípios. O sistema de Kant não está destruído." A conversa com Goethe é transcrita por Victor Cousin nos seus *Souvenirs d'Allemagne* [Recordações da Alemanha], in *Fragments et souvenirs*. Paris: Didier, 1857, 3ª ed. rev., ampl., p. 154. (N.T.)

557 J. W. Goethe, *Goethes Unterhaltungen mit dem Kanzler Von Müller* [Conversas de Goethe com o chanceler Von Müller]. Ed. de C. A. H. Burkhardt. Stuttgart: Cotta, 1870, p. 78. Conversa de 29 de dezembro de 1823. (N.T.)

suas declarações sobre Fichte, Schelling e Hegel; Fichte é tratado de maneira bem pouco amável no segundo *Fausto*; para ele, Hegel não passava de um sofista espirituoso, que se portava como um estranho perante a natureza; a Schelling estimava ainda menos que a Hegel, recusando decididamente suas "expressões dúbias sobre temas religiosos",[558] embora suportasse de bom grado que sua filosofia da natureza (que provinha estranhamente de Espinosa e que, mais estranhamente ainda, influenciou, talvez por vias indiretas, a teoria da evolução de Spencer) fosse entendida como uma confirmação filosófica de sua doutrina da metamorfose. Sabe-se que, embora lesse muito, Goethe não leu a obra principal de seu jovem amigo e discípulo Schopenhauer, que, no entanto, lhe fora enviada com toda a reverência.

Mais tolo que a tentativa de inserir Goethe em determinada escola filosófica seria o expediente de chamá-lo de eclético; se, depois da misteriosa catástrofe de Gretchen, o jovem Goethe lesse com a mesma aplicação, além do Pequeno Brucker, o Brucker Grande (*Breves questões de história filosófica*, VII, p. 2), teria podido na verdade encontrar ali a sugestão de "selecionar de toda parte do mundo o que é conveniente aos sistemas, ligando-o às próprias ideias, e com isso levar às alturas a *philosophiam eclecticam*, que é aprovada por todas as pessoas sensatas".[559] Em Brucker, o historiador da filosofia, era natural a ausência de um ponto de vista próprio; além disso, naquela época (1736), a filosofia eclética ainda era refúgio nada desprezível contra a Escolástica, que continuava atuante. Goethe não era historiador da filosofa e não precisava escapar de nenhuma escola; quando Victor Cousin, o grande eclético francês mencionado há pouco, o havia entendiado bastante, Goethe não só disse ao chanceler Müller, mas também escreveu a frase colérica (*Ditos em*

---

558 Ibid., pp. 53-54. Conversa de 21 de abril de 1823. (N.T.)
559 Mauthner retoma nesta passagem o episódio em que Goethe se vê obrigado a se afastar da jovem Gretchen, por quem se apaixonara. Cf. J. W. Goethe, *Poesia e verdade*, op. cit., pp. 263ss. Depois da separação, ele empreende, guiado por seu amigo de quarto, estudos de filosofia baseados no "Pequeno Brucker", isto é, nas *Institutiones historiae philosophiae, usui academica* (1756), versão resumida da grande *História crítica da filosofia*, de Johann Jakob Brucker (cf. acima nota 448, p. 365; ver também *Poesia e verdade*, op. cit., p. 267 e nota à tradução). Com o "Grande Brucker", Mauthner se refere, porém, a outra obra, *Kurze Fragen aus der philosophischen Historie*. Ulm: Bartholomäi, 1736. (N.T.)

Prosa, n. 447): "Não pode haver filosofia eclética, mas filósofos ecléticos". E acrescentou a nota: "Eclético, porém, é todo aquele que, daquilo que o cerca e daquilo que lhe sucede, se apropria daquilo que está em conformidade com sua natureza".[560]

Quem quiser recorrer a essas palavras para colocar Goethe na escola eclética dos Brucker e dos Cousin fique à vontade: ele devorava tudo como um onívoro espiritual e consumia tudo no egoísmo produtivo de seu trabalho de vida poético. Mas não nos deixemos enganar nem ludibriar por dissertações retóricas sobre a importância científica e filosófica de Goethe. Ele foi poeta, nada mais que poeta; escritor ou, para quem o preferir assim, *writer*, segundo a denominação de Emerson.[561] Entre os poetas, entre os cientistas, entre os filósofos houve inteligências igualmente extraordinárias; a psicologia de um, no entanto, não é a do outro. As rimas de Leibniz e Kant, os versos lisos de Schopenhauer não provam nada, tampouco as múltiplas tentativas de Goethe de se ambientar na filosofia e de rivalizar com os especialistas nas ciências naturais. O poeta Goethe também foi grande como observador da natureza; sua doutrina da metamorfose fala de um pressentimento da unidade da natureza que não deve ser desprezado, e mesmo sua polêmica feroz contra a teoria das cores de Newton pressente bem acertadamente os limites do método matemático; ele, no entanto, não foi um cientista de primeiro plano, porque possuía, é verdade, o pequeno pedantismo do colecionador, mas não o grande pedantismo daquele que trabalha na ciência. E não se tornou filósofo porque sabedoria é outra coisa que filosofia.

Não queremos disputar sobre palavras, nem sobre o uso da língua. É certo, porém, que entendemos por *prudência* algo diferente do que por *sabedoria*, e por sabedoria algo diferente do que por *filosofia*. Prudência, esperteza, manha dizem mais respeito ao caráter, mas designam sempre a disposição, dotes intelectuais mais medianos ou mais elevados a serviço de propósitos menores ou maiores (mesmo a tolice pode andar junto com a esperteza). A sabedoria, entretanto, não se

[560] As máximas trazem respectivamente os números 648 e 649 e podem ser encontradas em J. W. Goethe, *Máximas e reflexões*. Ed. de Max Hecker. Frankfurt am Main: Insel, 1982, p. 128. Encontram-se no romance *Anos de peregrinação de Wilhelm Meister*. (N.T.)

[561] Mauthner se refere ao ensaio de Ralph Waldo Emerson intitulado "Goethe, or the Writer" do livro *Representative Men* [Homens representativos]. Boston: Phillips, Sampson & Co., 1850. *Writer* está em inglês no original. (N.T.)

distingue dessa prudência apenas em grau; a definição de Schopenhauer (*Parerga*, II, p. 637) me parece insatisfatória: "Conhecimento pleno, correto, das coisas no todo e em geral, que penetrou tão completamente o indivíduo, que transparece agora também no seu agir, guiando a sua ação em toda parte".[562] Ou seja, perfeição teórica e prática, mera mistura de prudência e filosofia ("conhecimento correto das coisas no todo e em geral"). Creio que se deve distinguir diferentemente entre os três conceitos. Prudência diz respeito à prática; ciência e filosofia dizem respeito à teoria, mas de modo que a ciência se volta para o conhecimento de objetos particulares, e a filosofia para o conhecimento dos entes de razão os mais gerais. Para mim, porém, *sabedoria* parece querer dizer que o detentor dessa qualidade, desse bem ou dessa maneira de pensar não só sabe agir ou pensar sempre com a mais rara prudência, segundo seus fins teóricos ou práticos, mas que também e acima de tudo julga o valor de cada um dos fins teóricos ou práticos. E talvez também aja segundo seu juízo. Schopenhauer foi certamente filósofo, mas dificilmente sábio. Montaigne foi sábio, mas não propriamente filósofo. A representação que fazemos de Sócrates é a de que teria sido ao mesmo tempo sábio e filósofo.

Provas da sabedoria de Goethe enchem os muitos volumes em que estão reunidos seus escritos, cartas e conversas. O que há de mais importante em seu menosprezo pela linguagem, sua sabedoria mais profunda, já foi por mim apresentado (*Contribuições a uma crítica da linguagem*, I, 2ª ed., pp. 115ss.).[563] Como sua sabedoria o colocava em relação à filosofia, eis aqui somente algumas amostras tiradas de suas conversas.

2 de agosto de 1807: "O homem não exprime totalmente o objeto. Mas o que dele exprime é algo real, mesmo que seja sua idiossincrasia... Não deveríamos falar de coisas-em-si, mas do Um-em-si... Tudo é apenas Um; mas quem é capaz de falar desse Um-em-si?".[564]

---

562 O texto se encontra no § 350 dos *Parerga e paralipomena*, na seção "Observações fisiológicas". Sobre a edição utilizada por Mauthner, cf. acima nota 544, p. 406. (N.T.)

563 Trecho não traduzido nesta seleção. (N.T.)

564 O provável interlocutor de Goethe nesta conversa é Friedrich Wilhelm Riemer, editor das *Mittheilungen über Goethe* [Relatos sobre Goethe]. Berlim: Duncker und Humblot, 1841, 2 v. Cf. J.W. Goethe, *Begegnungen und Gespräche*, VI. Ed. de Ernst Grumach e Renate Grumach. Berlim: De Gruyter, 1999, p. 1807. (N.T.)

14 de novembro de 1823: "Não posso deixar de acreditar que o direcionamento filosófico de Schiller prejudicou sua poesia; pois foi assim que ele chegou a considerar a Ideia superior a toda natureza, chegando mesmo, com isso, a aniquilar a natureza".[565]

10 de maio de 1826: "Não posso pensar como ele, porque eu sou eu, e não ele. Como certas pessoas podem imaginar que o pensamento delas poderia me interessar — por exemplo, Victor Cousin?".[566]

18 de julho de 1827: "Não tenho interesse nenhum pela filosofia hegeliana, embora o próprio Hegel me agrade bastante. O que ainda tenho de filosofia me bastará até minha morte; no fundo, não preciso de nenhuma" (segue a observação acima citada sobre a filosofia eclética).[567]

4 de fevereiro de 1829: "Sempre me conservei livre da filosofia; o ponto de vista do bom senso também foi o meu".[568]

Por último (em alguma ocasião posterior a 1825): "Reina no povo alemão um espírito de exaltação sensual cujo sopro me toca de modo estranho; arte e filosofia se acham separadas da vida, num caráter abstrato, longe das fontes naturais que devem alimentá-las. Amo a vida de ideias genuinamente popular dos alemães e me perco de bom grado nos seus labirintos, mas sempre acompanhado daquilo que é natural e vivo. Meu respeito pela vida é maior do que pela arte, que deve somente embelezar aquela".[569]

É realmente irrelevante para a questão que, para todos os juízos de Goethe, se possam citar outras passagens que parecem contradizê-los.

---

[565] Na edição brasileira: J. P. Eckermann, *Conversações com Goethe nos últimos anos de sua vida: 1823-1832*. Trad. de Mario Luiz Frungillo. São Paulo: Editora Unesp, 2016, p. 177. (N.T.)

[566] J. W. Goethe, *Goethes Unterhaltungen mit dem Kanzler Von Müller*, op. cit., p. 106. O "ele" da primeira frase se refere a Carl Seidel, que publicara *Charínomos. Contribuições a uma teoria geral e história das belas artes*. Magdeburg: Rabach, 1825. (N.T.)

[567] Ibid., pp. 113-14. Na continuação, Goethe afirma, como nas *Máximas e reflexões*: "De qualquer modo, tenho tanta filosofia quanta preciso para meu ditoso fim, mas não preciso propriamente de nenhuma. Cousin não tem nada que me seja repugnante, mas ele não entende que pode haver filósofos ecléticos, mas não uma filosofia eclética". (N.T.)

[568] J. P. Eckermann, *Conversações com Goethe nos últimos anos de sua vida: 1823-1832*, op. cit., p. 301. (N.T.)

[569] Essa frase faz parte de um trecho longo, considerado de atribuição errônea ou duvidosa a Goethe. Cf. J. W. Goethe, *Begegnungen und Gespräche*, VI, op. cit., p. 540. (N.T.)

Goethe também foi mais sábio que filósofo porque viveu criando sua visão de mundo, porém jamais a colocou num sistema, porque era independente inclusive das palavras que havia dito no dia anterior. Sua crítica da linguagem, entretanto, era tão extremamente radical, que ele desprezava a linguagem não apenas como instrumento do pensamento, mas até como instrumento do seu próprio trabalho de vida, como instrumento da poesia.

Ele havia compreendido claramente que ninguém entende o outro, que, portanto, leitor algum entende inteiramente um filósofo; não espanta que jamais tenha entregado sua grande personalidade a algum filósofo; ao contrário, somente a fazia ampliar e crescer graças àquilo que assimilava em si do mundo estranho. É assim que cresce uma árvore. Num relato de Schiller a Körner (31 de outubro de 1790), temos uma confirmação notavelmente precisa daquilo que Goethe diz, orgulhosa e decididamente, sobre sua relação com a filosofia; a despeito de algumas palavras finais elogiosas, Schiller o relata com censura e quase com amargura, mas hoje podemos ouvir também na censura de Schiller a sabedoria superior de Goethe. Os dois poetas haviam conversado sobre Kant: "É interessante como ele veste tudo a seu jeito e modo próprios e como devolve o que leu de maneira surpreendente; não gostaria, contudo, de discutir com ele sobre coisas que me interessam muito de perto. Falta-lhe inteiramente a maneira cordial de se declarar adepto de algo. Para ele, toda a filosofia é subjetivista, e então convicção e controvérsia cessam imediatamente. Tampouco sua filosofia me agrada de todo: ela se imbui demais do mundo sensível, enquanto eu me imbuo da alma. Seu modo de representar é, em geral, demasiadamente sensível e, para mim, demasiadamente tateante".[570]

Schopenhauer julga no mesmo sentido a relação de Goethe com a filosofia. Fala (*Parerga*, II, p. 193) da doutrina das cores, em que acreditava ter tornado científico aquilo que Goethe tinha pressentido por alto. "Goethe tinha o impulso de apreender e apresentar tudo de maneira puramente objetiva: mas com isso ele tinha consciência de ter feito a sua

---

[570] A carta de Schiller a Gottfried Körner traz, na realidade, a data de 10 de novembro de 1790. Pode ser consultada no Friedrich Schiller Archiv. Disponível em: <https://www.friedrich-schiller-archiv.de/briefe-schillers/briefwechsel-mit-gottfried-koerner/schiller-an-gottfried-koerner-1-november-1790/>. Acesso em: 28 nov. 2023. (N.T.)

parte e não conseguia ir além... Considerou que tudo estava feito (com o *fenômeno originário*): um correto 'isso é assim' era em toda parte a meta última para ele, sem que sentisse necessidade de um 'isso tem de ser assim'. Ele podia, inclusive, zombar:

> *Der Philosoph, der tritt herein:*
> *Und beweist Euch, es müßt' so sein.*[571]

Em compensação, ele foi poeta, e não filósofo, ou seja, o empenho pelos fundamentos últimos e pelo nexo mais íntimo das coisas não o animava — ou não o possuía como uma obsessão; como se preferir."

De maneira ainda mais geral, Schopenhauer afirma sobre as imperfeições essenciais do intelecto (*O mundo como vontade e representação*, II, p. 156; e, de modo semelhante, *Parerga*, II, p. 89): "Ninguém pode *ser ao mesmo tempo* Platão e Aristóteles, ou Shakespeare e Newton, ou Kant e Goethe".[572]

No entanto, entre as tentativas ocasionais de Goethe de exprimir a própria visão de mundo de maneira inteiramente não figurada, de maneira mesmo matemática e abstrata, nenhuma me parece mais significativa do que a confissão que ele faz (em um escrito de 19 de fevereiro de 1816), e que anexa oito dias mais tarde a uma carta a Christian Heinrich Schlosser: "Minha profissão de fé geral: a) Na natureza está tudo o que está no sujeito, Y, e algo mais. b) No sujeito está tudo o que está na natureza, Z, e algo mais. B pode reconhecer A, mas Y só pode ser pressentido por Z... O ser que abarca todos os quatro em sua suprema clareza foi desde sempre chamado de *Deus* por todos os povos... Nós dois reconhecemos a necessidade dessa totalidade, mas o suporte dessa totalidade tem de nos parecer bem distinto para cada um de nós". É importante

---

[571] "Entra o filósofo, a mostrar, a respeito/ Que tem de ser daquele jeito." (N.T.) Versos da cena "Quarto de trabalho", do *Fausto* de Goethe na tradução de Jenny Klabin Segal (São Paulo: Editora 34, 2004), vv. 1928-29, pp. 186-87. O trecho de Schopenhauer faz parte da seção sobre a "Doutrina das cores", dos *Parerga e paralipomena*, II, § 104. (N.T.)

[572] Trata-se do capítulo XV do segundo livro dos complementos ao *Mundo como vontade e representação*, que tem por título "Sobre as imperfeições essenciais do intelecto". Mauthner também cita o *Mundo como vontade e representação* de acordo com o volume III da edição das *Obras completas* de Julius Frauenstädt (Leipzig: Brockhaus, 1873). (N.T.)

ainda que, nessa longa carta, Goethe exprima o desejo de encontrar no seu aplicado filósofo Schlosser (1782-1829)[573] um substituto à altura do seu companheiro Schiller — "para a grande obra de arte de continuar sem interrupção uma formação conjunta, apesar do empenho em direções totalmente distintas".[574]

Significado

Não podia escapar à atenção dos gramáticos que as palavras de sua disciplina, até mesmo as da língua mais corriqueira, têm conteúdo, sentido, significado; não podia escapar por sua vez à atenção dos lógicos que os conteúdos de seus conceitos e os significados de suas proposições estão ligados à linguagem humana. Como resultado da observação, tanto destes quanto daqueles, logo se fez distinção entre a palavra (a frase) e seu significado. Como entre fala e pensamento. Foi uma distinção estéril, um procedimento anatômico, enquanto não se observou expressamente que também a palavra viva tem um significado.

Palavras mortas só existem nas mesas de dissecação dos etimólogos e nos dicionários. E também ainda em livros ruins. Na língua viva, a palavra pode ser tão pouco separada de seu significado quanto o organismo vivo de sua "alma"; aquele que sabe de antemão que não há absolutamente alma singular fora da língua estará inclinado a chamar o significado de *a alma da palavra*.

Uma palavra que não tivesse significado tampouco seria, portanto, palavra da língua em sentido estrito, como a maioria das palavras de um papagaio ainda não são palavras da língua.

Todo leitor judicioso de dicionários tem, pois, de se dar conta de que, num grande artigo de dicionário, se encontram diversos significados da palavra, ordenados histórica ou logicamente, mas jamais o significado; assim, quanto menor e mais pobre, tão mais falsa e enganadoramente o dicionário se contenta em indicar uma única acepção — o significado. E precisamente aquilo que, nos mais parcos meios de apoio para o aprendizado ou exercício prático de uma língua estrangeira, é evidente

---

573 Não confundir com Johann Georg Schlosser (1739-1799), o igualmente aplicado cunhado de Goethe. (N.A.)
574 J.W. Goethe, *Obras*, IV., op. cit., tomo XXV, p. 220. (N.T.)

indigência; aquilo que se torna fonte de infindáveis e frequentemente divertidas confusões em viagens a países estrangeiros, a saber, o esforço de reproduzir cada palavra de uma língua mediante *uma única* palavra da outra — isso era até pouco tempo atrás o ideal de léxicos filosóficos e do emprego filosófico em geral das palavras. Durante sua viagem ao país estrangeiro do pensamento abstrato, o adepto da filosofia deparava a cada passo com palavras estranhas, cuja elucidação ia buscar antes de tudo num dicionário de filosofia naquela língua estrangeira; ali ele descobria com rapidez e segurança *o* significado de todos os *termini technici*[575] filosóficos. Mas, quanto mais velho se tornava o adepto, quanto mais diligentemente se exercitava na história da filosofia, isto é, lia as obras originais dos pensadores mais significativos de todos os tempos, tanto mais evidente tinha de se lhe tornar que os *termini technici* da filosofia (juntamente com suas traduções e substituições) não têm significado único, verdadeiro e invariável, que não existe absolutamente *o* significado a par de outros significados. Os mais novos dicionários filosóficos, o alemão de Eisler e o inglês de Baldwin,[576] aos quais gostaria agradecer neste momento pelas inumeráveis referências bibliográficas, compreenderam que só se pode conhecer o significado de um *terminus* pela história desse *terminus* e trazer de toda parte rico material para essa história; todavia, ambos os léxicos se dão demasiado frequentemente ao trabalho de estabelecer *o* significado, como se ainda houvesse algum conceito fora de sua história. Mas também aquilo que se pretende tomar como o significado atual da palavra só pode ser determinado *à peu près*[577] se, entre as direções concorrentes do presente, se extrai uma resultante e se decide considerá-la a visão de mundo atual ou até a derradeira visão de mundo; também o significado atual de cada palavra *se constituiu* historicamente. O *dicionário de filosofia* que não ousa pretender ser um *dicionário filosófico* pode ainda acrescentar, a cada tentativa de fazer uma história da palavra, a crítica do seu significado momentâneo ou dos seus significados conflitantes.

575 "Termos técnicos." Em latim no original. (N.T.)
576 Rudolf Eisler (1873-1926), *Dicionário dos conceitos e expressões filosóficas*. A primeira edição é de 1899; J. M. Baldwin, *Dicionário de filosofia e psicologia*. Nova York: Macmillan, 1901-1905. (N.T.)
577 "Aproximadamente, em sentido aproximado." Em francês no original. (N.T.)

Daí se vê o que se deve pensar quando se fala de um *significado em si* em demonstrações bem modernas da lógica, de um significado objetivo-ideal (Husserl).[578] Contudo, isso também tem por fundamento uma distinção que, se claramente retida, haveria de pôr fim à busca infrutífera *do* significado. Estou pensando na distinção entre conceito e significado.

Podemos dizer que uma palavra *tem* um significado, assim como podemos dizer que uma coisa tem propriedades, muito embora a coisa não seja nada fora ou ao lado de suas propriedades. Assim também a palavra já não é mais nenhuma parte integrante possível da língua quando se faz abstração de seu significado. Que seja correto ou falso, claro ou obscuro, usual ou eventual, que seja tomado num sentido genérico ou restrito a um círculo menor, que faça parte da linguagem comum ou do jargão profissional, o significado sempre está indissoluvemente ligado à palavra e não pode ser separado dela na psicologia real do pensamento. Significado é um conceito puramente psicológico.

O conceito só tem um significado na lógica. Não se pode dizer bem que a palavra *tem* um conceito. O conceito não é uma propriedade da palavra, mas a palavra mesma, na medida em que se pretende proceder a operações lógicas com ela. (Vide o verbete "Conceito".)[579]

Eu não saberia dizer *quem* cunhou pela primeira vez a palavra alemã *Bedeutung*[580] nesse sentido psicológico; quando se diz que algo irreal, um sonho por exemplo, significa algo real, tem-se primeiramente de *interpretar*[581] o sonho, traduzi-lo, para que ele forneça um sentido; por isso, *significar*[582] ainda é e era antigamente utilizado com muita frequência como interpretar. Como *exegese* de palavras da própria língua em relação a palavras estrangeiras, obscuras ou ambíguas. Por essa razão, seria bem tentador fazer a palavra fundamental *deuten* derivar, como a palavra *deutsch*,[583] do antigo alto-alemão *diot* (*Volk*),[584] de

---

578 Edmund Husserl publicou, em 1900, os *Prolegômenos à lógica pura*, primeiro volume das *Investigações lógicas*, e, em 1901, o segundo volume, *Investigações para a fenomenologia e teoria do conhecimento*. (N.T.)
579 Não traduzido nesta seleção. (N.T.)
580 "Significado." (N.T.)
581 *Deuten*. (N.T.)
582 *Bedeuten*. (N.T.)
583 "Alemão." (N.T.)
584 "Povo." (N.T.)

tal modo que *deuten* equivaleria a tornar popular, tornar compreensível. *Deutsch* era já em gótico = *heidnisch*,[585] *volksmäßig*;[586] Lutero pôde traduzir *bárbaros*[587] por *undeutsch*,[588] no sentido de *undeutlich*.[589] (Nas escolas judaicas, até onde sei, é bem recorrente a pergunta: "O que é *taitsch*?",[590] no sentido de "o que significa isso?".) Se, porém, considerássemos o significado presente de *deuten* como sendo o original, a saber, *weisen*,[591] dar um sinal, *deikýnai*,[592] então *significado* poderia ser uma antiga tradução de *connotatio*, palavra que era usual na Idade Média e recentemente se tornou de novo *terminus* inglês com Mill.[593] Não é correto traduzir a palavra inglesa *connotation* por *Mitbezeichnung*[594] ou *Nebenbedeutung*;[595] o prefixo *be-* (antigo alto-alemão *bi* = novo alto-alemão *bei*),[596] em *Bezeichnung*, *Bedeutung*, já substitui suficientemente o prefixo latino *con-* e o traduz bem; *connotation*, no sentido de Mill, exprime precisamente só o conteúdo significativo de uma palavra e, por certo, a par disso, também o conteúdo em oposição à extensão lógica; o que *connotatio* expressava com minuciosa distinção na linguagem dos escolásticos é algo que não precisa mais nos preocupar.

Falei detalhadamente sobre a mudança de significado (*Crítica da linguagem*, II, pp. 248ss.);[597] a comparar com os *Princípios da história da linguagem* (3ª ed., p. 67) de Paul e o *Ensaio de semântica* de Bréal.[598]

585 "Gentio, pagão." (N.T.)
586 "Segundo o povo, popular." (N.T.)
587 Em grego no original. (N.T.)
588 "Não alemão." (N.T.)
589 "Ininteligível." (N.T.)
590 Variação ídiche de *deutsch* (alemão). (N.T.)
591 "Mostrar, indicar." (N.T.)
592 "Mostrar, indicar, fazer ver." Em grego no original. (N.T.)
593 Mauthner se refere à distinção entre denotação e conotação apresentada no *Sistema da Lógica* (1843) de John Stuart Mill. (N.T.)
594 "Codesignação." (N.T.)
595 "Significado secundário, acessório." (N.T.)
596 Preposição ou prefixo com sentido espacial (junto a, perto de) ou temporal de concomitância ou simultaneidade (em, durante, por ocasião de). (N.T.)
597 Trecho não traduzido neste volume. (N.T.)
598 Sobre Hermann Paul, ver acima nota 115 da seleção de textos das *Contibuições* e a passagem que leva seu nome, pp. 126-28. M. Bréal, *Essai de sémantique (science de significations)*. Paris: Hachette, 1904, 3ª ed. rev., corr. e ampl. (N.T.)

Os dois pesquisadores estavam nitidamente cansados de rastrear a alteração fonética em busca de supostas leis; Bréal expressa belamente esse sentimento na "Idée de ce travail": *"Si l'on se borne aux changements des voyelles et des consonnes, on réduit cette étude aux proportions d'une branche secondaire de l'acoustique et de la physiologie; si l'on se contente d'énumerér les pertes subies par le mécanisme grammatical, on donne l'illusion d'un édifice qui tombe en ruines"*.[599] Mais austero, Paul, que tem ouvido não menos refinado do que o francês para a *forma interna da língua*, acata mais a relação com a ciência vigente, contentando-se também com a designação tradicional de mudança de significado;[600] não ouso decidir se semasiologia seria uma denominação melhor para a nova disciplina do que semântica; mas, sob cada um desses nomes, ela poderia trazer, de modo mais frutífero do que a teoria da alteração fonética, as mais valiosas contribuições para a história do pensamento humano — como esperamos que este *Dicionário* o faça em algumas de suas páginas.

A teoria inglesa do significado (*signifies*) não está longe de uma crítica da linguagem.[601] Ela distingue precisamente entre o significado usual (o uso linguístico dominante), o significado individual (a intenção do falante ou do escritor ao usar uma palavra) e o significado valorativo de uma representação. Neste último sentido, *significativo*[602] foi uma palavra predileta do Goethe maduro; já Jacob Grimm registrou afetuosa e quase ternamente esse uso individual da língua: "O emprego que Goethe faz da palavra é tão frequente, que ela não teria passado inadvertidamente, embora sem perda, da representação mais viva daquele que adora e pressente para a representação mais abstrata daquilo que é importante, decisivo, excelente, grandioso"; e Grimm também logo observa que

---

599 "Ideia deste trabalho": "Se nos limitamos às mudanças de vogais e consoantes, nós reduzimos esse estudo às proporções de um ramo secundário da acústica e da fisiologia; se nos contentamos em enumerar as perdas sofridas pelo mecanismo gramatical, passamos a ilusão de um edifício que desaba em ruínas". Em francês no original. (N.T.)

600 Hermann Paul ainda não emprega o termo "semântica" (ou mudança semântica), utilizada por Michel Bréal. (N.T.)

601 O termo foi introduzido por Victoria, Lady Welby (1837-1912) na década de 1890. A autora era próxima de Charles Sanders Pierce, com quem manteve correspondência sobre a teoria do *signifies*. (N.T.)

602 *Bedeutend*. Mesmo termo para a ocorrência logo a seguir. (N.T.)

insignificante[603] (= *insignifiant*) existiu na língua comum antes que esse *significativo* (= *significans*).[604]

Tao

No anseio por uma mística livre de elementos cristãos, há algumas décadas homens refinados nos recomendaram o *taoísmo*. Muito antes, em 1840, Elissen traduziu a palavra chinesa como *Dao*: "Pois perante o Dao maravilhas se apagam".[605] Em nenhuma parte essa mística inteiramente cética foi apresentada de forma mais bela do que nos *Discursos e parábolas de Chuang-Tsé*, que agora possuímos na antologia alemã de Buber.[606] Entretanto, gostaria de observar que, a despeito de todas as investigações, nós na verdade não sabemos o que o mestre Lao Tsé e Chuang-Tsé entendiam pela palavra *tao*. Ela já aparece num dos livros chineses mais antigos, onde significa aproximadamente a ligação de Yang e Yin, o processo cíclico entre os princípios masculino e feminino. Todavia, foi somente em contraposição ao pregador moral Confúcio que o taoísmo se desenvolveu num sistema. O *tao* nos faz lembrar a doutrina cristã do *lógos*, depois também os hinos negativos de Dionísio Areopagita e, finalmente, a filosofia da identidade. Buber viu muito acertadamente (p. 100) que as tentativas ocidentais de apreender o *tao*

---

603 *Unbedeutend*. (N.T.)
604 O trecho faz parte da entrada "Bedeutend" do *Dicionário* dos irmãos Grimm. Os termos *insignifiant* e *signifiant* aparecem ali em francês; no texto de Mauthner, talvez por um erro gráfico, consta *significans*, que não existe em francês. (N.T.)
605 Verso da tradução de Adolf Ellissen (1815-1872), em *Thee: und Asphodelosblüten*. Göttingen: Vandenhoeck und Ruprecht, 1840, p. 6. A quadra inteira diz: "*Dao's Gesetze sind ewig und klar,/ Worte von Dao lebendig und wahr./ Wollet sie nimmer als Wunder verkünden:/ Wunder wohl müssen vor Dao verschwinden*". ("As leis do Dao são eternas e puras/Palavras do Dao verdadeiras e vivas./Que não se proclame como milagres nunca/Pois perante o Dao se apagam maravilhas.") (N.T.)
606 Chuang-Tsé, *Reden und Gleichnissen des Tschuang-Tse*. Org. e trad. de Martin Buber. Leipzig: Insel, 1910. Adotou-se aqui a romanização pelo sistema Wales--Gilles: Chuang-Tsé (pinyin: Zhuāngzǐ) e Lao-Tsé (pinyin: Lao Zi), porque são os nomes pelos quais os filósofos chineses são mais popularmente conhecidos no Brasil. (N.T.)

como uma explicação do mundo sempre terminavam por coincidir com a respectiva filosofia de cada época; via-se no *tao* a natureza, a razão, até mesmo a energia. Eu poderia me sentir tentado a descobrir no *tao* uma antiquíssima crítica da linguagem; pois Lao-Tsé diz: "O nome que pode ser *nomeado* não é o nome eterno".

 E, em outra parte, Lao-Tsé diz: "Pode-se considerá-lo a mãe do mundo. Eu não conheço seus nomes. Se quero designá-lo, denomino-o *tao*" (*Tao-te-king*. Trad. de Viktor von Strauß, capítulo xxv).[607] Lao-Tsé parece ter sido, cerca de duzentos anos antes de Chuang-Tsé, o fundador do taoismo; com ele, *tao* se tornou a palavra para designar uma sabedoria eremita, alheada do mundo, uma recusa mística do utilitarismo de Confúcio (na China atual, tornou-se o nome de uma superstição desordenada, com monges, amuletos, palavras mágicas etc.); mas Lao-Tsé sabia tão pouco quanto seus discípulos o significado desse princípio primordial (ao mesmo tempo da ética e do conhecimento da natureza), princípio que talvez já em sua época tenha sido tirado de escritos ainda mais antigos. Comentadores mais recentes se esforçaram em vão para encaixar suas próprias visões de mundo na palavra enigmática: ora era um cristianismo robusto, ora uma vaga filosofia da natureza, ora, com mais razão, a unicidade da mística (como Buber, a quem tenho de seguir aqui em tudo). Só que os chineses são mais sábios do que nós ocidentais, mais livres em relação à linguagem, porque para eles *tao* é o princípio primordial, o fundamento primordial, mas não foi preciso que eles chegassem, não poderiam ter chegado, a uma determinação acerca de se este fundamento primordial estaria em face do mundo dos sentidos como uma causa, como uma coisa primordial de mesma natureza que todas as outras coisas do mundo ou como uma coisa-em-si completamente desconhecida, em face de um mundo fenomênico também desconhecido, mas em sentido totalmente diferente. O *tao*, no entanto, só corresponderia ao nosso conceito de Deus no tocante ao sentido de "causa primeira", mas não de "coisa-em-si"; já por isso o taoismo se situa acima de toda teologia do Ocidente: não pretende ensinar algo que possa ser sabido.

 Na verdade, sabemos tão pouco do *tao* quanto do *lógos*, com que se gosta de traduzir o *tao*; se a palavra significou originalmente caminho, isso deve ter sido um título comum aos livros de teor moral, que

---

[607] Lao-Tsé, *Tao-te-king*. Trad., intr. e comentário de Victor von Strauß. Leipzig: Fleischer, 1870. (N.T.)

encontramos com frequência tanto no Oriente quanto no Ocidente. O que Lao-Tsé e Chuang-Tsé colocaram posteriormente na palavra foi o anseio imemorial e ainda sempre vivo da mística de exprimir o inefável com uma palavra. A palavra não diz nada, absolutamente nada que os místicos chineses não tenham colocado, segredado[608] nela, de sua situação psíquica (genial ou assumida). Não apenas é intraduzível para o Ocidente como tampouco é positivamente definível para a China, podendo no máximo ser parafraseada negativamente: é, segundo Buber (p. 105), o incognoscível, a inseparabilidade no devir, a inseparabilidade também no ser, nas coisas. Aquele que se declara adepto do taoismo no Ocidente declara-se adepto de um nome sugestivamente novo para o Deus inominado dos silêncios celestiais. E, agora que acabo de distinguir entre *tao* e nosso conceito de Deus, gostaria de acrescentar que, apesar disso, nós poderíamos traduzir *tao* de modo religioso, quase teológico, caso nos libertemos da linguagem e digamos: "o deus". O que, por sua vez, soaria mais impessoalmente para mim do que, por exemplo, "o divino".[609]

Consignei aqui essa palavra porque, em sua estranheza inteiramente exótica, ela ensina ainda melhor do que as palavras gregas e seus neologismos que os pressentimentos mais profundos dos filósofos não podem ser expressos a não ser em palavras indefiníveis, cujo tom afetivo tem de substituir toda clareza para os crédulos — como na religião.

Chegando a este ponto, não há mais de parecer paradoxal aos meus leitores que eu compare a boa palavra alemã "*Gott*", em termos de indefinibilidade e intraduzibilidade, a *tao*. Naturalmente, nas línguas românicas e eslavas, "Deus" pode ser traduzido de modo bastante cômodo porque todas essas línguas comuns da época cristã estão interconectadas pelos incontáveis empréstimos por tradução, porque o catequismo cristão migrou de um povo a outro. Mas, se um chinês letrado quisesse transmi-

---

608 A tradução se vale aqui de um artifício para traduzir o neologismo *hineingeheimnißt* criado por Mauthner, verbo inexistente em alemão, formado a partir de *Geheimnis*, "segredo, mistério", que teria sido comunicado ou transmitido pelos místicos chineses à palavra *tao*. Em português, "segredar" tem, como se sabe, a mesma raiz de secreto, segredo (*secretus*, em latim, é aquilo que se põe ou conserva à parte, mas também que é secreto, conservado ou guardado em segredo). (N.T.)

609 Para entender melhor a comparação, é preciso ter presente que Mauthner compara *das Göttliche* (o divino) e *das Gott* (o deus), mas transformando o gênero desta última palavra de masculino para neutro. (N.T.)

tir aos seus conterrâneos a palavra ocidental "Deus" mediante a palavra *tao*, um filósofo chinês poderia lhe responder: "As pessoas no Ocidente não podem definir a palavra "Deus" e, portanto, não podemos traduzi--la para a nossa língua. Nossa querida língua materna é, porém, a pedra de toque da verdade de conceitos". O filósofo chinês poderia falar assim caso tivesse estudado com proveito Leibniz e a crítica da linguagem. E nós deveríamos nos envergonhar um pouco por não nos colocarmos dessa mesma maneira, livre de preconceitos, perante o *tao* dos chineses.

Vida

I. No que diz respeito à história das palavras, a situação dos conceitos fundamentais das ciências naturais é bem diferente da dos conceitos fundamentais da filosofia; estes últimos, formados pelos gregos a partir de fantasias metafísicas ou tirados de ideias de povos ainda mais antigos, com frequência se apresentam a nós na sua riqueza aparentemente maior de conteúdo já no início de uma época histórica do desenvolvimento da filosofia ocidental, podem e precisam ser traduzidos quando transmitidos a povos mais recentes, alteram seu conteúdo espiritual de um século para outro, mas têm em geral e no conjunto a tendência de se tornar mais precisos em sua carga representativa e, com isso, sob a influência da ciência e, recentemente, da teoria do conhecimento, mais pobres; os conceitos fundamentais das ciências empíricas, em contrapartida, tiveram de se impor a cada povo, pertenceram desde muito cedo à língua comum pré-científica (pense-se em conceitos como corpo, peso, força, luz, movimento, vida) e se tornaram tanto mais ricos em sua carga representativa quanto mais a ciência acumulou suas observações. Em relação a isso, Curtius fez certa vez o comentário sugestivo (*Elementos de etimologia grega*, 5ª ed. p. 97)[610] de que provavelmente o acervo lexical mais antigo não teria de modo algum conhecido os nossos conceitos genéricos. "Por milênios o homem soube designar animais particulares antes de encontrar a expressão que abrangesse todos os animais em conjunto. Só na época de Platão a língua grega chegou a uma palavra para *animal*, diferenciando-o de ser humano, e a palavra *zōéón*, que, como a latina *animal*, abrange todos os seres vivos, é pós-homérica." Os gregos dificilmente teriam tido a ideia de

---

610 G. Curtius, *Grundzüge der griechischen Etymologie* [Elementos de etimologia grega]. Leipzig: Teubner, 1879, 5ª ed. (N.T.)

definir conceitos como *vida* num dicionário de filosofia; com efeito, ainda não suspeitavam que justamente os problemas mais difíceis se escondem por detrás dos conceitos genéricos da língua comum. Mas quando procuravam problemas profundos por detrás de palavras corriqueiras (ser, movimento), eles já as haviam resignificado metafisicamente.

De nada valeria, por isso, se eu quisesse expor a história das expressões gregas, latinas e modernas para o conceito de vida. Gostaria de mencionar um único ponto para dar novamente um exemplo da puerilidade do pensamento grego. Os gregos tinham duas designações diferentes para aquilo que a língua alemã comum chama aproximamente de *vida*: *bíos* e *zōḗ*. Não é meu propósito examinar a suposição da linguística atual e apurar se palavras tão completamente diferentes, *bíos* e *zōḗ*, e, além delas, também o sinônimo *díaita*,[611] de fato remontam a uma mesma raiz $\gamma^F \iota^F$, da qual de resto também teria sido derivado o latim *vivus* com sua ampla descendência. Os gregos tinham, como outros povos, a tendência de diferenciar expressões sinônimas. Assim, como as palavras já existiam, eles se deram a honesta faina de diferenciar conceitualmente *bíos* e *zōḗ*. E com isso terminaram tendo a ideia questionável de empregar uma palavra para os seres humanos e a outra para o restante dos animais. Não teríamos de forma alguma como separar expressamente, em nossa língua comum, a vida fisiológica do ser humano e a do restante dos animais. Mas Amônio, um lexicógrafo alexandrino do século IV, diz muito claramente: "*Bioûn kaì zēn diaphérei. Bioûn mèn gàr, epì anthrṓpōn mónōn légetai. Zēn dè, epì anthrṓpōn kaì alógōn zṓōn. ḗdē dé pote kaì epì phytṓn*";[612] e cita como testemunho a passagem de um escrito de Aristóteles, aliás desconhecido: "*Bíos estì logikḕ zōḗ*".[613] Essa diferenciação não corresponde completamente ao uso linguístico; os melhores escritores gregos frequentemente empregam as palavras como verdadeiros sinônimos. Mas há de ser bastante acertado o que H. Schmidt

---

[611] "Modo" ou "gênero de vida"; étimo do qual deriva o português "dieta". (N.T.)

[612] "Viver [na acepção de *bíos*] difere de viver [na acepção de *zōḗ*]. Pois viver [na primeira acepção] só se diz dos seres humanos. Mas viver [na segunda acepção] se diz dos seres humanos e dos animais irracionais. E daí também das plantas." Amoênio Gramático, *De differentia adfinium vocabulorum* [Da diferença de palavras afins]. Leipzig: Weigel, 1822, p. 32. (N.T.)

[613] "Vida [*bíos*] é vida [*zōḗ*] racional." (N.T.)

(*Sinonímica da língua grega*, IV, p. 43)[614] apresenta sobre a relação das duas expressões, depois de uma investigação muito aprofundada: "Ambas designam a vida de modo muito geral e de acordo com seus diferentes fenômenos; *zōé*, porém, designa especialmente a vida puramente física, ou melhor, a vida segundo seus fenômenos puramente físicos; enquanto *bíos* compreende a vida mais como uma sequência de ações de diversos tipos".

A escolha cuidadosa de palavras por parte de Schmidt me parece, contudo, encobrir a ingenuidade com que os gregos, ou ao menos aqueles dados a lucubrações lexicais, confundiam psicologia e fisiologia. Eles ainda não se espantavam com os fenômenos da vida, mas só com o novo fenômeno da razão. Quem tentar traduzir para o alemão a passagem de Aristóteles acima citada, com a maior boa vontade em lhe encontrar um sentido, topará com disparates: a vida é um vegetar dotado de razão, o psicológico é uma fisiologia espiritual. Não podemos realmente pensar mais nada com essas palavras ocas, porque aprendemos a nos espantar com a vida enquanto um problema por si, porque tampouco podemos explicar a vida fisiológica dos animais e das plantas. Não podemos explicá-la melhor do que podemos explicar os atos de pensamento dos animais e a razão do ser humano.

II. O quão distante o saber da Antiguidade e da Idade Média estava do problema da vida pode ser talvez mais bem compreendido mediante o fato de que, nas definições de então, sempre se pensava primeiro nos animais, muito embora — como vimos com Amônio — as plantas já fossem eventualmente reconhecidas como *Lebewesen*[615] (a palavra alemã já se encontra em Fischart).[616] Aristóteles também não recusa toda e qualquer vida às plantas; mas, se levarmos em conta os conhecimentos de sua época, é bem possível que, em sua célebre definição da vida (*De anima* II, 1): "*Zōén dè légomen tèn di'hautoû trophén te kaì aúxēsin kaì phthísin*",[617] tenha pensado apenas nos animais, por mais que essas palavras também

---

614   J. H. H. Schmidt, *Synonymik der griechischen Sprache*, IV. Leipzig: Teubner, 1886. (N.T.)
615   "Seres vivos." (N.T.)
616   Johann Fischart (1546 ou 1547-1591), escritor e poeta alemão. (N.T.)
617   "Falamos de vida quando [o corpo físico] se alimenta, cresce e perece por si mesmo." Aristóteles, *De anima*, I, 412a 14-15. (N.T.)

pareçam servir hoje para todos os seres vivos. Alimentar-se e crescer por força *própria* (o *perecer* não se enquadra aqui), este sempre foi o mistério da vida; e São Tomás com certeza acreditava que sua definição estava totalmente de acordo com seu Aristóteles ao fazer do *movimento* por força própria a característica da vida: "*Nomen* vitae *ex hoc sumptum videtur, quod aliquid* a se ipso *potest moveri*".[618] Procurar expressamente uma característica comum à vida animal e vegetal ainda não era problema para a Idade Média. A questão de saber se os animais têm alma ou não já se afigurava importante, por razões religiosas; mas ainda não se pensava em expandir o conceito de alma às plantas. E ainda não havia sido descoberta a classe de seres vivos que não é nem planta, nem animal; com efeito, o microscópio ainda não havia sido inventado. Antes disso, portanto, o grupo dos protistas não tinha como ser observado. É de crer, porém, que a questão de saber qual seria a característica comum a uma planta e a um animal vivos já teria de ter surgido de modo puramente conceitual antes inclusive de se ter conhecido seres vivos dos quais ninguém podia dizer se eram vegetais ou animais.

Ora, é bem digno de nota que a descoberta dos protistas não nos fez avançar na questão da essência da vida; e temos de admitir humildemente que, perante o conceito de vida, permanecemos quase tão crianças quanto os gregos. Pois, como que hipnotizados pelo pensamento evolucionista, procuramos responder à nova questão do *surgimento* da vida e postergamos provisoriamente a velha questão da essência da vida. Podemos compreender a inversão ocorrida em semelhante começo se nos lembramos do falso debate que sacudiu o mundo intelectual alemão há quase quarenta anos, quando Du Bois-Reymond proferiu o seu bombástico *ignorabimus*.[619] A conferência, proferida em 1872, "Sobre os limites do conhecimento da natureza",[620] que negava para todo o sempre à ciência natural a possibilidade de identificar a essência da matéria e da força, bem como a essência da sensação, deverá ser sempre citada na história espiritual humana como aquela cujo propósito foi declarar honestamen-

618 "A palavra *vida* parece ter sido tirada disto, que algo pode mover *a si mesmo*." Tomás de Aquino, *Comentário às sentenças de Pedro Lombardo*, III, 35, 1, 1. Os itálicos são de Mauthner. (N.T.)
619 "Ignoraremos." A expressão latina completa diz "*ignoramus et ignorabimus*": "ignoramos e continuaremos a ignorar". (N.T.)
620 E.H. Du Bois-Reymond, *Über die Grenzen des Naturerkennens*. Leipzig: Veit, 1872. (N.T.)

te a falência da visão de mundo mecanicista ou materialista; entretanto, em sua versão malograda, facilmente explicável pela propensão do autor a frases solenes, a conferência foi ao mesmo tempo uma tentativa de declarar uma falência fraudulenta em nome da teoria do conhecimento. Já indiquei o contrassenso da palavra de ordem *ignorabimus* (*Crítica da linguagem*, I, 2ª ed., pp. 293ss.), [621] mas gostaria de deixar mais incisivamente explícita aqui a obtusidade com que Du Bois-Reymond entreviu o fim do pensamento humano, lá onde era o seu próprio pensamento, adestrado pelo contato com os materialistas, que havia chegado ao fim. Na verdade, gostaria apenas de repetir e expressar mais precisamente a objeção que o especialista em teologia e cientista natural autodidata Strauss[622] levantou contra a argumentação do fisiólogo berlinense logo depois que a palestra se tornou conhecida do público. Du Bois-Reymond, o acadêmico, fala de modo um tanto altaneiro das "discussões de segunda mão" de Strauss; mas, comparado a Du Bois-Reymond, Strauss era de longe o espírito mais forte e conhecedor bem mais profundo das questões filosóficas, e era disso que se tratava.

Strauss percebeu que, na verdade, três enigmas estariam ocultos num único enigma do mundo: o surgimento do animado a partir do inanimado, do sensível a partir do não sensível, e do racional a partir do irracional. Du Bois-Reymond teria declarado que o primeiro e o terceiro enigmas, o surgimento da vida e o surgimento da razão, seriam passíveis de solução, e que somente o segundo, o surgimento da sensibilidade, seria insolúvel, sem, contudo, fornecer as razões para isso. "Admito que eu até poderia entender se me dissessem: A, a vida, é e permanece inexplicável; mas, uma vez dado isso, B e C, a saber, sensação e pensamento, seguem por si mesmos, isto é, por desenvolvimento natural. Ou, no que toca a mim, também inversamente: A e B ainda podem ser compreendidos, mas em C, na autoconsciência, se rompe nosso entendimento. As duas coisas, como dito, parecem mais aceitáveis do que justamente o estágio intermediário ser o único intransponível."[623] No amargo *Posfácio como prefácio* ao seu *A crença antiga e a crença moderna*, que não é apreciado como

---

621 Trecho não traduzido nesta seleção. (N.T.)
622 Trata-se do conhecido filósofo, teólogo e escritor David Friedrich Strauss (1808-1874). (N.T.)
623 D. F. Strauss, *Ein Nachwort als Vorwort zu den neuen Auflagen meiner Schrift: der alte und der neue Glaube*. Bonn: Emil Strauß, 1873, p. 27. (N.T.)

deveria (na primeira parte crítica), Strauss externou essas ideias contra as quais Du Bois-Reymond depois lutou em vão, com frases altissonantes.

Toda a controvérsia parece afundar em uma contenda escolástica em torno de palavras se perguntamos apenas qual dos três enigmas é o mais difícil: o da vida, o da sensibilidade ou o da razão. Mas avançamos um pequeno passo tão logo reconheçamos, graças a esse questionamento, que essas três perguntas pertencem a dois campos de investigação completamente distintos. Strauss e Du Bois-Reymond estavam fundamentalmente de acordo em que o fenômeno consciente do pensamento pode ser vinculado ao fenômeno consciente da sensação; o que não estava claro para nenhum dos dois, no entanto, era justamente que tanto sensação como pensamento pertencem ao mundo da consciência, ao mundo psicológico, ao mundo interior, e que, em contrapartida, o fenômeno da vida, com exceção de um pequeno resíduo, ainda pertence ao mundo exterior. Por toda parte, a vida também pode ser observada objetivamente, mas sensação e pensamento só subjetivamente. Assim, entre Strauss e Du Bois-Reymond havia de fato apenas uma discussão de palavras, porquanto (como eu gostaria de expressar agora) não podiam entrar em acordo sobre o que seria mais difícil, se a explicação psicológica do fenômeno fisiológico ou a explicação fisiológica do fenômeno psicológico. Naquela época, como ainda hoje entre quase todos os investigadores, *explicar* queria dizer em geral: remontar a causas como a razões suficientes. Du Bois-Reymond disse, portanto, aparentemente com razão: as causas pelas quais determinados agrupamentos atômicos crescem não apenas externamente, mas pela absorção de elementos assimiláveis, essas causas ainda poderão ser investigadas mais tarde, pois aí se trata, objetivamente, mais uma vez, apenas de transformações químicas de um elemento em outro; mas nunca poderemos investigar como surge uma sensação, pois esta envolve a transformação de matéria objetiva em um fato subjetivo de consciência. Com aparentemente ainda mais razão, Strauss respondeu: os fenômenos da vida já são em si inexplicáveis o bastante; a matéria viva, que realiza um ato de escolha na assimilação de alimentos, já ultrapassa com isso os limites da física; em todo ser animado se esconde algo de psicológico.

Como se pode perceber, Du Bois-Reymond partiu da ciência natural e, por isso, considerou o limiar daquilo que é claramente psicológico como intransponível; Strauss partiu das ciências do espírito, era menos supersticioso das palavras e entreviu o psicológico já sob o limiar da vida.

Por fim, não mais nos deixemos enganar pela questão pueril acerca da maior ou menor dificuldade do enigma. Começamos tomando por uma confusão do espírito humano a eterna investigação das causas enquanto razões suficientes; agora, em lugar do antiquado causalismo, é o condicionismo que tenta se impor, o qual só pergunta pelas condições do fenômeno observado. O que há de melhor nessa nova formulação dos mesmos problemas é talvez que nela já não há graus de inexplicabilidade. As causas pelas quais um corpo cai, as causas pelas quais o movimento é comunicado a um corpo e calor e luz nascem do movimento, as causas das afinidades químicas são tão pouco conhecidas por nós quanto as causas dos fenômenos da vida e dos fenômenos da consciência. Já ficaríamos contentes se pudéssemos entrar em acordo a respeito das condições em que surgem os fenômenos da vida que nos são tão bem conhecidos objetivamente. Já ficaríamos contentes até mesmo se pudéssemos, com uma palavra claramente definida, diferenciar as mudanças que constituem a característica comum à vida vegetal e à vida animal das mudanças da natureza morta, das assim chamadas mudanças mecânicas. Temos uma palavra para isso. Às causas (para manter a antiga designação) daqueles movimentos que constituem os fenômenos da vida, nós damos o nome de *estímulos*,[624] diferenciando-os das causas dos movimentos mecânicos. A única questão é se conseguimos representar algo claro com essa palavra.

III. Assim teríamos finalmente uma característica da vida animal e, se formos hábeis o bastante em transferir para outras relações conceitos que encontramos, podemos vislumbrar nos estímulos as condições ou causas também da vida vegetal; pois realmente não importa que tenhamos ainda menos conhecimento dos dutos nas plantas do que das vias nervosas nos animais: com efeito, já se falava da excitabilidade ou irritabilidade[625] dos animais como de sua qualidade distintiva numa época em que seus nervos ainda eram conhecidos de maneira muito imprecisa. Por conseguinte, podemos nos sentir livres para dizer que a excitabilidade ou a reação a estímulos é a qualidade específica dos organismos. E isso

---

624 Em alemão, *Reize*. É preciso lembrar que desde Albrecht von Haller o termo está ligado à ideia de irritabilidade (*Reizbarkeit*), como será comentado na seção III deste verbete. (N.T.)
625 Em alemão, *Reizbarkeit* e *Irritabilität*, respectivamente. (N.T.)

já foi dito com frequência. Por conseguinte, não haveria mais obstáculo para uma definição da vida.

Obviamente, o emprego da palavra *estímulo* não é de todo livre de reparo; o substantivo é palavra nova, que só foi sendo introduzida aos poucos na então recente ciência da psicologia do século XVIII. Mas, se ouvirmos com mais atenção do que são capazes os autores de dicionários, logo perceberemos que na palavra *estímulo* podem ser entendidos, na verdade, todos os três fenômenos do processo que caracteriza a vida orgânica: 1) alteração externa que desencadeia a reação orgânica; 2) processo de excitação ou passagem misteriosa da alteração externa para a sensação interna; mas também 3) a sensação mesma, o que levou à necessidade de inventar pleonasticamente a expressão *agentes estimulantes*[626] para designar os estímulos que devem descrever a primeira etapa. Entretanto, são justamente esses agentes estimulantes que os psicólogos concordaram tacitamente em chamar, de forma unânime, *estímulos*, e a diferenciar a vida, enquanto reação a estímulos, da natureza morta, que só conhece efeitos de causas.

Afirmo, no entanto, que essa explicação da vida mereceria ser tomada como um exemplo didático de explicação circular; ou de definição circular, caso a explicação pretenda ser uma definição. E me parece importante evidenciar o círculo nela oculto.

Se não levarmos em consideração os chamados estímulos fisiológicos (tanto os periféricos quanto os centrais), de cujas condições pouco sabemos, mas que provavelmente também remontam a modificações químicas nos órgãos, então todos os estímulos nos são conhecidos de outras fontes, como movimentos mecânicos, químicos ou elétricos, em suma, como movimentos de uma matéria ou do éter. Todos esses estímulos pertencem, portanto, à natureza morta e não têm em si nada a ver com a vida. Quando ondas sonoras são refletidas por um penhasco ou ondas luminosas por um espelho, quando o sódio ou uma corrente elétrica decompõe a água, não falamos, nesses casos, de reações a estímulos; só falamos de reações a estímulos quando nossos órgãos reagem a ondas sonoras mediante sensações auditivas ou a ondas luminosas mediante sensações visuais, quando a maior ou a menor quantidade de oxigênio liberado influencia nossos órgãos respiratórios. Em suma: o que denominamos estímulos são processos da chamada natureza morta,

---

626 Em alemão, *Reizmittel*. (N.T.)

que só se tornam estímulos se a excitabilidade de um organismo lhes responde de forma específica. Não pretendo absolutamente ir tão longe para lembrar que, do ponto de vista do idealismo epistemológico, somente as respostas dos órgãos humanos são certas, que os estímulos externos só podem ser inferidos a partir de sensações humanas; não quero entrar nesse mérito, porque esse idealismo epistemológico, levado consequentemente a termo, quase concorda com um sensualismo consequente. Tampouco quero me valer uma vez mais do caso-limite do crescimento de cristais, muito embora não seja preciso mais que um passo para equiparar o crescimento do cristal em sua água-mãe, na qual realmente escolhe o seu alimento e efetua, além disso, reparos em suas fraturas, às reações a estímulos nos organismos. O que me importa aqui é apenas evidenciar o círculo: a essência da vida é explicada pelas reações a estímulos, e a essência dos estímulos pode ser explicada única e exclusivamente por uma propriedade dos seres vivos: aquela que se conhece como a sua excitabilidade.

Todas as definições propostas há séculos por médicos e filósofos na disputa em torno do *vitalismo* se resumem a essa tautologia. A vida é um problema por si e, por mais tentador que seja, não pode ser reduzida a outros problemas. Suspeito que justamente por causa desse ceticismo eu tenha por princípio me confessado partidário da doutrina vitalista; só não se pode entender por vitalismo o animismo mais antigo; só não se pode querer explicar, porque a vida foi reconhecida como um problema por si, cada fenômeno da vida recorrendo a espíritos vitais ou almas particulares, a um arqueu (Paracelso) ou um *blas* (Van Helmont).[627] Esse vitalismo mais antigo, tal como foi ensinado também pelo outrora tão influente Stahl (1660-1734), não era tão estúpido quanto a sua linguagem obsoleta faz parecer; tampouco a *força vital*, inventada com o intuito de esclarecer os fenômenos da vida, era tão estúpida quanto creem os fisiólogos atuais. Um único ponto merece ressalva, ponto este, porém, que os pesquisadores de hoje absolutamente não costumam observar. Temos de rever o conceito de causa também nesse contexto. Como foi dito, o antigo vitalismo era uma espécie de animismo. Ora, exatamente da mesma forma que a psicologia cometia até alguns anos atrás o erro de buscar uma causa dos fenômenos psíquicos no pseudoconceito de

---

[627] Ao lado do gás, *blas* é um termo inventando por Van Helmont (1580-1644) para descrever o princípio do movimento local e voluntário. (N.T.)

alma, em vez de simplesmente abarcar, por exemplo, sob a palavra *alma*, a súmula de todos esses fenômenos, assim também se descobriu a força vital como suposta causa dos fenômenos da vida, em vez de se dizer: a vida em todos os seus fenômenos é um problema por si, a vida é uma força particular a par de outras forças, que não mais queremos chamar de causas, mas de palavras-súmula.[628]

Um dos últimos grandes e lúcidos vitalistas foi, ainda na virada do século XVIII para o XIX, o genial fisiólogo e anatomista Bichat, que afirmou, com a escola de Montpellier e contra a hegemonia dos materialistas, uma oposição fundamental entre propriedades vitais e propriedades físicas *par excellence*. Ele via na vida apenas a luta das propriedades vitais contra as físicas: quando as últimas triunfam, deve-se dizer que a morte chegou. E assim ele define a vida: "*La vie est l'ensemble des fonctions qui resistent à la mort*";[629] não preciso apontar em particular que há uma má explicação circular também aqui: a morte, a negação da vida, se converte em um fator causal; cada um dos dois conceitos correlatos morte e vida é utilizado como explicação do outro.

Mais recentemente, outro fisiólogo francês, o audaz Claude Bernard, que tinha em sua área até mesmo propensão à crítica da linguagem, seguiu na esteira de Bichat, mas acabou chegando a um ponto de vista oposto e a uma definição oposta. "*La vie, c'est la mort, la destruction des tissus, ou bien nous dirions avec Buffon: la vie est un minotaure, elle dévore l'organisme.*"[630] Mas Bernard sabe muito bem que não propôs uma definição; pois há certos conceitos que somos capazes de entender sem definição, que nos transmitem mais representações do que compreensões. Assim, em sua luta contra a força vital, chega a uma forma de expressão com a qual os alemães que lutam a favor e contra o

---

628   Em alemão, *Summenworte*: neologismo de Mauthner, cujo sentido se infere pelo contexto, significando a soma de fenômenos (no caso, as manifestações psíquicas ou fisiológicas) abarcados por um termo. (N.T.)

629   "A vida é o conjunto de funções que resistem à morte." Em francês no original. Essa definição se encontra na primeira parte, artigo primeiro, das *Recherches physiologiques sur la vie et la mort* [Investigações fisiológicas sobre a vida e a morte], de Xavier Bichat (Paris: Garon, 1800), p. 1. (N.T.)

630   "A vida é a morte, a destruição dos tecidos, ou, como diríamos com Buffon: a vida é um minotauro, ela devora o organismo." A passagem, em francês no original, se encontra em "Definições da vida, as teorias antigas e a ciência moderna", texto publicado na *Revue des deux mondes*, vol. IX, 1875. (N.T.)

vitalismo infelizmente nada aprenderam. Ele diz (*La science expérimentale*, p. 290): os compostos químicos, na organização e na assimilação de alimentos, se manifestam *como se* as forças químicas fossem regidas por uma força propulsora mais alta. [631] Mais uma vez deparamos com a humilde expressão de resignação: a expressão *como se*.

Também na Alemanha o mais importante fisiólogo do século XIX, Johannes Müller,[632] foi um vitalista convicto até o fim da vida. Sobre seus ombros estiveram aqueles que descobriram primeiro o esquema da célula e depois a célula verdadeira, homens que, no estado de embriaguez que costuma acompanhar toda descoberta, acreditaram com plena certeza ter resolvido todos os enigmas da vida, retirando fervorosamente de seu imaginário ou, ao menos, de seus dicionários, o vitalismo e a força vital, porque estes seriam conceitos místicos ou metafísicos. Schwann e Virchow[633] acreditaram ter tocado o sino fúnebre do vitalismo e da força vital, e Du Bois-Reymond lhes seguiu com a pompa de alguém que estivesse marchando à frente. Poucos anos após a morte de Bernard, no entanto, um vitalismo moderno reergueu a cabeça na Alemanha, infelizmente sob o envergonhado nome de neovitalismo. Além de Rindfleisch, o professor de anatomia patológica, foi particularmente Bunge, o mestre da química fisiológica,[634] quem defendeu o antigo e modesto ensinamento de que o problema da vida não pode ser esclarecido pela visão de mundo mecanicista. Bunge já se apoiava no fato epistemológico de que somente possuímos órgãos dos sentidos para o mundo exterior e não para o mundo interior e que, por conta disso, não podemos perceber nada no mundo interior além daquilo que experimentamos no mundo exterior; também poderia ter dito: nossa linguagem científica só é orientada para o mundo exterior e, por isso, não nos pode orientar no mundo interior. Du Bois-Reymond combateu esse neovitalismo à sua maneira; admitiu ser incapaz de ligar algum sentido a frases tão profundas como as de Bunge e apelou para o fato de que este não tinha habilitação para

---

631 C. Bernard, *La science expérimentale* [A ciência experimental]. Paris: Baillière, 1878. (N.T.)
632 Johannes Peter Müller (1801-1858), biólogo, fisiólogo e anatomista. (N.T.)
633 Theodor Schwann (1810-1882), fisiologista, considerado o pai da histologia; Rudolf Virchow (1821-1902), médico, anatomista, considerado pai da patologia moderna. (N.T.)
634 Georg Eduard von Rindfleisch (1836-1908). Foi Rindfleisch que introduziu o nome neovitalismo. Gustav von Bunge (1844-1920). (N.T.)

lecionar fisiologia e, portanto, não estava em posição de opinar sobre o problema da vida; afora isso, Du Bois se contentou em formular belas trivialidades, que me fazem lembrar a trivialidade ainda mais rasa que encontrei numa palestra de Virchow de 1858 ("Sobre a concepção mecânica da vida"): "A não ser que se queira aprofundar em devaneios obscuros e arbitrários, deve-se ligar o conceito de vida exclusivamente aos seres viventes".[635]

É claro que seria injusto não reconhecer circunstâncias atenuantes aos grandes médicos e ao monumental jornalista Du Bois; eles se sentiam descendentes dos libertadores do dogmatismo clerical, que queria impedir o florescimento de uma fisiologia sem preconceitos. Para eles, a visão de mundo mecanicista era uma questão de fé; o neovitalismo lhes tinha cheiro de metafísica, misticismo, reação — reação no sentido político. Com uma fantasia temerária, gostaria de tornar clara a falta de perspectiva da luta contra o vitalismo, isto é, contra a tese de que a vida é um problema por si.

Que as forças mecânicas e químicas não possam ser por si sós as causas dos fenômenos da vida é algo que poderia agora ser geralmente aceito, depois que o materialismo deixou de ser uma questão de fé dogmática; a pergunta havia sido formulada de modo verbal e logicamente falso. Mas uma possibilidade ainda parece reservada ao futuro. Talvez o corpo animal não seja composto meramente por catorze ou por qualquer outra quantidade de elementos conhecidos; talvez se constitua, para além destes, também de elementos vitais até agora desconhecidos, isto é, de elementos que, ao modo típico do que é vivo, reagem a estímulos. Os últimos anos trouxeram tantas surpresas, tantas descobertas de elementos quase imperceptíveis aos sentidos, que bem se poderia pensar em algo assim. Então os materialistas seguramente triunfariam e explicariam a vida pela presença de matérias "geradoras de vida". Certamente não preciso dizer que então o problema não seria resolvido, mas apenas postergado. A ciência se encontraria perante a antiga tarefa de exprimir em que esses novos elementos vitais se distinguiriam dos tão queridos elementos antigos.

---

[635] R. Virchow, "Über die mechanische Auffassung des Lebens", in *Vier Reden über Leben und Kranksein* [Quatro discursos sobre vida e estar doente]. Berlim: Reimer, 1862. (N.T.)

IV. Du Bois-Reymond não estava errado em observar que seus colegas da fisiologia, envolvidos quase que exclusivamente com a investigação do metabolismo, tinham uma inclinação pela visão de mundo mecanicista, e que a retomada do vitalismo partia em primeiro lugar dos representantes da morfologia, desde que se entenda o conceito de morfologia de maneira bastante ampla. Mostrou-se vantajoso para os antivitalistas que o conceito de força tenha perdido validade ao longo das últimas décadas e que as antigas forças, que haviam sido até então causas personificadas de efeitos, tenham sido reconhecidas como entes de razão, como construções auxiliares de um entendimento desejoso de satisfazer sua carência de causalidade; antes mesmo das forças mecânicas, quis-se, por isso, fazer a força vital desaparecer da linguagem científica, porque a investigação das leis de sua atuação deixava muito a desejar. Hoje em dia já quase não é indecoroso falar de uma força vital particular.[636] Mas meu receio é este: se tivermos de considerar a vida como um problema por si que não pode ser reduzido a problemas materiais, precisaremos de algum modo admitir também uma força vital, enquanto ainda se falar em força gravitacional, força elétrica etc., ou seja, enquanto o conceito de força não for definitivamente substituído por uma nova expressão linguística do antigo conceito de causa. Se por algumas décadas o conceito de força vital fosse substituído pelo de energia, então se poderia falar em energia vital sem que a representação fosse modificada no que quer que seja. Quando muito, ficaria linguisticamente mais claro que a força vital não é a causa dos fenômenos da vida, ao contrário, a vida é uma espécie particular de energia. E não hesito em seguir uma sugestão de Ostwald e chamar a vida de uma espécie de *energia da forma*.[637] Ostwald escolhe como exemplo um arame de chumbo inelástico e um arame de aço elástico; o arame de chumbo, ao ser dobrado, transforma e dispersa o trabalho da flexão em calor; o arame de aço concentra o trabalho em energia da forma, que ele pode gastar novamente ao assumir sua forma inicial (*Lições de filosofia da natureza*, p. 349).[638]

---

636 Num escrito contra Verworn (*Semanário de ciência natural*, XXII, p. 422), Dahl* não evitou a palavra porque, segundo ele, não haveria nada de místico na expressão *força vital* em si e por si só; e ele crê poder chamar as propriedades ocultas das albuminas altamente instáveis de sua força vital. (N.A.)
  *K. Dahl, "Zur Frage: Was ist Leben?" [Para a questão: o que é vida?]. *Naturwissenschaftliche Wochenschrift*, vol. XXII, n. 27, 7 jul. 1907. (N.T.)
637 *Formenergie*, no original. (N.T.)
638 Wilhelm Ostwald (1853-1932), *Vorlesungen über Naturphilosophie*. Leipzig: Veit, 1902. (N.T.)

Não resta dúvida de que a forma desempenha um papel decisivo na vida de todos os organismos e que se poderia comparar aquilo que se chamou por muito tempo de energia vital com a energia formal da elasticidade.

Gostaria de destacar aqui apenas uma curiosidade linguística. Para seus adeptos antigos, a força vital não era apenas uma *vis vitalis*, mas também uma *vis formativa*; essa visão encontrou sua expressão mais manifesta no *nisus formativus* de Blumenbach:[639] nos organismos se exteriorizaria constantemente um esforço formador de formas, uma atividade (a vida foi frequentemente definida como atividade) que se empenha por determinada forma. Assim, caso se quisesse designar a antiga força vital de modo novo, como uma energia da forma, nada de essencial teria mudado, quer na representação, quer na sua expressão.

V. Até agora perguntamos pelo sentido da palavra, isto é, pela significação de um conceito fundamental da biologia científica; uma tarefa mais digna da filosofia parece ser, de modo totalmente outro, a questão do *sentido da vida*. A moda de colocar tais questões ao destino, com efeito, sempre retorna; há cem anos o título desse tipo de livros era "destinação do homem", hoje é "sentido e valor da vida".

Adianto algumas palavras sobre a etimologia e o sentido das expressões usadas. *Sentido*, muito certamente tirado do latim *sensus*, apesar de o *Dicionário alemão* e Hermann Paul negarem essa derivação, tinha já no emprego linguístico do alto-alemão médio a nuance de *significado*; procurava-se determinar o *sentido* de uma palavra, de uma frase, de uma lei, entendendo-se, portanto, por *sentido* o conteúdo espiritual de uma forma linguística; tal como os latinos já haviam contraposto o *sensus* ao *sonus nominis*.[640] Corresponde, assim, ao antiquíssimo emprego da língua perguntar pelo sentido da palavra vida. A palavra não tem valor algum se não é associada a um sentido determinado. Assim, quando invejáveis moralistas filosofam sobre o *sentido da vida*, atribuem, sem nada pressentir, um outro significado à palavra *sentido*, que de fato não é tão novo, mas que, todavia, não pode ser exatamente explicado em semelhante contexto: por exemplo,

---

639   *Vis vitalis* (força vital), *vis formativa* (força formativa) e *nisus formativus* (impulso formativo) estão em latim no original. Este último conceito foi desenvolvido por Johann Friedrich Blumenbach na sua obra *Über den Bildungstrieb*. Göttingen: Dieterich, 1789. (N.T.)

640   "O som da palavra." Em latim no original. (N.T.)

propósito, tendência, fim. Basta desmembrar os títulos de tais livros em frases completas para perceber a imodéstia pueril das perguntas: que propósito tinha Deus ao criar os seres vivos? Que fim ou que valor tem a vida para o indivíduo ou para a humanidade?

É preciso atentar para o seguinte, que em tais títulos de livros também a palavra *vida* é tomada em sentido diferente daquele que examinamos até o momento. A antiga falta de clareza sobre os dois sinônimos gregos se apresenta de novo. Até agora falamos da *zōé*; mas quem pergunta pelo sentido da vida não se importa mais com o que há de zoológico no ser humano, mas, em certa medida, com o aspecto biográfico. Que valor tem para mim ou para o mundo a sequência de meus vividos, o meu *bíos*, a minha biografia vivida? Talvez ainda nem se tenha percebido quão antropomórfico é o ponto de vista a partir do qual tais perguntas são colocadas. Animais e plantas não podem perguntar pelo fim de sua existência, pelo sentido de sua vida, pois não têm linguagem capaz de formular perguntas. Mas o homem, o animal que pergunta, tampouco pergunta pelo sentido da vida animal e da vida vegetal. Ele só pergunta pelo sentido da vida humana, tal como desde sempre perguntou pelo fim que animais e plantas poderiam ter para ele. Só a partir do momento em que o ponto de vista antropomórfico, ao menos em princípio, foi deixado de lado, a biologia, que só então se tornou possível, parou de se ocupar com fins para o ser humano e passou a se ocupar com os fins dos órgãos para os seres vivos mesmos. Foi por essa via que Darwin chegou à sua poderosa hipótese, que explicou também a finalidade extra-humana dos órgãos pela evolução, pela adaptação e hereditariedade, as quais seriam supostamente razões suficientes: causas naturais. O conceito de *finalidade* recebeu um novo significado com essa teoria. Somente os órgãos seriam finalísticos, não no sentido de uma utilidade para o homem, tampouco no sentido de que um criador antropomórfico tivesse estabelecido os fins, mas no sentido de que os órgãos teriam se tornado finais graças à evolução, isto é, proveitosos, valiosos ou imprescindíveis para seu possuidor, os indivíduos, ou, antes, para as espécies desses indivíduos. Nesse sentido, teria sido equivocado perguntar pelo fim dos próprios indivíduos animais ou vegetais.

Prefiro deixar a disputa sobre o sentido da vida e o valor da existência humana para os otimistas e pessimistas (vide verbete "Otimismo"),[641] os quais, com efeito, ou conhecem as intenções divinas

---

[641] Não traduzido neste volume. (N.T.)

melhor que eu, ou são capazes de fazer comparações entre os valores do ser e do não ser de acordo com a economia política. Os homens vivos gostam que lhes contem histórias sobre o sentido da vida; as crianças, elas gostam de ouvi-las.

 Se, no entanto, eu quisesse me colocar por um instante no ponto de vista do darwinismo, poderia dar algumas diretivas para dizer algo sério sobre o fim da vida, ou seja, sobre o fim do desenvolvimento da vida para — sim, para quê? Penso que o sentido ou o fim da vida parece ser o de que a *memória*, que no mundo inorgânico pode ser tão facilmente perturbada, pode se concentrar numa forma de energia muito mais estável nos organismos. Três estágios dessa memória concentrada poderiam ser aí observados. As próprias formas vivas são produtos de uma memória germinal, que forma nos animais e no homem órgãos nervosos especiais para uma memória de potência mais alta. Essas formas de vida detêm a memória mais fiel do passado.

 Os órgãos sensíveis dos animais e dos homens têm uma memória para o presente desconhecida do mundo inorgânico; graças a dispositivos incompreensíveis e complicados, percebem as vibrações do mundo exterior e as organizam em sensações de som e luz, estabelecendo assim — *por meio das formas de vida* — uma relação com o ambiente que chamamos de *consciência*.

 A memória para sensações e experiências, para as quais temos a designação *pensamento*, remete ao futuro.

 Com essa pequena construção, eu teria assim interpretado o sentido ou o fim do mundo orgânico e ao mesmo tempo remetido os três enigmas, sobre cuja dificuldade disputaram Du Bois-Reymond e Strauss, ao enigma único e profundo da memória. Vida, sensação e pensamento aparecem assim como os três estágios de desenvolvimento, a sequência na qual a natureza produz, por meio dos órgãos da memória, as criaturas que são mais estáveis em suas formas que o inorgânico, e melhor e cada vez mais bem equipadas para a tarefa da autopreservação. Graças à herança das mesmas características e formas, a *vida* se consolida a si mesma numa espécie de imortalidade e supera o *passado* pela memória formal do germe. Os órgãos da *sensação* fazem do indivíduo cuja vida evoluiu até esses órgãos o senhor do *presente*, visto que só agora (isso ainda não era possível para os seres vivos vegetais e para os chamados animais inferiores) ele pode interpretar o meio ambiente e traduzi-lo para a linguagem figurada subjetiva das sensações, caçar seu alimento, fugir daquilo que é nocivo; com isso, o indivíduo animal que se desenvolveu até esse ponto vive mais do passado mediante a herança das qualidades sensoriais aprimoradas do que mediante a herança das formas. Finalmente, o órgão do *pensamento* ainda adiciona também ao tesouro das formas e sentidos herdados (ou possibilidades de experiência) as próprias experiências, o conjunto de todas as experiências subjetivamente e, por último, também as objetivamente interessantes (científicas), e assim, consciente do passado, ainda mais bem adaptado ao presente, é capaz até mesmo de tomar providências em relação ao *futuro*. Assim como a vida cresce do germe, a sensação e o pensamento crescem da vida.

Há pouco chamei essa história da evolução do pensamento de construção, uma pequena construção, e com essa palavra pronunciei o que se pode dizer contra semelhante arquitetura conceitual. Expressei-me intencionalmente de maneira muito breve; minha tentativa terá pouco valor se nenhum fisiólogo do futuro, um Newton dos fenômenos da vida, um Newton do pé de capim, como almejava Kant,[642] puder verificar mediante experimentos aquilo que considero ser a verdade aproximada. E não solucionei o problema da vida, apenas o protelei remetendo vida, sensação e pensamento à memória, até o momento em que alguém conseguir solucionar o enigma da memória (vide também o verbete "Memória").[643]

Apesar de minha resignação, gostaria de dizer que ambos os conceitos, *vida* e *memória*, ganharam alguma clareza com essa confrontação. A vida, como se disse, foi diferenciada do mundo inorgânico pelo princípio da atividade; aprendemos, porém, há muito tempo que a memória é ativa, sempre uma atividade, e nada além ou paralelamente a essa atividade. Aprendemos (I, p. 364)[644] que também o *esquecimento* não é negação, mas antes outra atividade muito importante, que a confusão entre igualdade e semelhança, ou seja, o esquecimento dos traços precisos de uma representação, é uma característica essencial da memória; há, portanto, estreita analogia entre o trabalho da memória formal inconsciente

---

642 Um "Newton do pé de capim" (*"ein Newton des Grashalms"*): referência ao parágrafo 75 da *Crítica do juízo*, em que Kant usa a imagem para descrever a esperança totalmente infundada de querer explicar os fenômenos orgânicos por meio de causas mecânicas. Cf. I. Kant, *Crítica da faculdade de julgar*. Trad. de Fernando Costa Matos. São Paulo: Vozes/Editora Universitária São Francisco, 2016, p. 297. (N.T.)
643 Cf. acima p. 329. (N.T.)
644 O argumento pode ser conferido neste volume, p. 332.

das células, que forma figuras não iguais mas semelhantes de um tipo, e o trabalho da memória cerebral, que forma conceitos a partir de representações não iguais, mas semelhantes. Assim poderíamos ser tentados a inferir por analogia que também a enigmática memória seja ou possa ser denominada uma espécie de energia da forma, assim como a vida.

Entretanto, volto à minha resignação. Coloquei-me por um instante, como ficou assentado, no ponto de vista do darwinismo, esquecendo-me de todos os inconvenientes a fim de poder construir essa arquitetura conceitual. Receio, contudo, que, na realidade desconhecida por nós, as diferentes atividades da vida e da memória não correspondam completamente à analogia expressa linguisticamente; é provável que a memória cerebral trabalhe de modo algo diferente da memória inconsciente dos organismos; é provável que memória dos organismos trabalhe, por sua vez, de modo algo diferente da memória da chamada natureza morta, a qual nós, do modo mais equivocado possível, chamamos de lei da *inércia*. E eu não saberia dizer o que seria mais correto, se uma expansão do conceito de inércia para a memória cerebral, ou se a aqui tentada expansão do conceito de memória para a sensação, a vida e a inércia. *Amica critice linguae, sed magis amica, veritas* — a crítica da linguagem me é cara, mais cara ainda a verdade,[645] que certamente conhecemos tão pouco quanto qualquer outra amiga.

---

645 Em latim no original. Mauthner parafraseia o dito latino *"Amicus Plato, sed magis amica veritas"* ("Platão é meu amigo, mas a verdade é mais minha amiga"). (N.T.)

A linguagem[1]

---

[1] Trechos extraídos de F. Mauthner, *Die Sprache*. Frankfurt am Main: Literarische Anstalt Rütten und Loening, 1907. Para a tradução foi cotejada a versão para o francês de J. Le Rider (Paris: Bartillat, 2012). O livro não está divido em capítulos, e os subtítulos indicativos são adições do tradutor. (N.T.)

Povo e parentesco linguístico[2]

Quem quiser reconhecer o quão fortemente esta minha doutrina se afasta daquilo que é ensinado em centenas de cátedras na maioria das universidades da Europa[3] que atente amavelmente a um pormenor. Fala-se de povo, até em demasia. Não só na política, mas também na ciência. Entretanto, o que seria o povo ou um povo, sobre isso as definições nominais se afastam muito umas das outras; desde a antropologia de Kant elas se tornaram cada vez mais deferentes com o povo, mas não melhores. Em geral se afirma mais ou menos o seguinte: povo é uma porção de gente unida por origem, língua e costumes comuns. Não quero perder tempo rindo das tautologias contidas nessa frase. A frase, que pode ser lida por toda parte assim ou em forma semelhante, contém um deslize ainda muito mais grosseiro. O venerável Kant, que continuou sendo um mestre da crítica apesar de ancião, disse, com cautela, embora infelizmente também com muita tautologia: "Pela palavra povo se entende a *porção* de gente reunida numa faixa de terra, na medida em que perfaz um *todo*" (*Obras*, VII. ed. da Academia, p. 314).[4] Delicioso, esse "na medida em que".[5] Kant evita repetir as marcas características, já então corriqueiras, nas quais se poderia reconhecer uma multidão, a sua unidade, como povo. "Origem, língua e costumes comuns." Os ale-

---

2   No original em alemão, o trecho vai das páginas 46 a 49. (N.T.)
3   A seção anterior do livro discutia a "situação psíquica" internacional, que favorece as trocas entre diversos países e culturas, permitindo compreender melhor que as divisões linguísticas, assim como as políticas, não são bem definidas, como querem os políticos e linguistas. (N.T.)
4   Mauthner cita a *Antropologia de um ponto de vista pragmático* pela edição da Academia de Berlim; note-se, porém, que a página correta é 311, não 314. "*Eine Menge Menschen*" poderia ser traduzido mais literalmente por "uma grande quantidade de seres humanos". Preferiu-se a solução mais coloquial "uma porção de gente", pois a locução pode querer dizer simplesmente "uma multidão". (N.T.)
5   Mauthner se refere à conjunção alemã *insofern*. (N.T.)

mães constituem o povo alemão porque todos os indivíduos alemães têm origem, língua e costumes comuns. Os franceses, pela mesma razão, constituem o povo francês, e os ingleses o povo inglês. Não é preciso ter feito estudos históricos muito profundos para saber que isso não é verdadeiro no caso da origem comum dos membros do povo, e que é ao menos duvidoso no caso dos costumes comuns. Abstenho-me de querer demonstrar de novo o que já é sabido por qualquer um que tenha se ocupado, mesmo que brevemente, da história dos povos alemão, francês e inglês; por qualquer um que, mesmo míope, tenha viajado por um desses países de norte a sul. Embora algo tendencioso, Jean Finot combateu esplendidamente a lenda dessa psicologia da origem em seu livro sobre "o preconceito das raças".[6]

"Povo" designava originalmente, o que por vezes ainda ocorre no emprego poético, um bando de guerreiros. "Mais recente é o emprego que agora nos parece como a significação própria para designar um agrupamento político; mais recente ainda, o emprego para designar um grupo que se mantém coeso pela comunidade da língua" (Paul, *Deutsches Wörterbuch*).[7] Quer me parecer que essa última modificação de significação da nova palavra teve uma difusão bem geral. Se ela surge agora como sinônimo de nação, isso é consequência das recentes convulsões políticas. Até o ano de 1870 não se podia entender por povo alemão senão o conjunto de pessoas que tinham em comum a língua alemã. De resto, a *levis macula* de povo "baixo" impregna bem vagamente a palavra, talvez pela lembrança de *vulgus*.[8] Nação é mais nobre e, além disso, internacional. E, se a origem de "povo[9] a partir de *vulgus*" é incerta, tanto mais certo é que *natio* provém de *nascor*,[10] significando primeiramente nascimento ou origem, depois o tipo congênito, a linhagem do homem ou do gado, e finalmente o povo que tem origem, língua e costumes comuns. A crença recua até o ponto de se achar que o povo deve ter um progenitor comum.

---

6   Jean Finot (1856-1922), *Les préjugés des races*. Paris: Felix Alcan, 1905. O livro foi traduzido para o alemão por E. Müller-Röder: *Das Rassenvorurteil* (Berlim: Hüpeden & Merzyn, 1906). (N.T.)
7   H. Paul, *Deutsches Wörterbuch* [Dicionário alemão]. Halle: Niemeyer, 1897. (N.T.)
8   *Levis macula* (mácula leve) e *vulgus* (vulgo) estão em latim no original. (N.T.)
9   Em alemão: *Volk*. (N.T.)
10   *Natio* (nação) e *nascor* (nascer) estão em latim no original. (N.T.)

Mas o deslize lógico contido na definição corrente é expressão de algo ainda maior que esse erro. Origem, língua e costumes aparecem ali simplesmente coordenados, como se não pudesse ser de outra maneira, como se uma deusa particular Natio, que Cícero mencionou uma vez, tivesse imposto como destino aos povos ter origem, língua e costumes comuns. Ora, esse perigoso deslize lógico consiste nisto, que a coordenação entre origem, língua e costumes ainda se manteve por toda parte mesmo depois do longo trabalho da história, da filologia e da linguística transformar a coordenação numa subsunção, mesmo depois de todas as cátedras anunciarem que a comunidade de língua e costumes seria consequência da origem comum.

Essa teoria, que na verdade sempre havia prevalecido no povo "de origem comum" como uma verossimilhança não científica, se transformou em dogma — mas só se tornou dogma primeiramente graças ao dogma muito mais amplo da origem das línguas, do parentesco linguístico. Segundo esse dogma ampliado, uma semelhança patente entre línguas diferentes permite inferir que essas línguas têm uma origem comum (o que é apenas uma imagem) e que os povos têm uma origem comum (o que não é uma imagem).

Empréstimo de palavras – purismo – estrutura da língua[11]

A fábula de que existe uma árvore genealógica comum às chamadas línguas arianas já não pode ser defendida depois dos trabalhos céticos de Johannes Schmidt[12] e é cautelosamente evitada pelos principais linguistas. Vejo não estar longe o tempo em que não mais se empregará o conceito de parentesco linguístico, em que a semelhança entre elementos linguísticos será mormente atribuída a empréstimos, a empréstimos mútuos ou a empréstimos comuns, e uma parte menor será deixada sem explicação, com o que finalmente se renunciará a empregar o método da história a épocas pré-históricas. Os triunfos que a linguística comparada obteve desenhando interminavelmente suas árvores genealógicas vale para épocas cujas fontes

---

11   No original, o extrato vai das páginas 49 a 55. (N.T.)
12   Sobre a crítica de Schmidt a Schleicher, ver da seleção das *Contribuições* o tópico "Schleicher/Parente" e a nota 121, p. 134. (N.T.)

literárias chegaram até nós, mas não os seus contextos históricos. Onde conhecemos os contextos à luz do tempo histórico, ali já não há mais línguas mortas, mas somente empréstimos que uma cultura mais fraca toma a uma cultura mais forte (mas o que significa mais forte ou mais fraco, isso com muita frequência só pode ser decidido segundo a moda, a religião ou a reputação militar); empréstimos isolados ou em massa, empréstimos de ramos particulares da cultura ou de culturas inteiras. Os empréstimos que os latinos fizeram dos gregos perfazem um pequeno dicionário; foi também o que os persas modernos fizeram dos árabes, os espanhóis dos romanos e dos árabes e, posteriormente, do vocabulário do latim escrito; alemães e holandeses dos franceses, e russos e poloneses dos alemães e dos franceses; os empréstimos que ingleses fizeram dos franceses perfazem meio dicionário, e mais de meio os empréstimos que os francos, depois de terem se tornado franceses por empréstimo mais antigo, fizeram de novo da língua escrita em latim. E se não podemos (permanecendo nas fontes de nossa cultura) comprovar uma igual abundância de palavras emprestadas no hebraico e no grego, isso se deve apenas a nossa ignorância, não à pureza de sangue dessas duas línguas e povos. Se retemos a importância de todos esses empréstimos para a história das línguas e para a vida internacional dos povos, se reconhecemos que no conceito de empréstimo, de empréstimo linguístico, se esconde uma imagem distorcida — porque não é efetivamente uma língua, uma língua mais necessitada, que tira empréstimos à outra mais rica, mas sempre indivíduos falantes de um grupo menos favorecido que tomam seus empréstimos à provisão mais rica do grupo vizinho —, então se dissolvem ainda mais diante de nosso pensamento os conceitos de linhagem e de filiação entre línguas; então direi não que é arbitrário, mas que é aleatório o ponto de vista segundo o qual temos de chamar, por exemplo, à língua francesa uma língua românica e à língua inglesa uma língua germânica. Pois, olhando apenas para o vocabulário, durante certo período não apenas a língua inglesa, mas também a alemã e a holandesa estiveram ameaçadas ("ameaçadas" já implica um juízo fundado no sentimento de nacionalidade) de se tornar românicas, como são as línguas francesa e espanhola. Encontrando-se numa disposição de espírito que é tão contingente como toda história, as nações alemã e holandesa (os holandeses primeiro) se insurgiram contra a contínua invasão de palavras estrangeiras; a intervenção do purismo germânico entre os ingleses foi ainda mais antiga do que entre os holandeses. Os empréstimos feitos pelos francos, em contrapartida, ocorreram desde o início de maneira tão massiva, que o purismo franco não pôde aflorar de modo algum; os francos transformados em franceses já não sentiam, ao pilhar a língua escrita em latim antigo, que estavam tomando empréstimos de uma língua estrangeira. Eles já não consideravam todo o processo como um endividamento, mas como um obséquio ou um presente entre membros de uma mesma família. A filha não precisava pedir ou tomar emprestado, apenas recebia o seu dote.

Bem mereceria uma investigação, uma investigação da psicologia dos povos, saber por que a reação purista surgiu em um povo e em outro não. Certamente importante nisso é que a massa de empréstimos penetrava apenas na língua das 10 mil pessoas mais bem posicionadas, dos indivíduos com mais trânsito internacional; a base nacional do povo, permanecendo em seus limites, se insurgia contra a imitação do estrangeiro, porque só considerava bela e útil a imitação do que é nativo. Mais importante é talvez uma circunstância, que foi sempre notada, mas, até onde sei, ainda não explicada. Não apenas a ciência, também o próprio sentimento popular julga o "parentesco" de uma língua muito menos pelo vocabulário, pelo dicionário (até aqui se tratou apenas deles nestas observações), do que pela estrutura interna,[13] pelas sílabas de formação. Não se deveria dar importância decisiva ao fato de que mesmo os substantivos mais usuais e corriqueiros no dia a dia, bem como verbos e adjetivos, sejam empregados numa medida proporcionalmente bem mais rara, quando se compara sua repetição com o número de repetições infinitamente maior das sílabas de formação? Pela prática infinita, o uso das sílabas de formação, isto é, de toda a estrutura da língua, se torna inconscientemente, instintivamente, uma segunda natureza, de modo que o falante se sente, com efeito, ainda muito mais ligado à estrutura de sua língua, às sílabas de formação de sua língua materna, do que ao vocabulário, para o qual ele pode tomar todo dia, em caso de necessidade, novas palavras de empréstimo a seu vizinho. E emprestadas com consciência. Empréstimos de sílabas de formação são raras nos tempos históricos. A estrutura interna da língua é ou parece ser, por isso, imutável, nacional. É certo, porém, que o empréstimo não se detém nem diante de sílabas de formação.

---

[13] Como bem lembra Jacques Le Rider, estrutura interna (*innerer Sprachbau*) é uma terminologia que remete a Wilhelm von Humboldt: *Über das vergleichende Sprachstudium in Beziehung auf die verschiedenen Epochen der Sprachentwicklung* [Sobre o estudo linguístico comparado em referência às diferentes épocas do desenvolvimento linguístico], publicado em 1820. (N.T.)

O "s" do plural francês passou, por exemplo, para o alemão (*Kerls*, *Jungens*).[14] Aquelas que seriam posteriormente as sílabas de formação puderam em geral ser tomadas por empréstimo, tanto quanto as outras palavras, numa época remota, na qual, segundo a opinião geral, nossos sufixos e prefixos atuais ainda eram radicais autônomos. Não é muito, portanto, o que se pode extrair da oposição entre estrutura interna e provisão léxica para os princípios da história das línguas, para a pré-história delas. Mas é mais para a relação subjetiva de um povo com a sua língua. Para o essencial sentimento linguístico nacional, para a psicologia linguística social ou de um povo.

Aquilo que foi com tão infinita frequência exercitado por conterrâneos a ponto de se lhes tornar uma segunda natureza é, para todos eles e para cada qual individualmente, o que há de essencial na língua materna. A estrutura da língua, seu patrimônio peculiar de fonemas e sua acentuação peculiar. Enquanto a amada língua materna não lhes pareceu ameaçada em sua estrutura, seus fonemas e sua acentuação, esses conterrâneos não tiveram muito o que opor, em tempo e lugar algum, à adoção de palavras estrangeiras. Mas, se a invasão de palavras estrangeiras ultrapassava esses limites, se um grupo de conterrâneos cultos ou de intrusos quisesse modificar a estrutura, o caráter fonético e a acentuação da língua materna ou a massa de palavras estrangeiras pudesse fazê-lo, isso pareceria então realmente como uma dominação estrangeira, como coerção para o aprendizado de uma língua estrangeira, e o sentimento nacional se insurgiria. Foi então que surgiram os movimentos puristas (já na Roma antiga), os quais se voltaram, no fervor da luta pela proteção da língua materna ameaçada, contra a adoção de palavras estrangeiras, de conceitos estrangeiros, de culturas estrangeiras. Em vão. Romanos, ingleses (em cuja história da língua esse estado de coisas é particularmente nítido), holandeses, alemães salvaram sua língua nacional, isto é, impediram a língua que herdaram de se tornar semelhante à estrutura, à fonética e à acentuação da intrusa; a invasão das culturas estrangeiras, no entanto, jamais foi detida pelos puristas. O montante de palavras estrangeiras em alemão, por exemplo, está sempre a ponto de aumentar, por mais que o sentimento nacional se exalte e altere; para cada palavra

---

[14] O plural de *der Kerl* (o "cara", o indivíduo) é normalmente *Kerle*, assim como *der Junge* tem por plural *die Jungen*. O "s" teria sido, segundo Mauthner, tirado do francês. (N.T.)

estrangeira tola e supérflua que se consiga eliminar do uso corrente e da redação de bons escritores, dez novas palavras estrangeiras surgem dos domínios internacionais da ciência, da arte e da técnica. Se esses novos empréstimos são acrescentados aos recursos estrangeiros antigos e arquiantigos, à massa de palavras emprestadas, comprovadas e registradas como tais (sem falar dos inúmeros vocábulos que são palavras de empréstimo, por mais que a ciência em voga as considere parentes antigos da família); se anteriormente se reconheceu que o estado de ânimo de um povo pode se ocultar, confusamente, na estrutura, nos fonemas e na acentuação de sua língua, mas que a situação espiritual e psíquica desse povo, sua visão de mundo consciente e conceitual, só é representada no seu vocabulário vivo, então a massa de recursos estrangeiros mostrará quão grande é e sempre foi o endividamento de cada povo em relação a seu predecessor na cultura, e como agora, em nossos tempos, com a inconcebível riqueza e a inconcebível rapidez da circulação, o endividamento recíproco dos povos fez surgir, entre os povos civilizados, uma situação psíquica internacional comum, da qual os tempos antigos não poderiam fazer ideia. Como esclarecimento, gostaria de indicar apenas um ponto. A tradução do Velho Testamento dos judeus para o grego, a Septuaginta, e a tradução da Bíblia para o alemão feita por Lutero podem ter exercido um efeito imenso; a obra de Lutero, em particular, pode ser considerada o feito admirável de alguém dotado de uma força linguística tremenda; porém, uma passagem integral, uma passagem apenas tranquila de uma língua para a outra, não foi o que aconteceu. A discrepância da situação psíquica entre judeus, gregos e alemães é forte demais. Nesse caso, a impossibilidade de tradução não é de todo clara, porque uma religião dominante conseguiu se impor vitoriosamente sobre essas impossibilidades. Onde esse poder estranho não intervém, como na tradução dos vedas para línguas modernas, a discrepância da situação psíquica atrapalha a quase cada linha. E quando, para completar, missionários ingleses vertem o pai-nosso e o catequismo para os dialetos dos negros africanos ou australianos a fim de difundir a fé cristã, só missionários e seus auxiliares podem acreditar na possibilidade de comunicação. A dificuldade de tradução não faz parte apenas do domínio religioso, quando tradutor e original pertencem a povos longinquamente separados no espaço e no tempo. Também Homero é propriamente intraduzível; intraduzíveis são não só seus deuses mas também os fatos, as armas, os instrumentos e os alimentos de seus heróis; o ritmo de seus hexâmetros.

Mas quando hoje ingleses, alemães, franceses e italianos, holandeses, tchecos, russos traduzem os livros mais recentes uns dos outros, é certo que muito do valor estético se perde e não só das obras literárias, ainda que a cota de situação psíquica internacional que o livro nos dá passe integralmente de uma língua à outra.

Socialismo, democracia; palavras novas, palavras antigas[15]

A tendência de todas as ciências sociais de preferir se tornar mais social que científica, mais prática que teórica, já está contida no conceito de social. O que é comum a um povo, o que pode existir primeiro entre indivíduos de um povo, tem de suscitar atenção geral, muito diversamente do que ocorre aos assuntos individuais. Isso já é de há muito conhecido na ciência que estuda o povo enquanto corpo. Mas também a ciência do espírito do povo, a psicologia social, pretende contribuir para a formação do povo, isto é, para a constituição do povo, para a história dele.

Mas sempre houve efetivamente por toda parte uma psicologia social, séculos antes de Lazarus e Steinthal fundarem sua revista de psicologia dos povos.[16] Desde que houve em geral uma língua do povo. Sempre e em toda parte, uma psicologia social do povo esteve contida na língua do povo. Língua é psicologia do povo, inconsciente, não escrita. A antinomia insolúvel assoma de novo: todas as manifestações da vida do povo que podem ser compreendidas sob o nome mais amplo de costumes produziram a língua desse povo, ajudaram a produzir cada mudança na sua língua; mas sempre e em toda parte o poder da língua, a sua tirania, foi a mais alta instância a decidir sobre os costumes. Sabemos ou aprendemos que a visão de mundo ou a razão de um povo é idêntica à sua língua: o mesmo objeto visto por outro ponto de vista humano; razão humana não pode ser mais valiosa que língua humana; razão ou língua do povo não são mais do que as resultantes das línguas individuais.

Proverbialmente, o uso linguístico é chamado de tirano. O uso linguístico não é um tirano absoluto para a língua; do contrário, esta não estaria em permanente mudança. O uso linguístico não é para a língua

---

15   No original, o extrato vai das páginas 85 a 89.
16   Cf. nota 6 na seleção de textos das *Contribuições*, p. 36. (N.T.)

mais tirano que outros hábitos e modas. Mas os costumes do povo no sentido mais amplo, fé e culto, arte e ciência, relações e direito, são de fato tiranicamente dominados pela língua. Pois não há autoridade mais forte e mais inflexível que a língua. Não irei até o ponto de demonstrar que todas as outras autoridades se fundam na língua: a autoridade do sacerdote, do rei, da lei e, especialmente, a autoridade da pátria. Não, a língua em si, com seu vocabulário e em sua gramática, manifesta precisamente a razão, a lógica, a visão de mundo do povo, a razão absoluta, a lógica absoluta, porque o povo não conhece e não pode conhecer outra razão, outra lógica senão a de sua língua. O que quer que o povo conheça se encaixa na língua. O povo julga como o juiz que não conhece nada além de seus autos: o que não está na língua não está no mundo.

Essa tirania da língua seria insuportável se a língua possuísse uma vida individual, um cérebro particular. Mas a língua é social. Na língua, como mostrei (*Crítica da linguagem*, I, p. 241),[17] a mais extrema utopia do comunismo se tornou realidade. A língua de um povo é propriedade comum, como luz e ar. Como luz e ar, quase (apenas quase) acessível a todos os homens sem ônus. Pela língua comum finalmente se tornou também comum,[18] social, aquilo que entra no indivíduo pelos seus nervos sensíveis e sai pelos seus nervos motores, conhecimento e ação (moral); e porque os sentidos contingentes herdados são comuns a todos os homens, assim como, circundando todos os homens, a natureza transmitida por hereditariedade é semelhante, tornou-se possível uma situação psíquica comum aos povos civilizados e a outros mais [...].

Mas, quando disse que a tirania da língua sobre os costumes do povo é exercida de maneira social ou, em minha opinião, democrática, eu não quis obviamente exprimir meu apreço por essa tirania. Em todos os campos sociais sujeitos a essa tirania se trata sempre da mesma oposição: a oposição entre o antigo e o novo. Se quisermos avaliar inteiramente o significado dessa oposição, deveremos pensar nos dois grandes fenômenos nos quais o antigo e o novo comandam de modo quase ilimitado. O reino do antigo é a natureza; as mesmas formas são herdadas por milênios, em silenciosa obediência às leis eternas do devir; raio e trovão desabam sobre a terra como nos tempos pré-históricos, e a mosca zumbe como naqueles

---

[17] Trecho não traduzido neste volume. (N.T.)
[18] No original: *kommun*, palavra bastante rara que remete naturalmente ao comunismo. (N.T.)

tempos; mesmo que a teoria da evolução esteja certa, apenas variações infinitamente pequenas, obtidas por necessidade, se acumulariam ao longo das eras para se somarem em alterações da forma antiga. O reino do novo é a arte; o que ganhou forma na fantasia de Beethoven quando compôs a *Oitava* e a *Nona* sinfonias, algo assim ou semelhante jamais havia soado antes sobre a Terra; a investigação erudita raramente consegue armar fios firmes e flexíveis para se chegar às inovações dos artistas antigos. Os costumes humanos não são natureza nem arte. Costumes humanos, costumes do povo, são gerados pela vontade democrática. E a vontade democrática é conduzida por palavras, por palavras antigas e novas, que se combatem. Costumes humanos e história universal — denominamos história universal a história das lentas modificações de todos os costumes humanos — estão sob a tirania de senhores linguísticos, sob a tirania de palavras antigas e novas. Raramente as novas palavras se aglomeram de um lado, num grupo mais ou menos fechado, enquanto as palavras antigas se aglomeram do outro, de modo a haver um grande combate que possa satisfazer os desejos de uma estética "estratégica". De hábito o que há é apenas uma barafunda confusa. Como numa campanha eleitoral, como numa assembleia de bairro. Ou como nos anúncios de jornal, onde os interesses de diversas marcas de automóvel, de diversas marcas de champanhe, de lâmpadas incandencentes, entram em disputa uns com os outros e se confundem ainda mais, porque entram em concorrência com os interesses de bancos e com as finanças do Estado. A ciência do corpo do povo pode afirmar unilateralmente que são os interesses dos grupos que decidem. Mas os povos não são assim tão espertos: a decisão está em eternas épocas de transição, nas palavras antigas e novas.

Exposição da minha filosofia[1]

---

[1] Este texto foi publicado no terceiro volume da obra *Die Philosophie der Gegenwart in Selbstdarstellung* [A filosofia do presente, apresentada pelos próprios autores]. Org. de Raymund Schmidt. Leipzig: Meiner, 1922, pp. 121-43. (N.T.)

I. Tenho consciência da honra a mim conferida pelo desafio de tomar a palavra ao lado de pesquisadores acadêmicos no âmbito da filosofia; mas seria lançar uma falsa luz sobre meu amor à verdade, que é no entanto a precondição humana de todo pensamento científico, se quisesse dar expressão demasiado modesta à minha alegria por esta homenagem.

Já relatei em detalhes as etapas de minha formação e também a origem do pensamento crítico-linguístico, até onde sou consciente dela, nas minhas *Memórias* (Munique: 1917);[2] aqui devo destacar ou acrescentar o que pode estar mais ou menos relacionado a uma formação filosófica.

No ginásio alemão da *Kleinseite* de Praga,[3] um religioso nos lecionava nas classes superiores o que se chama de propedêutica filosófica: lógica, psicologia e ética. As banalidades psicológicas e mesmo éticas que nos eram dadas a ouvir não iam além de algumas generalidades do ensino religioso; a lógica, porém, me cativou extraordinariamente, talvez apenas porque nenhum de nossos professores tinha pensado em utilizar a tradicional redação em alemão como uma introdução às regras do pensamento. Sobre os tempos de escola também me permito mencionar que era tido por professores e colegas como excelente em grego e matemática; deixei o talento para a matemática enferrujar até que, muito posteriormente em Freiburg, já com mais de cinquenta e cinco anos, retomei o que havia negligenciado e estudei fervorosamente análise complexa, cálculo de probabilidades, geometria não euclidiana, bem como um pouco de física teórica com os professores Lüroth, Lövy e Königsberger.[4]

---

2   Trata-se do volume I das *Erinnerungen. Prager Jugendjahre* [Memórias. Anos de juventude em Praga], publicado em Munique pelo editor Georg Müller em 1918. Mauthner se equivoca quanto ao ano de lançamento. Ele não deu prosseguimento à publicação de suas memórias. (N.T.)

3   Situado à esquerda do rio Móldova, o bairro da cidade de Praga chamado Kleinseite em alemão é conhecido em tcheco pelo nome Malá Strana, ambos significando literalmente "lado ou parte menor", por oposição à Cidade Velha (Staré Město). (N.T.)

4   Jacob Lüroth (1844-1910), Alfred Löwy (1873-1935) e Leo Königsberger (1837-1921) eram matemáticos. Lüroth e Löwy lecionaram na Universidade

Havia sido decidido, sem que me tivessem perguntado, que eu deveria me matricular no curso de direito. Naquela época, a profissão de advogado, para a qual estava destinado, me parecia indigna como a de um homem de negócios com diploma universitário; e a jurisprudência me repugnava, ou eu a ela; quando, num semestre posterior, fui introduzido à filosofia do direito pelo fino erudito Merkel, era tarde demais; a desconfiança acerca de todos os conceitos abstratos já havia sido despertada em mim, e sobretudo os conceitos do direito com que já tinha me familiarizado pareciam carecer de toda relação com a realidade. Adolf Merkel,[5] que me queria muito bem e me acolhia muito amigavelmente em sua casa (segundo o costume alemão, contra o hábito dos professores de Praga), se empenhou séria mas infrutiferamente para despertar meu interesse pela filosofia do direito e para que eu tivesse um percurso de vida "acadêmico", mas principalmente para que me curasse da inclinação à crítica da linguagem, que ele tomava por radicalismo juvenil. A fim de me converter, emprestou-me certa vez a *Fenomenologia do espírito* de Hegel; entretanto, eu já estava tão prevenido contra Hegel por Schopenhauer, que naquele momento nem mesmo admirei a grandiosa arquitetura conceitual como deveria. Ao contrário: a superstição linguística de Hegel me fortaleceu em minha heresia linguística.

Naturalmente, antes de conhecer Merkel e de aprender a reverenciá-lo, eu havia me matriculado em todos os cursos que me pareciam apontar para além do estudo como ganha-pão; foi assim que, mais de uma vez, o horário de um curso optativo coincidiu com o daquele que eu tinha inevitavelmente de frequentar como estudante de direito (apesar da liberdade acadêmica); não preciso dizer que preferia cabular direito matrimonial ou comercial a cabular uma aula sobre estética ou sobre algum assunto filosófico. Ainda hoje penso com gratidão nas horas com o arqueólogo Benndorf e o historiador da música Ambros;[6] contudo, nenhum dos dois

---

Albert-Ludwig, em Freiburg. Königsberger foi professor em várias universidades e membro da Academia de Ciências da Prússia. (N.T.)

[5] Adolf Merkel (1836-1896) era jurista de formação. Trabalhou na área da filosofia do direito e publicou diversas obras. Foi professor em Praga (1868), em Viena (1872) e, por fim, na Universidade de Estrasburgo (1874). (N.T.)

[6] Friedrich August Otto Benndorf (1838-1907), arqueólogo austríaco, lecionou em Zurique, Praga e Viena e foi diretor do Instituo Austríaco de Arqueologia. August Wilhelm Ambros (1816-1876): historiador da música austríaco, colaborador assíduo da revista *Neue Zeitschrift für Musik* [Nova revista musical], de Schumann, onde escrevia com o pseudônimo Flamin (com o qual também

me introduziu no mundo dos pensamentos. E o que acontecia com a filosofia propriamente dita em Praga naquela época era curioso.

Quero desde logo observar que em oito semestres (de 1869 a 1873) eu não havia ouvido o nome de Schopenhauer ser mencionado por um único docente sequer; certa vez, um camarada me emprestou a *Filosofia do inconsciente* de Hartmann[7] e foi nela que descobri pela primeira vez, por citações espantosamente convincentes, que o mais genuíno dos discípulos de Kant havia existido, isto é, Schopenhauer. A universidade ainda não o havia descoberto. A Igreja, a Católica obviamente, dividia a administração da nossa universidade com o governo de Viena; cada um desses poderes havia instituído um *summus philosophicus*,[8] no qual tínhamos de acreditar; para o arcebispo de Praga, senhor absoluto da faculdade teológica, mas influente também nas outras faculdades, a instância máxima era Tomás de Aquino (não se sabe mesmo se ele o conhecia, pois se falava com muito pouco respeito de seus dotes espirituais); para o ministério da educação, havia algumas décadas já, essa autoridade era Herbart.[9] Em toda a Áustria, Herbart era a referência quando se queria falar cientificamente de questões filosóficas, mas sobretudo pedagógicas. Assim aconteceu essa boa coincidência que tanto o representante da tendência medieval como o da moderna fossem alguém consistente, capaz de educar em prol da cooperação espiritual.

O que o tomista professor de lógica J.H. Löwe[10] nos oferecia em seu curso era, sem dúvida, de início bastante assustador. Não acreditei

---

participava do círculo schumanniano dos Davidsbündler). Próximo de Berlioz e Liszt, foi decisivo para os conhecimentos musicais de Mauthner, e seu primeiro artigo de jornal foi dedicado a ele, como relata em suas *Memórias*, op. cit., cap. XVII, pp. 183ss.; Mauthner escreveu também um necrológio dele para o semanário *Die Gegenwart* de Berlim, publicado em 15 de julho de 1876. Assim como no caso de Adolf Merkel, a proximidade de Mauthner com Benndorf e Ambros se devia inicialmente à sua ligação com os grupos nacionalistas alemães da Universidade de Praga, como ele mesmo comenta nas *Memórias*, op. cit., cap. XVI, p. 169. (N.T.)

7 Eduard von Hartmann (1842-1906), *Philosophie des Unbewußten. Versuch einer Weltanschauung*. Berlim: Duncker, 1869. (N.T.)
8 "Filósofo supremo." Em latim no original. (N.T.)
9 Johann Friedrich Herbart (1776-1841). (N.T.)
10 Sobre Johann Heinrich Loewe (grafia mais utilizada), cf. nota 448, no verbete "Nominalismo" da seleção de textos do *Dicionário*, p. 365. A atuação de Loewe também é comentada no capítulo XV das *Memórias* de Mauthner; op. cit., p. 164. (N.T.)

direito no que ouvi quando o homenzinho rugoso começou a aula sobre as leis do pensamento assim: "Há três seres dotados de razão, a saber, Deus, os anjos e os homens". Depois, não foi tão ruim; nosso filósofo se restringiu aos seres racionais da terceira classe e nos introduziu perspicazmente nas minúcias da lógica escolástica. Por vezes, ele colocava seu caderno de lado e nos surpreendia fazendo excursos espirituosos, com construções conceituais nada eclesiásticas. Naquela época eu ainda não sabia que esse pretenso tomista, cujo curso, por recomendação dos superiores, era frequentado por muitos teólogos, era na verdade um adepto do infeliz Günther[11] e apenas não podia deixar que isso transparecesse; Günther havia sido condenado por Roma em virtude de pequenas heresias, se arrependeu e acabou miseravelmente, porque, não sem a influência de Hegel, buscou num teísmo tolerante a união de espírito e natureza. Ora, nosso professor de lógica era um pupilo amedrontado desse Günther e olhava sempre timidamente para as bancadas dos teólogos quando, em algum de seus excursos, combinava os conceitos "espírito" e "natureza". Só muito tempo depois Löwe me estimulou seriamente, isto é, depois de eu ter aprendido que meus esforços crítico-linguísticos eram antiquíssimos, que já haviam sido empreendidos pelos nominalistas medievais, e de ter descobero que Löwe havia redigido um pequeno escrito muito bom sobre esses nominalistas.[12]

O hebartiano Volkmann,[13] de quem nós estudantes de direito devíamos ouvir um curso obrigatório sobre filosofia prática, me influenciou de modo muito mais imediato; eu estava como que encantado e, no semestre seguinte, me inscrevi no grande curso de Volkmann sobre psicologia. Era um professor tido na conta de filósofo; na verdade não havia mais corpo ali, havia apenas um olhar indagador e uma voz penetrante. O *Manual de psicologia* de Volkmann está hoje sem dúvida suplantado

---

11   Anton Günther (1783-1863), teólogo austríaco cujas obras foram colocadas no *Índex* pelo papa Pio IX. (N.T.)
12   Cf. a mesma nota 448, p. 365. (N.T.)
13   Seguidor de Herbart, Wilhelm Fridolin Volkmann (1821-1877) foi professor de filosofia, estética e psicologia em Praga. Seus trabalhos mais importantes tratam da psicologia e de sua história; o texto referido por Mauthner é o *Manual de psicologia de um ponto de vista realista e segundo o método genético*. Nas suas *Memórias*, op. cit., cap. XV, p. 165, Mauthner também comenta o papel de Volkmann em sua trajetória universitária. Além disso, menciona-o no verbete "Forma" de seu *Dicionário*, cf. nota 255, p. 289.

pelos novos experimentos fisiológicos, psicofísicos e congêneres; a auto--observação perdeu muito de seu crédito; mas Volkmann nos ensinava transparência na construção dos conceitos psicológicos e precisão na sua aplicação. Naquela época eu não tomava nota, mas levava para casa um monte de problemas: o desafio do herbartiano era empregar todas as forças para lidar com as contradições que se escondem por toda parte quando se trata dos estados e ações da chamada *alma*: *eu, consciência, memória, representações, sentimentos*. Novamente só muito depois aprendi a valorizar o benefício que havia sido conhecer precocemente o *realismo* de Herbart; isso foi quando comecei a estudar a filosofia da linguagem da psicologia coletiva e, para minha surpresa, descobri que não apenas o dinâmico Lazarus, mas também o valente Steinthal e o sólido Geiger[14] trabalhavam com os instrumentos de Herbart. Quando, cheio de admiração, deixei-me influenciar pelo nobre espírito de Volkmann, eu ainda estava longe de conhecer tais conexões; não se encaixava bem comigo que Herbart visse no ceticismo apenas o ponto de partida da filosofia; meu ceticismo linguístico era tão forte que até diminuiu meu carinhoso respeito por Volkmann.

Tínhamos ainda um terceiro filósofo em Praga, o barão de Leonhardi, pupilo e (salvo engano) enteado de Krause, o reformador do mundo e deformador da linguagem.[15] Talvez seja minha culpa, talvez não, que eu não possa falar seriamente sobre Leonhardi. Apesar de sua terminologia maluca, seu mestre Krause deve ter sido uma personalidade cativante, já que ele, três gerações após sua morte, ainda encontra apóstolos, sobretudo na Espanha, mas também na Alemanha. Às monstruosidades linguísticas de Krause o barão de Leonhardi adicionou algo

[14] Sobre Moritz Lazarus (1824-1903), filósofo e psicólogo, um dos fundadores da psicologia nacional (*Völkerpsychologie*), cf. nota 6 da seleção de textos das *Contribuições*, p. 36. Ele fundou com seu cunhado Heymann Steinthal (1823-1899) a *Revista para a psicologia dos povos e para a linguística*. Sobre Steinthal, cf., nos trechos das *Contribuições*, por exemplo, as notas 6 (p. 36), 62 (p. 81), 71 (p. 90), 100 (p. 119) e 116 (p. 127). Sobre Lazarus Geiger, cf. nota 73, p. 93. (N.T.)

[15] Peter Carl Pius Gustav Hermann, barão de Leonhardi (Freiherr von Leonhardi) (1809-1875): filósofo e botânico. Karl Christian Friedrich Krause (1781-1832): professor em Jena, Göttingen e Munique, escreveu *Esboços dos sistemas da filosofia*, 1804. Mauthner tece breve comentário sobre Leonhardi nas suas *Memórias*, op. cit., cap. XV, p. 165. (N.T.)

de sobriedade matemática; o resultado foi indizível. Não, não indizível, pois ele o diz; mas intragável. "O diabo é, como oposto de Deus, o ser-uno do puro-ser e o ser-total como sinal negativo."[16] E o que é o pior de tudo: hoje eu já não poderia dizer se esse mostrengo firmemente gravado em minha memória saiu literalmente da boca de Leonhardi, ou se é resultado de alguma paródia que pratiquei pela primeira vez com Leonhardi.

II. A diferença entre o meu curso de vida e o da maioria dos senhores que trataram de tarefas filosóficas em seus livros não está em que prestei o *Staatsexam*[17] de direito antes de "mudar de profissão"; provavelmente a maioria dos que depois se tornaram filósofos já tinha trabalhado antes em alguma outra especialidade. A diferença essencial deveria ser procurada no fato de que, aos vinte e dois anos de idade, quando desisti dos meus estudos de direito, eu já era demasiado velho e cético, talvez demasiado orgulhoso também, para tomar o caminho acadêmico regular rumo a outra ciência. Uma hemoptise persistente me havia legado a aceitação da morte e, com ela, um sentimento de liberdade; como um homem que tem apenas pouco tempo de vida, eu não precisava levar mais nada em consideração, não precisava escolher uma profissão burguesa. A atividade para a qual agora me encaminhava, e que se me apresentava desde a minha tenra juventude como a mais bela, a única que existia para mim, não me parecia ser uma profissão, mas um tipo de vocação.[18] Queria ser um escritor independente. Não fazia ideia sobre o que iria escrever; para os próximos poucos anos de vida que

---

16 No original: "*Der Teufel ist als das Gegenstück zu Gott das or-om-wesen-lebige Mälwesen mit einem negativen Vorzeichen*". Impossível verter para o português o trecho de Leonhardi, pois os prefixos utilizados, *or-*, *om-* e *mäl-*, são invenções arbitrárias de Krause para diferenciar os tipos de ser; por isso Mauthner zomba e descredita a nomenclatura — sobretudo porque ela é levada adiante pelos pupilos de Krause, o "deformador da linguagem". Sobre esta e outras criações "bizarras e incompreensíveis" de Krause, ver *Deutsche Wortgeschichte*, II [História lexical alemã]. Org. de Friedrich Maurer. Berlim: De Gruyter, 1974, p. 432. (N.T.)

17 *Staatsexam*: "exame de estado". Prova à qual são submetidos todos os estudantes de direito recém-formados a fim de obter o título e a permissão para atuar como advogados; equivalente ao exame da OAB no Brasil. (N.T.)

18 Mauthner joga com *Beruf* (profissão, ofício) e *Berufung* (vocação), palavras de mesma raiz em alemão. (N.T.)

ainda me restavam (ninguém do meu círculo acreditava possível que eu chegasse a mais de setenta anos), as tarefas mais imediatas eram mais do que suficientes: alguns dramas, uma história do conceito de Deus e uma crítica da linguagem. Em relação a esses planos, creio poder me referir especialmente a duas circunstâncias. Primeiramente, não me assustei nem um pouco com ter me colocado tarefas poéticas, históricas e epistemológico-críticas; e até hoje não posso compreender que um escritor que tem algo a dizer o diga sempre de uma só maneira. Isso só depende da força; se o sentimento de força se tornou mais forte que a força, é aí que se naufraga. Em segundo lugar, não passará despercebido a todo aquele que compartilha o mesmo empenho que o objeto e até o título da minha obra de vida estavam fixados muito antes de eu ter procurado algo sobre esse objeto na literatura, muito antes de saber se uma tal literatura existia. Creio, no entanto, ter descoberto que o desenvolvimento da maioria dos escritores de filosofia se dá de modo muito diferente: seja como primeiro caminho, seja por um desvio, eles fizeram estudos conceituais, históricos ou experimentais em algum domínio da filosofia para só então descobrirem no trabalho coletivo já desenvolvido o ponto em que se entreabre uma lacuna a ser preenchida pelo talento particular de um novo colaborador. É como em uma grande organização que exige a divisão do trabalho. Com a coragem da ignorância, me coloquei acima dessa lei da organização; com a coragem da ignorância, queria escrever algo como uma crítica da linguagem.

Feito um louco, pus mãos à obra. Foi no outono de 1872, pouco antes da publicação do meu primeiro livrinho, uma coletânea de sonetos, nos quais as figuras e ideias da Revolução Francesa eram enaltecidas de maneira provocadora. Ainda menos bem preparado do que para esses poemas histórico-filosóficos, imaturo e impaciente comecei a redigir um novo livrinho, do qual eu nem mesmo poderia dizer que era uma obra filosófica, epistemológica. Título: *A crítica da linguagem*. Durante algumas semanas passei metade das noites esgaravatando minhas blasfêmias: de que nada podemos saber, de que a razão humana não tem outro meio de comunicação senão a mísera linguagem, de que a linguagem é uma ferramenta com a qual não podemos nos aproximar de nada verdadeiro, nem da natureza nem de nossas próprias sensações. Devo ter reunido um manuscrito de aproximadamente duzentas páginas, quando subitamente os conceitos fim e causa pareceram me compelir a perguntar pela sua significação exata. Ainda sei como o trabalho ficou parado, porque recorri a Schopenhauer e li pela segunda vez a *Quádrupla raiz*,[19] porque finalmente reconheci a necessidade de retornar a Kant, dele a Hume, de Hume a Locke, e porque fiz a espantosa descoberta: não posso erguer meu edifício sem antes construir um andaime; muito daquilo que eu via como novo está mais bem expresso na filosofia da linguagem do velho Locke; devo estudar seriamente a história da filosofia, não pelos manuais, devo também suprir o que me falta em matéria de linguística antes de escrever a primeira palavra da minha *Crítica da linguagem*. Terá sido em janeiro ou fevereiro de 1873 quando cheguei a reconhecer isso sozinho. Quando retomei meu texto, não me deixei enganar por uma vã predileção pelas passagens fortes. Aquilo ainda estava mais imaturo do que meu livro de poemas. Irado e desesperado, lancei tudo ao fogo, decidido a recomeçar o trabalho preliminar, embora acreditasse com certeza que não viveria até o fim do trabalho. Os estudos preparatórios sobre a história da filosofia e sobre a linguística me ocuparam por vinte e sete anos, três vezes o prazo de nove anos prescrito por Horácio.[20] Todo mundo deve se vangloriar da própria dedicação. No prefácio copiosamente petulante à segunda edição da minha *Crítica da linguagem* (1906), respondi com risos à censura de que eu não era um especialista, de que, para a tarefa que impusera a mim mesmo, eu teria precisado cursar de cinquenta a sessenta disciplinas e pelo menos trezentos anos para conseguir apenas um aprendizado superficial nelas. "Não sou preguiçoso. Teria empregado com prazer trezentos anos nisso, mas disse a mim mesmo: é o destino das disciplinas científicas — com algumas poucas exceções — que suas proposições e verdades mesmas não durem trezentos anos, que depois de trabalhar trezentos anos eu me tornaria somente um especialista nas disciplinas estudadas por último, um diletante nas disciplinas cujos estudos datavam de apenas dez ou vinte anos, e um ignorante em todas as demais."[21]

19   *Da quádrupla raiz do princípio de razão suficiente*, primeira obra de Schopenhauer, publicada em 1813. O livro foi resenhado por Mauthner na revista *Zukunft* (vol. XLII, 1903), pp. 266-67, e reeditado na parte II do verbete "Schopenhauer (vontade)", do *Dicionário de filosofia*. (N.T.)
20   Alusão aos versos 388-89 da *Arte poética* de Horácio, nos quais o poeta afirma que é preciso guardar o texto por nove anos antes de publicá-lo. (N.T.)
21   A citação é um trecho do "Prefácio à segunda edição" das *Contribuições a uma crítica da linguagem* (Stuttgart: Cotta, 1906), p. x. (N.T.)

III. Já prestei contas sobre a origem do pensamento crítico-linguístico, sobre sua descendência exterior, por assim dizer, primeiro numa carta aberta na revista *Zukunft* (2 abr. 1904)[22] e depois nas minhas *Memórias* (pp. 204ss.).[23] Nessa questão principal, não fui discípulo de nenhum professor de filosofia universitário, apenas em certa medida do poeta filosofante Nietzsche e do positivista Ernst Mach, que então ainda era físico e ainda não havia sido incluído entre os filósofos. Os outros dois homens com os quais me sentia comprometido estavam muito mais longe da docência acadêmica. Otto Ludwig, que criticou profundamente Schiller nos seus *Estudos sobre Shakespeare*,[24] pregava desprezo à chamada bela língua, e o príncipe de Bismarck,[25] o homem de ação, pregava desprezo pelo homem eloquente em geral. No referido trecho das minhas *Memórias* se pode ler como uma geração mais tarde tomei consciência de ter sido libertado por esses quatro homens: Mach me libertou da superstição linguística metafísica; Nietzsche, do historicismo linguisticamente supersticioso; Otto Ludwig, da superstição linguística em relação à "bela língua" do poeta; e o príncipe de Bismarck, da superstição linguística política e jurídica.

Mais tarde, a consciência dessas influências se firmou em mim. É evidente, no entanto, que o físico, o poeta-filósofo, o crítico e o homem de Estado não teriam podido me influenciar tão fortemente, que as influências não teriam podido se unificar num ponto se não preexistisse em mim o que os médicos consideram a condição da infecção: a disposição. Se eu ainda possuísse aquela primeira versão indômita da minha *Crítica da linguagem*, talvez fosse possível separar as ideias em que se encontrava essa disposição. Mas dependo aqui de minha memória; ainda bem sei que eram dois os momentos em que minha cólera contra o uso da linguagem explodia com mais ferocidade: na luta contra os pseudoconceitos e na descoberta das causas da experiência, que cada época crê

---

22 F. Mauthner, "Die Herkunft des sprachkritischen Gedankens" [A origem do pensamento crítico-linguístico]. *Die Zukunft*, vol. XLVII, n. 12, 1904, pp. 10-23.
23 Referência ao capítulo XIX das *Memórias*, intitulado "Crítica da linguagem". (N.T.)
24 Otto Ludwig (1813-1865), *Shakespeare-Studien*. Leipzig: Cnobloch, 1872. (N.T.)
25 Otto Eduard Leopold von Bismarck-Schönhausen (1815-1898), chanceler alemão entre 1862 e 1890 e artífice da unificação da Alemanha. (N.T.)

ter levado o mais esplendidamente adiante. Ambas as ideias me eram tão habituais desde a juventude, que eu poderia tender a chamá-las chistosamente de minhas ideias pessoais inatas.

Posso tratar brevemente de minha repulsa inata a todos os pseudoconceitos, porque investigar tais conceitos não deveria ser propriamente tarefa da crítica linguística do conhecimento; deveria ser questão da linguagem comum em transformação não admitir conceitos que não podem ser legitimados. Tais escrúpulos e dúvidas me atormentavam desde a primeira aula de religião. Minha mãe me havia assegurado que não existia nem diabo, nem bruxas. Qual era ontologicamente a vantagem de Deus em relação ao diabo e às bruxas? As provas da existência de Deus tanto me pareciam embustes que a partir de então aprendi a fazer crítica linguística da psicologia e da lógica. O ponto de partida foi sempre a crítica linguística do conceito de Deus; sei precisamente que as dúvidas quanto aos conceitos substantivos como alma, vontade etc., começaram muito depois, quando empreendi uma comparação destes com o conceito de Deus. De qualquer maneira, a questão me ocupou por aproximadamente sessenta anos, antes que começasse a redigir minhas convicções no livro *O ateísmo e sua história no Ocidente* (1920).[26] Creio, porém, que somente muitas décadas depois de minhas primeiras lutas interiores eu estava em condições de compreender minhas dúvidas religiosas como mera ramificação da minha crítica da linguagem.

Entretanto, eu já tinha tido muito certamente uma experiência crítico-linguística quando — aos vinte anos aproximadamente —, durante uma caminhada fatigante, fui repentinamente tomado de assalto por um pavor linguístico, um pavor diante da absurda monstruosidade da linguagem. É provável que os versos do *Fausto* de Goethe — cuja primeira parte eu sabia de cor — houvessem forçado o curso de meus pensamentos naquela direção. "É um prazer, deveras, ver como já pensou um sábio antes de nós, e a que sublimes fins temos chegado após."[27] O arquifilisteu Wagner, de pijama e touca de dormir, o oposto de Fausto,

[26] F. Mauthner, *Der Atheismus und seine Geschichte im Abendlande*. Stuttgart: Deutsche Verlagsanstalt, 1920-1923, 4v. (N.T.)

[27] Mauthner cita de memória os versos do *Fausto*: "Perdão, mas é um prazer, deveras,/Entrar no espírito das eras,/Ver como já pensou um sábio antes de nós,/E a que sublimes fins temos chegado após". J.W. Goethe, "Noite", in *Fausto: uma tragédia*, 1. Trad. de Jenny Klabin Segall. São Paulo: Editora 34, 2004, vv. 570-73, pp. 78-79. (N.T.)

crê no fetiche de palavras como coração e espírito, crê na possibilidade do conhecimento ("Sim, chama-se a isso conhecer!",[28] censura-o Fausto), crê num progresso da humanidade. Aqui começou meu pavor linguístico. Essa presunção que o filisteu Wagner sente de estar no ápice da evolução é a eterna presunção da humanidade, sobretudo da humanidade pensante. Sempre progredimos muito, esplendidamente, não apenas nas décadas em que uma invenção ou uma descoberta úteis melhoraram um pouco a situação de um povo ou de um grupo, mas também naqueles tempos que terão de parecer miseravelmente atrasados para a posteridade que os examina. Mas como isso seria possível, se um ápice da evolução tivesse de surgir sempre que existisse harmonia entre a cultura de um povo e sua língua? Como, se — afora alguns rebeldes — uma tal harmonia entre cultura e língua *tivesse de* subsistir a todo instante? Como, se em toda época a língua não fosse outra coisa senão a repetição do estômago cheio do filisteu? Como, se a tarefa de conhecer realmente a natureza com os meios da linguagem fosse tão indecifrável — e indecifrável pelos mesmos motivos — quanto a quadratura do círculo ou a construção de um *perpetuum mobile*? Como, se a linguagem humana sempre tivesse relação apenas com o passado, nunca com o futuro; como, se para o trabalho científico com a língua só fosse possível uma história, jamais uma previsão lógica? As respostas a essas perguntas ainda desconexas se juntaram ao pavor linguístico daquela caminhada noturna e depois àquela escarafunchada primeira versão de minha *Crítica da linguagem*, formando uma sentença de morte cheia de ódio contra o valor de todas as línguas. Toda sensação, unicamente da qual a linguagem podia surgir, era materialista, sensualista; essa linguagem essencialmente materialista não podia, enquanto filosofia, ir além do materialismo na direção de um conhecimento adequado da natureza. Prever — o único objetivo da ciência materialista — era apenas um cálculo probabilístico instintivo, como quando o pastor, que já viu o sol nascer mil vezes, nutre a expectativa de que amanhã ele nascerá novamente; previsão é somente expectativa provável, não verdade lógica a partir de proposições linguísticas. A lógica na linguagem humana é sempre mera tautologia, jamais anuncia algo novo, jamais algo futuro. Com os meios de sua linguagem, o indivíduo não pode se elevar sobre a fala ou o pensamento de seu próprio tempo, a não ser à ideia de que falar e pensar são apenas uma e mesma coisa, de que pensar não vale mais do

---

[28] Ibid. Tradução ligeiramente alterada. (N.T.)

que falar, de que cada época se sente com razão, com a razão da tolice, no auge de todas as épocas.

Sinto-me livre para lançar mão das palavras de Goethe ao final da "História da doutrina das cores", com as quais descreve suas primeiras tentativas e sua suposta descoberta da verdade, mas acrescenta, ponderando: "Entretanto, isso tudo se encontrava sem nexo diante da minha alma e sem a resolução com que a exprimo aqui".[29] A convicção da importância epistemológico-crítica daquilo que eu havia pressentido deve ter sido tão forte quanto a outra convicção, bem diferente, do meu desamparo espiritual, da minha ignorância ilimitada; pois dois anos mais tarde, quando, na expectativa de uma morte iminente, descartei qualquer estudo especializado e me tornei escritor independente pelo suposto resto de meus dias, pareceu-me evidente que minhas primeiras e últimas forças deveriam estar voltadas para a investigação e aprofundamento de minhas ideias crítico-linguísticas até então apenas pressentidas. Tal intento não seria necessário; também nos dois anos entre a minha doença e a queima do meu manuscrito, nunca dediquei ao *Staatsexam* ameaçadoramente próximo senão um terço do tempo dedicado aos meus trabalhos de filosofia e de linguística.

No longo período de traça-dos-livros que se iniciava para mim, estive certamente exposto a um duplo perigo, minha solidão interior e meu ambiente externo. Posso afirmar que não morri desse duplo perigo; entretanto, não posso saber como a solidão do meu autodidatismo, no primeiro caso, e o mundo jornalístico, no segundo, influenciaram prejudicialmente meu caráter e meu desempenho. Já que não posso sabê-lo — não se tem distância de si mesmo —, quero falar tanto mais abertamente sobre como conheci esses dois perigos.

Ainda hoje me parece um perigo real, e bem patente, que um jovem altivo queira se tornar escritor independente e escolha para isso a profissão de jornalista. De boa fé, ele acredita confiantemente que o jornalista é um escritor independente. Em todo o caso, era esta a minha opinião quando, a partir dos meus vinte e cinco anos — não exatamente forçado pela família, mas moralmente compromissado a ganhar meu próprio pão —, passei pouco a pouco a viver dos artigos de jornal, que até então havia escrito

---

29 J. W. Goethe, "Confissão do autor", in *Zur Farbenlehre. Historischer Theil*, II [Materiais para a doutrina das cores. Parte histórica], in *Obras*, II. Sophienausgabe. Weimar: Böhlau, 1891, tomo IV, p. 297. (N.T.)

somente para as minhas expectorações e para a instrução dos moradores de Praga. Logo fui convencido — novamente por alguém de fora — a me mudar para Berlim, já que os jornais alemães em Praga não tinham muitos assinantes, quer dizer, muitos leitores. Devo mencionar que, em Berlim, mal tendo completado vinte e nove anos de idade, ganhei subitamente grande notoriedade jornalística com minhas paródias *Segundo modelos conhecidos* (1878)[30] e, com isso, quase alcancei o objetivo burguês de viver, com mulher e filha, do produto de minha pena, tal como o trabalhador manual num bom emprego, mas num trabalho indizível. Pois eu não facilitava minha vida, ao menos em relação aos trabalhos preparatórios às minhas pequenas dissertações críticas; e o rápido sucesso do meu livrinho de paródias despertou em mim a ambição de continuar merecendo a fama que me coubera de bom folhetinista. E, com ela, a fama de bom novelista; quando os editores haviam começado a me procurar, também foram publicadas algumas novelas boêmias, que tinham permanecido inacabadas em Praga e que me trouxeram, como eu imaginava, respeito e ganho fácil. O sucesso fácil tem lá a sua boa razão de ser no caso do jornalista e do escritor de entretenimento; já o respeito não, porque praticamente toda profissão tem o seu código de honra, e este costuma se voltar com o mais vivo desdém à profissão vizinha. Assim, o especialista erudito valoriza mais o camponês, o diarista, em suma, qualquer trabalhador manual do que o jornalista. Ainda hoje sigo convencido da justeza da sátira que uma vez escrevi — sob o título de *Schmock* — [31] contra os vícios dos jornalistas; posso exprimi-lo tanto mais livremente, porque esse posicionamento dos eruditos está imbuído de muita presunção. Também há entre os jornalistas (mais raramente do que entre os cientistas) aqueles que são devotos, mártires de sua convicção; também há entre os cientistas (mais raramente do que entre os jornalistas) obsequiosos negociantes de palavra, que procuram subir mais rapidamente transigindo com poderes superiores. Em sua maioria, os homens não passam de homens. Tampouco a censura, sobretudo aos escritores de folhetins, de que só

30   F. Mauthner, *Nach berühmten Mustern. Parodistische Studien von Fritz Mauthner* [Segundo modelos conhecidos. Estudos paródicos de Fritz Mauthner]. Stuttgart: Spemann, 1878. O segundo volume foi publicado em 1880. (N.T.)
31   Palavra introduzida no alemão pelo escritor Gustav Freytag (1816-1895), que assim denominou uma de suas personagens na comédia *Jornalistas* (1853), um jornalista inescrupuloso e corrupto que disseminava qualquer opinião em troca de dinheiro. A palavra ganhou estatuto próprio e passou a se referir a qualquer jornalista desse calibre. (N.T.)

se importam com a leveza formal e não com a seriedade da questão, tampouco essa censura pode ser generalizada; ainda conhecemos alguns folhetinistas com profundidade de pensamento e demasiados professores apenas espirituosos. A distância entre os selvagens negociantes de palavra da bolsa jornalística e os doutos comerciantes de palavra dos jornais especializados não me parece intransponível.

E, não obstante, a aversão dos eruditos pode ser justificada por uma exigência intrínseca à engrenagem do dia a dia jornalístico — que está aparentemente muito além das questões morais e eruditas: a exigência de celeridade. Às vezes, no mundo da realidade, o professor também trabalha rápido demais, o jornalista lentamente demais. O investigador científico, porém, se aproxima de seu ideal quando, indiferente ao tempo, dá a sua visão tão somente depois de ter levado sua investigação a termo, depois de esforços ao longo de semanas, meses, anos, dependendo do tamanho da tarefa; o jornalista se aproxima de seu ideal quando pode colocar a sua visão em palavras minutos depois de receber uma notícia de política, de um evento artístico ou de um assassinato estrondoso. A pressuposição de que sempre há uma visão pessoal, seja para o cientista, seja para o jornalista, assim como para o juiz, pode ser igualmente otimista; como quer que seja, jornalistas que se dedicaram à crítica de arte foram por muito tempo chamados de críticos de arte.

Contudo, aqui a psicologia do trabalho do investigador científico se separa da do jornalista. O pesquisador pode supor que gerações de pupilos e seguidores confiarão na solidez de suas investigações, que a manutenção do resultado corresponderá à duração e à certeza de seus trabalhos preparatórios; o jornalista é forçado pela técnica de sua profissão a limitar sua investigação a poucos minutos ou horas e tem de se resignar com o fato de que uma opinião equivocada seja normalmente corrigida 24 horas depois. Isso também explica por que um lapso não é tão mal visto no escritor de periódicos quanto no erudito; quando um professor deixou escapar a tremenda afirmação de que fica mais quente quanto mais próximos estivermos do Polo Sul, sempre mais quente até chegarmos ao Polo Sul, não deu mais para ele; quando um *Sckmock* berlinense escreveu a deliciosa sequência *vor coram publico* e pouquíssimos leitores seus foram capazes de rir, ele não perdeu o emprego.[32]

32 A preposição *vor* em alemão (diante, perante, em presença de) é redundante, porque *coram* já significa "diante", "perante", "na presença de" em latim. (N.T.)

Portanto: por mais apreciável que seja a coragem do raro jornalista que se opõe sozinho aos preconceitos do mundo, a atividade jornalística permanece uma pré-escola desfavorável ao trabalho da vida científica. Mas posso dizer: no tocante a mim, o esforço filosófico e filológico foi mais prejudicial aos textos jornalísticos do que a desenvoltura profissional foi um obstáculo na fundamentação mais conscienciosa da minha ocupação principal.

Outro fato me parece mais preocupante ao meu olhar retrospectivo, a saber, que, como autodidata, eu precisava adquirir os conhecimentos necessários à minha edificação de uma crítica da linguagem. Naquela época, quer dizer, nas duas primeiras décadas de esforços sem testemunha, eu não era dessa opinião; naquela época, às vezes me rejubilava com o sentimento sobremaneira juvenil de não jurar pelas palavras de um mestre, de oferecer algo somente meu aos seres humanos. Como se isso fosse possível.

Creio saber agora quantos martírios teriam sido poupados à minha cabeça e aos meus olhos se tivesse encontrado em boa hora um conselheiro científico. Meus desvios e extravios, no entanto, não foram infrutíferos; como não o é o plano mais tolo de escalar uma cordilheira sem guia. Eu havia me decidido a estudar cerca de uma dúzia de disciplinas a partir de fontes que me tivessem sido primeiramente mencionadas nos manuais. No caso da história da filosofia, a questão era bastante simples; logo descobri quem eram aqueles que se haviam colocado as questões cujas respostas eu buscava: os nominalistas medievais e os grandes filósofos ingleses, de Bacon a Hume. Não me afligia que, no começo, meus conhecimentos linguísticos fossem insuficientes; consegui bons dicionários ingleses e latinos, e funcionou. Mas em psicologia, lógica e linguística passei por um duro aprendizado, porque recorria de forma demasiado crédula às obras fundamentais e não sabia e nem mesmo queria compreender que Jacob Grimm e Wilhelm von Humboldt, Sigwart e Fechner[33] já haviam sido variadamente superados. Quando finalmente me dei conta disso, lancei-me com fervor em um novo erro: durante anos restringi minha mania de colecionador às revistas especializadas mais recentes em linguística, em lógica

---

33 Heinrich Christoph Wilhelm Sigwart (1789-1844) estudou filosofia, teologia e filologia e foi professor em Tübingen. Gustav Theodor Fechner (1801-1887) é considerado, ao lado de Wilhelm Wundt, um dos fundadores da psicologia experimental. (N.T.)

e em psicologia, até chegar ao triste sentimento de que, diante de tantas árvores, eu não enxergava a floresta. Só então decidi estudar linguística, lógica e psicologia (além de procurar alguma ajuda em ciência natural) como havia até então estudado filosofia em sentido estrito: em sequência cronológica. Quer dizer: decidi-me (depois de um trabalho desordenado de dez anos) pelo ceticismo radical em relação aos resultados últimos ou atuais em minhas diversas disciplinas, enquanto começava a adquirir algum conhecimento sobre as pontes e os caminhos linguísticos que haviam levado no decorrer dos séculos àqueles supostos resultados últimos. Desde então me agarrei a essa direção do ceticismo — se se entende o conceito "ceticismo" no sentido de Hume e não dos gregos acríticos — e, por isso, não tenho nada contra Raoul Richter me ter colocado entre os céticos e mesmo entre os céticos parciais no seu *Ceticismo na filosofia* (II, p. 453).[34] Tentarei me manifestar noutro lugar sobre duas questões que me ocuparam com frequência: se o ceticismo é realmente uma tendência negativa, portanto menor e perniciosa, do trabalho científico — e se a inclinação ao ceticismo é realmente, como também me foi censurado, característica do pensador de origem judaica.

IV. Neste escrito devo sem dúvida me arriscar a resumir em poucas frases as ideias essenciais da minha "crítica da linguagem". Será um risco, porque anteriormente não fui capaz de expor minhas ideias mais brevemente do que nos três grossos volumes das minhas *Contribuições a uma crítica da linguagem* e nos dois volumes ainda maiores de meu *Dicionário de filosofia*.[35] Talvez fosse melhor deixar a finalização deste excerto a um estranho, pois sou por natureza incapaz de copiar inclusive a mim mesmo sem o desejo de ir além do original. Entretanto, devo fazê-lo eu mesmo sem me afligir que neste breve espaço me seja permitido fazer apenas afirmações, tendo de abrir mão das provas e fundamentações.

Há um paralelismo que faz mais sentido do que o paralelismo entre alma e corpo: o paralelismo entre pensar e falar. Um e outro são uma

---

34 R. Richter, *Der Skeptizismus in der Philosophie*, II [O ceticismo na filosofia]. Leipzig: Dürr, 1908. Sobre o ceticismo total e o ceticismo parcial de Raoul Richter, ver nota 391 da seleção de textos do *Dicionário*, p. 345. (N.T.)

35 A primeira edição do *Dicionário de filosofia* foi publicada em dois volumes (Munique: Müller, 1910). (N.T.)

ordem de movimentos ou ações vista de dois pontos de vista diferentes. Como quando digo ora "o cão caça", ora "o cão corre"; nem sequer a mais ínfima mudança de movimento do cão que persegue uma lebre se torna diferente pelo fato de eu dizê-la ora de um jeito, ora de outro.[36] A linguagem, tal qual a razão, sempre está realmente nos atos de fala e de pensamento individuais; linguagem e razão estão *entre* os homens, são fenômenos sociais, são um e o mesmo fenômeno social, como os costumes. Talvez também seja apenas como a regra de um jogo. Assim como não conhecemos linguagem filosófica sobre-humana, tampouco conhecemos — se eliminarmos apenas os anseios místicos — uma razão pura. A crítica da razão deve se tornar crítica da linguagem. Toda filosofia crítica é crítica da linguagem.

Esta crítica deve partir do sensualismo. Pois não há nada nos conceitos de nossa linguagem que não tenha estado primeiro nos sentidos. Entretanto, nem as chamadas coisas do mundo real, nem tampouco os nossos sentidos são imutáveis; o materialismo sensualista se suprime a si mesmo. Nossos sentidos foram formados, são *sentidos contingentes*; a evolução poderia ter deixado os sentidos surgirem como energias muito diferentes. O que os sentidos nos ensinam pela linguagem é, portanto, um limitado *hominismo*. Locke, o primeiro a criticar os sentidos, ensinou o hominismo das características secundárias, como o das cores, dos sons; Kant, que acreditava criticar a razão pura, ensinou temerária e grandiosamente o hominismo de algumas qualidades primárias: do espaço, do tempo, da causalidade; a crítica da linguagem ensina uma completa resignação: a linguagem humana, dependente dos sentidos contingentes, jamais consegue alcançar outro ponto de vista para a natureza que pretende investigar senão o do limitado hominismo. Com o auxílio da linguagem podemos tão somente experimentar o que as chamadas coisas são *para os homens*; de maneira alguma possuímos meios linguísticos para designar o que essas coisas-em-si poderiam ser.

---

[36] Matutando sobre a identidade entre linguagem e pensamento, ainda não cheguei a uma conclusão. Mas a espirituosa objeção do professor Hausdorff,* de que minha comparação exclui o pensamento matemático, não me convenceu; signos matemáticos são igualmente conceitos, apenas os números não o são. (N.A.)
   *Felix Hausdorff (1868-1942): matemático, um dos fundadores da topologia geral, contribuiu para a discussão da teoria dos conjuntos. Atuou também como literato e filósofo sob o pseudônimo de Paul Mongré. (N.T.)

Se a linguagem é o único instrumento epistemológico, não somos capazes de ultrapassar o hominismo, que também poderia ser chamado de psicologismo. Mas há tempos praticamos uma psicologia sem psique; não temos órgão para os nossos processos interiores. É mitologia se fazemos de abstrações (sensação, vontade) causas de nossos estados da alma. Como se quiséssemos chamar o leito do rio, que este mesmo cavou para si, causa do rio. Mesmo o "eu" é uma autoilusão, assim como outros substantivos são somente o suporte das mudanças.

A crítica da linguagem esquadrinha o que há de aleatório nas regras que gramática e lógica estabelecem para a linguagem e para o pensamento; e, porque pensamento e linguagem são uma coisa só, a gramática, ao ruir, deve arrastar também a lógica consigo. As partes do discurso não se deixam definir; a elas não correspondem realidades. Tampouco os números (a unidade não é um número) se encontram fora das cabeças humanas, fora da linguagem. Na sintaxe, o sujeito gramatical se transforma ininterruptamente no sujeito psicológico; e em toda narrativa o predicado do que precede se transforma no sujeito do que se segue. E, na lógica, a conclusão já se esconde atrás das premissas; o juízo, atrás do conceito. Daí as tautologias lógicas. O amor humano à ordem, não uma ordem na natureza, transforma os conceitos, decompostos em juízos na lógica, em leis para a ciência natural.

Palavras abstratas se tornam fantasmas, deuses para nós. Isso não vale apenas para os conceitos da teologia, mas também para os da teleologia. O conceito de finalidade na natureza é uma imagem formada segundo o modelo da intenção humana. *Fim* é apenas a designação mitológica interna para o conceito mitológico externo *causa*. A causa nos é tão desconhecida quanto o efeito; sabemos apenas algo aproximado sobre a relação entre causa e efeito, e a isso chamamos *energia*. Hume e Kant contribuíram muito para a crítica do par conceitual "causa-efeito" e para a eliminação do conceito de fim; Darwin o reintroduziu, contra a sua própria vontade, na doutrina da evolução.

A intenção humana, da qual o conceito de finalidade é decalcado, também contém o enigma de que todas as nossas representações sensualmente engendradas se referem apenas ao passado e, não obstante, podem servir de metas futuras. Esse enigma não é solucionado, mas simplificado pelo enigma da memória, que, como memória do povo, é a língua comunitária; mas a memória atua também no indivíduo, e até nos indivíduos animais e vegetais, de maneira análoga à linguagem, visto que é ela que ordena as vibrações do mundo e as traduz, por assim dizer, para a linguagem dos órgãos singulares dos sentidos: ela percebe e recorda as oscilações, por exemplo, como sons e cores; a planta deve perceber e recorda o calor de modo não muito diferente. *As ilusões normais* da linguagem, que no realismo ingênuo tomamos por imagem correta do mundo, nós as devemos à memória.

Temos de retornar a Hume para, a partir dele, passar ao ceticismo epistemológico, que deve ser diferenciado do ceticismo dogmático do mundo antigo. *Verdade* também é somente um fetiche da palavra. "Tomar por verdadeiro" é etimologicamente o mesmo que "acreditar".[37] A linguagem não é ferramenta adequada para a compreensão da natureza, porque nem linguagem nem natureza permanecem imóveis; a palavra em rotação caça eternamente a realidade em rotação, e não consegue apanhá-la.

Esse ceticismo, contudo, é apenas resignação nos limites da humanidade, não desespero diante da contradição do universo. Contradições existem apenas na linguagem, apenas pela linguagem. A natureza, assim como está aí de uma só vez,[38] também é una. Não podemos descobrir essa unidade quando pensamos ou falamos, podemos apenas sentir essa unidade quando vivemos sem nos separar da natureza, como filhos no ventre materno da natureza. Pode-se chamar isso de *mística*, mística epistemológico-crítica, crítico-linguística, para diferenciá-la da padronização dos místicos multiplamente devotos, cujo tartamudeio quer imitar o abissal mestre Eckhart.

Estas são mais ou menos as ideias diretrizes que apliquei à linguística, à lógica e à metafísica na minha *Crítica da linguagem* e que estendi a alguns problemas éticos no meu *Dicionário de filosofia*. Meu plano inicial era fazer uma crítica linguística dos conceitos fundamentais de todas as ciências naturais e humanas. Isso excedia minhas forças. Outros

---

[37] "Tomar por verdadeiro": em alemão, *Fürwahrhalten*, termo que se costuma traduzir por "assentimento", estando por isso ligado à ideia de "certeza". Ver, por exemplo: "O juízo pelo qual algo é *representado* como verdadeiro — a relação com um entendimento e, por conseguinte, com um sujeito particular — é subjetivamente o assentimento". I. Kant, *Lógica*. Trad. de Guido Antonio de Almeida. Rio de Janeiro: Tempo Universitário, 2003, p. 83. (N.T.)

[38] Como reiteradamente afirmado por Mauthner, a natureza não existe uma vez em si e uma segunda vez na representação humana. Essa duplicidade já é uma ilusão própria aos humanos. (N.T.)

começaram a suprir o que deixei de fazer. Eu já poderia nomear alguns cientistas naturais, juristas e médicos, até mesmo poetas (Christian Morgenstern), que levaram adiante essas minhas ideias diretrizes. Não quero reclamar da lentidão da repercussão; os acontecimentos rápidos não são duradouros. E penso com gratidão nas palavras benévolas que Ernst Mach me escreveu ao ler o segundo volume da minha *Crítica da linguagem* (24 de dezembro de 1902): "Seu trabalho terá uma repercussão lenta, mas certa. Os eruditos de ofício são vagarosos homens de rotina. Dez, vinte anos de reflexão não é bem o que importa para eles. Algumas coisas que um homem de temperamento vivo pode tomar por maldade devem ser colocadas em grande parte na conta dessa lentidão".[39] Os vinte anos preditos por Mach se completam justamente agora que me é permitido fazer uso da palavra no círculo desses "eruditos de ofício".

V. Já mencionei que o conceito de Deus foi o que primeiro despertou meu ceticismo na mocidade e que, portanto, minha exposição histórica *O ateísmo e sua história no Ocidente*, de que já foram publicados os dois primeiros volumes e o terceiro se encontra no prelo, era apenas uma contribuição bem mais antiga à minha crítica da linguagem, tal como o verbete "Cristianismo" no meu *Dicionário de filosofia*. Esse mesmo conceito, o conceito de Deus, me estimulou novamente a seguir o rastro dos últimos enigmas da crítica da linguagem e a escrever minha contribuição para a sua solução no texto *As três imagens de um só mundo*,[40] que se encontrará como fragmento no meu espólio caso eu não viva para editá-lo. Estou tão velho que aqui talvez possa falar dele como meu último trabalho.

Procurei expor a mim e a alguns amigos minha ideia das três imagens linguísticas de um só mundo de maneira provisória — isto é, passível de muitas melhorias —, inserindo-as alfabeticamente nas três partes de meu *Dicionário*, sob os títulos: "Mundo adjetivo", "Mundo substantivo", "Mundo verbal". Ainda hoje não tenho melhor exemplo prático

---

[39] Mauthner se engana quanto à datação da carta, que lhe foi enviada por Ernst Mach no dia 24 de dezembro, mas do ano anterior. O datiloscrito dessa epístola pode ser consultado na Coleção Fritz Mauthner do Instituto Leo Baeck. Disponível em: <https://archive.org/stream/fritzmauthner_07_reel07#page/n32/mode/1up.>. Acesso em: 04 dez. 2023. (N.T.)

[40] F. Mauthner, *Die drei Bilder der Welt. Ein sprachkritischer Versuch* [As três imagens do mundo. Ensaio linguístico-crítico]. Ed. póstuma de Monty Jacobs. Erlangen: Verlag der philosophischen Akademie, 1925. (N.T.)

para a análise da minha ideia do que o conceito de Deus. Correndo o risco de ser suspeito de bater em retirada, quero tornar mais palpável neste exemplo o que entendo pelas três imagens do mundo e por mística sem deus, na qual desemboca a minha crítica da religião.

Para o mundo *substantivo*, é menos uma negação que uma salvação se incluo o objeto por trás da palavra Deus entre os fenômenos que não são reais. Como o fogo, como o ferro. Não negamos o fogo porque não é real, porque não existe fora ou ao lado das impressões sensíveis, cujo conjunto chamamos fogo; não negaremos a existência do ferro se futuramente chegarmos a compreender todas as impressões sensíveis de um pedaço de ferro como movimento, relações, efeitos etc., de átomos, energias etc. Não apenas deuses e espírito são mitos; também as forças aparentemente bem conhecidas da física e da biologia, também as coisas mesmas são somente símbolos sob os quais reunimos linguisticamente as causas mitológicas dos efeitos adjetivos. O mundo substantivo é o mundo irreal do espaço, o mundo do ser, no qual arbitrariamente abstraímos o devir no tempo. A doutrina da irrealidade do ser é deveras antiquíssima. "Tudo flui."

À realidade parece corresponder apenas a imagem *adjetiva* do mundo, a visão de mundo sensualista. Não só todas as nossas impressões dos sentidos mas também nossas sensações psíquicas e nossos juízos de valor originais são adjetivos. Ocorre que o adjetivo é a parte mais antiga do discurso na história da razão, e uma das mais jovens na história da gramática. Aquilo que os órgãos dos sentidos nos oferecem do mundo é — se me for permitido dilatar a expressão óptica — pontilhado.[41] Não percebemos sequer uma maçã ao lado ou fora de suas características. Mas um instinto irresistível nos obriga a crer que o símbolo mítico, o símbolo místico dos efeitos adjetivos seja um objeto, nos obriga a ver uma maçã — o que se nomeia *ver*. Não se deve esquecer, todavia, que tampouco o mundo adjetivo precisa ficar retido nas planícies do materialismo sensualista; o idealismo, até o qual o instinto místico (substantivo) pode se intensificar nos homens extraordinários, metamorfoseia as ilusões normais do mundo adjetivo nas belas ilusões da arte.

Sucede então que nossos sentidos também foram formados, formados pela contingência da evolução; assim como as coisas aparentes exteriores são apenas símbolos dos efeitos sensíveis, assim também esses efeitos

---

[41] No original: *pointilliert*. Em alemão, o termo é um neologismo a partir do francês, tendo origem no pontilhismo (da pintura de Seurat e Signac). (N.T.)

sensíveis são novamente apenas símbolos de uma realidade desconhecida, de alguns movimentos que ocorrem no tempo. Não podemos compreender o mundo, nem naquilo que experimentamos pelos sentidos, nem no seu suposto ser, mas apenas no seu devir. No acontecimento. O que se passa com o *compreender* é algo peculiar. O mundo verbal é o mundo de nossas explicações científicas; sabemos, porém (desde Kirchhoff),[42] que mesmo as ciências naturais só podem descrever, não explicar os fenômenos; sabemos pela crítica da linguagem que a parte do discurso relativa aos verbos, às palavras temporais, pressupunha originalmente uma intenção humana, que os verbos de estado — exceto o substantivado "ser" — foram formados por analogia com os verbos de finalidade, que o tempo é apenas uma condição do devir, não sua causa.

Minhas três imagens do mundo devem ser entendidas de modo crítico-linguístico e não devem evocar nem o ritmo ternário de Hegel, que entendia o movimento das ideias — tese, antítese, síntese — ontologicamente, metafisicamente, nem os três estágios de Comte, que, contudo, por observação teológica, metafísica e positivista do mundo entendia aproximadamente as imagens substantivas e verbais, mas via seus três estágios como sequência histórica necessária, não como três pontos de vista que se auxiliam de maneira mútua, tal como um ponto no espaço é determinado por três coordenadas simultâneas. Se fosse possível encontrar uma língua artificial especial, ou se esta fosse ao menos comunicável, para cada uma das três imagens do mundo — uma língua puramente substantiva, uma puramente adjetiva e uma puramente verbal —, então se tornaria bem evidente que poderíamos unificar os três pontos de vista numa imagem semelhante da realidade caso tivéssemos reunido o vocabulário completo das três línguas artificiais numa quarta língua; mas uma tal supralinguagem[43]

---

42 Sobre Gustav Kirchhoff, ver nota 345 da seleção de textos do *Dicionário*, p. 325. (N.T.)
43 Em alemão, *Übersprache*, neologismo criado por Mauthner a partir do prefixo *über-* (que tem o sentido de "sobre, acima, além ou através de") e *Sprache* (língua, linguagem). A *Übersprache* já aparece na entrada "Matéria" do *Dicionário de filosofia* (vide o verbete neste volume, em que foi traduzida por "além-da-linguagem"). Para um leitor letrado alemão, na palavra também ecoa o *Übermensch*, o "além-do-homem" de Nietzsche, evocado no final deste texto. Uma outra opção seria "metalinguagem", caso se recorde que em sua origem o prefixo *meta-* também designa o que está *depois* ou *além* da língua ou da linguagem. Obviamente, seria não entender o objetivo de uma crítica da

é tão inconcebível quanto uma quarta coordenada, que é matematicamente pensável e formalmente utilizável, porém jamais concebível, a coordenada do tempo. A natureza é muda para nós, porque não entendemos a supralinguagem que só a natureza possui.

Aprendemos com Trendelenburg[44] que a doutrina das categorias de Aristóteles é — como eu gostaria de exprimi-la — apenas uma análise da frase grega simples; ele traduziu logicamente uma gramática em processo de formação, e suas categorias principais correspondem às partes do discurso: substantivo, adjetivo e verbo. Portanto, pude descrever, em alemão, as três imagens de um *único* mundo com a palavra "categorias" desta maneira: como possibilidades-de-enunciação, abreviando: enunciabilidade.[45] A diferença de minha crítica da linguagem em relação às demais visões de mundo está em que estas, por terem sido sempre racionalistas, racionalizantes, defendiam de certo modo a exigência moral de que o pensamento ou linguagem humanos *têm de* corresponder à natureza, *têm de* poder desenhar uma imagem semelhante à da natureza. Nesse sentido, a resignação da crítica da linguagem não é racionalista. Aliás, Kant já dissera que Aristóteles "catou" as suas dez categorias;[46] e Lorenzo Valla já havia reduzido o número das categorias a três, que se adequam perfeitamente às minhas três imagens: *substantia, qualitas, actio*.[47] Valla viu muito bem que Aristóteles já havia cometido o erro lógico de sobrevalorizar sua

---

      linguagem imaginar que ela seja um discurso filosófico metalinguístico que solucione "de além" ou "de fora" os dilemas intrínsecos da linguagem, sob o risco de reinstaurar uma filosofia fundacional em relação aos outros discursos. Ver, a esse respeito, E. Bredeck, *Metaphors of Knowledge. Language and Thought in Mauthner's Critique*. Detroit: Wayne State University Press, 1992, pp. 27-28 (N.T.)

44 A respeito da importância de Trendelenburg e seu livro sobre as categorias de Aristóteles, ver o que Mauthner diz à altura da nota 204 da seleção de textos das *Contribuições*, p. 182, e na nota 201 do verbete "Forma" do *Dicionário*, p. 272. (N.T.)

45 Respectivamente, em alemão, *Aussage-Möglichkeiten* e *Aussäglichkeit*. (N.T.)

46 Alusão à passagem da *Crítica da razão pura* (Analítica Transcendental, seção III, § 10) na qual se lê que, como Aristóteles não tinha um princípio para procurar seus conceitos fundamentais, ele os "juntou conforme lhe apareciam pela frente". (N.T.)

47 "Substância", "qualidade" e "ação" estão em latim no original. A obra em que Lorenzo Valla reduz as dez categorias aristotélicas a essas três é *Repastinatio dialectice et philosophie*, de 1439. (N.T.)

primeira categoria, a do *ser*, em detrimento das outras; todos os representantes posteriores das novas tábuas das categorias incorreram no mesmo erro, e o próprio Valla não o evitou por completo. Posso ao menos, portanto, me gabar de que minhas enunciabilidades não permitem de modo algum que se cometa semelhante erro; depende do direcionamento da atenção, é relativo, se queremos observar o mundo ou apenas um recorte dele como adjetivo, substantivo ou verbal, se queremos compreender, por exemplo, o conceito de calor como designação de uma sensação, de um tipo secreto de energia ou de causa e efeito.

Sem dúvida, os três pontos de vista por que se pode ver o mundo já haviam sido distinguidos anteriormente, não por uma filosofia particular, mas por direções do pensamento de tipo muito distinto.

O mundo adjetivo é o mundo da língua humana comum, o mundo do materialismo ingênuo, que ensina a unilateralidade de que nada há no pensamento que não tenha estado antes nos sentidos. As linguagens comuns são portanto essencialmente materialistas e seriam intragáveis se não admitissem em si, na verdade de maneira incoerente, também conceitos substantivos (místicos) e verbais (científicos). Em certo sentido, esses conceitos não adjetivos poderiam ser chamados suprassensíveis, porque ultrapassam os dados dos sentidos.

O mundo substantivo, assim concebido, é o mundo da metafísica. A necessidade metafísica dos homens já introduziu esse mundo na linguagem cotidiana, graças a inúmeros substantivos;[48] mas o primeiro criador filosófico desse mundo substantivo foi Platão, com sua doutrina das Ideias, doutrina que com certeza não admitiu inicialmente apenas ideias elevadas, mas fez que de suas Ideias resultassem todas as coisas singulares enquanto fenômenos (adjetivos). Em Platão já está prefigurada a confusão que levou Kant a transformar, mais de 2 mil anos depois, uma Ideia (a coisa-em-si) em causa dos fenômenos, isto é, ele buscou ajuda no mundo verbal; entretanto, essa confusão não se deveria ser chamada de erro.

O mundo verbal é o mundo da ciência já pressentido entre os gregos (Heráclito), compreendido desde o Renascimento em convincente proximidade com aquilo que se denomina conhecimento da natureza. É um aproximar-se da verdade, que permanece inalcançável, pois — a palavra

---

[48] Como que corroborando a tese de Mauthner, uma das formas de dizer "substantivo" em alemão é *Dingwort* (aqui no plural), que significa literalmente "palavra-coisa" ou "palavra da coisa", "palavra para designar coisa". (N.T.)

já diz — pertence ao mundo mitológico ou metafísico. Não há ser, há somente devir. Ninguém pode entrar duas vezes no mesmo rio; pois não há nem um rio, nem um homem permanente.

Possuiríamos conhecimento se pudéssemos unificar os três pontos de vista; o que podemos imaginar, mas não executar. Sempre vislumbramos o fogo ou como uma sensação, ou como a soma das sensações, ou como causa de um efeito. A unificação das três imagens, a congruência de suas três linguagens imagéticas, é apenas um anseio. Como na chamada fotografia em cores naturais, as três imagens, formadas por filtros de luz, são sobrepostas e correspondem aproximadamente às cores naturais. Mas tanto o filtro de luz quanto as cores químicas para o processo de impressão são escolhidos segundo os sentidos de cor contingentes de homens particulares. Assim, também os filtros do entendimento humano e as esferas das palavras utilizadas não são suficientemente sobre-humanos para possibilitar uma congruência das três linguagens imagéticas. As três imagens do mundo são, todas as três, hoministas; nossa visão, nossa linguagem não são adequadas para a imagem do mundo, para uma imagem que seja semelhante. O além-do-homem é um anseio, portanto não poderá jamais ser real.

Sobre a coleção

Fábula: do verbo latino *fari*, "falar", como a sugerir que a fabulação é extensão natural da fala e, assim, tão elementar, diversa e escapadiça quanto esta; donde também falatório, rumor, diz-que-diz, mas também enredo, trama completa do que se tem para contar (*acta est fabula*, diziam mais uma vez os latinos, para pôr fim a uma encenação teatral); "narração inventada e composta de sucessos que nem são verdadeiros, nem verossímeis, mas com curiosa novidade admiráveis", define o padre Bluteau em seu *Vocabulário português e latino*; história para a infância, fora da medida da verdade, mas também história de deuses, heróis, gigantes, grei desmedida por definição; história sobre animais, para boi dormir, mas mesmo então todo cuidado é pouco, pois há sempre um lobo escondido (*lupus in fabula*) e, na verdade, "é de ti que trata a fábula", como adverte Horácio; patranha, prodígio, patrimônio; conto de intenção moral, mentira deslavada ou quem sabe apenas "mentirada gentil do que me falta", suspira Mário de Andrade em "Louvação da tarde"; início, como quer Valéry ao dizer, em diapasão bíblico, que "no início era a fábula"; ou destino, como quer Cortázar ao insinuar, no *Jogo da amarelinha*, que "tudo é escritura, quer dizer, fábula"; fábula dos poetas, das crianças, dos antigos, mas também dos filósofos, como sabe o Descartes do *Discurso do método* ("uma fábula") ou o Descartes do retrato que lhe pinta J. B. Weenix em 1647, de perfil, segurando um calhamaço onde se entrelê um espantoso *Mundus est fabula*; ficção, não-ficção e assim infinitamente; prosa, poesia, pensamento.

PROJETO EDITORIAL Samuel Titan Jr. / PROJETO GRAFICO Raul Loureiro

Sobre o autor

Fritz Mauthner nasceu em 22 de novembro de 1849, em Horschitz bei Königgrätz (em tcheco Hořice), cidade localizada ao norte da atual República Tcheca, de uma família de judeus não praticantes que se mudou para Praga quando o menino tinha seis anos. Ingressou no curso de direito, mas, sem vocação para o estudo das leis, frequentava aulas de outras disciplinas, como filosofia, física, arqueologia, música, medicina e teologia. Com a morte do pai, abandonou a universidade e passou a se dedicar à literatura e à crítica de teatro. A percepção da difícil convivência entre os diferentes grupos étnicos na Boêmia sob o Império Austro-Húngaro levou-o a se mudar para Berlim em 1876. Em 1878, casou-se com Jenny Ehrenberg, com quem teve uma filha, Grete. Na capital alemã, fez nome com publicações em diversos periódicos, chegando a se tornar, em 1895, editor do *Berliner Tageblatt*, um dos maiores jornais da Alemanha. Também se consagrou como escritor, tendo publicado peças paródicas, romances e teatro. Tomado, como Karl Kraus, por crescente desconfiança em relação à atividade jornalística e à capacidade da literatura de dizer algo, Mauthner retomou em 1893 um projeto iniciado e abortado durante os anos universitários, mas que, na verdade, jamais abandonara por completo: a crítica da linguagem. Intensificando seus estudos como autodidata em filosofia, filologia, psicologia, matemática, física, biologia, história e religião, passou aos poucos a redigir suas *Contribuições a uma crítica da linguagem*, que viriam a ser publicadas em 1901-1902. Em 1905, cansado da lida urbana, o escritor abandonou sua posição em Berlim e foi morar em Freiburg, no sul da Alemanha. Ali conheceu sua segunda esposa (Jenny havia falecido alguns anos antes), Hedwig (Harriet) Straub. Em 1909, o casal se transferiu de Freiburg para Meesburg, junto ao lago de Constança, passando a morar em um lugar conhecido como *Glasernhäusle* (casinha de vidro). A esposa, médica e escritora, encampou a bandeira do marido, ajudando-o nos trabalhos de pesquisa para o seu *Dicionário de filosofia*, publicado em 1910. Mauthner escreveu ainda duas monografias, uma dedicada a Aristóteles (1904) e outra a Espinosa (1906), um livro intitulado *A linguagem* (1907), uma narrativa sobre Buda (1913) e a obra monumental em quatro volumes, *O ateísmo e sua história no Ocidente* (1920-1923). Em 1925, foi publicado postumamente o livro *As três imagens do mundo*. Em 29 de junho de 1923, morreu aquele que também era chamado "O Buda do Lago de Constança", alusão aos seus conhecimentos da mística e à vida retirada de seus últimos anos.

Sobre a equipe de tradução

JULIANA FERRACI MARTONE é graduada em filosofia e doutora pela Universidade de São Paulo e pela Universidade de Parma (Itália). É professora do Departamento de Línguas Modernas (Alemão) da USP. Traduziu, entre outros, *Sobre a doutrina de Espinosa em cartas ao senhor Moses Mendelssohn* (Ed. da Unicamp, 2021).

LAURA DE BORBA MOOSBURGER DE MORAES é graduada e mestre em filosofia pela Universidade Federal do Paraná, doutora em filosofia pela USP e pós-doutoranda na UFSCar. Traduziu Martin Heidegger, Georg Trakl e Rainer Maria Rilke.

MARCELLA MARINO MEDEIROS SILVA fez graduação e mestrado em filosofia na Universidade de São Paulo e formação em psicanálise no Fórum do Campo Lacaniano em São Paulo. Traduziu E. T. A. Hoffmann, Thomas Mann, Edmund Husserl e as *Atas da Sociedade Psicanalítica de Viena* (Scriptorum, 2015)

MÁRCIO SUZUKI é professor do Departamento de Filosofia da Universidade de São Paulo, tradutor e autor de *O gênio romântico* (Iluminuras, 1998), *A forma e o sentimento do mundo* (2014) e *O sonho é o monograma da vida. Schopenhauer—Borges—Guimarães Rosa* (2024), ambos pela Editora 34.

Sobre este livro

O *avesso das palavras*, São Paulo, Editora 34, 2024 TRADUÇÃO © os tradutores, 2024 ORGANIZAÇÃO E APRESENTAÇÃO © Márcio Suzuki, 2024 EDIÇÃO João Cândido Cartocci Maia PREPARAÇÃO Luisa Destri REVISÃO Tomoe Moroizumi PROJETO GRÁFICO Raúl Loureiro ESTA EDIÇÃO © Editora 34 Ltda., São Paulo; 1ª edição, 2024. A reprodução de qualquer folha deste livro é ilegal e configura apropriação indevida dos direitos intelectuais dos autores e do editor. A grafia foi atualizada segundo o Acordo Ortográfico da Língua Portuguesa de 1990, que entrou em vigor no Brasil em 2009.

A tradução deste livro teve o apoio do Instituto Goethe.

CIP — Brasil. Catalogação-na-Fonte
(Sindicato Nacional dos Editores de Livros, RJ, Brasil)

Mauthner, Fritz, 1849-1923
O avesso das palavras: história da cultura
e crítica da linguagem, 1901-1924 / Fritz Mauthner;
tradução de Márcio Suzuki e outros; organização
e apresentação de Márcio Suzuki. — São Paulo:
Editora 34, 2024 (1ª Edição).
488 p. (Coleção Fábula)

ISBN 978-65-5525-180-7

1. Linguística. 2. Filosofia da linguagem.
I. Suzuki, Márcio. II. Martone, Juliana Ferraci.
III. Moraes, Laura de Borba Moosburger. IV. Silva,
Marcella Marino Medeiros. V. Título. VI. Série.

CDD-410

TIPOLOGIA Sabon PAPEL Pólen Natural 70 g/m² IMPRESSÃO Gráfica Edições Loyola, em março de 2024 TIRAGEM 3 000

editora 34
Editora 34 Ltda. Rua Hungria, 592
Jardim Europa CEP 01455-000
São Paulo — SP Brasil
TEL/FAX (11) 3811-6777
www.editora34.com.br